中國收藏拍賣年鑑

十石題

CHINESE FINE ART &
ANTIQUES AUCTION
YEARBOOK 2021

中国收藏拍卖年鉴

2021

主编 张自成

文物出版社

图书在版编目（CIP）数据

中国收藏拍卖年鉴.2021/张自成主编.-- 北京：
文物出版社，2022.4

ISBN 978-7-5010-7452-5

Ⅰ.①中… Ⅱ.①张… Ⅲ.①收藏－中国－2021－年
鉴②拍卖－中国－2021－年鉴 Ⅳ.① G262-54
② F724.59-54

中国版本图书馆 CIP 数据核字 (2022) 第 027652 号

- -

中国收藏拍卖年鉴 2021

主　　编　张自成

责任编辑　陈　峰

装帧设计　王　鹏

责任印制　王　芳

出版发行　文物出版社

社　　址　北京市东城区东直门内北小街 2 号楼

邮　　编　100007

网　　址　http://www.wenwu.com

经　　销　新华书店

制版印刷　鑫艺佳利（天津）印刷有限公司

开　　本　889mm×1194mm　1/16

印　　张　40

版　　次　2022 年 4 月第 1 版

印　　次　2022 年 4 月第 1 次印刷

书　　号　ISBN 978-7-5010-7452-5

定　　价　680.00 元

- -

中国收藏拍卖年鉴 2021
专家顾问委员会

按姓氏笔画排列：

丁　孟　故宫博物院器物部副主任、研究馆员，北京市文物鉴定委员会副主任

王允丽　故宫博物院研究馆员、文保科技部纺织品文物保护专家

王奇志　南京博物院副院长

云希正　国家文物鉴定委员会委员，中国文物学会玉器研究会常务理事

孔维克　民革中央画院院长，中国美术家协会理事

孔繁峙　北京文物保护协会会长，北京市文物鉴定委会主任

卢中南　中国人民革命军事博物馆研究馆员，中国书法家协会理事

卢延纯　国家发展和改革委员会价格监测中心主任

田黎明　中国画学会会长，中国画艺委会主任，中国艺术研究院中国画院院长

冯　远　中央文史研究馆副馆长，中国美术家协会名誉主席

冯益民　中国化工博物馆馆长

吕成龙　故宫博物院陶瓷研究所所长、研究馆员，中国古陶瓷学会副秘书长

朱　菲　中国收藏家协会书画收藏委员会副会长，绍兴墨趣会名誉会长

向德春　北京市文物局党组成员、副局长

杜廼松　中央文史研究馆馆员，故宫博物院研究馆员

李　刚　吉林省博物院院长

李　庚　李可染画院院长，中国美术家协会河山画会会长，日本京都造型艺术大学教授

励小捷　原文化部副部长，国家文物局原局长

苏士澍　中央文史研究馆馆员，中国书法家协会名誉主席

肖燕翼　国家文物鉴定委员会委员，故宫博物院研究馆员

余　辉　国家文物鉴定委员会委员，故宫博物院研究馆员

沈　鹏　中国收藏家协会顾问，中国书法家协会名誉主席

张忠义　中央文史研究馆文史资料征集工作专家委员会委员，中国人民大学徐悲鸿艺术研究院研究员

张　军　北京市文物局市场管理处处长

邵大箴　中央美术学院教授，中国美术家协会美术理论委员会名誉主任

罗伯健　中国收藏家协会会长，专家咨询鉴定委员会主任

岳　峰　中国收藏家协会副会长，专家咨询鉴定委员会秘书长

周卫荣　中国钱币博物馆馆长，中国科学院大学博士生导师

郑欣淼　中国收藏家协会顾问，故宫博物院原院长

赵龙凯　北京大学光华管理学院金融系教授，北京大学商业与艺术研究中心主任

胡德生　国家文物鉴定委员会委员，故宫博物院研究馆员

耿东升　中国国家博物馆研究馆员、陶瓷研究所所长

徐庆平　中国人民大学徐悲鸿艺术研究院院长，徐悲鸿纪念馆馆长

崔晓东　中央美术学院教授，炎黄艺术馆馆长

阎崇年　北京社会科学院研究员，中国紫禁城学会副会长

彭卿云　中国文物学会名誉会长，国家文物局原副局长

蒋奇栖　牛津大学考古学博士，中国博物馆协会理事

覃志刚　全国政协书画室副主任，中国文学艺术界联合会原副主席

詹长法　上海视觉艺术学院文物保护与修复学术委员会主任，中国文化遗产研究院原副院长

熊光楷　中国收藏家协会顾问，上将，中国人民解放军原副总参谋长

薛永年　中央文史研究馆馆员，中央美术学院教授

戴志强　国家文物鉴定委员会委员，中国钱币博物馆首任馆长

中国收藏拍卖年鉴 2021
指导单位
（排名不分先后）

南京博物院

四川博物院

河南博物院

福建博物院

吉林省博物院

湖北省博物馆

湖南省博物馆

浙江省博物馆

湘潭市博物馆

宜兴市博物馆

陕西历史博物馆

中国园林博物馆

北京奥运博物馆

广州艺术博物院

景德镇中国陶瓷博物馆

中国（海南）南海博物馆

北京孔庙和国子监博物馆

徐悲鸿纪念馆

李可染画院

国家发展和改革委员会价格监测中心

国家发展和改革委员会信息中心

国家对外文化贸易基地（北京）

中国保险学会文化体育旅游专业委员会

北京易拍全球文物艺术品产业发展研究院

艺商传媒（北京）有限公司

　　历时近一年时间的编撰，2021 年卷《中国收藏拍卖年鉴》以新面貌与大家见面了。作为年鉴的荣誉主编，切身感受到年鉴编撰工作一直在不断提升与创新，年鉴的内容已经相对成熟，定位愈加清晰，体现了数字化转型和转型中的市场变化，并对文物艺术品市场与文化，市场与政策等方面的宏观分析，无论是站位高度，还是研究深度上都下足了功夫，形成了自身的特色。对于各相关机构及大众收藏而言，《中国收藏拍卖年鉴》具有不可替代的参考价值，得到了社会广泛认可，政府相关部门、文博机构、国家级各大图书馆及高校均将其列为购藏书目。

　　出版《中国收藏拍卖年鉴》，不仅仅是在研究文物艺术品市场领域，更是在系统梳理文物文化资源。通过年鉴的出版，深化大众对文物艺术品市场和文物文化的认知。提升中华文化影响力。"十四五"以来，随着文博行业各方面的规划实施，中央及相关部门颁布了一系列文化政策性文件，为文化产业改革、创新、发展营造了良好环境，中国文物艺术品市场的格局在不断调整中逐渐走向成熟。现阶段能够全面、准确、客观地认识当今文物艺术品市场现状以及发展趋势显得尤为重要。在此背景下，《中国收藏拍卖年鉴》承担着重要的行业服务角色，是时代需求，也是探索实践。作为国内最早一部全面反映收藏拍卖市场的年鉴书籍，应当承担起新时期文物艺术品文化与市场深度融合的解读任务，尤其是 2020 年新冠肺炎疫情席卷全球，面临百年未有之大变局，文物艺术品市场形势更为纷繁复杂，这对于年鉴的撰写工作提出了新的要求。

　　从体例上而言，2021 年卷《中国收藏拍卖年鉴》在以往的编撰体例基础上做了精细化提升，增加了重点艺术家的艺术价值评论和重点拍品的文化价值阐释的小节，为年鉴增添更多可读性与鉴赏性。从内容上而言，2021 年的年鉴编写主要围绕文物艺术品市场的全球性、专业性和时代性等三个方面展开。前三章着重分析了全球文物艺术品市场、中国收藏市场、全球中国文物艺术品拍卖市场。立足全球视野，以点带面，多层次、多维度地全面系统得分析总结了 2020 年文物艺术品市场出现的新业态、新趋势和新发展，其中包含 2020 年度出现的全球文物艺术品行业的数字化转型和大众收藏中线上平台交易的飙升现象及未来发展的分析报告。第四章重要拍品图录继续以图文并茂的形式，对重要拍品进行细节展示和翔实介绍，便于藏家及爱好者直观了解拍品状况。第五章至第七章应时更新全球行业大事记、行业政策法规点评以及相关机构变更信息，以行业记录者、思考者的敏锐视角观察中国以及全球文物艺术品市场的变化。

作为《中国收藏拍卖年鉴》最具独创性与特色的艺拍指数，今年将继续发挥其在大数据整合与应用的优势基础上，一如既往地对中国书画、油画、中国瓷器市场进行指数分析，并重点推出中国现代美术史上的大家李可染先生的艺术评述及艺术市场指数分析，从全球市场到地区市场，从品类分布到题材细分等多个方面展开深入剖析，争取全面客观地反映其文物艺术品市场真实状况，为读者提供真实可靠的投资决策参考。

《年鉴》的编辑出版离不开国家相关部门及领导的重视和支持，知名专家与学者的指导和建议。时至今日，《中国收藏拍卖年鉴》出版发行已是第十个年头，十年中有积淀、有传承、有创新。希望《中国收藏拍卖年鉴》在下一个十年征程上，砥砺前行、继往开来，为行业发展做出更大贡献。

2021 年 12 月于京

Chapter 1
Global Antique and Art Market Overview

第一章 全球文物艺术品市场综述

2020 市场总述

Market Overview in 2020

2020 年，新冠肺炎疫情突袭全球，给人类社会造成了巨大冲击，促使全球政治经济格局发生重大改变。美国霸权受到动摇，国际多极新格局正在加速重塑，权力扩散趋势进一步强化，国际政治体系发生深度变革，世界正在走向多元新格局。同时，新冠肺炎疫情促使全球的政治与社会思潮进入新的激荡期，民粹主义蜂起，社会矛盾冲突加剧，注重国家全面干预的新国家主义显著上升，各国政治的"内视化"日趋显著；而且，新冠肺炎疫情加剧了大国之间紧张的关系，"中进美退""中升西降"的大国战略博弈明显，区域与国际性地缘政治依然突出。面对公共卫生危机，原有国际秩序规范难以为世界和平与繁荣提供有效保障，全球治理将更依赖广泛的国际共识，国家治理体系改革创新将成为国际竞争的制高点，数字科技转型成为新的时代需求。

2020 年全球经济出现大幅度萎缩。当前危机被国际货币基金组织（IMF）定义为自 20 世纪 30 年代经济大萧条以来最严重的一次危机。IMF 预测 2020 年全球经济萎缩 4.4%，在疫情导致全球供应链和旅游业大规模中断的背景下，全球贸易收缩 7.6%。但疫苗的研发给经济的复苏带来了希望。疫后各国经济复苏呈现出不平衡的状态，世界经济格局发生演变。美国经济虽然受到冲击，但整体表现比预想中坚挺。美联储采取不设上限的量化宽松措施，缓解经济危机。欧洲由于受限于欧盟和欧元区的成员集体决策机制，出台的宽松货币和财政刺激政策力度和速度不及美国，导致欧洲经济在疫情中的下降幅度超出美国，欧洲南北经济鸿沟进一步扩大。金砖五国除中国外，其他各国经济也均受到重创，呈现大幅收缩趋势。由于中国早期的封锁措施迅速遏制了疫情的蔓延，使经济自第二季度开始复苏，是世界上唯一能够保持正增长的主要经济体，这为世界经济复苏注入信心和动能。

当前世界经济呈现复苏迹象，但疫情防控并不稳定，仍需要国际社会团结协作，携手应对。中国将继续全面提高对外开放水平，加入区域全面经济伙伴关系协定（RCEP）与寻求加入全面与进步跨太平洋伙伴关系协定（CPTPP），延续以外促内的改革战略，推动形成以国内大循环为主体、国内国际双循环相互促进的新发展格局，加强宏观经济政策协调，加速自主科技创新与数字社会转型进程。中国与欧洲重要国家展开贸易、能源、军事等各领域的合作，促进世界多边关系发展。在疫情防控常态化背景下，推动经贸合作早日恢复正常，为世界经济早日稳定复苏做出自己的贡献。

在全球公共卫生危机突现时，生命、健康、财富成为人们关注的焦点，在人们普遍陷入恐慌焦虑状态时，作为精神产品的文物艺术品不仅可以安抚人的心灵，更是资产的重要组成部分。在严重的经济下行压力下，全球文物艺术品市场在分布格局、经营策略、交易方式、板块需求、藏家结构以及行业转型等方面均发生了重大改变。

一　全球市场格局稳固，中国跃居第二

面对突变的新冠疫情，全球经济除个别国家第二季度做出积极应对外，多数国家上半年几乎处于停摆状况，下半年一些主要国家陆续推出经济复苏的相关政策，促使经济回暖，缓解经济的严峻形势。但就全年而言，全球经济比 2019 年依然呈现大幅下滑趋势。反映在文物艺术品市场方面，则出现全球文物艺术品市场总体大幅缩减，局部板块升温的状况。据巴塞尔艺术展与瑞银集团联合发布的《2021 年艺术市场》报告显示：2020 年全球文物艺术品成交额达到 501 亿美元，同比去年减少 140 亿美元，下滑 22%，但比经济危机过后的 2009 年高出 7 倍。因为 2020 年的经济总量比金融危机时期降低了 2.5 倍以上（联合国经济和社会事业部《2020 年世界经济形势与展望》），文物艺术品市场的整体表现相对坚挺，体现出面对经济突变时的强健韧性。

美国、中国、英国三国的文物艺术品市场份额占据全球文物艺术品市场的 82%，仍然是全球重要的文物艺术品交易大国。美国依旧保持领先地位，市场份额占据全球成交额的 42%，中国和英国市场的份额均占 20%，但中国以 1 亿美元的微弱优势重回第二名位置，英国位居第三。不同于高光表现的 2019 年，法国文物艺术品市场在 2020 年回落到全球文物艺术品市场份额的 6%，欧盟（除英国之外）占据 12%，同比未有增减，由此看来，虽然受新冠肺炎疫情的严重冲击，全球文物艺术品总量额下降，但整体市场格局稳定。

美国仍然主导着全球文物艺术市场，拥有最高的市场份额。2020 年，美国文物艺术市场销售额为 213 亿美元，同比下跌 24%，但仍然超出 2009 年经济衰退时期的 76%。2020 年底的美国大选无疑是当年最为重要的事件，随着总统乔·拜登（Joe Biden）的当选和政府的重组，美国传统价值体系将要回归，拜登政府虽然提高了

对于富裕阶层的税收，涉及文物艺术收藏家的切身利益，但税改政策并未削弱收藏家对文物艺术品市场的热情，市场整体表现强劲。

2020年，中国文物艺术品市场有所紧缩，销售额为100亿美元，与去年同期相比回落12%，销售额连续三年下降，但降幅是其他主要文物艺术品交易国家里相对最低的。拍卖市场表现突出，2020年反超美国，成为全球最大的文物艺术品拍卖市场，占全球拍卖总额的36%。在低价位拍品和高价位拍品的价格区间中，中国拍卖均超出美国。中国是首先受到新冠肺炎疫情冲击的国家，面对经济暂时的缓行，中国政府出台的防疫政策及时有效，将对经济的负面影响降到最低，保持了经济持续发展的稳定性，增强了人们的自信心，不仅对于中国文物艺术市场的快速复苏起到了巨大的推动作用，促使中国文物艺术品市场跃居全球第二，并为全球其他国家在遭受公共卫生危机之时，做出了全球表率，表现出大国担当的胸襟。

英国文物艺术品市场2020年销售额为99亿美元，同比去年下滑22%，销售额降到十年以来的最低水平，但是依然比经济萧条时期的2009年高出10%，位居全球文物艺术品市场份额的第三[1]。英国脱欧对于文物艺术品市场的影响深远，对交易主体（主要是艺术销售商和私人收藏家群体）而言可以减少更多费税，一是可以支付更少的个税；二是可以减免原欧盟规定的艺术品交易税中的4%的再消费税（ARR）。对画廊和艺术家而言，主要面临的是巨大的金融不确定因素，如来自欧洲对艺术的数百万英镑的赞助资金，因为脱欧而变得悬而未决。重要的是对于文化方面的影响，英国作为欧洲文化的重要参与者和不可分割的部分，脱欧对于其文物艺术方面的国际伙伴关系的潜在精神性影响将长期存在。

法国文物艺术品市场一改去年的强劲势头，2020年市场销售额为30亿美元，比去年同期大幅下降。虽然疫情期间，法国政府多措并举，为艺术交易机构和艺术家提供资金支持，并减免税收，旨在激活本国文物艺术品市场，但大势所趋，仍然不可避免出现了下滑。欧盟（除英国外）国家文物艺术品市场发展稳定，其中德国、瑞士、西班牙等国文物艺术品市场份额共计占据全球文物艺术市场的5%；欧盟其他国家占7%[2]，同比没有发生大幅变动。欧洲文物艺术品市场格局总体稳定。

二 多方启动救助机制，共同推动市场复苏

面对突如其来的全球新冠肺炎疫情的肆虐，各国经济在初始阶段均遭受了重创，

---

1 Dr.Clare McAndrew,The Art Market 2021. An Art Basel & UBS Report,P17
2 Dr.Clare McAndrew,The Art Market 2021. An Art Basel & UBS Report,P34

几乎停摆。随着事态的不断发展升级，文物艺术品市场遭遇到百年不遇的剧烈冲击，情况堪比 20 世纪 30 年代的"经济大萧条"时代，失业人员暴增，生产率下降，而且，不同于仅仅经济危机造成的压力，生命安全也时常处于威胁之中，保持社交距离、自我隔离等措施带给人们更多的疏离感和焦虑感，也迫使整个文物艺术品市场陷于低谷。对此状况，多个国家政府实施新政，积极促进市场复苏如艺术基金会、慈善部门等社会机构出资帮扶陷入失业困境的艺术家和画廊；画廊之间联合互助，艺术家义卖帮助签约画廊共渡难关；艺博会减免租金促升艺术市场的复苏等互助模式频出。多方启动救助机制，自上而下，或自下而上地联合互助，同舟共济，促使文物艺术品市场在危机面前逐渐恢复活力。

疫情初始，美国的失业率上升至 20.6%，达到经济大萧条时代以来的顶点。在艺术领域，创作者的境遇不容乐观，据美国艺术家基金会统计数据，失业率高达 62%，95% 的艺术家收入锐减。政府及时推出扶持计划，为艺术提供额外的紧急资金，并适当减免租金。该计划的规模与罗斯福公共艺术作品计划（PWAP）类似。无论从经济方面还是艺术家关怀方面，均起到了提振市场、鼓舞士气的作用。英国政府则推出了数百万英镑的公共艺术计划，为疫情暴发期间和之后的艺术家提供支持，重振英国艺术创作，激发市场活力。2020 年 3 月，英国财政部公布一项计划，向个体经营者支付高达其近期收入 80% 的补助；英国艺术理事会（Arts Council England）也宣布了一项 1.6 亿英镑的紧急响应方案，其中除了 9000 万英镑将用于国家艺术组织外，艺术家最高可以获得 2500 英镑的现金资助。一些艺术家此时担起艺术的公共责任，将自己的作品转化为公共艺术或筹款项目，为处在疫情中的人们送去一丝艺术的抚慰。如英国艺术家达米恩·赫斯特（Damien Hirst）创作"蝴蝶彩虹"，在其网站开放免费下载，希望通过这种形式向出色的医务工作者致以敬意，并出售该作品限量版，销售所得捐赠给国民医疗服务体系；特纳奖得主、德国艺术家沃尔夫冈·蒂尔曼斯（Wolfgang Tillmans）以 50 英镑的价格出售其作品无限量版的印刷海报（仅在有限时间内供应），用以支持艺术机构的运营，并发起了四十余位国际艺术家筹款活动，为任何"因为缺乏观众而造成生存威胁"的艺术企业提供资金支持。

艺术机构也积极主动参与到抗疫大潮中，为疫情中的人们送去希望与信心。中国上海昊美术馆联合上海宋庆龄基金会，携手国内外八十余家重要艺术机构，与百余位艺术家共同发起"风雨同舟，艺术抗疫"的线上抗疫慈善拍卖，拍卖所得善款用于采购防疫物资，并定向捐助给疫情地区的学校。

除了力所能及的积极推进公益项目之外，对于艺术市场交易主体的机构而言，亦推出富有奉献精神的经营方案，促进文物艺术品市场的复苏。艺博会对于参展的画廊实施了多项优惠措施，促发艺术市场活力。危机让画廊之间产生了战友般的友谊和互助精神。卓纳画廊作为全球最早创立线上展厅的商业画廊，凭借多项数字化服务开启了艺术市场的互联网新布局，推出聚焦一级市场和二级市场的"工作室""杰作"线上项目以及"平台"系列，与驻纽约和伦敦的12家中小型画廊免费分享网络平台，共度时艰。香港巴塞尔艺术展自诞生以来的首次停办，研发了线上"云"展，为交易双方提供最大限度的便利。参展艺廊获邀免费参与到线上展厅中，每个艺廊在线上展厅中同时展示十件作品，并根据需要随时更换。收藏家则可以通过搜索艺廊、艺术家或者创作媒介来浏览作品，并直接在平台上联系艺廊咨询销售事宜。此举大幅降低了交易双方时间与金钱的成本，促升线上销售的幅度。上海ART021艺博会在4月份宣布免除2020年全球所有画廊参展申请费用，对于画廊在亚洲拓展市场、创造销售、联络藏家等方面起着至关重要的作用。同时ART021主办方与上海自贸区国际文化投资发展有限公司达成战略合作，为参展商提供展后六个月的免费保税仓储及清关、运输等优惠费率方案，并推出"FTZART+ART021×365"平台，为画廊提供艺术品常年展示及交易服务，协助合作机构设立中国区办事处以开展艺术品相关业务。ART021尽所能之力给予画廊支持，共渡难关。

三 线上交易重点发力，市场下沉趋势明显

2020年全球文物艺术品在线交易达124亿美元，同比去年攀升一倍，占据市场份额的25%。疫情迫使人们减少外出，多国政府相继发布了禁足令，保持社交距离成为新的行为规范。画廊、艺博会、拍卖等交易场所由线下转为线上，将近年底，疫情控制稳定的地区逐渐部分放开线下的展示销售活动。因而，在疫情初起的前几个月，文物艺术品交易市场受到严重影响，几乎陷入停摆困境。但伴随着线上程序技术研发的不断深入，四月底五月初之时，全球文物艺术品线上业务逐渐兴起、蓬勃。据巴塞尔艺术展和瑞银集团联合发布的《新冠疫情对画廊行业的影响：2020年度中期调查报告》中显示，在接受调查的来自60个不同国家，市场横跨所有营业额级别的795家现当代艺术画廊的反馈，2020年上半年线上销售额占总销售额的37%，高于2019年10%的近三倍之多。数字化技术作为最佳补位选手，成为画廊与买家建立联系的重要手段。各个级别的画廊线上销售均呈现出明显的高速增长状况，为疫情期间提供了销售渠道的通畅性。

拍卖市场也在探索多种模式的线上拍卖，并取得良好效果。苏富比拍行一直关注亚洲疫情的进展状况，在全球旅游封锁而导致现场拍卖被叫停前，已经做足了准备。对公共卫生危机的迅速反应和对数字化销售的平稳过渡，使他们在6月29

日就开启了首场历时五小时的在线直播大型晚拍，最终以 3.63 亿美元的销售额和高达 93% 的成交率圆满结束。2020 年苏富比举办了超过 400 场线上拍卖会，比 2019 年增长了 30%，销售额总计超 5.7 亿美元，约为 2019 年的 7 倍，创下行业新高。佳士得七月份举办"ONE：现当代全球联合夜拍"，以实时形式先后于香港、巴黎、伦敦、纽约接力举行，4 个小时的拍卖以创新技术全程直播。十月举行"20 世纪：从伦敦到巴黎"拍卖，在两座大都市间开启对话；佳士得根据疫情的发展状况，推出混合形式的概念拍卖，十二月的"香港—纽约：现当代联合夜拍"以接力式直播拍卖先后于香港及纽约举槌，显示出拍行及时应对市场需求，调整创新交易方式的开创性。佳士得在线销售额同比 2019 年增长了 262%，达 3.11 亿美元，刷新了佳士得线上拍卖的最高纪录。

线上运营赖以生存的重要因素是市场交易机构与藏家之间建立的信任，以及藏家对于艺术家的信任，两者缺一不可。另外，拍品的精细化、趣味化展示也是极其重要的方面，对于藏家购藏关注的品类的及时调整，也是文物艺术品线上交易机构获得成功的关键。

由于线上运营的特点，虽然并不排除高价拍品交易，但交易量最大的仍为亲民价格的拍品，由于鉴藏的便利性变弱，交易品类以低价位的艺术消费品为主，如版画、艺术衍生品、潮流艺术、一般品质的珠宝翡翠、品牌腕表、洋酒等等便于鉴藏的品类，需要鉴藏的传统类文物艺术品如中国书画、瓷玉杂项和古籍善本等品类，交易相对较少。更多藏家被吸引进入基础市场，藏家规模进一步扩大。由于线上交易的大幅提升，整个市场继续下沉成为势不可挡的一种趋势。

四　亚洲艺术市场规模缩小，拍品结构多元化

近年来，亚洲艺术逐渐受到海外市场的关注，这与中国文物艺术品市场二十几年的迅速发展密不可分。中国自改革开放以来，国势日趋强盛，文化软实力不断增强，经济发展增速持续稳定上升（即使全球疫情暴发的状况下），文化的国际影响力日益强大。文物艺术品是凝聚着一国文化精粹的见证物，流失海外的中国文物艺术品高达百万件，潜移默化地传播着中国文化与东方精神。中国的文物艺术品市场尤其是公开的拍卖市场的优异表现，推动了整个亚洲艺术市场的发展。

2020 年，法国巴黎的亚洲艺术周活动因疫情受控被迫取消，只有英、美两国举行了亚洲艺术周。相比于 2019 年，市场整体交易规模缩减。亚洲艺术周交易的文物艺术品主要涵盖各个历史时期的亚洲艺术品，主要包括中国瓷器及工艺品、中国书画、日韩及东南亚艺术等多种品类。其中，中国文物艺术品占据亚洲艺术周的

中国收藏
拍卖年鉴
2021

CHINESE FINE ART &
ANTIQUES AUCTION
YEARBOOK 2021

成交量、额的 90% 以上，故而亚洲艺术周的交易重点集中在中国文物艺术品的交易上，中国文物艺术品市场引领亚洲艺术周的市场走向。据易拍全球研究院的统计，伦敦亚洲艺术周、纽约春季亚洲艺术周、纽约秋季亚洲艺术周总成交量为 6543 件（套），同比减少 4996 件（套），下降 44.3%；成交额为 8.8 亿元，减少 7.1 亿元，同比下滑 44.7%。量、额几乎减半，市场表现受到疫情的严重影响。

在交易品类上，亚洲艺术周呈现出拍品结构多元化的特征。其中备受关注的是中国文物艺术品的中国陶瓷板块，2020 年度成交量为 1551 件（套），占据总量的 37.4%，成交额为 2.7 亿元，占据总额的 30.1%，其中明清瓷器是交易的重点；其次是金属器和玉石器板块，成交额均占总额的 16.0% 以上，但玉石器成交量占据总量的 15.5%，而金属器只占总量的 7.0%，因此可以看出，在以青铜器为支撑的金属器板块，平均单价比玉石器高出一倍。另外佛像唐卡板块也备受藏家青睐，成交量占总成交量的 7.7%，成交额占到总成交额的 13.2%，略低于青铜器。虽然关注亚洲艺术周的藏家来自全球，但其中以亚洲藏家为主力，贡献额超过 50%。即使如此，亚洲艺术周的市场依然呈现出与中国国内迥异的拍品结构，交易品类没有出现中国书画一枝独秀的集中状况，品类分布更为多元化。

针对疫情的现实情况，重要的市场交易主体（画廊与拍卖公司）灵活经营策略，采用线上与线下同时并行的交易模式，共同促升了成交率。如纽约秋季亚洲艺术周期间，佳士得首次采用双拍卖厅连线拍卖方式，于纽约和香港拍场同时提供现场竞标。此外，对"崇圣御宝——詹姆斯及玛丽莲·阿尔斯多夫珍藏"以及"重要中国瓷器及工艺精品"两场重要拍卖通过 Christies LIVE（实时竞投平台）及微信进行直播，来自全球 5 大洲 41 个国家及地区的买家参与拍卖竞投，取得了远比去年同期高得多的拍卖成绩。同时，拍行针对线上线下交易方式的不同特点，重点推出的拍品品类有所不同。线上拍品多以艺术消费品为主，线下拍品则以"精品"为主，针对不同年龄层的藏家需求做出适时调整。

五　亚洲新兴藏家扩增，年轻化成为未来趋势

疫情突现，全球经济总量锐减，在各国逐渐启动经济复苏政策中，宽松的货币政策首当其冲，用以缓解全球经济困境，在面对温和通胀的现实面前，资本如何获得保值乃至增值，成为人们最为关注的问题。由于文物艺术品天然属性中具有历史价值、审美价值之外，更具有资产投资属性和避险属性，尤其是高端精品。因而文物艺术品成为许多顶级藏家和机构的资产配置的优先选项。

　在全球公开拍卖的数据统计中，亚洲藏家群体增长强劲，即便在疫情影响下亦

展现出强大的韧力。如苏富比香港 2020 年拍卖成交额的 60.61 亿人民币中，近乎 20 亿人民币是由亚洲藏家创造的；在苏富比全球 20 件顶尖拍品中，亚洲藏家参与竞投了 10 件，购得 9 件，表现出浓厚的市场参与度和坚挺的购买力，尤其凸显在高端精品领域。如 2020 年 6 月份举行的纽约当代艺术直播晚拍中，一名来自中国的网上竞投人出价 7,310 万美元竞投弗朗西斯·培根（Francis Bacon）的《启发自艾斯奇勒斯（奥瑞斯提亚）之三联作》，是历来最高网上出价。富艺斯的亚洲收藏家购买了其前十名高价作品的一半。在苏富比与佳士得的全球拍卖中，藏家区域分布发生了变化，来自亚洲的买家和竞拍者比例首次优于来自美国的买家和竞拍者数量。这对几十年来一直是美国藏家占据主导地位的文物艺术品市场来说是一个巨大变化[3]。

全球疫情使得人们深居简出，诸多艺术机构被迫取消了线下艺博会，画廊、拍卖业务也大多转到了线上。失去了面对面的交流和对文物艺术品的直观体认，尽管困难重重，许多文物艺术品交易机构依然采取了稳住老藏家，争取开拓新藏家的经营策略。据巴塞尔与瑞银集团联合发布的《2021 艺术市场》中显示，对于营业额低于 25 万美元的经销商，新买家占销售额的 45%，而营业额超过 1000 万美元的经销商占 24%[4]。由此可见，规模越小的艺术机构，对于新买家的依赖程度越高。

伴随着新技术的革新，网络平台竞投的便利性和视频直播的直观性，吸引了更多新藏家参与到文物艺术品市场中来，藏家群体基础大幅度扩增。据《2021 艺术市场》统计，2020 年全球 33% 的藏家首次购买文物艺术品，且由于疫情的原因，多采用了线上交易方式。科技创新带来的拍卖模式的新变化，吸引了更多年轻藏家的入场，其中亚洲新兴年轻藏家群体是增长的关键推动力，为拍卖市场注入新气象。据苏富比拍卖年报数据显示，2020 年超过 30% 的亚洲苏富比的竞投者及买家为 40 岁以下的年轻藏家，个别品类（如当代艺术）比例更高，其潜力不容忽视，年轻化是未来文物艺术品市场与收藏界的大趋势。

相比于传统的线下拍卖，线上拍卖可以获得更加直观的数据，令拍卖行更加清晰地洞察各区域藏家对文物艺术品的购买倾向，因而能够更加准确地把握藏家的关注品类，进而进行定向销售，提升成交率。如佳士得采用多元混合接力的概念性拍卖以适应市场变化，通过跨国平台，探索到不同地区的藏家偏好。同一件拍品在不同地区市场上拍后，各地藏家表现不同。如在香港举行拍卖，纽约买家参与最为积极，伦敦藏家则不参与；在纽约拍卖时，伦敦藏家则更为踊跃参与。"千禧一代"

---

3 数据源于苏富比、佳士得、富艺斯公司官网
4 Dr.Clare McAndrew,The Art Market 2021. An Art Basel & UBS Report,P77

藏家热衷于竞标各类型的奢侈品，促进彩色钻石、古着与军用手表、高档酒和限量奢侈手袋的销量。新生代藏家相比于老一代的亚洲买家偏好到拍卖会现场寻求古典作品或当代中国艺术品，更青睐来自世界各地"后起之秀"艺术家的作品。

六　随市而动，平台网络化迅速崛起

面对 2020 年突如其来的全球公共卫生危机，"隔离"成为这一时期的关键词，时空的局限性暂时阻碍了全球化进程，科技的力量再次凸显，全球化开始以一种新的形式——电子网络进入全面发展时期。文物艺术品市场与时代同行，在见证并经历此百年不遇的大变革时，以其强大的韧性，迎来电子平台网络化的高速发展契机。

近几年，互联网的高速发展对各行各业都产生着强烈的冲击。最初，网络交易平台的本质是文物艺术品投资时代向消费时代的转变。诞生之初，由于文物艺术品的非标准化属性和鉴伪的难度，智能手机的功能研发单一，交易双方信任度的缺失，物流运输的风控等诸多条件的限制，网络交易平台一直以来不温不火。2020 年的新冠疫情的暴发，似乎成为网络平台发展的历史拐点，采用"互联网 +"和线上交易的发展模式，成为当下的行业共识。

从某种意义上来说，2020 年成为真正的平台网络化时代的开启元年。

这一年，无论是公立博物馆、美术馆等非营利性机构，还是私立美术馆、画廊的展览、交流模式，以及文物艺术品交易市场的展示方式和交易模式，均发生了天翻地覆的变化。文物艺术品整个行业开始了有序地、系统化地向网络平台化转变。这种转化所带来的优势也逐渐得以凸显。一级市场中，平台网络化成为头部画廊和中小画廊的破局之道，在维护老藏家的同时，开拓更多潜在藏家。平台网络打破了时空界限和空间分配的弊端，给中小画廊更多展示机会，吸引了不同欣赏品味和年龄阶层的藏家；对于藏家而言，可选择的文物艺术品品类更加多样化。二级市场中，头部拍行利用其资金优势，深入技术研发，探索新的网络拍卖模式，如混合式、概念式等跨地域的拍卖模式，获得令人瞩目的业绩；中小拍行运用线上拍卖模式，充分利用网络拍卖不受时空限制的特点，高频次推出专场、专题等拍卖，除了线下的春秋大拍之外，将四季小拍改为每日一场的日常拍，极大地刺激了整个文物艺术品市场买气的提升。在面对经济下行，中小拍行的生存空间受到严重挤压，面临生存的危机中，线上拍卖几乎成为它们起死回生，复活再生的一剂良药。

在行业的整个数字化转型，平台网络化的高速发展中，一方面，其科技优势所带来的文物艺术品市场的繁荣令人振奋，另一方面，也不可避免地出现一些新现象和新问题，诸如技术的革新速度过快，藏品品类的边界模糊带来了一些机构和收藏投资者的困惑，以及出现的拍卖新领域中人才的匮乏和相关监管政策的滞后等等问题，这些现象和问题，需要谨慎对待和建立长期有效的应对机制，这是社会转型机制中必不可少的重要一环，对于文物艺术品市场的健康良好发展至关重要。尽管困难重重，但文物艺术品市场的数字化转型与交易平台网络化的时代已经到来，正彰显出旺盛的生命力，未来可期。

2020 一级市场
The Primary Market in 2020

2020 年，新冠肺炎疫情席卷全球，世界经济增速放缓，下行压力加大，国际经贸摩擦加剧。在如此诸多挑战性因素陡增的情形之下，全球文物艺术品一级市场未能独善其身，显示出对全球危机的应对不足，迫使市场主体被动加速适应世界发展新变化，不断进行探索调整。与 2019 年相比，全球文物艺术品一级市场在 2020 年总体上呈现出如下特点：行业格局分化进程加速；各区域市场趋降，中国市场韧性显现；藏家所关注交易品类特征性明显，古代文物艺术品市场紧缩；经营主体在运营策略上开源节流，加速布局数字化应用；行业协作，共克时艰已成为共识。

数据显示，2020 年全球文物艺术品一级市场销售总额为 293 亿美元，同比下跌 20%，占据该年全球文物艺术品市场销售总额的 58.5%[5]。由于全球疫情蔓延的影响，仅有 67% 的画廊仍保持对外开放，但随着运营成本不断上升，全球有 1% 的画廊选择永久性关闭。在计划于 2020 年举办的 365 场艺术博览会中，有 61% 被取消，37% 仍然举行了实体艺博会，剩余的 2% 则是线下与线上同时进行。该年全球艺术博览会的销售总额为 60 亿美元，同比大幅减少 100 亿余美元，仅占全球文物艺术品总销售的 13%。以上数据表明，全球文物艺术品市场在 2020 年遇到较大的挑战，抗风险能力亟须加强。

一 多重因素叠加，加速行业格局分化

突如其来的疫情引发全球性危机，贸易保护主义沉渣泛起，国际形势进入动荡变革期。纵观近年来全球文物艺术品一级市场的发展，"马太效应"已在该市场显现多年，大型画廊往往比中小型画廊占有更多销售机会与资源，2020 年全球疫情和由此产生的经济变动，进一步加剧了一级市场两极分化的进程，加速了中小型

5 Dr.Clare McAndrew,The Art Market 2020,An Art Basel & UBS Report,P52

画廊的衰落，巩固了大型画廊的市场地位。

1.大型画廊：调整业务布局，抵抗风险

面对多重不稳定因素，大型画廊利用多年积淀的经济基础，在财务上具有更多回旋余地，积极应对疫情所带来的不利影响。它们一方面在本年度继续扩张经营版图、代理更多艺术家，另一方面加强市场内外合作，携手共渡难关。

大型画廊扩张的脚步在 2020 年并未停歇，包括里森画廊（Lission）、豪瑟·沃斯画廊（HauserWirth）、佩斯画廊（Pace）、高古轩画廊（Gacosian）在内的诸多蓝筹画廊，分别在该年成立新空间或宣布开设新空间计划。例如里森画廊在高净值人群聚集的美国度假海滩东汉普顿（East Hampton）开设新空间，以便吸引更多潜在客户；豪瑟·沃斯画廊在美国纽约西切尔西艺术区和南汉普顿区，以及瑞士苏黎世中央文化区三地开设新空间；佩斯画廊在美国迈阿密推出"超蓝"（Super blue）新艺术中心，专注呈现艺术与科技融合的沉浸式艺术作品，通过销售门票实现盈利，参展艺术家可从门票收入中获得收益；高古轩画廊也宣布新空间开设计划，分别选址在美国洛杉矶与希腊雅典，不仅再次布局美国西海岸，而且深入欧洲腹地市场。在艺术家代理方面，顶级画廊按部就班开展代理活动并推出系列展览，如豪瑟·沃斯画廊在 2020 年代理了包括乔治·康多（George Condo）、苏菲·陶柏-阿尔普（Sophile Taeuber-Arp）等在内的多个国家的艺术家及基金会的艺术作品与艺术资产；卓纳画廊新代理了安德拉·乌苏塔（Andra Ursuta）与胡安·穆诺兹（Juan Muñoz）等多位艺术家的艺术作品及艺术资产；此外里森画廊、高古轩画廊等大型画廊也在该年代理了全新的艺术家。大型画廊的对外扩张进程在紧锣密鼓地进行，并未因疫情的影响而终止，显示出大型画廊雄厚的经济基础与前瞻性布局战略。

疫情当前，大型画廊在实现"共赢"，促进画廊业帮扶合作方面的探索也源源不断地出现。首先是大型画廊助力中小型画廊，共同应对新的市场形势与挑战。卓纳画廊推出"Platform"计划，利用自身成熟的在线平台，以一个月为周期，分别与不同地方的 12 个中小型画廊合作进行线上展览，不收取任何费用及佣金，所有销售访问直接跳转至参展画廊；其次是各个画廊间的共同合作，积极扩展市场收益。由著名艺术经销商杰弗里·迪奇（Jeffrey Deitch）发起，包括高古轩、豪瑟沃斯和博伦坡（Blum &Poe）在内的 60 家洛杉矶画廊联合创建了在线平台"洛杉矶画廊平台"（Gallery Platform.LA），此平台一方面主要通过提供资源为会员画廊创造销售机会，并为小型画廊的生存和发展提供帮助；另一方面是在洛杉矶的艺术生态系统中建构起社区，不仅加强画廊之间的联系，而且加强收藏家、策展人、非营利组织和其他相关角色之间的联系。随着疫情逐渐得到有效防控，线下空间逐渐向公众开放，业界团结合作也一直在继续，贝浩登（Perrotin）画廊在该年5月份开放巴黎空间，以"Stay United"为倡议邀请了26个巴黎画廊参加，将分批次展示不同艺术家的精选作品；香港13个画廊联合起来共同举办线下微型艺博会。可以看到，在充满挑战的时刻，各画廊一直在寻找富有创意的方式来表达相互的支持。

除画廊市场内部的合作外，一级市场与二级市场之间的对抗和合作也一直挑战着彼此的边界。2020年初，全球三大头部画廊佩斯、高古轩和阿奎维拉（Acquavella）通力合作与一线拍卖行开展竞争，获得唐纳德·马龙（DonaldB.Marron）价值约4.5亿美元藏品的代理权，而且在不到一周的时间里该系列销售总额达到3亿美元，实际销售情况远远大于预期。马龙私藏最终选择与画廊合作而非拍卖行，可以看到随着文物艺术品市场的发展，一、二级市场在争夺资源方面的竞争愈发激烈，与此同时，苏富比（Sothebys）开设S|2画廊，贝浩登宣布进军二级市场，一、二级市场的跨界融合和多方合作的创新模式将为市场提供潜在的发展动力。

2.中小型画廊：夹缝中求生存，扩展销路

在大型画廊顺势进一步扩张，强强联合的背景之下，中小型画廊不得不更加重力开拓市场资源，坚守本就愈加缩小的市场基本盘。

根据巴塞尔艺术展与瑞银集团联合发布的《2021艺术市场》相关数据统计显示：2020年全球一级市场销售总额在25万至50万美元之间以及低于25万美元的画廊，它们的年销售总额同比2019年分别下降了26%与19%。另外，具体到区域市场也可发现中小型画廊的营业额也受到冲击。从联邦德国美术馆协会、艺术品经销商、战略发展研究所共同发布的针对中欧国家艺术市场的新报告也可发现，中小型画廊的销售额也出现不同程度的下降，报告中显示：德国17%的头部画廊贡献了该行业80%的年收入。在德国的700家画廊中，约有100家的年营业额超过150万欧元；中等规模的画廊（年营业额在40万欧元到150万欧元之间）约占总画廊数的25%，但只创造了德国文物艺术品市场年收入的13%；而底端市场（涵盖60%的画廊）只贡献了每年文物艺术品销售额的7%。报告同时指出，由于疫情带来的禁售情况使画廊的收入在2020年将下降40%左右。德国重量级的画廊并没有与之相匹配的庞大本地客户群体，只有12%来自本地的客户[6]，导致画廊40%的营业额来自国际销售。加之一年一度的柏林艺术博览会因疫情被迫取消，这对禁售许久的德国画廊更是雪上加霜，而德国画廊重度的两极分化意味着疫情的冲击将对较小的画廊造成更大的影响。

为了积极应对全球疫情与由此带来的一系列连锁反应，中小型画廊一方面寻求

6 中央美术学院艺市周刊 编著，《中央美术学院艺市周刊2020年报告》，P34

强者依附、联合共荣，一方面也展开积极自救，以便适应瞬息万变的市场。诸如纽约已运营 26 年有余的中型画廊加文·布朗画廊（Gavin Brown's Enterprise）宣布关闭，并入格莱斯顿画廊（Gladstone Gallery）成为其合伙人。作为合作的一部分，加文·布朗画廊所代理的 48 位艺术家中有 10 位加入格莱斯顿画廊。随着布朗及其麾下知名艺术家的加入，格拉斯顿画廊的规模进一步接近高古轩、佩斯、豪瑟·沃斯和卓纳画廊等大型画廊；而布朗画廊的三十余位未加入格拉斯顿画廊的艺术家也被其他有实力的画廊争相代理。从中可以发现，布朗画廊的举措体现了疫情对于艺术市场的冲击与重塑。放弃原本苦心经营的画廊转投更大规模画廊的行为在过去一直受到业界的反对，但疫情的破坏性影响或许将加速艺术市场整合成为一个"赢者通吃"的市场形态。为减少疫情冲击所带来的不良影响，诸多中小画廊积极开展自救，以求能顺利渡过疫情难关，部分画廊企业加速了资金回笼的进程，将已售或预定作品的欠款提前收回；也有部分画廊向外寻求援助，比如由北京中小型画廊组成的北京画廊协会在北京市《关于应对新型冠状病毒感染的肺炎疫情影响促进中小微企业持续健康发展的若干措施》出台后，在媒体上发布"公开函"，呼吁房东减免画廊房租。此诉求基本得到了有效回应，以北京 798 艺术区为例，为减轻疫情对中小微企业生产经营的影响，画廊空间出租方七星集团制定了对承租该集团从事生产经营活动及用于办公用途的中小微企业、个体工商户的房租减免举措。上述相关征政策法规的出台与实施，一定程度上解决了中小企业的燃眉之急，但并不是长久之策，中小型画廊欲想抵御风险的长期影响，仍需在主营业务上重力深耕，培育与维护新老藏家，积极扩展销路。

3. 艺术博览会：区域化特征突出

艺术博览会作为反映一级市场经营活动成效的重要场域之一，销售额的提升很大程度上得益于参展画廊的实地性聚集，由于全球疫情的限制性阻隔，2020 年仅有 130 余场艺术博览会举行现场活动，人员旅行受到空前的限制，因此在该年举行的艺术博览会更加突出举办地的文物艺术品市场特点，强调本土性与在地性的区域化特征得以彰显。

来自巴塞尔艺术展与瑞银集团联合发布的《2021 艺术市场》相关数据统计显示：2020 年有超过半数（58%）的画廊参加了当地艺术博览会，在 2020 年举办的艺术博览会中，超过 40% 的艺术博览会拥有 70% 以上的本地画廊。2020 年强调在地性的区域博览会采取了突出区域特点的发展策略，致力于发展本土艺术生态、推广本土艺术家并服务于本土藏家。区域性艺博会应对疫情也及时做出了平台网络化的转型，南美和东亚等地区的艺术受到关注，藏家群体不断扩大。这些区域性博览会与融合性的国际博览会一同构建了全球艺术博览会的多元格局。比如第 39 届艺

中国收藏
拍卖年鉴
2021

CHINESE FINE ART &
ANTIQUES AUCTION
YEARBOOK 2021

马德里（Arco Madrid）吸引了来自西班牙、秘鲁、古巴、智利和哥伦比亚等国家的209家画廊参展。为推动地方画廊的发展，艺术马德里于2016年便开始向展位不超过40平方米的画廊提供30%的场地费优惠，2020年则为第二次参加的主展区的画廊再给予15%的优惠。与此同时，艺术马德里提出了"共享展位"计划，鼓励来自不同地区的年轻画廊共用一个展位。这一创新举措不仅缓解了小画廊参加艺博会的成本压力，同时促进了参展商之间的国际对话，并为参观者带来新鲜感。同期，第三届1-54非洲当代艺术博览会在马拉喀什开幕，20家参展商中有14家来自非洲。1-54中的1代表着非洲大陆，54则代表着非洲大陆上的54个国家。正如其名称所寓意的，1-54艺博会为非洲地区搭建了文化与经济联系的桥梁，同时吸引更多本土藏家参与到非洲艺术的发展之中。又如圣保罗艺博会自2005年举办以来，已成为许多本土画廊每年的固定收入渠道之一。第十六届圣保罗国际艺术博览会（SP-Arte）向公众开放了其线上展厅，汇集了来自巴西本土以及拉丁美洲的1178位艺术家，参展商可自行对展位进行策划。作为重要的新兴市场之一，南美洲以及拉丁美洲地区的本土艺术生态正在稳健发展，并对女性艺术家和黑人艺术家等群体给予了同等的关注。

二 中国市场强韧趋稳，欧洲市场依势回落

由于文物艺术品一级市场更加依赖于面对面交易与可自由支配开支，因此全球疫情蔓延带来的强制性隔离和由此引发的经济衰退，极大降低了该年一级市场的交易活跃度。2020年全球各区域一级市场的交易活动均受到不同程度的影响，销售总额整体上同比上年缩减。

数据显示，2020年亚洲的一级市场销售总额平均下降11%，其中中国市场下降8%；美国市场下跌11%；非洲市场下降18%；欧洲市场下跌幅度最大，平均下降28%，其中英国和法国市场的销售额分别下降24%与32%[7]。以上数据表明，相比而言，疫情之下中国市场的抗跌性开始显现，美国市场随大势下行，欧洲市场上一年的看涨行市大势已去，在该年大幅紧缩。

1.中国市场凸显抗跌性，关注本土市场

在2020年，全球受到新冠疫情的影响，中国文物艺术品一级市场相比其他国家与地区市场跌幅最小，显示出较强的市场韧性。中国文物艺术品一级市场之所以呈现出较强抗跌性受益于经营方的积极应对与开拓。从中国典型的画廊聚集地来

7 Dr.Clare McAndrew,The Art Market 2020,An Art Basel & UBS Report,P58

看，北京的画廊整体上经营情况良好，从《2020 北京画廊报告》相关统计数据表明其中 60% 的画廊依旧保持良好的盈利状态，40% 处于持平或亏损状态。北京的画廊 2020 年一级市场的总体年度销售总额在 1 亿美元左右。该年能够参加 10 次以上艺博会的画廊，其中有 75% 的画廊年度销售额都在 1000 万以上，盈利良好。具体而言，2020 年北京画廊周，是上半年国内画廊行业中唯一举办的大型线下展览活动，共有 20 家来自 798 艺术区的画廊及 2 家非营利机构参展。相较上一届有较大的变化，首先是国际重要艺术家的个展明显减少；其次是缺少海外藏家的到场，辐射的观众人群较上年锐减；最后，影响最大的无疑是本届北京画廊周的销售成绩。但是，北京画廊周率先重启艺术项目，为行业提振士气、活跃气氛起到了良好作用。该年北京的画廊在本土化进程上继续前行，包括势象空间、站台中国等在内的画廊进一步发掘中国现当代艺术资源，通过发掘此前被市场忽略的中国现当代本土艺术家作品，举办系列展览与学术研讨，从学术梳理与市场营销两方面发力，完善该艺术板块的市场生态，对该板块市场的未来发展先行铺路，夯实基础。

另外，作为疫情暴发以来香港的首场线下艺术博览会，"UNSCHEDULED"艺博会于 2020 年 6 月在香港拉开帷幕。这场小型艺博会由香港画廊协会董事和 Rossi&Rossi 画廊负责人联合发起，10 号赞善里画廊、汉雅轩、德萨画廊、马凌画廊、狮语画廊和白石画廊等 12 家画廊协会的成员画廊应邀参加。展览期间产生的门票收入将部分捐赠给香港本地的慈善机构"牵手·香港"以支持抗疫工作，其余收入将回馈给参展画廊，以缓解其资金压力。"UNSCHEDULED"艺博会是香港画廊协会为应对疫情挑战的一个临时决议。画廊协会希望能够通过这次线下艺博会联合本地画廊一同渡过难关，使香港重新焕发艺术活力，并使藏家恢复对艺术市场的信心。此次艺博会取得了理想的销售成绩，印证了画廊的乐观态度：经过长时间的隔离期之后，人们对于艺术的渴望会增加。通过调研发现，白石画廊在展览开幕前已经售出了 80% 的作品，汉雅轩在开幕前也已有作品成交。中国香港市场作为连接国际与中国内地市场的桥梁，疫情当前香港本地画廊抱团取暖，创造更多销售的可能性，此种联合协作的模式为日后促进本地区市场销售提供了良好范例。

2. 美国市场随势而行，售方追随藏家脚步

美国文物艺术品一级市场作为全球行业的佼佼者，一直处于领先地位，大型蓝筹画廊遍布美国东西两海岸。疫情袭来，美国市场也随大势适应性调整，在艺博会举办数量锐减的情形下，藏家出行受阻，为争取更多销售机会，美国诸多画廊做出迅捷反应，将销售空间直接开设在高净值人群的聚居地，以便更近距离接触藏家群体，提高效益。

具体来看，2020 年，数十个大型国际艺术博览会和重要艺术活动受到疫情影响而取消，多数纽约画廊也被迫暂时关闭，一些画廊和艺术品经销商将目光锁定于东汉普顿（East Hampton），并建立起一个小型的画廊集群。佩斯画廊、凡德·威格画廊（Van de Weghe Fine Art）、斯卡斯泰特画廊（Skarstedt Gallery）都于2020年夏季在东汉普顿开设空间，以吸引来此躲避疫情和度假的藏家。东汉普顿在过去几十年中并未形成画廊业态，仅有哈珀书店（Harpers Books）、埃里克·费尔斯通（Eric Firestone）和罗斯与克拉莫（Ross & Kramer）等几家小型画廊。由于东汉普顿长期以来一直是美国高净值人群的夏季度假胜地，其中不乏大型拍卖行和蓝筹画廊的现有客户。2020年夏季疫情尚未结束，加之巴塞尔艺博会和威尼斯双年展等重要艺术活动被取消，高净值群体在东汉普顿停留更长的时间，这为画廊和拍卖行在此特殊时期促进线下销售提供了良好的机会。对于资金充沛的大型画廊而言，在此地开设新空间的成本仅相当于参加一次国际艺博会，激发东汉普顿地区的艺术活力。也应注意到，新画廊空间是否会长期运营下去仍需时间考验。

类似的季节性画廊聚集也发生在美国佛罗里达州。对于画廊来说，出于对艺术博览会频频取消、国际旅行限制和区域发展等因素的综合考虑，巩固和建立新的关系并促成交易至关重要。随着秋、冬季节的到来，越来越多的画廊宣布了在棕榈滩开设新空间的计划，其中包括纽约的老牌画廊宝拉·库珀（Paula Cooper Gallery）、佩斯、阿奎维拉、雷曼·莫平（Lehmann Maupin）和大型拍卖行苏富比等。针对此种情形可以发现，2020年夏季，美国画廊纷纷赶往东汉普顿地区开设新空间，希望借此机会抓住在该地区度假的高净值藏家。秋、冬季到来，美国的疫情仍在肆虐，度假胜地棕榈滩成了画廊的一个目标。为了达成更多销售，美国画廊如候鸟一般追随藏家，亦步亦趋，主动出击，实为应急之下的两全之策。

3.欧洲市场规模紧缩，区域沉疴日益显现

欧洲文物艺术品一级市场在经历了2019年的短暂辉煌之后，2020年的全球疫情为欧洲市场带来巨大冲击，区域沉疴日益显现，英国脱离欧盟、局部动荡等不稳定因素为欧洲市场的外部环境带来不利影响，作为欧洲市场的典型代表，法国与英国市场首当其冲。

早在2020年4月期间，疫情已对法国文化行业造成了严重影响，三分之一的法国画廊表示可能会在年底前被迫永久关闭。根据法国专业画廊委员会（Comité Professionnel des Galeries d'Art）对其279家会员画廊中的168家收集的数据显示，从该年三月到六月，与上年同期相比，法国画廊预计损失约1.7亿欧元。报告强调了文物艺术品一级市场的脆弱性，调查显示，超过半数的法国画廊拥有少于3名的员工，绝大部分代理的艺术家都不超过30位，并且这其中大多数画廊成立于2000年以后，属于关闭风险最大的年轻画廊。虽然法国文化部已承诺向资金困难

的画廊分发超过 200 万美元的补助金，但政府的补助不足以画廊长期应对此次危机。画廊的收入主要来自于艺术展和艺博会，但是从三月开始，随着弗里兹纽约、纽约军械库等大型艺博会的取消，法国画廊的收入也随之下降。易拍全球研究院通过调研发现，上述三分之一的法国画廊或因疫情永久关闭这样的担忧并非空穴来风，1992 年经济危机之后，法国艺术市场受到重创，46% 的画廊因此而倒闭。直到 1995 年，法国艺术行业开始有所恢复，三分之二的法国画廊却一直到 1998 年才开始盈利。如此看来，虽然法国曾宣布将原本计划的紧急救济资金增加一倍，但是法国画廊的境遇仍不容乐观。

由于全球疫情对一级市场传统业务的阻碍，以及英国脱欧给艺术市场带来的不确定性，英国市场也呈现紧缩的态势。2020 年，英国脱欧已成现实，基本全年处于脱欧过渡期，尽管在此期间，英国持续与欧盟进行贸易谈判，双方货物、贸易与人员流动均按现有规则进行，但在疫情的裹挟之下，英国一级市场也未能有效抵抗其冲击，伦敦地区大部分的画廊入不敷出，财务频频出现赤字，以布莱恩·萨瑟恩画廊（Brian Southern）为代表的年轻画廊、以玛丽安·古德曼画廊（Marian Goodman）为代表的老牌画廊等都在该年宣布关闭伦敦地区空间。对于文物艺术品市场而言，英国脱欧后文物艺术品的贸易流通将会变得更为复杂，在英国和欧盟之间的文物艺术品流通将需要提供更多海关登记文书、进出口许可证或欧盟的预先认证并支付更多关税，一定程度上对英国文物艺术品市场带来诸多不稳定因素与深远影响。

三 当代艺术交易活跃，古代文物艺术品板块降温

2020 年全球文物艺术品一级市场各交易品类的销售额受到不同程度的影响，数据显示：古代艺术板块销售额跌幅最大，同比下跌 39%；文物古董板块下跌 33%，现代艺术板块下降 32%，当代艺术板块降幅最小，同比收缩 20%[8]。相比之下，当代艺术板块仍是一级市场交易的主力，在全球 29.1 万家画廊中，有 70% 的画廊涉及当代艺术作品的经营。古代文物艺术品板块的市场交易在原本规模不大的基础上，该年进一步缩减。

1. 当代艺术板块仍为市场主流

当代艺术由于作品存世量基数大、藏家更易接近和了解艺术家创作情况、作品真伪更易辨别等多方面因素，入行门槛相对较低，因此当代艺术市场拥有更为广

---

8 Dr.Clare McAndrew,The Art Market 2020,An Art Basel & UBS Report,P60

泛的收藏群体，更易吸引新的买家入场。来自巴塞尔艺术展与瑞银集团联合发布的《2021 艺术市场》相关数据统计显示：新买家占据当代艺术市场销售总额最大，为 34%，尽管同比下降了 4%，但仍是该市场的主力，以上数据反映出当代艺术市场的较强吸引力。随着"千禧一代"藏家正成为一级市场的主要购买力，与"X 世代"乃至"婴儿潮一代"完全不同，他们关注的品类更易在多元的文化中找寻各自的契合，不仅仅是当代美术作品，他们也欣然接受了当代艺术设计作品，在当代设计作品的一级市场交易中，"千禧一代"是购买主力，有 71% 的"千禧一代"藏家购买了当代艺术设计作品，而"X 世代"和"婴儿潮一代"购买当代艺术设计的比例相对逊色，分别为 64% 和 56%。为了促成交易，售方总会投其所好，因此越来越多的当代艺术作品被发掘，也有更多的当代艺术新兴艺术家被市场培育，从 2020 年全球画廊代理作品阵容来看，易拍全球研究院通过调研发现，多数画廊代理的为在世艺术家，代理艺术家遗产的占据少数，即便是在代理的艺术家遗产中，大部分作品也是属于当代艺术领域的作品，鲜有古代文物与艺术品。当代艺术板块交易活跃，不仅受作品存世量较大、认可度较高等方面的有利影响，还与市场主力藏家关注的显著提升有重要关系。

当代艺术板块同样也是中国一级市场的主流，加之近年来中国对古代文物艺术品流通的监管日益完善，具有可靠溯源的古代文物艺术品大部分在仅有的数十家国有文物商店出售，且价值不菲，收藏门槛相对较高。因此，当代艺术市场在中国更为藏家所接受。以北京地区为例，北京画廊在艺术品经营品类上以当代艺术品为核心方向，95% 以上的画廊以当代艺术品的销售为主，5% 的画廊同时经营影像及摄影、水墨及经典绘画等。当代水墨作为中国当代艺术品中的特色板块，对于北京画廊来说，销售成绩同样占有一席之地，其中 5% 的经营当代水墨的画廊认为，它们在 2020 年在当代水墨板块的销售收入良好[9]。

2. 古代文物艺术品市场遇冷

2020 年全球一系列不稳定因素陡增，致使古代文物艺术品的一级市场遭受比其他品类板块更显著的业绩下滑。《2021 艺术市场》显示：在新买家的购藏额度中，古代艺术的销售额占比最小，为 26%，同比下降 11%。在古代文物艺术品市场规模日益缩小的背景之下，疫情的冲击以及经营不善使该市场的业绩缩减。

以文物与古董为主营特色的第 33 届 TEFAF Maastricht 2020（The European Fine Art and Antiques Fair，马斯特里赫特欧洲艺术和古董展览会）3 月 5 日在荷兰如期开幕，但因疫情严重提前闭幕。易拍全球研究院通过调研发现，本届 TEFAF 马斯特里赫共展出自全球 20 多个国家的 275 家艺术展商带来的 35000 件文物艺术品，作品横跨 7000 年的世界艺术历史。提前闭幕势必影响本届艺博会的销售成绩，也在一定程度上对该年全球古代文物艺术品板块的销售额带来不利影响。如果说 TEFAF 艺术博览会是由于不可控因素而导致提前关闭，那么该年在法国举办的巴黎双年展则是在经营沉疴与疫情突袭的双重压力下导致销售惨淡。来自易拍全球研究院调研结果显示：2020 年巴黎双年展在无法举办线下展览的情况下，其与佳士得拍卖行共同举办的线上拍卖会，共展出 8 个国家的 42 间国际画廊的 90 余件作品，较比往年线下展览规模严重缩水，最终只拍出了 150 万英镑，与预计的 700 万至 1000 万英镑目标相去甚远，为历年来最低销售额。巴黎双年展之所以呈现如此令人瞠目的结果，主要原因来自于自身经营的陈年旧病未能及时整治，多年出现信任危机，再遇疫情危机的持续，2020 年的展会只能转到线上。易拍全球研究院最新调研发现，2021 年 3 月，巴黎双年展正式宣布停办。多重不利因素致使全球古代文物艺术品市场在 2020 年的表现欠佳，疫情因素为该板块市场及时敲响了警钟，使得积攒多年的板块市场的顽疾示之于众，亟须从市场内部根源上加以调节与整治。

四　市场运营开源节流，数字化应用再升级

疫情蔓延，导致 2020 年全球文物艺术品一级市场的各主体比以往都更加注重市场的运营，在生存与开拓之间寻找平衡点。为了保持画廊能够长久经营，画廊主在运营上不得不开源节流、降耗止损；作为中间商的艺术博览会平台则依靠技术与资本的优势，多重措施并举，尽可能保证展会正常开展，加速数字化布局。

1. 画廊强本节用，侧重维护现有藏家

（1）多角度拓宽运营，多方位控制成本

针对 2020 年的市场情形，全球文物艺术品一级市场的经销商们对工作重心进行了调整。根据巴塞尔艺术展与瑞银集团联合发布的《2021 艺术市场》的相关调研数据显示：经销商们在 2019 年前三个业务优先事项中是参加艺术博览会、保持与现有客户的关系以及扩大画廊的地理范围；而在 2020 年发生了显著变化，经销商们的优先事项把保持与现有客户的关系放置首位，将网上销售与展览提上日程，并把降低成本、提高盈利能力作为仅次于网上销售的重点工作。从经销商们在该年的工作优先项的转变可以看出，一级市场的经营主体在适应性地强化内功，开源节流，寻找新路径积极扩展销售。

一级市场在拓宽运营业务上，一方面加紧开源，另一方面节流最大化。开源方面，

该年最大的特征就是实现"共赢"、促进画廊业生态发展的帮扶合作源源不断地出现。首先是蓝筹画廊的助力，卓纳画廊推出"Platform"计划，利用自身成熟的在线平台，分别和不同地方的中小型画廊合作进行线上展览；其次是各个画廊间的共同合作，由艺术经销商发起，包括高古轩、豪瑟沃斯和博伦坡在内的 60 家洛杉矶画廊联合创建了在线平台"洛杉矶画廊平台"（Gallery Platform.LA），此平台一方面主要通过提供资源为会员画廊创造销售机会，并为小型画廊的生存和发展提供帮助；另一方面是在洛杉矶的艺术生态系统中建构起社区，不仅加强画廊之间的联系，而且加强收藏家、策展人、非营利组织和其他相关角色之间的联系。对于画廊行业而言，生存的关键就是作品的销售，虽然疫情影响了整个文物艺术品行业的销售，对于藏家的信心及心态也有不同程度的影响，但对于优质的文物艺术品，藏家仍然会有收藏的意愿。所以，该年的画廊在作品销售方法与藏家服务方面的工作更加细致化，充分将作品与藏家有效对接，接受与拥抱新的销售渠道，争取更多业绩。

在经营困难之际，节流也是缓解企业压力的必然之举。不只是中小画廊，大型画廊也同样面临财政赤字的危机，并且短期内未能恢复到正常水平。所以，画廊进行裁员、降薪、休假等措施，是节流的应对性表现。在控制成本方面，一些画廊也出现逃离城市中心，择址郊区的现象。易拍全球研究院通过调研发现，越来越多的香港画廊逐渐搬离以 Pedder 大楼为代表的城市中心地区，众多画廊主将画廊迁移至郊区更大的空间中，因为在没有如此高的租金压力情况下，可以制定更具开拓性的发展计划。2020 年来自国际和亚洲地区的诸多画廊已纷纷登陆香港黄竹坑，黄竹坑是一块发展迅速的新兴地区，目前该地区已入驻约 16 家画廊。由于疫情影响许多画廊都面临资金问题，不仅是香港地区画廊做出了调整开支的转变，在纽约包括佩斯画廊、里森画廊等蓝筹画廊都选择入驻纽约以东的长岛富豪区汉普顿。不同的是香港正在尝试建立一个新的艺术聚集社区，纽约则是为适应疫情影响，选择在汉普顿开设实体展示空间会更接近藏家群体。像这样从中心迁移出的举动一定程度上代表了 2020 年行业活跃度受到影响的情况，也是行业积极寻找适应方式做出的转变。

（2）藏家服务精细化，维护现有客户群

在藏家服务方面，2020 年文物艺术品一级市场的经销商们将此前优先触新买家，转变为与现有的客户群体保持联系，不断精细化其服务，以便促成交易。由疫情引发的出行限制对画廊的传统运营方式带来了挑战，但部分画廊困中求变，利用画廊"空窗期"加紧完善藏家服务，如一些画廊在被迫限流期间，改造、升级了藏家服务室，有针对性地邀请藏家客户，举办小型沙龙和鉴赏活动，此举在很大程度上打消了客户群体在疫情下外出的顾虑。一些画廊还根据不同客户收藏喜好的特点，展示一些从未在展厅中展出的作品，从而更大限度增加和客户的互动性。对未能到现场观展的客户群体，积极布局线上展厅与实时直播，抓住一切与藏家建立联系与沟通的机会，甚至在作品完成交易的物流环节也亲力亲为，亲自完成配送服务，可见营销商的良苦用心。面对经营压力，一部分画廊可能难以为继选择离场，这也意味着会释放出相应的艺术家与藏家资源，而这些艺术资源会重新选择可值得信赖的画廊机构。因此，画廊若想在市场中长久生存发展下去，就必须未雨绸缪，根据外部环境的变化而做出内部的调整，藏家服务即是其中的关键。

就藏家群体而言，他们的收藏动机也决定了画廊精细化服务的方向，因此，画廊能够扣准买方市场的消费意愿脉搏，显得至关重要。藏家收藏文物艺术品的动机，受多重因素的驱动，《2021艺术市场》在对众多购买因素的调研中，有92%的购买因素是出于审美和装饰方面的考虑，有70%的因素是出于情感和个性的表达，66%的入藏因素是基于艺术作品的文化地位，65%的因素是为了对冲通货膨胀。因此，基于上述各藏家的收藏动机，画廊精细化服务就显得尤为重要，了解每位藏家的入藏诉求，才能更好地提升销售成效。

2.艺博会线上线下齐发力，多措并举护住基本盘

（1）线上线下结合，同步促升交易

由于受新冠肺炎疫情影响，2020年上半年国内各大线下艺博会纷纷取消或延迟举办，对艺博会市场带来了前所未有的挑战。为了应对危机，很多艺博会主办方积极向线上艺博会拓展，进而出现了一波"线上艺博会"的热潮。当博览会、艺术展等线下活动停滞之时，线上的展示与销售成了许多画廊与展会主办方的新方向。国际知名艺博会"巴塞尔艺术展"在取消了2020年线下展会后，相继于3月份和6月份推出两届线上展厅。尤其是第二届巴塞尔线上展厅，明显取得了更好的效果以及销售成绩。无论是对主办方还是参展画廊，都显得更加从容，也更乐于以这种形式呈现、销售艺术品。据易拍全球研究院的调研统计，参加第二届巴塞尔线上展厅其中的40家画廊销售总额创造了近7000万美元，销售作品数量超过200件，销售作品单价超过35万美元。这一销售结果已经可以与线下艺博会媲美。

在中国国内，该年二月发起的"2020春季·Collect+艺术周"，聚集了国内33家重要画廊、27家美术馆、24家拍卖行及60家媒体合作伙伴、品牌与机构，共同打造了中国首个"云端艺术周"。活动共分为四大板块：线上艺博会、云端展览、特别项目和新媒体探索。这不仅帮助画廊拓展线上交易新渠道，更是艺术品在线交易的一次探索，也是艺术产业云端运营模式的一次创新。从观众角度来看，线上展出的模式转变给大众提供了更加透明清晰的定价，拉近了潜在买家与艺术收藏之间的距离，进一步加强了艺术品市场的规范和透明度，参展商标注可接受的洽购价

中国收藏
拍卖年鉴
2021

CHINESE FINE ART &
ANTIQUES AUCTION
YEARBOOK 2021

格区间也为藏家和画廊节约了沟通成本。Hiscox 发布的《2020 在线艺术品交易报告》显示，2020 年 82% 的新藏家在线上购买了艺术品，这一比率在 2019 年仅为 36%。从画廊的普遍反映来看，线上模式给蓝筹画廊带来了许多新的可能性和推广平台的扩张，然而小画廊的反馈相对平淡。说明往日积累的客户和品牌价值在藏家线上购买时占据重要因素，并为艺术品带来了具有"保障性"的潜在价值。

线上艺博会的方式，能够覆盖触达更多潜在的客户群体，使观展人群不受时空限制，容易实现更广泛的影响，为收藏爱好者提供更便捷的购买渠道。但是，线上艺博会仍存在一些问题和限制，在实际体验感和即时性社交等方面无法替代线下，只能成为线下艺博会的一种拓展和补充。

（2）援助扶持利好市场，共度危机

为了保证艺博会能够如期举行，不影响展会规模与销售，2020 年多家国际性艺博会为参展商提供了援助与便利，尽可能完成更高的销售业绩。例如巴塞尔艺博会为参展商免费提供在线展厅，弗里兹艺博会也在第一场线上展会中为参展商免费提供展位。考虑到降低参展商成本，一些艺博会主办方鼓励让新画廊与来自不同国家的画廊共用展位。这种分享的趋势不仅仅是由于经济上的需要，合作会促进艺术家和参展商之间的国际对话，年轻的画廊更有合作的意愿，而且能为观众带来新鲜感。

在扶持艺术博览会方面，地处东南亚的新加坡则显示出自上而下的援助力量。原定一年举办两次的新加坡 Affordable Art Fair 艺博会，由于参展和销售逐年惨淡，缩减为一年一次。为扭转文化艺术领域困局，新加坡政府投入了 4.2 亿新元用于艺术和文化遗产领域，并推出一项新的政府计划，以振兴新加坡的文学、表演和视觉艺术产业。一方面，政府为项目主办方提供了场地和运维方面的资金支持，减轻其年度运营预算约三分之一的压力；而另一方面，政府也为艺博会筹集资金、提供场地，并支持其成为新加坡艺术周的核心活动之一。由于有了坚实的政府资源做后盾，尽管每届规模不大，但与其他近年来经营举步维艰的地方性大型艺博会相比，显得更为轻盈而出色。

放眼中国市场，藏家的聚集、国际画廊的入驻以及以西岸为代表的艺术品全球化交易链条的完善，使以 ART021 和西岸艺博会为代表的上海艺博会蓬勃发展，进而带动长三角地区艺术市场的繁荣。"艺术上海"继 2019 年成功举办了首届活动后，于 2020 年 4 月底开通了全年 365 天开放的线上博览会，集交易、欣赏、社交和资讯为一体，形成全新的"4（大功能）+365（天）"的展览交易模式。为减轻入驻机构的负担，"艺术上海"宣布免除两年的线上服务费，让画廊机构零成本入驻。另外，上海国际艺术品保税服务中心结合上海自贸区保税区政策优势和贸易便利，为 ART021 及相关客户提供高质量的国际物流通道、保税展示、布撤展和外汇等全流程服务，参展商还可获得自贸文投提供的优惠费率方案，包括艺术品展览后 6 个月免费保税存储、降低参展画廊运输及清关成本等措施。一系列援助扶持措施的实施，为艰难前行的艺博会提供了较强而精准的助推力。

中国收藏
拍卖年鉴
2021

CHINESE FINE ART &
ANTIQUES AUCTION
YEARBOOK 2021

2020 年全球深陷新冠病毒的疫情阴云之下，全球不稳定因素——逆全球化趋势、国际贸易摩擦、地方保护主义、地缘政治冲突等不断加剧。全球消费投资与出口受到抑制，经济增长速度大幅放缓。而全球文物艺术品二级市场作为一个需要稳定社会经济环境支撑的相对较小体量的行业，在经济大潮退却之时，极易成为被搁浅的行业板块。总体上看，2020 年全球文物艺术品二级市场呈现出以下特征：全球市场销售额下行，中国市场重回领衔地位；疫情加速行业格局分化，各层阶拍行持续推进业绩提升；进行经营策略与模式探索，以适应市场新变化；拍品价格下行压力显现，新锐市场备受关注；藏家结构进一步稳定，年轻化与多元化特征日益凸显。

一　全球销售再度紧缩，中国市场表现亮眼

1.全球市场量额双减，区域排名微调

2020 年全球疫情的迅速蔓延，致使全球文物艺术品二级市场在疫情发展初期被迫停摆，大量的线下拍卖会被延迟或取消，随着疫情防控工作逐步落实，防疫工作成效渐显，全球文物艺术品二级市场在变化中寻找转机，在线上线下积极开展拍卖活动，尽最大可能挽回损失。根据巴塞尔艺术展与瑞银集团联合发布的《2021 艺术市场》相关数据统计显示：2020 年全球文物艺术品二级市场公开拍卖总成交量为 3078 万件（套），同比大幅下降了 24%，成交总额为 176 亿美元，也同比锐减了 30%，为近十年来最低值。全球三大拍卖市场中心美国、中国和英国在 2020 年均遭遇了不同程度的销售业绩下滑，但依然保持主导地位，合计占市场总成交额的 81%，同比下降 3%。

　　具体到全球各区域市场，它们的排名发生了局部微调。2020 年中国成为全球文物艺术品二级市场的佼佼者，数据显示：该年中国二级市场总成交额约为 63 亿

美元，超过美国成为全球最大的市场成交额贡献者，占全球总成交售额的 36%。2020 年美国二级市场成交额连续两年下降至 50 亿美元，同比大幅紧缩 44%，占全球总成交额的 29%。英国市场的成交额下降了三分之一，达到 28 亿美元，占全球总成交额的 16%，仍处于世界第三位置。法国曾作为 2019 年表现亮眼的市场之一，在该年成交额也遭受下跌行情的影响，同比跌幅 35%，至 12 亿美元。在成交量方面，以最有市场代表的文物艺术品二级市场交易为例，美国在全球艺术品拍卖的成交量占比最大为 23%，中国紧随其后为 15%，英国同样保持第三的位置，占比为 12%[10]。整体来看，全球文物艺术品二级市场在 2020 年仍保持着基本市场分布格局，中国、美国和英国占据全球市场的绝大部分，是市场的主要领导者，同时在内部发生着细微的变化，中国与美国市场的互相较量是全球文物艺术品二级市场的看点。

2. 中国市场逆势而上，活力集中释放

放眼中国拍卖市场，2020 年遭受了诸多挑战，并在不断积极求索、开拓新局面。中国二级市场之所以取得较好成绩，一定程度上依赖于相关政策法规的及时跟进与实施。该年，中国国务院及相关部门继续推行"放管服"深化改革，在诸多政策上取得突破和推进，包括拍卖货款增值税发票主要问题得到解决，由行业协会制定的线上拍卖倡议与规范被广泛应用，减免进博会文物展销进口相关税收，简化文物网络拍卖标的审批程序，试点社会文物管理综合改革，专项打击文物犯罪活动等方面政策法规的出台，给予了疫情冲击下的中国文物艺术品拍卖市场更多的生存和发展信心。在业态建设方面，行业协会与企业共同配合，积极做好疫情防控，迅速建设网络拍卖，开展慈善义拍活动，举办相关论坛活动；同时组织开展文物艺术品拍卖风险管理课题，编制拍卖企业业务管理制度指南，印发防范被盗（丢失）文物流入拍卖市场通知，支持相关自贸区建设国际艺术品拍卖中心等措施，有力推动文物艺术品拍卖业态的完善。

相关政策法规的相继出台以及行业迅速布局线上市场，中国市场的活力在 2020 年厚积薄发。根据易拍全球研究院的调研数据显示：2020 年北京保利总成交额 55.7 亿元，其中保利网络平台专场 87 场，成交金额 2.04 亿，平均成交率 87%。15 周年庆典拍卖会及 2020 秋季拍卖会实现无延时同步拍。吴彬《十面灵璧图卷》成交价破五亿；文同、苏轼《墨竹卷》、傅抱石《二湘图》成交价破亿。2020 年中国嘉德全年总成交额 48.0 亿元，总成交率达 85%。其中书画板块总成交额 24.3 亿元，平均成交率 88%，继续领先全球中国书画类拍卖。年度网络新增客户同比增长

---

10 Dr.Clare McAndrew,The Art Market 2020,An Art Basel & UBS Report,P107

400%，网络端总成交额达 7.6 亿元，同比增长 936%。朱敦儒《暌索帖册片》、傅抱石《大涤草堂图立轴》成交价破亿，周春芽《春天来了》以 8625 万成交。在市场上沉寂多年的永乐拍卖，于 2020 年重整旗鼓，凭借其新主导人的雄厚资源，取得了的 33.1 亿元的交易额，超越华艺国际，成为中国第三大拍行。具体来看，在艺术市场面临困境的情况下，嘉德和保利拍卖的主要高价成交依然集中在中国书画板块，永乐拍卖则在油画市场发力。书画板块内部古代、近现代、当代三个板块中，古代板块明显走强。通过这种现象我们也能看到在市场危机中藏家更加倾向于价值更稳定的作品。然而，随着后疫情时代的到来以及线上艺术市场的深入发展，艺术品的投资方向、投资主体偏好必然会发生进一步的变化。与国外的线上拍卖市场相比，中国的线上拍卖市场具备巨大的上升空间。

二 行业格局赓续，业务重心专精

1. 头部拍行仍为主导，占据半壁江山

2020 年全球文物艺术品二级市场的行业格局延续此前的稳固状态，头部拍行仍占据市场主要业绩份额，不断深入与扩展业务领域，凭借其雄厚资本，开拓与占有更多资源。来自巴塞尔艺术展与瑞银集团联合发布的《2021 艺术市场》相关数据统计显示：拍卖市场的交易额高度集中在头部拍行，尽管主要的拍卖行在 2020 年的交易额都有所下降，但前五家拍行占全球公开拍卖总额的一半以上。具体而言，苏富比仍然为全球文物艺术品拍卖市场的成交额贡献了最大的份额为 35 亿美元，同比下降了 25%；佳士得紧随其后为 31 亿美元，同比下跌了 38%，跌幅显著；北京保利与中国嘉德的交易额分别位列全球第三与第五的位置；该年遗产拍卖行（Heritage Auctions）逆流而上，成交额为 8.7 亿美元，同比上涨了 6%。上述几家头部拍行在 2020 年的总成交额占据了全球文物艺术品二级市场总成交额的 55% 有余，统占市场半壁江山的形势显现。

另外，跨类别拍卖也成为该年的头部拍卖行进行拍品组合方式的全新尝试。新买家引领了一场在线艺术品消费热潮，大部分新藏家选择在线平台的一个关键标准是它的新鲜度。跨类别拍卖将古典油画、印象派及现当代艺术各板块作品，或是珠宝、手表等奢侈品结合在一个专场进行拍卖，大跨度的拍品类别能及时满足更多竞拍者的多样化趣味。该年 5 月 19 日，富艺斯正式启动首次跨类别在线拍卖；7 月 28 日，苏富比在伦敦举行跨类别晚间拍卖；8 月 14 日佳士得在香港举办首次跨类别亚洲艺术品在线拍卖；12 月 10 日，苏富比举办新的跨类别夜拍，展示印象派及现当代作品。各大拍卖行纷纷开展跨类别专场拍卖，体现出跨类别拍卖越来越成为拍卖行青

睐的拍品组合方式，主导跨类别的背后其实是拍场创造更多销售机会的需要。

大型拍卖行在 2020 年通过整合资源拓展业务领域。从近几年的艺术市场观察中可以看出，不仅是佳士得、苏富比、德鲁奥等实体拍卖行不断进行业务扩展，对数据库、信息库、在线交易平台进行整合收购，像 Auctionata、Artnet、Paddle8 等在线交易平台也在加速整合。新冠疫情带来了更严峻的市场环境，不仅加速了潜在的整合，甚至可能在实力较强的参与者中引发收购浪潮，包括试图建立更强大在线业务的传统拍卖行。可以预见的是未来拍卖行的服务范围还将涵盖艺术品研究、数据整合、藏品保存、鉴证修复、图像识别，价格数据库、金融资产等领域。

2. 中小拍行重力开拓，提升市场地位

在大型拍行不断占有更多市场资源的情形下，全球中小型拍行更加注重自身已有业务的精耕细作，在此基础上抓紧一切机会，开拓更多交易机会。

对于中小规模的拍卖公司而言，则面临着常态化发展的问题：文物艺术品拍卖市场自发调整了数年，从目前看来，市场的理性调整还在持续。如何顺利度过市场调整期，对于所有拍卖行都是极大的考验与挑战。随着市场资源的日趋集中化，中小型拍卖企业无疑面临着更为严峻的考验。在 2020 年年初，欧洲疫情尚未明朗，拍卖行业备受打击。在伦敦封城期间，拍卖筹备工作面临人手不足、场地有限等问题。鼎天国际拍卖因时制宜，推出"伦敦周拍"新模式。同时进行小程序同步拍竞投、电话委托竞投、微信委托竞投及各线上网拍平台包括易拍全球、拍库、胜乐典藏和 Invaluable 的竞投。易拍全球研究院通过调研发现：结拍成果显示成交率高达 95%。此次鼎天国际联合了众多线上拍卖平台，部分拍品在估价基础上翻倍成交。经过长期的模式探索、受众培养，加上疫情形势的推动，中低档拍品的线上拍卖模式已受到藏家适应青睐。在业务精细化方面，中国的中小型拍行重力深耕，在资源日益紧缺的情境中闯出一片天地。疫情冲击下，中小拍行为生存殚精竭虑，而文津阁拍卖的艺术教育类直播不仅侧重于学术性、公益性，且规模日益扩大，直播频率与场次逐渐增多。易拍全球研究院通过调研发现，文津阁此番深具学术性的公益直播行为是在为后期相关拍卖专场而设置的特殊环节，通过邀请业内专家学者对即将上拍的拍品进行学术化讲解，极大地增加了与客户的互动性与黏度，对促成交易产生潜移默化的积极影响。类似的学术化推广还体现在其他同等规模的拍行运营中，诸如道尔（Doyle）、弗里曼（Freemans）和北京荣宝拍卖等。

也应注意到，面对整个行业市场竞争的日益激烈，对于中小拍卖企业而言，以往被市场繁华下掩盖的拍品征集、招商、交割等方面的困境被放大，而克服这些困境、调整生存战略同样也成为它们得以生存下去的关键。在具体运营上需要做好明确定位，首先是专业化方面，要在某一门类上高度专注，形成专业品牌和影响力。

其次在区域化上，要在某一区域范围（城市）内，依托该区域的艺术资源、藏家群体、交易习惯和氛围，形成一个区域内的代表性拍卖企业。再次在资源化方面，要在某一艺术资源或客户资源上具有得天独厚的优势，但这种企业的可持续性较弱，一旦资源失控，就会失去市场份额。创新化方面则要在艺术门类、拍卖经营模式、资源整合等方面进行探索创新，提升企业活力和价值。

三　经营策略随势调整，模式适应新变化

1. 加强合作关系，资源互通有无

疫情期间，合作共赢、资源共享成为 2020 年二级市场的亮点。北京保利拍卖与富艺斯拍卖行于 2020 年底联手呈现"20 世纪及当代艺术秋季拍卖"专场，实现总成交额逾 5.08 亿港元，在刷新了 12 位艺术家拍卖纪录的同时，也创下保利香港拍卖和富艺斯香港现当代艺术板块历来单季最高成交纪录，这是双方融合资源、拓展模式的一次探索，为与更多跨地域、跨文化的合作关系的建立积累了经验。这也是东西方拍卖行在后疫情时代立下的联手服务藏家的良好示范，为藏家带来丰富的艺术呈现，同时搭建起贯穿东西方地域与艺术文化的交流平台。易拍全球研究院通过调研发现：2020 年，各大拍行加强合作的背后，也反映出文物艺术品拍卖收藏的全球化趋势更为明显，世界顶级拍卖行如佳士得、苏富比等，在征集拍卖资源时加重了其他国家及地区艺术品的比重，而收藏群体的审美风向也不仅仅限定于本民族的艺术品，像 2019 年东亚卡通风格在日韩及中国的流行，一些影像艺术、装置艺术甚至带来了大量流量和关注度，2020 年中国新晋的收藏家们对此并不排斥。在国际知名的博览会，如香港巴塞尔、英国弗里兹、瑞士巴塞尔等，也多了许多来自东方的面孔，其中不乏中国藏家。这些现象释放出一个信号，传统艺术审美的口味在与当代相融合，未来国内外的大型拍卖行在征集拍品、制定营销计划、推行艺术教育及客户培育等方面会越来越明显地体现这一趋势，全球化将成为一项重要的可持续的商业策略。

为了帮助画廊在疫情期间渡过难关，实现更多的在线销售，苏富比为合作画廊创建"苏富比线上画廊网络"（Sotheby's Gallery Network），提供了在线的"立即购买"（Buy-now）平台，此平台为每家画廊建立了独立的页面，所有作品公开定价。作为交易的一部分，画廊将根据实际销售给苏富比定额佣金，并且网站上展示的所有艺术品都要通过苏富比独家购买。此次合作，对面临生存挑战的画廊来说，可以借用苏富比的电子商务平台和销售能力实现更多的线上销售；对苏富比来说，在线上销售难以弥补线下销售的损失时，可以利用自身的平台获得部分佣金收入，且可

以接触到蓝筹画廊的客户获得更多买家资源。可以看出在时代的不断变化中，一、二级艺术市场的界限也逐渐打破，艺术世界更显现是一个强大的生态系统。在特殊时期也需要创造性地解决问题方案，以实现共赢。

2. 私洽业务再拓展，全方位促升交易

2020 年拍卖行加强并深入开展私洽业务。拍卖行的私洽板块因其独立于拍卖业务之外，且具有隐秘、灵活、迅速的特点，使得许多藏品转移到私洽板块进行交易。自 2000 年之后，拍卖行的私洽业务投入不断增加，私洽佣金占比不断升高，私洽总额占总销售额的比例不断增加。易拍全球研究院通过调研发现：2020 年苏富比公布私人销售创下历史纪录，私洽销售额比 2019 年增长 50%，私洽销售总额超过 15 亿美元。佳士得通过更新升级私洽销售平台以及聘请新的私洽销售主管，在2020 年共获得 13 亿美元的私洽销售额。保利香港也于 5 月举行中国古董珍玩及珠宝尚品部私洽会，多件文物艺术品于保利香港艺术空间亮相。拍卖行加强并深入发展私洽业务，体现出其扩展新业务以弥补利润不足的倾向。更多买家和卖家从公开拍卖转向了更为低调的私洽和一级市场，这成为公开拍卖总销售额萎缩的主要原因之一。实际上，拍卖行和画廊都在努力拓宽销售途径，一、二级市场之间的界限正在变得模糊。除公开拍卖以外，各大拍卖行纷纷在全球举办精心策划的展览，以展示时间更长、受众更广且交易更有弹性的方式保障成交率和交易额。

"私人洽购"一词对应"公开拍卖"而存在，其实质为议价交易，随着这些半私密性的交易不断进行，私洽业务逐渐被认定为辅助艺术市场成长的必要因素。每年春秋两季拍卖交易周期长，易造成资金、藏品的积压，不利于资金快速流通和回笼。而私洽则有利于解决粗放式拍卖活动无法照顾到的客户个性需求、降低成本以及保护隐私，将信息和资源进行合理的配比。同时一对一的服务代替了激烈的竞价、更低的手续费和佣金，这些都刺激了交易成功率的上升。毋庸置疑，私洽交易在市场低迷时可帮助市场恢复元气。但另一方面，也应注意到，现阶段存在缺少透明度较高的交易平台以及监管、保障体系，私洽安全系数较低仍为行业现实的软肋。艺术经纪人制度的完善，画廊市场的规范化也是促进私洽业务发展的必要因素。但收藏者应自己分析私洽与拍卖在流程上的差异，区分利弊，对洽购艺术品的价值高低、真伪良莠做到全面判断理性与谨慎是必要的。

3. 积极应对变局，加速数字化转型进程

2020 年突如其来的疫情打乱了二级市场的节奏，行业几乎被按下了暂停键，情急之下二级市场各主体积极应对，线上业态迅速形成。来自《Hiscox Online Art Trade Report 2020》的数据显示，在所调查的艺术品买家中，超过三分之二的藏家在 2020 年 3 月至 9 月期间在网上购买艺术品，高于 2019 年同期的 44%；调查

中国收藏
拍卖年鉴
2021

CHINESE FINE ART &
ANTIQUES AUCTION
YEARBOOK 2021

发现高消费的艺术品买家正在进入在线市场，29% 的在线买家表示，在网上购买了一幅画作的平均价格在 1 万美元或以上，11% 的在线买家表示，在网上购买过价值超过 5 万美元的艺术品。疫情当下，全球文物艺术品行业的线上业态迅速形成并初具规模，具体来看，国外拍行佳士得在 2020 年进行了 205 期在线拍卖，总成交额达 3.2 亿美元。7 月 10 日的拍卖中，佳士得利用网络直播，开创性地将全球不同时区的四大重要拍场：香港、巴黎、伦敦、纽约，置于同一时间内进行"ONE：现当代全球联合夜拍"，历时超过 4 小时的马拉松式拍卖，总计取得 4.2 亿美元的成交额。此次拍卖将全球中心市场相连，将拍卖的博弈性与网络的即时性相融合，是探索线下拍卖和网络、科技结合的实例。在当下拍卖行依靠精选的作品、创新的形式、流畅的体验及强大的担保，表明市场已经为新的销售形式和艺术品购藏的新形式做好了准备。放眼中国，以易拍全球为代表的科技企业，对疫情影响下行业停摆的现实积极做出反应，凭借其多年积淀的技术经验，迅速完善与升级线上业务，为国内外拍卖行提供技术支持与服务，在年初率先策划"春雷乍响·全球网络迎春拍卖销售"活动，迅速集结国内外多地的百家艺术机构，呈现数百场高品质的互联网拍卖销售会，涉及古董文玩、书画雕塑、珠宝尚品、西洋艺术品等数十种品类的上万件珍品。提供多元化交易方式，有直播拍、限时拍、同步拍、直购等方式，将科技与艺术品交易全面融合。易拍全球这一举措有利于行业共享商业资源，提高交易效率，降低销售成本，在市场各方通力合作之下，进一步拓宽拍卖资源，焕发市场活力。

另外，在新冠疫情蔓延背景下，艺术品市场的传统交易秩序被打乱，却在一定程度上推动了艺术生态的数字化进程。越来越多的藏家也对艺术品的估值业务愈发关注。这一业务在拍卖行内原本并不受重视，但随着全球经济不稳定性加剧，了解当下艺术品资产价值则成了许多藏家与艺术品投资者的共同意愿。社交隔离政策对艺术品估值业务造成了一定困扰，原本需要面对面进行的评估任务以 Zoom 等线上方式替代，但为了保证估值准确，专业人员的现场走访仍必不可少。在疫情特殊时期，这一业务线上化或许是无奈之选，但未来伴随大数据与区块链等技术的介入，艺术品估值会迎来全新面貌。

文物艺术品转到线上展、线上拍，虽然大多数人认为在线交易艺术品只是当下权宜之计，但随着线上拍卖活动的大范围开展，致使藏家的交易方式发生潜移默化地转变，由线下转至线上。文物艺术品线上交易的优势显而易见，突破时空局限、提高交易效率、降低成本，在某种程度上可以称之为区别于传统实体市场的新路径。但目前大额的文物艺术品交易体量并不多，原因在于，一方面是受支付通道限制，需通过第三方支付平台完成交易；另一方面由于文物艺术品比较特殊，鉴定是必要环节，尤其是对于高价标的文物艺术品，有意愿购买的藏家更习惯现场上手、细致考量。可以预见的是，随着 5G 时代的来临，文物艺术品线上交易将会更为活跃。

四　价格下行压力显现，交易品类各有侧重

1.价格趋降，高价位市场缩减明显

2020 年，根据《2021 艺术市场》数据统计显示，各价位的文物艺术品均出现了成交量与成交额的下降，尤其是成交价在 500 万美元至 1000 万美元之间的高价位市场，在该年经历了最大程度的下跌，跌幅高达 34%，市场紧缩程度明显。细分区域市场来看，中国、美国与英国基本占据了市场交易额的大部分，尽管该年在各价位的交易额皆有所下降，且越是高价位市场收缩越明显，不过，2020 年以上三大国家市场内部发生了细微变化。数据显示：成交价在 1000 万美元以上的高价位精品市场方面，中国的交易额与交易量均超过美国市场一个百分点，成为高价位精品市场的领衔者，美国退居二位，英国仍然保持第三的位置。细观中国市场，来自易拍全球研究院的大数据统计发现，2020 年在中国地区的中国文物艺术品交易也同样发生了高端市场降幅明显的局面，数据显示：该年中国地区成交的价值超过 500 万元人民币的中国文物艺术品数量为 1106 件（套），同比下降了 14.7%，成交额为 186.8 亿元，同比下跌了 5.9%，成交量与成交额同比下跌幅度差值拉大，一定程度上也反映出单件拍品的价格下降趋势。值得关注的是，2020 年中国地区的成交价在亿元以上的中国文物艺术品总成交量为 22 件（套），同比增加 5 件（套），成交额同比上升 25.0% 至 35 亿元，以上数据表明中国市场对高价位精品的追逐热度不减。

2020 年全球文物艺术品市场普遍面临拍品价格下行的局面，可视为市场交易双方做出的适应性调整。为能够促成最大交易，售出方尽可能让利市场，以便争取拍品变现，助力现金流的配置；在资金紧缺的关头，买入方也争取用较低的价格购入心仪的拍品。另外从该年的运行方式来看，大部分拍行部署线上交易活动，线上交易虽然保持了拍行的市场活力，但也在一定程度上对拍品能否拍出较高价格带来影响，由于线上交易的定价相对较低，较高价位的拍品成交一般在拍卖现场。因此，线上交易在一定程度上也是造成该年价格下行的诸多因素之一。也应注意到，近年来无底价拍卖大行其道，在 2020 年这一特殊年份继续发挥其功效。近几年很多拍卖行开始大打无底价策略牌，无底价拍卖越来越多地出现在大型拍卖行和两季大拍中。无底价拍卖将定价权交给买方，完全听任竞买人给艺术品重新定位，对拍卖行和委托人而言，无疑是最为便捷和有效的办法，由于没有保留价限制，无底价拍卖能够有效提高成交率,甚至达到 100% 成交。此番举措是众多拍卖行主动降低门槛，

让艺术品交易更加平价化、大众化的重要尝试，同时也能为下一波市场行情储备客户资源。

2. 现当代艺术仍属中坚，新锐市场初显活力

（1）现当代艺术板块为主流

2020的艺术市场中现当代艺术品市场引人注目。从2000年以来，现当代艺术品市场整体走势良好，价格不断上涨，在该年全球艺术品市场遭遇严峻考验时，以常玉、赵无极、肯尼·沙夫（Kenny Sharf）、班克斯（Banksy）、巴斯奎特（Basquiat）、曾梵志、基斯·哈林（Keith Haring）、奈良美智（Yoshitomo Nara）等为代表的现当代艺术家，作为中坚力量其市场依旧坚挺。来自巴塞尔艺术展与瑞银集团联合发布的《2021艺术市场》相关数据统计显示：2020年全球艺术品拍卖市场中现当代艺术板块交易额与交易量最大，皆占全球艺术品市场成交额和成交量的81%。

从拍场表现来看，嘉德香港2020秋季拍卖会共成交3.6亿港元，总成交率为75%，贡献最大的是二十世纪及当代艺术板块，成交额为1.2亿港元，占总成交额的34.1%。在7月8日苏富比当代艺术夜场的拍卖中，共上拍48件拍品，成功交易45件，成交率为93.8%，总成交额达5.9亿港元，创下了该专场成交额的最高纪录。其中大卫·霍克尼的《三十朵向日葵》以1.15亿港元成交价领衔本场拍卖，中国青年艺术家郝量和黎清妍均创个人作品最高价纪录，刘野作品也创下历史第二高价纪录。在该场拍卖中，可以看出西方艺术在亚洲市场的活跃度并未因为疫情或区域不稳定因素影响有所消减，亚洲、中国本土的当代艺术市场正在逐渐恢复热度，并出现了许多市场新人的高价作品，未来中国当代艺术是否会再创当年的"天价"记录，仍然有待市场考验，同时也与新一代藏家的收藏趣味、市场倾向相关。

（2）新生力量备受关注

放眼2020年全球文物艺术品二级市场，也应注意到疫情的冲击并未遏制拍场上新生力量的生长，易拍全球研究院通过调研发现，更多的80后新锐艺术家在2020年迈出了二级市场的第一步以及带有新生代潮流意味的作品也在被大量交易。

新人引发关注并不新鲜，但是他们的作品价格水平居高引人瞩目，一些艺术新秀的作品比一些有名的当代艺术家的价格水平明显更高。如今，当一名年轻艺术家拍出一件作品，同时受到评论界的好评并有展出机会时，那么准备为其买单的买家数量比过去会显著增多。一些年轻艺术家的天价作品引人瞩目，主要在于他们的作品喜欢探讨时下的如种族、性别、身份认同等热门话题。比如克里斯蒂娜·夸尔斯（Christina Quarles）的作品《Tuckt》在2020年12月8日在纽约富艺斯拍出了65.52万美元，是最高估价的6倍。2020年才进军二级市场的萨尔曼·托尔（Salman Toor）成绩更为抢眼，估价在10万至15万美元的油画作品《Rooftop Party with

Ghosts 1》12 月在纽约佳士得以 82.2 万美元成交，他的具象人物画迎合了当下的市场需求，社会文化运动对艺术市场的影响得以显现。易拍全球研究院调研发现，深耕当代艺术市场的富艺斯是创造这些新人拍卖纪录的主要拍行，在其纽约 "New Now" 拍卖会上，富艺斯引入了六位新艺术家，包括阿卡玛诺罗·奈尔斯（Arcmanoro Niles）、梅里克·卡拉（Melike Kara）、范·海诺斯（Van Hanos）等的作品均拍出了理想价格。尽管拍卖会是在纽约举行，但对这些新人的追捧并非美国藏家专属，他们的竞买者来自近 50 个不同国家，由此可见，新人市场正在受到全球藏家的关注。

近年来随着潮流文化不断涌现，与之相关的潮流艺术以及关注潮流艺术的藏家群体也正在出现，因此，为了迎合市场的新动向，拍卖行也设置了潮流艺术专场，最大限度满足潮流艺术收藏者的需求。在 2002 年 12 月 4 日，永乐拍卖的 2020 全球首拍便举办了 "国际潮流艺术专场"，包含国际潮流艺术和国潮两个部分，汇集达明·赫斯特（Damien Hirst）、杰夫·昆斯（Jeff Koons）、村上隆、丹尼尔·阿尔轩（Daniel Arsham）等国际艺术家各具特色的拍品，呈现时下潮流艺术的丰富多元性，体现潮流文化的全貌。此外，特别设置的 "国潮新势力" 板块，精选中国艺术家的小件雕塑作品及新生代潮流艺术的作品。第三方拍卖平台艺典中国在该年也举办了 50 余个潮流艺术专场，成交额超千万元。可以发现，潮流艺术板块及年轻艺术群体的潜力正在被拍行关注，并在不同程度上对藏家予以积极的指引。

五　藏家结构趋于稳定，新消费群体正培育

1. 购买主体分层明晰，"千禧一代" 渐成主力

全球疫情蔓延，虽然一定程度上分散了收藏者对文物艺术品收藏的注意力，但与此同时，一些收藏家也显著提高了对文物艺术品的认识，积极地推动了文物艺术品市场的发展，并对处于生存危机期间的企业、艺术家和博物馆伸出援助之手，大多数收藏者仍继续积极参与文物艺术市场的收藏活动。根据 Artsy 发布的《艺术收藏 2021》（Art collecting 2021）数据显示：超过 68% 的收藏家表示，他们在 2020 年里购买的艺术品不比其他年份减少，甚至入藏更多[11]。不同年龄段的收藏群体，他们关注的品类各有侧重，分层明晰。根据巴塞尔艺术展与瑞银集团联合发布的《2021 艺术市场》数据统计结果显示："婴儿潮一代" 更加关注文物古董类作品，所占比例为 78%；有 87% 的 "X 世代" 藏家群体对艺术作品（含绘画、雕塑等）予以最大的关注；而 "千禧一代" 藏家则对装饰与设计艺术作品情有独钟。决定不同

---

11 Artsy, Art collecting 2021, P7

中国收藏
拍卖年鉴
2021

CHINESE FINE ART &
ANTIQUES AUCTION
YEARBOOK 2021

年龄层次购藏不同品类文物艺术品的因素诸多，其中主要来自于上述收藏群体的受教育程度、财富积累速度，以及对社会文化认知度等方面的各异。也正是因为这些多样化的因素，造就了二级市场藏家群体鲜明的分层特征。

在 2020 年，在文物艺术品市场消费最高的是"千禧一代"的藏家群体。《2021艺术市场》数据显示，该群体在文物艺术品市场投入的中值为 22.8 万美元，分别比"X 世代"和"婴儿潮一代"高出 10.6 万美元和 11.9 万美元。"千禧一代"在文物艺术品市场投入超过 100 万美元的支出份额从 2019 年的 25% 上升到 2020 年的30%。在购藏渠道上，有 54% 的"千禧一代"藏家选择在二级市场完成交易，这一比例也分别比"X 世代"和"婴儿潮一代"高出一到三个百分点。"千禧一代"逐渐成为二级市场购买主力的原因是多方面的，从他们的经济实力来看，他们的经济基础在不断丰厚，在行业新领域快速积累财富；此外，"千禧一代"的成长伴随着互联网的诞生和发展，相较于上一代，他们更注重对消费格调的追求，是有着前卫、个性潮流的收藏群体，也更注重新鲜感的体验。"千禧一代"的收藏家不再是传统意义上的艺术品收藏者，与上一代收藏家相比，他们勇于接受新事物，表达着时代新共识和新需要，而 2020 年文物艺术品线上市场的高度活跃，也迎合了"千禧一代"的购买习惯。

2. 收藏群体年轻化，入市动机多样化

文物艺术品二级市场进入新的调整期之后，买家群体年轻化的步伐进一步加快。在拍卖市场，经济发达地区的中青年高净值人群成为拍卖市场的强势买家群体。这是文物艺术品市场的参与人群进行更替的必然结果，也是产业发展过程中推陈出新的大势所趋。在文物艺术品藏家人群的更替过程中，不乏子承父业者，也有新加入艺术收藏的高净值群体。而多元收藏途径的拓展、新型收藏方式的应用，使得越来越多的年轻人能够更加便捷地认识文物艺术品市场，从而能够更容易进入收藏群体中。其中，依托互联网发展起来的新型艺术品市场交易平台，具有选择性更广、参与更便捷、功能更完善等优势，在适应时代发展要求的同时，也吸引着伴随互联网成长起来的年轻群体。除了新型的交易方式之外，新的价值取向、新的艺术样式也是吸引年轻群体参与的重要内容。与此同时，也可以发现，年轻一代收藏家正在有意识地集聚成群体，并积极地通过媒体有计划、成规模地开展一些包括论坛等在内的宣传活动，开始尝试发出自己的声音，也于无形中确立自身的位置。二级市场收藏群体的年轻化趋势，也与拍卖行在全球的作品征集和销售策略有关。诸如佳士得香港在内的诸多拍行近几年已注意到藏家趋向年轻化的客观现实，因此拍行通过开发一些符合该层次藏家群体的特别专场，专场中拍品品类多元化、着重在现当代艺术板块发力、起拍价格相对较低，吸引年轻藏家的加入。

收藏者们一系列收藏文物艺术品的行为受到多种因素的驱动，并与市场产生互动。来自 Artsy 发布的《艺术收藏 2021》相关数据显示：2020 年，超过 67% 的收藏者购买艺术品的主要原因之一是基于进入收藏领域的愿望；58% 的收藏者是为了装饰空间；47% 的收藏者的收藏动机是为了支持艺术家；46% 的收藏者为了受到启发而收藏。另有 42% 的收藏者表示，投资是他们收集艺术品的主要原因之一。尽管数据是对整体文物艺术市场收藏者的收藏动机调研，但从一定程度上反映出处于二级艺术市场收藏者的入市收藏动机。为了满足进入收藏领域这一最本质的愿望占据了收藏者的大部分，另外出于对文物艺术品自身的功能性考虑，它们的装饰功能、审美、启发功能及经济价值功能也被列入大部分收藏者考量的范围。

中国收藏
拍卖年鉴
2021

CHINESE FINE ART &
ANTIQUES AUCTION
YEARBOOK 2021

2020 数字化转型

Digital Transformations in 2020

新冠病毒肺炎疫情的全球蔓延，致使各行各业均受到不同程度的影响，同时也促使文物艺术品市场经营主体在积极思考如何在此环境下探索出新的运营模式。尤其是疫情暴发初期，在"隔离"政策的条件下，全球文物艺术品市场经受了巨大考验：博物馆、艺博会、画廊和拍卖行暂时关闭实体空间，世界各地的重要艺术活动受到限制，文物艺术品市场一度陷入低谷；另一方面，高速发展的信息化时代的到来，将激发文物艺术品市场潜力，行业积极布局未来文物艺术品数字化市场，利用物联网、大数据和云计算等技术，在线上交易、观展体验、学术研究等方面持续深耕。它们从自身诉求出发，探索数字化转型的可能性。尤其是在线下成本进一步加大文物艺术品交易阻力的情形下，数字化运营的优点日益凸显出来。文物艺术品行业行至时代的拐点，数字化转型成为必然趋势。

一 疫情突起，数字化转型优势凸显

在全球文物艺术品行业陷入停摆之际，通过线上活动的开展，一定程度上弥补了线下活动暂停造成的影响。一级市场方面，数字化转型成为头部画廊与中小画廊的破局之需。2020年3月，香港巴塞尔艺博会迫于疫情防控压力，取消实体活动，首次移步线上，超过90%的艺术画廊参展，网上展示的作品总价值约为2.5亿美元，体量庞大。香港巴塞尔艺博会通过"在线空间"（Online View Room）技术，吸引了25万参观者进入线上博览会，而2019年香港巴塞尔艺术展的实体参观者不足9万人。更重要的是，线上博览会消除了空间限制，这给小画廊或机构带来更多的机会——在实体博览会中，藏家由于时间有限，主要精力会花在大画廊的展位上，分布在角落的小画廊难以得到足够关注，而在线博览会打破了这一限制，藏家可以在短时间内快速浏览所有的参展画廊，并通过条件搜索等方式，迅速找到自己心仪的作品，对于小画廊或机构无疑是一个利好机遇。在意识到线上空间的可行性之后，一些行业内有影响力的大画廊，如豪瑟·沃斯、高古轩、卓纳等画廊，开始研发线上展厅，作为实体空间的补充。通过线上平台寻找更多潜在藏家，培养新的藏家群体，对藏家关系的紧密维护依然是各大画廊的重中之重。

二级市场方面，疫情导致线下拍卖停摆，但市场需求仍在，买家和机构都自发向线上聚集，拍行对网络拍卖提起了前所未有的重视，视线上拍卖为破局之道，对于自主线上交易平台需求激增，易拍全球作为国内首屈一指的科技公司，加急为国内外数十家拍行开发小程序、app 等拍卖通道，积极推动整个行业的数字化转型进程。

文物艺术品拍卖行的数字化转型速度因近几年的技术积累而变得更为迅速。从国际市场来看，主要是由资本市场推动行业数字化转型，比如头部拍行佳士得、苏富比等拍行均在 2020 年大幅度提高在线交易的比例，在线交易的成交量与成交额占比增幅平均上升了 20.6 个百分点。中国市场方面，国家在 2020 年对全国各领域的经济市场均推出全面的扶持政策。3 月初，北京市文物局出台了相关应对政策，正式印发《北京市文物局关于新冠肺炎疫情期间支持文物拍卖企业依法开展网上拍卖的意见》，鼓励更多文物拍卖企业开展网上拍卖，变网络拍卖标的审核为告知承诺，同时，拍前申报审批、拍后报备事宜也将采取全程网络化的方式进行，精简了申报材料，助力拍卖企业有序复工。中国拍卖行业协会拍协、北京拍卖行业协会拍协也及时发出倡议，防控疫情，鼓励在线拍卖。在相关政府部门及协会的引导、组织、号召下，2020 年全球中国文物艺术品线上拍卖市场呈现另一番景象，量额双增，上升显著。2020 年全国中国文物艺术品线上拍卖市场（纯网络拍卖）总成交量约为 6.2 万件（套），较 2019 年增长近 45 倍之多；总成交额为 18.3 亿元，较 2019 年也增长了约 35 倍，涨幅显著。国内行业的数字化转型保障了行业存续发展的资金链，并在 2020 年内全国文物艺术品行业迅速转型，陆续应用在线交易数字平台，以北京保利、中国嘉德、北京荣宝等大型拍行的数字转型为起始，市场经营主体大范围实现了网络化、数字化运营的转变。

2020 年下半年，文物艺术品整体行业数字化转型逐渐进入系统化、规模化，观展、拍卖、博览会、学术论坛等一系列活动均可通过线上形式进行。一级市场方面，画廊可实现线上与线下空间并行，在线销售功能助推画廊数字化，拓展作品销售渠道。二级市场方面，海内外拍卖行可充分利用限时拍、同步拍、直播拍等功能模式，为客户提供电子图录、保证金交付、在线同步参拍、竞投直播、大额支付等一站式竞拍体验。各大美术馆可基于展览、预约、票务、直播等功能打造自己的在线系统，在线下复工复产开启后，根据自身特点进一步开展 AI 展厅导览、VR/AR 技术增强观展体验等服务。新的市场形态变革发展，也带来新的发展关注点，从科技服务体系的建立与提升、监管执行的智能化需求、数字信息的规范与监测等方面，都对新的数字时代提出了新的发展要求。

二 线上交易增长显著，行业呈现新业态

疫情导致的"隔离"政策，不仅造成短期文物艺术品市场供给端的严重不足，对于藏家和艺术爱好者来说，正常的出行也受到了极大影响。线上成为疫情状态下唯一的观看和购买途径，使得2020年线上成交额获得井喷式增长。根据艺术巴塞尔与瑞银集团联合发布的《2021年艺术市场》中的数据显示：2020年全球文物艺术品在线销售额达到创纪录的124亿美元，在接受调查的高净值藏家中，90%的高净值藏家登录过艺博会的在线空间，其中72%的人认为在浏览艺术品的价格及信息方面，线上方式是必不可少的，在线浏览可在短时间内了解作品信息和价格区间，省去了线下的沟通成本，极大提升了效率。在文物艺术品拍卖领域，22%的拍品在2020年仅支持在线销售，份额是2019年的两倍。在2020年在线销售的报告中，约有32%的在线用户为新买家。对于年销售量在25万美金以下小画廊和机构，新买家的占比更高，达到购买总人数的43%。但由于新买家的单件藏品价格较低，新买家较多的画廊并非是销量最好的机构。购买高价艺术品的藏家主要来自于已经熟悉在线购买的群体，占购买总人数的46%。在线上转型进程中，高端艺术品的销售并未受到太大影响，但整体市场在下沉，单个藏品的价格下降，藏家入门购买的门槛降低。年销售额在1000万美元以上的画廊表示，增强在线内容质量对提高销售额有明显的帮助。根据Artlogic对1000个画廊的统计数据显示：从2020年3月到12月年底，由于对线上内容的更新和丰富，浏览画廊的线上空间的人数增加了30倍，这带来了75%的客户增长和65%的线上销量增长。

根据《2021年艺术市场》调查显示，即使线上销量获得显著增强，但66%的高净值藏家更喜欢参加实体展览，与艺术作品面对面带来的直观感受，依旧无法通过数字化来代替，只有两成左右的人认为线上可以代替线下展览。这样的结果是基于高净值藏家常年的购买习惯和现阶段的数字化技术的应用得出的。藏家的品位导向和购买习惯的养成是一个长久的过程。随着数字化转型的深入带来的更良好的体验，以及年轻藏家的不断壮大，观展以及购买习惯在逐渐改变，尤其是在在线观众和交易额屡创新高的情形之下，各个机构都在积极普及数字化，同时强化社交功能和场景体验，这从根本上创造了藏家在线观看和购买的可能性，为未来数字化的进一步发展奠定了市场基础。

三 藏品类型扩充，长期持有需谨慎

文物艺术品行业数字化转型不仅迎来了"千禧一代"以及"Z一代"的藏家，同时也带来了他们收藏的个人喜好的变化，随着主力消费群体不断年轻化，藏品类型也不断扩充。在珠宝、艺术品、传统画作之外，球鞋、潮流玩具、相关艺术衍生品等潮流文化的产物逐渐成为重要的收藏类别。虽然对潮流文化的作品是否是艺术品的讨论一直在继续，但不可否认的是，其商业价值正在不断扩大，并成为收藏领域的一个全新品类。以潮流玩具为例，它以涂鸦文化、动漫元素为创作蓝本，从20世纪90年代开始，一些艺术家利用玩具这种媒介来表达对社会更深刻的讨论，同时创作出了"潮流玩具"（designer toy）这一概念，深受年轻一代喜爱。以手办和盲盒为例，根据京东大数据显示：2020年，"1995后"的藏家在手办和盲盒的成交额增长比全体用户增长分别高出618%和235%，预计到2024年盲盒市场规模将达265亿元。

潮流玩具由于题材的优势，一般是基于流行文化，这些作品的传播很大程度上得益于网络，作品的接受度高，艺术家所创作的作品，更贴近生活。所以潮流玩具一经推出，便引起了年轻消费群体的格外关注，拥有数量可观的追随者。在最开始的一段时间，它只被看作是一种高级的潮流商品，艺术家通过发布限量版来使作品变得珍贵。虽然价格不菲，但距离传统艺术品的价格还是有一定距离，潮流玩具弥合了艺术收藏家和投资者之间的差距。以潮流玩具领域的代表性的潮流艺术家KAWS的作品为例，他的作品以有趣的流行文化人物为基础，并加上极具特色的标识，包括米其林人、辛普森一家等形象，深受年轻人的热烈追捧。2016年，在美国得克萨斯现代美术馆的KAWS展览中，艺术家发布了公开限量版玩偶，这使大批年轻人成为收藏家，其中不乏著名歌手、影星等簇拥者，明星藏家的文化效应带动粉丝群体加入到收藏潮流艺术的行列，进一步扩大了市场规模。纵观2020全年，高端品类潮玩受疫情影响较大，但整体市场在下沉，低价格潮玩藏品更受年轻藏家欢迎，"数字化运营＋潮玩"的组合势必将成为未来画廊和相关机构吸引新藏家的强有力方式。

数字化技术，不仅是服务于艺术的工具，同时也可以转化艺术本体。当区块链技术蓬勃发展时，区块链与艺术品结合的结果，产生了NFT艺术，NFT全称为"non-fungible Token"，中文名为非同质化通证。NFT艺术的概念具有抽象性，它没有实体形式，也就意味着拍卖行无须运输、拍照和分类。它是一个完全数字化的艺术品，转化为一长串不可替代的字母和数字，被存入一个数字钱包里。通过这种独特的载体，避免了物理世界艺术伪造的可能。任何艺术家的数字作品，只要以

NFT 形式存在，它便是独一无二的，甚至连创造者本人也无法篡改、复制，具有唯一的稀缺性，从根本上解决了文物艺术品交易的确权、溯源和流动性问题。NFT 艺术形式的种类也越来越宽泛，它不拘泥于图片形式，可以是动图 gif、影像，也逐渐发展出了可编程的艺术品形态。尤其在艺术品确权方面，NFT 艺术可追溯到每一次交易信息，艺术家可通过每次交易获得一定比例的分成。由于 2020 年新冠疫情对实体经济的影响，画廊、拍卖行等艺术机构都相继暂停线下交易，这种情形极大地为 NFT 艺术市场的发展提供了充足的空间，人们纷纷把视线投向了线上选择艺术品，据 NFT 统计网站 Nonfungible 显示，2020 年各个类型的 NFT 共售出 500 万件 NFT，总销售额近 1.5 亿美元。虽然和传统艺术市场相比市场份额仍然很小，其快速发展值得引起注意。一时间，名人、艺术家纷纷创作 NFT 艺术，作品价格水涨船高。对于很多人来说，购买 NFT 投机行为的因素要远大于对作品的欣赏，NFT 的火爆却是一直无法与投资回报分开。但最终来说，NFT 只是载体，核心是其背后的艺术价值的发现，这是从长期角度决定 NFT 艺术价值的最终因素。虽然 NFT 艺术在全球文物艺术品数字化转型中是一次有价值的尝试，且未来充满不确定的机会。但无论从长期收藏和投资的角度来看，投资 NFT 艺术的金融风险较高，藏家还需谨慎观察，进一步了解。

四　转型面临新竞争，品质是优势所在

对于文物艺术品的数字化转型，一些互联网公司也在积极布局，在未来不可避免将与文物艺术品市场形成竞争关系。如国内的阿里拍卖，国外的 ebay 等公司不断发力，开拓在线拍卖市场。对于阿里拍卖，它的优势在于可依托阿里旗下的各个领域的资源，助力在线拍卖事业。首先阿里拍卖在平台搭建、物流等方面有着得天独厚的优势，并凭借大数据分析，可对买家和藏家的信用级别做出评定，以保证交易的诚信。同时，利用强大的资本做保障，在推广阶段实行零佣金政策，使买卖双方进一步获利，并对买卖过程中的交易提供金融服务，如果买家资金不足，可接入支付宝进行贷款服务，帮助买家进行资金垫付。这些服务超出了传统拍卖行业的范畴，成为互联网公司未来在线拍卖领域竞争的优势所在。但也应注意到，由于文物艺术品不同于普通消费品，具有一定的购买门槛，因此，此类互联网平台在如何引导更多潜在用户购买文物艺术品，如何对所售文物艺术品的质量与品位进行严格把关等方面仍有诸多问题需要解决，传统的互联网电商思维难以应对。对平台的自身建设与藏家群体的发掘，需要一个长期积淀与培养的过程。

由此看出，数字化转型带来的领域间的融合，也将带来其他行业的挑战，这些

企业由于所处行业的优势，在大数据、VR、网络平台等方面有着得天独厚的优势，同时借助自身业务的多元化进行资源整合，推出更加全面的服务项目，对于现阶段的文物艺术机构的数字化转型，这些互联网公司具有优势。但同时也要注意到，文物艺术品的品质方面的把控优势依旧掌握在传统艺术机构中。

在文物艺术品行业的数字化转型中，仅仅技术上的革新远远不够，需要充分利用该行业数字化方面的政策制定、实施、反馈等过程中的积极作用，更要找准与其他产业深度融合的切入点，推动文化产业与其他产业跨界融合，形成"文化产业+"的创新之路；同时利用大数据分析技术了解消费者真实需求，判断文化消费流行趋势；让科技引导文物艺术品行业发展，在体验、观感、交互等方面为观众提供轻松、舒适的文化体验。在业务核心上与其他行业的公司形成互补，最大限度避免竞争关系，最终建立起全新的产业链、生态链、价值链，让数字化转型推动文物艺术品行业整体升级。

五 政策为转型保驾护航，数字化发展恰逢其时

全球公共卫生危机不仅迫使经济面临下行压力，对文物艺术品行业也提出了加速数字化转型的要求，但在短时间内的大规模转型并不容易。首先，数字化转型涵盖的知识领域广泛，由于从业者们习惯于线下经营的传统模式，对跨领域、跨行业的技术缺乏准确的认知，从而对转型缺少积极性。另外，在转型中，由于传统机构存在缺乏数字化运营能力、运营资质、无流量积累、用传统思维开展数字化业务等问题，解决以上问题，需要在吸收数字化专业人才和数字化资源拓展上增加成本。对于拥有资金和技术支持的大机构来说，转型成本是在可控范围内的；但对于依赖线下销售的小画廊和拍卖行等机构，它们的生存和转型更值得关注。特殊时期，大规模的转型不能只依靠市场自由调节，需要宏观政策对转型的方向提供指导和帮助。对此，国内相关机构第一时间出台扶植政策，助力文物艺术品产业全行业转型，并为未来产业发展探索可能。

2020年2月13日，中国拍卖行业协会发布《关于应对新冠肺炎疫情支持文物艺术品拍卖企业开展网络拍卖的公告》，《公告》指出，在艺云、易拍全球、雅昌得藏在线拍等机构在技术服务、功能创新、费用减免等不同方面全力支持全国文物艺术品拍卖企业采用网络方式开展拍卖活动。中拍协发挥引导和桥梁作用，与相关网络拍卖平台和技术服务机构共同助力拍卖企业建设自身网拍平台或通过第三方平台开展网拍活动，帮助缺少相关技术支持的公司和机构可以继续维持运转，做到产业内资源最大化整合。在政策支持下，全面助推产业数字化，到2020年年底，此类

数字化平台已为 3000 多家艺术机构及个人搭建了数字化软件系统。

2020 年 11 月 26 日，文旅部发布关于《文化和旅游部关于推动数字文化产业高质量发展的意见》，该《意见》以推进数字经济格局下的文化和旅游融合发展，促进文化产业与数字经济、实体经济深度融合，构建数字文化产业生态体系为原则。深入推进"互联网+"，鼓励互联网平台企业与文化文物单位合作，探索流量转化、体验付费、服务运营等新模式；支持文化文物单位与融媒体平台、数字文化企业合作，运用 5G、VR/AR、人工智能、多媒体等数字技术开发馆藏资源，发展"互联网+展陈"新模式，打造一批博物馆、美术馆数字化展示示范项目，开展虚拟讲解、艺术普及和交互体验等数字化服务，提升美育的普及性、便捷性。该《意见》在文物艺术品产业平稳度过疫情危机后，对未来的发展又提出了进一步要求，数字化转型并非是应对疫情的短时期策略，而是将一直伴随产业发展的科技革新。文物艺术品行业数字化转型长期动力，来源于人们对精神文化需求的日益强烈和科技飞速发展的结合。在此浪潮中，各个产业的边界将进一步被打破，文物艺术品行业与其他行业如互联网、旅游、教育等行业进行合作，"跨界"将成为常态化，对复合型人才的需求也将进一步增大，同时各机构要着眼于未来，提早为未来的深度数字化转型进行布局，迎接更为激烈的竞争和挑战。

新一轮科技革命和产业变革孕育兴起，带动了数字技术强势崛起，文物艺术品大数据解析、人工智能等前沿科技，势必将全面应用于文物艺术品流通、追溯、鉴赏、鉴定等各个应用场景。随着 5G 时代的到来，线上文物艺术品交易中几乎每个环节都面临着突破的可能。区块链、大数据的应用，将促进文物艺术品溯源鉴证体系更加完善；在增强现实、虚拟现实方面的应用，将为藏家在线上交易或者鉴赏文物艺术品时，获得极其逼真的沉浸式体验。随着互联网越来越深地介入人们生活的方方面面，行业数字化转型终会融入互联网大生态中，与市场活动越来越紧密地结合在一起，不断催生行业发展新形式与新业态。

Chapter 2
Chinese Antique and Art Collection Market

第二章 中国文物艺术品收藏市场

中国收藏
拍卖年鉴
2021

CHINESE FINE ART &
ANTIQUES AUCTION
YEARBOOK 2021

2020 大众收藏
Ordinary People Collection in 2020

中国大众收藏的群众基础广泛，历史悠久，对文物艺术市场的景气度具有重要影响。近十年来，中国大众收藏经历了一个高速发展的时期，收藏群体数量不断增加，收藏者的知识储备不断提升，各细分品类市场成交活跃，收藏已成为大众喜闻乐见的休闲文化活动。2020 年，受新冠疫情影响，大众对收藏的关注度一度大幅减弱，持观望态度的藏家比例增多，行业发展受到阻碍。针对相关问题，相关部门从国家层面积极引导与规范民间文物艺术品流通市场，不断出台新政策为大众收藏保驾护航。同时，文物艺术品线上拍卖、直播、短视频等交易模式在 2020 年发展迅猛，丰富了大众的购藏渠道与体验形式，也为文物艺术品产业带来了多元化的发展方向。在总体景气值下降的背景下，瓷器、玉器等板块市场维持稳固，古籍文献板块热度攀升。根据易拍全球研究院调研，2020 年大众收藏整体市场规模有所收缩，其中低价位藏品成交量走高，市场继续下沉，高价位板块逆市上升，藏品保值性受到高度关注。在特殊时期，大众收藏群体关注的购藏品类发生了变化，收藏群体进一步扩大，从整体上看，大众收藏向好发展。

一 有利政策相继出台，促进收藏市场全面发展

随着我国人民生活水平不断提高，文化需求日益增长，文物艺术品收藏和交易活动长期处于快速增长的趋势。2020 年，新冠疫情给民间文物艺术品行业带来了严峻考验：一方面，行业内长期存在的问题被进一步扩大，在经济发展遭遇阻力的背景下，大众藏家对藏品的投入更加谨慎，对藏品的真伪判别、交易的诚信运营要求更高；另一方面，疫情激发了文物艺术品行业向互联网快速转型，实现业态提升。但在各种新兴模式涌现的同时，违规、不合理现象时有发生。这些问题无法在市场层面自行解决，长期健康发展需要国家层面的指引。近年来，为进一步加强对民间收藏文物艺术品经营活动的管理，促进文物艺术品市场健康有序发展，国家先后出

台了一些政策法规给予引导和监管。自从 2016 年国务院发出《关于进一步加强文物工作的指导意见》之后，其中涉及民间大众文物艺术品收藏方面的工作导向，在近年来不断得到具体实施，并出现阶段性成果。

2020 年，在以往工作的基础上，国家有关部门相继出台了政策法规，积极引导民间大众收藏活动，保障产业内各方权益。在国家文物局 2 月份印发的《国家文物局 2020 年工作要点》中，明确提出了"完善文物保护投入与文物资产管理机制，总结文物流通领域'登记—交易'制度试点工作成果，出台关于鼓励和规范民间文物收藏活动的指导意见"。同在 2 月，中国拍卖行业协会发布《关于应对新冠肺炎疫情支持文物艺术品拍卖企业开展网络拍卖的公告》。文件鼓励采用网络形式代替线下拍卖，中拍协发挥引导和桥梁作用，助力企业自身网拍平台建设及第三方平台网拍活动，为缺少相关资源的文物艺术品中小企业提供帮助，最大化整合资源，使得在收藏市场供给端一侧保证平衡。在保证行业渡过疫情难关的同时，抓住机遇，加快转变行业观念，全面提升行业信息数字化水平。

上海在全国民间收藏文物创新、规范体系建设上走在全国前列。同年 3 月，《上海市民间收藏文物经营管理办法》正式实施（以下简称《办法》)，《办法》立足于收藏文物交易的实际情况，对行业经营中监管的"灰色"地带提出具体要求：古玩市场内的商户可由市场主办单位统一取得文物商店设立许可，解决长久以来个体经营合法性的问题；针对网络电子商务的迅猛发展，《办法》对文物产业的新兴模式提出了具体监管要求，积极探索多领域管理模式创新。《办法》的实施为促进上海民间文物收藏经营繁荣，进一步激发市场活力提供了政策保障。2020 年 10 月，财政部、海关总署、税务总局发布关于《中国国际进口博览会展期内销售的进口展品税收优惠政策》的通知，将文物艺术品纳入优惠政策支持范围，每个展商将享受税收优惠，以此来吸引海外文物艺术品机构来中国参展，并对大众藏家购买海外藏品提供程序便捷和价格实惠。11 月，国家文物局与上海市政府签署共同推进社会文物管理综合改革试点合作协议。根据协议规定，双方将推进新时代收藏文化培育行动、基于信用监管体系的登记交易制度试点、文物商店提质升级行动、文物拍卖领军企业扶持计划、鉴定服务提升项目、创新文物进出境管理服务强化综合配套政策支持等十大试点任务，为促进上海市民间文物收藏和文物市场发展提供保障，为全国文物艺术品市场新格局提供参考蓝本。

纵观全年颁布实施的有利政策，内容涉及行业的运营保护、信用规范、进出口贸易、网络化转型等多个关键方面，从制度上解决问题和填补行业空白，助力收藏市场全面有序发展。

二 购藏方式多元化，产业呈现多样态

2020 年全球经济增速放缓，在不确定性因素增多的背景之下，民间文物艺术品经营者对消费市场的开拓由小范围的创新探索，上升到整个行业的多样态发展。在 2020 年上半年，线下文物艺术品机构客流量急遽减少，对此，行业积极推行网络拍卖，维持业务正常运转。随着技术不断改进与经验不断积累，网络拍卖逐渐步入了常规化，大型拍卖企业网拍业务快速增长，线上服务及技术不断加强，使藏家的购藏体验得以优化与完善。以北京保利为例，该机构先后在网络平台建设上推出了"保利拍卖网络平台"小程序和"保利拍卖"APP，在专场电子图录中增加了拍品细节图和品相报告，提供网上导览视频及专家讲座。用户可通过偏好设定，获得关注品类和艺术家的消息推送，使藏家获得更全面、及时的信息，准确做出购藏决定。在北京保利 2020 秋季拍卖会上，线上成交额达 8898.2 万元人民币，创造了全年网络拍卖会成交额最高，其中不乏高价位精品。随着相关科学技术的进步，网络拍卖的市场规模将不断扩大。

除线上拍卖外，2020 年文物艺术品行业在网络直播领域也有长足进步，从购买、鉴定、知识普及等多领域丰富直播内容，满足大众藏家多重需求。在线上直播中，拍卖公司的业务主管、外聘专家以及画家亲属亲自讲解作品，拉近了藏家与藏品之间的距离，增强作品的可信度。例如，上海嘉禾在拍卖刘海粟、程十发、陆俨少等艺术家作品时，通过邀请艺术家子女直播讲解作品，为藏品价值提供背书，提高了拍卖的成交率。2020 年 11 月，全国知名文玩艺术品集散地北京潘家园宣布正式建立电商直播基地，在近 2 万平方米的空间汇集了近 300 个直播间，打造"珠宝文玩 + 直播基地"的新业态。入驻商户包括拥有数百万粉丝的行业头部账号、行业资深藏家、金牌商户以及愿意尝试直播的新人，共同利用网络新平台创新发展。在文物交易的信用保障上，直播基地有多家鉴定机构开启提供服务，为商家直播中的货品把关。通过这一运营模式，有效解决了网络文物艺术品交易门槛高、辨别真伪难的固有难题，最大限度保证消费者利益。除直播外，文物艺术品行业在短视频领域也获得跨越式发展。由于短视频在 2020 年在大众传播方面发展势头正盛且效果良好，在意识到短视频在宣传上的积极作用后，各大拍卖行均开展了短视频账号建设工作，将藏品的相关信息以轻松娱乐的形式呈现，形成个性化的内容输出，使观众随时了解拍卖会日程、藏品信息、背景知识等信息，成为维护和拓展藏家群体的重要方式。随着我国互联网持续发展，为文物艺术品行业各方面带来了深刻变革，产业呈多样态发展，相关机构要时刻关注产业动向，积极参与把握机会。

三 瓷玉杂项稳固基本盘， 古籍文献高端引流

2020 年，就大众收藏市场的收藏品类而言，整体销售额和销售量均有不同程度的下降，但基本延续了上一年的市场格局。在藏家购藏投入减少的情况下，瓷玉杂项依然得到了大众的关注，基本盘保持稳固。古籍文献板块在高端市场表现抢眼。

瓷玉杂项作为中国文物艺术品交易门类的主力，因市场存量巨大、入藏门槛相对较低、工艺技术与品类丰富等因素，吸引了众多收藏者入市购藏。同时，在经济下行的背景下，大众藏家基本延续了购藏习惯。据易拍全球研究院的数据统计来看：2020 年，成交价在 10 万元以下的瓷玉杂项拍卖总成交量为 21202 件（套），在整体市场收缩的情形下保持了上一年的水平。通过进一步数据剖析可发现，在 10 万元以内成交的瓷玉杂项各细分品类中，陶瓷器、佛像唐卡以及文房雅玩类市场实现了逆市上涨。2020 年 10 万元以内价位区间中，陶瓷器的成交量同比增长 11.5%；佛像唐卡的成交量同比增长 5.4%；文房雅玩的成交量同比增长 9.5%。成交价在 10 万元至 50 万元以内的瓷玉杂项总成交量为 5512 件（套），同比减少 29.0%，中端价位市场进一步紧缩，其中陶瓷器的成交量成为唯一增长的细分品类，成交量为 2360 件（套），同比上升 19.4%，由此可见陶瓷器稳固的受众基础，依旧保持了较为活跃的市场热度。

近年来随着大众对于文化历史认同感的不断加深，收藏群体的文化自信度不断加强，市场中能够直接呈现文化内容的古籍善本、书信手札、碑石拓片等深具文献价值的文物艺术品深受藏家喜爱。但是，2020 年古籍文献及手稿这一品类的市场份额较 2019 年发生显著变化。根据易拍全球研究院大数据统计显示：二级市场中，2020 年中国大陆地区古籍文献及手稿的成交量为 6705 件（套），同比下降 23.3%；成交额为 14.7 亿元，同比上升 47%。数据表明，该年二级市场中古籍文献及手稿市场的整体交易量在缩小，但高价位古籍文献的释出引领整体成交额大幅度提升。在 5000 万元以上的区间，2020 年古籍文献有 3 件（套）成交；而在 2019 年，此区间没有相应品类成交。一些市场罕见的精品在 2020 年释出，如《王文公文集》·宋人佚简纸本写本以 2.6 亿元的价格成交，《胡适留学日记手稿本》以 1.3 亿元售出。这些精品的出现受到了多方关注，在经济不稳定的大环境下，高端古籍文献的保值属性获得藏家认可，相关市场有待进一步开发。此外，在中低价位古籍文献中，除 1 万元以下区间基本保持了 2019 年的水准，其余中低价区间内的成交额和成交量均有不同程度下降，市场关注度不及高价位领域。随着网络信息化的到来，大众日常购书的习惯被削弱，纸质媒体与传统出版业式微。2020 年，随着新品类的加入，古籍文献的收藏基础受到影响。除资深藏家外，年轻一代藏家关

注较少。整体来看，高价位古籍文献存量少而需求较高；中低价位的古籍文献存世量较多，但一些藏家在购藏过程中保持观望。

四　新生代藏家规模攀升，购藏目的各不相同

据巴塞尔艺术展与瑞银集团联合发布的《2021年艺术市场》报告显示，2020年购藏群体的结构出现更为明显的分层，"千禧一代"藏家正在成为市场的主力。他们受流行文化影响较大，对艺术的消费意识更强，成为参观博物馆、美术馆等艺术活动的重要人群。他们成为新生代藏家的主要代表。在新生代藏家激增的同时，不仅加速了艺术消费品的扩增，也由于新生代藏家对于传统文化关注度的提升，使得像书画、瓷杂等传统门类的收藏群体规模进一步扩大。随着新生代藏家个人财富的逐步积累以及对传统文化的重视，他们的收藏规模不断扩大。而网络拍卖不仅降低了参与的门槛，还增加了拍品的多样性和趣味性，符合年轻人消费、沟通习惯，让更多的"千禧一代"藏家有机会进入到收藏市场。

现阶段，虽然行业线上拍卖取得了一定进步，但参与成交的拍品还是以中低价位为主，购藏目的更多是出于收藏与交流，并非单纯为了投资。线上拍品的展示存在一定局限性，因此在线拍品种类多以邮品、钱币等小型艺术品为主，像书画、瓷器、古典家具等高规格拍品，主要市场集中在传统线下拍卖会上。和资深藏家不同，新生代藏家在购藏过程中注重自身喜好，藏品未来的保值性对购买的意愿不产生决定性影响。新生代热衷收藏活动的社交属性，通过收藏形成独特的文化圈层。传统品类中，文房雅玩、珠宝翡翠中的低价位文物艺术品，由于门槛较低、易携带、普及度较高而受到关注。根据易拍全球研究院大数据统计显示：2020年全球中国文物艺术品拍卖中，1万元以下的拍品成交量为15976件（套），同比增长23.1%；在同样价格区间的细分品类中，文房雅玩和珠宝翡翠同比成交量分别增长121.0%和466.6%，网络拍卖对市场广度的扩张形成了有效帮助，低价格拍品的需求在不断扩大。但同时要注意到，市场向高价位和低价位区间形成了两极发展，对于新生代藏家，要加强整体引导，保持整体市场结构平衡，避免畸形发展。

值得注意的是，新生代藏家也将新品类带入到收藏领域，比如近几年行情火热的潮流玩具、球鞋等品类。这些新品是否应该属于艺术品收藏领域，一直备受争议，因为这些品类本质上属于工业产品，可批量生产，不存在文物艺术品所特有的稀缺性。但是一些艺术家或机构，以流行文化元素为核心，通过限量生产、增加话题性等方式促使作品价格攀升，以此来吸引新生代藏家的关注。由于影响范围逐渐扩大，这些新品类已成为各大拍卖行和艺博会的常设品类。但这些新品类的稀缺性

是由发行机构和艺术家决定，并没有相关法律和行业规定对其做出限制，相关问题仍待解决。例如，这些新品类的发行量有很大的主观性，如后期增发，整体的稀缺性势必下降，会对前期持有的藏家造成一定经济损失。这些受新生代藏家追捧的新品类，具有热度高、周期短、溢价高等特点，还未完全经历市场波动的检验，若只是作为文化消费，藏家可量力而行；如果希望投资这些新品类来获得经济回报，长期持有还需保持谨慎态度。总体来看，传统收藏市场在运营模式上势必会随着新技术的普及而迎来挑战。市场为满足新生代藏家的多元需求，相关机构应提前布局，深入了解和培养新生代藏家的喜好和习惯，从而在未来的文物艺术品市场中占据先机。

2020 机构收藏

Organization Collection in 2020

随着人们对精神文化的需求不断增长，文物艺术品收藏行业发展整体向好，越来越多的企业加入到收藏行业中来，成为中国文物艺术品中高端市场不可或缺的重要角色。根据易拍全球研究院的调研发现：中国机构收藏在运营机制上逐步专业化，购藏领域不断丰富，对自身的定位及发展方向逐渐清晰明确。在社会功能上，机构收藏与国有收藏逐渐形成协同合作关系，共同普及大众美学教育，传播优秀艺术文化。2020 年，受新冠疫情影响，收藏领域整体发展受到严峻考验。同时，困境也让机构收藏市场呈现出新的方向与趋势，与其他领域的交集不断扩大。在相关政策的积极引导和各机构的自主创新尝试下，机构收藏将受疫情影响的程度降到最低。从规模上看，民营收藏机构数量不断增长，市场竞争愈发激烈；从经营模式上看，线上线下互动与跨界融合正在成为行业主流；从藏品来源上看，机构收藏的藏品购藏渠道呈现多样化的特点，更加注重收藏的长期价值回报；从对藏品价值的研发、转化利用上看，机构收藏经营策略多元化，并与科技前沿紧密结合，让大众能够近距离亲近艺术。民营美术馆的策展主题不断丰富，欣赏艺术的过程充满趣味性，受众群体持续扩大，同时在艺术品金融化发展的道路上谨慎探索。整体来看，机构收藏经历疫情后更加重视自身存在的问题，不断进行尝试创新，把握未来长远发展的机遇。

一 经济下行带来考验， 机构加快策略调整

为遵守新冠疫情防疫政策，自 2020 年 1 月开始，全国范围内的文化机构暂时关闭，这为民营美术馆的运营带来了严峻的考验：一方面，机构在失去收入的情况下要继续承担人员、场地的开销；另一方面，经济下行暴露了收藏机构尤其是民营美术馆运营长久存在的问题和局限性。一直以来，艺术基金会、民营美术馆的背后需要强大的实业资本作为购藏和运营的经济基础，以保持机构整体的公益性和公共

性。一些机构减少运营支出，由于资金链问题选择裁员或暂时关闭，整个行业面临着基本的生存压力。为应对此情况，国家从整体出发，推行一系列指导政策，帮助民营美术馆在机制上进行完善。同时，各收藏机构也在积极调整发展策略，明确自身定位，加强营收能力，应对未来长远发展。

2020年4月，国家税务总局签发2020年第9号公告，规定对拍卖行受托拍卖的文物艺术品，委托方按规定享受免征增值税政策的，允许拍卖行以自己名义就代为收取的货物价款向购买方开具增值税普通发票。从此，文物艺术品的交易可全额开发票。此项公告的发布弥补了文物艺术品交易一直以来的制度缺陷，民营美术馆在业务上可以像正常商业公司一样入账、纳税，从法规层面上进一步完善民营美术馆的购藏机制。

对于民营美术馆来说，增强自身的"造血能力"才是解决运营问题的根本。门票和艺术衍生品一直是其收入的重要部分，近年来，民营美术馆利用高新技术丰富观展体验，多平台媒体互动推广，打造了一批高质量、市场反馈良好的付费展览。纵观2020年，从4月份"复工复产"开始，国内各大民营美术馆克服疫情带来的困难，呈现出了一系列精彩展览。其中，上海民生现代美术馆的芬兰艺术家组合的《随物生心》，北京红砖美术馆的《2020+》，木木美术馆的《乔治·莫兰迪：桌子上的风景》，上海西岸美术馆《设计与奇思：装饰之自然本源》和龙美术馆《克里斯汀·迪奥——梦之设计师》等展览均成为年度热点。易拍全球研究院经调研发现，这些展览平均门票价格均在百元以上，但观众观展热情依然高涨，使机构获得了可观的收入。观众以35岁以下年轻人居多，他们对观展付费的理念较为认可，有着强烈的表达欲和分享欲，对展览内容有自己的喜好，形成了线下文化消费的新主流。而民营美术馆藏品迭代速度快、团队年轻化、新兴事物接受度高等特点，具有传统艺术机构不可比拟的优势。伴随人们日益增长的精神需求，展览市场的规模在不断扩大，民营美术馆通过独特的策展理念和高质量的藏品，直接增加门票带来的收入。通过长期高品质内容的输出，在观众认知中形成强有力的品牌效应，最终转化为稳定收入。

除门票收入外，民营美术馆利用自身在艺术、展览领域的优势，积极拓展在其他领域的应用范畴，并形成了较为成熟的模式。一些机构可提供艺术策划和项目落地服务，借助自身品牌影响力，帮助合作企业创造价值和传递理念，达到快速引流和盈利目的。如2020年9月，互联网公司百度推出的"非物质/再物质：计算机艺术简史"大型群展在UCCA尤伦斯当代艺术中心开幕。展览作品涵盖从计算机艺术先驱、活跃的数字艺术实践者以及新兴中国艺术家创作的共计70余件作品。通过尤伦斯自身的品牌号召力和策划能力，拉近了观众与百度科技公司的距离，从

中国收藏
拍卖年鉴
2021

CHINESE FINE ART &
ANTIQUES AUCTION
YEARBOOK 2021

而实现双方品牌形象的提升。除线下的合作展览外，2020 年 5 月，UCCA 尤伦斯与服装品牌 COS 共同策划线上艺术项目"简单一夏"艺术云赏，通过直播的方式，让观众体验到该品牌呈现所要倡导的简约美学。从案例中，我们发现：随着前卫科技产品的不断推出，商业公司对大众普及产品的需求愈发强烈，而民营美术馆在普及教育领域具有得天独厚的优势，通过策展，可以将一个复杂枯燥的概念以有趣生动的形式传递给消费者。相关市场潜力尚待挖掘，未来发展前景广泛，此类新领域的开发将对民营美术馆的独立运营形成强有力支持。

纵观 2020 年全年，在经济下行的大背景下，中国的民营美术馆经受了考验，体现出更强劲的发展态势。整个行业不断摸索新的发展策略，增加自我造血能力和业务广度，走向健康良性发展的道路。

二　现当代板块仍为重点，同步关注本土与海外

随着中国民营美术馆的学术研究力度不断加深，收藏体系不断完善，对现当代板块的购藏比重在加大。从过去对名家作品的一掷千金，机构收藏逐渐回归理性，结合学术价值对作品给出合理报价。在 2020 年初期，由于新冠疫情的影响以及海外藏家的出行限制，给高价位拍品成交造成了一定压力。但在整体资产的对比中，文物艺术品的稳定性要好于股票、黄金等传统投资项目，在负利率或接近于零的再融资利率的推动下，企业为了避免资产贬值，对回报率有保证的经典作品关注度大幅提升，得益于市场价格参考体系逐渐完善，现当代名家精品的整体行情在新冠疫情的大环境下再创新高。其中，常玉在 2020 年有 4 件作品成交价格过亿元；颜文樑的《南湖旭日》以 2783 元成交，创个人拍卖纪录；曾梵志的《面具系列 1996 NO.6》以 1.61 亿元人民币成交，创下了中国当代艺术品拍卖最高价；刘小东的《战地写生——新十八罗汉像》以 8050 万元的价格打破个人拍卖纪录；这些现当代艺术作品均被重要的收藏机构购得。尽管成交价屡创新高，但结合作品的学术价值以及艺术家往年的市场行情，整体价格趋于稳定，现当代市场在向规范化方向稳步前进，这和机构收藏多年对现当代板块的系统化梳理、运营是分不开的。

不仅是中国本土现当代作品，机构收藏对海外现当代作品的收藏体系也在逐渐完善，尤其是地处中国南方的重要私人美术馆的表现突出。在 2020 年，南京德基美术馆升级馆藏体系，以更全球化的视野，重点补充海外现当代藏品，持续入藏如高更、毕加索、夏加尔，安迪·沃霍尔、草间弥生、奈良美智等代表性作品，使品牌形象更加年轻化、国际化，同时也让整个收藏体系更加完整；上海宝龙美术馆将收藏目标定位在全球的现当代艺术的作品之上，2020 年该机构通过拍卖市场购得

多件海外当代艺术家的作品，其中不乏潮流艺术品。对于文物艺术品市场而言，机构收藏体系的逐渐完善，在一定程度上影响着市场的发展方向。

三 跨界融合规模扩大，藏品转化至关重要

在传统机构收藏中，建立民营美术馆或博物馆，是机构收藏体系的主要归宿。近年来，一些企业从规划出发，挖掘文物艺术品在商业领域的价值，将收藏资源与商业运营进行整合，打造出"商业＋艺术"的全新业态模式，取得了良好的口碑和经济效益。

"商业＋艺术"通过美术馆与商场的融合，打造全新的观展和消费体验，其核心逻辑是利用二者的优势进行互补，让没有美术馆观展习惯的人群近距离接触艺术，也让艺术收藏带来的文化效应为商业活动引流，达到一加一大于二的效果。企业利用自身雄厚的经济实力，将艺术收藏与商业活动相结合，共同推进成长。例如上海 K11、北京侨福芳草地等商业体，将藏品放置于商场、酒店、办公区，打破了以往机构收藏的馆藏方式，使得顾客在商场购物的同时也能欣赏文物艺术品。在成功案例的引领下，2020 年"商场＋艺术"模式呈遍地开花之势。根据易拍全球研究院调查发现，现阶段"商业＋艺术"模式主要有以下三种形式：第一种，同一企业下商业机构与收藏机构进行资源整合，艺术与商业长期协同发展，此类方式以侨福芳草地、南京德基广场等商业项目为例，其运营门槛较高，不仅需要机构自身积累众多的艺术藏品，还需要与之相匹配的商业项目；第二种，商场通过艺术家或艺术机构为其量身打造艺术品，其代表案例为北京的 SKP-S，整个商场内的艺术作品，是按照统一的规划进行定做，买入藏品是为了在公共空间进行展示，有很强的实用属性，在短期完成"商业＋艺术"模式项目，省去了机构收藏长期对作品的甄选过程。但由于这些藏品定制的属性，使得它们几乎不可能进入二级市场进行流通；第三种，机构收藏与商场进行短期合作，商场提供展览空间，美术馆或艺术机构完成策展及藏品展出工作。此类模式实现较为快捷，也是一些商场做艺术改造最常用的方案。如今，"商业＋艺术"模式已被广泛接纳，但问题也随之产生，一些商业项目为赢取短期利益，将关注点放在 IP 热点、光电效果上，忽视了藏品质量。这样的展览缺乏文化内涵和美育价值，虽然可借助新鲜感吸引流量，随着观众的欣赏水平不断提高，热度无法长久维持。细观"商业＋艺术"，其核心功能是利用藏品的文化属性为商场吸引流量，持续的成功需要高质量藏品作为保证，以及在展品保管、运输、安保等细节问题上的不断投入，保证最后效果呈现的高品质。推广"商业＋艺术"的模式应当关注到，观众对展览的要求不会因为搬出了美

馆而降低，藏品质量是模式规模扩大发展的最根本基础。随着社会财富的不断积累提高，人们更加追求精神上的归属感，与艺术精品近距离接触成为一种普遍需求，而商场作为普及面最为广泛的城市公共空间之一，为机构收藏的商业转化提供了广泛的受众基础，二者的互动将会形成可观的社会效益。随着艺术在商业领域中发挥越来越重要的作用，商业与机构收藏的合作从初步尝试逐渐常态化、规模化，机构依据商业发展趋势，发展出独特的购藏需求和策展理念。在商业需求个性化、场景体验化的驱动下，机构收藏与商业的合作模式在未来拥有更多可能性。

四　探索艺术品金融化，谨慎前行

根据易拍全球研究院调研发现：2020 年，高价位拍品的成交率与成交量明显提升，主要由机构收藏引领。诸多机构利用自身的藏品资源进行再次开发和利用，在提升企业文化形象的同时，在艺术品金融化方面进行初步尝试。

艺术品金融化，是指以金融业的理念与模式来运作艺术品市场，用金融资产的方式和程序来投资艺术品或其组合，并纳入个人或机构的理财范围，从而促进整体文物艺术品市场的活跃程度。艺术金融在西方是一个比较成熟的概念，政府资助建立艺术品银行，用于文化艺术机构购买艺术家作品，可实现转租、转售艺术品以及相关金融衍生品的交易等服务，是艺术品市场的重要组成部分。一些世界银行收藏的艺术品堪比国家美术馆，并具有完备的艺术银行和艺术银行服务体系。比如 J·P 摩根银行在世界各地的藏品有三万多件，德意志银行名下的作品超过五万件，可向客户提供可靠的咨询、抵押、租赁等业务，使艺术藏品有序流动，达到价值最大化。艺术品金融化的概念在 2000 年后进入中国，很多机构利用自身藏品资源进行金融尝试，在产品交易、服务、保险领域均有涉及，向人们展示了艺术品金融发展的亮点。2020 年，华艺国际联合当代唐人艺术中心推出"未来 +"拍卖专场，值得注意的是，当晚进行拍卖的是藏品未来三年的优先购藏权，而非藏品本身。即藏家和画廊支付给拍卖行佣金，一部分佣金交给艺术家作为定金，藏品三年后按拍卖时的价格进行交付。这一形式很接近金融行业中的期货概念，本质功能是对冲风险。在整体经济下行的情形下，买卖双方对未来藏品行情走势有所担忧，借助"优先购藏权"方法减少不确定的顾虑。但此种模式能否推进文物艺术品市场健康发展、哪些问题应当引起注意、还需进一步探究。

纵观近年来我国艺术品金融化尝试的方式和类型，整体市场认可度有待提高，艺术品本身具有个体差异大、真伪辨别难度大、交易信息不透明等特点，与金融相结合更增加了参与者的不信任感。一些艺术金融产品甚至出现违约现象，造成了各方经济损失和纠纷，导致整体发展进展缓慢。这其中最根本的原因在于缺乏强有力的监管机制和行业标准，无法保障收藏机构、拍卖行、艺术家等多方权益。对于这些问题，国家从政策指导到落地实施，逐渐搭建艺术金融支持体系，保证行业发展有序推进。在 2017 年发布的《国家"十三五"时期文化发展改革规划纲要》中提到，要"开发新型文化消费服务模式"，通过艺术银行为公众、艺术家、机构服务，为社会各界提供多样化的公共服务来发展文化，可推出减免租金、税收等"艺术"优惠政策。2018 年，中国银行协会通过了《银行支持文化产业发展报告》，正式确认银行将对艺术品文化产业提供信贷支持，加速艺术品抵押贷款的步骤。

长远来看，在国家层面上需建立具有公信力的平台，推出动态艺术品价格和质量的评估体系，使得艺术金融产业化、规模化、大众化和社会化，降低交易流通的门槛，提高交易的保障，让文物艺术品有更多用武之地。艺术品金融化的发展，核心是文物艺术品本身，利用金融分配资源能力的优势，推广优秀文化，丰富机构收藏的运营模式，为机构收藏稳定运营提供有力支持。

Chapter 3
Global Auction Market Report of Chinese Art & Antiques

第三章　中国文物艺术品全球拍卖市场报告

扫码解析艺术市场

说明
Introduction

中国收藏
拍卖年鉴
2021

CHINESE FINE ART &
ANTIQUES AUCTION
YEARBOOK 2021

数据来源

本报告所使用数据均来自易拍全球文物艺术品产业发展研究院（以下简称易拍全球研究院），拍品信息经过专家及编辑的人工专业筛选。作为一个中立的开放平台，易拍全球研究院与艺术类高等学府、相关政府机构、行业组织、金融机构等展开多角度合作，通过研究各细分领域下文物艺术品在不同历史时期、不同交易市场、不同交易形式及不同法律法规下的交易表现及特性，揭示文物艺术品真实价值及行业的发展规律及趋势。

地区划分

中国大陆：除香港、澳门、台湾三地以外，中国其他各省、自治区、直辖市；
亚太其他地区：包括中国香港、中国澳门、中国台湾、日本、韩国、新加坡等地区；
海外地区：包括北美洲、欧洲、大洋洲及除中国大陆和亚太其他地区以外的地区。

统计范围

1. 时间范围

2020 年数据：2020 年 1 月 1 日至 2020 年 12 月 31 日；

2. 拍卖企业范围

报告所使用数据经过对数据库收录的全球上千家拍卖企业从规范性、服务水平、经营业绩、诚信度四个维度进行考量，甄选来自全球的 324 家拍卖企业的拍品数据用于本报告。中国大陆地区入选的拍卖企业共 107 家，均符合《中华人民共和国拍卖法》《中华人民共和国公司法》等相关法律，具备国家文物局批准的文物拍卖企业资质，并着重参考了国家标准《拍卖企业的等级评估与等级划分》以及中国拍卖行业协会发布的行业标准；亚太及海外地区入选的拍卖企业共 217 家，入选资质参考各行业自律协会的评定。

3. 拍品范围

（1）中国文物艺术品：在中国境内及海外交易的中国艺术家的创作或原产地为中国的文物、艺术品、收藏品等；

（2）最低估价不低于 5000 元人民币（包括以咨询价上拍）的中国文物艺术品；

无底价拍品不包含在本报告中；

撤回的拍品不包含在本报告中。

拍品分类

中国大陆、亚太其他地区和海外地区的拍品数据均采用统一的分类标准：

中国书画：中国画、中国书法；

油画及中国当代艺术：油画、雕塑 / 装置、版画、综合媒材、水粉 / 水彩、影像等；

瓷玉杂项：陶瓷器、玉石器、古典家具、佛像唐卡、文房雅玩、金属器等；

收藏品：古籍文献、手稿、碑帖、邮品钱币等；

珠宝尚品：珠宝翡翠、钟表等。

汇率

拍品信息涉及多国外币，统一使用拍品成交当年平均汇率，以换算后的人民币为最终统计样本。

其他

报告中所有百分比及"万"以上单位的绝对数值均保留小数点后一位。为与市场保持一致，报告中出现的拍品成交价，均保留小数点后两位。

成交价格包含佣金。

由于本报告是对公开拍卖市场的直接客观反映与解读，因此私人洽购以及结算进度未纳入数据考量范围。

中国收藏
拍卖年鉴
2021

CHINESE FINE ART &
ANTIQUES AUCTION
YEARBOOK 2021

全球中国文物艺术品拍卖市场概览

Global Chinses Art &
Antiques Auction Market
Overview

2020 年，新冠肺炎疫情突袭全球，对各国经济造成重创，封锁防疫措施一度使经济大面积停摆，失业率飙升，国际货币基金组织（IMF）发布的《全球经济展望》，2020 年全球经济萎缩 4.4%，全球 GDP 降幅是 2009 年的 7 倍，为 20 世纪 30 年代大萧条以来最严重的衰退。发达经济体衰退 5.8%，其中美国经济衰退 4.3%，欧元区经济衰退 8.3%，英国经济衰退 9.8%。新兴市场和发展中国家经济衰退 3.3%。唯有中国经济成为唯一微涨的国家，今年增长为 1.9%，为全球经济的灰暗增添一抹亮色。

作为真实反映各国经济状况的文物艺术品的拍卖市场，也相应受到强烈的冲击，据巴塞尔艺术展与瑞银集团联合发布的《2021 年艺术市场》报告分析，2020 年美术、装饰艺术和古董艺术品公开拍卖的销售额（不含拍卖行私人洽购）达到 176 亿美元，同比下跌 30%，呈现持续两年下降的趋势，在经历了 2016 到 2018 年的增长之后，降到了 10 年来的市场最低点。由美国、中国、英国主导的全球文物艺术品拍卖市场贡献了 81% 的市场份额，同比下降了 3%；其他各国也均有不同幅度的下滑。

由于 5000 万元以上的高价位精品数量大幅减少，供应不足，藏家惜售，由高价位端精品主要支撑的整个文物艺术品拍卖趋势因而走低。尽管公开拍卖的销售额有所下降，但私人洽购却有所增长，佳士得和苏富比的私洽总额均超过 28 亿美元。全球政治局势的不稳定，给藏家带来了焦虑情绪，对公开的拍卖市场持犹豫观望，其中一部分高端藏家转向选择更为谨慎安全的私洽业务。

2020 年，中国文物艺术品全球拍卖市场的发展与全球文物艺术品拍卖市场总体趋势基本保持一致，局部发生变化。据易拍全球研究院大数据统计，中国文物艺术品全球拍卖总销售额为 410.0 亿元，比上一年下降 58.4 亿元，同比下降 12.5%。以 2016 年至 2020 年近五年的文物艺术品市场发展变化趋势来看：2017 年的销售额居于五年中的峰值；2020 年的文物艺术品销售额处于谷值，谷值与峰值的差距高达 155.1 亿元，几乎探底；比 2018 年销售额降低了 69.5 亿元，市场呈现出大幅下滑趋势，降幅巨大。这与新冠肺炎疫情突起造成的经济下行压力加大，文物艺术品市场买气回落、藏家信心不足不无关系。

如果从区域市场的分布格局、拍品价格分布，藏家关注的重点品类的变化，重点拍卖行的突出表现等四个维度观察 2020 年中国文物艺术品的全球拍卖状况，则呈现出以下特征：

一 区域市场格局续庚， 中国大陆地区优势凸显

2016—2020年中国文物艺术品全球成交额
（单位：十亿元）

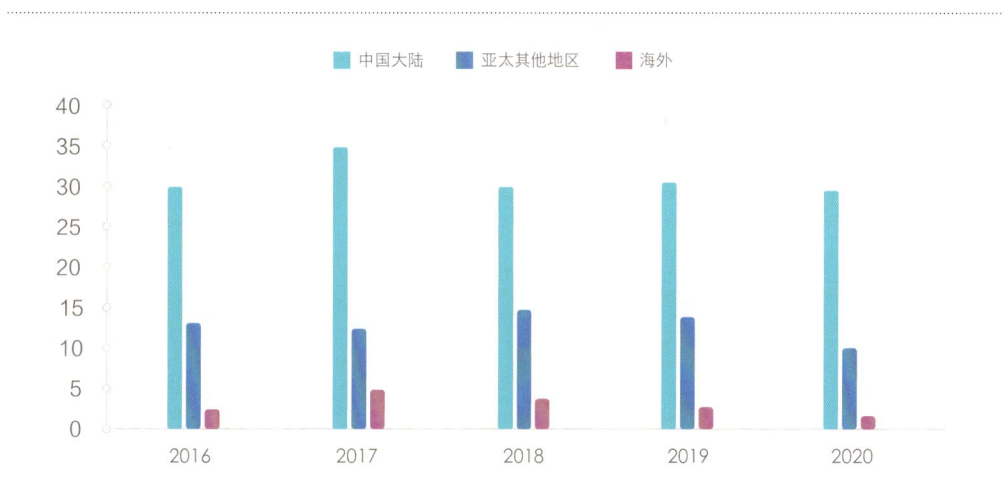

2020 年度全球公开拍卖的中国文物艺术品成交总额为 410.0 亿元人民币，其中中国大陆成交额为 290.0 亿元，约占三大区域市场总额的 70.7%，以五年来最高占比优势位居三大区域市场首位；亚太其他地区（包含中国香港、中国澳门、中国台湾地区以及日本、新加坡等地区）成交额为 99.5 亿元人民币，约占据市场总额的 24.3%，成交额连续两年出现大幅度下滑；海外地区（中国大陆及亚太其他地区以外）中国文物艺术品拍卖成交额为 20.5 亿元人民币，约占市场份额的 5.0%，连续三年出现下降。

从以上三大区域市场的占比可以看出，2020 年度全球中国文物艺术品市场的三大区域市场份额总体格局续庚，没有出现大的变动，在公共卫生危机的突袭，全球中国文物艺术品市场整体下滑的情况下，中国大陆地区采取积极有效的应对措施，促使经济发展稳定，体现在文物艺术品市场交易中，成交量、额的占比均比以往四年更高，并以绝对优势占据全球中国文物艺术品市场份额首位，突出了其市场的抗

压性与稳定性：亚太其他地区市场仍然由香港拍卖市场主导，由于受到上一年抗议运动的影响，局势紧张，又经历了新冠疫情的数次波动冲击，一些重要的艺博会转战线上，促生了网络交易的高涨，市场虽然受到影响，但下滑幅度较小，市场韧性凸显；海外地区市场成交额继续下滑至三大区域市场之末，各个板块成交额均出现下滑，下滑幅度在 20.9% 至 42.0% 之间，成交量只有陶瓷器、古典家具板块稳中微升，藏家基础仍然保持了稳定状态，但是拍品单价趋低，在经济整体遭受重创之时，藏家随势调整策略，出手更为谨慎。

三大地区的成交率排次在 2020 年度延续了 2019 年的态势，从高到低排序为：中国大陆地区市场为 81.2%，亚太其他地区市场为 78.6%，海外地区市场为 56.3%。其中中国大陆地区与亚太其他地区的成交率均比去年同期有大幅增长，而海外市场的成交率则有所下滑。大陆地区该年的拍品成交率达到五年来的顶峰，由于 2020 年全球疫情的暴发，促使文物艺术品市场交易模式发生改变，从传统的线下拍卖模式转移到在线拍卖，在线拍卖的高成交率拉升了整个地区的文物艺术品的成交率。亚太其他地区的成交率也大幅提升，尽管受到疫情控制情况不稳定的影响，但主导亚太其他地区文物艺术品市场的香港地区却呈现出高于去年成交率的良好状况，主要在于汇集于香港地区的各顶级拍行，针对疫情的实际状况，及时运用科技手段，不断推出新型的线上拍卖形式，获得良好效果。海外地区的中国文物艺术品市场成交率连续两年出现轻微下滑，2020 年北美与欧洲地区中国文物艺术品市场受到疫情冲击，藏家信心减弱，而供方对于经济形势的乐观看好，估值远远高于藏家需求，是造成低成交率的主因之一。

从 2020 年度全球三大区域的中国文物艺术品市场的平均单价来看，拍品质量整体分布状况未变，依然延续了多年来的状态。亚太其他地区以 49.9 万元 / 件（套）

2020年中国文物艺术品全球平均成交单价
（单位：元）

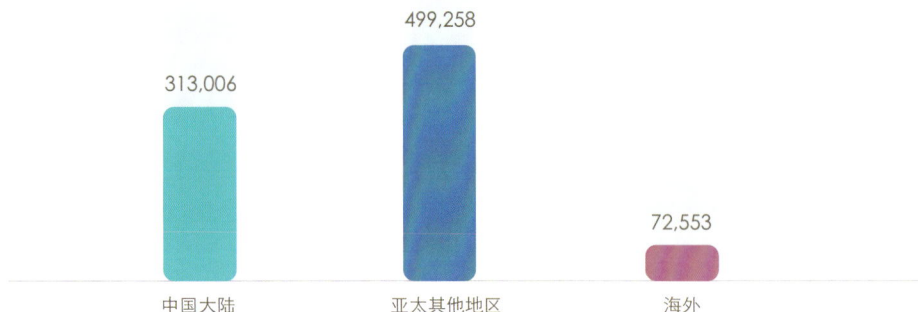

中国大陆	亚太其他地区	海外
313,006	499,258	72,553

的平均单价位居榜首。

中国大陆地区的平均单价为 31.3 万元 / 件（套）；海外地区平均单价则位居末位，为 7.3 万元 / 件（套）。三大区域的平均单价除了海外下滑了 20.4% 之外，中国大陆地区与亚太其他地区拍品均价同比均有不同幅度的上升。其中最为突出的是中国大陆地区市场，单件拍品平均成交价格同比上升了 4.05 万元，涨幅为 14.9%。据易拍全球研究院的大数据显示，拍品平均单价上升的主要板块集中在中国书画、油画及收藏品等品类。具体而言，中国书画整体均价同比提高了 8.5 万元；油画平均单价提高了 27.2 万元，古籍文献及手稿的平均单价提高了 10.5 万元。作为中国传统收藏的主流，中国书画再次显示了其中流砥柱的市场地位，而随着近年来油画在大陆地区的推广，藏家的接受度日趋广泛，作为世界通用艺术语言，其收藏投资价值越来越被藏家所重视，拍行也在转变市场营销策略，重点征集艺术水准更高、价值更大的优质油画，以满足藏家需求。伴随着近年来古籍文献及手稿的学术研究深度和力度的加深与扩大，此板块连续六年在大陆地区市场大幅攀升，即使深受新冠肺炎疫情的导致的经济下行负面影响，其价值仍然被藏家看好，呈现了稳中趋升的发展态势，预计将来仍然是蓝海板块。

亚太其他地区拍品均价同比提升了 3.2%，作为全球最大的文物艺术品交易中心之一，以香港为主导的亚太其他地区多年来是高价位拍品的聚集地，2020 年度，在全球中国文物艺术品 500 万元以上的拍品有 275 件（套），其成交额占据该价位区间拍品总额的 56.2%，也就是说，全球有一半的高端价位的拍品集中在香港地区进行交易。由高价位拍品拉动整个市场的情势较为突出，并提高了拍品的均价。

海外地区的中国文物艺术品市场拍品平均单价下降。除了由于新冠肺炎疫情造成的国际经济大环境下行压力之外，藏家投资趋向于更低价位的拍品，然而，从成交量上而言，依然保持稳定。海外地区中国文物艺术品市场的规模并未紧缩，只是价格随市趋低。

从近五年来的中国文物艺术品全球平均成交价格曲线图可以发现：三大区域市场整体走势前四年基本相同，2019 年至 2020 年间出现了差异。2016 至 2017 年间，三大区域拍品平均价值攀升，市场一路上扬，达到峰值；2017 至 2019 年间，三大地区市场连续两年价格回落，尤其亚太其他地区下降明显，平均价格几近探底，与以香港为主导的市场受到时局稳定性的较大影响，2020 年，亚太地区均价有所回升，虽然面对突发新冠肺炎疫情的巨大冲击，但高科技的发展，促使了线上交易的活跃，并且，高价位拍品主导的亚太其他地区的均价趋升。相比之下，中国大陆地区的均价上涨幅度更高，这与传统品类与现当代艺术的整体接受度有密切关系。海外地区市场均价持续了自 2018 年以来的下降趋势，与整体经济下行压力

2016—2020年中国文物艺术品全球平均成交单价
（单位：万元）

中国大陆　　　亚太其他地区　　　海外

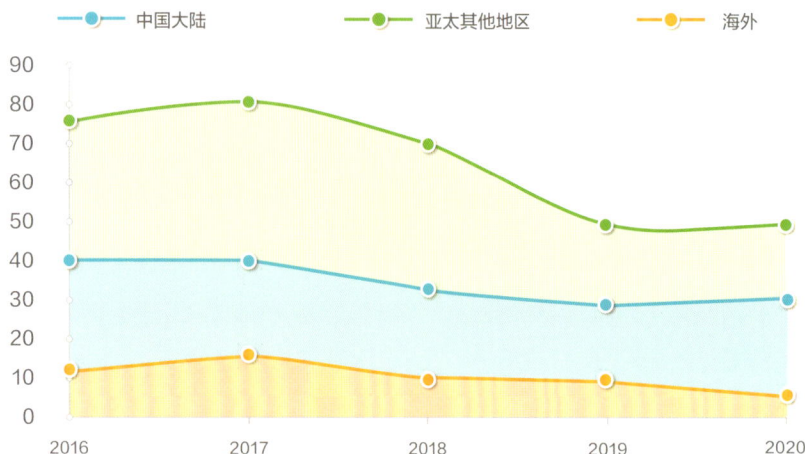

加大，藏家犹豫出手高价位拍品有关。

二　全球市场进一步下沉，高价位市场发力

　　据易拍全球研究院大数据显示，2020年度全球中国文物艺术品拍卖总成交额为410.0亿元人民币，较上一年减少58.4亿元人民币，同比上一年下滑了12.5%，连续两年持续下降。2020年度全球中国文物艺术品的上拍量为19.0万件（套），同比上一年下降了31.5%，上拍量在连续四年持续上升之后，2020年遭受重创，出现下滑。下滑主要集中出现在中国大陆地区市场，其上拍量下降到9.3万件（套），与2018年上拍量近乎持平，高于2016年与2017年，虽然上拍量大幅降低，但从近五年的整个市场活跃度而言，仅次于2019年，属于危机中的市场自发调节，反映出中国大陆地区文物艺术品市场已经进入深度自我调理期，应变和抗压性逐年增强。全球中国文物艺术品拍卖总成交量达到14.1万件（套），同比减少17.3%，成交量亦是四年连续上升后，有所下降；成交率为74.2%，比去年提升了13.9%，达到历史新高，这与科技推进文物艺术品市场转型密切相关。

　　因而，2020年全球中国文物艺术品市场虽然呈现出量、额双减的状况，但其成交率却达到空前高比值，这与交易模式的转换有莫大关联。具体而言，中国大陆地区与亚太其他地区的成交率有大幅提升，而海外则保持了成交率的稳定。一方面，反映出在中国文物艺术品拍卖领域中，中国大陆地区与亚太其他地区作为主导，海外则为辅助；另一方面，在科技动能的推广应用中，中国大陆地区与亚太其他地区的网络研发，以线上拍卖为主，举办拍卖场次呈现翻倍增长，拍品数量减少而拍卖

频次增高，是促进成交率大幅攀升的一个重要原因。相比而言，海外地区市场各种小程序主导的线上拍卖较少。

2020年中国文物艺术品各品类成交价位分布
（单位：万件/套）

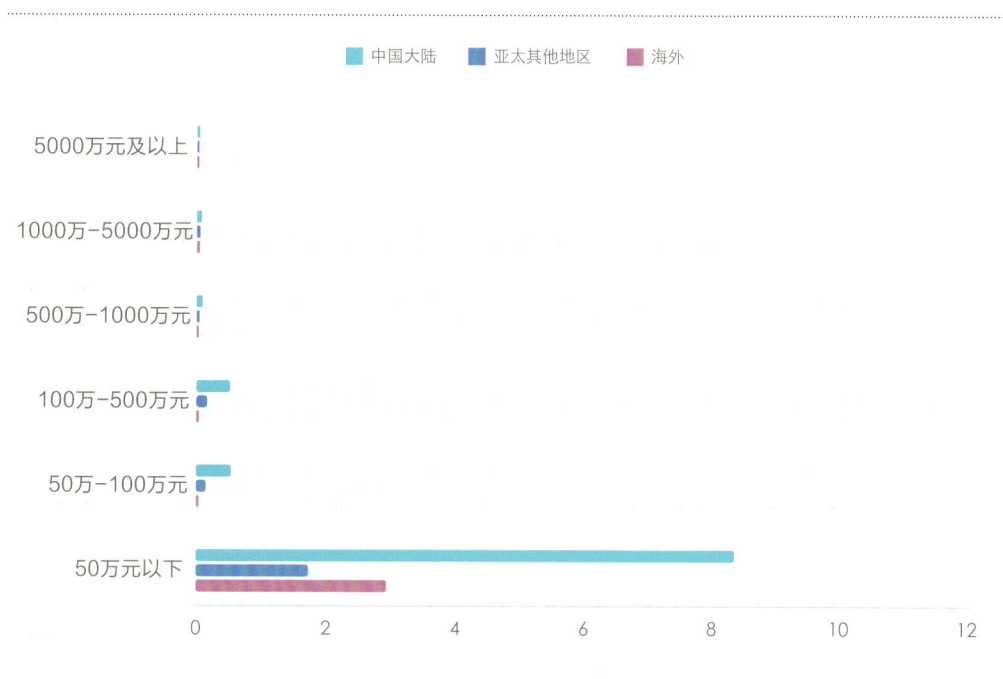

图例：中国大陆　亚太其他地区　海外

5000万元及以上	
1000万—5000万元	
500万—1000万元	
100万—500万元	
50万—100万元	
50万元以下	

横轴刻度：0　2　4　6　8　10　12

从《2020年中国文物艺术品各品类成交价位分布》可以看出，中国文物艺术品50万元以下（含50万元）低价位市场在全球三大地区占据主要地位，尤其是海外地区市场，低价位拍品在总成交量中占比高达98.1%，几乎涵盖了整体市场；低价位拍品成交量占据整个中国大陆地区市场总成交量的92.2%；亚太其他地区的低价位拍品成交量占据总成交量的89.5%。全球文物艺术品市场整体进一步下沉。

然而，纵观2020年全球中国文物艺术品高价位市场状况，同期出现大幅上涨态势，尤其凸显的是中国大陆地区市场，高价位拍品市场亮点突出。1000万元至5000万元价位的拍品成交额同期提高18.6亿元，上涨了40.1%，成交量同期提高了89件（套），上涨37.2%；在5000万元（含5000万元）以上价位的成交拍品中，成交量同比增加了6件（套），提升17.7%，成交额同比提高了12.4亿元，同比增长了38.8%。在全球公共卫生危机突袭之时，大陆地区高端拍品市场发力，主导并影响着整个市场的走向，与中国政府及时有效地控制疫情扩散，稳定经济发展，促使顶级藏家对经济前景充满信心，买气上升，推动了大陆地区文物艺术品市场稳定发展。

亚太其他地区与海外地区市场在 5000 万元以上的高端价位区间的稳中微升，表现良好，亚太其他地区比去年同期增加 1 件（套），成交额提升了 2.7 亿元；海外地区该价位区间与去年同期持平，成交额提升了 261.1 万元。

三　板块轮动，　中国书画量额稳居第一

据易拍全球研究院的数据显示，2020 年度中国文物艺术品全球拍卖市场各品类的成交量额较去年同期有较大变化，虽然品类市场构成与近年来状况大致相似，但各品类市场呈现出与以往不同的特点。

具体看来，全球范围内中国书画板块拍卖成交额为 184.0 亿元人民币，占据五大品类总体市场额度的 44.9%，依然稳居首位，比去年同期下降了 9.7%，较为平稳；瓷玉杂项成交额为 92.6 亿元，占据整个市场份额的 22.6%，同比下降 34.3%，瓷玉杂项作为基础受众最广的品类，2020 年成交额大幅下降，与整体市场下沉密切相关，线上交易模式的兴起，低价位拍品占据绝大部分，是该板块份额同比下降的主要原因；油画及中国当代艺术板块交额为 78.7 亿元，占据整个市场份额的 19.2%，比去年同期提升了 10.8%。该板块量额的上升，侧面反映出藏家对于西方舶来品的画种的接受度越来越高，不再主要以中国传统书画为单一关注的艺术家创作的作品，收藏的范围扩大，审美眼光更加多元，收藏更具有包容性。收藏品成交额达到 22.8 亿元，占据整个市场份额的 5.6%，比去年同期提升了 6.7%；其提高的主要品类集中在古籍文献及手稿，随着该板块价值的不断被发掘，连续多年市场呈现稳中趋高态势，2020 年依然保持了这种态势而速率有所减缓；珠宝尚品板块 2020 年度成交额为 32.0 亿元，占据整个市场份额的 7.7%，同比上涨 46.5%。该板块在连续两年下滑趋势后高调回暖，显示出人们在经济下行期间，对珠宝尚品的保值性赋予更高的期望。

纵观三大区域各品类的成交量变化，我们发现：瓷玉杂项的成交量为 6.2 万件（套），占全品类交易市场总量的 43.9%，是文物艺术品市场的中流砥柱；中国书画的成交量位居第二，为 5.3 万件（套），占全品类总成交量的 37.5%；收藏品的成交量为 1.5 万件（套），占据全品类文物艺术品成交总量的 11.0%，油画及当代艺术的成交量和珠宝尚品板块合计占到总成交量的 7.6%。各品类的成交占比与成交额的占比排序出现了较大反转。由此可以看出其市场品类的拍品的价格趋势，中国书画的单价远远高于瓷玉杂项，而瓷玉杂项在 2020 年的交易量上依然保持稳坐第一把交椅，单价整体趋低；油画及中国当代艺术板块和珠宝尚品板块虽然成交量占比极低，但是其成交额表现不俗，说明其拍品单价较高，投资收藏导向更为明显。

2020年中国文物艺术品各品类全球成交额
（单位：亿元）

中国大陆　亚太其他地区　海外

珠宝尚品

收藏品

油画及中国当代艺术

瓷玉杂项

中国书画

0　20　40　60　80　100　120　140　160　180

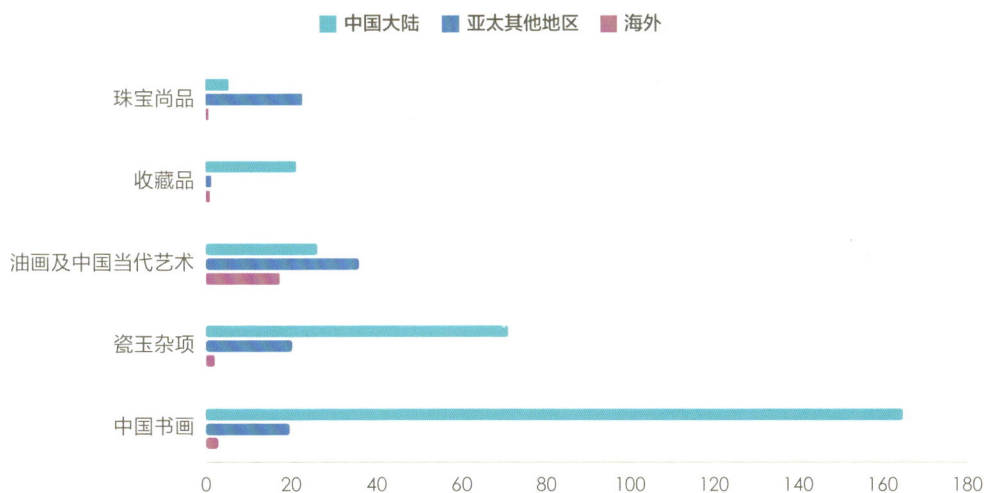

2020年中国文物艺术品各品类全球成交量
（单位：万件/套）

中国大陆　亚太其他地区　海外

珠宝尚品

收藏品

油画及中国当代艺术

瓷玉杂项

中国书画

0　1　2　3　4　5　6　7

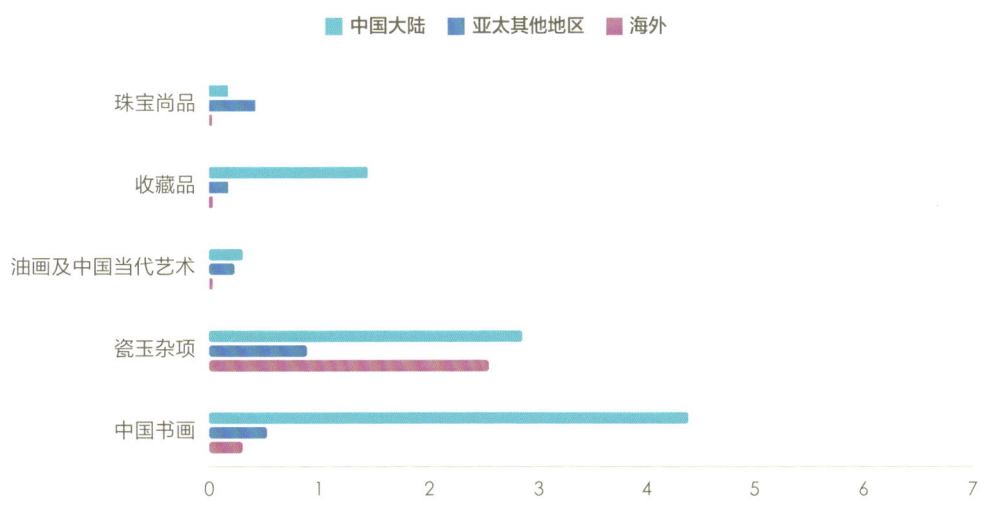

收藏品的成交量与成交额在占比中也出现较大反差，主要在于古籍文献及手稿板块的拍品质量不断得到提升，促升整个板块市场升温。

四　全球拍卖企业中国文物艺术品成交额排行榜

2020 年全球中国文物艺术品的拍卖总成交额约为 410.0 亿元，其中位列前五名的拍卖行的成交额为 205.4 亿元，占据总成交额的 50.1%，同比 2019 年提升了 6.3

个百分点,顶级拍行的集中化更为鲜明。位列前二十名的拍行成交额为 332.8 亿元,占据总成交额的 81.2%,同比上一年占比提升了 9.6 个百分点。全球中国文物艺术品拍卖的重点拍行业绩格局更加稳定集中。

近几年的数据表明:在中国文物艺术品全球拍卖成交额前二十家的拍行,主导着整个拍卖行业的发展走向,并成为业界的先锋和风向标。2020 年度,资源集中化趋势更为明显,引导作用更为突出,其中前五名拍行的成交额突破了历年来占成交总额的近半状况,达到了 50.1%,更加固化了这种稳定格局,反映出在资金、资源等多方面具备优势的拍行形成了聚光效用,有强者愈强的发展趋势。

2020 年,全球面临突发的公共卫生危机,成为文物艺术品拍卖史上特殊的一个年份,经济迅速下行,全球经济体量远远低于 2008 年金融危机的状态,文物艺

中国收藏
拍卖年鉴
2021

CHINESE FINE ART &
ANTIQUES AUCTION
YEARBOOK 2021

2020年 TOP 20

排名	企业名称	成交额(元)
Top1	北京保利国际拍卖有限公司	5,370,353,726
Top2	苏富比香港有限公司	4,400,877,202
Top3	中国嘉德国际拍卖有限公司	4,206,132,389
Top4	北京永乐国际拍卖有限公司	3,282,761,482
Top5	佳士得香港有限公司	3,280,388,596
Top6	华艺国际(北京)拍卖有限公司	2,652,339,415
Top7	北京荣宝拍卖有限公司	1,467,740,795
Top8	西泠印社拍卖有限公司	1,187,854,712
Top9	中贸圣佳国际拍卖有限公司	1,137,030,963
Top10	上海嘉禾拍卖行有限公司	922,147,555
Top11	中鸿信国际拍卖有限公司	816,248,435
Top12	上海朵云轩拍卖有限公司	714,206,808
Top13	北京宝瑞盈国际拍卖有限公司	626,633,485
Top14	香港富艺斯有限公司	577,281,600
Top15	上海匡时拍卖有限公司	534,202,350
Top16	十竹斋拍卖(北京)有限公司	505,597,500
Top17	北京翰海拍卖有限公司	444,617,600
Top18	佳士得纽约有限公司	395,590,046
Top19	荣宝斋(上海)拍卖有限公司	387,643,150
Top20	保利(厦门)国际拍卖有限公司	373,551,508

2019年 TOP 20

排名	企业名称	成交额（元）
Top1	北京保利国际拍卖有限公司	6,213,134,765
Top2	中国嘉德国际拍卖有限公司	4,496,393,608
Top3	苏富比香港	3,890,652,291
Top4	佳士得香港	3,207,816,455
Top5	西泠印社拍卖有限公司	2,699,169,215
Top6	广州华艺国际拍卖有限公司	2,021,916,524
Top7	中贸圣佳国际拍卖有限公司	1,547,348,345
Top8	北京荣宝拍卖有限公司	1,383,868,558
Top9	保利香港拍卖有限公司	1,175,455,625
Top10	中国嘉德（香港）国际拍卖有限公司	802,172,290
Top11	中鸿信国际拍卖有限公司	757,244,348
Top12	北京匡时国际拍卖有限公司	711,689,112
Top13	北京翰海拍卖有限公司	667,598,100
Top14	佳士得纽约	655,219,414
Top15	上海明轩国际艺术品拍卖有限公司	636,719,150
Top16	保利（厦门）国际拍卖有限公司	631,154,500
Top17	苏富比纽约	560,765,366
Top18	广东崇正拍卖有限公司	549,383,560
Top19	上海匡时拍卖有限公司	503,412,500
Top20	日本横滨国际拍卖公司	410,052,214

术品拍卖行业在经历了上半年的整体焦虑、探索发展的艰难过程，终于在临近下半年时逐渐复苏，各大拍卖行积极调整经营策略，运用高科技手段，转变交易模式，消除拍卖行业所受的时空限制，全力推进线上拍卖业务，促使线上拍卖业绩达到历史新高，成为2020年度拍卖行业的突出亮点，各大拍行除了继续维持、加强原有传统交易模式之外，在研发线上拍卖、探索合作新模式，培养新的藏家群体，拓展新的艺术消费领域方面不遗余力，虽然2020年的总体拍卖业绩有所下滑，但头部拍行的排名没有发生大的变化，凸显出行业资源进一步集中化的趋势。但面临突然降临的新冠肺炎疫情，也有一些拍卖企业陷入险境，在经济形势前景不确定和激烈的行业竞争中，失去了传统领域的优势，业绩有所下滑，退出了前二十名的序列。只有那些始终保持着时代的敏锐度，及时调整经营策略，积极运用科技手段，开拓

市场新的领域，充满创造力的拍行，才能在时代变更的洪流中，立稳脚跟，成为行业的中流砥柱。

2020 年，突如其来的新冠疫情，阻滞了拍卖行业的持续发展。面对前所未有的挑战，北京保利拍卖依托中国保利集团的雄厚实力，积极调整思路、化被动为机遇，夯实基础，厚积薄发，着力推进拍卖网络化进程。6 月初，北京保利网拍小程序顺利开通；6 月 15 日，九大网拍专场陆续上线展示，拉开了北京保利拍卖十五周年系列活动的序幕；9 月 30 日，保利拍卖 APP 正式上线，手机上的便捷操作，大幅提升了线上拍卖的成效。2020 年度，保利通过网络平台，举行了 87 场限时拍专场，总成交额 2.04 亿元，总浏览量达到 37.6 万余人次（数据来自北京保利官网）的佳绩。

北京保利以公司成立十五周年为契机，通过严控上拍品质、推出网拍平台、提升客户服务、开展学术研讨、丰富宣传方式等途径，多措并举保障拍卖业务稳定发展，市场占有率稳中有升，企业声誉及影响力逐步提高。春秋两季拍卖会以总成交额 55.7 亿元人民币的成绩为公司成立十五周年画上点睛之笔。5 件拍品成交过亿元，91 件拍品成交过千万元，连续十一年蝉联中国艺术品拍卖成交之冠。依然在古代书画、中国书画、古董珍玩三大门类深耕，为行业领先的重点发展板块。

苏富比香港在中国文物艺术品市场取得显著成绩。连续十五年稳居中国文物艺术品市场龙头地位，2020 年总成交额为 44.0 亿元，17 件过千万港币拍品。其中瓷器、古典家具和中国书画板块表现最佳，瓷器年度之冠为"清乾隆 洋彩红地锦上添花冬青玲珑夹层瓶"，拍卖成交价高达 7040.6 万港币；古典家具板块的明式黄花梨家具也有突出表现，多件拍品高出估价 10 余倍。中国书画板块取得耀眼成绩，元代画坛绘马巨匠任仁发的《五王醉归图》拍出 3.06 亿港币，成为亚洲拍卖最高成交价拍品；清宫词臣画家黄钺、赵秉冲的《司空图二十四诗品册》以 2074.5 万港币成交。两幅皆流传有序，著录丰富。其中《五王醉归图》用宋笺纸，品相良好，线条勾勒凝练潇洒。除乾隆清内府庋藏之外，明清以来经手者如陈继儒、阮元、徐邦达、侯士泰等皆为重要鉴藏大家；《司空图二十四诗品册》书法端庄俊逸，绘画清雅隽秀，颇具文人趣味，获得藏家青睐。

苏富比在 2020 年度应对全球疫情带来的市场下行危机，推出了新的拍卖模式和拍卖平台，突破了时空局限，拓展了市场空间。其中新的拍卖模式为每周一次高频次的网上拍卖模式和为独特拍品而设的单一拍品专场。新增拍卖平台 Buy Now，在满足客户传统拍卖日程之外的买卖需求，全年无间断为客户提供即时洽购机会。2020 年 6 月纽约晚拍，采取了史无前例的拍卖新形式，在伦敦、纽约与香港三地同时直播，多镜头视像摄录，进行线上拍卖。科技助力，拍卖模式的研发空间不断得到拓展。

2020 年，苏富比线上业务得到迅速发展，鉴于亚洲收藏家的强劲需求，在线买家数量增长较快，同比 2019 年翻一番。2020 年苏富比全球拍卖前 20 的高价拍品中，亚洲藏家交易了其中 9 件，几乎占去"半壁江山"。从买家年龄段看，世界各地的"千禧一代"已日渐成为一股主要力量。他们热衷投竞各品类的奢侈品，促进了钻石、古着与军用手表、高档酒和限量奢侈手袋的销量。

中国嘉德 2020 年全年总成交额 48 亿元，其中中国文物艺术品成交额为 42.1 亿元，总成交率高达 85%，2 件亿元拍品成交，57 件拍品成交价超千万元。中国嘉德的重点板块依然集中在中国书画，成交额为 24.26 亿元，平均成交率 88%，高于其他板块的成交率。两件过亿拍品均出现在该板块，一件为朱敦儒《暌索帖》，1.51 亿元成交，另一件为傅抱石《大涤草堂图》，1.38 亿元成交。中国嘉德着力重点板块，经过对拍品的专业的学术梳理，获得藏家高度认可，春秋大拍共创 21 个"白手套"专场，28 件拍品打破了以往的拍卖纪录。

面对突发的疫情，中国嘉德率先全面开启网络新时代，进行数字化升级，取得优秀业绩。线上拍卖新增客户同比增长 400%，线上拍卖总成交额高达 7.6 亿元，同比增长 936%。2020 秋季拍卖会期间，全部专场开通网络同步拍，网络成交量占比达 40%，吴昌硕《致三多花卉册》以 5175 万元成交，创网络同步拍成交价新纪录。中国嘉德开发新的拍卖模式，在香港秋拍中采用了全新的互联网 + 现场委托平台，京港两地实时联机，打开竞拍的新里程。新增数字化项目，启动拍卖系列直播，新媒体多平台同步互动，累计观看高达 1196 万人次；官方网站全新改版，电子图录全面上线，网络同步拍助力嘉德的传统精品拍卖专场"大观"夜场，专家网络直播导赏等项目先后上线。

嘉德之所以在 2020 年度能够取得如此稳定的业绩，与其精准的战略布局和对收藏市场的敏感度密不可分。在其长期的电子平台的布局中，中国嘉德自 2017 年开始做数字化企业管理，搭建电子交易平台，2018 年首场网络拍卖成交额为 509 万，2019 年持续做线上拍卖，成交额为 1602 万元，小步慢走，到了 2020 年，中国嘉德网络交易平台得到近乎全部释放，全年 11 场拍卖会，合计 6000 多件（套）艺术品实现了 1.85 亿元的成交。中国嘉德在一个非常不确定的市场状态中，保持原有的步态节奏。2020 年少了一场四季拍卖，多出 11 场线上拍卖，对等补缺。对于嘉德而言，线上布局既是未雨绸缪，水到渠成的结果，也是对市场精准把控的一个机遇。

在社会公益方面，中国嘉德走在整个行业的前沿，为行业树立了标杆。疫情之初，中国嘉德发起组织一场"至诚——中国嘉德网络公益拍卖"，120 多位艺术家，

23 位收藏家和机构捐赠作品，168 件（套）义拍作品 100% 成交，共筹款 1695.42 万元，筹得善款全部捐赠东润基金会"抗击疫情突出贡献医护人员保障和子女教育专项基金"，切实达到了援助抗疫的公益目标。积极回馈社会，提升社会影响力。

2020 年度拍卖行业令人瞩目的是出现了一匹市场"黑马"——北京永乐拍卖有限公司，年度拍卖总成交额为 32.8 亿元，取代了西泠印社拍卖公司地位，跻身中国文物艺术品市场全球拍卖前五名，并在中国文物艺术品拍卖业绩上越过佳士得香港拍卖有限公司，位居第四。

北京永乐拍卖有限公司近年来一直在中国书画领域重点深耕，2020 年拓展了古籍文献及手稿板块，取得佳绩。永乐夏季拍卖会与永乐 2020 全球首拍两场拍卖会总成交额为 33.06 亿元（含国外文物艺术品）。亿元以上拍品 6 件，千万级拍品 40 件，46 件作品成交额超过五百万元。其中全球首拍中的中国古代书画夜场成交额为 5.05 亿元，130 件（套）拍卖品成交，成交率 96.3%，其中 60% 以上的拍卖品高出估价。现当代艺术板块全年过亿元作品 2 件，过千万作品 13 件，过五百万作品 16 件，36 件作品创纪录。全年总成交率为 94%，年度成交率和成交总额在中国现当代艺术市场名列前茅。古籍文献板块异军突起，宋·龙舒本《王文公文集》《宋人信札册》，成交价高达 2.63 亿元，创造了宋版书的最高成交价纪录，成为世界最贵古籍善本。表明永乐对于市场脉搏的精准把握，推出符合藏家需求的高端作品。即使面对文物艺术品市场备受冲击的窘状，保值增值的标的并未因为市场下沉而削弱其对藏家的强大吸引力。

佳士得香港在 2020 年度再次位列前五名，显示了大牌拍行的稳固实力。全年中国文物艺术品拍卖成交额为 32.8 亿元，同比去年稳中略升。34 项世界拍卖纪录诞生，所有主要私人珍藏系列均 100% 成交，现代及当代艺术成交总额冠绝本年度亚洲所有拍卖行，全球买家通过数码渠道参与竞投，买家分别来自全球 34 个国家及地区，20% 买家为首次参与佳士得拍卖，网上登记拍卖人次年增长 35%，20% 买家为"千禧一代"。

2020 年是极具挑战的一年，佳士得拍卖采用创新数码技术，开创新的拍卖模式，为客户提供参与全球拍卖的全新体验。7 月 10 日，佳士得举办"ONE：现当代全球联合夜拍"，以实时形式先后于香港、巴黎、伦敦、纽约接力举行，4 个小时的拍卖以创新技术全程直播，超过 50 万名观众收看。继"ONE：现当代全球联合夜拍"之后，佳士得再接再厉，于十月举行"20 世纪：从伦敦到巴黎"拍卖，在两座文化底蕴丰厚的大都市间开启充满活力的对话。十二月份的"香港——纽约：现当代联合夜拍"以接力式直播拍卖先后于香港及纽约举槌，将艺术界最精彩的两大收藏中心联合在一起。佳士得适时推出一种适合当前形势的拍卖，无论藏家身在何方，以何种方式参与竞投，都可以得到满意体验，创造了一种混合形式的概念拍卖。

佳士得香港重点深耕的领域集中在中国书画和现当代艺术板块。中国古代书画最高成交价近拍前估价 5 倍，不仅沈周、文徵明、吴冠中和傅抱石等市场表现优异，其他作品亦高于估价成交。明代沈周、文徵明的《诗画合卷》，估价为 5,500,000—7,500,000 港元，最后成交价为 26,650,000 港元；清代余集的《种竹图》，估价为 200,000—400,000 港元，成交价为 8,650,000 港元，成交价逾拍前高估价 20 倍。首度现身拍场的常玉美术馆藏级作品《青花盆中盛开的菊花》，在"现代及当代艺术晚间拍卖"专场中成交价超过 1.9 亿港元，创下艺术家静物主题绘画的拍卖新纪录。《八尾金鱼》以 170,170,000 港元成交，创下艺术家动物主题绘画拍卖新纪录。同场其他艺术家作品亦表现不凡，如吴冠中《鲁迅乡土》以 21,850,000 港元成交，张晓刚的《血缘——大家庭 2 号》以 98,035,000 港元的价格成交，刷新艺术家世界拍卖纪录。佳士得广泛覆盖全球中国书画收藏市场，来自三大洲 15 个国家及地区的藏家参与年度竞投，中国内地逾 6000 位观众观看亚洲艺术拍卖现场直播。

在受到疫情影响的 2020 年，私人洽购的购藏方式尤其受到高端买家的心仪。2020 年佳士得私人洽购销售额为 13 亿美元，比 2019 年增长 57%，刷新了私洽领域成交额新纪录。

从藏家分布的地域上看，无论是从藏家参与竞拍的数量和出价方面，2020 年亚洲藏家表现出前所未有的热情和活跃，其出价首次超过了来自美国的买家，买家数量占比首次高于来自美国的买家数量。这对几十年来一直是美国藏家占据主导地位的艺术品市场来说，是一个巨大的明显变化。

中国大陆地区市场

Mainland China Art & Antiques Market

一　随市稳中下调，　增质减量促成交

2020 年，中国大陆地区文物艺术品市场在全球公共卫生危机、宏观经济增速放缓、全球资金流动性进一步紧缩、市场信心受挫等不确定因素的影响之下，市场表现并未急转直下，而是平稳过渡，在不断调整中理性下调。纵观近五年中国大陆地区文物艺术品市场发展趋势可以发现，由于市场主体随市不断做出应对性调整，自我调节能力逐渐加强，市场的供求关系朝着健康理性的方向持续深入发展：2016 年文物艺术品市场开始释放企稳回暖信号，由此止跌回升，成交量与成交额均出现增加，并在 2017 年成交额达到新峰值，之后开始新一轮的调整；2018 年市场再次出现下行态势，成交量提升，成交额骤降，市场下沉明显，直至 2019 年止跌趋稳微增，2020 年中国大陆地区市场在全球市场中未能独善其身，呈现出稳中下调的趋势。

具体而言，2020 年中国大陆地区中国文物艺术品拍卖成交总额为 290.0 亿元，

2016—2020年中国大陆地区中国文物艺术品成交额
（单位：亿元）

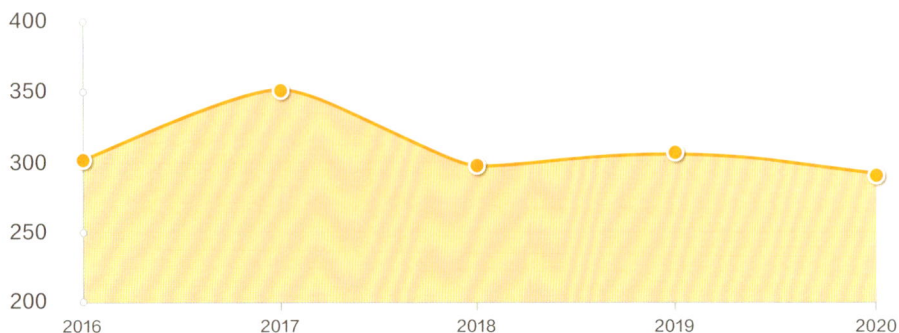

2016—2020年中国大陆地区中国文物艺术品成交量
[单位：万件(套)]

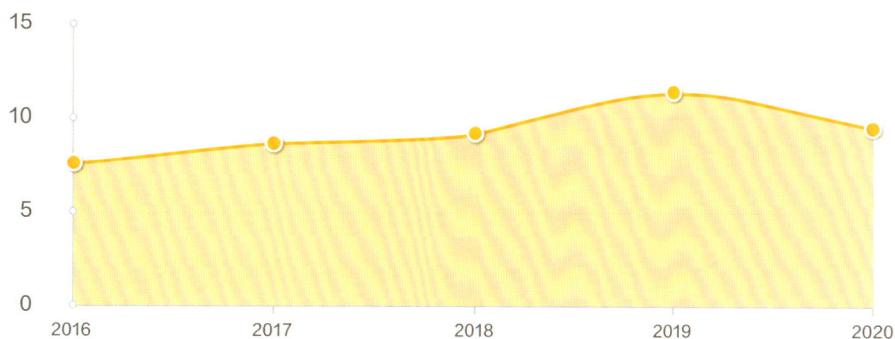

同比小幅回落了 4.7%，成交量为 9.3 万件（套），比 2019 年缩减了 17.0%，基本与 2018 年的成交量持平。根据易拍全球研究院大数据统计发现：2020 年中国大陆地区拍品平均成交价为 31.3 万元，同比增长了 14.9%，以上数据表明，在市场紧缩情形之下，该年中国大陆地区的拍卖企业在拍品选择上为适应市场新需求，采取了"减量提质"的策略，积极应对市场反应，一方面严控拍品质量，提升整体拍品品质，另一方面在市场规模被迫减少时，精减上拍量以保证成交率。这也反映出在 2020 年全球疫情席卷之下的中国大陆地区文物艺术品市场供应量与需求量增速放缓，拍行征集工作难、藏家入藏更为谨慎等趋势凸显。

2016—2020年中国大陆地区中国文物艺术品成交率

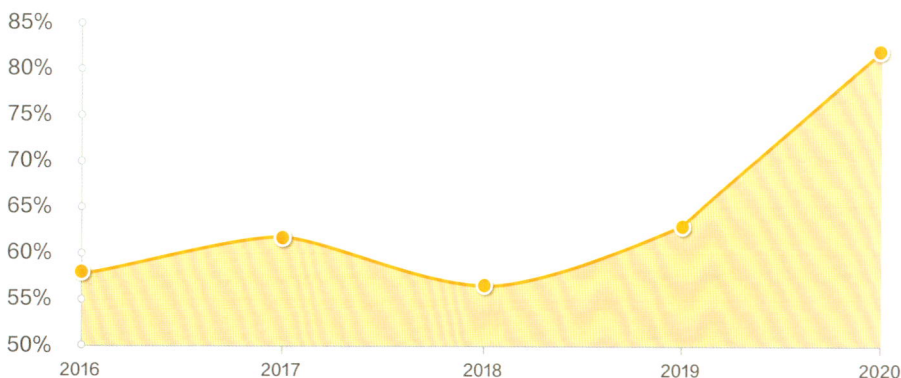

　　观察 2016 年至 2020 年近五年中国大陆中国文物艺术品拍卖市场的成交率起伏走势可以看出：前四年成交率与成交额呈正相关性，2020 年则表现出负相关性。具体而言，2016 年后成交率企稳回升，该阶段拍卖行进行了经营策略的局部调整，

中国收藏
拍卖年鉴
2021

CHINESE FINE ART &
ANTIQUES AUCTION
YEARBOOK 2021

"减量提质"的策略被进一步实施，以高价位市场为主导，市场精品趋于集中化，从而加速了2017年成交率的一路上扬。2018年受整体经济增长下行压力加大的影响，市场信心减弱，拍品的过高估价与藏家心理预期不符而造成流拍较多，成交率回落。在经历了2018年的较低成交率后，2019年中国大陆地区各拍行迅速做出反应，积极应对上一年出现的挑战，尽最大可能满足交易双方的期望值，不至拍场流标过多。2020年在市场常态化工作展开因疫情受阻时，在被极大限制的市场交易活动中，拍行稳扎稳打，在市场供应量减少的挑战下，保证上拍标的最大程度易手，以护住市场基本盘。根据易拍全球研究院大数据统计显示：2020年中国大陆地区中国文物艺术品成交率为81.2%，较上一年大幅增长了18.2个百分点，为近五年来统计最高值。中国大陆地区中国文物艺术品成交率的提升，很大程度上得益于"白手套"专场的数量增多，从数据上看，2020年中国大陆地区"白手套"专场为479个，同比增加312个，呈现爆发式增长的态势。易拍全球研究院通过大数据统计结果与市场调研发现，之所以2020年中国大陆地区"白手套"专场大幅增多，在于该年受疫情"倒逼"影响，拍卖企业全面布局线上业务，由于线上拍卖不受时空的限制，拍卖场次明显增多，又因网络拍卖标的普遍价格亲民，有利于成交率的提高。此外，名家旧藏专场仍然是产生"白手套"的聚集地，流传有序的拍品更易吸引藏家大胆入场。还应注意到，在疫情蔓延前期，诸多拍卖行业担当社会责任，联合藏家推出慈善公益拍卖专场，将成交善款援弛全国抗疫，此类专场上拍标的多以低于市价起拍，买家的参与门槛进一步放低，且从交易活动中能为抗击疫情贡献力量，此类专场一经推出便受到市场各主体的积极关注与参与，大大提高了拍品成交率。

二 万元以下低价位市场活跃，千万元市场扩增

2020年中国文物艺术品拍卖市场在中国大陆地区的表现，在成交价位分布上呈现出：低价位市场万元以下拍品基础扩大、高价位市场千万级拍品扩容的趋势。

从数据上具体来看，2020年中国大陆地区成交价分布呈现两极分化的形式：成交价在1万元以内的拍品成交量为15976件（套），同比增长23.1%，占总成交量的17.2%，同比提升5.6个百分点；成交额为1.1亿元，同比增长17.1%。成交价在1000万元以上的拍品成交量为368件（套），同比增长34.8% 成交额为109.4亿元，同比扩增39.5%。万元以下拍品的大量成交，反映出市场在线上化进程加快的情形下做出的积极应对与反应，由于线上拍卖的举办频次显著增多，进一步扩大了与之对应的中低价位市场的交易规模。千万元以上的拍品市场同比上年进

一步扩增，从供给方来看，由于千万元拍品更易在经济下行时期发挥其资产配置属性与抵抗风险的能力，在藏家需要资金周转或资产重新配置时，千万元拍品成为受青睐的对象，由此促进了供应量的提升；另外，从购入者角度而言，正是由于千万元级别拍品深具投资属性，且保值与增值能力较强，也吸引了市场投资注入。

2020年中国大陆地区中国文物艺术品各品类成交价位分布

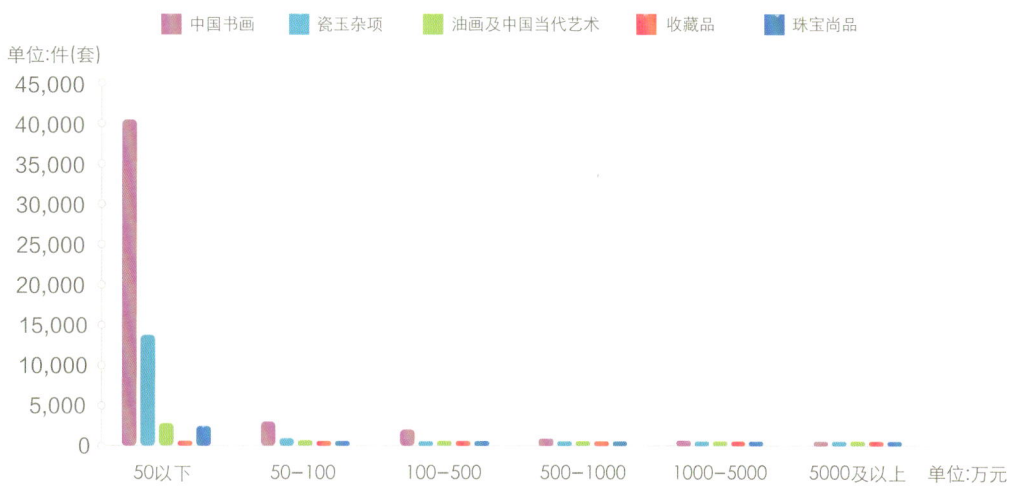

也应注意到，除了万元以下市场和千万元市场增量扩容之外，其他价格区间市场均面临市场同比紧缩的情形。根据易拍全球研究的大数据统计显示：成交价在 1 万元至 50 万元之内拍品成交量为 69443 件（套），占该年中国大陆地区总成交量的 75.0%，虽然占据了最大的市场交易量，但同比下滑了 22.4%，该价格区间的总成交额也出现同比下跌的趋势，下跌幅度达 26.0%。成交价在 50 万元至 500 万元区间的拍品市场，也出现量额双减的局面，其成交量与成交额分别为 6405 件（套）与 90.8 亿元，同比分别下降了 23.2% 与 18.8%。由此可见，2020 年中国大陆地区中低价位拍品市场规模的收紧之势凸显，在全球经济放缓和注入文物艺术品资金减少时，高价精品和较低价位的艺术消费品更易受市场的欢迎，前者是满足重大资产配置的需求，后者则是伴随着全民文化素养的进一步提高，踏入文物艺术品收藏的人群逐步增多，反映出文物艺术品下沉市场的基础在不断扩大。

三 书画市场仍为主导，油画及珠宝增势显著

2020 年，中国大陆地区中国文物艺术品市场的品类分布延续了近年来在成交量与成交额占比上的基本格局，并在局部分布中出现了一些细微调整。该年中国

大陆地区中国书画以 162.4 亿元的成交额与 4.5 万件（套）的成交量，持续占据中国大陆地区文物艺术品拍卖市场的半壁江山，分别占该地区总成交额的 56.0% 与总成交量的 48.2%。瓷玉杂项在市场份额占比上继续紧跟中国书画之后，成交额为 70.7 亿元，占据市场总额的 24.4%；成交量为 2.9 万件（套），占据市场总量的 31.1%。在成交额占比上，油画及中国当代艺术与收藏品紧随瓷玉杂项之后，分别占比 9.2% 与 7.5%，珠宝尚品占比最小，占总成交额的 2.9%。中国书画市场在中国大陆地区的主导地位继续显现，油画及中国当代艺术板块、珠宝尚品板块和收藏品板块的市场份额得到进一步扩增，瓷玉杂项板的市场规模在 2020 年出现缩减趋势。

来自易拍全球研究院的大数据统计显示，2020 年中国大陆地区中国书画的平均价格时隔一年后超越了瓷玉杂项的平均价格，达到 36.3 万元 / 件（套），同比上涨了 30.4%，说明该年中国书画市场整体上提质控量，供需双方对拍品提出了更高的要求。相对于中国书画市场来看，瓷玉杂项的成交均价较上年有所下降，下调幅度高达 16.0%，为 24.6 万元 / 件（套），以上数据表明瓷玉杂项板块下沉趋势更加明显，高价拍品缺位增大，中低位拍品市场持续扩容受到更多大众关注，聚集在低价位藏品市场的大众藏家仍占据多数。

2020年中国大陆地区细分品类成交量占比

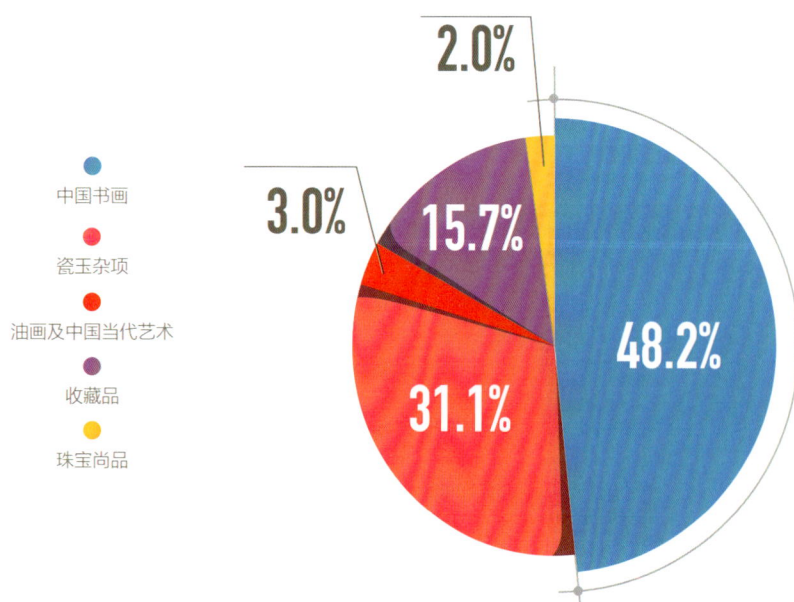

- 中国书画
- 瓷玉杂项
- 油画及中国当代艺术
- 收藏品
- 珠宝尚品

2.0%
3.0%
15.7%
48.2%
31.1%

2020年中国大陆地区细分品类成交额占比

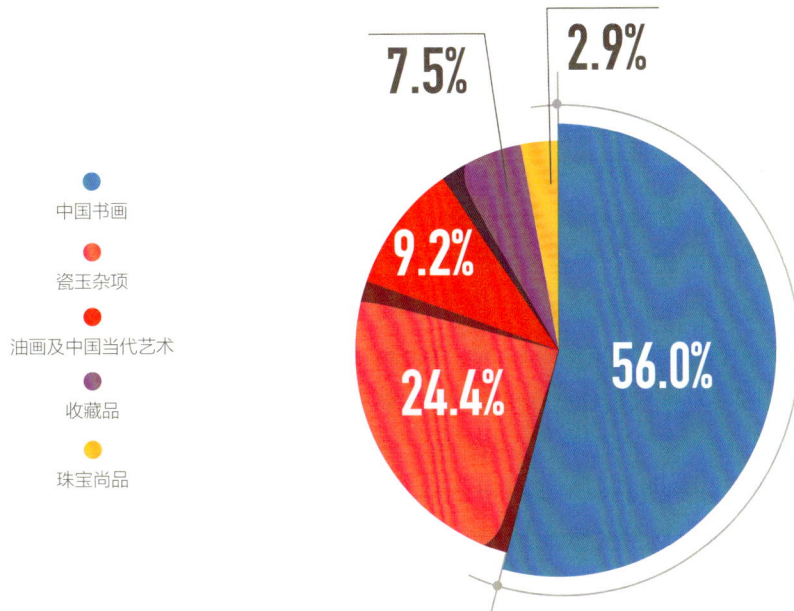

图例：
- 中国书画
- 瓷玉杂项
- 油画及中国当代艺术
- 收藏品
- 珠宝尚品

7.5%　2.9%

9.2%

24.4%　56.0%

另外，从 2020 年中国大陆地区总体成交量来看，该年总成交量为 9.3 万件（套），同比紧缩 17.0%，除油画及中国当代艺术、珠宝尚品板块成交量见涨外，其他板块类的成交量较 2019 年皆有所回落；2020 年中国大陆地区各品类的成交额涨跌并存，其中珠宝尚品的成交额以 72.6% 的涨幅引领该区域市场，油画及中国当代艺术、收藏品的成交额涨幅均超过 15%，中国书画涨幅微弱为 0.2%，只有瓷玉杂项板块的成交额在 2020 年出现收紧的趋势，同比下降 27.8%。

1. 中国书画

中国大陆地区 2020 年中国书画市场呈现成交量大幅下降、成交额微幅上涨的走势，变化幅度分别为 23.2% 与 0.2%。在细分二级品类中，该年的中国书画市场中的古代书画、近现代书画及当代书画各板块的成交量与 2019 年相比均有所回落，古代书画的成交量缩减幅度为 31.4%，近现代书画紧随其后，下降幅度为 24.3%，当代艺术板块的成交量减幅最小，为 7.8%。成交额方面，仅有近现代书画板块小幅度上涨 1.0%，古代书画与当代书画板块成交额同比去年各微降 1.3% 与 1.2%。具体来看，近现代书画板块成交额高达 102.4 亿元，占据整个书画市场的 63.1%，古代书画的成交额为 42.1 亿元，占据书画市场总体份额的 25.9%，当代书画占据了书画市场总成交额的 11.0%，为 17.9 亿元。

2019—2020年中国大陆地区中国书画品类细分成交量
（单位:件/套）

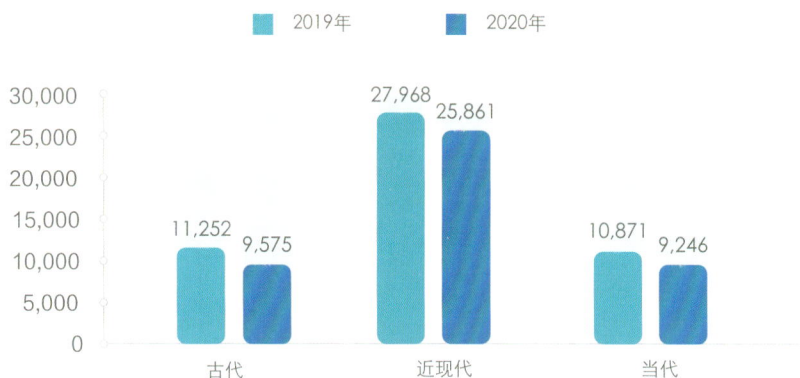

2019—2020年中国大陆地区中国书画品类细分成交额
（单位:亿元）

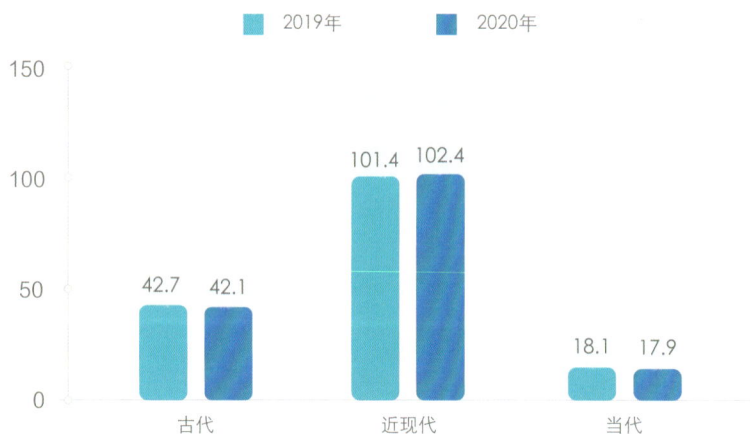

古代书画在 2020 年中国大陆地区市场中，成交量大幅减少的拍品主要集中于成交价在 50 万元以下的价格区间，该价格区间的总成交量为 8705 件（套），同比大幅缩减 32.6%，如此变化趋势可以反映出在经济增速放缓时，藏家对古代书画下沉市场的关注度也有所降低，一方面与该年上拍量的大幅度减少 45.7% 有一定关联，也与藏家入市的标准更高以及选择更加谨慎相关，尤其是在经济景气值有所下调时，市场主体对古代书画的质量以及流传有序等方面的要求变得更为严苛，以达到入市资金利益最大化的需求。值得关注的是，该年古代书画板块成交价在 1000 万元以上的各价位拍品的成交量与上年保持相同的数值，但是成交额却得到更大的提

中国古代书画TOP10（中国大陆地区）

序号	地区	拍卖行	拍卖会及专场	作者	作品名称	拍卖时间	人民币成交价(含佣金)
1	北京	北京保利	北京保利十五周年庆典拍卖会 吴彬《十面灵璧图卷》暨十面灵璧山居藏书画赏石专场	吴彬	《十面灵璧图卷》	2020.10.18	512,900,000
2	北京	中国嘉德	中国嘉德2020秋季拍卖会 大观——中国书画珍品之夜·古代	朱敦儒	《暌索帖》	2020.12.01	151,960,000
3	北京	北京保利	北京保利2020秋季拍卖会	文同 苏轼	《墨竹卷》	2020.12.05	121,900,000
4	北京	北京永乐	仰之弥高——中国古代书画夜场	王时敏	《仿黄公望山水轴》	2020.12.02	85,670,000
5	北京	中国嘉德	北京永乐2020艺术品全球首拍	董其昌	《书画合璧山水小景》	2020.08.16	75,400,000
6	北京	中国嘉德	中国嘉德2020秋季拍卖会 大观——中国书画珍品之夜·古代	八大山人	《山水花鸟书法册》	2020.12.01	71,920,000
7	北京	华艺国际（北京）	华艺国际（北京）首季拍卖会 大美——中国书画珍品之夜	佚名	《元人秋猎图》	2020.10.16	62,100,000
8	北京	北京荣宝	北京荣宝2020春季艺术品拍卖会 中国书画——荣名为宝	八大山人	《拒霜游鱼图》	2020.08.23	60,950,000
9	北京	中国嘉德	中国嘉德2020春季拍卖会 大观——中国书画珍品之夜·古代	钱维城	《花卉册》	2020.08.16	60,320,000
10	北京	北京宝瑞盈	2020北京宝瑞盈十周年庆典拍卖会 别有洞天——丹青之夜	李荣瑾	《汉宫秋苑图》	2020.10.15	46,400,000

升：其中成交价在 1000 万元至 5000 万元期间的古代书画成交额为 9.3 亿元，同比上涨 13.1%；成交价在 5000 万元以上的古代书画成交额为 12.0 亿元，同比上涨 39.1%。以上数据说明该年古代书画板块的头部市场更为注重拍品品质的把控，控量增质策略的实施，吸引了更多优质资本的注入。易拍全球研究院通过调研发现，该年中国大陆地区古代书画成交价前十名当中，明确皇室收藏著录的作品为 2 件（套），流传有序且著录清晰；十件拍品中，此前曾在拍卖会中出现的作品数量超过三分之一，"熟货"仍是头部市场的主力。而且，并非有所"熟货"的再次上拍都能超越上次拍卖纪录，而是升降并存，说明古代书画高端精品市场价格也在经历深度调整，日趋理性回归。

近现代书画板块在该年度总体呈现平稳发展态势，成交额为 102.4 亿元，同比微升 1.0%，依然对中国书画市场起关键主导作用。在 2020 年的近现代书画拍卖成交价前 10 名中，主要集中在潘天寿、傅抱石等在中国美术史中颇有成就的大家之列。易拍全球研究院观察各价位近现代书画的成交量发现，2020 年近现代板块同样于成交价在 1000 万元以上的价位区间取得了显著增长，成交量增幅为

中国近现代书画TOP10（中国大陆地区）

排名	地区	拍卖行	拍卖会及专场	作者	作品名称	拍卖时间	人民币成交价(含佣金)
1	北京	华艺国际（北京）	华艺国际（北京）首季拍卖会 大美——中国书画珍品之夜	潘天寿	《耕罢》	2020.10.16	178,825,000
2	北京	中国嘉德	中国嘉德2020秋季拍卖会 大观——中国书画珍品之夜·近现代	傅抱石	《大涤草堂图》	2020.12.01	139,200,000
3	北京	北京荣宝	北京荣宝2020春季艺术品拍卖会 中国书画——荣名为宝	齐白石	《花草工虫册》	2020.08.23	129,950,000
4	上海	上海嘉禾	2020年秋季暨十周年庆典拍卖会 《禾风》——中国书画夜场	李可染	《高岩飞瀑图》	2020.12.13	116,725,000
5	北京	北京保利	北京保利2020秋季拍卖会 中国书画夜场	傅抱石	《二湘图》	2020.12.04	104,650,000
6	北京	北京荣宝	北京荣宝2020春季艺术品拍卖会 中国书画——荣名为宝	齐白石	《花卉蔬果册》	2020.08.23	71,300,000
7	北京	中国嘉德	中国嘉德2020春季拍卖会 大观——中国书画珍品之夜·近现代	潘天寿	《江天新霁》	2020.08.16	62,640,000
8	北京	华艺国际（北京）	华艺国际（北京）首季拍卖会 大美——中国书画珍品之夜	张大千 侯碧漪	《敦煌莫高窟初唐画大士像》	2020.10.16	58,880,000
9	北京	北京宝瑞盈	2020北京宝瑞盈十周年庆典拍卖会 别有洞天——丹青之夜	黄宾虹	《花鸟草虫六扇屏风》	2020.10.15	58,000,000
10	北京	中国嘉德	中国嘉德2020秋季拍卖会 大观——中国书画珍品之夜·近现代	吴昌硕	《致三多花卉册》	2020.12.28	52,200,000

74.4%，主要集中于1000万元至5000万元高价位拍品之间。成交额方面，近现代书画板块各成交价位区间唯有100万元至5000万元区间实现了上涨，其他各价位拍品的成交总额均出现下滑的态势，但整体下滑幅度小于古代书画板块与当代书画板块。以上数据表明，2020年中国大陆地区近现代中国书画市场正经历重力开拓高端精品市场的过程，尤其是外部投资环境风险增多时，优质文物艺术品的增值与保值特性为资本更加青睐。

当代书画是该年中国大陆地区中国书画板块唯一在成交额与成交量同比去年均呈下行的部分，与2019年成交额与成交量双降的形势趋同，成交额同比下降1.2%至17.9亿元，成交量缩减了100件（套）。从中国大陆地区当代书画的平均成交价来看，2020年为19.3万元/件（套），成交的作品大多集中在1万至5万元的价格区间，成交量为4253件（套），占中国大陆地区该品类总成交量的46.0%，市场进一步出现下沉趋势。由于当代书画作品在艺术创作风格上存在着不确定性以及部分当红艺术家的市场存在炒作的行为，这在一定程度上影响了部分艺术作品价格的合理性。当市场经济规模出现紧缩时，当代书画的市场热度则首先受到影响，其市场仍需长时间的积淀与培养。

2. 瓷玉杂项

在中国大陆地区各品类中国文物艺术品市场中，瓷玉杂项板块在 2020 年的市场热度相比上年出现明显回落。来自易拍全球研究院的大数据统计显示：该年瓷玉杂项的成交量为 2.9 万件（套），同比减少 14.1%，成交额为 70.7 亿元，同比上涨 27.8%，与 2019 年相差 27.1 亿元。从各价位分布的成交量统计表明，成交价在 1 万元以下价格区间的瓷玉杂项成交量与成交额实现了大幅度提升，涨幅分别高达 88.1% 与 74.2%，其他各价位的拍品成交量与成交额均出现收紧的态势。由此可知，中国大陆地区 2020 年瓷玉杂项的市场呈现出低价位拍品继续扩大市场份额，以量取胜的趋势；而其他价位拍品市场则随市而行，市场规模进一步缩小。

2020 年瓷玉杂项板块万元以下市场的活跃值得关注：万元以下瓷玉杂项下属各品类，除竹木牙角板块之外，其他各品类市场的成交量均呈现大幅攀升的态势，其中以玉石器成交量涨幅同比高达 1.9 倍领衔，古典家具与文房雅玩皆以 1.2 倍的涨幅紧随其后，佛像唐卡成交量涨幅为 88.0%，陶瓷器成交量涨幅为 49.8%，金属器成交量涨幅为 26.4%。以上各品类成交额方面与成交量的涨幅走势趋同，以玉石器成交额同比增长 1.6 倍。由此数据可知，瓷玉杂项各品类市场的交易规模与市场容量在不断扩大。该市场扩大的主要因素在于价格的亲民，入藏门槛较低，具有广泛的受众群体。也应注意到，市场扩大的另一关键因素在于该年拍行线上化进程的全面提速与近年来最大规模布局。

3. 油画及中国当代艺术

油画及中国当代艺术的成交总额为 26.2 亿元，比去年同期上涨了 28.4%，市场回暖趋势开始显现；成交量同比上升了 14.7%，为 2805 件（套），平均每件（套）

2016—2020年中国大陆地区油画及中国当代艺术成交额
（单位：亿元）

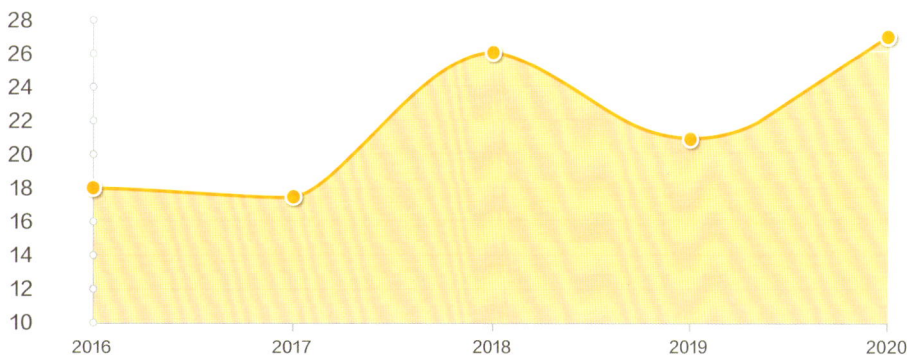

价格 95.55 万元，比 2019 年提升了 11.9%，其中油画的平均价格为 161.5 万元 / 件（套），价格较 2019 年大幅增长 38.4%。细观 2020 年中国大陆地区油画及中国当代艺术板块各价位的分布可发现，成交量与成交额均实现上涨的是成交价在 5 万元以下的拍品以及 500 万元以上的拍品。其中成交价在 5 万元以下的油画及中国当代艺术成交量为 1344 件（套），同比增长 64.5%，成交额为 2479.8 万元，同比上涨 24.6%。该价位油画及中国当代艺术的市场扩增主要得益于在线拍卖业务的迅速扩张，大量适应于在线藏家心理价位的拍品集中在市场释出，根据易拍全球研究院的统计发现，该价位的油画及中国当代艺术线上成交量占该价格区间总成交量的二分之一有余，线上市场氛围呈现高涨的趋势。另外，成交价在 500 万元以上的油画及中国当代艺术在 2020 年也实现了量额双增，成交量增长了 21.6% 为 90 件（套），成交额上涨 44.0% 达到 18.7 亿元。该价位的油画及中国当代艺术拍品主要集中于赵无极、常玉、吴冠中等 20 世纪早期留法艺术家之列，虽然他们的成交价在 500 万元以上的作品仅为 19 件（套），但其占该价位总成交额的三分之一以上，说明 20 世纪早期留法艺术家的作品持续得到市场的关注与青睐。该年中国大陆地区成交价在 5000 万元以上的作品为 7 件（套），成交额为 7.2 亿元，同比大幅上涨 1.3 倍，以 1.74 亿元成交的赵无极《04.01.79》领先，可见留法艺术家作品在该板块市场的引领作用显著。

4. 收藏品及珠宝尚品

中国大陆地区收藏品板块在 2016 年和 2020 年期间，保持在 8.4 亿至 21.7 亿元之间的成交额，基本呈现稳步上涨的趋势，仅在 2019 年收藏品成交额同比稍降 4.3%。2020 年，中国大陆地区收藏品成交额为 21.7 亿元，所占中国大陆地区市场总成交额的 7.5%；成交量为 14511 件（套），同比减少 11.7%；平均价格为 14.9 万元 / 件（套），同比上涨 2.8%，开始显现增质减量的特征。

细观 2020 年收藏品板块下属各品类可发现，与 2019 年邮品钱币板块量额双增、古籍文献及手稿量增额减的市场情形相比，2020 年表现出与上年相反的趋势：该年邮品钱币市场成交额与成交量双双收紧，下降幅度分别为 19.4% 与 33.4%；古籍文献及手稿市场尽管成交量出现减少之势，但是成交额大幅上升了 47.3%，市场增量主要来自于成交价在 1000 万元以上价格区间的拍品，该价位区间的成交额为 6.7 亿元，同比增长 8.5 倍，成交量比上年增加了 8 件（套），包含 3 件成交价超过 5000 万元的拍品，分别为以 2.63 亿元成交的 宋·龙舒本《王文公文集》《宋人信札册》、以 1.39 亿元成交的《胡适日记》等拍品。通过以上交易数据可以发现，古籍文献及手稿市场走高的原因在于高价位拍品的上拍，直接拉动了该年度收藏品

2016—2020年中国大陆地区收藏品成交额
（单位：亿元）

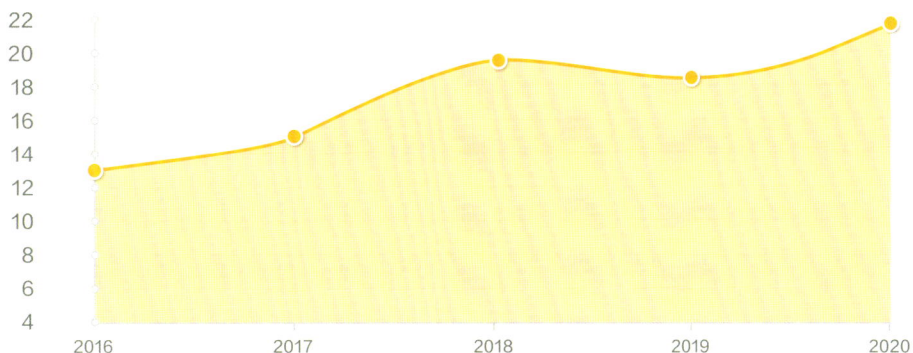

板块的增势。而2019年古籍文献成交价最高的为2932.5万元《启功旧藏金石碑帖、法书影本672种》，高价精品的释出与否直接影响当年该品类的市场成交额高低。

2016—2020年大陆地区珠宝尚品成交额
（单位：亿元）

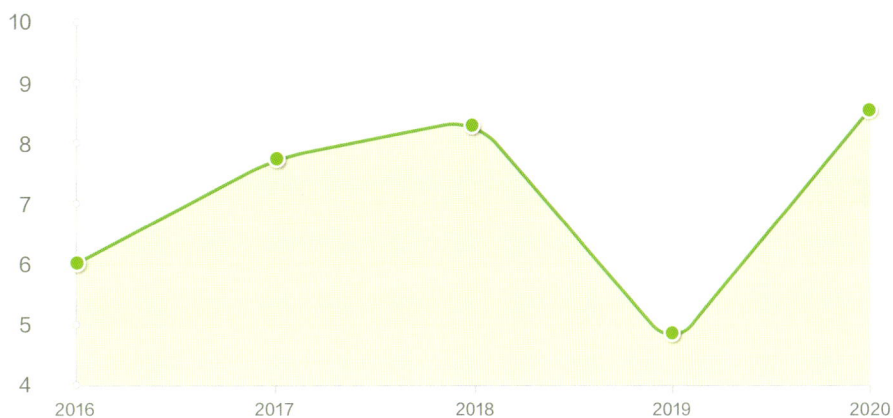

2020 年中国大陆地区珠宝尚品成交量为 1597 件（套），同比上涨 68.0%，成交额为 7.7 亿，同比上涨 72.6%，平均成交价为 45.1 万元／件（套），同比微升 2.8%。以上数据表明，该年中国大陆地区珠宝尚品市场趋势进一步扩容。来自易拍全球研究院的大数据统计显示：珠宝尚品的市场增量主要来自于成交价 10 万元以下的拍品，以及成交价在 500 万元以上的拍品。成交价 10 万元以下的珠宝尚品成交额为 3861.8 万元，同比大幅上涨 98.6%，其中涨幅最为迅猛的是成交价在 1 万元以下的珠宝尚品，该价位拍品成交额为 271.5 万元，同比大幅攀升了 4.4 倍。成交价在 500 万元以上的珠宝尚品成交额为 5.8 亿元，同比上涨了 1.6 倍，由 5635 万元成

交的天然满绿玻璃种翡翠配钻石"平安无事"牌领衔。通过数据可以发现，该年大陆地区珠宝尚品板块呈现基础市场容量大幅扩增、头部市场高位主导的特征。基础市场的扩增一方面受专场同比设置增多的有利影响，另一方面随着该年网络拍卖业态的迅速形成，拍行在珠宝尚品板块同步布局线上业务，由于珠宝尚品相比中国书画和瓷玉杂项等板块已有更为广泛的受众群体，加之疫情的阻隔，消费者的购买途径从线下的珠宝店转移到线上商城乃至拍行的线上拍卖当中，购买途径的新鲜体验感也为珠宝尚品基础市场的规模扩大产生积极作用。珠宝尚品头部市场的扩容主要在于个别高价位精品的集中释出，尤其是 2020 年诞生了两件成交价超过 5000 万元的珠宝尚品，在近四年来的市场统计发现尚属首次，也可视为拍行在高端珠宝领域的积极性尝试，并取得了市场的良好反应。

四　地区分布格局稳定，区域联动释放活力

从中国大陆地区各区域市场发展的维度来看，2020 年京津冀区域市场仍然延续多年来的主导地位，成交额为 214.9 亿元，占中国大陆地区市场份额的 74.1%；成交量为 5.3 万件（套），占中国大陆地区市场总份额的 56.7%，成交额比去年同期增长了 7.4%，成交量缩减 10.2%。该区域市场的拍品平均成交价为 40.9 万元，同比上涨 21.0%，居其他区域市场拍品平均成交价之首，中高端文物艺术品多集中在该区域。根据易拍全球研究院大数据统计结果可发现，促高京津冀市场量额双升的直接原因在于，该区域除瓷玉杂项板块外，其他各板块市场的活力释放。2020 年京津冀区域市场瓷玉杂项板块成交量与成交额出现平均 16.1% 的下滑，但是其他板块市场整体上实现了量额双升，其中以珠宝尚品与收藏品的高幅度上涨最为显著，平均增幅达 93.1%，中国书画市场交易额也实现微升，上升幅度为 7.4%，京津冀区域市场份额总体向好发展。

2020 年，长三角区域拍卖市场成交额为 48.9 亿元，同比缩减了 20.9%，占据中国大陆地区市场份额的 16.9%，处于第二位。其成交量 2.4 万件（套），占整个市场份额的 25.8%，拍品的平均成交价普遍低于京津冀。珠三角区域成交额为 6.1 亿元，主要拍卖交易集中在广州。中国大陆其他区域虽然占比整个中国大陆地区市场份额较小，但其 2020 年的发展表现可圈可点。具体而言，中国大陆其他区域的成交量为 5593 件（套），成交额为 18.0 亿元，同比上升 4.8%。在大陆其他地区的各交易板块中，中国书画、油画及中国当代艺术的成交额出现大幅攀升，涨幅分别为 106.2% 与 18.1%。易拍全球研究院通过市场调研与大数据统计发现，大陆其他地区市场的活跃归因于区域之间拍卖活动的联动效应。具体而言，大陆其他地区里

2020年中国大陆细分地区中国文物艺术品成交量占比

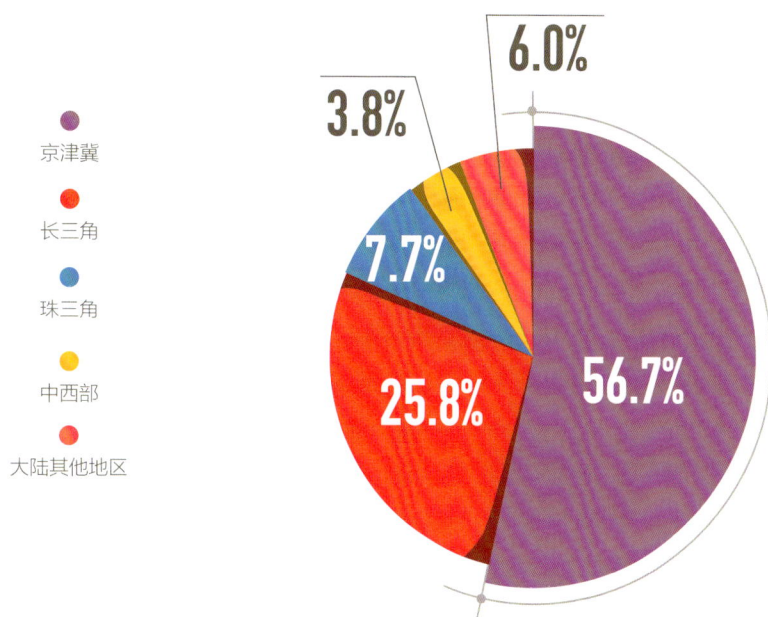

京津冀

长三角

珠三角

中西部

大陆其他地区

6.0%

3.8%

7.7%

25.8%

56.7%

2020年中国大陆细分地区中国文物艺术品成交额占比

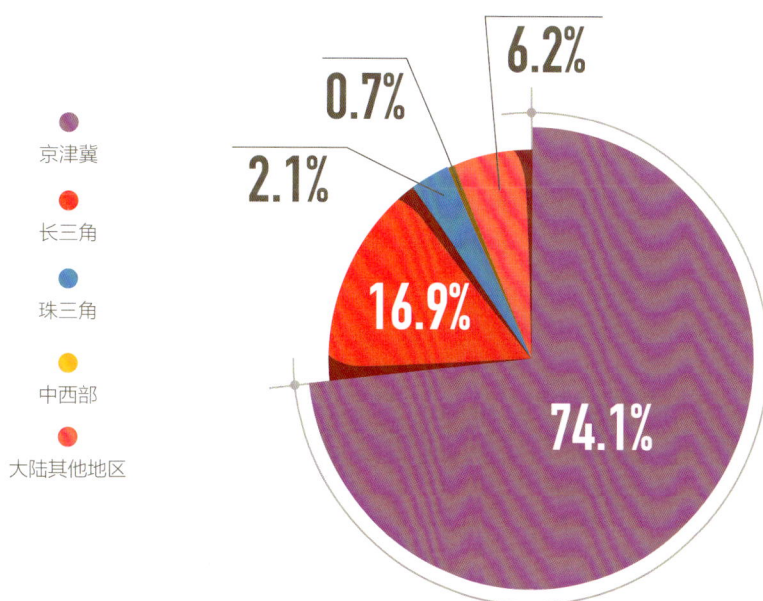

京津冀

长三角

珠三角

中西部

大陆其他地区

6.2%

0.7%

2.1%

16.9%

74.1%

的山东省市场在该年取得亮眼成绩，成绩的背后与北京大型拍行将春季大拍移师到该地有关。出于疫情防控的需要，北京市举办春季大拍受到极大限制，北京市拍卖企业为保证春季大拍如期举行，将拍场设置在文物艺术品收藏活跃的山东省，为满足当地藏家的喜好，将中国书画作为主推业务，因此在数据上表现出中国大陆其他地区中国书画市场的繁荣。另外，2020年中国大陆地区市场的联动还体现在南方拍行移师北上，将分公司开设在全国文物艺术品交流中心的北京，其中以广州华艺国际和南京十竹斋在北京开设分公司并举办的两场首拍最为亮眼。以上两家分公司在北京首次拍卖的成交额分别为20.1亿元与5.1亿元，占北京2020年总成交额的十分之一以上，其新晋力量不容小觑。南方拍行在北京的发展，将有利于盘活南北方文物艺术品资源的进一步流动，为市场带来新的活力。

亚太其他地区市场（含中国香港、中国澳门、中国台湾地区）

Asia-Pacific Art & Antiques Market (Including HongKong,Macao and Taiwan)

一 市场整体紧缩，成交率大幅攀升

从近年来中国文物艺术品在全球拍卖状况的地域分布来看，亚太其他地区市场（包括中国香港、中国台湾、日本、新加坡等地）的成交额一直仅次于中国大陆地区，平均所占市场份额维持在30%左右，并以此为中心进行局部调整。2020年，亚太其他地区的中国文物艺术品拍卖市场成交额为99.5亿元人民币，同比去年下降了27.0%，占据当年中国文物艺术品全球市场总成交额的24.3%，较比上年下降了4.8个百分点，成交量为2.0万件（套），同比上年减少了29.3%。以上数据表明，由于2020年全球疫情蔓延导致经济增速放缓，中国文物艺术品拍卖在亚太其他地区市场热度出现较大幅度降温，针对新出现的经济变动做出适应性调整，成交量与成交额均有所减少，个别品类交易仍有看点。

通过观察2016年至2020年亚太其他地区的中国文物艺术品成交量与成交额的整体走势可以发现：2016年至2019年亚太其他地区中国文物艺术品的成交量

2016—2020年亚太其他地区中国文物艺术品成交量
[单位：万件(套)]

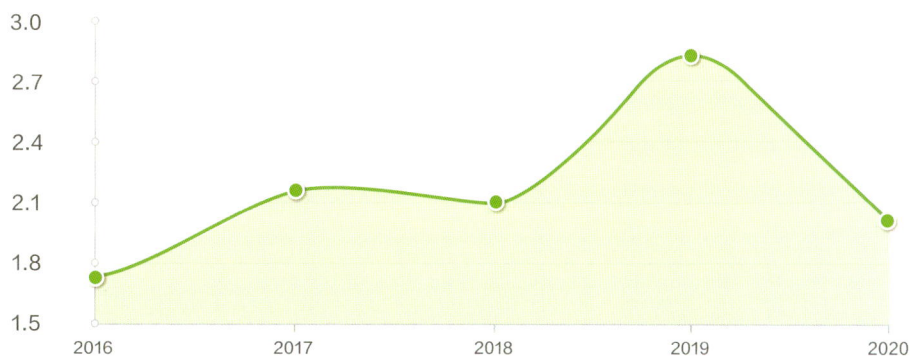

2016—2020年亚太其他地区中国文物艺术品成交额
（单位：亿元）

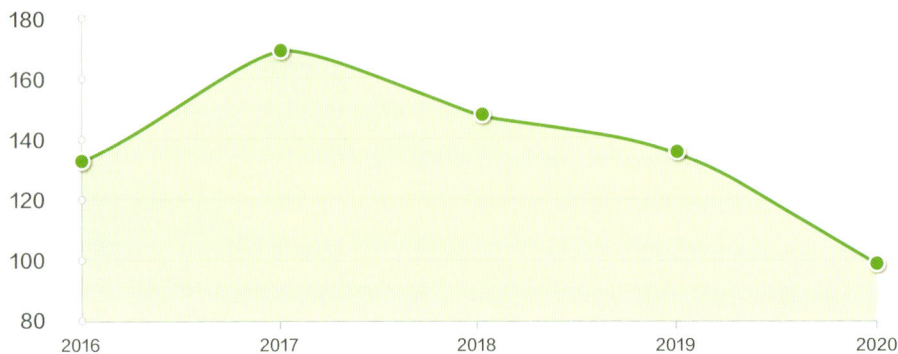

整体呈现出上升发展的趋势，尤其是在 2019 年，其成交量出现显著提升，高于此前任何一年的成交量，市场占有量进一步扩大，更多中国文物艺术品现身亚太其他地区市场，但在 2020 年出现急速下滑的发展态势。成交额方面，2016 年以来，亚太其他地区的中国文物艺术品的成交额不断攀升，并于 2017 年达到峰值 169.7 亿元人民币，2018 年转势下跌至 147.5 亿元人民币，同比下跌 14.0%，2019 年成交额下跌趋势较上一年有所放缓，2020 年则继续下探，成交额不及百亿元。亚太其他地区成交量与成交额的减少，一方面受全球宏观经济放缓，资本注入减少的根本影响，另一方面也与拍行调整上拍策略，为适应市场环境严控征集量与上拍量有关。易拍全球研究院通过市场调研发现，亚太其他地区的拍行因受全球疫情以及不稳定国际贸易形势的影响，拍行不得不按照市场真实需求及时调整上拍策略，将上拍量大幅缩减，数据显示，2020 年亚太其他地区上拍量为 25355 件（套），同比 2019 年削减了 47.1%，其中不乏将上拍量缩减同比超过一半的案例。如保利香港 2019 年中国文物艺术品的上拍量为 2097 件（套），而 2020 年缩减为 770 件（套），再如中国嘉德（香港）2019 年中国文物艺术品的上拍量为 2938 件（套），而 2020 年缩减为 1468 件（套）。

易拍全球研究院通过对 2016 年至 2020 年亚太其他地区中国文物艺术品的成交率统计发现：2020 年为该地区中国文物艺术品成交率五年来最高的一年，同比提升了 19.7 个百分点达到 78.6%，表明在现有的市场容量中买气仍然高涨。从数据上看，2020 年该地区的上拍量为 2.5 万件（套），同比去年大幅缩减了 47.1%，成交量因上拍量的减少同样受到影响，但下降幅度相比稍缓为 29.3%。以亚太其他地区的"白手套"专场为例，2020 年该地区"白手套"专场数量为 83 场，同比增加了 15.3%。该地区中国文物艺术品各品类成交率大部分品类成交率同比均有所

2016—2020年亚太其他地区中国文物艺术品成交率

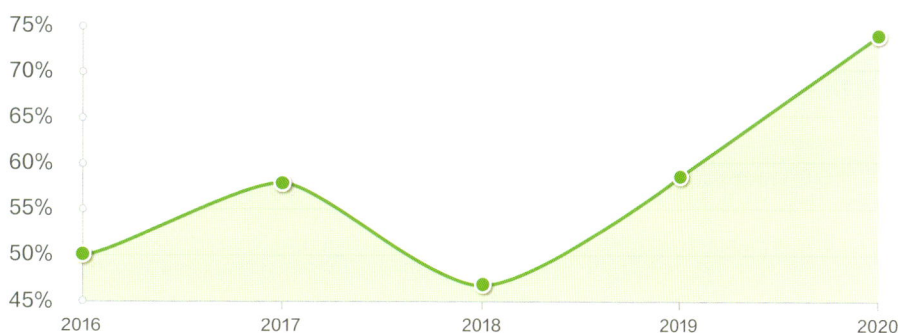

提升，其中中国书画成交率上升 14.0 个百分点，瓷玉杂项成交率上升 13.6 个百分点，油画及中国当代艺术上升 21.2 个百分点，收藏品上升 46.1 个百分点，珠宝尚品上升 19.7 个百分点。亚太其他地区品类成交率之所以大幅提升，不仅得益于专场设置上以著名藏家旧藏为主题的专场进一步增多，拍品质量得到有效保障；还在于拍行专业准确的调配，以众藏家的需求为前提进行征集；另外拍行在价位设置上做足功夫，保证了该地区市场的高成交率。

2016—2020年亚太其他地区中国文物艺术品平均成交单价
（单位：万元）

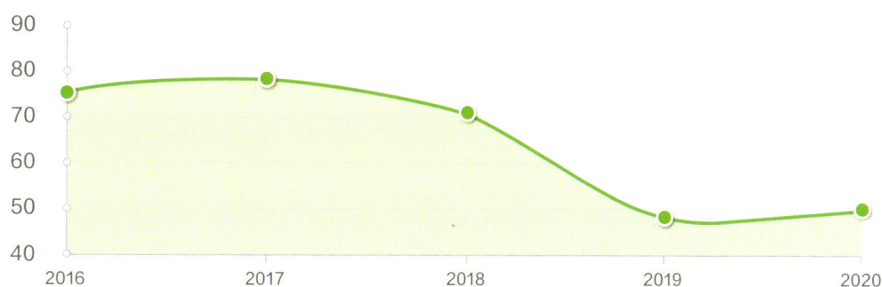

纵观近五年的亚太其他地区中国文物艺术品的平均成交价格，2016 年至 2017 年不断攀升，最高值为 79.4 万元／件（套），随即在 2018 年出现下调趋势，此年该地区中国文物艺术品的平均成交价格为 70.0 万元／件（套），同比 2017 年下跌了 12.0%。2019 年则继续上一年的下探趋势，平均成交价格为 48.4 万元／件（套），为五年来最低点。2020 年亚太其他地区平均成交价格实现小幅度上扬，为 49.9 万元／件（套）。近两年亚太其他地区平均价格处于低位的众多因素里主要在于低价位拍品市场成交量的不断攀升，一定程度上降低了总体成交价。2020 年成交价在

50 万元以下的拍品占比达 89.5%，同比增加 0.3 个百分点，市场下沉的趋势仍在显现。

二 各价位拍品交易趋降，基础市场发展稳定

2020 年中国文物艺术品拍卖市场在亚太其他地区的表现，在成交价位分布上呈现出：各价位拍品交易趋降，基础市场发展稳定的特征。

2020年亚太其他地区细分价位与品类成交量

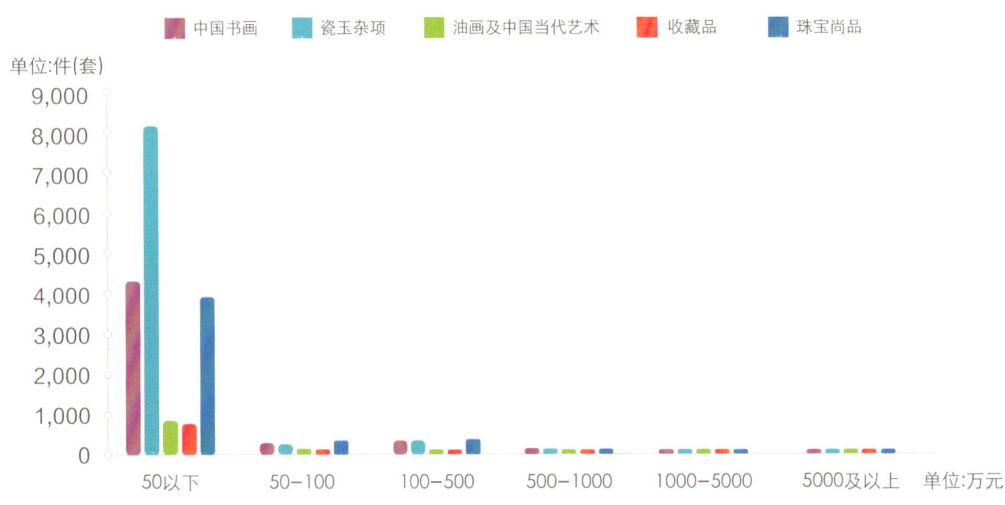

具体来看，2020 年亚太其他地区中国文物艺术品各价位市场，除成交价在 5000 万以上的文物艺术品市场实现了量与额的增长，其他各价位同比上年均出现下调的发展趋势。来自易拍全球研究院的大数据统计显示：成交价在 5000 万元以上的拍品成交量为 23 件（套），较比上年增加 1 件（套），成交额为 25.7 亿元，同比增长 11.67%。该价位市场的扩容，主要来自于油画及珠宝翡翠细分品类的市场增量。其他价位中，成交价在 50 万元以下的拍品成交量为 1.8 万件（套），成交额为 14.4 亿元，同比分别下降 29.1% 与 32.1%。成交价在 50 万元至 500 万元的拍品成交量为 1807 件（套）成交额为 26.4 亿元，同比分别下降 30.4% 与 30.0%。成交价在 500 万元至 5000 万元之间的拍品成交量为 263 件（套），成交额为 33.0 亿元，同比分别下降 36.6% 与 39.3%，为下降幅度最大的价位板块。值得关注的是，成交价在 1 万元以下的市场降幅最小，成交量与成交额的下调幅度平均控制在 1.0% 以内，说明文物艺术品消费市场的基础并未受到明显影响。这也进一步表明了人们对文物艺术品市场的关注度并未降低，消费意愿仍在，高价位拍品市场的紧缩，可

视为经济下行调整期买售双方对资产进行谨慎配置的表现。

三　中国香港市场仍领衔，日本市场回落明显

2020 年亚太其他地区的各细分市场基本延续原有分布格局，个别地区存在一定变化。易拍全球研究院数据显示：2020 年中国香港的成交量为 1.1 万件（套），成交额为 91.3 亿元，分别占据整个亚太其他地区市场份额的 54.7% 与 91.7%，以绝对优势处于整个地区的主导地位。日本则紧随中国香港之后，成交量为 5481 件（套），占亚太其他地区总成交量的 27.5%，同比下跌 0.2 个百分点，成交额为 3.5 亿元，与中国香港相比逊色，但明显领先于其他几个地区，其成交额增速在 2020 年有所放缓，同比上年减少 64.4%，市场份额占比也进一步缩减，较比上年下降 3.7 个百分点。排列在亚太其他地区第三的是中国台湾，第四的则是新加坡，中国台湾该年的中国文物艺术品成交量为 2662 件（套），同比上涨 14.8%，成交额为 4.3 亿元，同比减少 33.9%；新加坡该年的中国文物艺术品成交量为 865 件（套），成交额为 4819.7 万元，分别下调了 44.7% 与 62.6%；除中国香港、日本、中国台湾和新加坡之外的亚太其他地区的市场占有量也有不同程度的缩减之势。

2020年亚太其他地区各细分市场成交量占比

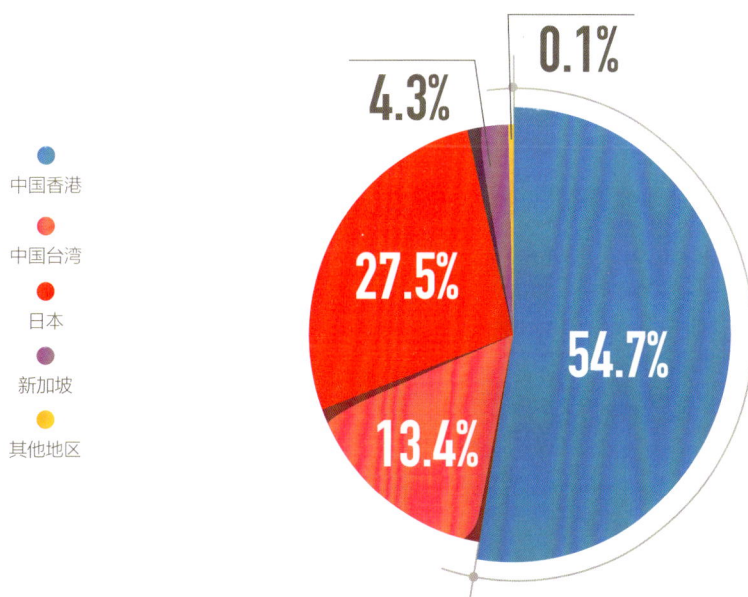

中国香港
中国台湾
日本
新加坡
其他地区

0.1%
4.3%
27.5%
54.7%
13.4%

2020年亚太其他地区各细分市场成交额占比

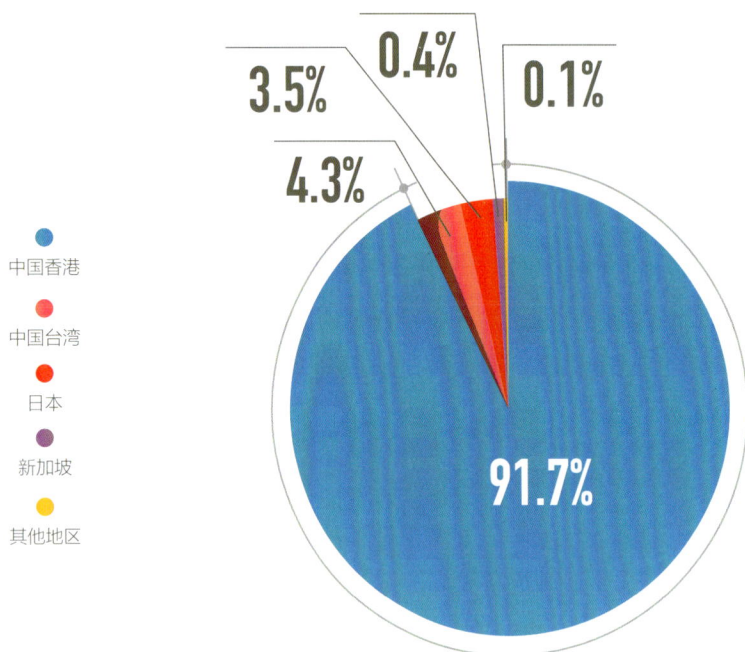

- 中国香港
- 中国台湾
- 日本
- 新加坡
- 其他地区

3.5%　0.4%　0.1%
4.3%
91.7%

　　中国香港在 2020 年进一步发挥其亚洲经济、金融、艺术市场中心的引领作用。也应注意到该年受不确定因素增多的影响，虽然中国香港的中国文物艺术品市场在亚太其他地区独占鳌头，但其成交额与所占该地区市场占比份额呈现出同比下滑与收紧的态势。来自易拍全球研究院的统计数据显示：2020 年中国香港的中国文物艺术品市场总成交额同比 2019 年缩减了 19.3 亿元，成交量与成交额的市场占比分别下降了 13.1 个百分点和 6.5 个百分点。纵观中国香港近五年的中国文物艺术品市场发展可发现，2016 年的成交额随着世界经济活力的短期释放，市场处于上涨攀登阶段，并于 2017 年到达峰值为 149.7 亿元，2018 年随着世界经济不稳定因素增多的影响，该年有了较小幅度的回落，较 2017 年下降 8.1%，为 137.5 亿元，此后一直延续下探的趋势。再观其近五年的成交量，2016 年至 2019 年呈现不断上涨趋势，市场的买气不断上升，2019 年为 1.6 万件（套），较 2016 年增幅达 27.9%。2020 年中国香港市场的成交量随市出现大幅度下滑，下降幅度为 33.3%。易拍全球研究院通过进一步市场调研发现，直接导致中国香港成交额与成交量下降的主要因素在于疫情阻隔，线下拍卖举办的场次骤降，同时国际藏家出行受阻，未能出席参与现场拍卖，尽管拍行在积极开拓线上市场，以求现有条件下使市场交易规模最大化，但由于文物艺术品的特殊属性，普遍需要亲自现场核验，以及疫情阻

2016—2020年中国香港中国文物艺术品成交额
（单位：亿元）

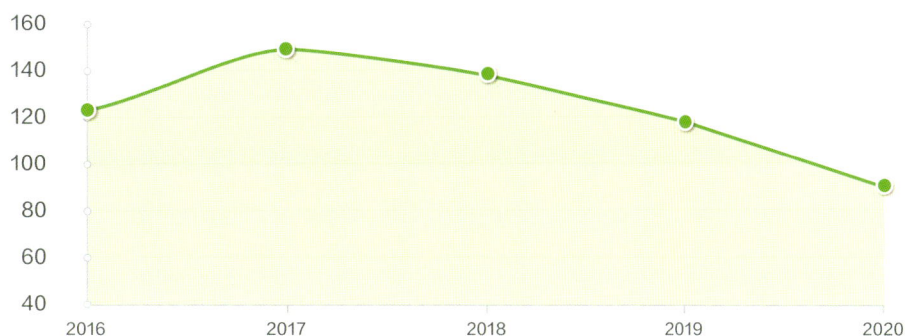

2016—2020年中国香港中国文物艺术品成交量
[单位：万件(套)]

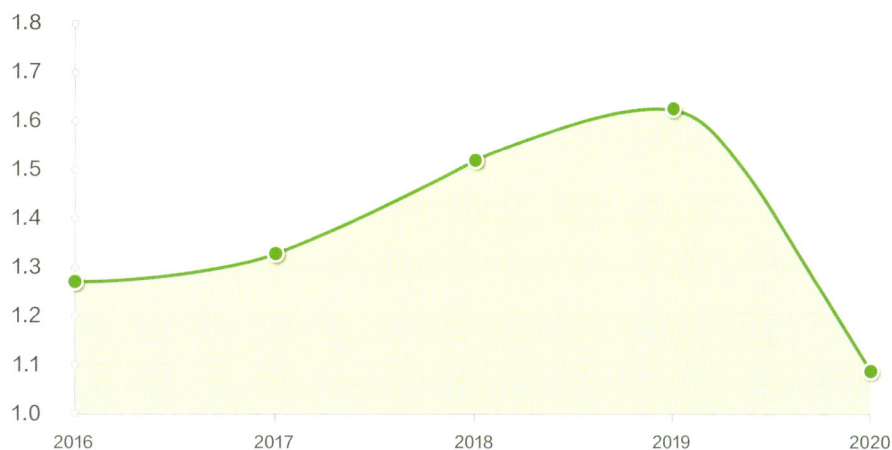

隔也为拍行藏品征集带来极大限制，需求与供应端的双重受限，导致中国香港市场份额呈现缩减之势。

二级市场中拍品的平均成交价直接反映出拍品的总体质量，中国香港该年的平均成交价格为 83.7 万元 / 件（套），依旧领先于亚太其他各地区的平均价格，同比2019 年则上涨了 15.8%。中国台湾文物艺术品拍品平均成交价为 16.0 万元 / 件（套），排列第二，拍品质量平均较比上年有所下降。日本的平均成交价格为 6.4 万元 / 件（套），比中国台湾的平均成交价格低 1.5 倍，二者差距进一步拉大，说明该年在日本拍卖市场上成交的中国文物艺术品总体质量继续走低。2020 年在全球成交的 27 件（套）过亿中国文物艺术品中，亚太其他地区拍出了 11 件（套），均集中在中国香港，5000 万元以上的拍品共 23 件（套），也均在香港拍出。在香港成交 500 万以上的高价位拍品占亚太其他地区总成交额的 57.7%。由此看出，中

2016—2020年亚太其他地区中国文物艺术品平均成交单价
（单位：万元）

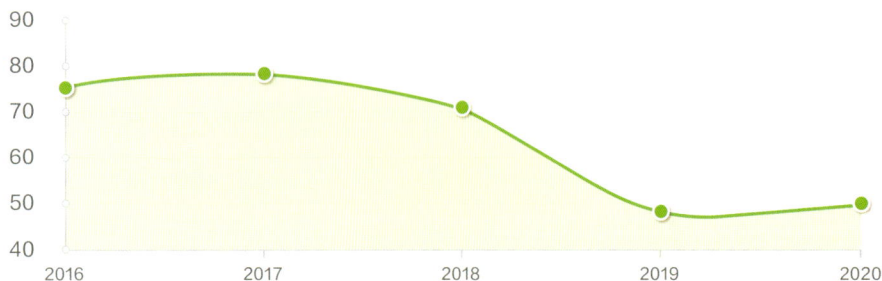

国香港仍是高质量拍品的集散地，巨额资本投资的青睐之所。另外，从2020年全球拍行中国文物艺术品成交额排名来看，成交总额位列前五的拍行里，其中有两家拍行来自香港苏富比与香港佳士得，分别位列第二与第五，在全球中国文物艺术品交易市场主体中扮演重要角色。

此外，日本地区市场在2020年表现稍显逊色，成交量与成交额经历了双重下跌，其在亚太其他地区的市场占有比重缩小。根据易拍全球研究院的统计显示：2020年日本地区市场的中国文物艺术品成交量与成交额分别下跌了28.7%和64.4%。具体而言，如此明显的回落趋势直接源于各品类交易市场的活跃度有所放缓。该年日本地区中国书画的成交量为1345件（套），同比减少42.5%，成交额为1.4亿元，同比下跌64.9%；瓷玉杂项的成交量为3914件（套），同比减少21.2%，成交额为1.9亿元，同比锐减65.5%；油画及中国当代艺术成交量与成交额同比分别下跌71.4%与93.3%；收藏品与珠宝尚品的成交量与成交额也出现超过60%的跌幅。日本市场之所以呈现出如此大幅下行的趋势，一方面受全球疫情影响，日本开展中国文物艺术品拍卖业务的拍行数量在减少。数据显示，2020年参与上拍中国文物艺术品的日本拍行数量同比减少了11.1%，表明市场的供应端在缩减；另一方面，也因藏家群体出行受阻，客观上对拍品顺利成交产生一定影响。

四　油画市场持续发力，珠宝板块优势突出

2020年亚太地区的市场随市而行，对世界经济形势的变动做出了灵敏反应。同时，近两年来亚太其他地区市场的拍品构成在规模上也有所调整，从中国文物艺术品细分品类的成交量占比情况来看：2019年瓷玉杂项在成交量与成交额皆占据主导地位，中国书画市场位于第二位，油画及中国当代艺术板块"增质减量"，成交额市场占比同比上升；2020年板块轮动，油画及中国当代艺术板块在成交额上

以绝对优势占据第一，瓷玉杂项则在成交量上位居首位，中国书画在成交量与成交额占比方面皆排在第二位，珠宝尚品板块在该年无论是成交量还是成交额皆同比大幅增大，买气回升，跃居第三位，收藏品板块的拍品在成交量与成交额均不抵上年，占比同比呈下滑态势。

2020年亚太其他地区细分品类成交量占比

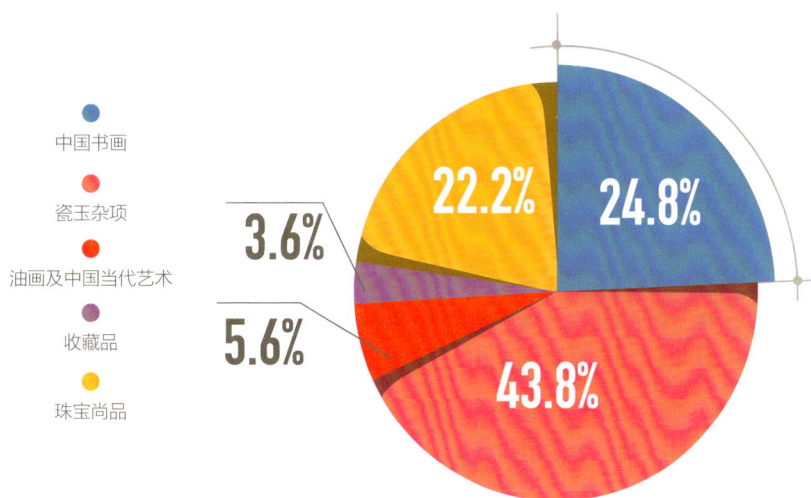

图例：
- 中国书画
- 瓷玉杂项
- 油画及中国当代艺术
- 收藏品
- 珠宝尚品

24.8%
22.2%
3.6%
5.6%
43.8%

2020年亚太其他地区细分品类成交额占比

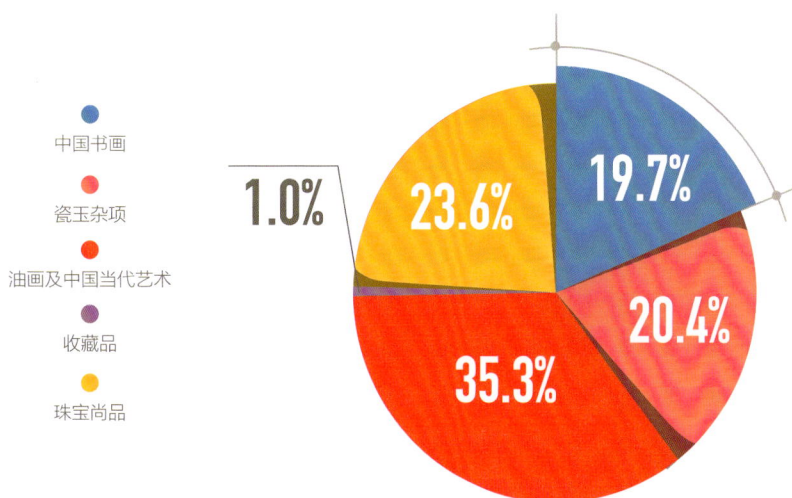

图例：
- 中国书画
- 瓷玉杂项
- 油画及中国当代艺术
- 收藏品
- 珠宝尚品

19.7%
23.6%
1.0%
20.4%
35.3%

易拍全球研究院统计数据显示：2020年瓷玉杂项成交量为8738件（套），同比上年下降了53.15%；其成交额为20.3亿元，同比减少53.1%。中国书画在该年的成交量为4938件（套），同比上年减少了44.2%；其成交额为19.6亿元，同比减少49.5%。油画及中国当代艺术的成交量为1115件（套），同比减少了25.7%；其成交额为35.1亿元，同比上涨0.7%。收藏品的成交量为717件（套），同比减少380件（套）；其成交额为1.0亿元，下降幅度为34.0%。珠宝尚品的成交量为4418件（套）、成交额为23.5亿元，同比分别上涨41.2%与39.9%。

值得关注的是，2020年亚太及其他地区的油画及中国当代艺术的市场成交量占比仅为5.6%，但其市场成交额的占比却达35.3%，位居成交额第一，说明该年油画及中国当代艺术市场持续走高端市场路线。从2020年全球中国油画及中国当代艺术成交额排名前十中，有8件（套）成交于中国香港，而这8件（套）作品的创作者集中在常玉、赵无极、吴冠中等三位留法艺术家。引人注目的是，常玉的油画《绿色背景四裸女》以1.6亿港元起拍，经历20余次竞价，最终以2.58亿港元成交，成为该板块最高价拍品。文物艺术品进口关税高昂仍是大部分高价油画作品依旧流通在大陆以外地区的重要原因之一。2020年亚太其他地区油画及中国当代艺术板块成交额的同比显著增长，主要来自于5000万元以上的高价位拍品的大量上拍与成交。数据显示，2020年亚太地区油画及中国当代艺术板块5000万元以上拍品的成交量为15件（套），同比增4件（套），成交额为17.9亿元，同比增长5.2亿元，直接拉动了该地区油画及中国当代艺术的市场繁荣。

珠宝尚品在亚太其他地区一直以来是不可忽视的一大品类，自2016年以来其一直占据市场各品类份额的第三位置，但在2019年出现了变动，其成交额呈下行发展趋势，由各品类成交额排名第三下落至第四的位置，被油画及中国当代艺术板块超越。2020年珠宝尚品板块的成交额再次上调至第三的位置，市场潜力得到释放。2020年其成交量为4418件（套），占据市场总量的22.2%，比上一年增加了1288件（套）；成交额为23.5亿元，占据市场总额的23.6%，比上年提升了11.3个百分点；平均成交价格为53.1万元／件（套），与上年基本持平。该年度亚太其他地区珠宝尚品成交量与成交额均同比出现大幅度的上升，主要原因在于珠宝翡翠板块的大幅扩增，数据显示：该年珠宝翡翠的成交量为1933件（套），成交额为15.9亿元，分别扩增45.9%与42.2%，如此大幅度调整提升了珠宝尚品整个品类的市场份额占有量。从珠宝翡翠的成交价格分布来看，除成交价在1万元以下的低价位拍品市场出现紧缩外，其他价位市场均出现大幅上扬趋势。数据进一步表明，在经济增长不确定因素陡增的条件下，日常消费类珠宝市场开始紧缩，珠宝翡翠作为资产投资的持久性开始显现。

瓷玉杂项板块的成交量该年在亚太其他地区占比虽然依旧领先，但是更应关注到该板块市场面临的交易量与交易额双重大幅下降的现实。数据显示，造成该板块市场紧缩的主要原因在于上拍量的锐减，2020 年瓷玉杂项的上拍量为 1.1 万件套，同比缩减了 53.1%，市场供应不足直接导致交易量额的减少。细观瓷玉杂项板块下属各品类，除古典家具之外，其他品类均出现量额双减的情形，平均下降幅度为 50.7%。古典家具成交量为 258 件（套），下降 41.1%，但成交额上升 133.1%，在于品质优良的家具集中释出市场，带动了该板块的市场氛围高涨。该年亚太其他地区古典家具成交价在 100 万元以上的拍品成交额为 4.2 亿元，同比上涨幅度高达 1.8 倍，诞生了成交价超过 5000 万元的古典家具 1 件，为 5254.7 万元成交的"明 17 世纪黄花梨夹头榫独板面双凤挡板带托子翘头案"，成交价在 500 万元至 5000 万元之间的古典家具成交额为 3.0 亿元，同比扩增 1.9 倍，以 4998.1 万元成交的"明 17 世纪黄花梨万历柜（一对）"领衔。易拍全球研究院通过市场调研发现，重要私人收藏，流传有序，是此类高价位古典家具深受市场追捧的重要原因之一。大数据统计显示，2020 年古典家具成交额 TOP10 榜单中，在中国香港地区成交的古典家具占据 4 席，并包揽成交额排名前三甲，更是说明中国香港古典家具市场的火热 。此外，2020 年中国书画板块与收藏品板块因供应量受限，上拍量与成交量呈现下滑的趋势，市场占有额有所缩减，根据易拍全球研究的大数据统计表明：中国书画的上拍量为 6157 件（套），同比减少 52.6%；收藏品的上拍量为 940 件（套），同比减少 73.9%。上拍量一定程度上反映出拍行上拍策略的变化，策略的制定直接取决于购藏群体的需求变化。也表明，亚太其他地区的藏家群体对中国书画与收藏品的购入意愿有所降低。购入意愿的降低，一方面受疫情阻隔影响，以中国书画和收藏品为主流的中国大陆藏家无法更高频次参与亚太其他地区的拍卖；另一方面，近年来亚太其他地区中国书画与收藏品板块"精、稀、生"的拍品已得到较为深度的发掘，新的拍品供应有限，对藏家的吸引力不足，在一定程度上也使得市场继续向上发展的动力减弱。

海外地区市场

International Art &
Antiques Market

中国收藏
拍卖年鉴
2021

CHINESE FINE ART &
ANTIQUES AUCTION
YEARBOOK 2021

一 全球经济增速放缓，海外市场依势回落

2020 年，由新型冠状病毒肺炎疫情带来的蝴蝶效应，导致全球经济发展增速大幅放缓，文化消费需求被进一步挤压，海外地区中国文物艺术品市场增长动能进一步减弱，热度不足，二级市场成交量与成交额同比均有较为明显的缩减。

2016—2020年海外地区中国文物艺术品成交量
[单位：万件(套)]

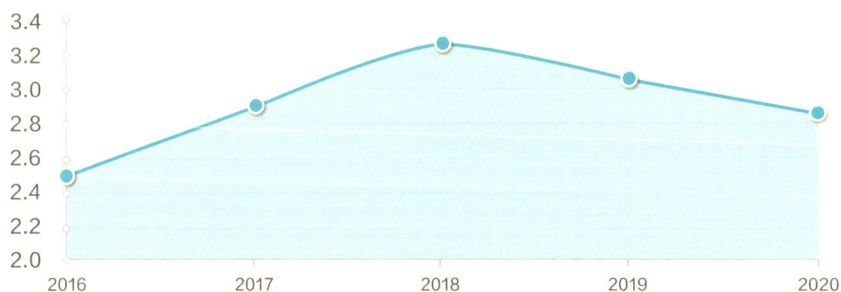

2016—2020年海外地区中国文物艺术品成交额
（单位：亿元）

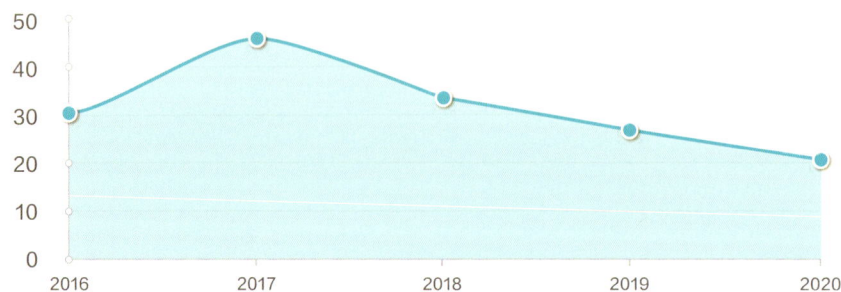

易拍全球研究院通过大数据统计发现：2016 年以来，海外地区中国文物艺术品成交量呈现逐年上升的趋势，并于 2018 年达到近五年成交量的高峰 3.2 万件（套）。但从 2019 年开始市场出现下行发展态势，当年成交量为 3.1 万件（套），2020 年下降幅度继续扩大，同比减少 3000 件（套），跌至 2.8 万件（套）。成交额方面 2016 年至 2017 年总体呈上升趋势，于 2017 年达到近五年成交额峰值 47.3 亿元，此后 2018 年同比下降 26.6%，2019 年同比继续下降 19.6%，降至 27.9 亿元。在此基础上，2020 年同比下降 26.5%，降到了五年来的最低值 20.5 亿元。从近五年的海外地区中国文物艺术品平均成交价总体走势来看，2016 年海外地区中国艺术品平均成交价为 11.9 万元 / 件（套），2017 年达到高点，为 16.3 万元 / 件（套），随后的时间内持续走低，不仅跌破了 10 万元 / 件（套）的水准，在 2020 年下降至 7.2 万元 / 件（套）的低点。拍品的单件价格进一步走低，进入以低端拍品为主导的市场阶段。数据表明：海外地区中国文物艺术品市场持续下沉，除了受市场结构性变化影响之外，最主要的原因是疫情带来的经济下行，加之文物艺术品投资周期长，拍卖会暂停等因素影响，使得一部分藏家对入市采取了谨慎的观望态度。同时，2020 年新兴资产收益行情一路攀升，分散了海外地区投资者在中国文物艺术品上的关注度，一定程度上影响整体市场的活跃度。

2016—2020年海外地区中国文物艺术品平均成交单价
（单位：万元）

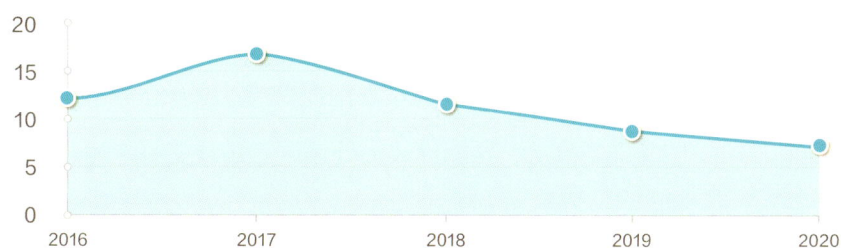

在中国文物艺术品海外市场的成交价格分布中，5 万元以下的拍品总成交量达到 2.3 万件（套），占总成交总量的比例高达 82.7%，随着成交价格的逐步增高，成交量递减，10 万元至 50 万元成交的拍品为 1997 件（套）；50 万元至 500 万元的拍品成交量为 501 件（套），同比缩减 27.6%；500 万元至 5000 万元的拍品成交量为 38 件（套），同比减少 20 件（套）。2020 年产生一件超过 5000 万元的拍品，与 2019 年水准持平。总体来看，2020 年成交价格整体分布状况与 2019 年类似，成交价在 50 万元以下的

低价位拍品占整体总数的绝大部分，除低价位拍品成交量有小幅上涨之外，其他价格区间的拍品成交量均有下降。这表明海外市场对中国文物艺术品收藏依然保有兴趣，藏家在购买过程中选择"降级"。低价位拍品成交量的增多，说明出于投资增值目的的购买意图在减少，藏家继续自己的收藏爱好，但此类群体在全球经济下滑的背景下显然是少数，更多的藏家选择"观望"，造成整体市场参与度的热情下降。

2016—2020年海外地区中国文物艺术品成交率

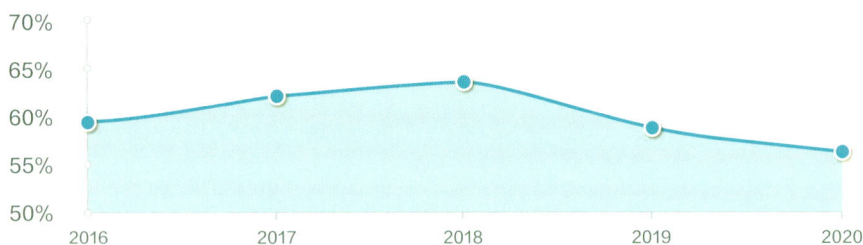

另外，海外地区市场的成交率在 2020 年跌至全球三大区域市场的末位，近五年的成交率范围在 56.3%—63.0% 之间。其中 2018 年成交率为 63.0%，为近五年峰值，相比于同年的大陆地区及亚太其他地区的成交率，分别高出 21.4 个百分点和 6.5 个百分点。2020 年，在中国大陆地区和亚太地区都大幅增长的情况下，海外地区成交率却跌至近五年的最低值，为 56.3%，分别低于中国大陆地区和亚太地区 24.9 个百分点和 22.3 个百分点。从海外地区的市场供应方而言，拍品供应量减少，导致上拍量同比缩减 1574 件（套），由此给买家可选择入市的机会相对减少。另外，拍行在整体策略上也存在一定偏差，拍品估价与藏家期望值精准匹配欠佳，未能充分了解藏家对中低端价格区间拍品的关注度与购买力，从而导致海外地区市场成交率下滑。根据易拍全球研究院大数据统计显示：2020 年海外地区的中国文物艺术品的上拍量为 5.0 万件（套），与 2019 年的 5.1 万件（套）相比基本保持同一水平。但成交量与中国大陆地区和亚太其他地区相比下降显著。拍行对疫情期间海外藏家的信心缺失预估不足，2020 年拍行对拍品平均估价中值为 4.0 万元 / 件（套），落入低价位区间，远低于 2019 年平均估价中值的 5.6 万元 / 件（套），在估值大幅下降的情况下，成交率依然走低，说明市场下沉趋势依旧明显，拍行对此需求应给予适当回应。对于一些非热门品类如油画，拍行上拍数量过多，造成一时间市场难以消化，没有及时根据藏家重点关注的价格区间和品类来进行相应调整，造成成交难度加大。对于拍行来说，为适应市场下沉的现实情况，降低拍品平均单价可以促成一定量交易，但低价位拍品也意味着低利润，

从而使拍行陷入两难境地，拍行依旧无法摆脱市场下行带来的压力。从长远看，以低价吸引藏家的手段并不能一劳永逸，提振成交率还需整个市场的内在驱动，无论是拍品征集还是拍品定价策略上均需下足功夫。

二 海外市场量额均降，欧洲市场抗跌性增强

通过研究海外地区中国文物艺术品市场数据发现，北美与欧洲两大区域仍继续引领海外市场，2020 年两者的二级市场成交额之和占据海外市场成交总额的 99.0%，其成交量占比达到 98.5%，主导地位依旧突出。

2020年海外地区各细分市场成交量占比

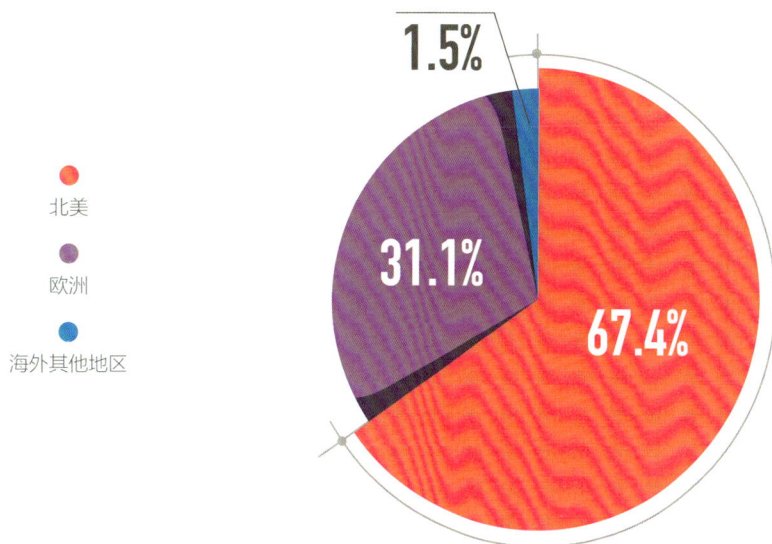

- 北美
- 欧洲
- 海外其他地区

1.5%

31.1%

67.4%

2020 年海外地区各细分市场成交量与成交额占比呈现细微的变化。北美地区市场成交量为 19086 件（套），占据海外地区总成交量的 67.4%，位列第一。成交额为 11.1 亿元，占整体海外市场份额的 54.1%，成交量与成交额同比 2019 年分别下降 1.5% 和 7.8%，以绝对优势主导海外地区市场。欧洲地区成交量为 8812 件（套），占据海外地区市场份额的 31.1%，同比微涨 0.7 个百分点，市场规模趋稳，成交额为 9.2 亿元，在海外地区市场的占比从 2019 年的 36.9% 提升至 44.9%。海外其他地区市场增长显著，

2020年海外地区各细分市场成交额占比

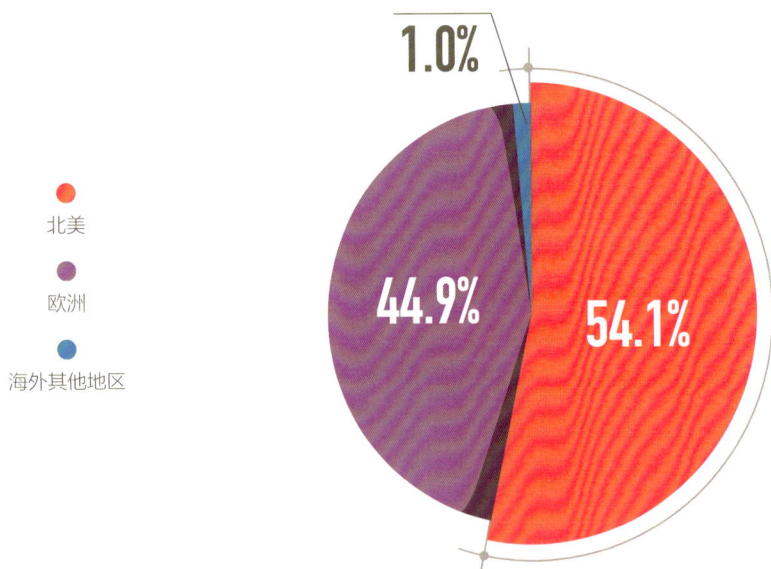

1.0%

44.9%

54.1%

- 北美
- 欧洲
- 海外其他地区

该年成交量为 406 件（套），同比大幅上涨 89.7%，其成交额为 2111.8 万元，同比增长 122.4%。海外其他地区市场涨势迅猛，主要是由于邦瀚斯悉尼拍卖的瓷玉杂项板块表现较为突出，但考虑到之前基数较小，增长的数量对整体海外市场行情影响有限，未来该地区的发展情况还需进一步观察。

从数据可以看出，海外地区市场的三大板块格局维持稳定，但是欧洲地区市场在该年显示出强于北美地区的抗跌性。欧洲市场在疫情期间所表现出的抗跌性原因是多方面的：首先从直观的数据统计来看，欧洲市场的抗跌因素来源于中国书画、油画及中国当代艺术这两个板块的显著增长，中国书画的成交量与成交额分别上涨 40.4% 与 64.7%，油画及中国当代艺术的成交量与成交额分别上涨 27.4% 与 22.6%，以上两个板块对该地区市场的稳固起到一定作用。另一方面，一定程度上在于网络拍卖新业态的迅速形成，藏家对拍品的鉴赏由线下转移到线上，由于线上观看的特性，使二维平面的作品更易取得藏家的信赖，他们的在线体验感优于其他器物类，诸如陶瓷器、玉石器、家具等三维呈现方式的器物。针对在线交易的特性，拍行对二维平面作品的上拍量进行扩增，以适应新的交易环境。其次，从行业布局来看，拍行出于对北美市场由不稳定因素激增与贸易摩擦而导致的过高关税考虑，为争取更多亚洲藏家顺利入场，选择在关税较为稳定的欧洲市场扩增业务量，引导藏家关注。另外，从拍品质量来看，北美地区平均成交价同比大幅下滑 30.1% 至 5.8 万元 / 件（套），整体拍品质量下降；欧洲地区平均成交价略微下调 5.4% 为 10.4 万元 / 件（套），比北美地区平均成交价格高出 79.3%。再观北美地区与欧洲地区的两大交易中心城市：巴黎与纽约，巴黎的中国文物艺术品拍卖平均成交价为 28.9 万元，远高于纽约的 15.1 万元和伦敦 13.9 万元，引领了整个欧洲的平均价位。由上可以看出，欧洲地区从适应线上交易方式而做出的上拍品类调整，引导藏家避开高关税，提高拍品质量等多方面发力，增强了市场的抗跌性。

2016—2020年北美及欧洲中国文物艺术品成交量
[单位：万件(套)]

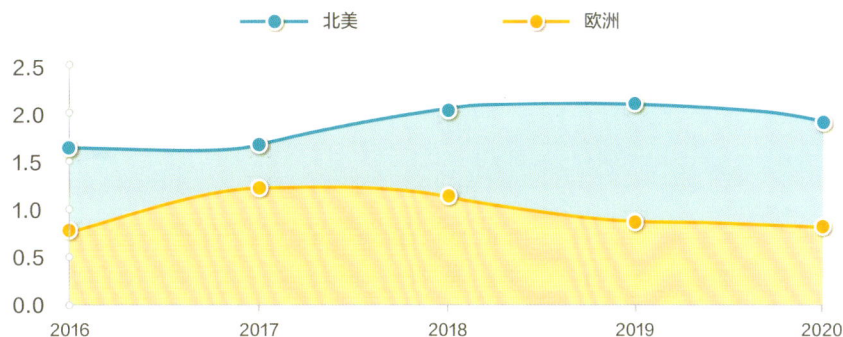

细观北美地区市场，2020 年一反连续多年成交量稳定上升的趋势，下降幅度为 9.4%，全年共成交 1.9 万件（套）。根据易拍全球研究院的大数据统计发现：2020 年北美地区市场各大品类中国文物艺术品的成交量呈现不同走势。中国书画的成交量为 2626 件（套）同比增长 30.3%，油画及中国当代艺术的成交量为 228 件（套），同比增长 46.1%，珠宝尚品的成交量为 37 件（套），同比略微增长 5.7%。但瓷玉杂项和收藏品两大板块在 2020 年成交量同比下滑明显，瓷玉杂项成交量为 1.6 万件（套），同比下降 14.2%，收藏品成交量为 142 件（套），同比减少 40.8%。由于瓷玉杂项一直是中国文物艺术品市场在北美地区的首要品类，基数较大，减量最为明显，其他品类的增长无法弥补其造成的缺口，致使北美市场全年总体成交总量的下滑。值得注意的是，2020 年网络拍卖的比例大幅增加，对于平面类藏品如油画、中国书画等品类，可以通过高清图片来呈现细节，但对于瓷玉杂项、收藏品等品类来说，其结构复杂、对材质鉴别要求高的特性增加了网络藏家的不信任感，不利于拍品的成交，此问题还需未来随着相关技术的进步和网拍体验的改善而得到解决。油画及中国当代艺术板块实现了交易量增长，但整体成交额却下降了 53.6%，拍品平均价格降低 17.9 万元，该板块

成交作品最多的三位艺术家是赵无极、丁雄泉和曾梵志，其中赵无极成交 23 件（套）、丁雄泉成交 16 件（套）、曾梵志 8 件（套）。从成交的作品风格来看，北美地区藏家偏好抽象性的油画作品，这与中国大陆地区以具象性与写实性油画为主的行情形成了鲜明对比，而具有抽象意味和表现性风格明显的中国油画在北美市场要面临全世界艺术家的激烈竞争，导致藏家的注意力和资金被分散，尤其在高价位拍品上竞争力相对较弱。由于整个板块发展时间较短，作品的保值增值性没有经过市场验证，此类因素使得藏家在特殊时期出手高价位中国当代油画时显得信心不足。

2016—2020年北美及欧洲中国文物艺术品成交额
（单位：亿元）

北美地区市场近五年成交额变化较大，从 2016 年的 17.5 亿元人民币开始，在 2017 年达到近五年的顶峰至最高值 33.3 亿元人民币，同比增长 90.4%。此后市场回归冷静，在 2018 年迅速回落至 17.2 亿元，2019 年成交额基本维持了上一年的水平。2020 年受全球经济下行影响，北美市场全年成交额大幅缩水至 11.1 亿元，同比下降 36.5%。整体来看，美国依然是北美地区统领中国文物艺术品市场的主力，2020 年其成交量与成交额分别占北美地区市场的 97.7% 和 98.2%。纽约作为美国市场的艺术交易中心，对美国的成交量与成交额贡献分别达到 29.2% 与 75.7%，照往年相比有不同程度的下降。作为北美文物艺术品交易中心的纽约，疫情带来的不稳定因素和国际网络拍卖业务的拓展，减弱了其以往的号召力。

欧洲地区同样面临着经济下滑带来的压力，近五年，成交量从 2016 年的 8347 件（套），上升到 2018 年 1.1 万件（套）的最高水平，此后市场成交量出现连续下行趋势，2019 年同比减少 19.3%。2020 年，全年成交量下滑趋势变缓，同比减少 5.3%，为 8812 件（套）。根据易拍全球研究院的大数据统计发现：2020 年欧洲地区的上拍量为 1.5 万件（套），较 2019 年同比上涨 7.5%，考虑到疫情带来的行业困境，上拍量的扩增值得关注。一方面，平均价格的下降使得入藏的门槛降低；另一方面，拍行积极布局以法国为主的欧洲市场，引导高价位精品在欧洲成交，整体市场的活跃度逆市上扬。通过欧洲中国文物艺术品市场近五年的成交额走势发现，2016 年至 2018 年间，成交额呈持续稳步上升趋势，于 2018 年达到了近五年来成交额最高值 17.2 亿元，2019 年其市场出现下行的趋势为 10.3 亿元，2020 年继续减少至 9.2 亿元。2020 年欧洲地区中国文物艺术品在中国书画、油画及中国当代艺术两个板块实现了交易额的上涨，在瓷玉杂项、收藏品、珠宝尚品板块下滑明显。其中珠宝尚品同比断崖式下跌 98.0%，数据显示，缺少高价位精品的释出是下跌的主要因素：该板块在 2019 年成交了一件乾隆时期"广州作坊珐琅及贴装音乐自动机钟"，成交价约合人民币 1076.0 万元，占据该年欧洲地区珠宝尚品总成交额的 95.7%，而 2020 年该品类没有出现高价位拍品，造成整体成交额大幅下跌。如果排除这一特殊高价拍品因素，欧洲珠宝尚品板块呈现出稳定的发展趋势。

2020 年欧洲地区的中国文物艺术品交易以英国、法国、德国为主要市场。从成交额上看，英国 3.8 亿元，法国 3.3 亿元，德国 2756.9 万元，三个地区占整个欧洲中国文物艺术品市场的 80.2%，其中英国依旧保持第一的地位，法国居于第二位置，与英国的差距不断缩小，德国实现 31.5% 的增长。成交量方面，英国为 3248 件（套），法国为 1363 件（套）。从这两项数据来看，英国仍处于欧洲市场领先位置，是中国文物艺术品的重要交易地区，但其平均成交价格却与法国相差甚大。英国平均成交价格为 11.7 万元 / 件（套），法国为 24.2 万元 / 件（套），相差一倍以上，且差距在逐年扩大。虽然英国地区在整体成交量和成交额上占优，然而质量相对优良的拍品集中在法国。在文物艺术品行业发展中，法国在贸易、地理和法律法规上的优势越来越明显，世界各大拍行正在积极布局以巴黎为中心的法国市场，吸引高价位拍品在法国成交。根据易拍全球研究院的大数据统计显示：2020 年佳士得巴黎中国文物艺术品的成交量与成交额分别实现不同程度的上涨，其中成交额涨势显著，同比上涨了 28.1%，达到 1.60 亿元。巴黎本地的科尔内特·圣西尔拍卖行（Cornette de Saint Cyr）也扩大布局中国文物艺术品交易的规模，成交额同比实现了 27.2% 的上涨。欧洲其他国家可根据自身特点，不断深耕潜力，发展出适应自身特点的市场模式。

三　品类分布结构稳定，中国书画行情坚挺

2020 年，中国文物艺术品海外市场品类占比分布并未发生明显变化，仍然以瓷

2020年海外地区细分品类成交量占比

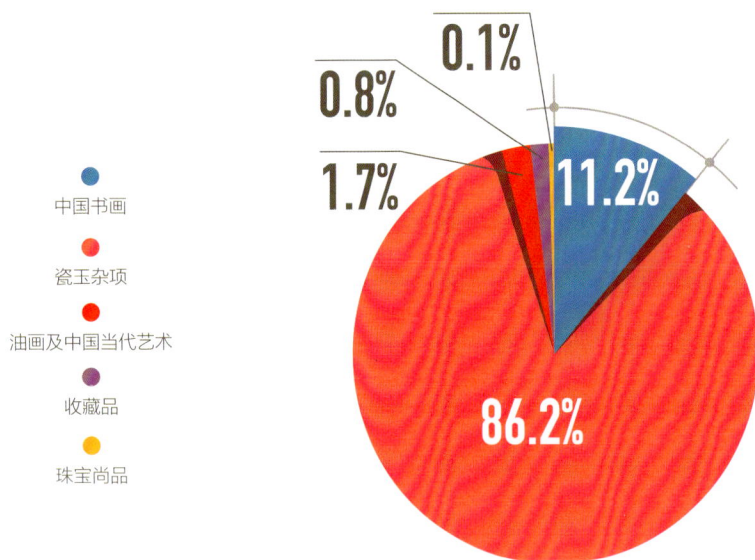

- 中国书画
- 瓷玉杂项
- 油画及中国当代艺术
- 收藏品
- 珠宝尚品

（图中数据：0.1%、0.8%、1.7%、11.2%、86.2%）

玉杂项为主导，中国书画、油画及中国当代艺术位列其后，收藏品与珠宝尚品市场总量仍占比极小。从全年成交量来看，瓷玉杂项占比为 86.2%，共成交 2.4 万件（套），同比上年下降了 11.5%，减少了 3183 件（套），依然以绝对优势统领海外中国文物艺术品市场；中国书画紧随其后，成交 3158 件（套），占比 11.2%，同比提升 3.4 个百分点；油画及中国当代艺术板块共成交 484 件（套），总体占比 1.7%，同比提升 0.9 个百分点；其他艺术品类市场份额微小，占比不足 1%。在整体市场收缩的大环境下，中国书画板块实现了逆势上涨，其成交量的提升，说明了在海外市场受众的稳定，藏家保持着对该品类的购买习惯和关注度。

从成交额来看，2020 年瓷玉杂项为 16.8 亿元，同比缩减 6.2 亿元，但依然占据 81.8% 的海外市场份额，较上一年仅减少 0.5 个百分点，平均成交价格为 6.8 万，同比下调了 18.1%，市场受众进一步下沉，呈现量额双减的情形，具体到下属各品类的市场表现，均有不同程度的下降。陶瓷器的成交量基本不变，稳定在 1.1 万件（套）左右，成交额为 5.8 亿，同比减少 20.9%；古典家具的成交量为 1190 件（套），同比下降 6.7%，成交额为 1.7 亿，同比减少 24.5%；文房雅玩的成交量为 1378 件（套），同比增加 17 件（套），成交额为 6276.5 万，同比下跌 33.1%；金属器的成交量为 2225 件（套），同比减少 28.0%，成交额为 2.3 亿元，同比下跌 32.4%。玉石器成交量下降

中国收藏
拍卖年鉴
2021

CHINESE FINE ART &
ANTIQUES AUCTION
YEARBOOK 2021

2020年海外地区细分品类成交额占比

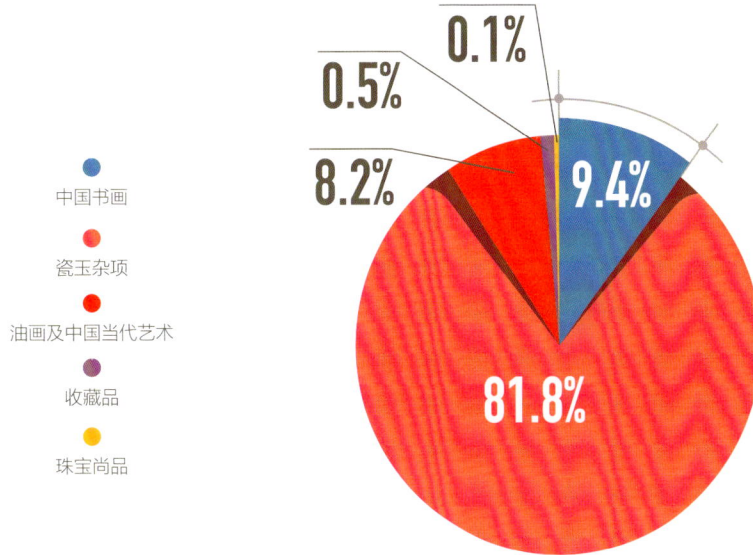

中国书画
瓷玉杂项
油画及中国当代艺术
收藏品
珠宝尚品

0.1%
0.5%
8.2%
9.4%
81.8%

33.5% 至 3279 件（套），成交额减少 42.0%，为 2.1 亿元。纵观全年，尽管各个细分品类市场均有下降，陶瓷器、文房雅玩、古典家具在成交量上基本保持了稳定，品类拥有比较坚实的藏家基础，但整体藏品的均价在下降，藏家在经济下行压力影响下入市更加谨慎。

2020年海外地区细分价位与品类成交量

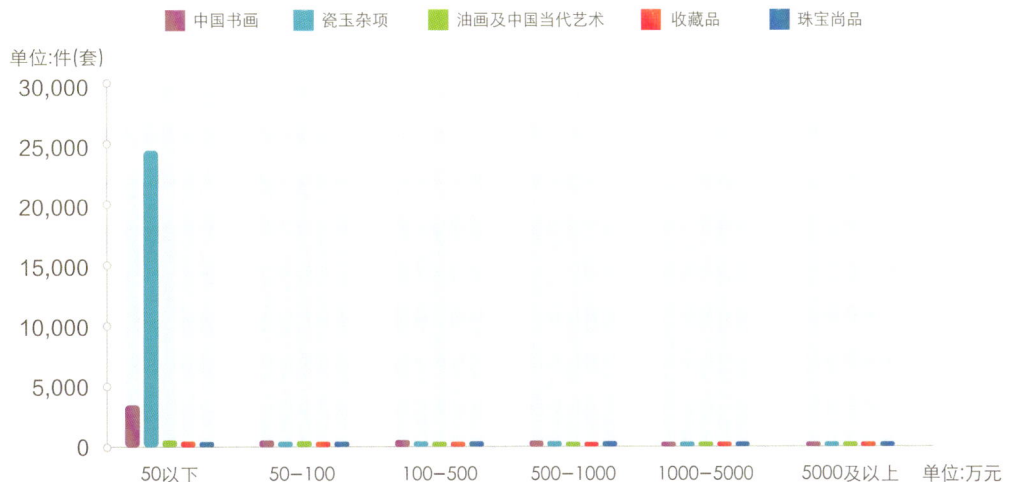

中国书画　瓷玉杂项　油画及中国当代艺术　收藏品　珠宝尚品

单位:件(套)

30,000
25,000
20,000
15,000
10,000
5,000
0

50以下　　50-100　　100-500　　500-1000　　1000-5000　　5000及以上　　单位:万元

从各个价格区间来看，海外市场1万元以下拍品是唯一实现增长的区间，同比增长4.0%至1.0万件（套）。其他区间均有下降，其中100万元至500万元和500万元至1000万元区间的下滑最大，分别为31.1%和47.2%。高价位拍品的锐减对整体成交额影响较大，拍品质量的平均水准进一步下沉。以上数据说明，海外藏家对投资中国文物艺术品信心不足，更愿意关注低价位拍品。同时，由于诸多线下拍卖会转为线上，藏家亲自观看拍品的机会变少，网络增加了藏家确认拍品真伪的难度，直接影响到了藏家购买高价位拍品时的决策。

2020年海外地区细分品类成交率

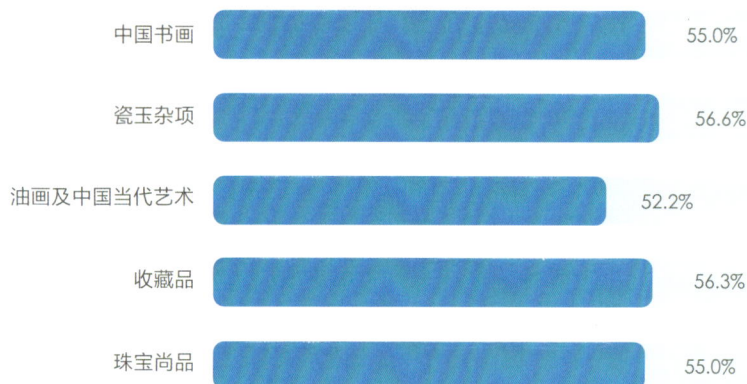

品类	成交率
中国书画	55.0%
瓷玉杂项	56.6%
油画及中国当代艺术	52.2%
收藏品	56.3%
珠宝尚品	55.0%

2020年海外市场成交率继续走低，跌至56.3%，远低于中国大陆和亚太其他地区的81.1%和78.6%。海外市场从2018年的三大地区成交率首位，一落成为最后一位，且差距较大。在细分品类上，中国书画成交率为55.0%，同比增长6.3个百分点，珠宝尚品成交率为55.0%，同比增长26.97个百分点。一方面说明海外市场对中国书画和珠宝尚品的保值属性比较看好，信心依然坚挺；另一方面，网络拍卖的盛行利好中国书画和珠宝尚品品类的推广，在经历了上一年成交率的下降，拍卖行有意降低估值，促使拍品成交。反观油画及中国当代艺术、瓷玉杂项和收藏品板块，成交率则有不同程度的下滑，尤其是油画及中国当代艺术板块中的油画品类，成交率同比减少23.4个百分点，至29.4%。2020年海外市场油画的上拍量为452件（套），同比增长71.8%，供给端显著增多，由于卖方市场高估买方市场的实际购买能力，最终导致成交率和平均成交价的下降。一方面，中国油画所蕴含的东方特征不如传统书画、瓷器特征鲜明，其受众藏家群体较为分散。另外，整个板块存在时间较短，缺少在世界领域内广泛

认可的经典作品，藏品的长久保值性有待考证，在经济波动时，更易受到影响。同时，拍卖行对经济下行的预判不足，未能准确估量市场的现实情况，放量过多、估价过高，导致大量拍品流拍。我们也要注意到，疫情带来的隔离政策，使得一些国内藏家无法亲自前往国外参拍，他们对网络拍卖流程的接受与熟悉需要一定的时间积淀与培养，这一部分藏家参拍活跃度的减弱也间接造成了整体成交率下降。

中国书画／油画指数

Fine Chinese Paintings & Calligraphy / Oil Paintings: Global Index

中国书画作为中国文物艺术品的重要门类之一，在全球范围内的中国文物艺术品拍卖市场中始终保持着举足轻重的地位。即使是在中国文物艺术品拍卖市场的波动调整期，中国书画的成交额也占据着该市场整体份额的半壁江山，而在中国文物艺术品拍卖市场的蓬勃时期，中国书画的成交额能够占据市场总成交额的更多比例。由此可见，中国书画对中国文物艺术品拍卖市场走势的影响巨大，透过中国书画这一板块市场行情的分析可以对整个中国文物艺术品拍卖市场有一定程度的把握。

通过对文物艺术品的成交额、成交量、成交率、平均成交价格等常见指标进行的统计描述能够反映一部分市场表现，然而由于这些指标较为单一，且文物艺术品市场本身受内外部多重因素的影响，仅凭以上数据指标的统计分析难以深入理解文物艺术品市场，因此，艺拍全球文物艺术品指数应运而生，通过多维度捕捉文物艺术品市场大数据，结合前沿统计学原理，构建起能够更为全面体现文物艺术市场的指数模型。中国近现代油画的发展历史经历百余年，油画作为通行世界的画种，在中国文物艺术品拍卖市场上逐渐被广大藏家接受。尽管目前中国油画成交额只占到中国文物艺术品年总成交额的15.5%，但最近五年的数据显示，中国油画在拍卖市场的专场数量和平均成交价大幅度上升，屡屡出现超高价拍品，逐渐在中国拍卖市场上崭露锋芒，占据一席之地，并贡献了当代艺术品类中绝大部分成交额，可以被看作中国当代艺术市场的风向标。

文物艺术品区别于其他商品的一大特性就是其异质性，即每件文物艺术品均独一无二，不同文物艺术品之间没有直接可比性，无法通过简单的算数方法来计算多件艺术品的平均价格水平。为了解决这一问题，近年来，构建标准化的文物艺术品指数的研究蓬勃发展。文物艺术品理论和实践表明：构建文物艺术品指数最大的挑战在于控制文物艺术作品的异质性。目前，国际上广泛研究与应用的文物艺术品价格指数建模方式有两种：重复销售回归和特征回归。重复销售回归（Repeat Sales

Regression），采用同一件文物艺术品在两个时间点的销售价格变化（又称为一对重复销售数据）构建文物艺术品指数。此方法认为文物艺术品的基本特征（如材质、尺寸等）不随时间而变化，从而解决文物艺术品的异质性问题。由于文物艺术品拍卖成交的频率普遍较低，因此重复销售数据只占全部交易数据的很小一部分，采用该方法构建艺术品指数时存在样本选择偏差的问题。但当重复销售的数据对数很大或样本期数超过 20 年时，推荐使用此方法构建文物艺术品指数。特征回归（Hedonic Regression），基于文物艺术品的基本特征构建文物艺术品指数。该方法将文物艺术品价格变动中的特征因素进行分解，以显现出各项特征的隐含价格，并从价格的总变动中剔除特征变动的影响，达到反映纯价格变动的目的，在此基础上构建文物艺术品指数。通常所选取的特征包括：艺术家、尺寸、材质、题材等。采用此方法构建指数时可以选用所有的文物艺术品交易数据。在已有研究文献中，特征回归方法已经被普遍地应用于文物艺术品指数的研究，特征回归模型也已经被广泛地应用于各类文物艺术品指数的编制。

由于目前国内已有的文物艺术品指数存在一定局限：或用平均数计算模型，较为简单，无法反映文物艺术品市场真实趋势；或指数体系较为笼统单一；或数据范围仅局限于中国大陆地区市场，缺少海外地区市场的数据。本报告基于国内外已有的指数模型，结合专业的艺术史研究，推出中国书画、中国油画全球指数，意在通过科学的模型编制以及全球范围的拍卖数据对中国书画、中国油画等具有代表性的文物艺术品门类在全球文物艺术品市场的走势做出解析。

一 中国书画／油画全球指数说明

中国书画／油画全球指数来自于艺拍全球文物艺术品指数，其体系下设综合指数、地区指数、分类指数以及艺术家个人指数。艺拍全球文物艺术品指数基于数据库的海量数据，对拍卖行以及拍品进行严格筛选，并对纳入指数计算的每一件拍品进行多维度特征分类，将其标准化，再以多元线性回归法拟合出作品的价格水平，从统计学角度分析市场整体价格水平随时间的变化走势。

每类指数均分为价格指数与溢价指数两种，分别从价格水平与市场热度对目标市场进行解析。所有指数均以 2007 年为基期，对近十四年的文物艺术品市场进行分析，基期指数值为 100，指数每一年更新一次。

艺拍全球文物艺术品指数模型介绍：

（1）价格指数

中国收藏
拍卖年鉴
2021

CHINESE FINE ART &
ANTIQUES AUCTION
YEARBOOK 2021

价格指数包含中国书画价格指数和中国油画价格指数两大类，其各自又下设各种子类价格指数，用于反映一定时期内中国书画／油画，拍卖市场的价格水平变动趋势和程度的相对数指标。该指数模型采用国际上广泛采用的特征回归模型（Hedonic Regression），为了确保模型的有效性，不同分类的指数编制会选取不同的具体特征变量。中国书画模型考虑的特征因素包括但不限于作品尺寸、幅式、题材、技法、创作年代、成交时间；中国油画模型考虑的特征因素包括但不限于画面材料、绘画风格、内容、创作年代、尺寸、成交时间等等。该指数消除了作品本身的特征因素变动对价格的影响，可以真实、准确地反映中国书画／油画作品标准化后的纯价格变动。此外，中国书画／油画价格指数都能够与上证指数 SSEC、香港恒生指数 HSI、标准普尔指数 SPX 等金融指数，以及狭义货币供应量 M1、居民消费价格指数 CPI、国民生产总值 GDP 等宏观经济指标进行标准化比较分析，为市场分析与投资决策提供科学可靠的依据。

（2）溢价指数

溢价指数包含中国书画溢价指数和中国油画溢价指数两大类，其各自又下设各种子类溢价指数，表示一定时期内中国书画或中国油画拍品的实际成交价格超过估价水平的相对数指标。指数值越高，则表明该板块的拍卖市场整体热度越高、景气度越高。该指数的编制参考了香港恒生 AH 股溢价指数模型。

需要说明的是，溢价指数是对成交价格相对估价水平的考察，因此以咨询价上拍的文物艺术品没有纳入模型考虑范围。同时，由于咨询价上拍的拍品一般为难以估价的罕见精品，数量极少，因此对溢价指数整体的走势不会有明显影响。

二 中国书画全球指数结果分析

数据说明

（1）时间：2007 年 1 月 1 日至 2020 年 12 月 31 日。

（2）数据量：16.3 万条全球范围内公开拍卖的成交记录。

（3）样本拍卖行：从中国大陆、亚太其他地区、海外地区共选取了 50 家经营规范、成交结果透明度高、规模级别不同的具有代表性的拍卖企业。

（4）样本艺术家：综合考虑时期、作品风格、艺术造诣、美术史地位与成就、拍卖市场活跃度等因素后选取了 100 位具有代表性的中国书画艺术家。为了保证年鉴内容的完整性，指数样本艺术家对古代、近现代、当代的书画艺术家均有收录。

（5）时期划分：在中国书画的历史时期划分上，目前最通用和约定俗成的划分方法是将 1911 年辛亥革命发起、清朝覆亡作为重要参考点，辛亥革命之前的时间段称为"古代时期"；辛亥革命至新中国成立的时间段称为"近代"；"现代"时期指新中国成立至改革开放；"当代"则是在改革开放后至今。基于此，《中国收藏拍卖年鉴》对于中国书画艺术家年代的划分，以中国书画历史划分为基础，结合其创作活跃时间及艺术影响两大参考依据，将书画家分为三个时期：古代、近现代、当代。作品创作集中在辛亥革命之前的书画家称为古代书画家；书画作品创作年代及其活跃期集中于清末至 20 世纪下半叶的书画家称为近现代书画家；当代书画家则是活跃在当今书画市场中，不断产生新作品、新影响的艺术家。此划分方法也许仍然存在不足之处，但我们力求做到客观，给广大读者和专业人士一个相对完整、清晰的书画脉络。

1. 书画市场稳中求进

2020 年，全球发展面临诸多新的困难挑战。世界经济增速放缓，国际贸易摩擦加剧，各国经济下行压力加大。反观中国书画在全球范围内公开拍卖的市场表现，受中国整体经济发展稳定态势的主要影响，相比 2019 年，中国书画全球市场呈现出稳中有进的基本趋势。虽然 2020 年中国书画总体成交量与成交额较 2019 年分别下降了 24.0% 和 9.8%，但其价格指数小幅上涨了 5 个点。在全球中国书画市场整体收缩的情形下，价格指数反而出现上扬趋势，针对此种市场情形，易拍全球研究院根据大数据统计发现：2020 年全球中国书画市场价格指数小幅上涨的主要原因在于，以中国书画为主要业务板块之一的中国大陆市场该年在高价位市场追求精益求精，尤其在成交价超过 1000 万元的高价位拍品市场深耕发力。数据显示：2020 年中国大陆成交价在 1000 万元以上的中国书画成交量为 214 件（套），成交额达 65.3 亿元，同比分别增长 50.7% 和 45.8%。由此而见，中国大陆地区高价位拍品对全球中国文物艺术品市场价格指数走势起关键性作用。根据中国书画全球价格指数的总体走势来看，中国书画的全球价格指数经历了 2016 年至 2017 年市场短暂回暖上升之后的首次下行回落，在 2018 年以来指数在平均值 233 点附近低位发展，2020 年中国书画全球价格指数比其平均值 233 点低 1 个点，这是自 2010 年以来，连续三年出现中国书画全球价格指数比其平均值低的情形，如此表明了中国书画全球价格在整体经济下行压力态势下继续做出适应性调整，合理回落，在经济发展不确定性因素增多的不利环境下，反映出藏家的总体收藏投资方向与上一年趋同，呈现出谨慎稳健的特点。

近十四年来，中国书画全球价格指数走势整体波动较大，呈现出前期波动上升后期趋稳发展的特点，最高点（2013 年的 325 点）与最低点（2007 年基期的 100 点）相差达 225 点。指数均值为 233 点，远高于基期 2007 年的 100 点，表明近十四年中

中国书画全球价格指数

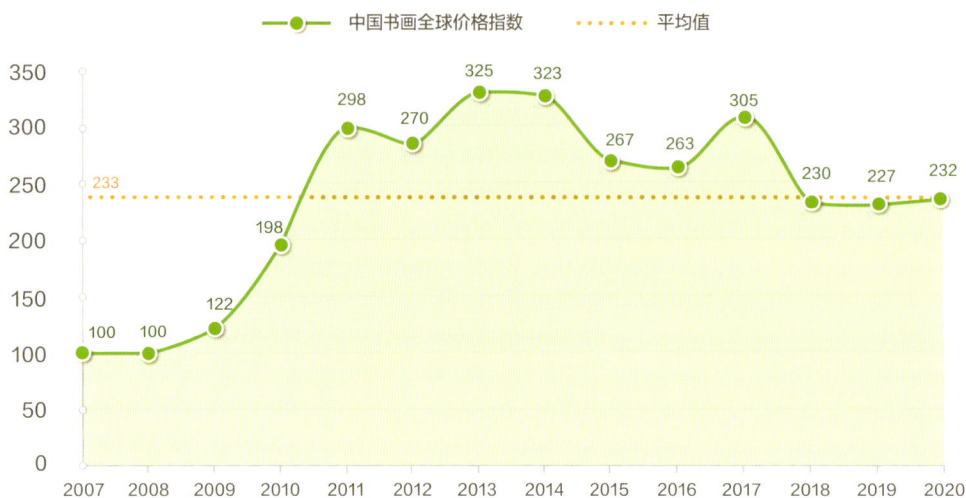

●—— 中国书画全球价格指数　　⋯⋯ 平均值

国书画的价格水平涨幅显著。

通过价格指数走势图可以看出，自 2007 年至 2020 年的十四年间，中国书画在全球文物艺术品市场经历了四个阶段：

（1）低位发展期（2007 年至 2009 年），2007 年，由美国次贷危机引发的世界金融危机致使全球文物艺术品拍卖市场连续剧烈下跌，但从中国书画全球指数走势来看，其价格水平并未受到明显影响，指数值较为稳定地保持在 100 点到 122 点之间。中国书画首件过亿拍品——宋徽宗赵佶的书法珍品《临唐怀素圣母帖》在这一时期诞生，但少量高价位的精品并不能代表整体市场，中国书画价格水平仍处于低位。

（2）爆发增长期（2009 年至 2011 年），全球文物艺术品市场正在经历金融危机之后的回升期，同期中国文物艺术品市场中金融资本的大量涌入和雅贿需求的不断膨胀，致使中国书画价格水平大幅快速上涨，从 2009 年的 122 点连续攀升至 2011 年的 298 点，涨幅达 2.4 倍。在这一阶段，北宋诗人黄庭坚的书法《砥柱铭》于 2010 年北京保利春拍以 4.36 亿元人民币成交，成为中国古代书画拍卖第一高价。这一时期，中国书画频现天价亿元拍品，诸如齐白石《松柏高丽图·篆书四言联》以 4.26 亿元成交、"元四家"之一王蒙的《稚川移居图》以 4.02 亿元成交等，市场真正进入"亿元时代"。

（3）徘徊震荡期（2011 年至 2016 年），中国书画在文物艺术品市场经历了短暂的爆发式增长之后进入了漫长的调整期。受到经济环境和资金不稳定情况的影响，此时期全球文物艺术品拍卖市场的成交量与成交额呈现出显著波动，书画指数值波动起伏明显，最高点（2013 年的 325 点）与最低点（2016 年的 263 点）相差 62 点。

（4）低位调整期（2016 年至 2020 年），经历了前一阶段徘徊震荡的调整之后的文物艺术品市场从 2017 年释放出回暖信号，书画指数开始回升，通过一年短暂的回升后，2018 年急转直下为 230 点，下降幅度为十四年以来幅度最大，同比上年下跌 75 点。经历了 2018 年至 2019 年连续两年下行发展之后，2020 年小幅度提升，稳中见涨，但总体仍处于低位调整期，表明中国书画市场在遭遇经济发展不稳定因素增多的情况下，正迅速挤掉泡沫，积极地向更为理性的市场靠拢。纵观这一时期，从 2017 年重新反弹至高点，到 2018 年迅速回落略低于价格平均值，再到 2020 年稳健发展形势，表明了中国书画艺术市场正在继续深化变革，实际成交趋向于重质求精。全球疫情引发的一系列连锁反应导致买家更为谨慎入藏。自 2018 年起迎来新一轮的调整，从其近三年的发展态势来看，中国书画板块的深度调整发展趋势在 2020 年之后仍将继续。

中国书画全球溢价指数

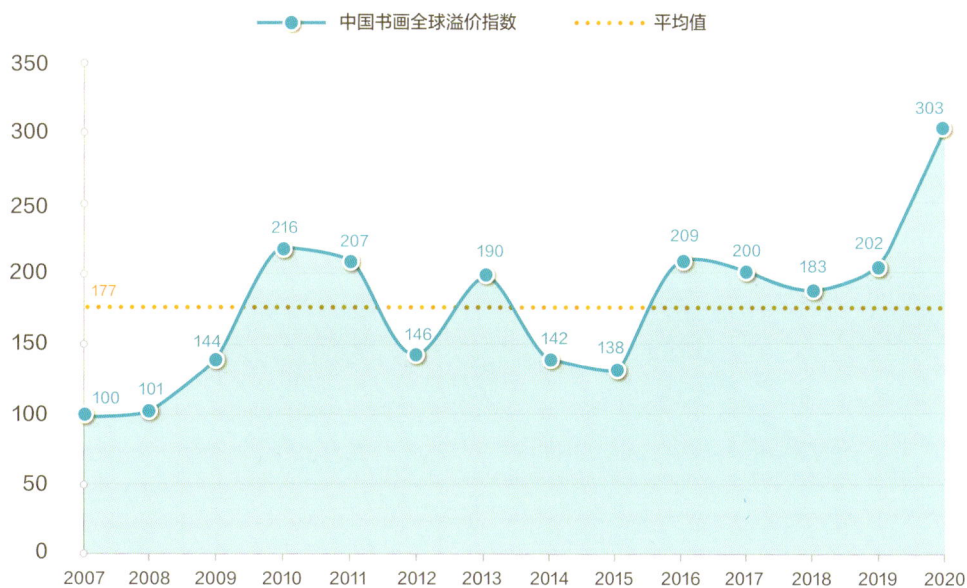

自 2007 年至 2020 年的十四年间，中国书画溢价指数的平均值为 177 点，高于基期 77 个点，说明市场整体热度较高。中国书画在全球文物艺术品市场共出现了四次热度较高的波峰，分别为 2010 年、2013 年、2016 年、2020 年。四次溢价波峰与中国书画全球价格指数的四次上升走势基本相符。值得关注的是，2020 年中国书画溢价指数大幅上升至 303 点，同比 2019 年高出 101 个点，高于平均值 127 个点，为自 2007 年统计以来最高值。如此走势说明，一方面，该年诸多拍卖企业网络拍卖业务得到快速增长，一个崭新的线上拍卖业态迅速形成，拍行为了适应网络拍卖用户

的消费习惯，通常将同一专场的估价进行统一且标价相对较低，但每个专场中又不乏数件高价拍品，不同层级的拍品以相近的估价拍卖，极大程度上造成高溢价成交。另一方面，在藏家审时度势、谨慎入藏之时，随着拍品质量的提升，对精品的追逐热度并未削减，也对溢价值的趋高发展起到推动作用。此种形势更加说明了中国书画市场正在经历全新的调整期，新业态与新机遇并存。

2. 大陆地区市场向好看涨，亚太其他地区跌幅加大

中国书画作为全球文物艺术品拍卖市场中的主要门类，始终占据着拍卖市场的半壁江山，同时，其在不同的区域市场也有不同的市场表现。从中国书画区域指数走势来看，中国大陆地区、亚太其他地区和海外地区三大区域市场，表现各有其特点。

中国书画各地区指数比较

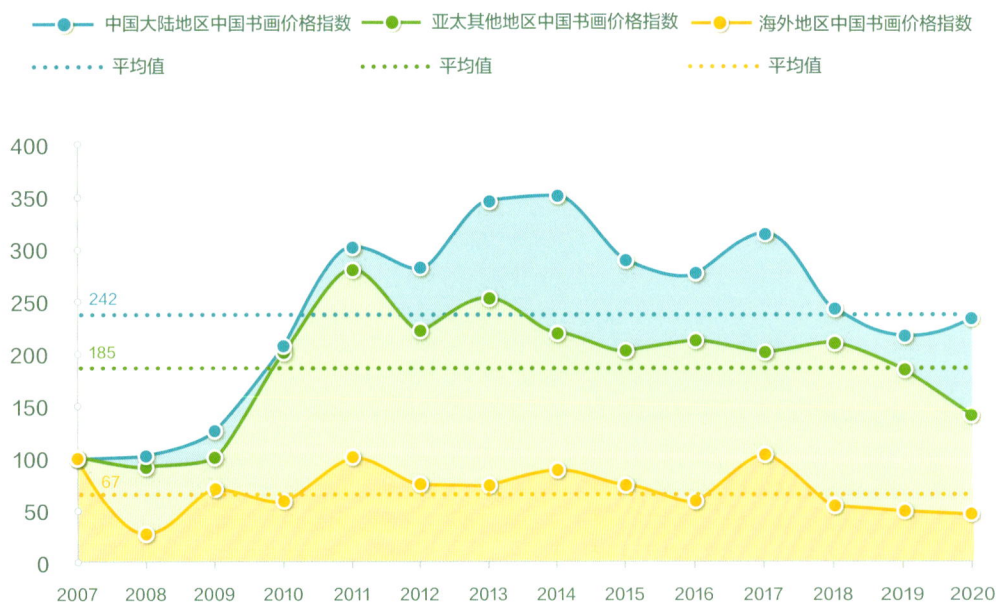

中国大陆地区的中国书画价格水平与中国书画全球价格指数走势基本相同，在2008年开始出现持续上升，2011年达到波峰305点，之后出现小幅震荡，并于2014年达到自2007年基点统计以来的最高值350点，比2011年首次波峰高出45个点。自2007年基点统计以来，中国大陆地区的中国书画价格水平始终高于亚太其他地区和海外地区，表明书画市场仍以大陆市场为主导。2020年中国大陆地区的中国书画价格指数为233点，同比上涨了12个点。2020年中国大陆地区中国书画的过亿拍品共8件（套），其中又以成交价为人民币5.12亿元的吴彬作品《十面灵璧图卷》

为本年度中国书画板块最高价拍品，同时也刷新了吴彬个人拍卖最高价纪录。

中国大陆地区中国书画价格指数

亚太其他地区的中国书画价格水平在 2011 年达到历史高点，之后呈现连续的小幅震荡趋势，渐趋平稳。2012 年是全球文物艺术品市场进入调整期的开始，拍卖市场遇冷。另外，易拍全球研究院的亚太其他地区市场半年指数统计表明，亚太其他地区市场在 2011 年下半年出现小幅下降，进入震荡期，比中国大陆市场提前半年，说明亚太其他地区市场的价格水平对市场变化更为敏感，更易受到经济波动与外部环境的影响。2020 年亚太其他地区中国书画指数为 144 点，同比 2019 年下跌 35 个点，跌幅较其他两个区域最为明显，也是自 2009 年以来第二次跌破该地区中国书画价格指数平均值的一年，延续了 2019 年市场下行的趋势。值得注意的是，2018 年中国书画拍卖市场成交价排名前十之中，亚太其他地区包揽了第一与第五，而在 2019 年与 2020 年中国书画拍卖市场成交价排名前十中，亚太其他地区仅占有一个名额。高端拍品的带领作用缺失以及该年度受疫情影响常规性拍卖活动受到很大程度限制等因素共同导致了该区域中国书画指数的大幅下跌。

海外地区市场的中国书画价格水平在 2007 年至 2011 年之间发展极不稳定，出现了大幅震荡。十四年间海外市场的价格指数出现了三次波峰：2007 年、2011 年与 2017 年，波峰基本维持在基期 100 点上下浮动，其他年份则是围绕在该地区平均值附近上下摆动。其中 2008 年引人注目，该年世界金融危机全面爆发，席卷美国、欧盟和日本等世界主要金融市场，海外地区市场的中国书画指数剧烈下挫，出现了历史

中国收藏
拍卖年鉴
2021

CHINESE FINE ART &
ANTIQUES AUCTION
YEARBOOK 2021

亚太其他地区中国书画价格指数

性断点 25 点，为统计以来最低值。2018 年以来海外地区市场持续遇冷，遭遇了自 2008 年出现断点之后的再次低位，2020 年延续上一年的发展态势，指数为 45 点，同比 2019 年下跌 2 个点。由此可见，中国书画海外市场仍在持续性收缩，无论从上拍精品数量还是成交率上均逊色于中国大陆市场和亚太其他地区市场。

海外地区中国书画价格指数

3. 国画市场稳步攀升，书法市场谨慎回落

书法和国画是中国书画的两大分类，2019 年，将书法和国画的拍卖市场相比来看，呈现出国画市场稳中有升、书法市场随势下行两种不同的发展形势。从近十四年的书法与国画的价格指数基本走势对比来看，两者的走势基本趋同，书法的平均价格指数比国画的平均价格指数高出 23 个点，以相对高的市场优势与国画市场齐头并进而又各有千秋。

国画与书法价格指数对比

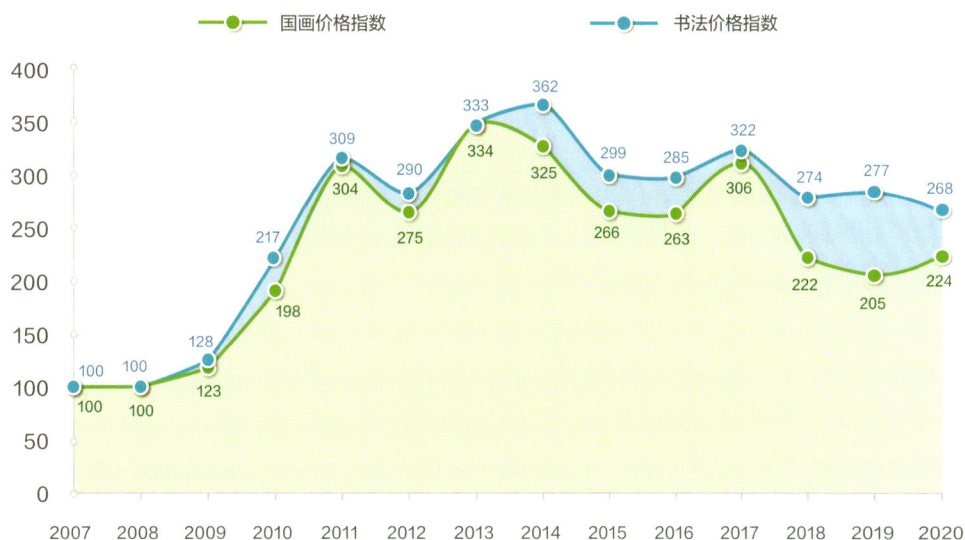

十四年来，书法与国画市场的价格指数走势与中国书画整体大致相同，都经历了快速增长、震荡波动与深度调整的阶段。2011 年至 2016 年，书法和国画市场都经历震荡阶段，波动明显，这与文物艺术品市场在经历深度持续性调整有直接关系。在这期间，书法与国画市场都经历了结构性初步调整，以适应整体市场与藏家需求。自 2017 年开始，书法与国画市场开始同步持续短暂回升，尤其国画市场在 2017 年涨幅明显，说明市场经过初步调整之后，升温迹象明显。2019 年，受整体书画市场回落大势的影响，书法和国画均随势做出调整，但在各自的调整过程中呈现出各异的势态。2020 年国画的市场价格指数从 2019 年 205 点上涨至 224 点，涨幅为 19 个点，但仍低于国画价格指数平均值 8 个点；2020 年书法的市场价格指数从 2019 年 277 点下跌至 268 点，跌幅为 9 个点，但高于书法价格指数平均值 13 个点。在多重不稳定因素影响文物艺术品市场正常运行之时，国画市场能在短期内迅速调整、逆势上扬；书法市场则随市小幅回落。整体上对比国画与书法价格指数近十四年来的走势，书法价格指数高于国画指数，尤其是自 2018 年以来，书法价格指数呈现出平稳发展的趋势，指数的上下幅度相对较小，反映出书法市场逐步健康理性发展。

从书法与国画的溢价指数的对比来看，2007 年至 2020 年，两者溢价指数的走势出现较大波动，但总体趋势保持了与中国书画溢价指数走势的一致性。自 2007 年基期统计以后，国画的溢价指数一直高于书法溢价指数，平均每年相差值约为 35 点，此可以看出国画的市场热度相对高于书法的市场热度。2020 年书法市场溢价指数为自统计以来的最高值达到 271 点，高于其市场溢价指数平均值 121 个点，该年国画溢

国画与书法溢价指数比较

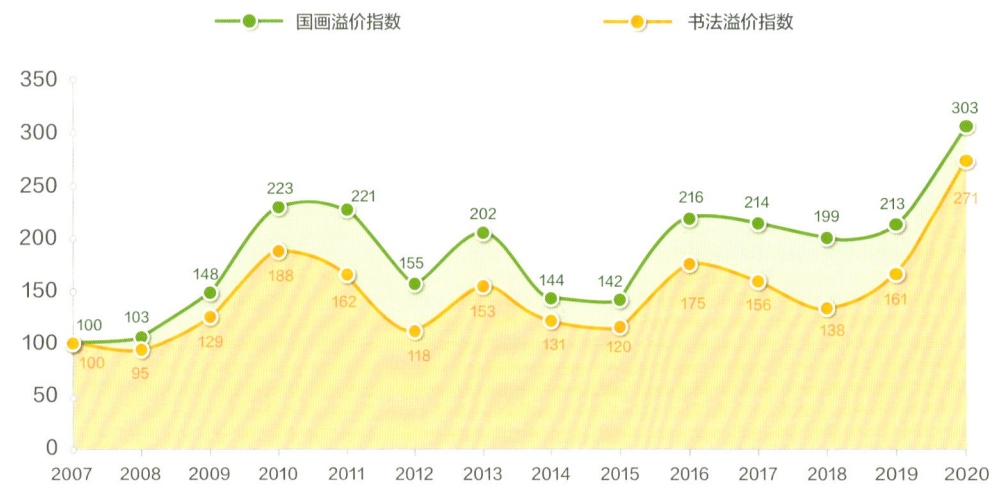

价指数为 303 点，为自统计以来的最高值，且高于其市场溢价指数平均值 119 个点。书法与国画溢价指数大幅攀升的主要原因在于行业线上交易正成为新的业态，为达成高成交率，拍行更加注重估价策略，以低估价吸引更多竞拍者，从而增加了拍出高价的可能性。

4. 不同时期市场表现各异，特点显著

中国书画从创作时期的维度可划分为古代、近现代、当代三个时期。2020 年，在整体文物艺术市场环境继续进行深度调节之时，中国古代书画与中国近现代书画这两大板块市场稳中求进，踏实前行；而中国当代书画市场板块则持续走低。总体来看，中国书画市场处于自 2017 年以来的下行调整期，经历了 2016 年至 2017 年的小波峰回暖，2018 年和 2019 年连续受国际及国内整体经济形势的影响，以及 2020 年全球疫情的影响，从最近一年的市场价格指数与平均市场价格指数的吻合度来看，古代书画与近现代书画的市场价格指数向各自的平均价格指数趋近，当代书画市场价格指数则大幅跌破其价格指数平均值。这说明拍卖行与藏家在针对全球整体经济形势考量后做出的冷静市场行为，双方遵循市场规律，将市场焦点对准精品与名家，这也是整个市场稳步发展的根基。从整个投资领域来看，书画成为越来越多投资者关注的重点，层次分明的藏家与藏品是未来市场发展的基石。随着市场与拍卖行的调整深入，藏家也越来越专业与成熟，不再盲目跟风。对于中国书画来说，藏家看重画作质量与未来潜力，重点关注古代珍品和近现代名家精品，以及创作实力突出的当代书画家之作。

（1）古代书画市场继续发力

将 2020 年中国古代书画的价格指数放置在自 2007 年起为统计基点的中国古代书画价格指数可以发现：2007 年至 2020 年，古代书画价格指数平均值为 147 点，比基期高出 47 点，与十四年来近现代书画市场和当代书画市场各年指数相比，处于稳扎稳打、不断深耕的阶段。从指数走势来看，古代书画出现了三次较为明显的波峰：第一次波峰为 2011 年的 179 点；第二次波峰为 2014 年的 202 点；第三次为 2017 年的 191 点，平均每三年迎来一个波峰，每个波峰之间则是连续两年的低位调整期，这与中国文物艺术品拍卖在全球的指数走势表现基本一致。2017 年至 2020 年，古代书画指数表现出由波峰转入低位调整期的走势，在世界经济环境影响下，2018 年调整期的跌幅较为明显，2019 年以来扭转继续下跌的趋势，2020 年稳步攀升。总体来看，较近现代及当代书画，古代书画因其珍贵的史料价值、艺术价值以及资源几近匮乏的稀缺性，保持着相对稳定的市场发展态势。众多藏家对市场持观望态度，暂时不愿将精品再次投入市场中，加之博物馆和美术馆馆藏大量精品，市场中能够流通的精品越来越少。货源的紧缺正是造成中国书画古代高端拍品市场紧缩的重要原因。

古代书画价格指数

中国古代书画所蕴含的艺术价值以及升值潜力一直是收藏者和投资人关注的焦点。2018 年古代书画市场经历了自 2012 年以来的首次价格指数触底，低于古代书画的平均价格指数 31 个点，市场遇冷明显。在此种不利局面下，2019 年之后中国古代书画市场发力扭转，2020 年指数值为 138 点，同比增长 11 个点，仍低于平均值 9 个点。具体而言，2020 年中国古代书画同比 2019 年虽然成交量与成交额有所回落，但是平均成交价上升了 35.8%，拍品质量得到进一步提升。拉动古代书画平均成交价上升的主要动力在于该年高价位拍品市场热度不减，更为直观地反映在价格上则是成交价在

1000万元以上古代书画作品成交额显著增长。来自易拍全球研究院大数据统计显示：2020年1000万元以上的古代书画作品成交量为61件（套），虽比2019年减少了11件，但其成交额为25.7亿元，同比2019年上涨了3.3亿元，增度为12.8%。占据市场主要份额的高价位拍品带动了该年古代书画价格的总体走势。

古代书画溢价指数

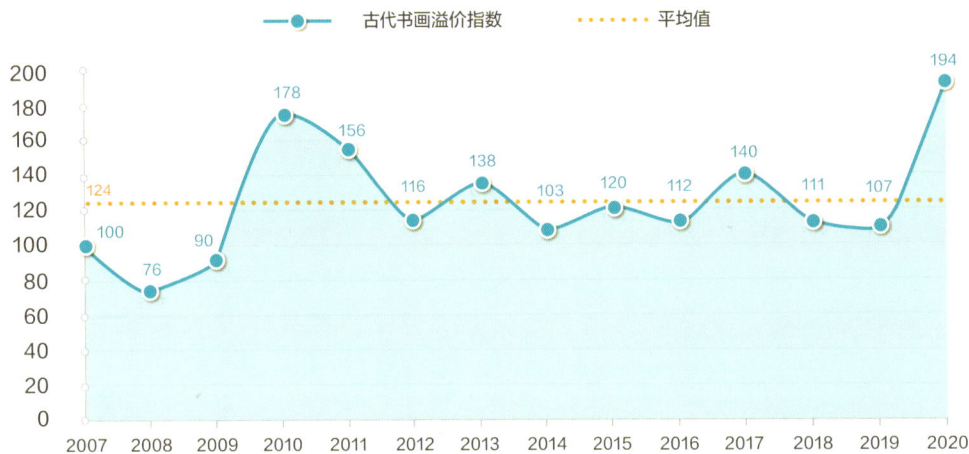

古代书画的溢价指数在近十四年的平均值为124点，比基期高出24个点，市场热度总体上相对平稳。溢价指数的高低可以反映市场的热度增减，从2020年统计的古代书画溢价均值及该年的溢价数值来看，古代书画的市场热度明显低于近现代和当代书画市场，这与古代书画的收藏与投资门槛较高有很大关系。从古代书画溢价指数整体走势可以看出，古代书画市场前期热度不高，从2009年开始连续走高，在2011年出现大幅下跌，之后持续震荡，截至2019年处于较为规律的波动状态，2020年其溢价指数随市大幅度攀升，仍然是对线上拍卖新业态的直接反应。结合古代书画价格指数来看，古代书画价格水平正在进入成熟稳定的发展阶段，投资环境依旧是影响市场热度与信心的最大因素，未来古代书画市场将继续保持理性回归的态势。

（2）近现代书画市场平稳见涨

近现代书画市场长期以来一直占据文物艺术品拍卖市场的重要地位，纵观中国书画在拍卖市场的一贯表现，以近现代书画为主的格局已然形成。2020年，无论在成交数量、成交价格、市场影响还是单幅作品成交价方面，近现代书画作品仍是中国书画市场主力。潘天寿、齐白石、傅抱石等名家作品均以高价成交。在中国书画拍卖市场成交价排名前十当中，近现代书画占据六成，巩固着不可撼动的市场地位。

纵观近十四年近现代书画的市场走势，其价格平均值是234点，总体呈现出前

近现代书画价格指数

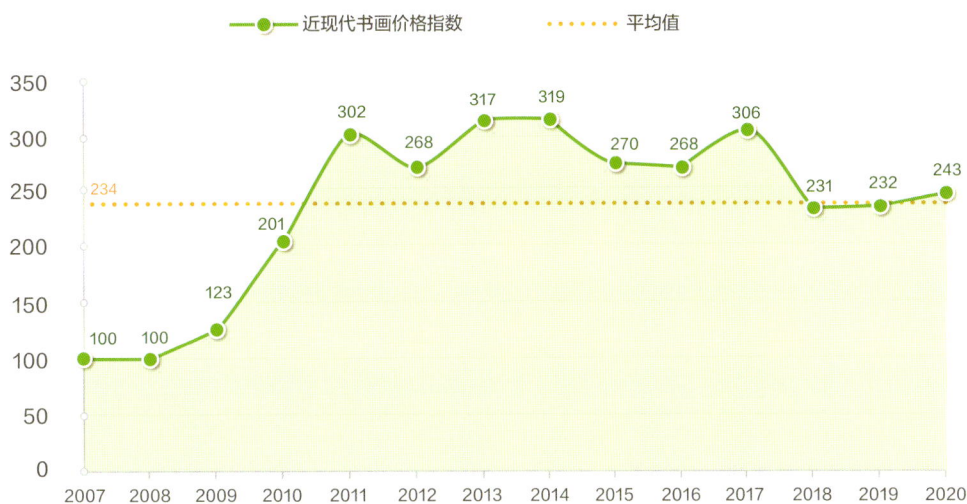

期快速增长、中期高位小幅波动、近期随势回落调整的趋势。2011 年至 2017 年，近现代书画的指数值都高于平均水平，2012 年，中国文物艺术品拍卖市场出现大幅下滑，之后一直处于深度调整状态，但从当年中国近现代书画价格指数来看，并未受到经济大环境变化过多的影响。自 2012 年至 2017 年一直在平均值以上温和震荡，经历了 2013 年与 2014 年的连续高峰，随即于 2016 年降至 268 点后，2017 年再高升至 306 点的波峰，以上震荡表明市场转型仍在持续，藏家出手谨慎，但他们对中国近现代书画保持着较高的认可。2020 年近现代书画价格的整体走势较上一年稳中有进。值得注意的是，2018 年近现代书画价格指数自 2012 年以来首次出现单年价格指数与平均价格指数最为接近的情况，相差 3 个点，2019 年则是继续向平均值接近，仅相差 2 个点，2020 年则实现了当年价格指数回归平均价格指数值之上的利好形势。近现代书画作品的价格指数有小幅度的上升，具有了市场回暖的迹象，说明在未来近现代书画市场将迎来新一轮的价格走势，随着名家精品的深度挖掘与相关学术研究的不断跟进，中国近现代书画的市场潜力仍然可观。

结合近现代书画溢价指数近期的表现来看，其经历了 2012 年与 2015 年的两次较大的市场降温调节，溢价指数在 2016 年激增 89 点，达到 234 点，之后两年出现持续性小幅回落，整体仍处于较高发展水平，市场热度与信心仍然处于高位。在经历了 2018 年整体市场的内部调节之后，2019 年近现代书画的溢价指数呈现出与中国书画溢价指数同步上调的变化，溢价值为 223 点，同比增长 28 个点。2020 年近现代书画市场乘着网络新业态的东风扶摇直上，溢价值达到 316 点，位于自基期统计以来的最高值。一方面说明在卖方市场为了保证在经济增长不确定因素陡增的环境下，能

近现代书画溢价指数

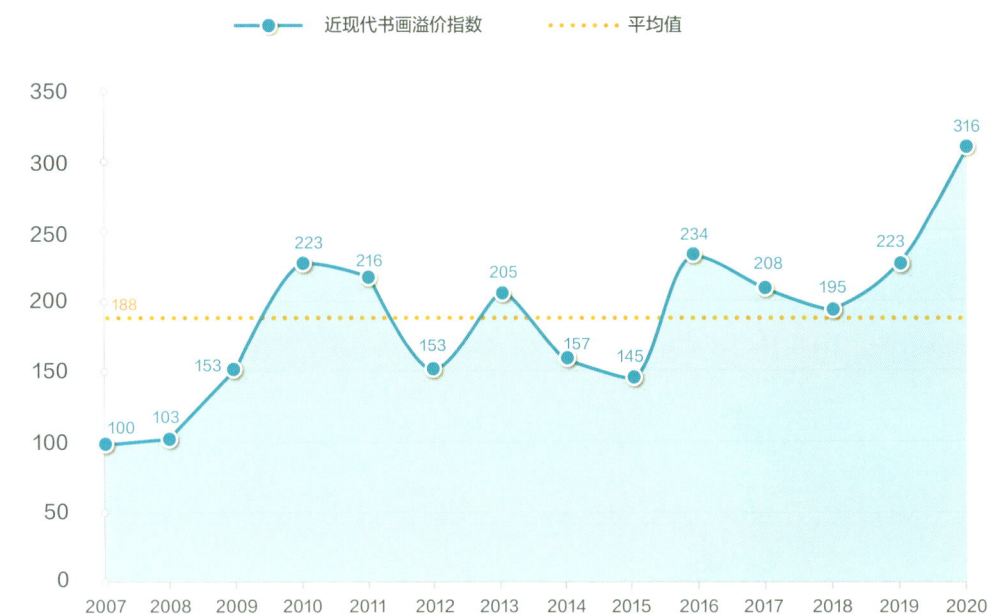

够尽可能地保证高成交率，从而适当降低上拍品的估价；另一方面也说明在买进市场的藏家群体对近现代书画市场的信心依旧坚挺，尤其是对高价位拍品的追逐热情从未削减。

（3）当代书画市场再经考验

当代书画市场作为中国书画市场的重要组成部分，它的市场表现力已成为把握当代艺术发展脉搏的关键性依据。一方面，随着当代书画艺术家创作呈现出形式与内容的多样化格局，投入市场的当代书画作品较为全面地呈现出与中国古代与近现代书画作品迥异的面貌；另一方面，由于当代书画创作群体年龄跨度较大，在老中青三代的当代书画创作与市场活力中呈现出明显的差异，从市场活跃度与表现力来看，整体呈现出老一代高位领跑、中年砥柱中流、青年后来居上的特点。当代书画正以其可持续发掘的潜力不断为中国整体书画市场注入新的活力，同时在为规范中国书画艺术品价格，画作真实价值回归方面，继续进行深度结构性调整，持续接受市场的考验。

纵观自2007年以来的中国当代书画市场的价格指数走势，总体呈现出由"谷底"稳攀"高峰"，由"高峰"迈入"高原"的趋势。从2007年开始，各大拍卖公司对中国书画市场进行了品类细化，当代书画作为独立类别专场活跃于拍卖场。从价格指数走势来看，中国当代书画的整体趋势是前期快速增长、中期高位起伏、近期理性调整。各时期指数走势波动较大，最高点（2013年的419点）与最低点（2007年的100点）相差达319点。当代书画指数在2007年至2009年保持了平稳的增长，从2009年开始，

当代书画价格指数

指数值持续走高，很大程度上因为中国经济快速增长，带动市场需求量突增，当代书画市场在 2013 年达到顶峰。随着投资环境趋于谨慎与理性，当代书画市场及时调整，2013 年到 2016 年，指数值下降幅度达到 142 点，投资变现困难导致市场信心持续下降。以上三年，拍卖整体成交量、成交价跌落明显，一些书画家价格跌幅较大，名家作品价格坚挺，但销量缩减。经过起伏的当代书画市场由高歌猛进转向理性收藏，收藏价值和市场潜力成为藏家关注重点。2016 年至 2017 年，指数值出现缓慢上升，由"高峰"过渡到"高原"，其涨幅为 38 个点，增长态势相对平缓，2018 年由增转降，2019 年以来延续回落的趋势。观察 2020 年当代书画市场价格指数的走势可以发现：当代书画价格指数为 216 点，比平均价格指数低 39 个点，呈下探趋势。2020 年当代书画市场价格指数出现持续低于平均价格指数的原因在于：当代书画市场受整体文物艺术品交易市场与中国经济形势的影响，随势下行不可避免；由于过去几年当代书画市场的价格火热随着整体经济投资环境趋稳和藏家投机运作心理的现实回归，愈加接近当代书画本身应有的价值；从市场上当代书画的创作质量而言，拍行严格实施的增质减量策略，从源头上保证了当代书画的品质，市场内部的深层调整力度不断加大，当代书画价格正在回归更为健康的状态。对于 2020 年的当代书画市场来说，表面上是接受了重重挑战，深层上则是迎来去粗取精的市场机遇。当下，名家精作仍受市场青睐，尤其是老一辈书画家欧阳中石、陈佩秋、黄永玉和中坚力量徐累、郝量等人的佳作正为当代书画市场不断注入新的价格活力。

当代书画溢价指数

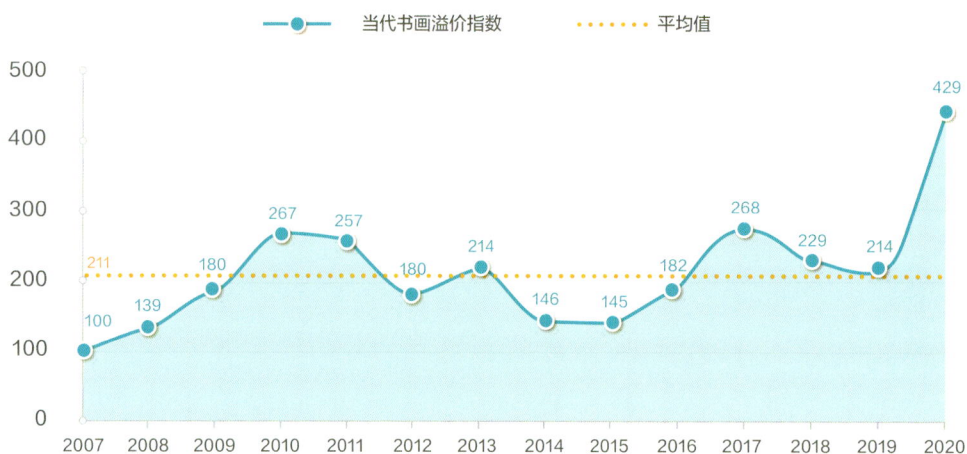

通过观察当代书画溢价指数近十四年来的发展趋势可以看出，当代书画的投资热度经历了三个高点，分别是 2010 年的 267 点、2017 年的 268 点和 2020 年的 429 点，这三个高点的出现和两个高峰之间跌宕起伏的市场曲线，反映了当代书画市场逐渐回归理性的过程。尤其是 2012 年以后，更加清朗的市场与投资环境，使得当代书画市场不断进行内部调整，真正有价值的当代书画作品被不断发掘，造就了 2017 年的又一个投资热潮。随后的两年中由于国内外投资市场环境的不利因素增多，对当代书画投资的热度有所降低，不断向其溢价指数的平均值 211 点靠近。值得关注的是 2020 年当代书画的溢价指数高达 429 点，同比跨越式上涨 215 个点。针对如此大幅度上涨的情形，易拍全球研究院通过大数据统计与市场调研发现：影响溢价指数高升的原因在于部分样本拍行汇集当代名家作品，特意设置惠民专场，为活跃拍场气氛，以万元低估价起拍，而成交价则多在百万元以上，从而提高了溢价值。另外，中国书画的线上拍卖中，又以当代书画交易为主流，约占中国书画线上总成交量的二分之一。在 2020 年上半年，拍卖行为积极援弛抗疫，举办大量低估价的当代书画专场公益拍卖，也为当代书画的交易热度起到促进作用。2020 年全球疫情之下，藏家投资理性企稳，艺术家作品重视质量的趋势更为显现，当代书画市场由于价格不断趋于理性回归，从而带动市场热度剧增。

三 中国油画全球指数结果分析

数据说明

（1）时间：2007 年 1 月 1 日至 2020 年 12 月 31 日。

（2）数据量：1.4 万条全球范围内公开拍卖的成交记录。

（3）样本拍行：从中国大陆、亚太其他地区、海外地区共选取 50 家经营规范、成交结果透明度高、规模级别不同的具有代表性的拍卖企业。

（4）样本艺术家：综合考虑艺术家所处时期、美术史地位与成就、作品在专业书刊出版、重要拍卖机构图录、样本数据计算条件等因素选取 75 位具有代表性的中国油画艺术家。

（5）时期划分：

从明代西方传教士带来油画作品至 19 世纪末土山湾画馆本土画师的创作，进入 20 世纪之前，油画已经在中国存在四百余年。但中国油画真正接轨西方近现代油画，始于 19 世纪末至 20 世纪初走出国门求学海外的艺术学子。在中国近现代油画的一百余年发展历程中，由于时代背景的复杂性，经历了五四前后、抗战时期、建国时期、改革开放之后等若干发展高峰。油画艺术家的时期划分，因其各自的经历与艺术生涯的长短，无法严格依据历史事件做严格的界定。

从明代西方传教士带来油画作品至 19 世纪末土山湾画馆本土画师的创作，进入 20 世纪之前，油画已经在中国存在四百余年。但中国油画真正接轨西方近现代油画，始于 19 世纪末至 20 世纪初走出国门求学海外的艺术学子。在中国近现代油画的一百余年发展历程中，由于时代背景的复杂性，经历了五四前后、抗战时期、建国时期、改革开放之后等若干发展高峰。油画艺术家的时期划分，因其各自的经历与艺术生涯的长短，无法严格依据历史事件做严格的界定。

因此，在综合考虑中国近现代油画发展历程、各时期总体风格、艺术家个人创作高峰期及艺术家个人风格的基础上，《中国收藏拍卖年鉴》以 1949 年新中国成立为时间点，将中国油画艺术家划分为"20 世纪早期"和"当代"两个时期。20 世纪早期的油画艺术家或留学海外或间接受教于留学归来的艺术家，西方绘画功底深厚，不论研习欧洲学院传统或取当时流行的后印象派、野兽派、抽象主义等为发展方向，作品都具有较为浓厚的西方韵味。新中国成立后，由于历史背景的转变，我国油画具有了更多的民族特色和时代特色，逐渐走上新的发展道路。当代油画艺术家中的绝大多数依然在不断进行新的创作，使中国当代油画艺术与西方当代油画艺术形成呼应、并行且独立的关系。

此种两段时期划分法可能会存在不能详尽表达中国近现代油画和中国当代油画各细分时期特点的不足，但我们希望给读者呈现出一个相对宏观、清晰且客观的中国近现代油画百年发展历程及中国当代油画的发展脉络，为此我们还加入了"留法艺术家"和"70/80 后艺术家"两个专题作为补充，更为精细地反映中国油画市场状况。

1. 油画市场阶段性特征明显

2007 年至 2020 年的中国油画全球价格指数的均值为 128 点，高出基期值 28 点，表明近十四年来中国油画价格水平总体呈上升趋势。最高值为 2020 年的 168 点，最低值为 2009 年的 72 点，相差 96 点，指数值相差较大，说明中国油画市场近十四年来经历多变，市场表现呈现出阶段性特征。

油画全球价格指数

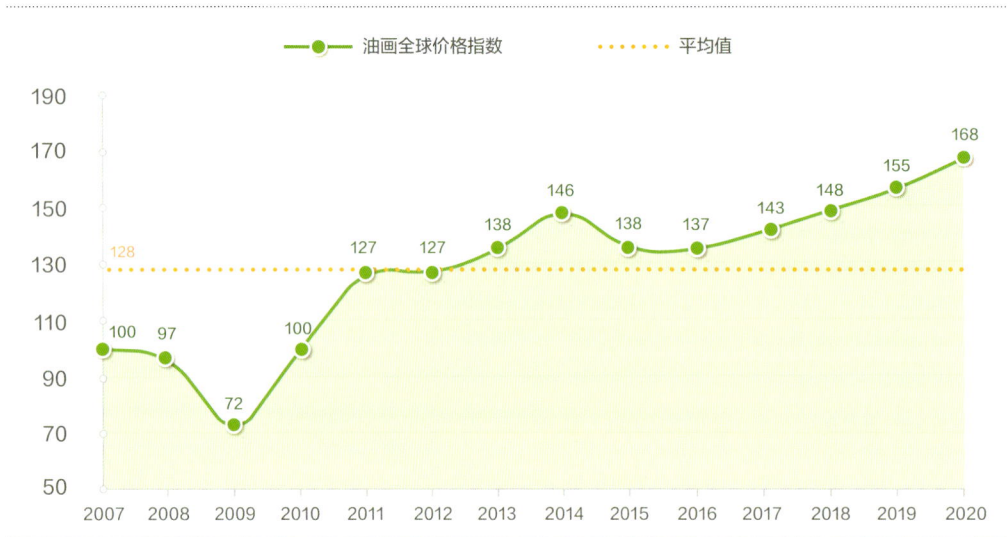

从价格指数走势图可以看出，近十四年中国油画在全球文物艺术品市场中经历了三个阶段：

（1）低位骤降期（2007 年至 2009 年）：自 2007 年基期统计之时，经历了海外资本连续几年对中国当代艺术的过度注入阶段，造成此前市场价值整体偏高，在 2007 年市场已开始显现出疲软状态。2008 年开始的全球性金融危机使得海外资金骤然紧缩，此时中国当代艺术市场主要又以海外买家为主，因此对中国油画市场产生较大冲击，指数值在 2008 年开始呈现下跌趋势，并于 2009 年跌至历史最低点 72 点。

（2）艰难回升期（2009 年至 2012 年）：跌至谷底的中国油画艺术市场开始在 2010 年出现反弹，价格指数艰难回升与基期 100 点持平。经过 2010 年一整年的市场培育，2011 年，指数从 2010 年的 100 点攀升到 127 点，增长幅度与 2010 年基本持平。2012 年则维持了 2011 年的市场平稳发展态势。在当时全球经济形势处于低迷状态下，此高点的出现传递出海外资本急于撤出中国油画艺术市场的信号。

（3）波动上升期（2012 年至 2020 年）：在此期间，指数整体呈现出平缓上升的趋势，虽然在 2015 年经历了一次个位数幅度的下跌，从 2014 年较高值 146 点跌至

138 点，但此下跌态势并未持续，转而进入缓慢增长态势。2016 年至 2020 年中国油画市场呈现平稳上升状态，并于 2020 年出现自 2007 年基点统计以来的价格指数最高值 168 点，涨幅为 2011 年以来最大。在新冠疫情的影响下，中国油画市场抵住了整体经济下行带来的压力，继续保持稳中见涨的良好态势。

油画全球溢价指数

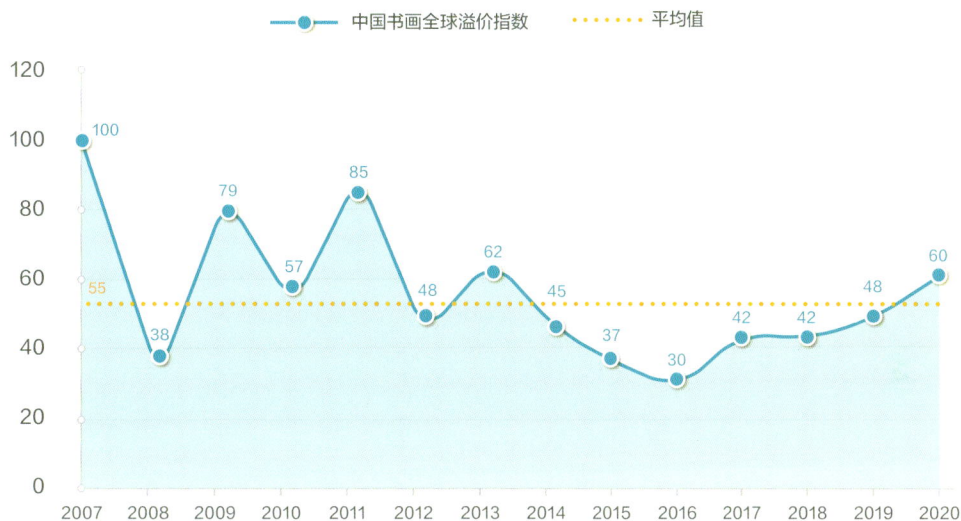

中国油画溢价指数近十四年的平均值为 55 点，较基期水平下降 45%。前期（2007 年至 2011 年）指数曲线起伏剧烈，反映出海外过多投机性资本的参与让中国油画市场对外部经济环境十分敏感。中国文物艺术品市场自 2012 年开始进入调整期，此轮调整对中国油画品类的影响尤其明显，市场热度持续处于低位。但自 2012 年开始，溢价指数起伏明显缓和，说明市场调整显现效果，前期资本涌入造成的不良影响正在被消解，市场逐渐回归到理性平稳的发展轨道上。2013 年之后至 2016 年溢价指数连续小幅度下滑，2017 年溢价指数回升至 42 点，同期油画价格指数也出现小幅度上扬，此番市场热度的回升与精品集中出现及企业扩大购藏相关，这种现象在 2017 年与 2018 年尤其明显。2019 年油画溢价指数在经历了 2017 年与 2018 年这两年的平稳发展后，实现了小幅度上涨。2020 年，尽管全球经济环境不确定性因素增多，但油画溢价指数持续攀升，反映出较高的市场活力，与该年的油画价格指数走势呈正相关，回到平均值之上，达到 60 点。逆市上涨的原因，从宏观上来看，近年来具有较大社会影响力的艺术展览多在现当代艺术领域，大众对油画及中国当代艺术的认可度与日俱增，为该市场奠定了更为广泛的受众接触基础。在行业层面上，拍卖行举行的线上拍卖活动增多，为尽可能多地吸引藏家参与，在估价策略上有意识地进

行下调，表现出让利藏家的姿态，积极地激发与满足买方的入市心理需求，由此促高了买气。值得注意的是，疫情导致的全球资产流动性减弱，投资趋于谨慎，使得市场对高价值且保值性强的艺术品更为关注。油画作为文物艺术品中的最主要品类之一，其保值性受到了资本的认可，最终推高了溢价指数。

2. 不同时期艺术家作品价格涨势稳定

近现代油画在中国存在时间较短，从时间上可划分为"20世纪早期"和"当代"两个时期。通过观察从2007年起这十四年的价格指数及溢价指数走势，可以发现两个不同时期作品对应的油画市场各有特点。

20世纪早期油画价格指数

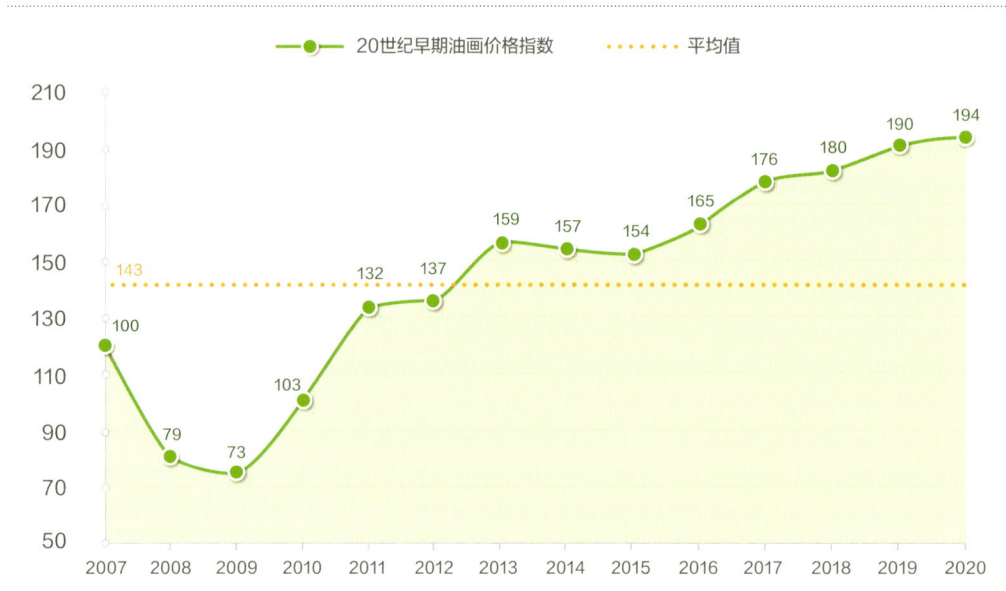

（1）20世纪早期艺术家作品市场再创新高

20世纪早期油画价格指数走势和中国油画价格指数总趋势大体一致，但在2007年至2008年之间指数走势与中国油画指数相反，可见在中国油画整体处在价格上升的时间，20世纪早期油画并未受到藏家的太多关注。经济危机同样影响到了20世纪早期油画市场，2008年至2009年一直处于低谷，2010年价格指数回到经济危机前水平。自2010年始到2017年处于波动上升趋势，并于2013年达到一次高峰，在2015年价格指数微降之后持续攀升，于2020年达到最高194点，同比上涨4个点。该板块价格指数平均值为143点，比基期值高出43点，说明该板块市场发展较为平稳合理。自2012年开始，20世纪早期艺术家价格指数上升幅度大于中国油画上升幅度，这种幅度一直保持在一个相对平稳的状态，反映了 20 世纪早期油画市场表现稳步上升并且行情向好的趋势。20 世纪早期油画市场溢价指数曲线起伏较大，溢价指数平均值为 95 点，高于中国油画平均溢价 40 个点，说明该板块的市场热度与整体中国油画市场热度相比要高，同时也说明了 20 世纪早期油画已备受藏家关注，市场潜力正在进一步发掘。在 2020 年度的 20 世纪早期油画的市场中，促进市场上扬的动力主要集中在常玉、赵无极、朱德群、吴冠中等留法艺术家的作品之上。由于 20 世纪早期油画的创作数量较为稀少，近年来其学术价值被进一步挖掘，观众的接受程度不断扩大，另外出于保值性考虑，中国油画市场看好中国 20 世纪早期艺术家作品，使得该时期的油画在拍卖市场中表现不俗，深受推崇。

当代油画价格指数

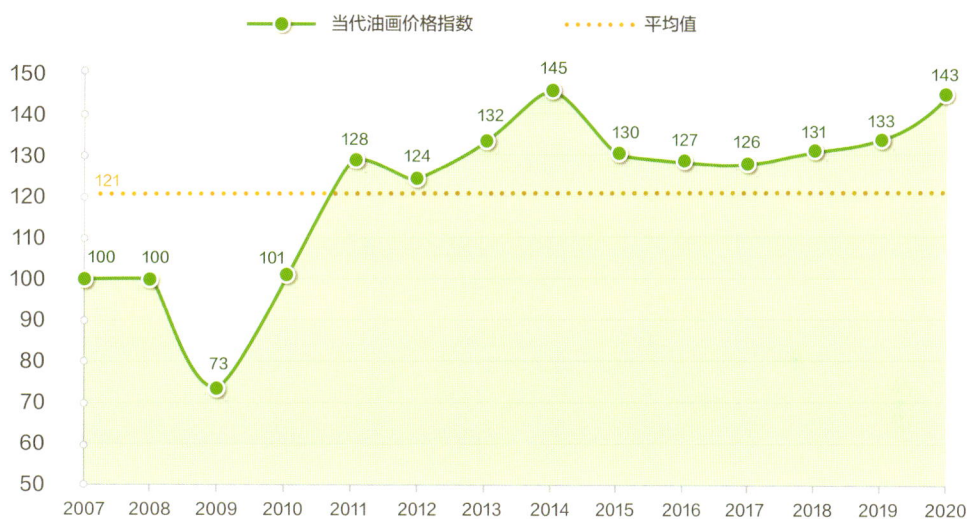

（2）当代板块平稳中回暖

当代油画主要由活跃在新中国成立之后的艺术家作品构成，其中又以"改革开放"之后的作品占大多数，这些作品在新世纪开始后，因国内外投机性资本的涌入而经历了一次行情上涨。2008 年国际性经济危机，艺术市场整治等一系列事件引发中国文物艺术品市场的结构性调整，行情的大起大落使得藏家对待当代油画，尤其是创作年代较近的作品越发谨慎。当代油画板块中，老中青三代的市场表现迥然不同，老一代以靳尚谊、王怀庆等为代表的艺术作品市场表现持续高价位稳健发展，中年一代以周春芽、曾梵志、方力钧等已被写入当代艺术史的中坚力量为代表，市场表现以高价位精品走俏，而中等价位的作品流拍率极高，这也说明了市场对精品的追逐与精益求精。当代油画板块里青年艺术家整体市场呈中低价位的拍品居多，由于创作质量与风格的多变，其市场发展态势起伏不定，艺术品消费的趋势明显多于长期收藏的趋势。青年艺术家的作品仍需在一级市场中经历考验与积淀之后，才能在二级市场中长远健康发展。

当代油画价格指数走势基本与中国油画价格指数的走势一致。在经历 2008 年至 2009 年度低潮期后，价格指数于 2011 年达到 128 点的高位，随后由于外资撤离，再次小幅度回落，但此后，国内资本接盘，并于 2014 年达到 145 点的峰值。2015 年以后价格指数在小范围内向下波动明显，2018 年朝着更高点发展，并在 2020 年达到 143 点，比 2018 年增长 12 个点。从 2018 年开始，当代油画市场较过去两年的起伏不定，短时间内呈现出向上攀升的趋势，说明该年藏家对当代油画市场的热衷与推崇处于逐步升温的状态，市场升温回暖的背后，离不开大量当代油画的经典力作频频成交。比如曾梵志的《面具系列 1996 No.6》以 1.61 亿元人民币成交，不仅刷新艺术家的个人拍卖纪录，也创造了中国当代艺术品的最高拍卖纪录。当代油画溢价指数近十四年的总体趋势呈前期起伏剧烈，后期小幅度波动的趋势，这与 2012 年之前资本涌入，市场快速升温相对严重有关。后期溢价指数虽然处于低位，但价格指数均高于前期的曲线走势也表明该板块市场逐渐回归理性，不断走向成熟。

当代油画溢价指数

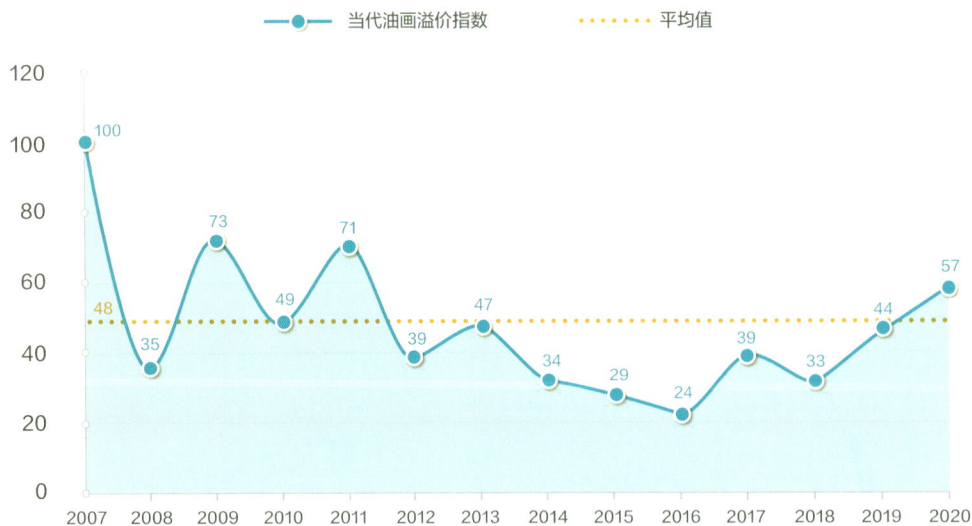

2016 年到 2017 年，溢价指数呈现短暂上升趋势。2018 年当代油画溢价指数出现明显回落，与 2014 年的溢价指数基本持平，2020 年当代油画溢价指数同比增长了 13 个点，为 57 点，再次回到该板块溢价指数的平均值 48 点的上方。需要注意的是，近年来当代油画的溢价指数始终低于平均溢价指数，说明当代油画市场一方面卖方市

场存在泡沫的情况，另一方面表明多数藏家谨慎投资，买卖双方仍处于不断磨合的状态。从 2020 年的最新走势来看，当代油画板块保持着稳定的向上趋势，在市场逐渐摆脱疫情带来的影响后，未来表现值得期待。

3. 留法艺术家油画市场稳步攀升

留学（包括游学）是 19 世纪末 20 世纪上半叶兴起的中国文化史中最富时代特征的现象之一。具体到美术领域，留法艺术家吴法鼎、颜文樑、徐悲鸿、刘海粟、方君璧、林风眠、司徒乔、吴大羽、刘开渠、庞薰琹等人大多选择在法国的美术学院游学，以油画、雕塑为主要研究科目。他们既接受了西方学院派古典主义、现实主义、写实主义美术，也带回了西方现代主义诸流派，为 20 世纪中国美术带来了传统书画体系之外的油画（西画、西洋画）、雕塑、色粉、水彩等新的美术类别、新的美术观念，甚至与之相关的新的生活方式，从而成为活跃在中国 20 世纪上半叶的重要群体之一，奠基、开拓、改变、丰富了 20 世纪上半叶中国美术的发展。近年来随着中国油画市场的崛起，这些当时留学海外的艺术家的作品价值重新被市场发掘，他们之中以赵无极、吴冠中、常玉、吴大羽等最具代表性，一些重要作品纷纷回流，价格与市场认可度迅速推高。

留法艺术家油画价格指数

留法艺术家油画价格指数在经历了 2008 年国际金融危机造成的低谷期之后，价格指数总体呈上升趋势，至 2020 年达到最高值 332 点，高出 2008 年最低值 258 点，

近十四年的平均价格指数为 191 点，市场表现不断向好。2020 年留法艺术家油画市场被进一步拓展，为统计期以来的最高值，更多的留法油画艺术家的重要作品集中出现并以高价成交，对拉高价格指数再次起到主要促进作用。2020 年中国油画高价榜单 TOP10 之中，留法艺术家赵无极、常玉、吴冠中仍是领跑市场的主力军，其中包括常玉的作品 6 件、赵无极的作品 2 件、吴冠中的作品 1 件。

常玉的作品随着近年来被市场不断发掘与积极推进，价格不断走高。在 2020 年 7 月的香港苏富比晚间拍卖会上，其代表作《绿色背景四裸女》以 2.58 亿港币的价格成交，仅次于 2019 年在佳士得拍卖会上以 3.03 亿港币成交的另一幅画作《五裸女》。2020 年 10 月的香港苏富比拍卖会上，常玉的两幅作品《青花盆与菊》和《翘腿的裸女》分别以 1.87 亿港币和 1.68 亿港币币的价格拍出，成为该艺术家历史成交价第五和第六高的拍品。其价格表现不仅表明了常玉在艺术市场上地位的不断提高，这也意味着留法艺术家油画市场正不断挖掘。

4. 70/80 后艺术家作品市场强势反弹

70/80 后艺术家作品市场近十四年来的价格指数总体走势与当代油画价格指数的走势基本同步，大致可分为四个时期：

（1）震荡调整期（2007 至 2013 年）：自 2007 年基期统计以来，70/80 后艺术家作品市场在 2008 年世界经济危机席卷之下，价格指数出现急速骤降，下跌至历史最低的 59 点。而后几年，价格指数在低于基期 100 点的范围内波动变化较大。市场在大额资本退去后，对 70/80 后艺术家作品市场的缺乏信心和稳定认可，导致价格震荡较大。

（2）高位稳定期（2013 年至 2019 年）：经历了上一阶段的适应性调整，2014 年 70/80 后艺术家作品市场随着经济快速发展的大势，恢复至金融危机之前的水平，与基期 100 点持平。市场对该版块作品有了比较稳定的认可，在五年的时间内都保持在 100 点之上，且摆动幅度较为稳定，总体呈上升趋势。

（3）全新调整期（2019 年至今）：进入 2019 年之后，随着全球经济增速放缓，70/80 后艺术家的油画市场受影响较大，由此前的高位稳定阶段进入到全新的调整阶段。2019 年价格指数跌至 71 点，再次触底。在 2020 年，70/80 后艺术家油画市场打破了市场萎靡带来的影响，逆势增长至 126 点，不仅突破历史最高点，还创造了最大涨幅，资本力量通过实际行动对该领域作品的保值能力给予了肯定。对于未来发展，是继续进入震荡调整，抑或保持涨势，值得进一步关注。

70/80后艺术家油画价格指数

总体来看，尽管自 2014 年以来 70/80 后艺术家作品市场呈上升趋势，但是与油画全球市场指数和当代油画市场指数相比，市场表现波动较大，整体来看处于低水平发展状态，具有较大差距。在数据上，70/80 后艺术家油画的平均价格指数为 92 点，而油画全球市场的平均价格指数为 128 点，当代油画的平均价格指数为 121 点，70/80 后艺术家油画市场的平均价格指数与前两者的差距显而易见。尤其是在 2019 年，该年龄段艺术家的油画价格指数出现断崖式下跌，同比上一年削减 32 个点，也是自 2009 年以来的市场最低值。2020 年，该版块出现了强势反弹，藏家的热情被进一步激发出来，再次成为投资目标，但整体来看，其价格指数仍在其他版块之下。值得注意的是，在国内美术馆、展览等活动越发普及的背景下，大众对于"当代艺术"的概念理解和接受程度正不断扩大。该板块 2020 年成交的最高价拍品是黄宇兴的《照耀》，以 755.1 万元的价格于香港佳士得成交，远高于 2019 年的最高成交价 321.9 万元。不仅是高价位拍品的提升，该板块低价位整体水平也在稳步前进，全年仅有三件 5 万元以下拍品，板块平均成交价达到 127.2 万元，70/80 后艺术家油画市场正在茁壮成长。值得注意的是，由于该板块作品问世时间较短，其艺术价值在艺术史上还未盖棺定论，作品的价值随市出现波动的可能性加大，曾经在拍场上炙热一时的作品，或因缺少深刻的思想内涵而被市场淘汰。所以在拍品选择上，市场更加偏好交易价格坚挺的名家作品，对于一些名气稍逊的艺术家，作品的认可度还需进一步培养。

目前来看，出于稳妥投资的考虑，藏家对该领域高端精品的追逐仍集中在头部艺术家的作品上，但不排除未来某些新人崭露头角，在市场中成为新的投资热点，在未来 70/80 后艺术家油画板块市场中，升值空间将会随着市场的不断规范而展现，这为藏家同时带来了机遇和挑战。

中国收藏
拍卖年鉴
2021
CHINESE FINE ART &
ANTIQUES AUCTION
YEARBOOK 2021

70/80后艺术家油画溢价指数

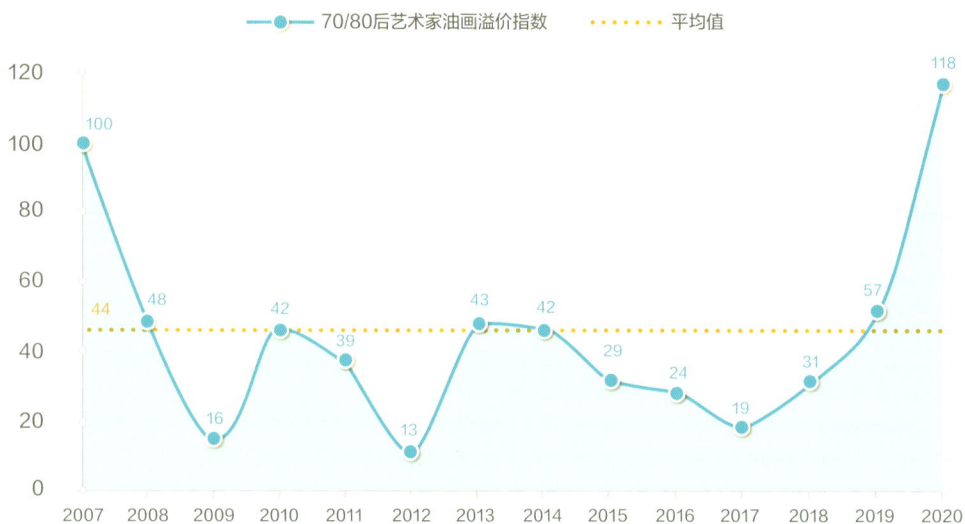

70/80 后艺术家油画溢价指数总体走势曲折，前期起伏剧烈，中期趋于稳定，后期转向上涨。资本的快进快出影响了藏家信心，使得该板块热度难以持续，造成溢价指数前期大幅度起落并出现自统计以来的两次数值低谷。自 2013 年起溢价指数总体呈现下滑趋势，但和前期相比变化幅度逐渐平稳，符合中国油画溢价指数的走势，表明市场调整的作用已经初步显现，拍行的减量增质策略和买家的理性回归让市场逐渐回稳。2014 年之后全球经济增速放缓，不确定性因素增多，大额资本的大规模退去直接影响了 70/80 后艺术家油画溢价指数的走势，连续四年处于平均溢价指数之下。2018 和 2019 年，溢价指数小幅度回升，在 2019 年回到了平均值之上。2020年，该板块溢价指数飞跃至 118 点，成为自统计以来的最高点，也拉动了整个油画版块溢价指数的上涨。其中原因，一方面在于拍行为了增加该板块的市场成交率，从作品起拍价上做出适应性下调。另一方面，该板块头部艺术家的市场火热直接拉动了整体溢价水平，全年有 6 件作品超过了 2019 年的最高成交价。拍卖行对于市场的谨慎评估，适当调低了估价，两者的反差推高了溢价。随着未来拍卖行对市场的认知加深，溢价水平会逐渐趋于理性。在 2020 年网络拍卖逐渐成为主流的前提下，世界各地的藏家打破了地理的局限，使得竞争更加激烈。同时，由于网络普及新藏家的入场，众

多年轻藏家加入到该领域来，而 70/80 后艺术家油画是这部分新藏家最为关注的板块之一。在以上因素的共同作用下，让该年 70/80 后艺术家的油画溢价指数实现了历史性的突破。值得注意的是，2020 年高涨的买气是在疫情期间的特殊状态下获得的，体现了文物艺术品行业适应与变化的市场特点。虽然成绩可喜，但未来 70/80 后艺术家油画能否继续保持坚挺，还需接受市场长期的考验。

四　重点艺术家分析：李可染

1. 名家品鉴：李可染的山水画 [12]

近百年山水画可分为两大系统：古典写意系与近代写实系。古典系以古代山水画为宗，或摹仿，或综合，或师近，或师远，在总的视觉方式上（包括结构框架与表现手段）不越出古典规范。20 世纪 30 年代前出生的画家，多属此系。写实系概指接受了西方写实观念与技巧，试图把古典山水传统与写实性描绘结合起来的新山水画。在这类山水画中，写生得来的一切是主要的，传统规范只是辅助因素。它的总体风貌已越出古典形神，成为一种新的视觉形式了。20 世纪 30 年代以后出生的山水画家，多属此系或多受此系影响。

古典系画家从临摹出脱，有扎实的传统功力，一些人能于前人风范中脱落出自己的面貌，另一些人则集传统画法于一身，成为令人敬重的"活传统"。他们的问题是旧，与时代不合拍。写实系画家有描绘对象的造型能力，能从自然中捕捉新鲜生动的景色和形象，赋予作品以真实感、贴近感和新意新情。他们的问题，往往是不能超越写生，传统功底弱。

少数画家能出入古今，兼两系之长，成为转折时期的中坚。其杰出的代表，就是李可染。他是古典山水向现代山水过渡这一历史阶段的大师。研究他的成果和经验，是 20 世纪中国美术史的重要课题。

（1）自然美的再发现

我在《论中国现代美术》一书中曾说，李可染"为中国山水画向自然回归树立了一块里程碑"。这种"回归"本质上"是对自然美的再发现，是山水生命再生的必经之路，是对远离人间烟火而古典山水画的某种否定和发展。这和'五四'以来肯定现实人生而否定人生超脱的文化潮流是一致的"。这里根本的一条是"自然美的再发现"。中国人和中国艺术在世界上最早也最充分地发现了自然美。魏晋以降，就出现了山水

---

12 郎绍君《李可染的山水画》，《文艺研究》1991 年第 5 期，第 87 至 98 页。

中国收藏
拍卖年鉴
2021

CHINESE FINE ART &
ANTIQUES AUCTION
YEARBOOK 2021

万山红遍 李可染 镜心设色纸本 131cm×84cm 1964 年作

诗、山水画。至五代两宋，山水画高度繁荣。造成高度繁荣的美学原则，即"外师造化，中得心源"。元代以降，山水画开始偏重于心源和形式意趣。明代，摹仿宋元成为潮流，画家们关注的中心是笔墨气格。董其昌虽提出"读万卷书，行万里路"，但他的理论和实践，都在形式风格和相应的格调价值的追求上。董其昌对清代山水画有深刻影响，尽管出现了石涛、黄山派诸家强调造化写生的呼吁，并未能挽狂澜于既倒。临古之风，把笔墨趣味视为鹄的之潮势不仅未减，且有膨胀。笔墨情趣愈来愈精致；水墨性能愈来愈被纯熟地把握；形式风格愈见多样；摹仿、重复、远离自然的枯索之作也愈来愈多。依照固定程式闭门造车的山水画家相沿成习，至嘉道以后，终成一大颓势，笔墨形式的创造也濒于枯竭。20世纪以来，许多思想家、艺术家都大声疾呼，痛斥摹仿复古，力倡写生、写实，就是基于上述事实。传统山水画对笔墨趣味的追求，对造化自然的忽视，与近代重物质文明、张扬科学技术的大潮流，与近代人渴望亲近自然、把握自然的心理需求，距离太远。在这种情况下，重新发现自然美，就成为时代的要求——至少在中国是如此。

李可染曾认真反思了传统绘画的发展，认为"强调主观的逸气，不惜牺牲了客观的形似，使中国画跌入了极端狭小的圈子"，"把原是形神兼备、客观主观均衡发展的中国画拖到了忽视客观现实，脱离了人民生活的偏颇病态的道路"（《谈中国画的改造》1950年）。不管李可染这一看法是否完全切合中国画史的实际，它把他引向重新寻找"客观"和"主客均衡发展"的路径，即"五四"以来蔡元培、陈独秀、鲁迅、徐悲鸿、林风眠等所倡导的路，即历史发展所迫切需求的路。

无疑，以写实方法去重新发现自然美，肯定要遇到许多麻烦和矛盾。如：强调对自然的描绘；难免要弱化想象；强调写实手法，势必放弃一系列高度完满的程式；重视了对象的内容性，可能会忽略主体对形式的创造性等。"五四"以来的写实山水画确也有这些问题。但这并不意味着"重新发现自然美"的历史选择是错的。事实证明，20世纪的新山水画大大扭转了摹仿复古风，刺激了它的变革，涌现了一大批充满活力的新画家和新作品。它的集中体现，就是李可染的山水画。

李可染山水画对于"重新发现自然美"的贡献，主要有以下诸点：

第一，他把曾经失去的自然本身的生机、活力追寻了回来，把枯弱寒俭的山水意象再次变得丰富、生动、真实。在《黑入太阴意蕴深》一文中，我把李可染40年代钻研传统时期的作品概括为"线性结构"，其意态是书法性的，色调是"清疏简逸"的。50年代后由写生求变化，作品转为"团块结构"，疏淡变为深重，简逸变为丰富。文章提出一个问题，"究竟是哪些原因促使了这种转变？""有一个基本因素是可以肯定的，那就是来自观察自然和对景写生的审美经验。"（《文艺研究》1986年第3期）艺术发展史告诉我们，人类对视觉形象的把握，在完成或初步完成了由写实向写意，由具象向抽象，由赏读内容到赏读形式的变化之后，随之必会出现反向潮流，由写意复归写实，由抽象复归具象，由赏读形式复归赏读内容。这种复归不是循环到原位，而是新的一层（或一轮）变异；不是以此代彼，而是在兼容并存中的周期性倾斜。中西绘画概莫能外。中国山水画的根本特色，是通过对自然生命的创造性刻划，传达人对自然的依恋，寄寓人自己的生命俺验和社会体验。山水形象的感性特征与个性，与画家的精神表现、个性特征相对均衡地制约在一起，只要偏向一方，就会失去它的本色和生命力。清末民初的摹古作品，是对偏向写意、抽象、赏读形式一端的重复，自然的生动性已失，精神也枯萎了，因此空洞乏味。李可染的作品、描绘具体，丰腴、茂密、深秀，重新获得了自然美。在整个山水画发展的历史中，他构成了大转折时期的一环。

第二，他探索了一套写生创作的原则与方法。它们大体是：

对景写生：起稿、落墨、完成，都在室外对景作画中进行。这大不同于只看不画，只勾速写不落墨，只画大概不完成全画的传统写生法。

写生与创作统一：忠于感觉、对象，也组织、剪裁、强化，画所知所想。把写生与相当程度的创作融入同一过程。这较多地汲取了传统的方法和观念，不同于西画的一般性写生。

写生之前要联想意境：即李可染说的先"对景久观久坐"，一方面发现对象，身入其境；一方面触动联想，思与境偕。同时要认真考虑意匠手段，以求手段方法与意境的统一。

意匠把握的四个阶段："第一构图，第二形象，第三层次、空间，第四气氛。"（李可染，《颐和园写生谈》）对每个阶段和步骤，他都做了总结性探讨，如构图的"以大观小""秤的平衡""似奇反正"原则；起稿的"钉钉子法"（先将主要骨架定下来）；作画的"先碎后整"过程——即"在画到十分之七以前，以自然为主，在十分之七以后，以画面要求为主。"其他，如形象刻画的"抓精粹"，"稳、准、狠"的夸张，线的控制性、留住性；层次的深厚追求与"调子整理"；气氛的创造（"山中有龙蛇""苍茂之气"等）；笔墨与色彩的关系……都有具体的要求。总之，已经形成了李可染写生和写生教学的一整套原则与方法。这虽是李氏一家的体制，却具有广泛的适应性和影响。它在具体方法上保证了对自然美的发现、捕捉和创造。从美术史说，这是历来最详尽的写生论，比近百年来其他强调写生的画家，也要求得更具体严格。说李可染"解决了写生问题"，主要不是指对写生的认识，而是指写生的一系列经验、原则、方式和方法。

第三，他总结了一套发现新的自然美的观察方式。

不断发现新的自然美，本是中国绘画的传统。明清以来的许多画家，在临古中陷得太深，即便行路写生，也总用固定程式死套鲜活的自然生命，而不能以新鲜感受去充实、修改前人的程式。李可染把这种现象称为"主从倒置"。他认为造化自然"比传统大得多"，主张画家"对客观世界抱一个小学生的态度"，虔诚以求。要求在观察时把自己视作一个"外星球"的人，"初次见到自然界，充满新鲜感觉。"又说："观察自然最怕两点：一是常识，一是成见。"只靠"常识"就停留在一般人的水平，有"成见"甚至连常人看到的也看不到。艺术家必须"看到一般人看不见的，要发现过去没有发现的美"。

具体说，他的观察方式有如下特点，

其一，观察与写生一体。先深入研究对象，然后写生，在写生中把观察深化。1954 年他去黄山，一住二个月，观察研究黄山在不同时间、气候、光线下的变化，并把看、画、写结合为一。他发现，晨、暮、雨、雾中的黄山比白日、晴天中的黄山有诗意。由此奠定了他后来画山水的时间与气候特性，以及以朦胧为特色的风格。

其二，静观、精心、耐心。他常对学生说，"万物静观皆自得"，只有把心沉下来，静下来，暂时忘却画外的一切，只有心与自然的交流，才能有所发现。精心、耐心和静观是一致的，与粗糙、草率是对立的。"写生的第一课是定下心来""要把全部精力贯注于画中""大天才用笨功夫"（《颐和园写生谈》），这些话很有针对性。50 年代以来，画家总是不能静心观察思考，不能进入"物我两忘"的境界。创作如此，写生观察往往也如此。

其三，放下从临摹中得来的一套框框，独立观察，创造性地观察，发现些前人所未发现的东西。比如，前人山水画中，大多近处用重墨重色，远处用淡墨淡色，李可染在观察中发现，有时候是近景亮而淡，远景，背景反而暗而重深。由此他悟出画逆光的道理，常以"近淡远重"的方法表现空间，别具一格。当然，完全不带框框，不受前人影响的观察认识是不存在的。人们总是在一定的文化积累、文化传承和文化模式的前提下观察、认识事物的。发现和创造，一是对前人的经验作新的综合，二是在某一点上突破前人规范，给某种文化模式、视觉模式增加若干新因素。李可染一方面从范宽、李唐、王蒙、石谿、龚贤、黄宾虹、齐白石等前人手中找到了某种图式和方法，作了一定程度的新综合，一方面从切身观察中得到许多新经验、新发现。这使他的观察有很高的文化起点，相对稳定的方向与范畴，又富于挑战性、进取性和发现性。

（2）不脱离生动的感受性

摹仿复古的作品，由于缺乏直观的感受，只是重复别人，几乎不能避免枯燥、单调和千篇一律。画家注意的只是"体""法"，远离了自然的生动和具体，技巧再高、再完备，也画不出生命的活力。李可染说："所谓万体皆备，实际上也就斩杀了一切的生机。"即指此。

以写生为基础的李可染山水，全然是另一种面貌：不脱离生动的直观，不丢却从自然中得来的新鲜感和具体性。为了这一点，他抛弃了古代山水画的种种程式——各类勾斫法、皴法、描法、构图法等。"把临摹前人得来的一套方法放下，从对象中挖掘新方法"，他确定的这条原则为摆脱陈旧和僵化找到了新路，但做起来，又谈何容易！

首先遇到的一大难题是形式语言。新鲜感用怎样的语言表现出来？老的语言高度程式化，和旧的趣味联系在一起，西方的语言（如素描与光色法）能获得描绘的真实性与具体性，但又缺乏中国特色。这一矛盾最尖锐地集中在形象的真实性与笔墨形式的关系上。徐悲鸿为此做过巨大的努力，但他获得了前者，未能充分获得后者。一些由传统临摹出身的画家也做过尝试，但他们尚未获得前者，又急忙退到了后者的位置。李可染学过西画，水彩和素描画得很出色，又在传统笔墨上下过多年的功夫，这使他具备了比上述两者更全面的语言能力。"折中中西"的口号早就提出来了，但进行"折中"实验的画家如岭南派的高剑父、高奇峰，终因中西的根底都不足而未能在较高的水准上把西方的写实性和中国的写意性、造型的严谨与笔墨的韵致统一起来。李可染总结了他们的经验教训，重新起步，并确定了一个目标："笔墨痕迹与自然对象紧密结合，笔墨痕迹化为描写对象，味道必须在准确、结实的基础上去寻求。"（《李可染论艺术》）这是对文人绘画、新派国画笔墨与形象分离倾向的矫正。他在写生期曾特别致力于对这一目标的追求。在《黑入太阴意蕴深》一文中，我把李可染在笔墨形式上的特点和成就归纳为四个方面："力与美的统一""笔墨与意象的统一"，"具体与抽象的统一""笔墨过程和表现意蕴的统一"。其中第二点"笔墨与意象的统一"即上述目标的体现。文章特别指明："李可染不同于徐悲鸿或徐氏学派的地方是，他并不拘守于形的惟妙惟肖，而是把重点放在重新发掘被文人写意所渐渐忽略了的对象的具体性、丰富性上。传统绘画追求稚拙、清隽儒雅乃至金石般凝重一类笔墨意趣的特色，他并没有抛弃，乃是力求把这些形式趣味与活生生的真实形象融为一体。"

在写生作品中，李可染更多强调了描绘的具体与丰富，包括物象（山、石、林木、云、水等）的形似、质感、空间层次，都极力求真、求实、求细微。这在 1956、1957 年的写生中体现得尤为充分。他曾说，写生要像榨油一样，一点一点地把对象中美的东西全"榨出来"。又说："对大自然，首先应该是忠实她，但是还要补充她、美化她。""要约束自己的手和对象结合"，"要丰富、丰富、丰富……"（《李可染论艺术》）像《千年银杏树》（1957 年）《凌云山顶》（1956 年）那样描绘具体、精微的作品，是历代

中国收藏
拍卖年鉴
2021

CHINESE FINE ART &
ANTIQUES AUCTION
YEARBOOK 2021

千岩竞秀万壑争流图 李可染 立轴设色纸本 180cm×97cm 1978 年作

传统绘画中罕见的。直观的感受总是丰富而生动的，写生作品的生动丰富，是李可染山水画生动感人特色的集中体现。在 60 年代以后的画室创作中，李可染逐渐强调笔墨的相对独立性，强调画面整体的单纯和统一，以模糊为特征的抽象因素增多，作为画家精神表象的个性风格被强化，而描绘的具体性、丰富性相对地减弱了。从某种程度说，形象的生动性——如风的摇动，对象形质的个性等，也减弱了。但在总体上，他的艺术升华了：层次变得深厚，笔墨变得精纯，境界变得幽深，内涵愈加充实。积墨与泼墨在更高的程度上结合起来，用笔的力度和韵味得到了更好的把握，干、湿、浓、淡、轻、重、疾、徐，光、涩、巧、拙种种变化，被纳入更加个性化的节律之中。概言之，一切都趋向规范，但并未失去感受的生动与丰富。所不同的，是比写生作品趋于含蓄，把对时间性的表现集中于夏、秋和晨、暮，把对气候的表现集中于云雾烟雨，作品给人的感觉，总是润泽的，充满南方气息，草木葱茏，苍翠欲滴。和黄宾虹的作品比较，可以看出，黄宾虹喜干笔，一笔笔写出，书法性很强；李可染喜湿笔，笔线的书法性隐含在形象特征里。一个侧重笔墨形式自身的意味，一个强调对自然的大感觉与印象。李可染的作品具有更明显的亲切感、贴近感，即源于此。

对于各种造型因素，李可染重视"似"的成分，即与直观感受的相似性。如画树，他从不用"个"字点、"介"字点、勾圈、勾三角等符号化的旧法，而是根据树干、树叶的真实形状加以描绘，使其接近直观感觉的真实。画山石，他也从不用斧劈皴、披麻皴、乱云皴、鬼面皴之类，而尽力根据石质的结构特征决定笔法，以求画法与感觉的一致。"首先要抓住对象的感觉，再考虑用什么样的笔墨。笔墨是活的，是自然美和笔墨的统一。"（《桂林写生教学笔录》）

对于空间关系，李可染十分强调三度纵深感，重视层次处理，不大强调平面分割，力求变装饰性为真实感。他常描绘多重山峦，以及山、树、房屋的层层重叠，用墨的浓淡、显晦，透视的远近和笔法、色彩的变化，现出空间的次第和物象间的错杂交互，给人以身临其境之感。他常说，"山水画一落笔就是空间"，"山水、房舍、船等应该向深处发展"，"层次最难，因为山水画往往要表现几十里的空间……这个问题许多老国画家也没有解决"。对空间问题，无论古代、现代，西方、中国，都有不同的理解，但大体分两类，一类求三度空间的幻感；一类讲究在二维平面上的分割。传统中国绘画和西方现代绘画大致属于后一类，西方近代写实绘画大致属于前者。李可染对空间和层次的强调，与他对写实主义绘画的借鉴有些关系，这使其山水画在空间结构上切近了直观感觉，即对三维空间的一般视觉幻感。

光，往往最敏锐地反应着视觉感受的生动性。传统绘画对光采取中性的态度：要阴阳凹凸，不要固定光源下的明暗调子，基本不画阴影，也不把明暗作为造型的主

中国收藏
拍卖年鉴
2021

CHINESE FINE ART &
ANTIQUES AUCTION
YEARBOOK 2021

要手段。一般把中国绘画对光的处理称为"平光"。这种平光处理，有如京剧演白昼夜晚，一律用等量的光那样，易于突出对象（演员）的形体、姿态和表情，不易于表现对象所处的时间状态，以及对象在特殊的时间境遇中显示的特殊情状和情调。在这点上，西方印象主义和写实主义绘画有突出的优长。李可染由水画基本不接受西方光色和明暗调子的画法，但突出地应用并改造了逆光表现。新国画用逆光，最早的成功典型是李可染的老师林风眠。李可染或许从林风眠的作品得到了启示，但主要源自写生观察和他的西画修养。林风眠主要以色调刻画逆光，李可染基本以墨色刻画逆光。"他不甚在总体上求取中西融和，而是将光、色引入本色传统的山水画，使它成为传统山水的一种新的生命因素而又毫不影响整体上的民族风神"（《黑入太阴意蕴深》），具体办法大多是把光、色画在前面显眼之处，把墨色画在背景的位置，造成近亮远暗、前边浅后边深的逆光效果。他最喜用此法画山林：整个山林都是墨韵变幻的世界，深厚、丰富、凝重，中景或远景的几棵树，突然十分明亮有时是晨光，有时是余晖，有时说不清是什么光，把树枝树叶及树的层次照得十分清楚，将树的生动姿态、鲜艳色彩全部呈现出来。他说："最清楚、明亮的地方应是最精彩的地方。"这地方往往是逆光表现之处。有逆光感，但不强调造成逆光的光源，于是，他的山水逆光，随时随处都可以出现，以表现气氛与情调，空灵和重深。流光徘徊，更衬出黑色意象内含的生命律动感，以及画家情感的起伏隐显。

一般说来，重视表现对象的感性特征和直观感受，就可能相对弱于情思与想象。李可染山水画，总的看，想象性不强，心理意识投入也比较隐含，与感受性和真实性的追求相一致。当然，他的直感描绘也寓寄着深情，这深情的特色是，生命充实感，身心融于自然的喜悦，民族自豪情怀，和难以言述的心理文化意蕴。他没有文人艺术家常有的感时伤怀、忧患和超脱，也极少攀附政治的矫情饰意（这在 20 世纪 50 至 70 年代是很常见的）。他不好哲思，也不恣纵旷达，没有八大山人式的生命痛苦的投射和暗喻，也没有晚年石鲁式的郁愤悲狂。他总是平静的，亲近自然的，高山峻岭和长松巨植首先是自然美，唤起壮丽、雄伟诸种美感，绝不是象征符号。传统山水画，有亲近自然但又略感自然的神秘，而主观意识不特别显化出的，以北宋山水画为代表；有远离自然的感性特征，强调形式风格，并在笔墨中涵容学养与个性的，以董其昌山水作品为代表；有不放松笔墨但更重视造型，重视以造型和笔墨显化人格精神的，以倪云林作品为代表；有相对重视感性描绘，重视以山水形象和笔墨抒写性灵的，以石涛山水画为代表。李可染的作品，与董其昌型、倪云林型距离很远，与北宋型、石涛型有相近之处但也不同。他把感性描绘的地位空前提高，在求取生动性、丰富性、直感性的同时凝聚意象，渗透意蕴，并力求个性与时代感的一致。其特色、得失和与相应文化背景的关系，是大可研究的。

（3）三个时期

李可染的山水画，经历了三个时期的演变，这就是：①钻研传统期（1953年前），②写生探索期（1954至1960年），③整合升华期（1961至1989年）。

①钻研传统期

李可染13岁始学山水，启蒙老师钱食芝是学王石谷一派的。16岁后，曾入上海美专师范科，学中西画；22至24岁入杭州艺专学油画与素描，并自修中国画。其后，曾教书、参加抗日工作，作宣传画。到1942年，才集中精力钻研中国画，大量画水墨人物，山水和牛，兼作素描、水彩。1947年，投师齐白石、黄宾虹。

目前能看到的李可染早期山水，是1943年到1953年间的一些作品。这些作品可分为两类，一类多摹仿古代大家，另一类自出胸臆，但形式语言仍延续传统，或有所综合提炼，掺入个性，并不超出古典规范。在摹仿类作品中，有拟八大山人与石涛的，有近于王原祁、黄公望的，有略似齐白石的。其中，以八大和石涛的影响为大。他学八大的作品，置景疏简，格调冷逸，多用淡墨，有一种空灵清华之气，可谓形神俱似。李可染曾说，他用很长时间研究八大的画，并由八大认识到董其昌用墨的精纯。他的《仿石涛八大》一画，用笔雄阔，多侧锋，含石涛之豪放，八大之荒寒，粗头乱服，自成一格。石涛与八大在笔意和气质上迥然不同，李可染能将二者融于一，显示出他的综合能力——这种能力，是艺术家极可贵的品质与修养。20世纪40年代的重庆，聚集着许多经历了"五四"新文化运动的学者、艺术家。他们曾倡导或感染过痛斥复古、提倡革新创造的"五四"精神。抑"四王"而崇石涛、八大，曾是"五四"时期和20世纪30年代流行于美术界的思潮。李可染的好友博抱石，在画界颇有影响的张大千等，都是石涛、八大的推崇者。在这样的文化氛围中，李可染较多的研究石涛、八大，是自然的事。

另一类综合诸家，自出胸臆的作品，有《放鹤亭》（1945）《园林初雨》（1946）《笼烟杨柳》（1946）、《三峡风雨》（约1947）等。它们的特点是，多泼墨，构图空疏，用笔放纵，随意性较强，大体沿用古代写意山水的造型与笔墨程式。有的源自真实的印象，如《三峡风雨》，有的则意从己出，表达画家的性情和修养，如《放鹤亭》等。总起来说，20世纪40年代的山水画，放逸、活泼、充满灵动，善于摹仿并综合各种传统画法，洋溢着才华和聪敏，与后来人们看到的李可染山水画大不相同。

这一时期，有一个巨大的潜在因素影响了李可染，就是齐白石和黄宾虹。齐白石以创造性著名，黄宾虹则集笔墨传统之大成。一个来自民间，融雅俗为一；一个本是学者，兼深厚修养与精湛技巧于一身。他们对李可染的山水画产生了极深刻的作用，

看山图 李可染 镜心 设色纸本 70cm×59cm 1964 年作

但这作用显示在他的第二、三阶段：20 世纪 50 年代中至 80 年代末。获益于齐白石的主要有三方面：一是求内力，以慢笔为特色的笔墨；二是形象与笔墨统一的原则；三是远离士大夫情调，用明快有力的语言表现欣快情绪的追求。从黄宾虹那里学到的，主要有两点：一是笔墨理论和鉴赏力；二是积墨法。如果说在 1947 年前，李可染独自徜徉于前人墨迹，拜师齐、黄后，就开始沿着大师的足迹，相对定向地追求传统。这是一个十分重要的变化。

　　②写生探索期

　　从 1954 至 1960 年间，李可染全力投入写生。大规模的有四次：1954 年的江、浙、皖写生，1956 年的江、浙、川、陕写生，1957 年的访德写生，1959 年的桂林、阳朔写生。他把写生作为改造旧山水画，从传统中"打出来"的探索途径。写生的原则和方法，一如前述。

从作品看，李可染的写生有三个明显的阶段：1954 年、1956 年，1957 年。三个阶段逐次升华，距离十分清楚，变化是飞跃性的。

1954 年的写生，以《天都峰》《芦茨溪》《雨亦奇》《拙政园》等为代表。它们的共同特色是：放弃了曾熟练掌握的一套程式化技巧，如快速的线描，大片的山石、树木、房屋的造型模式等，面对真山真水作探索性描绘。没骨法、勾勒法和水彩画法同时参用，强调造型的真似、空间的层次，未能较多顾及笔墨，技巧似乎不熟了，情感也难以充分放开。但这是一次突破性的尝试。当年秋天于北海举行的李可染、张停、罗铭写生联展，引起了国画界的很大震惊。革新者欢呼支持，守成者摇头否定。李可染刻了两方印章作为回答："可贵者胆""所要者魂"。

1956 年，李可染连续画了八个月，风餐露宿，万里跋涉，作画二百余幅。这次写生，他更注意挑选有时代感和生活气息、前人未曾画过的景观，如城市、街道、新建筑、公园、村落等，扫除了荒寒、孤寂、超然之境，真实再现一个现代人眼中的世界。代表作有《无锡梅园》《灵隐寺两亭》《巫峡百步梯》《嘉定大佛》《重庆临江门》等。这批写生作品，继续沿着求真、求实、求新方法的路探索，比 1954 年的作品完整：技巧相对熟练了，笔墨层次增加，突出强调观察导描绘的具体性和丰富性。没有浪漫情调，有的只是实景的细致刻画，对景观本身特征的关注，和把握局部与整体关系的努力。逆光表现开始出现（如《重庆临江门》），意境和情调受到更多的注意。在总效果上，这些作品以多、满、繁、厚为共同点，八大式的疏简已被抛到九霄云外。充实之美：实在、茂密、浑厚，成为新风格的契机。

1957 年的访德写生，是李可染写生探索的高峰。其特色是：一是用墨多，黑色主调空前突出了；二是画面景物组织得更好，更有整体感、更单纯了；三是笔墨更考究而自如，既苍又润，有力而美，变化多，风格统一；四是主要物象醒目，空间节奏鲜明；五是光的表现出神入化。代表作有《魏玛大桥》《歌德写作小屋》《麦森教堂》《森林旅馆》《磨房》《德累斯顿暮色》等。这批访德作品之所以极为成功，比 1956 年的作品高出一截，基本原因是：前几年积累了很多经验；异国景色唤起了画家的新鲜感，调动了他的注意力和情绪；这一年他正好 50 岁，精力充沛，自信心极强；最后一点是：有激情，技巧精熟。

德国写生中，最精彩的是建筑描绘。用水墨画西方建筑（及其他各种建筑），是一个新课题。李可染一入手就不同凡响，与他的素描和笔墨功底深厚，敏锐的视觉观察力和感受力分不开。神圣、庄严而神秘的麦森教堂，亲切、幽静而造型别致的歌德小屋，被一束强烈的暖光照亮的古磨房；在苍茫暮色中逆光矗立的德累斯顿建筑群，以及在晦暗、动荡的墨色里显出深沉、理性又略带狂热的德国中古建筑性格，都给观者难以忘怀的印象。

③整合升华期

1960 年后，李可染仍有写生活动，但总体上由对景写生转为画室创作。他说："传统已经看遍了，山水也都看遍了，画画的时候什么都不用看，白纸对青天，胸中丘壑，笔底烟霞。"这和写生时期的思维状态与工作方式大不相同了。但这种境界的出现，也经历了一个艰苦的过程，李可染把它称之为"难关"的"突破"。

从 20 世纪 60 年代初至 80 年代末，李可染的山水创作可分为三个小阶段，合起来为一个时期：整合升华期。"整合"是借来的词，意为综合，加工，再造，把不同时间、不同形质、不同背景下的视觉材料和意识材料铸成统一的、具有新质的东西。"升华"指艺术质量与格调的飞跃性提高。李可染最后30年的作品，是一步步整合、提高，升华、成熟，更加富于内蕴性和精神性了。

1960 至 1966 年，可称为整合升华期的第一小段。这一段的特色是，逐渐摆脱写生状态，尽量把写实描绘变为抒情性的写意表现，把写生稿、写生印象综合加工，变出一个新貌。如 1961 年的《人在万点梅花中》，就是"以无锡梅园之梅，植之苏州拙政园中"（自题），实际是把 1954 年的《拙政园》和 1956 年的《梅园》两幅写生，组合再造。想象羽翅初张，情感也相对自由地驰骋了，笔墨的表现力也大大被强化。这是一个个别的例子。更多的情况是，并不参照写生，而只凭记忆、印象乃至想象构图创造。它引起的变化是：风格性大大突出，画面空前统一，物象减少而笔墨韵味得到加强。最有趣的比较是两幅《谐趣园》：1957 年的写生和 1963 年的创作。构图大致相同，前者在取景、着色、状物上都近于实景，后者则简化了景物；色彩和形象前者真似，后者作了陌生化处理；前者色彩为主角，后者墨为主角。概言之，1957 年的写生之似升华为 1963 年的"不似之似"，笔墨韵味也醇厚多了。

"文革"十年（1966 至 1976）为第二小段。其中约有六年，画家住"牛棚"，下干校，探索中断。1971 年，才由湖北返京为饭店作画。这些画有"政治任务"的背景，画家余悸未消，心和手还有无形的绳索束缚着。主要题材是桂林山水、井冈山、水田等，且多巨幛大幅，是李可染未曾画过的。风格上，仍求充实丰满，仍以黑色调为主，仍多用积墨画法。1974 年"批黑画"运动，有人指责他不画"江山多娇"，画"江山多黑"，年近七旬的李可染精神高度紧张，一度患病失语。总的说，这一阶段的作品比较拘谨，以庄严为基调，常用"六亿舜尧力胜天""革命摇篮"一类带有政治色彩的题目。

1977 年至 1989 年逝世，是李可染升华期的第三小段。老画家晚年迈入新的历史时期。他一生最精彩的作品，多出自这 12 年。代表性作品，有《空濛漓江》《襟江阁》《水墨胜处色无功》《茂林清暑图》《水墨山水》《夕阳无限好》等。这一阶段，李可染沿着两条路径发展：一条强调理性作用，强调设计经营，以严谨为特色；另一条是相对强调随机、随意，强调情感和深层无意识心理的作用，画家性格中的另一面：豪放和超逸，又渐渐有所复苏。后一种路径、心态和方法，标志着李可染正走向一个新转折和新高峰。

艺术创造的最高境界是"心手相一，物我两忘"，即所谓"化境"，"高峰体验"之境。只有在这种情境里，画家才摆脱了外界与自我的压力，才最大限度地驱走了"抑制、谨小慎微、畏惧、疑虑、控制、自责"，与对象融为一体，达到创作所需要的充分的自发性、纯真性，以及"自己独一无二的个性或特质的顶点"。（马斯洛：《自我实现的人》）李可染是一位重理性、功力和经营的艺术家，尤其在写生时期，为了改造程式化的旧山水，他强调研究自然，强调"结实的造型"，强调"如经意之极"和"千方百计的设计"。他作画，总是处于高度紧张中，如他自己形容的"在枪林弹雨中"。这和上述"物我两忘"的"高峰体验"状态有距离，在一定程度上约束了他的创造力的充分发挥。但李可染原本有天资超迈的一面，这在他早年作品尤其是水墨写意人物中有较多流溢。依照一般心理规律，艺术家晚年如若复归天真，艺术上转向自由随机，可能升华到创作的巅峰状态，如齐白石、黄宾虹晚岁那样。70 岁以后的李可染，曾意识到"精神上的自由状态"之重要，他的随机一路的作品，也随着时光的推移，出现的愈来愈多，愈来愈精彩、完美。他在 1988 年题《水墨山水》中说自己经过 60 余载的朝研夕磨，"晚岁信手涂抹，竟能苍劲腴润，腕底生辉"。从 1981 年的《水墨胜处色无功》、1982 年的《茂林清暑图》，和更晚的《黄昏待月明》《雨后夕阳》《桂林月牙山》《云横岭外千层树》《峡江轻舟》《山林之歌》《夕阳无限好》等，可以清楚地看出他的新步伐：平面性增强，笔墨的独立性凸现出来，写意性扩张，抽象因素变多，内蕴也更加丰富。上帝如果给李可染将这一思路、笔路充分展开的时光，他可能会登上一个新的辉煌的峰顶。

（4）风格与格调

李可染山水画的风格，以"深秀谨密"四字概括为宜。深秀——深厚、深邃、茂密而秀润。不待说，它不同于沉雄、奇崛、高古、冲和、澹逸、豪放、粗犷、诡异、神秘。这深秀涵括着自然对象的特征。李可染虽是苏北人，却曾长期生活在江南和巴蜀。他的写生足迹，也多限于南国。湿润青翠、嘉木繁荫的南方山水才能给画家以深幽秀丽之感，干燥寒冷的北地山川，或者浑雄，或者荒阔，是难以有深秀之感的。

艺术史反复证明了环境气候对风格的影响：不仅影响作品，也影响作者的心理个性。西方绘画史上北欧与南欧的不同，中国绘画史上南派与北派的差异，都直接导源于环境这个客体。

当然，南方景观不只深秀，它同时还具有明媚、妍丽、秀巧、玲珑诸特色。都是以南方山水为对象，傅抱石等就另是一番风貌。这和画家的选择有关。李可染的选择是"大和多"，"感觉大，东西多"。他提出"珍惜空白"的口号，以求画满、画多，画出丰富性，这就导致风格上的深厚、深幽、深邃诸种"深"的特质。李可染还要求画面的单纯和统一，即整体感强。南方景色在整体上是秀丽的、秀润的，把握了单纯性、整体性，必然要拈出一个"秀"字来。

深秀也涵括着李可染对水墨性格、水墨情调的独特理解与把握。李可染山水画的最大特点之一是喜用墨——墨色浓重，以黑色为主调。在他的笔下，黑白的水墨世界就是生命世界，一片黑色可以千变万化，生灭聚散，沛为雨露，轰为雷鸣。他的黑色不是枯干生涩的，而是滋润明亮的。古人说"高墨犹绿"，他的黑墨色犹如苍苍翠薇，深而秀，灵而动，涵容着全部自然的美和心源感应。这出自画家对传统水墨的理解，出自他对水墨意境和意匠的把握方式和习惯。由于深秀的黑色调使作品较远地拉开了和自然对象的距离，抽象的因素增加了，观者欣赏过程中的陌生化效果增强了，寓于笔墨积染中的意蕴因素在高度净化的视觉形式中显化出来。这结果，是增强了作品的形式感和精神性，提高了它的格调与品位。因此，像《茂林清暑图》这样风格深秀的水墨作品，才代表了李可染山水画的最高水准（参见《黑入太阴意蕴深》，《文艺研究》1986 年第 3 期）。李可染喜欢石涛的名言"墨团团里黑团团，墨黑丛中天地宽"，并一再书写，正表明他对黑色深秀境界的钟情与领悟。

李可染山水画的深秀还打着他性情的烙印。所谓"风格是人"，包括人的性格，他对世界的特殊态度。具体言之，这种深秀总给人以亲和感和朴质感，不是深不可测，亦非秀媚轻柔。深不可测通向神秘，使自然形象产生一种超人的威慑力，让人惊叹、畏惧，给欣赏带来痛感。秀润一旦成为柔媚秀软，立刻就有市井脂粉气，就缺乏力度，不大气了。李可染山水画没有向这两方面倾斜，其根源在他的情性和思想——深刻但很和易，从不逐险，不相信宗教的神秘。朴实、沉稳，喜欢充沛和宏大，绝不与柔靡、小巧为伍。哲人说艺术风格曲折地表现着人对世界的态度和把握方式，从李可染山水画，正可以得到证实。

李可染所崇敬的画家范宽、李唐、王蒙、高克恭、石谿、龚贤、黄宾虹，都以浑厚、雄奇为基本特色，他不免有所借鉴。不过，李可染的深而秀，是范、李、王所没有的，他们的刚硬，李可染也未取。黄宾虹对"昏黑中见层层深厚"的夜山刻画对李可染的影响很大，但黄宾虹的笔线波磔，于粗头乱服中见韵致的特色，在李可染山水中也找不见。白石老人风格上的稚拙、刚健和朴茂对李可染的笔墨性格有所影响，但在总体风格上，彼此几乎不相及。

我曾以刘熙载《艺概》中"博如、奥如、蔼如"六字形容李可染山水画的风格。博如指宏大而广阔，奥如指深邃而幽冥。这与李可染山水所揭示的自然的无限，生生不息乃至永恒感有关。蔼如，指亲切、和谐，内含宁静的微笑，可以交流"对话"。从大的方面说，这也是一种民族特色，即不只源自他个人的气质个性和审美经验，"也植根于深层民族心理意识结构，是与民族审美心理源远流长的潜流汇合在一起的"。（《黑入太阴意蕴深》）谨密，是李氏山水的另一特征。谨密，指画风严谨、结构严密。李可染作画写字，都以严肃认真、一丝不苟著名。他在教学中，最不容忍的就是潦草，认为潦草是艺术的大敌。他作画，向来不笔飞墨喷，纵放不拘。他说自己是困而知之，是"苦学派"，也包含着严谨这一层意思。他和傅抱石是好友，但傅抱石豪放恣纵，常酒后握管，李可染则谨慎稳重，总是理智地对待一切。李可染也非常聪敏，有很高的悟性，富于情感，但都不外露，全然和严谨、沉稳统一着。他作画，一向强调意匠经营，强调设计，说"苦心经营是艺术家的良心所在"，"要设计，设计后要大胆地画"，这种严谨、经意的态度必然会影响到他的艺术风格，那就是严谨、设计的因素多，活泼、随机的因素少，理性的成分重而无意识的成分轻，必然的东西强而偶然的东西弱。正如前面已经说过的，这是李可染的优长——有助于深入、精微；但也是一种不足——尚未达到完全自由的、"解衣般礴"的境地，他性格气质中的俊逸、机敏、潇洒一面还被压抑着、遮蔽着，未能转化成相应的风格因素。严谨的特色至20世纪80年代明显地有所松动，笔墨逐渐从严格的形似中游离出来，深秀谨密开始变为深秀灵动，风格的转化自然而舒缓地进行着。

与风格紧密相连的是格调。"如果说风格是艺术家把握世界的一种态度和方式，格调就是对这种态度和把握方式的价值判断。人们可以勉强说风格各有千秋，却必须承认格调有高下。或言之，格调是透过形式风格折射出来的艺术趣味的等级形态，其根源则是一种人格价值和品位——寓于美中的真善程度和形式化的精神品位。在中国画艺术里，格调是判定雅俗优劣和最终价值的根本尺度。"（参见《寄至味于淡泊》，《美术家》总79期）李可染的山水画，由于靠近了感性的真实，相对重视形似和描绘的具体性，有雅俗共赏的一面，这在20世纪50年代以来的画家中是常见的、带有时代共性的特色。但李可染的黑色主调和寓于黑色变幻中的丰富意象，画面结构的高度单纯性，境界的宁静和含蓄，又标志了它的高格调。不迎合流行趣味，始终保持着自己独立的追求，全身心地浸乎自然，和一般的大众口味拉开相当的距离，这样的追求发生在大众水墨（或曰水墨通俗化）风行的背景中，是十分不易的。20 世纪 60 年代对李可染"如此多黑"的批评，从反面证实了他这一追求的艰巨性，20 世纪 80 年代的李氏山水所获得的崇高地位，从正面证实了这一追求的合理性和辉煌成果。

2. 艺术市场分析

李可染（1907—1989），江苏徐州人，是中国近现代著名画家，美术教育家。他精于写意山水、花鸟、人物，兼工书法。李可染本着对中国传统艺术"用最大功力打进去，用最大勇气打出来"的宏愿，坚持"中体西用"，致力于中国画的改革和复兴。李可染的作品气象沉雄博大，韵致幽深，在题材、构图、笔墨、意境等方面均取得了创造性的突破。本文以李可染相关学术研究为重要依据，以近十四年来的拍卖市场大数据为研究基础，从市场经济的视角全面分析李可染艺术作品的市场价值与近年来艺术市场真实的变化趋势。

自 2010 年始，李可染的作品开始创建突破亿元的拍卖成交纪录，在近现代中国画板块备受瞩目，市场不断释放潜在的活力。从高价拍品来看，2010 年中国嘉德秋拍"长征——大师们的笔墨征途"专场中，李可染的《长征》以 1.07 亿元人民币成交，不仅创下了"红色经典"美术作品的拍卖纪录，而且打破了当年春拍张大千《爱痕湖》以 1.01 亿元人民币创下的中国近现代书画拍卖纪录。自此，李可染作品的二级市场不断涌现过亿元拍品，根据易拍全球研究院的大数据统计显示，截止到 2020 年 12 月，成交价在亿元以上的李可染作品共 10 件（套），其中在 2012 年 6 月 13 日以 2.93 亿元成交的《万山红遍》，创目前李可染最高书画成交记录。2014 年是李可染 100 周年诞辰，该年举办了多场李可染书画艺术创作的展览与研讨会，其中以在中国美术馆举办的"世纪可染——李可染诞辰百年纪念活动"为代表，从学术层面上全面地梳理了李可染的艺术成就。2014 年之后，二级市场上成交价过亿元的李可染作品集中涌现，拍品质量不断提升，市场逐渐回归理性。在学术研究日益精深与市场表现日益活跃的双重背景之下，跟进对李可染艺术市场的研究恰逢其时。

（1）李可染书画全球市场指数分析

李可染书画价格指数近十四年的均值为 240 点，与中国书画全球价格指数均值 233 点相比高出 7 个点；与中国近现代书画全球价格指数均值 234 点相比高出 6 个点；与 2007 年基期对比，李可染书画价格指数涨幅显著。李可染书画价格指数的走势曲线总体呈前期波动上升、后期理性回归的趋势，阶段性特征明显。十四年来，李可染书画价格指数于 2014 年达到最高点，比最低值（2007 年 100 点）高出 253 个点，说明李可染书画作品市场近十四年来潜力得到逐步深掘，行情在调整中趋稳向好。

2014 年之后，李可染作品的二级市场逐渐趋于谨慎回落，2018 年随着全球经济不确定因素增加的外部影响，以及此前几年数件（套）精品"熟货"均已纷纷现市，并赢得了良好的市场反应，该年在精品暂时缺位于拍场的情形之下，李可染书画价格指数随市做出新的调整，于 2018 年跌至 267 点，此后李可染书画价格指数不断下探，于 2020 年跌破价格指数平均值至 220 点。

李可染书画价格指数

李可染书画价格指数与中国书画价格指数走势和中国近现代书画价格指数走势总体较为一致。十四年以来，李可染书画价格指数总体经历了三次指数峰值，分别是 2011 年、2014 年、2016 年，以上三年也与中国文物艺术品市场发展的三个发力点时间大致吻合。纵观李可染书画价格指数发展经历大致分为三个阶段：

①蓄力增长期（2007 年至 2011 年）：2007 年，受国际金融危机影响，全球文物艺术品拍卖市场连续剧烈下跌，反观中国书画全球价格指数和中国近现代书画全球价格指数的走势，其价格水平并未受到明显干扰，李可染书画价格指数亦表现出类似特征。在经历了 2007 年至 2009 年三年的平稳蓄力后，于 2010 年开始，李可染书画价格指数出现了跳跃式增长发展。此阶段内诞生了李可染拍卖市场的首次过千万的作品《清漓胜境图》，该作于 2007 年 6 月在北京翰海拍卖有限公司拍出 1034 万元的高价，刷新了以往李可染书画的拍卖纪录，成就了李可染作品价格由百万元到千万元的跨越。2010 年与 2011 年，是市场集中涌现李可染上千万级别精品佳作的重要年份，2010 年二级市场共成交李可染过千万作品 8 件（套），以 1.07 亿元成交的《长征》领衔；2011 年二级市场共成交李可染过千万作品 8 件（套），以 3737 万元成交的《山岚松云》为代表。该阶段李可染书画价格指数的猛增与这一时段内精品的集中释出有关，在投资群体经历了全球经济危机之后将投资目光逐渐转移到溢价空间大、回报率高

的近现代书画市场。

②高位发展期（2011年至2015年）：上一阶段精品的不断涌现为李可染书画市场的高价位发展奠定了坚实的基础，2012年经历了短暂的市场冷却后，连续两年以较高幅度上升，并于2014年出现了第二个价格指数峰值。2013年至2014年李可染书画价格指数分别高出其价格平均指数102个点与113个点，表明该时期内市场氛围高涨。这一时期内，李可染上千万成交的作品为21件（套），同比上一阶段增长5件(套)。2014年至2015年较比此前两年呈下行趋势，但总体上仍处于高位发展阶段，价格指数均高于平均值。

③理性调整期（2015年至2020年）：伴随着中国文物艺术品市场进入理性调整期，受到经济环境和资金不稳定情况的影响，此时李可染书画市场的成交量和成交额出现较大幅度的调整，尤其是近三年其价格指数下浮发展趋势较为明显，最高点（2016年的308点）与最低点（2020年的220点）相差88个点。2020年的价格指数低于平均价格指数20个点，为自2010年以来的最低值。总体来看，2015年至今，李可染书画市场基本处于逐步回落的深度调整阶段，李可染书画价格指数在经历了自2017年以来由高走低的波动以后，在未来，李可染书画的价格将迎来持续性调整，逐渐向稳健态势发展。

李可染书画溢价指数

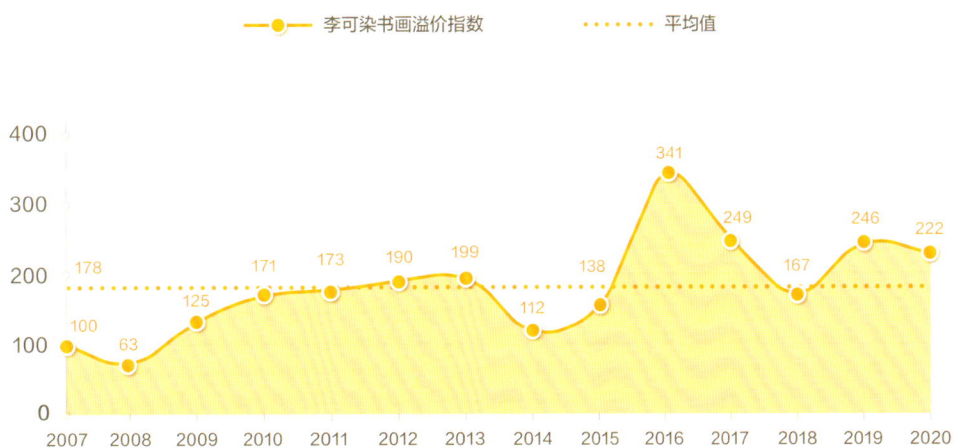

李可染书画作品价格近十四年来溢价指数均值为178点，高于基期78个点，与中国书画全球溢价指数平均值趋同，仅高出1个点，同时低于中国近现代书画全球溢价指数平均值10个点。从李可染书画溢价指数的曲线走势上看，基本符合中国近现代书画溢价指数的走势，但局部波动较为明显，2016年最高点与2008年最低点相差

278 个点。李可染书画溢价指数近十四年来的走势经历了两个阶段，分别是：2007 年至 2014 年的高速发展期，世界经济历经 2008 年金融危机之后开始出现好转，李可染书画溢价指数从基期持续向上攀升，并于 2013 年到达第一个峰值，此为第一阶段。该阶段中国文物艺术品市场中金融资本的大量涌入和市场需求的不断膨胀，致使中国书画价格水平大幅快速上涨，李可染书画作品也随之"水涨船高"，价值千万元的作品开始成交。该阶段后期艺术市场开始大力整顿，市场需求骤然下降的影响，入市资本逐步收紧，造成溢价走势总体呈现由高走低的态势，购藏愈加理性。2014 年至今是李可染书画溢价指数发展的第二阶段，经历了上一阶段的短暂调整后，2016 出现大幅飙升，随后不断向溢价平均值靠近。值得关注的是 2016 年，李可染书画溢价指数飞升至 341 点，创十四年以来的最高值，究其原因：是因为 2016 年度有 96.1% 的拍品以高于拍行最高估价的价格成交（根据易拍全球研究院该年的样本数据统计显示），直接促高溢价指数的数值；从具体拍品来看，也与该年大量来源明晰、参展著述记录完整、流传有序的精品集中上市有关。之后，溢价指数从顶点逐渐跌落，2018 年几乎回到了 2014 年的状态，再次进入调整时期，至 2020 年，李可染书画溢价指数为 222 点，市场热度再次降温。

（2）李可染作品全球市场统计分析

2007 年至 2020 年，根据市场上拍李可染作品的门类分布来看，主要集中在中国书画这一品类，以及少量手稿、信札等。据易拍全球研究院统计的十四年来全球拍卖市场上公开拍卖的李可染中国书画与其他品类的数据来看，近十四年来李可染作品在全球成交总量为 2897 件（套），其中中国书画成交 2866 件（套），其他品类成交 31 件（套），实际成交率为 63.5%，处于较高水平。其中中国书画成交率为 63.6%，其他品类成交率为 57.4%。纵观李可染作品的二级市场，自 2007 年以来的十四年中，李可染作品在全球拍卖成交的品类分布中，以中国书画数量最多，占全部拍品的 98.9%，其中绘画作品成交量占李可染中国书画成交量的 79.3%，书法作品成交量占李可染中国书画成交量的 20.3%；其他品类成交量仅占总体成交量的 1.1%。拍卖市场上中国书画部分几乎构成了李可染作品的全部，因此，以下专题以李可染中国书画作品为重点，展开深入研究。

①成交量、成交额地理分布

基于近十四年的数据统计，李可染书画作品成交 2866 件（套），成交额为 79.4 亿元，其中 2326 件（套）成交于中国大陆，占总成交量的 81.2%，成交额为 69.2 亿元，占总成交额的 87.2%；462 件（套）成交于亚太其他地区，占总成交量的 16.1%，成交额为 9.9 亿元，占总成交额的 12.4%；78 件（套）成交于海外地区，占总成交量的 2.7%，成交额为 0.3 亿元，占总成交额的 0.4%。从李可染书画的成交量与成交额的地理分布来看，中国大陆仍然是李可染书画最大的市场，这与李可染的从艺创作经

李可染中国书画全球成交量占比

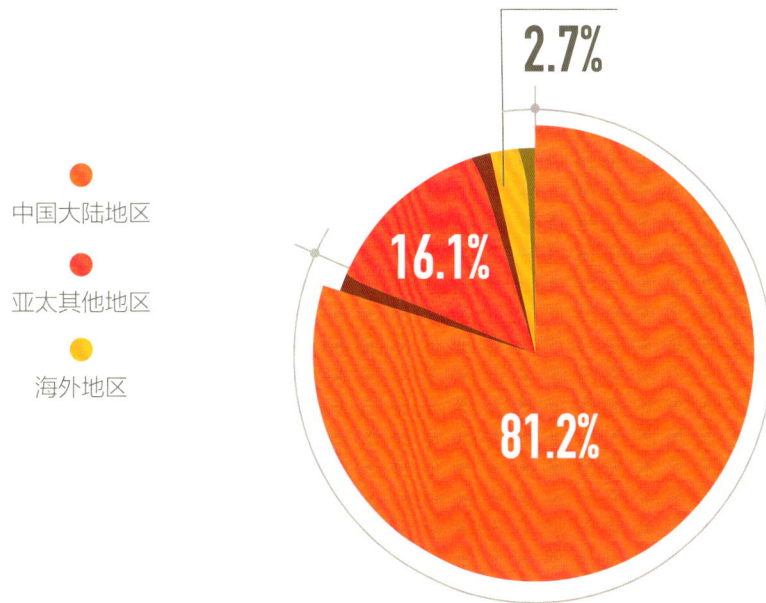

中国大陆地区

亚太其他地区

海外地区

2.7%

16.1%

81.2%

李可染中国书画全球成交额占比

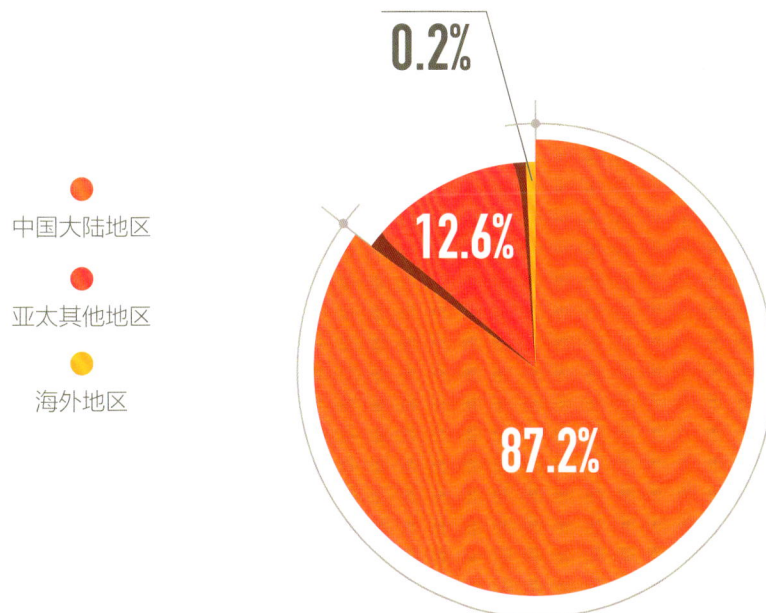

中国大陆地区

亚太其他地区

海外地区

0.2%

12.6%

87.2%

历与收藏群体分布有直接关系。

结合李可染的从艺创作经历与目前拍卖市场上流通的李可染书画作品来看，李可染二级市场中的作品主要创作于 20 世纪 60 年代之后，这是李可染艺术创作逐渐成熟并形成个人风格的重要阶段。该时期的创作内容又以山水、水牛、牧童等为主，画中不仅有"红色经典"中的雄浑山水，亦有"四季牧歌"中的恬静乐趣。此类的创作内容更易引起中国大陆藏家的情感共鸣，李可染的山水、牧牛等题材成为市场一度追逐的对象。由于题材内容深具中国传统与现代的文化精神，因此收藏李可染的藏家群体主要为华人，华人收藏群体的分布决定了李可染作品流通市场区域。亚太其他地区是继中国大陆之外李可染作品上拍最多的地区，但与中国大陆地区不同的是，该地区上拍的李可染作品主要以海外回流为主，多是亚太其他地区及海外重要藏家的藏品，以及李可染作品为海外友人及侨居海外华人所藏，尺幅相对较小。这也说明了亚太其他地区的收藏依托于当地与国际市场的便利联系，成为李可染作品在大陆之外重要的交易集散地。

从成交量和成交额在三大区域的不同占比可看出，李可染的作品在中国大陆地区价格水平较高，而在亚太其他地区较低。这种状况反映了中国大陆市场对李可染作品的追捧，使得高价精品主要集中于中国大陆市场，而亚太其他地区市场和海外地区市场则相对冷静。从城市分布上来看，北京作为全国的政治文化中心，是中国大陆主要交易主体的所在地，其成交量保持着较其他地区不可撼动的地位，也与李可染主要创作生活于北京有关。上海与广州作为李可染作品在南方市场的交易重镇，因国内部分大型拍卖行在此展开拍卖活动，成交量与成交额位居国内前列。香港则成为李可染海外回流作品的主要市场，在亚太其他地区首屈一指。

②成交作品价格区间分布

在李可染作品的成交价格区间统计中，按照成交作品的数量降序来看，成交数量最高的集中于 50 万元以下区间，占总成交量的 40.2%；其次 100 万元至 500 万元区间的占成交总量的 31.4%；50 万至 100 万元区间占总成交量的 19.2%；500 万元至 5000 万元区间占总成交量的 8.4%；5000 万元以上的成交量最少，仅占总成交量的 0.8%。将各区间成交量与成交额进行对比可知，成交价在 100 万元至 500 万元、500 万元至 5000 万元及 5000 万元以上的这三个区间，其成交量与成交额的区间分布基本一致，说明处于以上三个区间的李可染作品价格合理平稳，遵循着市场规律。而 50 万元至 100 万元和 50 万元以下的区间作品，成交量与成交额区间分布各异，说明在此区间的作品存在一定数量与市场规律相悖的情况，与该区间部分作品的质量有直接关系，平均价格相对较低。

中国收藏
拍卖年鉴
2021

CHINESE FINE ART &
ANTIQUES AUCTION
YEARBOOK 2021

李可染中国书画作品成交量分布
（单位:件/套）

价格区间	成交量
5000万以上	22
500万元-5000万元	241
100万-500万元	901
50万-100万元	550
50万元以下	1152

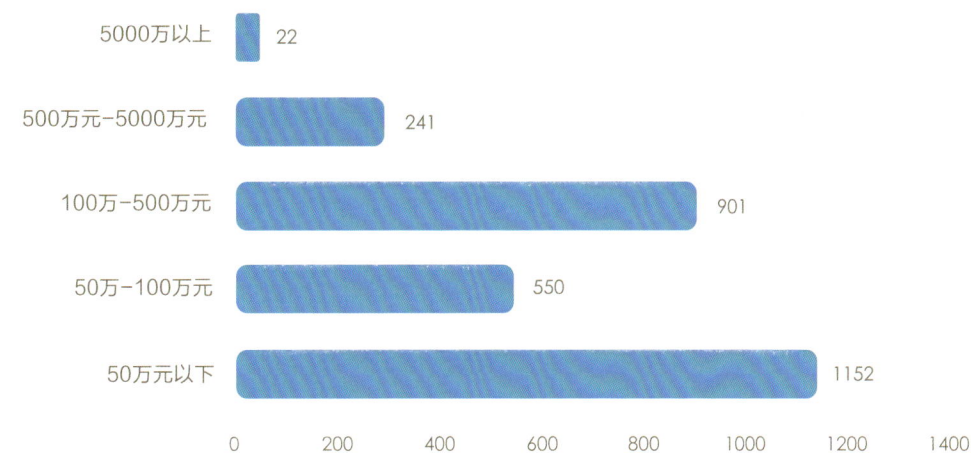

李可染中国书画作品成交额分布
（单位：亿元）

价格区间	成交额
5000万以上	25.2
500万元-5000万元	28
100万-500万元	19.7
50万-100万元	4
50万元以下	2.5

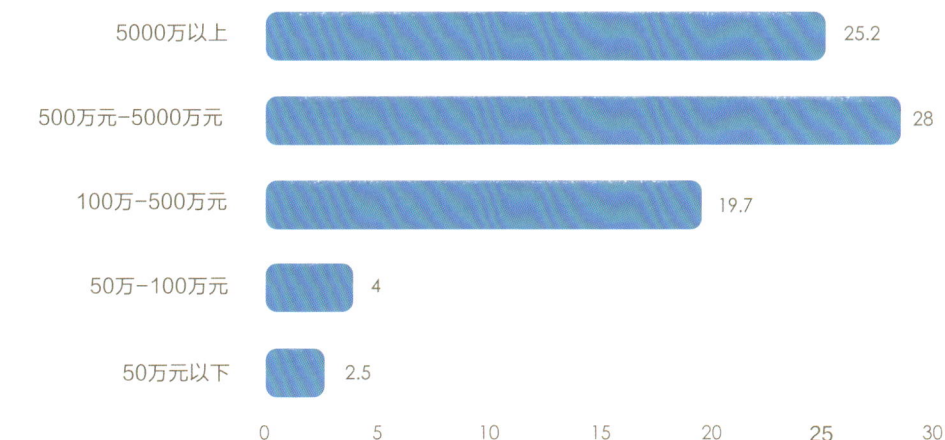

　　从成交额的价格区间分布来看，100万元至500万元和500万元至5000万元区间的作品占据了李可染作品总成交额的三分之二，同时在成交量上也领先于其他区间，说明成交额在100万元至5000万元之间的作品是构成李可染书画市场的主力，其中数量上又以100万元至500万元价格区间的作品为主。另外，也应注意到，成交价在50万（含）元以下的拍品占李可染作品成交量的40.2%，但该价格区间的成交额却只占总成交额的3.1%，说明由于平均价格较低，低价位拍品推动了大众进入书画收藏领域的积极性，同时也应注意该价位拍品的品质良莠不齐的问题。

　　具体分析成交额在5000万元以上的李可染书画作品可以发现，位于此价格区间

中国收藏
拍卖年鉴
2021

CHINESE FINE ART &
ANTIQUES AUCTION
YEARBOOK 2021

的有 22 件（套）书画作品,成交价上亿元的拍品有 11 件,皆为李可染创作成熟期的"红色经典"山水代表作, 也是不断在拍场上创造拍卖纪录的"熟货", 表明李可染所作山水题材深受市场青睐, 在未来, 李可染大尺幅及主题性创作倾向明显的作品将是创造高价的主力军。

③成交作品拍行分布

2007 年至 2020 年统计数据显示, 李可染作品的拍卖主要集中出现在北京保利、中国嘉德、北京荣宝、北京匡时、佳士得香港等 10 家拍行。从中国大陆地区的拍行来看, 北京的中国嘉德和北京保利成交量分别占到 13.0% 及 17.2%, 成交额分别为 20.5 亿元和 18.8 亿元, 两家拍卖行的成交额占据了李可染书画拍卖总额的半壁江山有余, 是李可染作品在中国大陆地区拍卖的主要阵地。地处广州的拍行广东崇正凭借其地缘优势以及在中国书画板块不断深耕的业务能力, 使其在中国大陆地区的南方市场独当一面。在李可染创作作品流通于市场相对较少的前提下, 国内拍行一方面不断充分挖掘"生货", 积极开拓卖方市场; 另一方面, 通过联合学术界积极探索研究李可染的学术成就, 进一步培育藏家群体的鉴赏能力, 引起买家群体对李可染作品艺

品类	成交额 (元)	成交额占比	成交量（件/套）	成交量占比
北京保利	2,058,808,310	25.9%	372	13.0%
中国嘉德	1,883,195,359.7	23.7%	492	17.2%
北京荣宝	442,865,850	5.6%	192	6.7%
北京匡时	410,054,860	5.2%	174	6.1%
佳士得香港	346,255,375.2	4.4%	136	4.7%
广东崇正	338,042,500	4.3%	41	1.4%
北京翰海	212,411,760	2.7%	128	4.5%
苏富比香港	194,643,634.1	2.5%	116	4.1%
北京诚轩	185,865,340	2.2%	95	3.3%
西泠印社	164,908,350	2.1%	67	2.3%
其他	1,704,416,609	21.4%	1053	36.7%

术成就与市场价值的足够关注与重视；同时，在适当时机引出曾创造拍卖纪录的"熟货"，为拍场添彩。可见，中国大陆拍行对李可染作品市场的经营之道。

中国大陆之外的亚太其他地区是近十四年来李可染作品成交的主要聚集地，其中佳士得香港是李可染作品的主力拍行，成交量与成交额分别占 2.5% 与 4.1%，总体成交量与成交额较小，也说明李可染作品在亚太其他地区和海外地区占据极少市场份额，与李可染的创作数量与国际影响力有直接关系。此外，地处杭州的拍行，利用自身位置靠近李可染青年时期主要创作地的地理优势，能够在长三角地区不断深耕李可染作品市场，以李可染早期作品为主营路线，对李可染书画市场成交额亦有贡献。其他拍卖行的李可染作品成交额占据其总成交额的 21.4%，根据易拍全球研究院的数据统计显示，其他拍卖行主要集中于中国大陆地区，占其他地区总成交额的71.7%，可见李可染作品在中国大陆地区更受欢迎。

④拍品品类分析

李可染作为中国近现代美术创作的先驱者之一，其创作集中在中国书画领域，国画山水、人物、花鸟兼善。在历年上拍的作品中，以中国画和书法居多，偶见手稿。因此在分析中根据李可染作品实际市场占有量的比例情况，择要就中国画与书法展开论述，兼顾其他品类。

2007 年至 2020 年李可染作品各品类统计中，中国书画成交量为 2866 件（套），其中中国画成交量为 2273 件（套），书法成交量为 593 件（套），各占成交总拍量的78.5% 与 20.5%；中国书画成交额是 79.4 亿元，占各品类总成交额的 99.9%。从以上数据的分布显示，可明显看出李可染中国书画在市场上的绝对主导性地位。同时也应注意到，近年来，李可染的书法作品屡有上拍，行情在步步高升。如 2015 年北京保利春拍中，李可染《九藤书屋》曾拍出 391 万元的高价；2017 年中国嘉德将李可染的行书《百寿堂》拍出 262 万元；2020 年中国嘉德秋拍中，李可染的《行书李白诗》以 278 万元成交。可见，拍卖市场近年来逐渐发掘了李可染书法的价值。李可染的书法严谨、敦厚、凝重，强调书法以"碑"派为主，形成独特的"酱当体"，李可染引书入画，反映在绘画中，则是在用笔和构图上引入隶书和碑体，形成浑厚、雄健的画风。此种书体在他的山石、水牛刻画中发挥了重要作用，他笔下的山石和水牛用线谨慎肯定，体积厚重敦实，得益于其深厚的书法功力。

2007 年至 2020 年的李可染中国书画与各品类成交价格统计中：国画成交量的37.2% 价格在 100 万元至 500 万元之间，11.6% 价格超过 500 万元，30.9% 价格在50 万元以下，说明李可染国画市场构成基本处于合理状态，中低价位市场基数较为稳定，高价位市场引领作用彰显。书法品类中以 50 万元以下的拍品为主，成交量占据李可染书法市场成交总量的 35.1%；另外，成交价在 100 万元以上的书法仅占该市场成交总量的 9.1%，但其成交额占李可染书法总成交额的 39.9%。说明李可染书法市场仍以中低价位为主，李可染的书法市场的高价位部分有待进一步发掘。其他品类的成交价因其数量稀少，其价格水平维持在 50 万元以下，仅有 2 件作品成交价超过 50 万元，分别为 2017 年在北京以 112.7 万元成交的《水彩人物头像》和 2016 年在杭州以 55.2 万元成交的《韶山》写生稿。以上数据显示出市场中李可染作品的价格区间分布具有多样化的特点，不同品类及价位的组合可以满足各类藏家的收藏及投资需求。

⑤拍品题材分析

近十四年来，李可染书画的上拍作品中，中国画的上拍量始终占据着重要的市场份额，因此本小节着重分析李可染中国画作品中各类题材的拍卖市场表现。2007 年至 2020 年拍卖成交的 2273 件（套）李可染中国画作品中，人物题材成交 1170 件（套），成交量占比 51.5%，成交额为 11.1 亿元，占比 14.5%；山水题材成交 828 件（套），成交量占比 36.4%，成交额为 62.7 亿元，占比 81.5%；花鸟题材成交 227 件（套），成交量占比 10.0%，成交额为 2.5 亿元，占比 3.2%；其他题材成交 48 件（套），成交量占比 2.1%，成交额为 5596.5 万元，占比 0.8%。通过对比以上数据可以发现，山水题材作品以最高成交额，人物题材作品以最高成交量的优势共同主导李可染书画市场的整体走向。山水题材近十四年来虽然在成交量上只占总成交量的 36.4%，但是成交额却占总成交额的 81.5%。由此可见，拍卖市场上李可染山水题材更易拍出高价，更受到藏家追逐。李可染山水题材更易拍出高价的原因是多方面的：从拍品来源上讲，山水题材市场流通量相对较大，具有较为广泛的受众群体；从艺术价值上讲，李可染所提倡的新国画变革的理念，主要体现在创作的山水画题材上，笔墨精髓与观念转变在山水画创作上得以彰显，因而山水是李可染艺术思想显现的代表性题材；基于以上两点，在大多数山水题材画作尤其是主题性"红色经典"山水作品已被博物馆及李可染艺术基金会收藏的情形之下，流传于民间的此类题材一旦出现，便引得顶级藏家争相竞价，由此促升了李可染山水画题材的成交价，因而，李可染的山水画在其所有题材中的成交额占比位列首位（81.5%）。比如在李可染作品成交价过亿元的作品中，均为山水题材的作品。纵观李可染的中国画创作，从成交量上来看，人物画题材流通于二级市场数量最多，超过了山水画，在李可染所有作品题材占比过半（51.5%），除部分传统国画人物塑造外，大部分为孩童牧牛场景，天真的童趣跃然纸上，吸引了众多藏家。截至 2020 年，李可染人物画题材的拍品最高成交价为 1380 万元的《四

李可染作品题材细分市场成交量占比

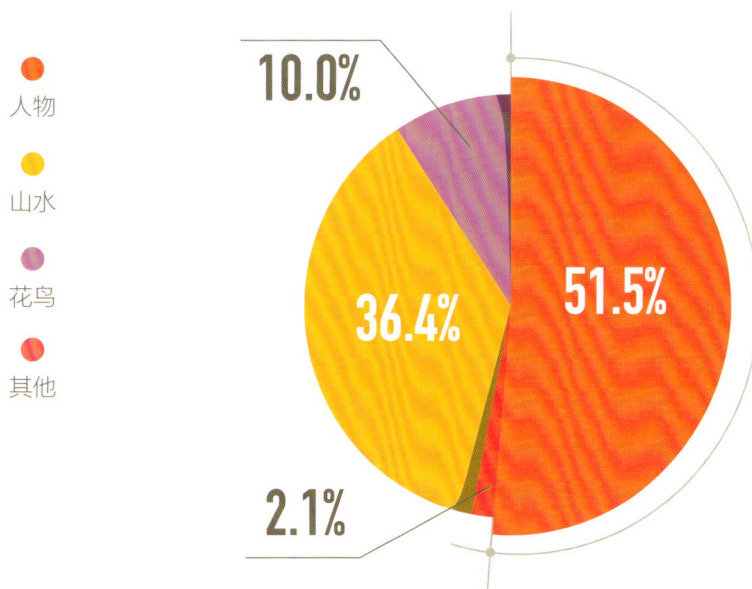

- 人物
- 山水
- 花鸟
- 其他

10.0%

51.5%

36.4%

2.1%

李可染作品题材细分市场成交额占比

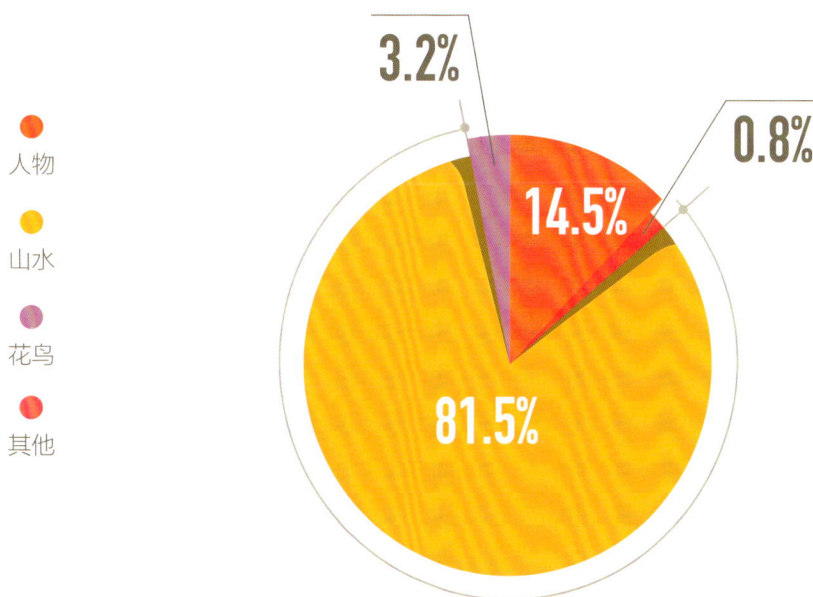

- 人物
- 山水
- 花鸟
- 其他

3.2%

0.8%

14.5%

81.5%

李可染山水题材价格指数

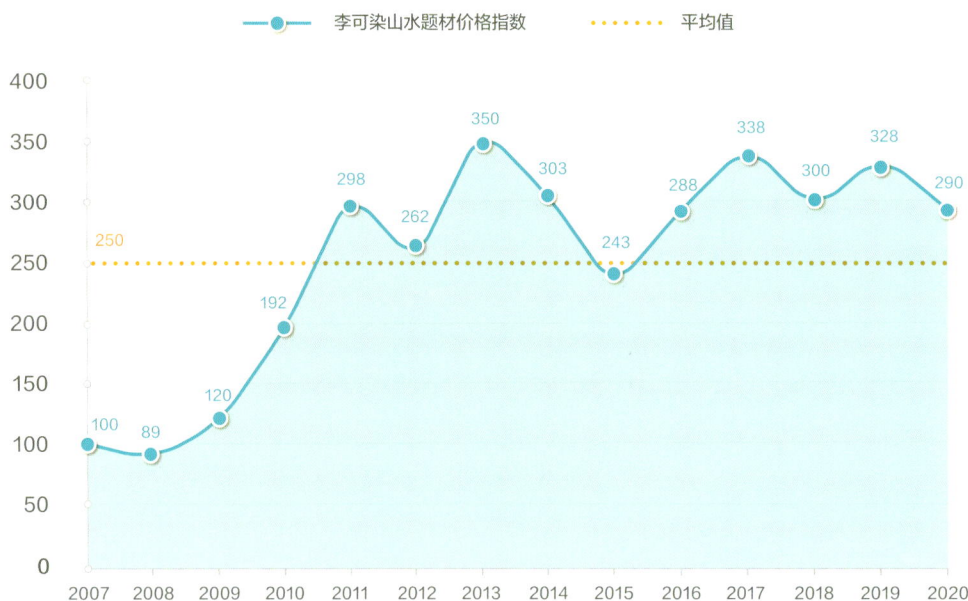

季牧牛图》。

从李可染山水题材近十四年的价格总体走势来看，与李可染书画指数走势大体一致。十四年以来，李可染山水题材价格指数总体经历了三次指数峰值，分别是2011年、2013年、2017年。发展经历大致分为三个阶段：蓄力增长期（2007年至2011年）、高位发展期（2011年至2015年）和深度调整期（2015年至2020年）。价格指数最高点350与最低点100相差250点，说明近十四年来李可染山水题材作品市场不断调整起伏。值得注意的是，李可染山水题材价格指数从2011年至今，除2015年外，期间都在平均值250点以上高位运行，个别年份出现短期飞涨，之后又向平均值附近靠近。此波动现象说明，李可染山水题材作品的二级市场基本呈现不断夯实基础、扎实发展的形势。在外部经济环境与内部上拍作品的双重调整与影响之下，以山水题材为主导的李可染书画作品市场的未来发展将更为稳健。

从李可染山水题材的溢价指数发展趋势来看，自2007年基期统计以来，十四年中其溢价指数只有六年出现过高于平均溢价指数（114点）的情况，其他八年均处于平均溢价指数之下，说明李可染山水题材市场的购藏热度总体处于理性发展的阶段，尤其是当宏观经济环境出现增速放缓之时，其市场热度则随即出现不同程度的回落。值得关注的是2020年，该年李可染山水题材溢价指数终止了前两年的下行趋势反弹至158点，高于溢价平均值44个点，仅次于2017年的185点，市场热度较此前的两年出现大幅度提升，其原因主要在于该年高质量拍品的集中释出有关，另一方面受疫

李可染山水题材溢价指数

情影响，拍行为调动藏家购藏积极性，实行低估价策略，此举也从一定程度上促高了该年溢价指数的提升。根据易拍全球研究院的大数据统计表明，2020 年超过二分之一的李可染山水作品以平均高于最高估价 1.5 倍的价格成交，由此可见拍行的估价策略对指数的走势影响力度。

⑥牧牛题材拍卖市场研究

如果说，李可染山水画的主导风貌是博大、静穆、厚重；那么，他的人物画和牛类题材的主导风貌则是简练、超拔、透脱。而他的牧牛题材则融合了"繁""简"两者的意味，画面中将放牧的孩童置身于山林、丘壑之间，获得与众不同的新奇意境。也正因如此新奇意境，牧牛题材广为市场接受与追捧。牧牛题材的作品已稳居李可染人物作品拍卖市场高成交价的前列，值得进行较为深入的研究。

纵观李可染牧牛题材近十四年的市场价格指数走势，2007 年至 2011 年总体呈现大幅上升的趋势，最高点（282 点）与基期（100 点）相差 182 个点，这与该时间段内市场大额资本的涌入、作品被市场开始挖掘有关。2012 年，李可染牧牛题材随总体艺术市场的大势开始出现降温调整式发展的走势。自 2013 年至 2015 年，该题材价格指数再次迎来高位发展时期，2015 年之后李可染牧牛题材作品市场处于深度调整阶段，价格指数在平均值附近小幅度波动。如此指数走势表明，李可染牧牛题材作品在近五年来发展更为扎实理性，一方面在于牧牛题材为李可染艺术成熟期的代表性创作题材，如今流通于市场此题材的作品数量与质量整体上处于少且精的状态，伴随着市场的热度下降，理性回归，投机性购藏因素不断减弱，该题材的市场趋于稳定发展；另一方面，由于此题材作品体现了李可染在人物画、山水画及花鸟画三方面的造诣，可谓是集大成之作。构图及技法上的独特性以及牧牛系列以亲切欢愉的方式，直率地表达了天人和谐、回归自然、向往自然的现代人理想。高质量的作品奠定了李

中国收藏
拍卖年鉴
2021

CHINESE FINE ART &
ANTIQUES AUCTION
YEARBOOK 2021

李可染牧牛题材价格指数

图例：—●— 李可染牧牛题材价格指数　┄┄ 平均值

数据点：
2007: 100
2008: 92
2009: 112
2010: 175
2011: 282
2012: 259
2013: 354
2014: 344
2015: 247
2016: 266
2017: 204
2018: 258
2019: 223
2020: 210
平均值: 223

李可染牧牛题材溢价指数

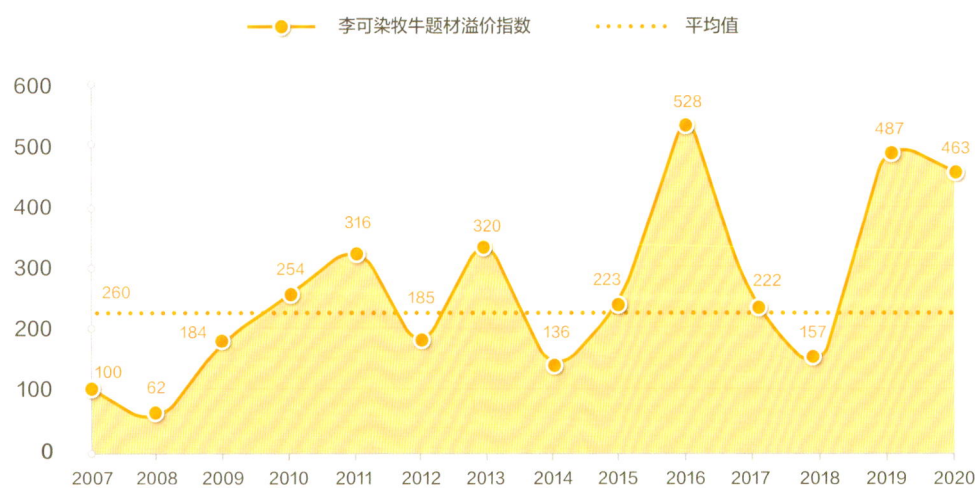

图例：—●— 李可染牧牛题材溢价指数　┄┄ 平均值

数据点：
2007: 100
2008: 62
2009: 184
2010: 254
2011: 316
2012: 185
2013: 320
2014: 136
2015: 223
2016: 528
2017: 222
2018: 157
2019: 487
2020: 463
平均值: 260

可染牧牛题材市场的稳定性。

　　从李可染牧牛题材的溢价指数来看，近十四年来该题材溢价指数的平均值为 260 点，其中有 5 年其溢价指数高于平均值，最高值(528 点) 与最低值(62 点) 相差 466 点，说明该题材作品的市场热度不同年份差异性较大。总体而言，2012 年是李可染牧牛题材溢价指数的分水岭，2012 年之前处于市场逐步升温阶段，自 2012 年市场热度锐减之后，李可染牧牛题材溢价指数开始呈现震荡幅度显著的态势，一方面来自于艺术市场的整顿进一步加强，短期资本注入减少，造成其低位发展；另外，随着学术研究跟进与民间精品的释出，以及大型机构收藏的投资注入，促使个别年份该题材溢价指数飙升。

通过李可染牧牛题材价格指数与溢价指数的总体走势来看，未来李可染牧牛题材仍然是其人物题材大类中的重要交易品类，并在一定程度上影响李可染书画价格的总体走向。就艺术家的历史地位而言，李可染是中国现代美术史中举足轻重的关键人物，他所坚持的革新中国画理念，丰富了中国现代美术的内容与形式；从艺术价值上来讲，李可染牧牛题材融合了人物画、山水画与花鸟画的精髓，代表了李可染独特的个人艺术风格；李可染牧牛题材中又以孩童和水牛为主要刻画对象，田园牧歌式的悠然意境也象征了李可染的一种处世姿态；从市场价值来看，由于大多牧牛题材精品均藏于美术馆、博物馆等公共收藏机构，流传于民间收藏市场的精品佳作随着近几年的挖掘几乎均已公布于众，加之近年来对仿制造假的打击力度不断加大，李可染牧牛题材市场未来将呈现理性稳健发展的趋势。

中国瓷器的精密制造技术和悠久的历史传统举世瞩目，是人类物质文化史上的重要研究对象。中国瓷器精美的外形，蕴含的历史文化底蕴，一直受到世界各地人们的喜爱，并在历史的发展长河中，成为中国的一张文化名片。中国瓷器作为中国文物艺术品的重要门类之一，在全球范围内的拍卖市场中始终保持着重要的地位，甚至在某些区域超越了中国书画的市场份额。其市场容量与藏家数量甚为可观，是众多藏家关注的焦点文物艺术品类。

近十二年来，中国瓷器成交额平均已占到中国文物艺术品总成交额的 11.7%，即使是在中国文物艺术品拍卖市场的波动调整期，中国瓷器的成交量也未有削减之势，其对中国文物艺术品拍卖市场走势的影响作用不容小觑，通过对中国瓷器这一板块市场行情的分析，可以清晰地把握中国瓷器市场的发展规律与未来发展方向。通常情况下，通过对中国瓷器的成交额、成交量、成交率、平均成交价格等常见指标进行统计描述，能够反映一部分市场表现，然而由于这些指标较为单一，且中国瓷器市场本身受内外部多重因素的影响，仅凭以上数据指标的统计分析难以深入理解中国瓷器市场的发展特征。因此，艺拍全球中国瓷器指数应运而生，通过多维度分析文物艺术品市场大数据，结合前沿统计学原理，构建起能够更为全面体现中国瓷器市场的指数模型。

文物艺术品区别于其他商品的一大特性就是其异质性，即每件文物艺术品均独一无二，不同文物艺术品之间没有直接可比性，无法通过简单的算数方法来反映多件艺术品的平均价格水平。为了解决这一问题，近年来，构建标准化的文物艺术品指数的研究蓬勃发展。文物艺术品理论和实践表明：构建文物艺术品指数最大的挑战在于控制文物艺术作品的异质性。目前，国际上广泛研究与应用的文物艺术品价格指数建模方式有两种：重复销售回归和特征回归。重复销售回归 (Repeat Sales Regression)，采用同一件文物艺术品在两个时间点的销售价格变化（又称为一对重复销售数据）构建文物艺术品指数。此方法认为文物艺术品的基本特征（如材质、尺寸等）不随时间而变化，从而解决文物艺术品的异质性问题。由于文物艺术品拍卖成交的频率普遍较低，因此重复销售数据只占全部交易数据的很小一部分，采用该方法构建艺术品指数时存在样本选择偏差的问题。但当重复销售的数据对数值很大或样本期数超过 20 年时，推荐使用此方法构建文物艺术品指数。特征回归（Hedonic Regression），基于文物艺术品的基本特征构建文物艺术品指数。该方法将文物艺术品价格变动中的特征因素进行分解，以显现出各项特征的隐含价格，并从价格的总变动中剔除特征变动的影响，达到反映纯价格变动的目的，在此基础上构建文物艺术品指数。通常所选取的特征包括：年代、尺寸、材质、题材等。采用此方法构建指数时可以选用所有的文物艺术品交易数据。在已有研究文献中，特征回归方法已经被普遍地应用于文物艺术品指数的研究，特征回归模型已经被广泛地应用于各类文物艺术品指数的编制。

由于目前国内已有的文物艺术品指数存在一定局限：或为简单的平均数计算，模型较为单一，无法反映文物艺术品市场真实趋势；或指数体系较为笼统；或数据范围仅局限于中国大陆地区，缺少海外地区的数据。本报告基于国内外已有的指数模型，结合专业的陶瓷史研究与艺术史研究，推出中国瓷器指数，意在通过科学的模型编制以及全球范围的拍卖数据对中国瓷器这一具有代表性的文物艺术品门类在全球文物艺术品市场的走势做出解析。

一 中国瓷器全球指数说明

中国瓷器全球指数来自于艺拍全球文物艺术品指数，其体系下设综合指数、地区指数、各时期指数。艺拍全球文物艺术品指数基于数据库的海量数据，对拍卖行以及拍品进行严格筛选，并对纳入指数计算的每一件拍品进行多维度特征分类，将其标准化，再以多元线性回归法拟合出作品的价格水平，从统计学角度分析市场整体价格水平随时间的变化走势。

每类指数均分为价格指数与溢价指数两种，分别从价格水平与市场热度对目标市场进行解析。所有指数均以 2009 年为基期，对近十二年的文物艺术品市场进行分析，基期指数值为 100，指数每一年更新一次。

艺拍全球中国瓷器指数模型介绍：

（1）价格指数

价格指数包含中国瓷器全球价格指数、中国瓷器各地区价格指数和中国瓷器各时期价格指数三大类，其各自又下设子类价格指数，用于反映一定时期内中国瓷器拍卖市场的价格水平变动趋势和程度的相对数指标。该指数模型采用国际上广泛采用的特征回归模型 (Hedonic Regression)，为了确保模型的有效性，不同分类的指数编制会选取不同的具体特征变量。中国瓷器指数模型考虑的特征因素包括但不限于釉色、器形、年代、尺寸、款识等。该指数消除了作品本身的特征因素变动对价格的影响，可以真实、准确地反映中国瓷器标准化后的纯价格变动。此外，中国瓷器价格指数均能够与上证指数 SSEC、香港恒生指数 HSI、标准普尔指数 SPX 等金融指数，以及狭义货币供应量 M1、居民消费价格指数 CPI、国内生产总值 GDP 等宏观经济指标进行标准化比较分析，为市场分析与投资决策提供科学可靠的依据。

（2）溢价指数

溢价指数包含中国瓷器全球溢价指数、中国瓷器各地区溢价指数和中国瓷器各时期溢价指数三大类，其各自又下设各种子类溢价指数，表示一定时期内中国瓷器拍品的实际成交价格超过估价水平的相对数指标。指数值越高，则表明该板块的拍卖市场整体热度越高、景气度越高。该指数的编制参考了香港恒生 AH 股溢价指数模型。需要说明的是，溢价指数是对成交价格相对估价水平的考察，因此以咨询价上拍的文物艺术品没有纳入模型考虑范围。同时，由于咨询价上拍的拍品一般为难以估价的罕见精品，数量极少，因此对溢价指数整体的走势不会有明显影响。

二　中国瓷器全球指数结果分析

数据说明

（1）时间：2009 年 1 月 1 日至 2020 年 12 月 31 日。

（2）数据量：13.0 万条全球范围内公开拍卖的成交记录。

（3）样本拍卖行：从中国大陆、亚太其他地区、海外地区共选取了 78 家经营规范、成交结果透明度高、规模级别不同的具有代表性的拍卖企业。

（4）时期划分：

纵观中国陶瓷发展史，东汉时期(25 年—220 年)青釉瓷器烧制成功(含铁量在 2% 以下，烧成温度可达 1200℃—1270℃)，其胎质缜密，釉色青润，正式揭开了中国瓷器的第一篇章。三国两晋时期是青瓷普及与发展的阶段。唐代瓷器名窑中的河北邢窑与定窑的"影透白瓷"烧制成功，符合当今国际通用的"瓷器"标准——"透影性"，成为中国陶瓷史上的一次质的飞跃。北方白瓷与浙江越窑等地的青瓷在地理上交相辉映，形成了"南青北白"的制瓷格局。宋代是我国陶瓷空前发展的时期，该时期与制瓷业相关科技的发展，为制瓷业提供了有利条件，此时的瓷器无论从质量还是数量上均超过了此前历史上任何时期。例如举世闻名的"五大名窑"——定、汝、官、哥、钧窑，以及驰誉古今的磁州窑、耀州窑、龙泉窑、建阳窑、景德镇窑等都是其中最高典范。元代制瓷业则是在继承宋代的基础上有所创新，其中以景德镇窑青花和釉里红瓷器最为出色。中国古代制瓷业发展到明代，瓷器的生产进入了一个崭新的历史阶段，通过设置御器厂（官窑）专为宫廷供应瓷器的景德镇窑瓷器争奇斗艳，发展突出，晚明景德镇的民窑青花瓷与五彩瓷的制造也独树一帜，此时中国瓷器的对外贸易和制瓷技术的对外传播变得更为频繁。清代初期的康熙、雍正、乾隆三朝景德镇制瓷工艺盛况空前，除以景德镇的官窑为中心外，各地民窑的发展迅速，并取得很大的成就，尤其随着西风渐进，瓷器外销，西洋原料及技术的传入，使中国制瓷业更为丰富多元。如果说清初阶段我国瓷器的制造发展达到了历史的又一高峰，则以后由于社会经济、政治的日渐衰落，加之科学技术的保守落后与制瓷工艺的粗制滥造，导致了晚清与民国初期的瓷器质量开始下降，此种局面直到20世纪50年代以后才得到逐渐改变。基于中国瓷器的历史发展脉络，《中国收藏拍卖年鉴》同时结合中国文物艺术品市场对中国瓷器时期划分的普遍习惯，将中国瓷器按照时期划分为：高古瓷、明清瓷、民国及以后瓷器三大门类。高古瓷是相对于明清瓷的概念，泛指包括东汉在内的魏晋南北朝、隋唐五代、宋元各朝代所制作烧成的各类瓷器，尤以宋代的"五大名窑"瓷器与元代的青花瓷为典型。明清瓷则是指明代及清代这五百余年间烧造的各类官窑与民窑瓷器。民国及以后的瓷器包括1912年至1949年之间的民国瓷器与1949年新中国成立之后的现当代瓷器。

1. 中国瓷器市场稳中有升，历经动荡价格坚挺

2020年中国瓷器市场在全球经济发展不稳定的大环境下有回暖趋势，中止了2019年的下滑，转势上行发展，与中国文物艺术品市场其他主要板块的市场发展走势趋同。近十二年来，中国瓷器全球价格指数整体走势未出现巨大波动，在不同经济环境下理性调整，变化幅度相对较为缓和。中国瓷器全球价格指数最高点（2012年的144点）与最低点（2016年和2019年的90点）相差54点，与其他板块诸如中国书画、油画等动辄上百点的指数差值相比，显得更为平稳。中国瓷器全球价格指数均值为110点，略高于基期2009年的100点，说明该板块的市场发展收藏群体广泛，基础坚实，未来发展潜力大。通过价格指数走势图可以看出，2009年至2020年这十二年期间，中国瓷器在全球文物艺术品市场经历了三个阶段：

（1）高速增长期（2009年至2012年）：中国瓷器市场经历了2007年与2008年

中国收藏
拍卖年鉴
2021

CHINESE FINE ART &
ANTIQUES AUCTION
YEARBOOK 2021

中国瓷器全球价格指数

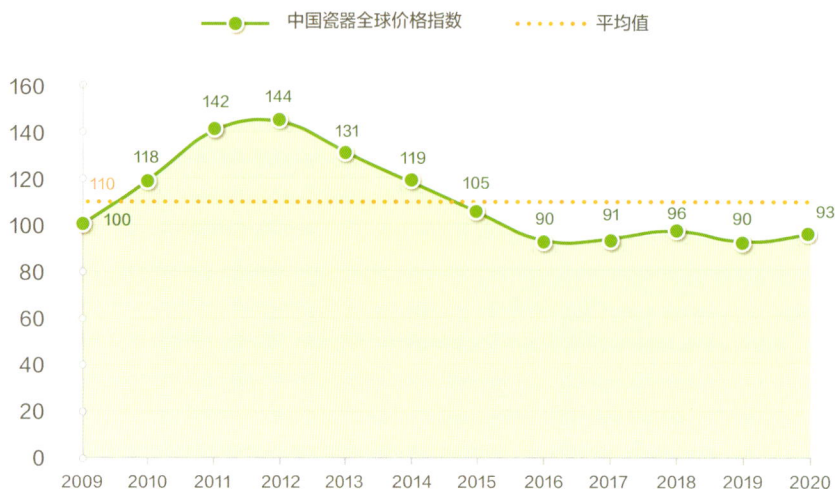

全球经济危机波及影响之后，于 2009 年出现高速增长的态势，截至 2012 年连续四年上涨，涨至 144 点，为统计以来的最高值，与基期 100 点相比，高出 44 点。这一时期内中国瓷器市场亿元级别拍品不断涌现，2010 年，一件清乾隆粉彩镂空"吉庆有余"转心瓶在伦敦以 5.54 亿元人民币的成交价改写了中国瓷器拍卖纪录，也创下了当时全球范围内中国文物艺术品交易的最高价格，中国瓷器市场的"亿元时代"发展正酣。

（2）理性回落期（2012 年至 2016 年）：受全球经济环境遇冷和资金供给不稳定情况的影响，全球文物艺术品市场受到波及，中国瓷器市场也在此调整期内不断做出理性回落的趋势给予回应。自 2013 年起由此前的 144 点，逐步下降至 2016 年的 90 点，该年为自统计以来的指数值最低值。中国瓷器市场全球价格指数不断进行下探性动作，只是在 2014 年下探动作的幅度有所放缓。

（3）企稳回暖期（2016 年至 2020 年）：经历此前四年的理性回落调整之后，中国瓷器市场于 2017 年释放出短暂的回暖信号，上升到 91 点，尽管此时指数的发展水平仍处于指数平均值之下，但在全球经济发展放缓的 2018 年，其他板块的中国文物艺术品市场大部分处于下行态势之时，中国瓷器全球价格指数在 2018 年呈现出逆市攀升之举，同比 2017 年再增 5 个点，2019 年则随市回落。同样在 2020 年全球经济整体下行情形下，中国瓷器全球价格指数再次逆势上扬，做到稳中有升。在未来经济整体复苏的大环境下，中国瓷器全球价格指数的前景值得期待。

自 2009 年至 2020 年的十二年之间，中国瓷器全球溢价指数的平均值为 186 点，高于基期 2009 年 100 点 86 点，说明该板块市场整体热度较好。从易拍全球研究院

中国瓷器全球溢价指数

中国瓷器全球溢价指数 ·········· 平均值

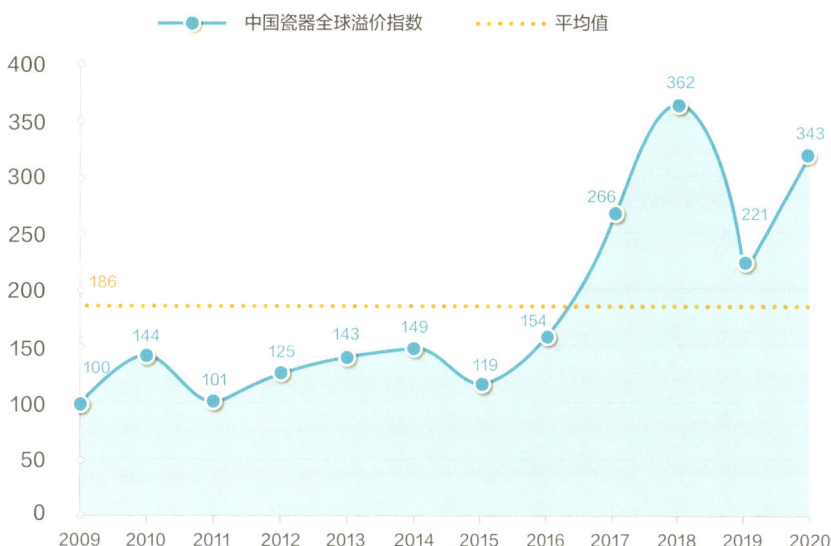

统计的中国瓷器全球溢价指数走势来看，2016 年是市场热度的分水岭，虽然在经济相对较好的年份，出现了三次小高峰，分别是 2010 年的 144 点、2014 年的 149 点和 2016 年的 154 点，但增长幅度并不大，且一直处于平均值之下。市场热情的集中爆发则是出现在 2017 年与 2018 年，尤其是在 2018 年达到十二年以来的最高峰 362 点，比平均值高出 196 点，更比基期 100 点高出 262 个点，溢价达到前所未有的峰值。2020 年中国瓷器全球溢价指数在全球经济发展陷入萎靡的背景下，强势反弹至 343 点，距离历史最高的 362 点只差 19 点。考虑到 2020 和 2018 年整体经济环境的差别，取得这样的成绩让人刮目相看。一方面，受新冠疫情影响，很多线下交易活动被取消，供给端在短时间内形成相对短缺；另一方面，线上拍卖活动增多，为最大化吸引关注，一些拍卖公司使用了低起拍价格的策略。线上拍卖大大增加了竞拍者的数量。同时，资本市场认为中国瓷器作为传统品类在经济动荡时期有很好的保值性，这让竞拍的过程变得激烈，形成了"供少于求"的卖方市场，最终推高了整体溢价指数，市场的溢价趋高说明了藏家在经济动荡时期对中国瓷器作为稳定投资品类的认可。

2. 三大地区市场表现各异，大陆地区市场引领全球涨势

中国瓷器有着广泛的收藏群体，遍布世界各地，从易拍全球研究院对中国瓷器市场统计区域划分来看，其在中国大陆地区、亚太其他地区以及海外地区的市场表现各有千秋，特征明显。

中国大陆地区的中国瓷器价格指数的上涨幅度略微大于中国瓷器全球价格指数的走势，整体保持着相对稳定的发展态势。中国大陆地区中国瓷器指数的平均值为

中国瓷器各地区价格指数比较

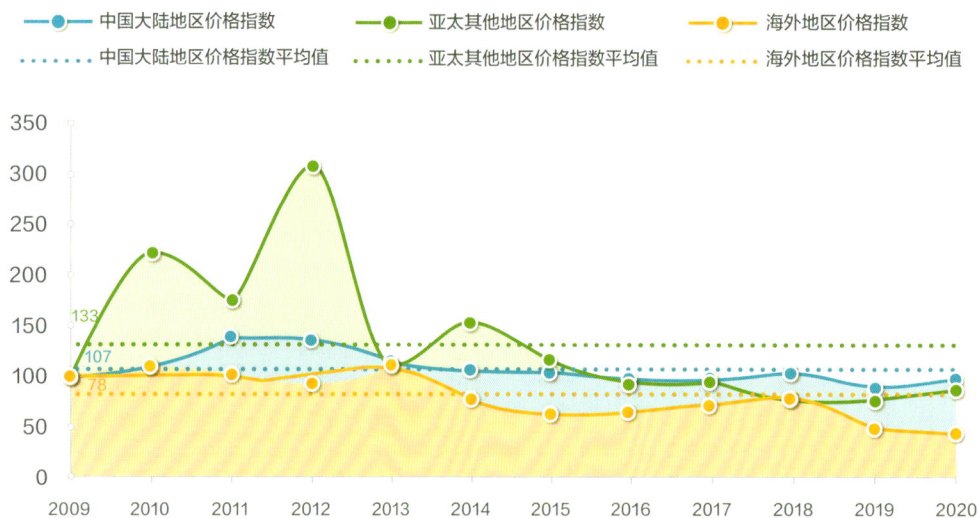

107 点，仅比基期高出 7 个点，说明市场发展相对扎实稳健。2011 年，中国大陆地区的中国瓷器价格指数与中国瓷器全球价格指数的走势基本一致，保持着相对稳定、变化幅度较小的发展态势。该年中国大陆地区中国瓷器指数达到了近十二年统计的最高值 137 点。高点的出现，一方面由于大陆拍行基于中国瓷器在 2010 年市场的大好形势，做出藏家群体的数量可观与兴致正盛的判断，所以在拍卖专场设置上重推中国瓷器来赓续上一年的市场活力；另一方面在于该年随着中国大陆地区房地产等产业再经调整，大陆拍行明显察觉到社会上部分资金开始转向文物艺术品市场中入行门槛相对较低的瓷器板块。新藏家面孔频现，短期资本的大量集中涌入促高了大陆地区中国瓷器的市场走势。经历了 2011 年的短暂激增之后，此后中国大陆地区中国瓷器市场不断下调，并于 2016 年开始，其价格指数值连续低于基期的 100 点，该年也为中国大陆地区中国瓷器指数的最低点 96 点。值得注意的是，尽管 2016 年的中国大陆地区中国瓷器指数为 96 点，但仍高于另外两个统计区域的指数值，且自 2016 年始，逐年以微小幅度围绕基期价格水平浮动。2020 年中国大陆地区中国瓷器市场价格指数同比上涨 13 个点，上涨幅度是自 2011 年以来最大的。根据易拍全球研究院的统计数据显示，影响 2020 年中国大陆地区中国瓷器市场指数的主要原因一方面来自于新冠疫情影响，"隔离政策"的实施使得国内藏家购买海外藏品的难度增大，收藏的注意力回到传统品类上，线上拍卖常规化使得中国大陆地区中国瓷器下沉市场的基础在不断扩大，尤其集中在成交价 10 万—50 万元区间的拍品，其成交量与成交额同比 2019 年分别增长 19.4% 与 18.7%；同时，受全球资产通涨的影响，市场对高价值

稳定资产的需求激增，在 1000 万元—5000 万元的高价位区间，成交量与成交额同比 2019 年分别增长 6.3% 与 8.2%，在高价位和低价位市场区间共同增长的作用下，使得 2020 年中国大陆地区瓷器市场获得自 2011 年以来最大的一次涨幅。

亚太其他地区在 2016 年之前一直领衔其他地区，处于高位发展，是中国瓷器市场中的佼佼者，其价格指数最高值在 2012 年达到 308 点，远远高于该区域平均值 137 点，此后市场急剧下滑，并在平均值以下低位前行。2020 年亚太其他地区的中国瓷器价格指数为 81 点，较 2019 年小幅度上涨 8 个点，止住了近几年下跌的趋势。在中国大陆地区取得近几年最大上涨之时，亚太其他地区的市场也随势上行，其抗跌性的优势和市场复苏迹象开始显现。虽然整体区间的成交额和成交量都在下降，但成交价格保持了坚挺，使得亚太其他地区中国瓷器市场在 2020 年的走势中上涨。

海外地区的中国瓷器收藏群体的市场容量与参与度的作用一直不可小觑。近十二年来，海外地区中国瓷器价格指数与全球中国瓷器价格指数发展趋势大致相同，并向中国大陆地区看齐，几乎保持着同样的发展步调．但 2020 年出现了较大偏差，海外地区的中国瓷器价格指数为 42 点，同比 2019 年下跌 1 个点，再次成为自统计以来的最低值。其价格指数平均值为 78 点，低于基期的 100 点，继续处于低位发展的状态，这与中国瓷器的大量精品与收藏群体主要集中于中国大陆地区和亚太其他地区有关，且全球经济迟迟无法摆脱新冠疫情带来的影响，海外拍行在中国瓷器板块的业务推进上将长期面临经济紧缩带来的严峻考验。从易拍全球研究院的大数据统计来看：2020 年海外地区的中国瓷器成交额为 5.9 亿元，同比下跌 12.7%，其中各价位档次的中国瓷器成交量与成价额比 2019 年都有不同程度的下滑。

通过对比中国大陆地区、亚太其他地区与海外地区的中国瓷器溢价指数来看，三大区域的市场热度呈现不同态势。总体来说，中国大陆地区和亚太其他地区的市场热度明显高于海外地区。具体而言，2009 年至 2016 年之间，中国大陆地区与亚太其他地区的溢价指数不分伯仲。2016 年后，中国大陆地区的溢价指数实现了进一步飞跃，市场热度大涨，一度大幅超越亚太其他地区，2018 年到达 524 点，比其溢价平均值高出 285 点，比亚太其他地区该年的溢价值高出 109 点。2020 年，中国大陆地区藏家的买气一骑绝尘，溢价指数达到历史新高 808 点，并取得近几年内的最大涨幅；亚太地区的溢价指数的涨幅虽然没有大陆地区明显，也达到了历史第二高值的 332 点，考虑到 2020 全球经济的萎靡，取得这样的成绩更加难能可贵。再观海外地区中国瓷器溢价指数，近十二年来基本保持在基期 100 点之下，稳步低位前行，其平均溢价值为 72 点。自 2016 年以来，相较于其他两个区域高涨的买气，海外地区由于文化认同的困难、经济紧缩等原因，一直保持着惯有的冷静与谨慎。2020 年溢价

中国瓷器各地区溢价指数比较

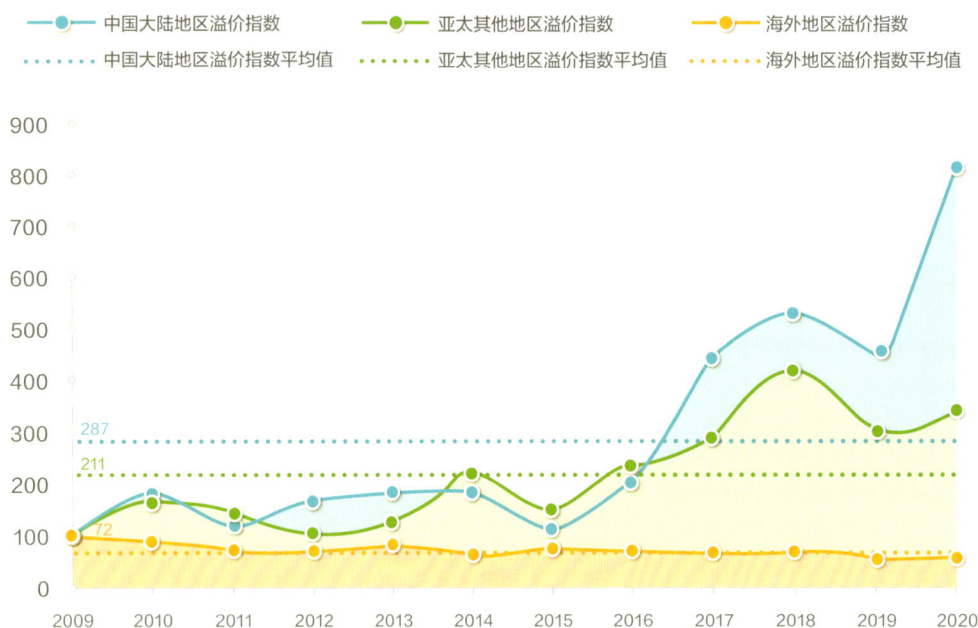

中国大陆地区溢价指数   亚太其他地区溢价指数   海外地区溢价指数

中国大陆地区溢价指数平均值   亚太其他地区溢价指数平均值   海外地区溢价指数平均值

指数仅为 49 点，仅比历史最低值高出 1 点，说明了海外地区的藏家在面对经济紧缩时，选择投资中国瓷器的意愿不强。

3. 中国瓷器各时期细分市场表现各异

根据中国陶瓷史发展和中国文物艺术品市场对中国瓷器时期划分的普遍习惯，将中国瓷器按照时期分为：高古瓷、明清瓷、民国及以后瓷器三大门类。近十二年来，

中国瓷器各时期价格指数比较

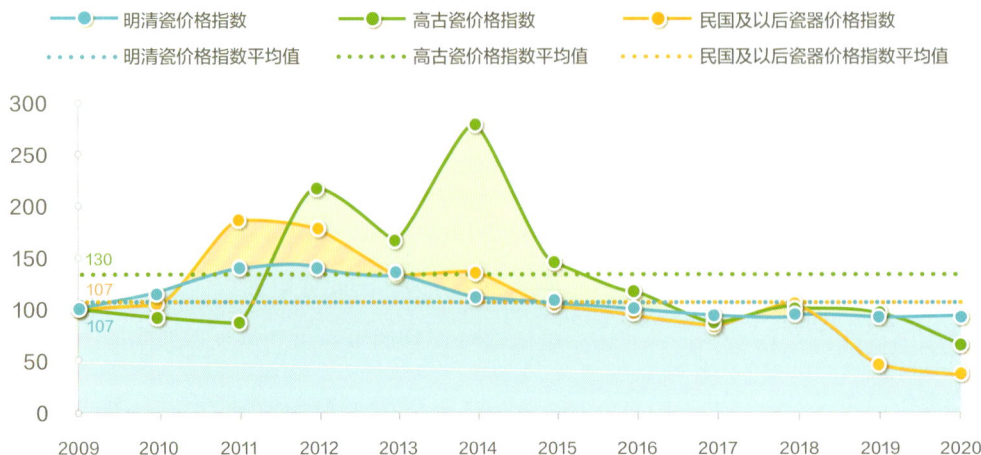

明清瓷价格指数   高古瓷价格指数   民国及以后瓷器价格指数

明清瓷价格指数平均值   高古瓷价格指数平均值   民国及以后瓷器价格指数平均值

中国瓷器各时期溢价指数比较

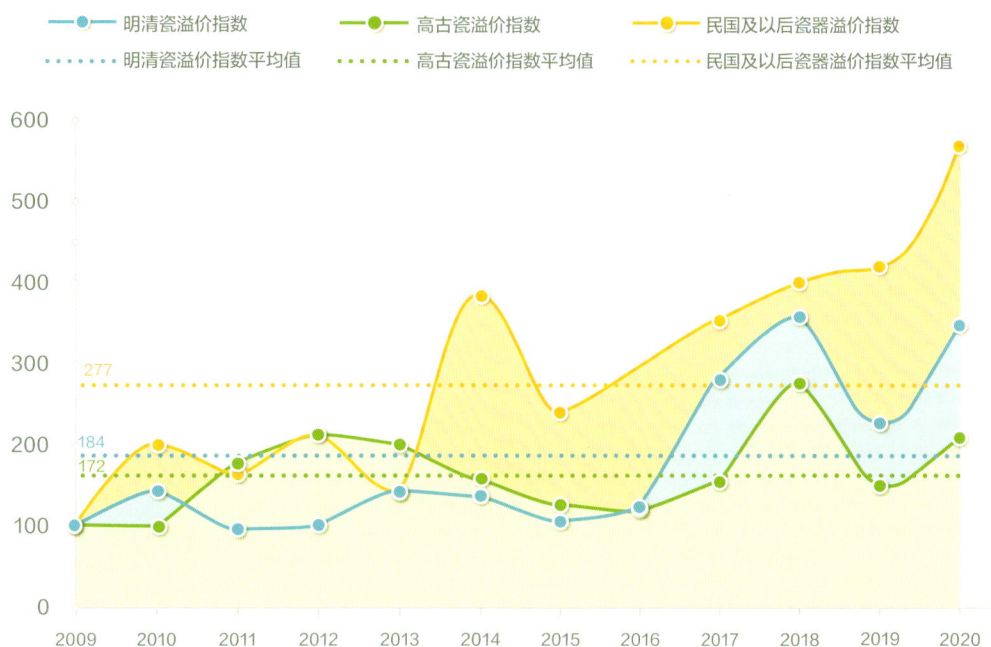

这三大时期的中国瓷器市场发展特点显著，形势各异，共同构成了中国瓷器市场的丰富业态。总体来看，在十二年的统计区间内，三大时期的中国瓷器市场发展愈加理性，能够在不同经济时期做出相应的调整，不断向价格指数平均值靠近，尤其是在经济发展复杂的环境中。2020 年，它们出现了截然不同的市场发展态势，进一步揭示了特殊时期藏家的收藏喜好。

（1）高古瓷市场发展受阻，经济下行带来挑战

高古瓷是中国瓷器市场的重要组成部分，由于年代久远，作品存世量普遍较少，尤其是精品，存世量与上拍量凤毛麟角，但其重要的历史价值与古朴大方的工艺美学深得海内外藏家喜爱。加之中国大陆地区对高古瓷的上拍一直处于严格审查的监管状态，仅许流传有序、记录在案的高古瓷进入市场流通，因此高古瓷市场在中国大陆地区市场表现较为紧俏，而在亚太其他地区和海外地区市场更为宽裕。

十二年来，高古瓷价格指数较明清瓷和民国及以后瓷器的市场走势相比基本处于高位发展状态，尤其是 2012 年至 2014 年，其各年份指数值均高于其他两个时期中国瓷器指数值。2014 年高古瓷价格指数的一路飙升则得益于亚太其他地区和海外地区的国际大拍行在高古瓷拍场上的集中式发力，该年诞生了首件过亿元的高古瓷，"北宋 定窑划花八棱大碗" 以 1.16 亿元的天价成交，使得高古瓷市场备受鼓舞。高古瓷器价格指数的均值为 135 点，比基期高出 35 点，分别比明清瓷价格指数平均值

高古瓷价格指数

平均值

和民国及以后瓷器价格指数平均值高出27点和22点，可见其市场的"硬核"实力。2018年，高古瓷价格指数由2017年的83点飞速增长至102点，涨幅达22.9%，其增长速度也同样赶超另外两个时期的中国瓷器，并向其价格指数平均值逐渐靠近。2018年，中国瓷器成交价TOP10中，仅一件"元青花缠枝'福禄万代'大葫芦瓶"以5681万元位居前十，可见其市场有待进一步深掘。2020年，高古瓷受全球经济下行影响较大，价格指数骤降为72点，成为自统计以来的历史新低，比平均值低58个点。据易拍全球研究院最新统计显示，高古瓷缺席2020年中国瓷器成交价TOP10榜单之列。全年成交价最高的"元 青花孔雀牡丹带盖梅瓶"在北京华辰以2300万人民币的价格成交，与该年中国瓷器成交价TOP10榜单之末"清 雍正粉彩六桃五蝠过枝'福寿双全'图碗"相差近1000万元，可见高古瓷"拔尖"之作的市场发掘工作仍需努力。自指数统计以来，高古瓷价格指数的最高值与最低值已达206点，市场波动继续扩大，这与各年份高古瓷的成交量与拍品质量，以及政策的宽紧程度有着较为紧密的关系。另外，在高古瓷高位发展的同时，也存在市场低位发展的价格洼地。以价格指数的均值作为高古瓷市场价格水平的判断指标来看，十二年间，仅有2012年、2013年、2014年及2015年四个年份的年度指数高于均值，其中2015年仅以7个点的微弱幅度勉强站在均值线之上，其他年份则以20至60多点的幅度处于均值线之下。2011、2017和2020年的价格指数甚至不及基期水平，说明了高古瓷市场仍存在投资收藏的价值空间。随着我国对文物艺术品交易制度和相关法律法规的不断完善，拍行与藏家对市场的不断深入开拓，高古瓷的未来发展将更为健康。

结合高古瓷的溢价指数来看，其平均值为172点，十二年来，有五年的溢价值在平均值之上，尤以2012年和2018年溢价最为明显；与基期100点相比，仅有一个

高古瓷溢价指数

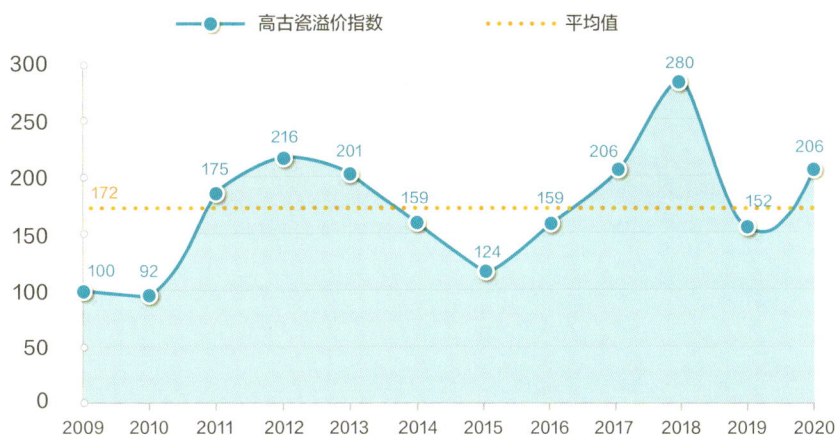

年份低于 100 点，其他年份均高于基期值。从近五年的发展态势来看，市场热度在 2016—2018 年之间有了显著的提升，并于 2018 年达到了自统计以来的历史最高值 280 点，比溢价平均值高出 111 个点，反映出藏家的入藏热情高涨，市场信心处于高位，随后在 2019 年大幅回落至 152 点。2020 年在不利于市场发展的因素增多之时，溢价指数逆势走高，这一方面和拍卖公司在网拍活动中降低起拍价的策略有关，同时网拍带来新藏家的加入，使买家间竞争激烈，高古瓷溢价指数反弹至 206 点。

（2）明清瓷市场成热点板块，引导整体上涨

明清瓷作为中国瓷器市场的重要板块，因收藏群体众多，对市场成交额贡献最大，故其价格走势可看作是中国瓷器市场的晴雨表。2020 年，明清瓷包揽了该年中国瓷器成交价 TOP10 榜单，又以清代康熙、雍正、乾隆"清三代瓷"为主将，其中"清康熙五彩十二月花神杯"以 1.32 亿元人民币的价格在北京保利"北京保利十五周年庆典拍卖会"专场中拍出，拔得该年中国瓷器成交价的头筹。根据易拍全球研究院的大数据统计显示，2020 年明清瓷的样本数据中，该年成交量上涨 12.7%，成交额下降了 20.6%，数据表明了低价位藏品的成交量在增长，网络拍卖形式虽然扩大了收藏群体，但并未弥补整体成交额的下降，市场下沉态势显著。

明清瓷十二年来的价格指数走势与中国瓷器全球指数的发展形势与涨跌幅度基本趋同，同样经历了高速增长、理性回落和蛰伏发展的三个历史时期。自 2012 年始，明清瓷市场出现下探性发展趋势，并于 2016 年下行探底，此后市场开始出现回暖迹象，连续两年稳步增长，于 2018 年达到 96 点，向其价格指数平均值靠近。2020 年明清瓷市场引领中国瓷器市场整体上涨，同比增加 3 个点。明清瓷市场十二年的平均价格指数为 107 点，略高于基期 2009 年的 100 点，最高值（2012 年的 137 点）与最低值

明清瓷价格指数

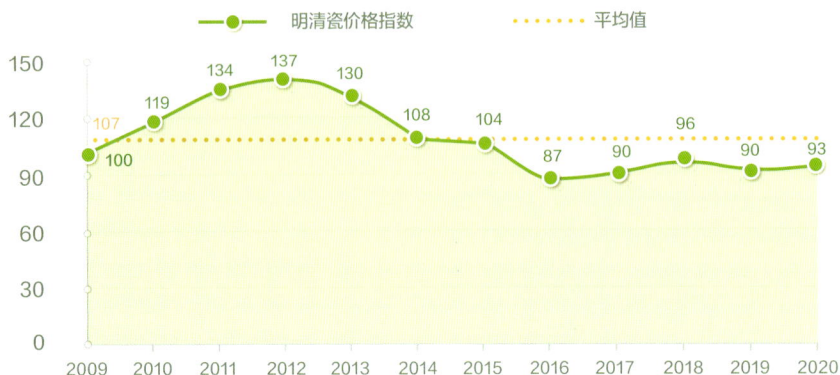

图例：明清瓷价格指数　平均值

	2009	2010	2011	2012	2013	2014	2015	2016	2017	2018	2019	2020
明清瓷价格指数	100	119	134	137	130	108	104	87	90	96	90	93
平均值	107											

（2016 年的 87 点）相差 50 点，此差值明显低于高古瓷与民国及以后瓷器的指数差值，说明其市场发展相对稳定扎实。根据易拍全球研究院的明清瓷市场样本统计数据显示，2020 年明清瓷成交价在 50 万元以下的拍品数量同比增长了 14.1%，在 2020 年经济发展疲弱的环境下，各大拍行调整策略，通过网络拍卖大幅增加了竞拍的新藏家数量；同时，高价位拍品明清瓷作为保值资产的属性增强，市场需求强劲，刺激了高端市场的购藏活力。

明清瓷溢价指数

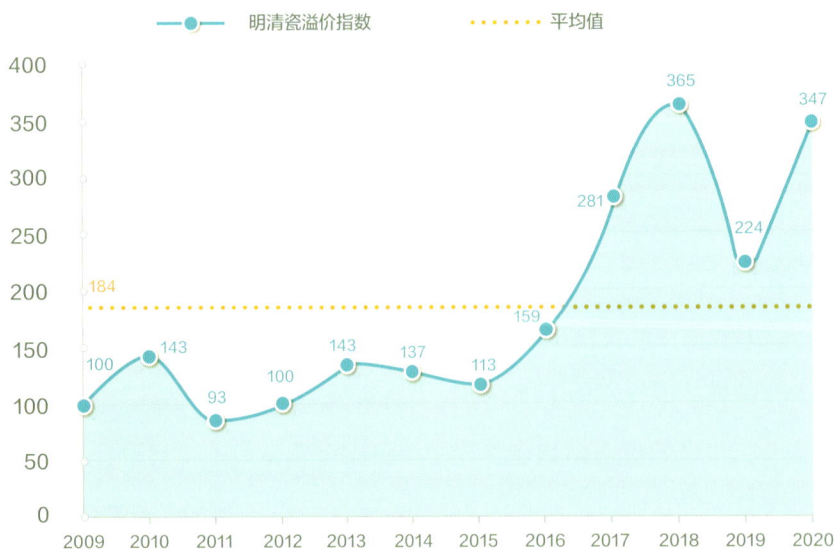

图例：明清瓷溢价指数　平均值

	2009	2010	2011	2012	2013	2014	2015	2016	2017	2018	2019	2020
明清瓷溢价指数	100	143	93	100	143	137	113	159	281	365	224	347
平均值	184											

　　从明清瓷十二年来的溢价指数来看，其溢价指数平均值为 184 点，2016 年之前各年份的溢价指数值均在平均值之下低位发展，波动起伏较小。2016 年之后，明清

瓷市场的热度不断大幅攀升，并于 2018 年达到历史峰值 365 点，藏家信心空前高涨。2020 年，明清瓷溢价指数飞跃至 347 点，同比上涨 123 个点，为自统计以来涨幅最大的一年。受新冠疫情影响，线下拍卖会骤减，明清瓷在供给端的大幅减少，进入卖方市场。在全球经济通胀的大环境下，藏家在对明清瓷的资本注入上更加坚定，这些因素协同作用，最终引导明清溢价指数创涨幅纪录。

（3）低价位拍品成民国及以后瓷器市场主力，新藏家带来市场新变化

民国及以后瓷器是中国瓷器市场领域中的新生力量，由于其存世时间相比高古瓷与明清瓷过于短暂，且制瓷工艺良莠不齐。诸多因素影响，使其收藏群体规模相对其他两大时期的瓷器基数较小，更易受到整体经济环境的左右，从而出现较大的价格波动。

民国及以后瓷器价格指数

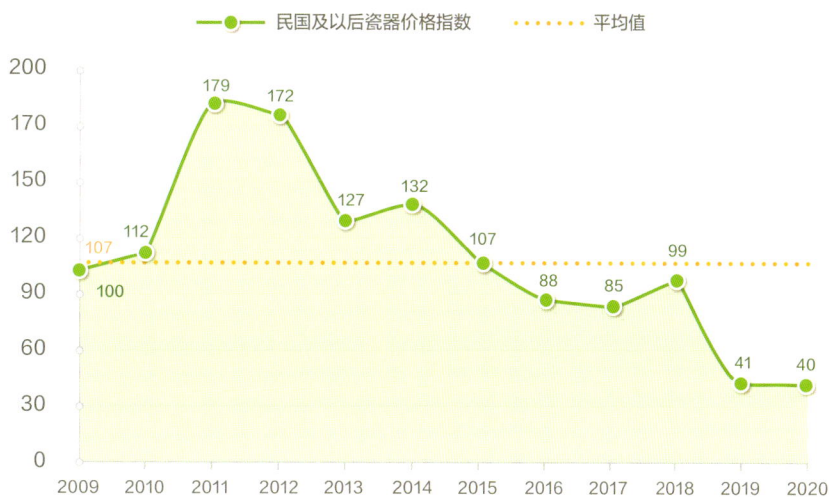

民国及以后瓷器的价格指数自 2009 年基期 100 点以来，在十二年内经历了由稳步增长到高速攀升再到理性调整，随势而动的市场发展态势。具体来看，民国及以后瓷器的市场价格指数 2011 年达到统计期内的历史最高值 179 点。2012 年，受全球经济发展放缓的普遍影响，其价格指数随中国文物艺术品市场出现同步起伏，螺旋式下跌动作一直延续到 2017 年的 85 点。以 2012 年为例，横向比较高古瓷、明清瓷和民国及以后瓷器的价格指数趋势可以发现：在 2012 年，除了民国及以后瓷器价格指数下跌之外，其他两大时期的瓷器价格指数均出现了不同程度的上涨，且都在该年达到了价格指数最高值。数据表明，民国及以后瓷器由于其本身的特质与藏家群体的小众化，难以在经济遇冷的年份抵御市场寒冬。2018 年，民国及以后瓷器的价格

指数经历了多年市场沉淀之后出现了小幅回升，但在 2019 年遭受最大跌幅，跌至 41 点。2020 年当外部经济环境整体下行，民国及以后瓷器市场依旧在底部徘徊，仅比 2019 年少一个点，下降至 40 点，几近触底。

民国及以后瓷器溢价指数

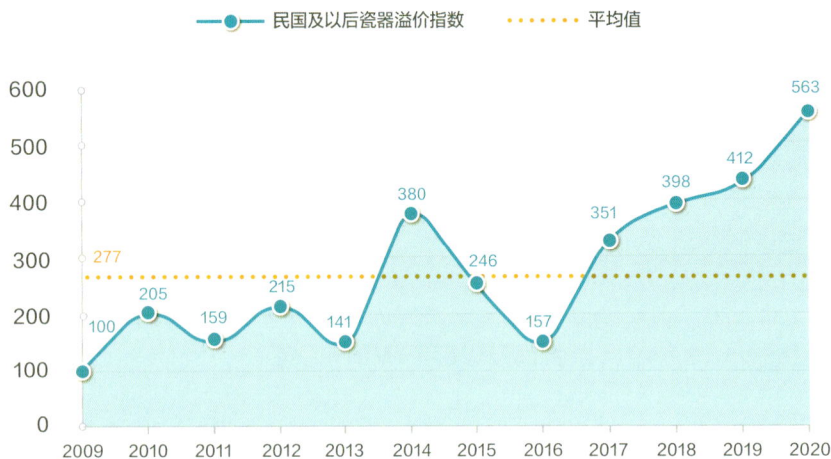

纵观民国及以后瓷器溢价指数，其溢价平均值为 277 点，近四年的溢价指数一路攀升，均高于平均溢价值。面对疫情带来的行业困境，拍卖行尽可能压低预估价格以促成交易，实际成交价格是预估价的几倍甚至几十倍，由此整体抬高了该年的溢价值。2020 年，民国及以后瓷器溢价指数为 563 点，再创历史新高，在价格指数几乎不变的情况下，拍卖行整体的低估价策略是指数高溢价的主要原因，整体板块实际上仍艰难前行。举例来说，在 2020 年 2 月中国杭州西泠印社春季拍卖上，几乎所有的民国及以后瓷器都以 600 元的超低预估价起拍，一件以 4.8 万元成交的当代金玉满堂碗口瓶便获得了 80 倍的溢价。对于低价位藏品，拍卖行预估价的作用不仅是提供价值参考，而且是尽可能地吸引藏家、促成交易。整体来看，低价位拍品的溢价要高于高价位拍品。然而，2020 年的高溢价并不能说明该板块已经火热，排除掉拍卖行故意压低预估价这一因素干扰，民国及以后瓷器板块基本延续稳步向前的态势；同时，网络拍卖的流行带来了大量新藏家的参与，这使得低价位的拍品变得格外抢手，又因该价位的成交量所占市场容量巨大，由此促高了 2020 年总体溢价值。细观各拍行的春秋两季大拍的溢价值，其平均溢价率基本维持在 1 倍左右，但整体价格没有过度增长，说明藏家入藏心态相对理性。易拍全球研究院的大数据统计显示，2020 年民国及以后瓷器市场的容量通过下沉而扩张，该年成交量增长了 37.6%，交易额下降了 51.3%，成交量的增长主要来自 50 万以下拍品，网络拍卖带来大量的新藏家，

对低价拍品的需求扩增。对于拍卖行来说，一味地降低预估价并不是长久之计。在整个行业转型中，拍卖行应利用新兴科学技术，加强宣传力度和知识体系教育，推高该板块的长期关注热度。

Chapter 4
High Value Lots in 2020

第四章 年度重要拍品图录

扫码解析艺术市场

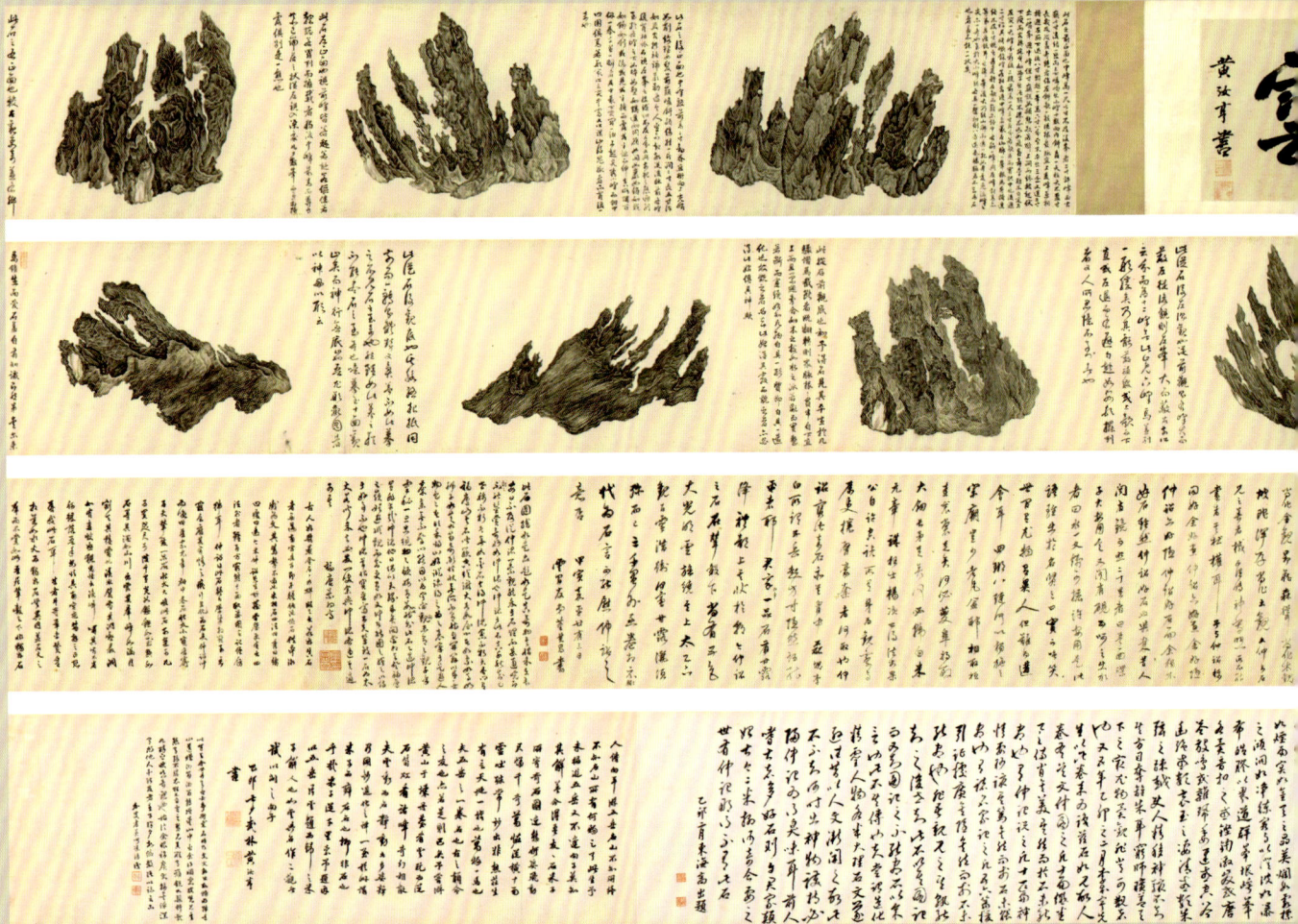

吴彬　约 1610 年作　十面灵璧图卷

北京保利　2020/10/18　LOT 3922

手卷 水墨纸本　引首一 26cm×112.5cm；引首二 47.5cm×143cm；画心 55.5cm×1150cm

题跋 55.5cm×1132cm

成交价　RMB 512,900,000

鉴藏印

1. 米万钟（1570-1628）：书画船、米万钟字仲诏、石癖
2. 萨迎阿（1779-1857）：欧·波、湘林萨迎阿章、长白钮祜禄氏
3. 李维桢（1547-1626）：天放生、李维桢印、李氏本宁、李维柱印、李氏本石
4. 董其昌（1555-1636）：知制诰日讲官、董其昌印
5. 叶向高（1562-1627）：紫云黄檗山人、叶向高印
6. 陈继儒（1558-1639）：眉公
7. 耆英（1787-1858）：御赐福寿日增、宗愚、耆英私印
8. 邹迪光（1550-1626）：邹迪光印、彦吉氏
9. 张师绎（1575-1632）：画眉郎、张师绎印
10. 高出（1579-1630）：高出之印、孜之父
11. 黄汝亨（1558-1626）：黄汝亨印、贞父氏

著　录

1. [明] 李维桢：《大泌山房集》卷一百二十六，明万历三十九年，1611 年，刻本。
2. [明] 董其昌：《容台别集》卷四，明崇祯三年，1630 年，董庭刻本。
3. [明] 叶向高：《苍霞续草》卷八，明万历刻本。
4. [明] 陈继儒：《白石樵真稿》卷十六，《尺牍》卷三，明崇祯刻本。
5. [明] 邹迪光：《石语斋集》卷二十二、二十六，明刻本。
6. [明] 吴伯与：《素雯斋集》卷一，明天启刻本。
7. [明] 张鼐：《宝日堂初集》卷十一，明崇祯二年，1629 年，刻本。
8. [明] 龙膺：《纶薶文集》卷九，清光绪十三年，1887 年，刻本。
9. [明] 王思任：《谑庵文饭小品》卷四，清顺治十五年，1658 年，刻本。
10. [明] 孙承泽：《春明梦余录》卷六十五，清四库全书本。

11. [清] 朱彝尊：《钦定日下旧闻考》卷四十四，清乾隆刻本。
12. [清] 卞永誉：《式古堂书画汇考》画卷之一，清康熙二十一年，1682 年，刻本。
13. 何伟清：《董其昌国际学术研讨会论文集》，纳尔逊·阿特金斯艺术博物馆，1992 年，第 4-21 页。
14. 何慕文：《趋古：台北故宫博物院珍品特展》，纽约大都会艺术博物馆，1996 年，第 48 页。
15. 方闻：《中华瑰宝》，纽约大都会艺术博物馆，1996 年，第 408 页。
16. 蔡九迪：《蒲松龄和聊斋志异》，斯坦福大学出版社，1997 年，第 81-86 页，插图第 84-85 页。
17. 墨瑞、罗伯特：《天地中的天地》，哈佛大学，1997 年，第 224 页。
18. 施耐特、丹尼尔和克劳迪亚·布朗：《天堂之路》，苏黎世斯特博物馆，1998 年，第 77-81 页。
19. 张洪：《后拍卖时代：纽约中国绘画》，《怀古堂》，1999 年春季刊第十一期，第 52-61 页。
20. 斯蒂芬·利特尔：《怪石：伊恩和苏珊威尔逊藏中国赏石及文玩》，加州大学伯克利出版社，1999 年。
21. 菲利浦·乌尔施普龙：《赫尔佐格和德梅隆：自然的历史》，加拿大人中心，2002 年，第 112-113 页。
22. 丁文父：《中国古代赏石》，三联书店，2002 年，第 54 页。
23. 高居翰、黄晓、刘珊珊：《不朽的林泉——中国古代园林绘画》，三联书店，2012 年，第 148 页。
24. 黄晓、贾珺：《吴彬〈十面灵璧图〉与米万钟非非石研究》，《装饰》2012 年 8 月（总第 232 期），第 62-67 页。
25. 何慕文、巫鸿：《古法今用：纽约大都会博物馆当代水墨艺术大展》，纽约大都会艺术博物馆，2013 年。

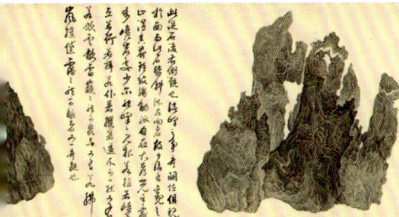  

26. 陈韵如：《奇幻真如：试论吴彬的居士身份与其画风》，《中正汉学研究》，2013 年 6 月第 1 期（总第 21 期），第 251-278 页。

27. 沈歆：《从画山到画石：奇石、观看与吴彬的山水画创作》，《文艺研究》2015 年第 7 期，第 134 页。

28. 马科斯·弗拉克斯：《岩壑奇姿——十七世纪吴彬画卷〈十面灵璧图〉研究》，2017 年。

29. 贾珺、黄晓、李旻昊：《古代北方私家园林研究》，清华大学出版社，2019 年，第 152-156 页。

展 览

1. "天地中的天地：罗森·布鲁姆藏中国文人石"，塞克勒博物馆，1997.5.10-1997.20。

2. "天堂之路"，斯特博物馆，苏黎世，1998.5-1998.8。

3. "怪石：伊恩和苏珊·威尔逊藏中国赏石及文玩展"，芝加哥艺术博物馆，1995.5.1-1995.8.1。

4. "文人石、园林艺术及书画大观"，纽约大都会艺术博物馆，2000.2.1-2000.8.20。

5. "吴彬：十面灵璧图"，洛杉矶郡立博物馆，2017.12.10-2018.6.24。

释 文

1. 巉壑奇姿。邢侗。钤印：邢侗之印、子愿 鉴藏印部分

2. 五岳片云。黄汝亨书。钤印：黄贞父氏、尚书郎之章同上

题跋：略

按 语

明代宫廷画家吴彬是晚明人物"变形主义画风"和"复兴北宋经典山水画风"的主要倡导者和领导者之一，享有"画仙"之誉。《十面灵璧图卷》是吴彬为米万钟所创作的重要作品。相传，明晚期"石隐庵居士"米万钟在南京六合得到一件罕见奇石，称为非非石，古人常以奇石不能全美为憾，但非非石从十面皆有可观。万历三十六年（1608 年），米万钟担任六合县令时结识了吴彬，并邀请为其所藏的非非石作画。吴彬以卓越的绘画技法分别从十个不同的角度为这块奇石进行了原尺寸描绘，图中奇石钩脉相连，宛如升腾的火焰，极富动感。画毕，米万钟邀请邢侗、黄汝亨、李维桢、董其昌、叶向高等一众友人为此画题引首与题跋。《十面灵璧图》以形写神，形神兼备。除蕴含中国传统绘画笔墨外，又参以几何原理、音律节奏、五行之说，可谓奇石。吴彬灵活运用了唐人孙位的画火技法，这种以火画石所取得的效果为董其昌赞叹为"灵光腾越，欲烛斗间"。

创作于四百年前的一幅 27 米长卷，流传至今依然品相完好，说明此卷在历代藏家手中都得到了良好保管，而其递藏关系也在题跋中有较为清晰的展现。"赏石"是鉴赏天然而成的形状不一的石头，这种奇石一般存在于名山大川、风景名胜之地，与大自然融为一体，此卷可谓是古代赏石鉴藏之风的代表作。这张《十面灵璧图卷》的卓越绘画技法与思想内涵值得后人研究学习，其所蕴含的晚明赏石鉴藏文化、政治生态在作品中有较好的展现，加之此类书画的稀有程度，使得该藏品具有极大的收藏价值。

中国收藏
拍卖年鉴
2021

CHINESE FINE ART &
ANTIQUES AUCTION
YEARBOOK 2021

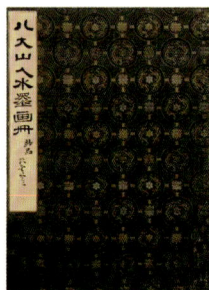

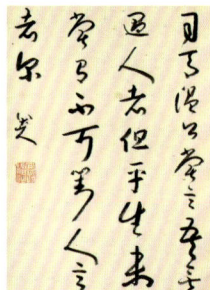

八大山人　1698 年作　山水花鸟书法册
中国嘉德　2020/12/01　LOT 290
册页（十七开）水墨纸本　29cm×22cm×17
成交价　RMB 71,920,000

八大山人　1701 年作 枯木双禽
佳士得香港　2020/12/02　LOT 889
立轴　水墨纸本　127.5cm×43.2cm
成交价　RMB 8,813,850

八大山人　荷花双鸟
苏富比香港　2020/10/08　LOT 2543
立轴　水墨纸本　94.6cm×32.8cm
成交价　RMB 9,876,928

八大山人　拒霜游鱼图
北京荣宝　2020/08/23　LOT 239
立轴　水墨纸本　104cm×54.5cm
成交价　RMB 60,950,000

八大山人　松鹿图
十竹斋拍卖（北京）　2020/10/18　LOT 3044
立轴　水墨纸本　182cm×62cm
成交价　RMB 11,270,000

中国收藏
拍卖年鉴
2021

CHINESE FINE ART &
ANTIQUES AUCTION
YEARBOOK 2021

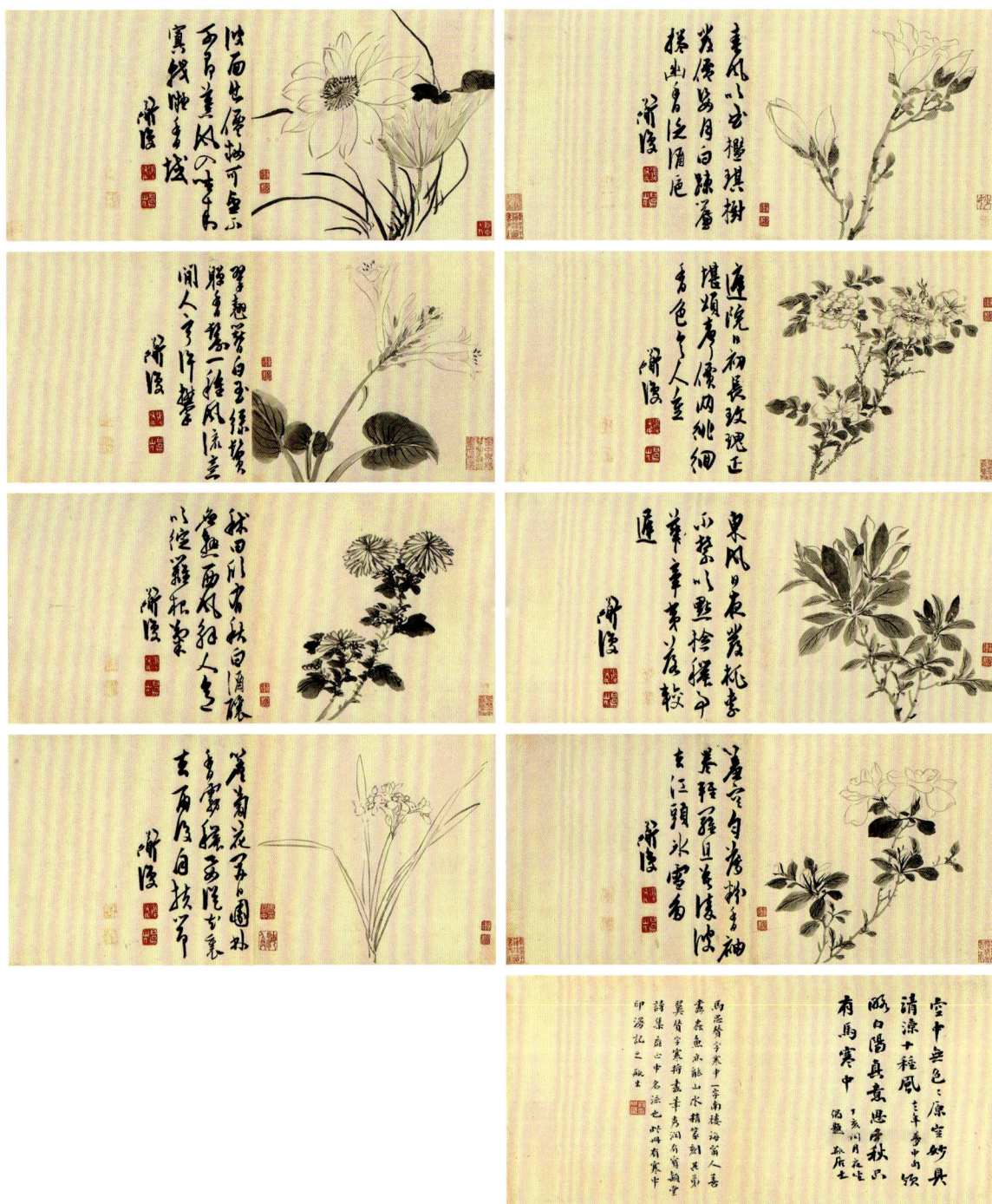

陈淳　花卉册
北京保利　2020/10/18　LOT 4027
册页（八开十六页）水墨纸本　24cm×27cm×16
成交价　RMB 34,500,000

陈洪绶 秋江独钓图
北京宝瑞盈 2020/10/15 LOT 866
立轴 水墨纸本 56cm×27.5cm
成交价 RMB 6,380,000

陈洪绶 曳杖看山图
中国嘉德 2020/12/04 LOT 1037
扇面 设色金笺 17cm×51.5cm
成交价 RMB 6,496,000

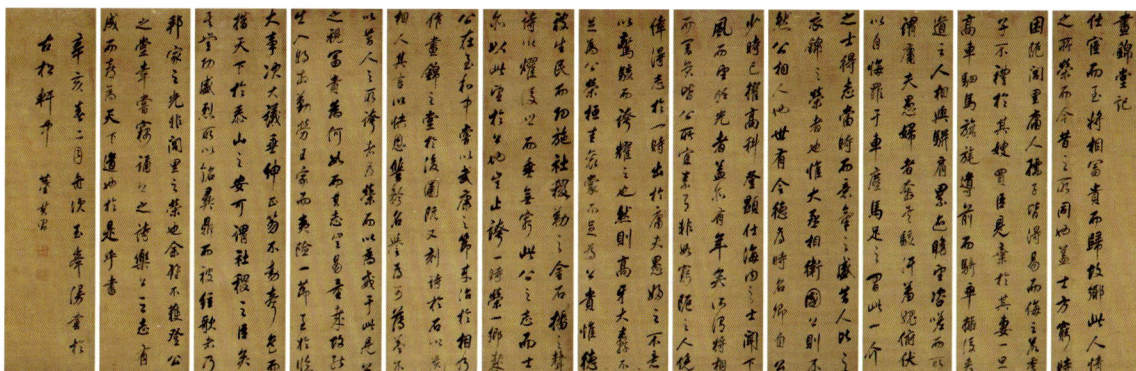

董其昌 1611年作 行书 昼锦堂记十二屏
上海嘉禾 2020/12/13 LOT 8085
镜片 绢本 184cm×47cm×12
成交价 RMB 18,975,000

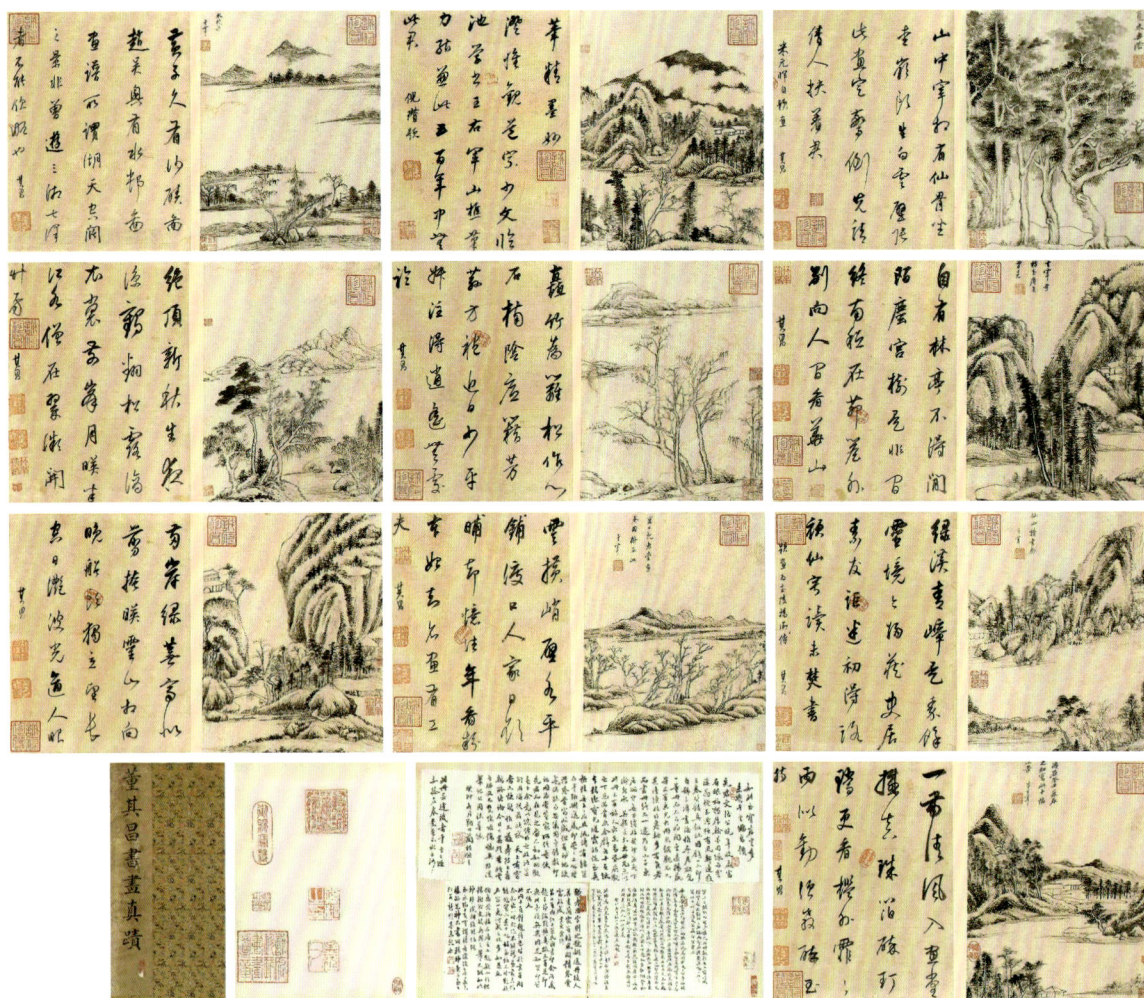

董其昌　1613 年作　书画合璧山水小景

中国嘉德　2020/08/16　LOT 780

册页（十开二十页）水墨纸本　29.5cm×22.5cm×20

成交价　RMB 75,400,000

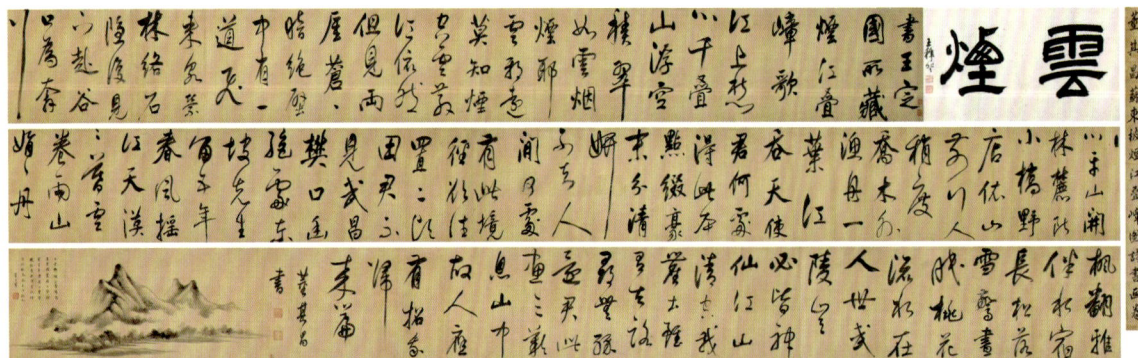

董其昌　拟苏东坡烟江叠嶂图诗书画合璧卷

北京保利　2020/10/18　LOT 4045

手卷　水墨绢本

引首　34cm×58cm；书法　36.5cm×1037cm；画心　40.5cm×100cm

成交价　RMB 44,275,000

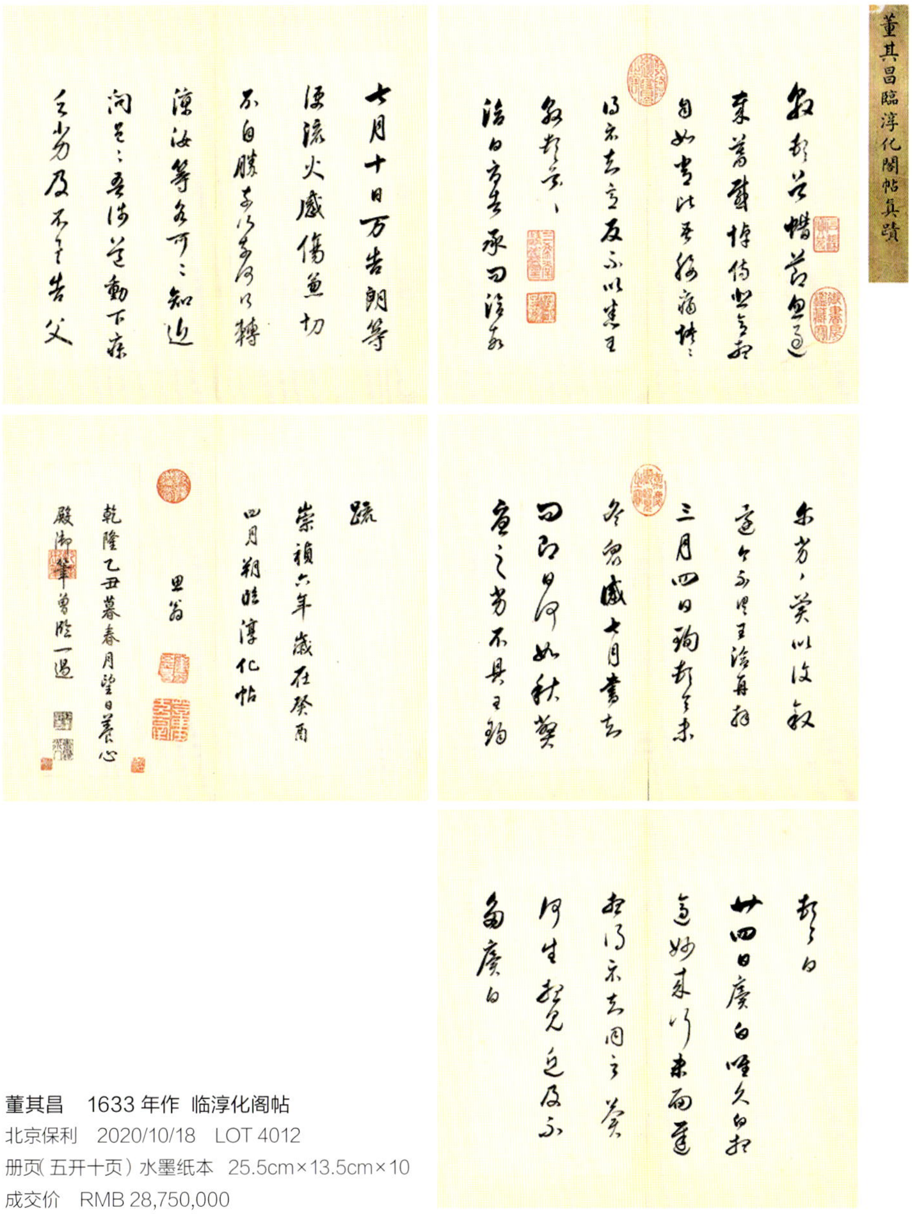

中国书画 ⋯⋯⋯ 古代 ⋯⋯⋯ 董其昌

董其昌临淳化阁帖真迹

董其昌　1633 年作　临淳化阁帖
北京保利　2020/10/18　LOT 4012
册页（五开十页）水墨纸本　25.5cm×13.5cm×10
成交价　RMB 28,750,000

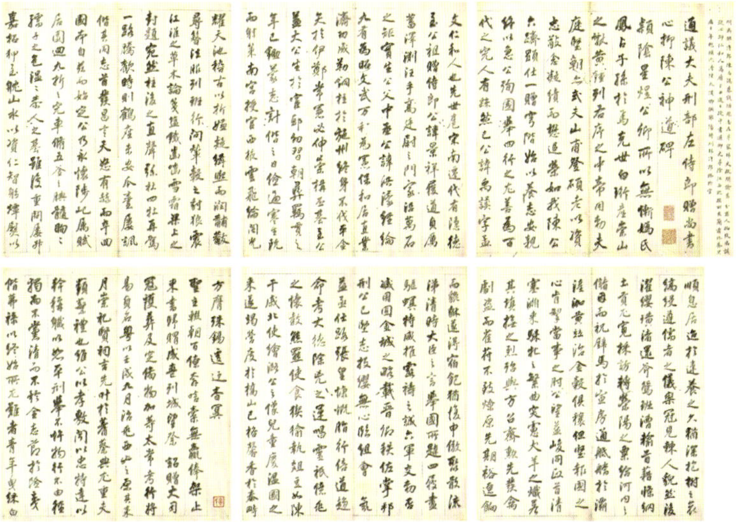

董其昌　行书　陈心抑尚书神道碑（局部）
苏富比香港　2020/07/09　LOT 2555
八开　水墨纸本　35cm×32cm×8
成交价　RMB 17,972,743

中国收藏
拍卖年鉴
2021

CHINESE FINE ART &
ANTIQUES AUCTION
YEARBOOK 2021

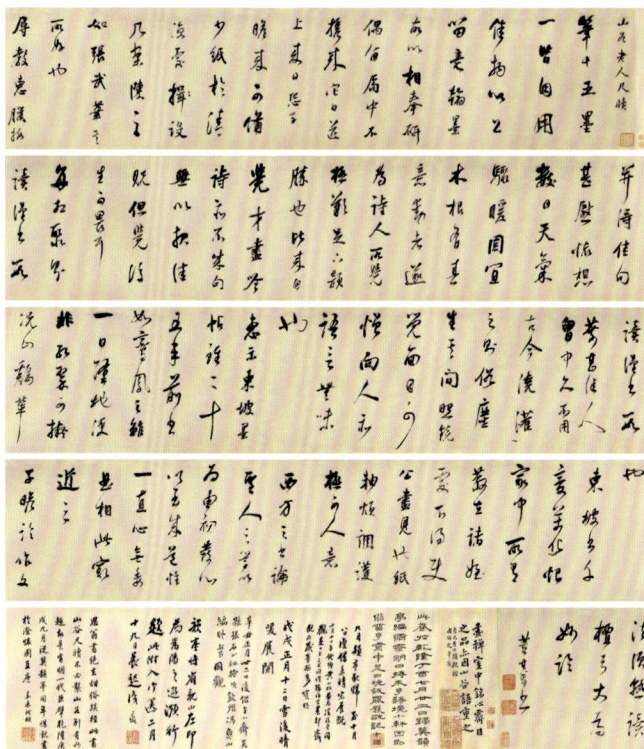

董其昌　山谷老人尺牍卷
上海朵云轩　2020/09/24　LOT 1654
手卷　绫本　23.5cm×460cm
成交价　RMB 6,670,000

董其昌　行书　房村夜宿刘生谈河事
北京保利　2020/12/05　LOT 1073
立轴　水墨绫本　245cm×56cm
成交价　RMB 5,060,000

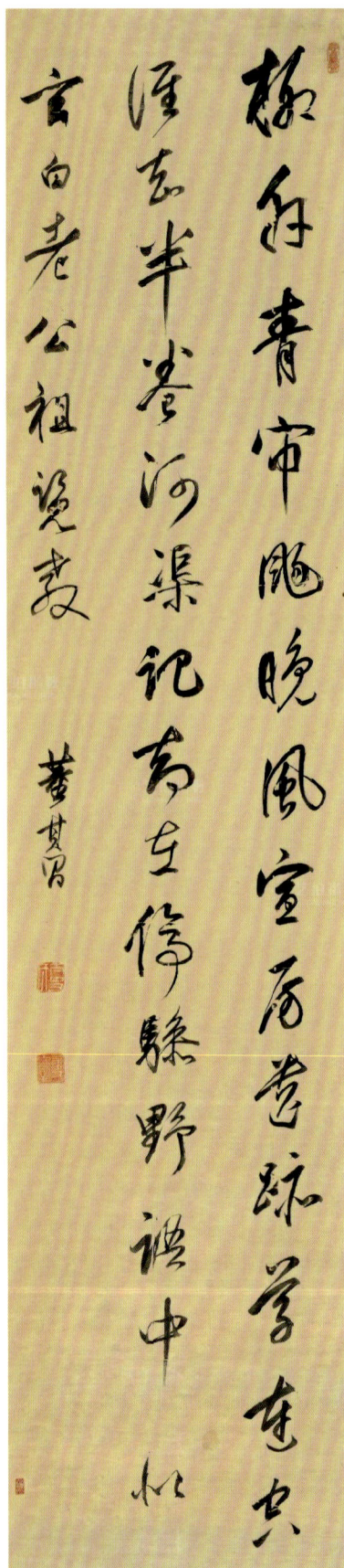

邓石如　隶书
上海朵云轩　2020/09/24　LOT 1604
立轴　水墨纸本　106cm×44.5cm
成交价　RMB 6,210,000

董源　烟岚重溪图

西泠印社　2020/08/08　LOT 1102

镜片　水墨纸本　36.5cm×64.5cm

成交价　RMB 32,200,000

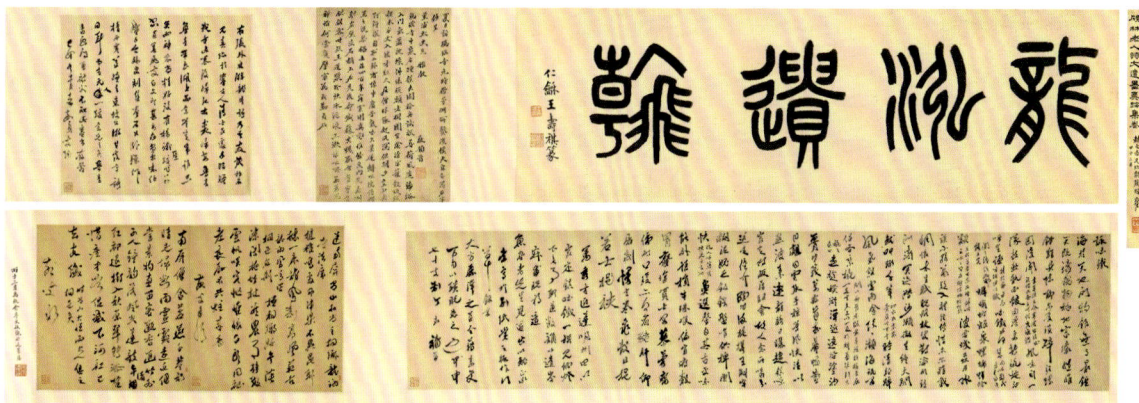

丁敬　砚林老人诗文遗墨集卷

中国嘉德　2020/12/01　LOT 275

手卷　水墨纸本

引首 25cm×85cm；书法① 27cm×19cm；书法② 22cm×101.5cm；书法③ 25cm×27cm；书法④ 23.5cm×44.5cm

成交价　RMB 23,780,000

戴本孝　1690 年作　天门垂钓图

上海朵云轩　2020/09/24　LOT 1634

立轴　水墨绢本　169.5cm×58cm

成交价　RMB 9,890,000

杜堇　听琴图

北京保利　2020/12/05 LOT 1018

立轴　设色绢本　163cm×94.5cm

成交价　RMB 21,390,000

中国书画──古代──董源　丁敬　戴本孝　杜堇

201

道光帝　1827年作　楷书　白龙潭龙神庙匾额
北京翰海　2020/12/11　LOT 646
横幅镜心　库绢　93.5cm×226cm
成交价　RMB 5,290,000

方琮　桃蹊春霭图
东京中央（香港）　2020/06/14　LOT 197
立轴　设色纸本　141cm×84.5cm
成交价　RMB 5,838,303

龚贤　培芝图
荣宝斋（上海）　2020/10/25　LOT 88
立轴　水墨绢本　184cm×55cm
成交价　RMB 9,775,000

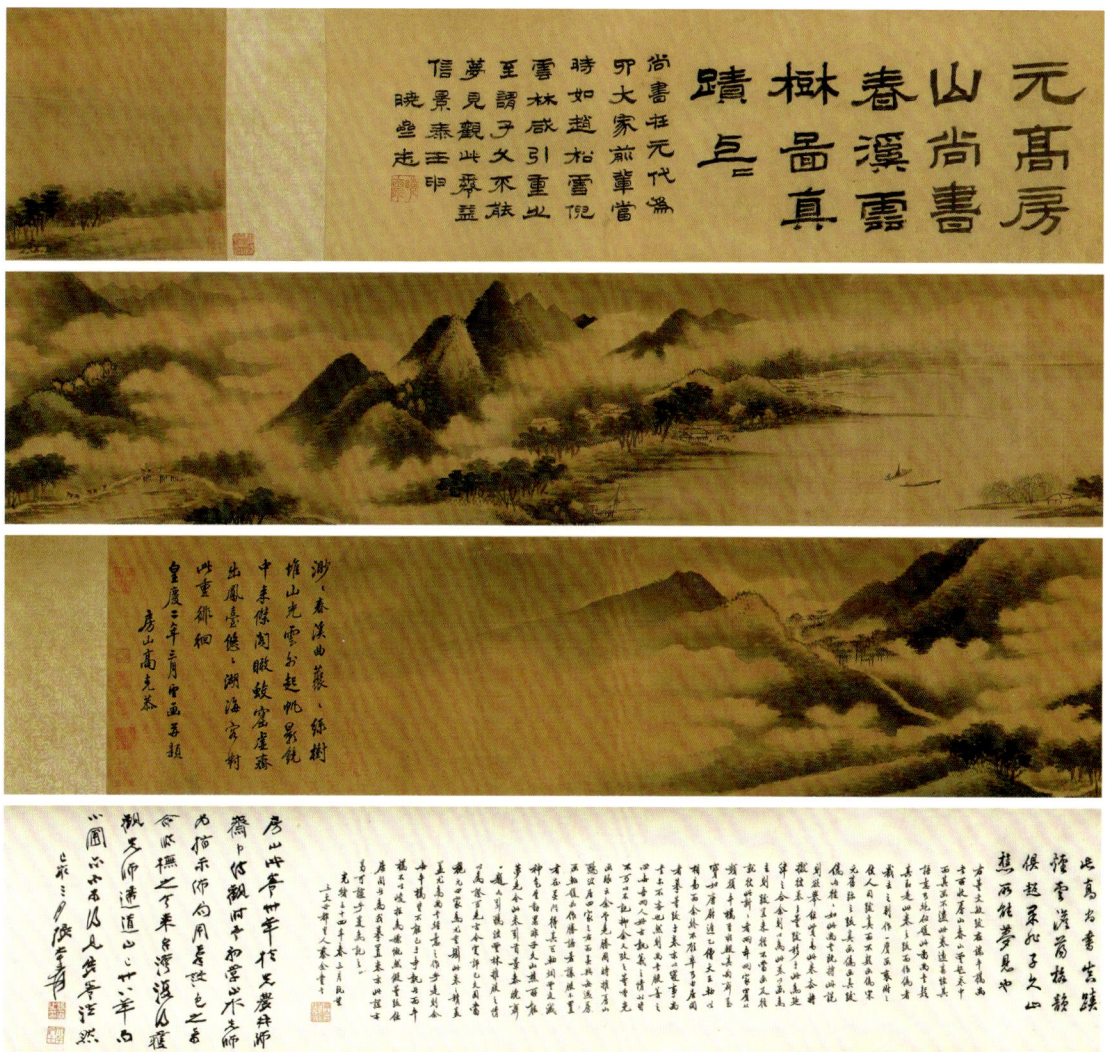

高克恭　春溪云树

中鸿信　2020/12/06　LOT 1222

手卷 设色绢本　引首 29.5cm×94cm；画心 30cm×272cm；题跋 29.5cm×135cm

成交价　RMB 6,382,500

 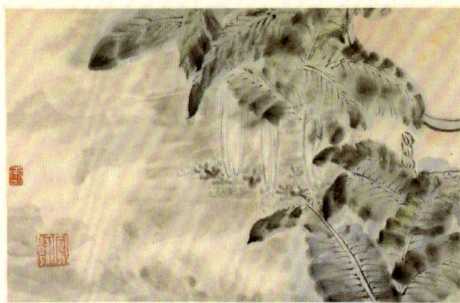

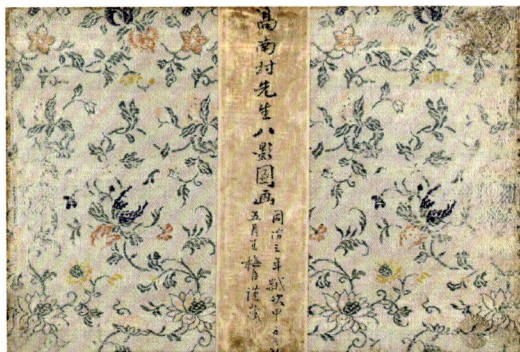 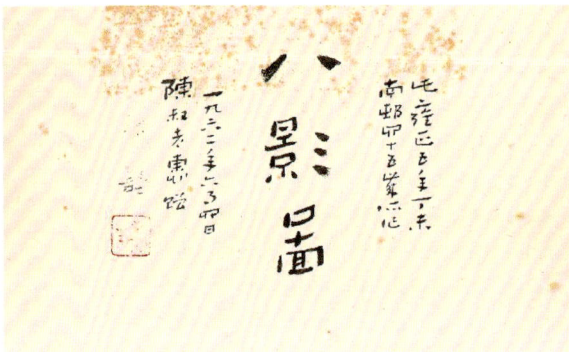

高凤翰　1727年作　八影图册
北京保利　2020/12/05　LOT 1057
册页（八开）设色纸本　15.5cm×24.5cm×8
成交价　RMB 9,775,000

黄道周 楷书诗四首
中国嘉德 2020/12/04 LOT 1019
扇面 水墨金笺 28cm×91cm
成交价 RMB 5,452,000

黄公望 虞山图
广东崇正 2020/09/13 LOT 380
立轴 水墨纸本 91cm×28cm
成交价 RMB 8,970,000

黄慎 1738 年作 桃源图
佳士得香港 2020/12/02 LOT 867
手卷 设色绢本 34cm×260cm
成交价 RMB 5,241,140

中国收藏
拍卖年鉴
2021

CHINESE FINE ART &
ANTIQUES AUCTION
YEARBOOK 2021

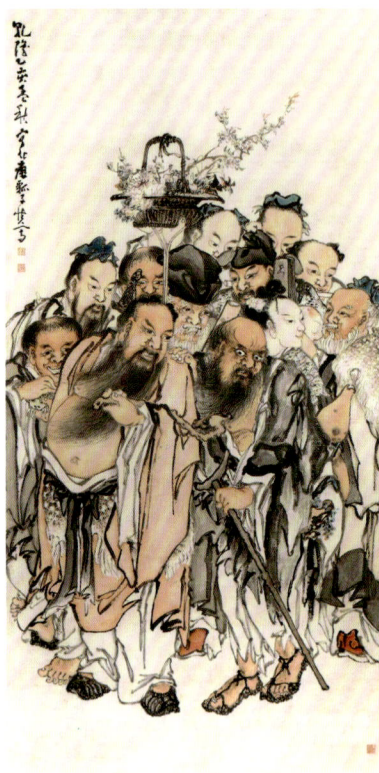

黄慎　群仙图
北京荣宝　2020/08/23　LOT 224
设色纸本　272.5cm×136cm
成交价　RMB 11,500,000

黄鼎　1723 年作　万木奇峰图
北京保利　2020/12/05　LOT 1064
立轴　水墨纸本　186.5cm×75cm
成交价　RMB 5,175,000

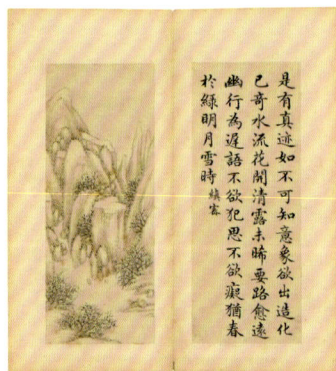

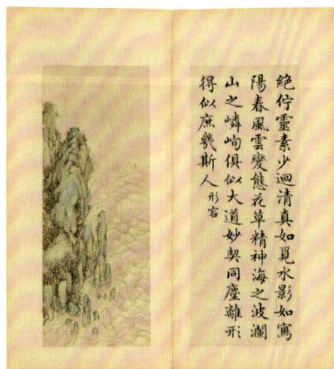

黄钺　赵秉冲　司空图二十四诗品册（局部）
苏富比香港　2020/10/08　LOT 2544
册页（四十八开）设色纸本　16.6cm×6.6cm×48
成交价　RMB 18,121,242

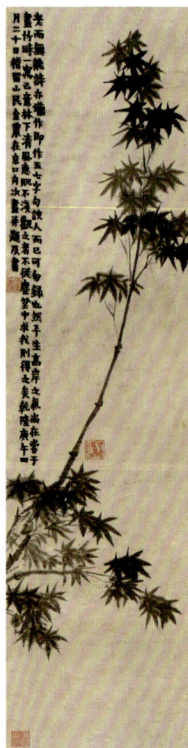

金农　1750 年作　墨竹
十竹斋拍卖（北京）　2020/10/18　LOT 3052
立轴　水墨纸本　118cm×30cm
成交价　RMB 6,900,000

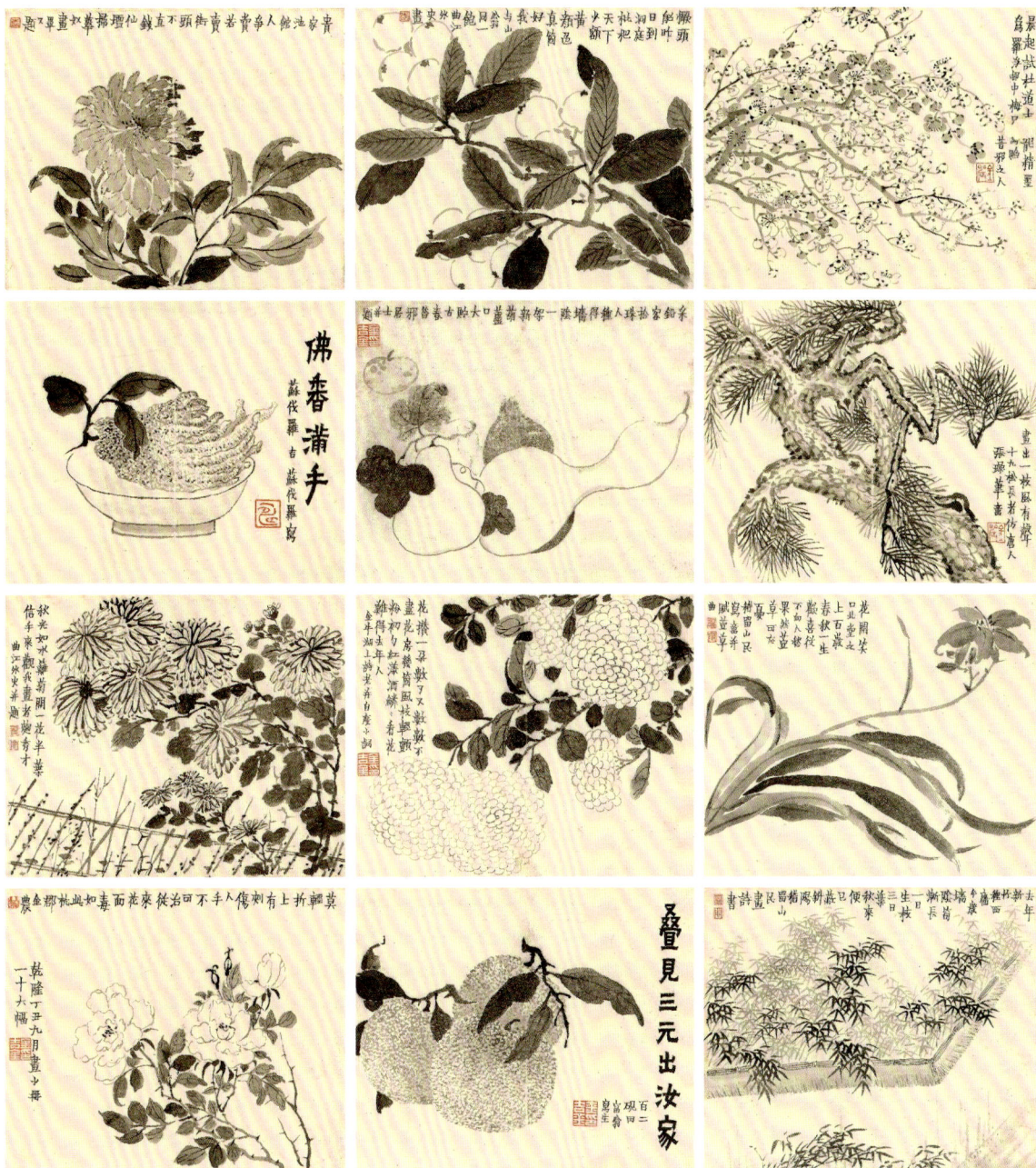

金农　1757 年作　绘画集锦册

北京保利　2020/12/05　LOT 1058

册页（十二开）水墨纸本　21cm×27cm×12

成交价　RMB 5,750,000

中国收藏
拍卖年鉴
2021

CHINESE FINE ART &
ANTIQUES AUCTION
YEARBOOK 2021

居廉　1877 年作　群芳竞妍册（十二帧）
苏富比香港　2020/07/10　LOT 2788
镜框　设色纸本　21.5cm×27cm×12
成交价　RMB 6,442,235

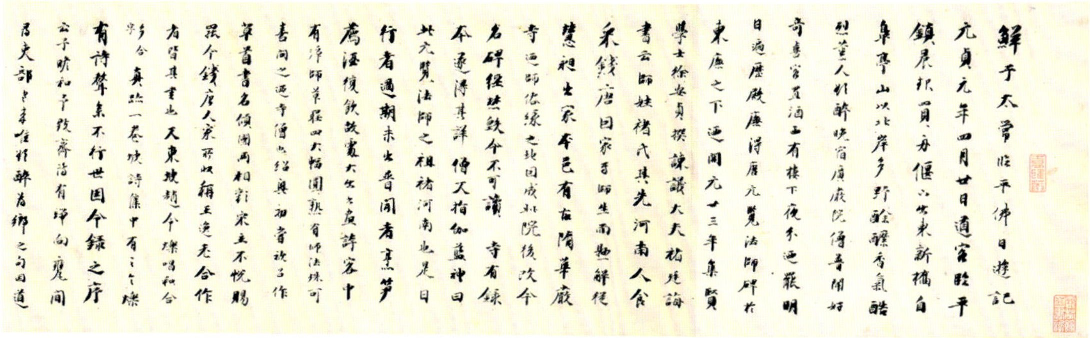

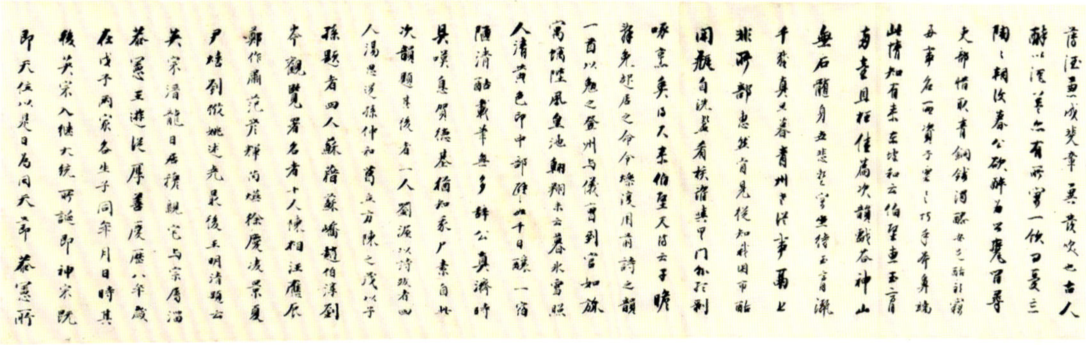

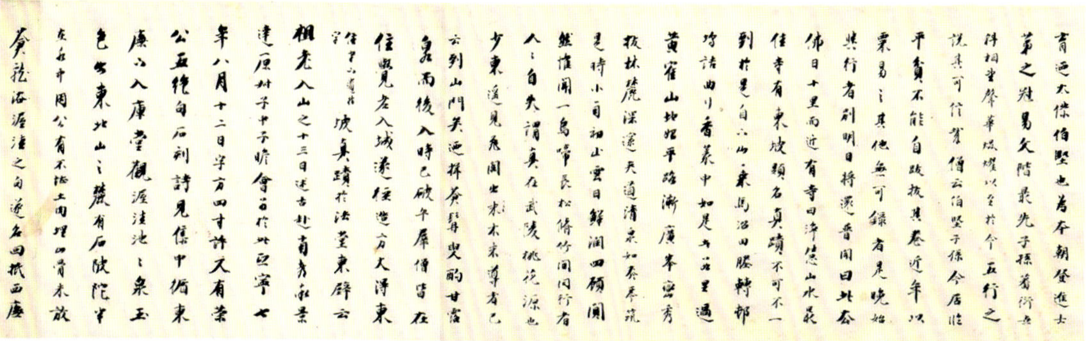

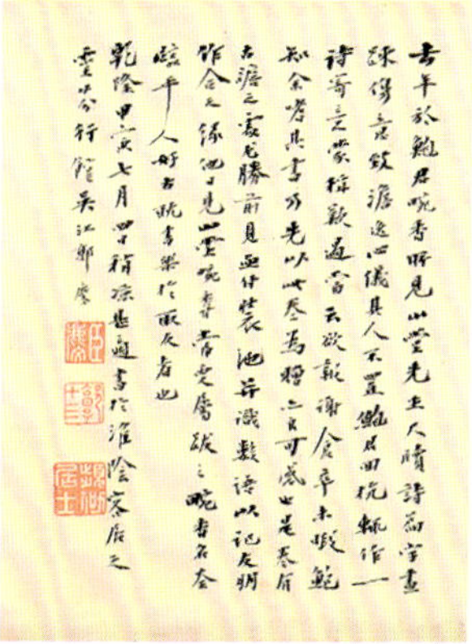

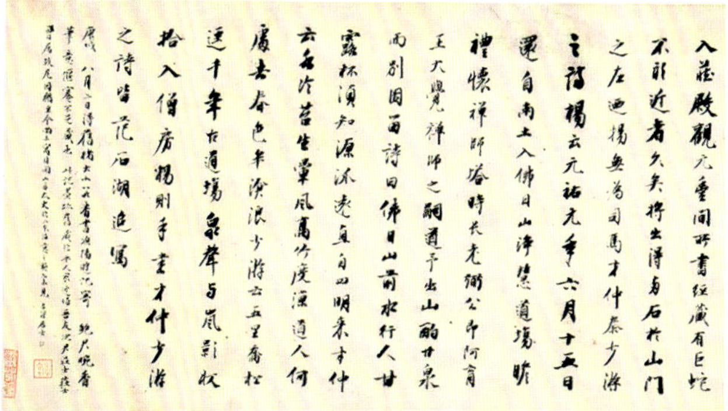

中国书画 —— 古代 —— 蒋仁

蒋仁 1790年作 行书 鲜于太常游记

十竹斋拍卖（北京）2020/10/18 LOT 1087

手卷 水墨纸本 本幅 23.5cm×275cm；题跋 26cm×19.5cm

成交价 RMB 5,635,000

蒋廷锡　莲塘白鹭图
中鸿信　2020/12/06　LOT 1213
立轴　设色绢本　97cm×38.5cm
成交价　RMB 21,275,000

李容瑾　汉宫秋苑图
北京宝瑞盈　2020/10/15　LOT 872
立轴　水墨绢本　101.5cm×54.5cm
成交价　RMB 46,400,000

李唐 炼丹图
西泠印社 2020/08/08 LOT 1100
水墨绢本 30cm×23cm
成交价 RMB 6,325,000

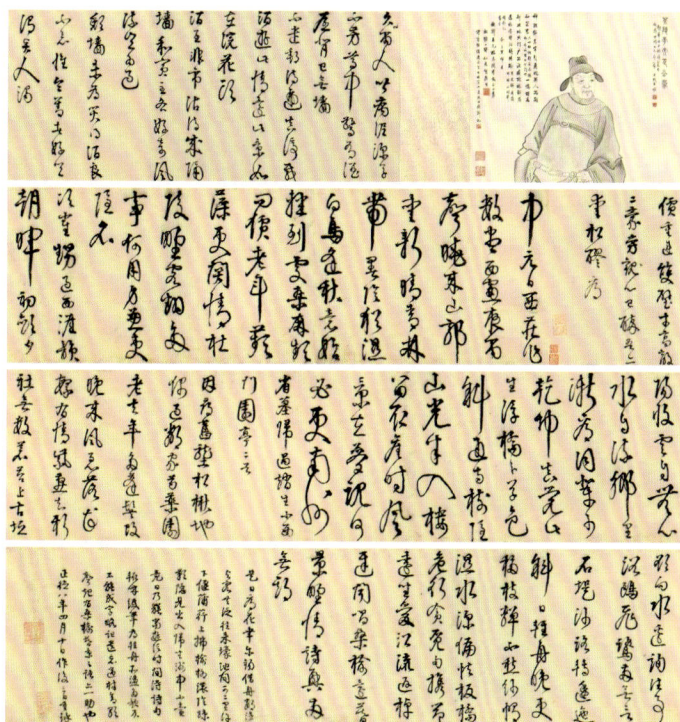

李东阳 1513 年作 行书自作诗卷
北京保利 2020/10/18 LOT 4021
手卷 水墨纸本 引首 25cm×33cm；书法 25.5cm×79.5cm、25.5cm×280cm
成交价 RMB 6,555,000

中国收藏
拍卖年鉴
2021

CHINESE FINE ART &
ANTIQUES AUCTION
YEARBOOK 2021

中国书画 —— 古代 —— 蓝瑛 娄坚

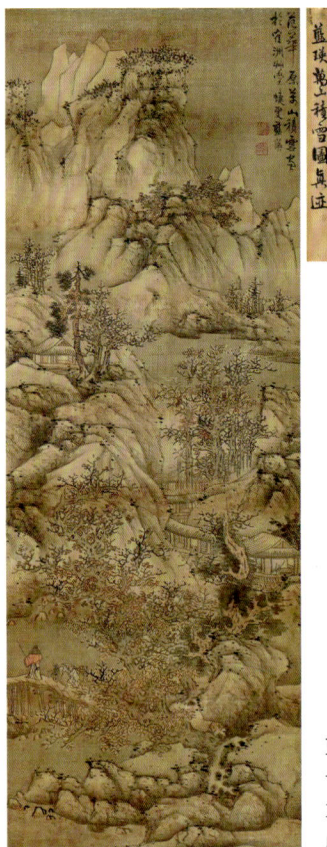

蓝瑛 华山积雪图
十竹斋拍卖（北京） 2020/10/18 LOT 3040
立轴 设色绢本 176cm×63cm
成交价 RMB 5,175,000

娄坚 1610年作 行书 同谷七歌卷
上海朵云轩 2020/09/24 LOT 1642
手卷 绢本 29cm×360cm
成交价 RMB 12,075,000

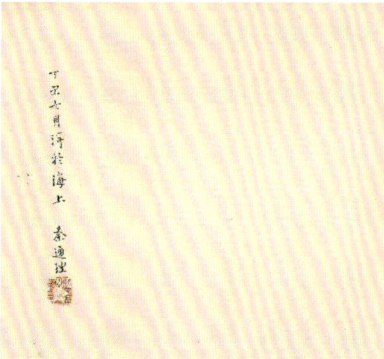

刘彦冲　1844 年作　仿古山水册
北京保利　2020/12/05　LOT 1059
册页（八开）设色纸本　31cm×33.5cm×8
成交价　RMB 5,807,500

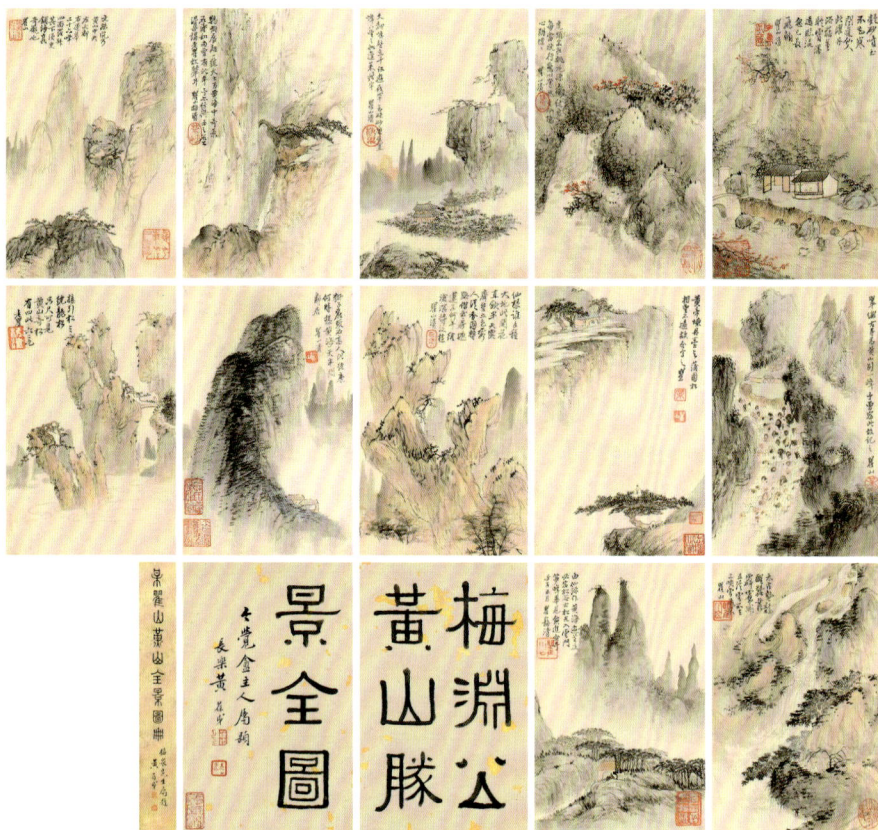

梅清 1672 年作 黄山胜景全图册
北京保利 2020/10/18 LOT 3908
册页（十二开）设色纸本 21cm×13.7cm×12
成交价 RMB 8,395,000

牟德新 仿展子虔游春图
北京保利 2020/10/18 LOT 4043
镜心 设色绢本 171cm×100cm
成交价 RMB 9,200,000

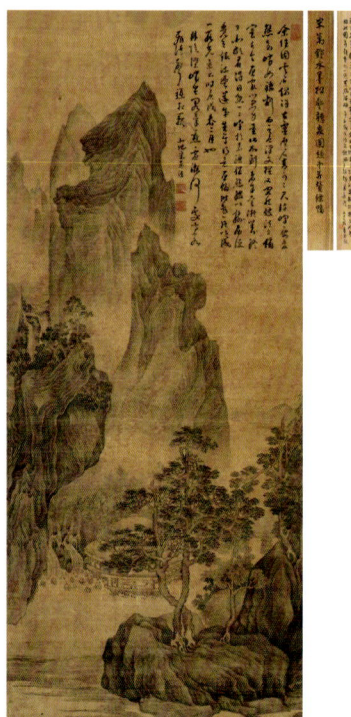

米万钟 1610 年作 岩壑奇姿
北京保利 2020/12/05 LOT 1066
立轴 设色绢本 132cm×57cm
成交价 RMB 9,545,000

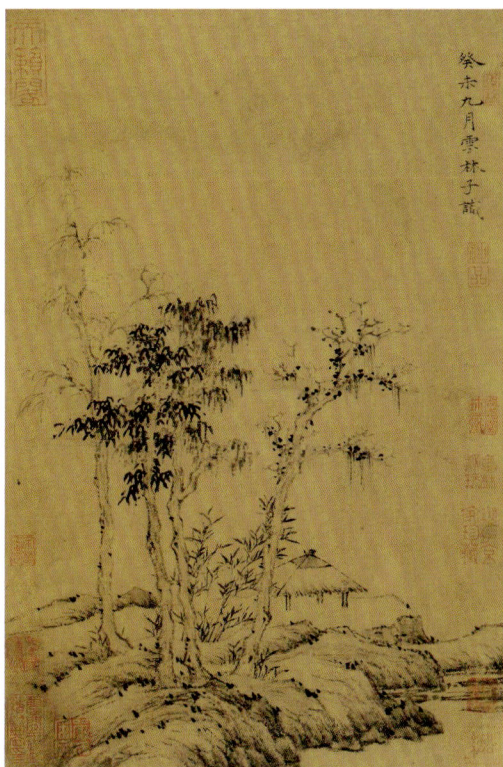

中国书画 —— 古代 —— 倪瓒 钱维城

倪瓒 1343 年作 秋亭图
西泠印社 2020/08/08 LOT 1101
镜片 水墨纸本 41.5cm×27.5cm
成交价 RMB 8,625,000

钱维城 春日回舟津门图
中国嘉德 2020/08/16 LOT 776
立轴 设色纸本 166cm×114cm
成交价 RMB 18,560,000

钱维城 花卉册
中国嘉德 2020/08/16 LOT 775
册页（十二开）设色纸本 27.5cm×37cm×12
成交价 RMB 60,320,000

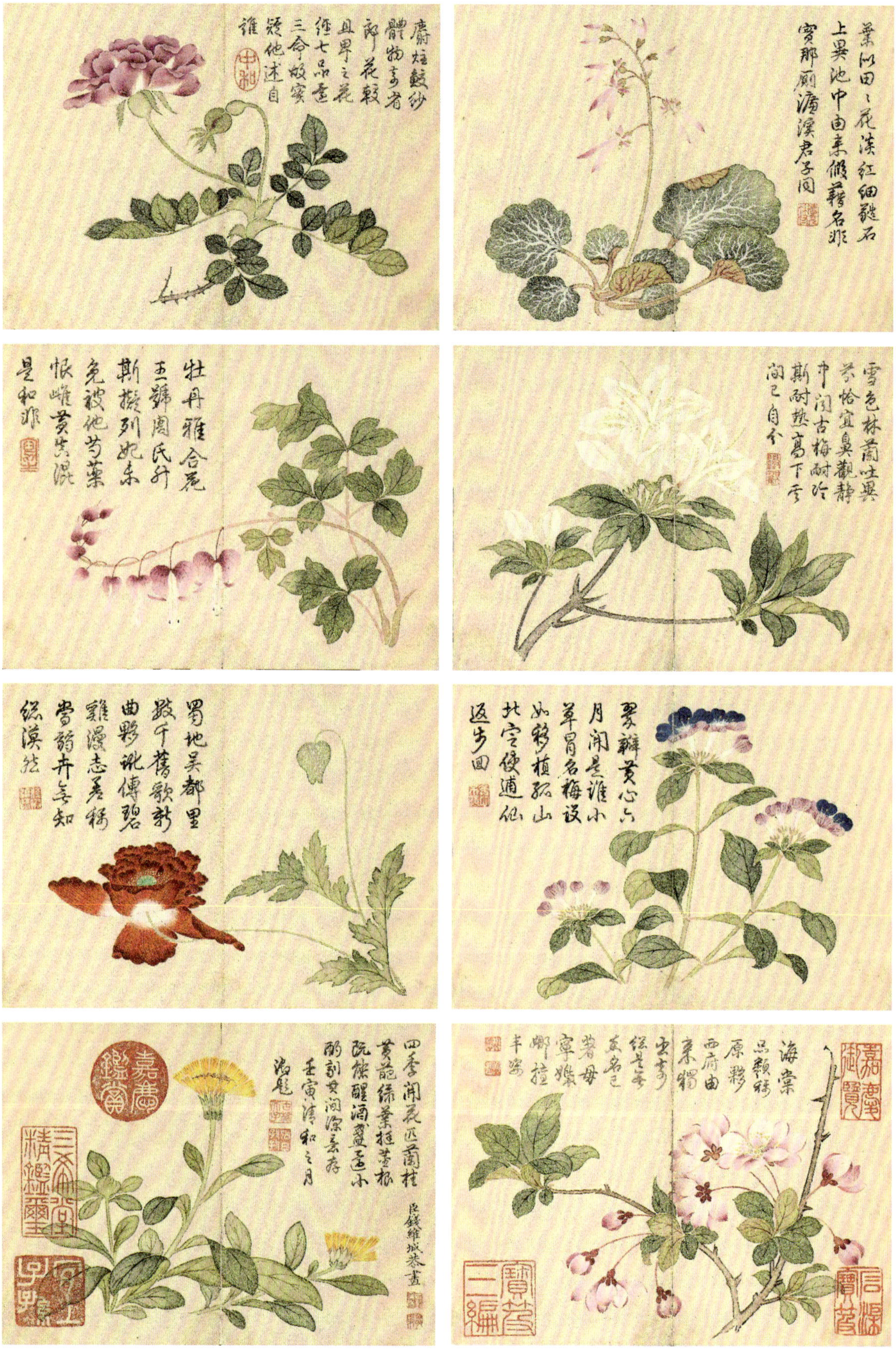

钱维城　花卉册页

中贸圣佳　2020/10/17　LOT 909

册页（八开）设色纸本　13cm×18cm×8

成交价　RMB 34,500,000

傳昔宴雲
鎬邑那居
軒擬視朝
殿便興酌
崇政斯瞻
重來
定早兵銷
閱准回平
春秋緯歲
祖德昭廿四
橫千年
鎮東遼緯
盛象宮闕

渙筆
月廿有五日
戊戌仲秋之
渙崇政殿六韻
逍逸
思著說敢
剡不易永
在守成
敬久勇雖
日繼日繩
戚紛吾感
今詔一�㮣一
門雅樂微

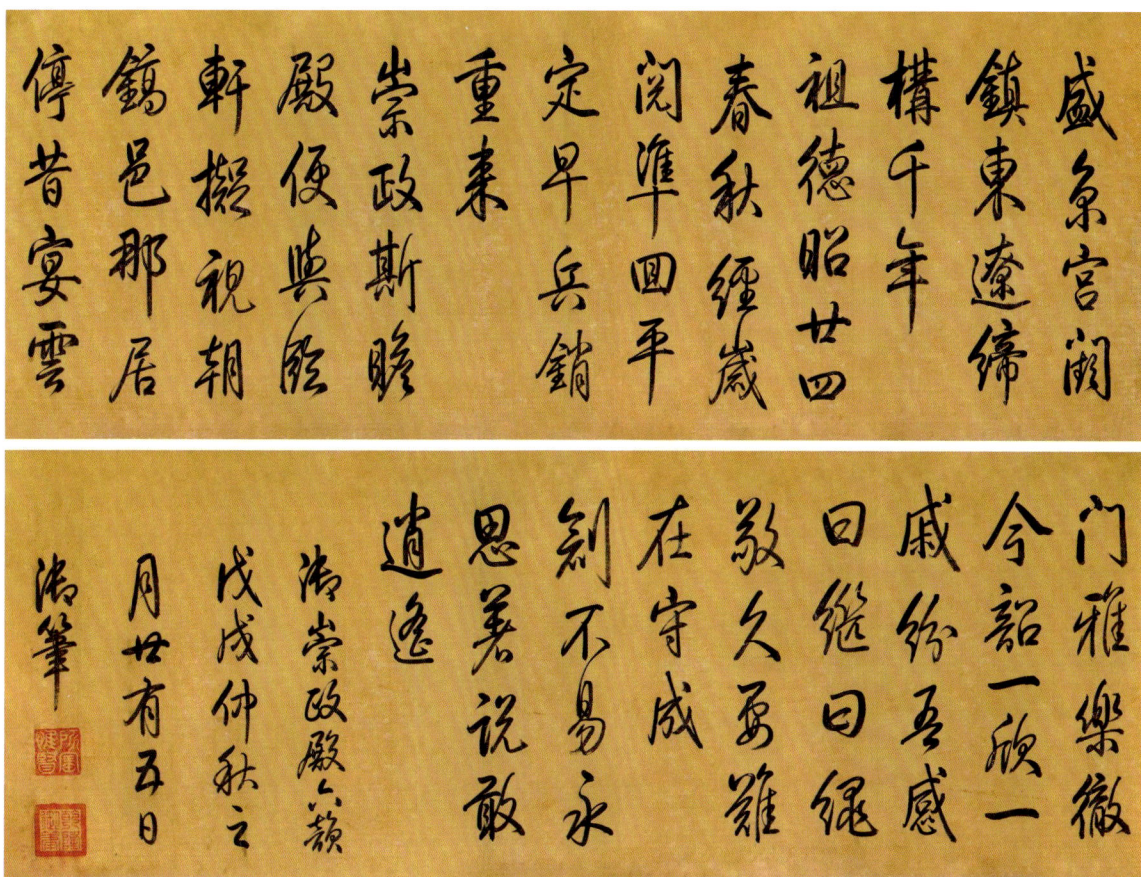

乾隆帝　1778 年作　御笔崇政殿六韵
北京宝瑞盈　2020/10/15　LOT 862
横披　水墨绢本　46cm×253cm
成交价　RMB 6,380,000

任伯年　1889 年作　吉祥花鸟四屏
北京保利　2020/10/18　LOT 4033
条屏　设色纸本　160cm×44cm×4
成交价　RMB 5,175,000

中国收藏
拍卖年鉴
2021

CHINESE FINE ART &
ANTIQUES AUCTION
YEARBOOK 2021

任伯年 1887年作 棕阴纳凉图
中国嘉德 2020/12/01 LOT 205
立轴 设色纸本 109.5cm×55.5cm
成交价 RMB 12,760,000

任伯年 献寿图
荣宝斋（上海） 2020/10/25 LOT 58
立轴 设色纸本 194cm×102.4cm
成交价 RMB 11,500,000

任贤佐 人马图
中鸿信 2020/12/06 LOT 1223
立轴 设色绢本 71.5cm×104cm
成交价 RMB 7,475,000

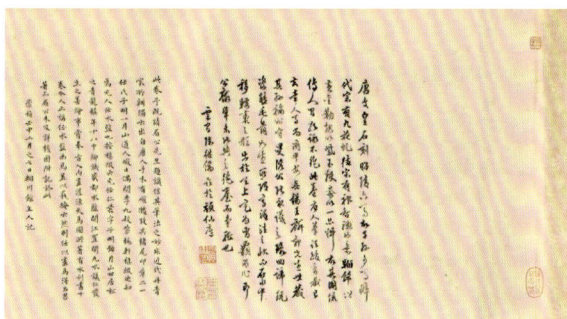

任仁发　五王醉归图
苏富比香港　2020/10/08　LOT 2575
手卷 设色纸本　35.2cm×210.7cm
成交价　RMB 267,779,451

石涛　1686 年作　闽游赠别山水卷
中鸿信　2020/12/06　LOT 1211
手卷 水墨纸本　20cm×630cm
成交价　RMB 11,500,000

219

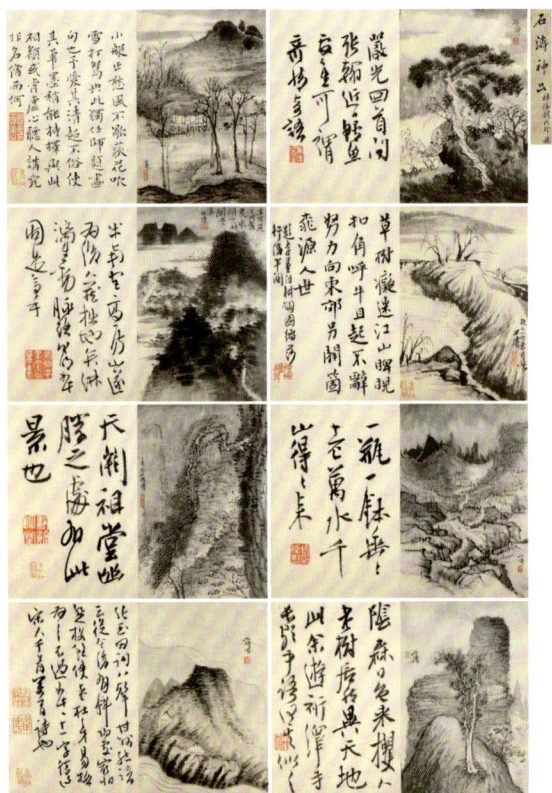

石涛　山水册
北京保利　2020/12/05　LOT 1062
册页（八开十六页）水墨纸本　17.1cm×12.1cm×16
成交价　RMB 16,100,000

石涛　1698 年作　翻风滴露图
北京保利　2020/10/18　LOT 4037
立轴　水墨纸本　228cm×99cm
成交价　RMB 28,750,000

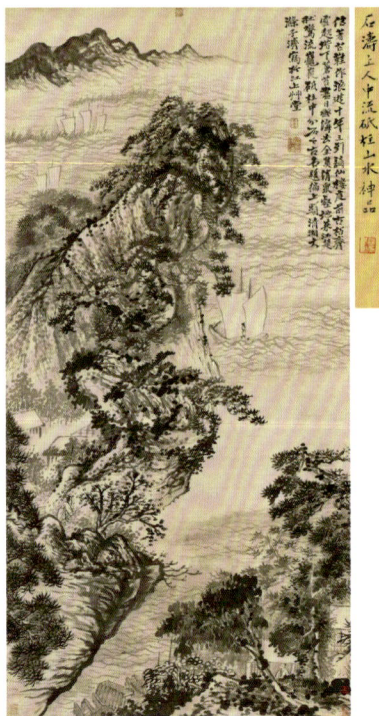

石涛　谪仙楼山水
北京宝瑞盈　2020/10/15　LOT 873
立轴　水墨纸本　188cm×93cm
成交价　RMB 45,820,000

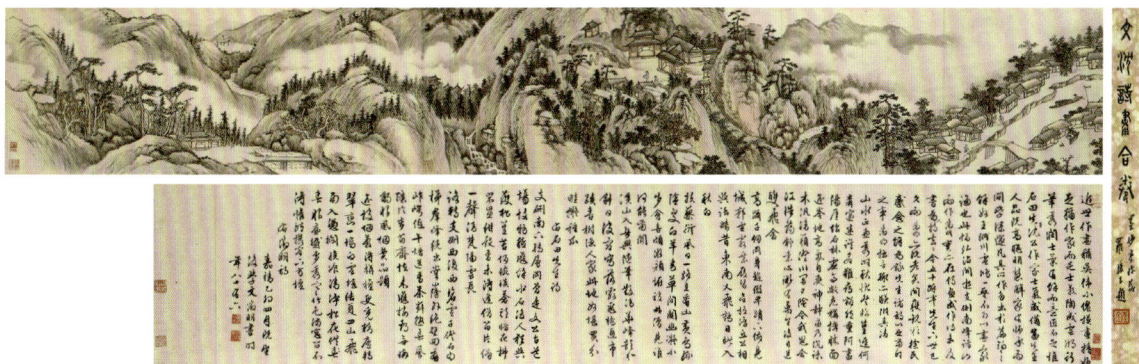

沈周 文徵明 诗画合卷
佳士得香港 2020/12/02 LOT 823
手卷 设色、水墨纸本 29cm×193.5cm；28.7cm×154.5cm
成交价 RMB 23,279,397

孙克弘 1594年作 十二段水图
北京永乐 2020/12/02 LOT 217
手卷 设色纸本
引首 27cm×74cm；本幅 28cm×578cm；题跋一 28cm×31cm；题跋二 28cm×49cm
成交价 RMB 14,030,000

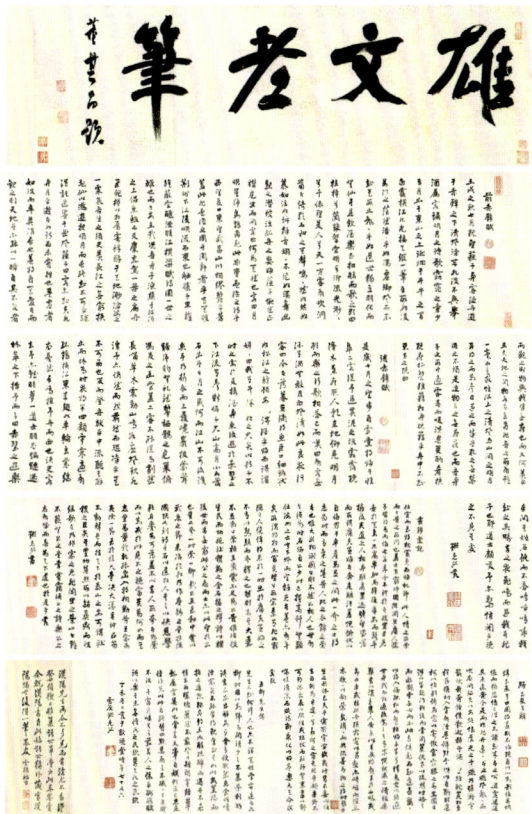

孙克弘 1607年作 行书卷
上海朵云轩 2020/09/24 LOT 1608
手卷 纸本 36cm×460cm
成交价 RMB 13,800,000

唐寅　灌木丛篁图
西泠印社　2020/08/08　LOT 1070
立轴　水墨绢本　117.5cm×60cm
成交价　RMB 10,005,000

唐寅　山水人物
中贸圣佳　2020/10/17　LOT 434
立轴　水墨纸本　50cm×38cm
成交价　RMB 8,280,000

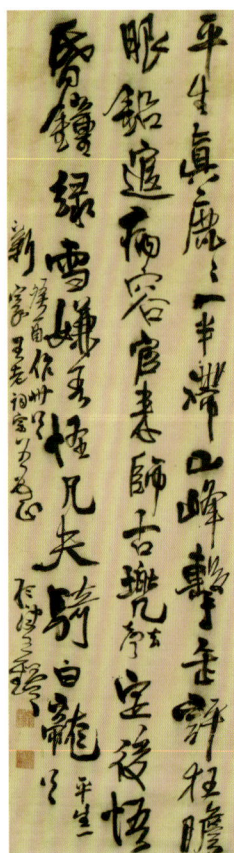

王铎　1633年作　行草平生诗
佳士得香港　2020/12/02　LOT 855
立轴　水墨绫本　193.5cm×54.3cm
成交价　RMB 5,459,521

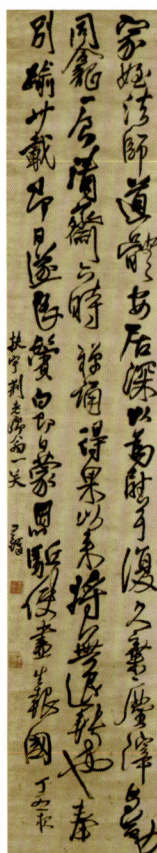

王铎　1637年作　行书临褚遂良 家侄帖
佳士得香港　2020/07/08　LOT 851
立轴　水墨绫本　277cm×52.5cm
成交价　RMB 5,559,976

中国收藏
拍卖年鉴
2021

CHINESE FINE ART &
ANTIQUES AUCTION
YEARBOOK 2021

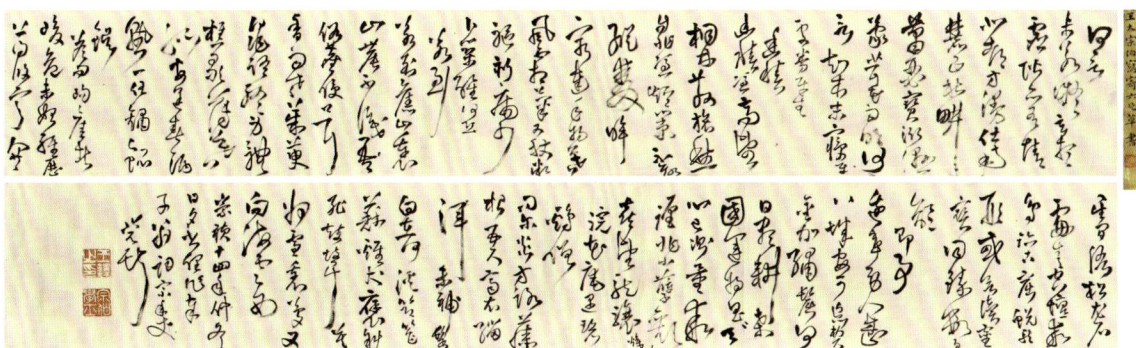

王铎 1641年作 写寄六兄草书
东京中央（香港） 2020/12/30 LOT 806
手卷 绫本 26cm×347cm
成交价 RMB 7,325,367

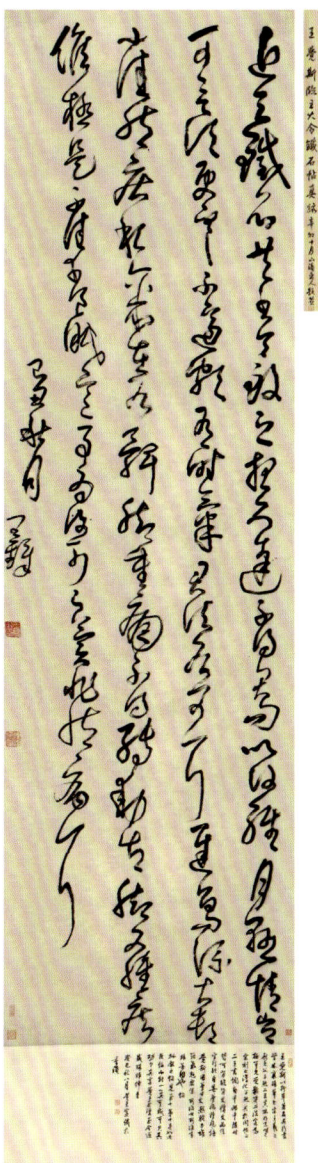

王铎 1649年作 草书临王献之铁石帖
北京保利 2020/10/18 LOT 4019
立轴 水墨纸本 352cm×102cm
成交价 RMB 17,250,000

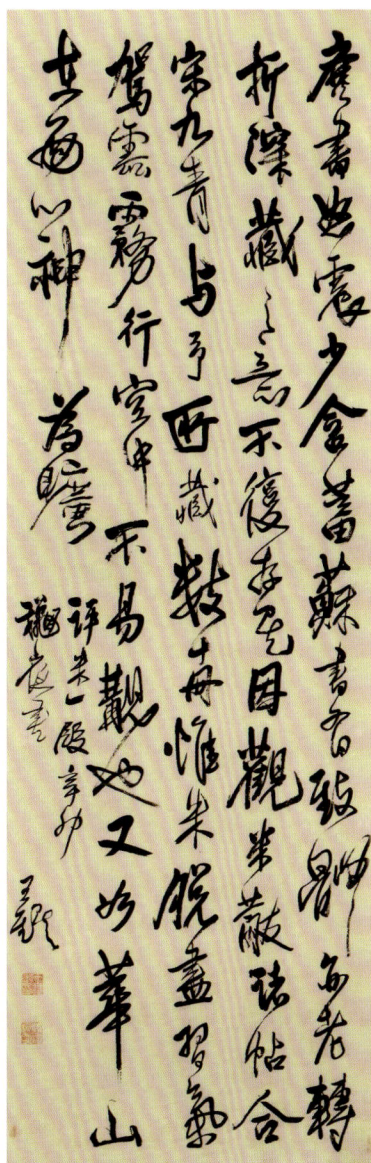

王铎 1651年作 草书
上海朵云轩 2020/09/24 LOT 1653
立轴 水墨纸本 249cm×84cm
成交价 RMB 5,290,000

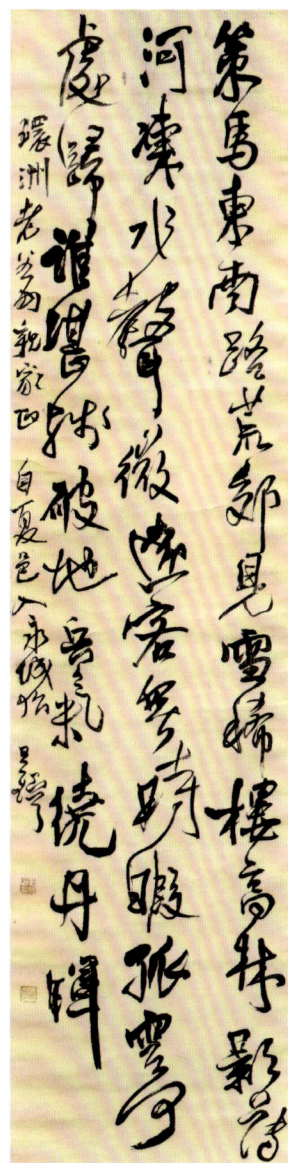

王铎 行草自作诗
浙江南北 2020/08/07 LOT 113
立轴 水墨绫本 210.5cm×53cm
成交价 RMB 8,510,000

中国收藏
拍卖年鉴
2021

CHINESE FINE ART &
ANTIQUES AUCTION
YEARBOOK 2021

王鏊　行书　洞庭两山赋及性善对
北京保利　2020/12/05　LOT 1078
手卷　水墨纸本
画心 26.9cm×589.5cm；题跋一 25cm×93cm；题跋二 26.9cm×92cm
成交价　RMB 9,545,000

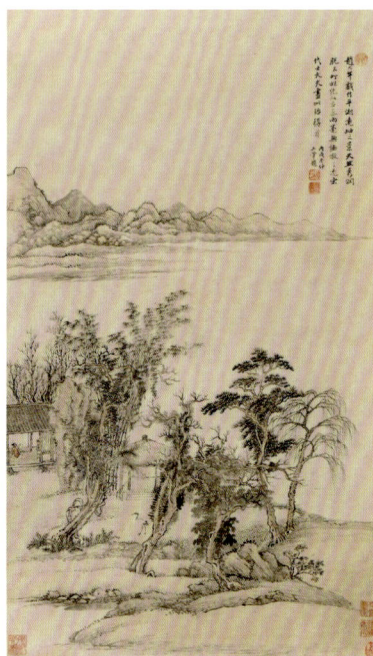

王翚　1706 年作　平湖远岫
上海朵云轩　2020/09/24　LOT 1638
立轴　设色纸本　80cm×46.5cm
成交价　RMB 10,120,000

王翚　1690 年作　山涧幽居
上海朵云轩　2020/09/24　LOT 1296
立轴　设色绢本　166cm×92cm
成交价　RMB 7,302,500

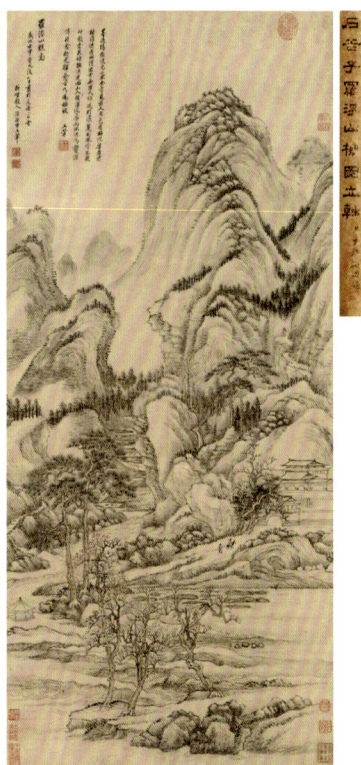

王翚　1692 年作　罗浮山樵图
西泠印社　2020/08/08　LOT 1145
立轴　设色纸本　123.5cm×54cm
成交价　RMB 12,650,000

王翚　1684 年作　虞山十二景册
西泠印社　2020/08/08　LOT 1149
册页（画十二页；跋一页）设色绢本
画心 30cm×25cm×12；题跋 30cm×25cm
成交价　RMB 23,690,000

王翚　1710 年作　江山无尽图
华艺国际（北京）　2020/10/16　LOT 69
手卷　设色纸本　33cm×355cm
成交价　RMB 8,625,000

王翚　江山无尽图
佳士得香港　2020/07/08　LOT 823
手卷　设色纸本　53.2cm×1220.5cm
成交价　RMB 25,266,662

中国书画 ——— 古代 ——— 王翚

清王石谷惜竹爱松图卷 定远斋藏 夏清贻谨署

王翚 1714年作 惜竹爱松图
中国嘉德 2020/12/01 LOT 288
手卷 设色纸本 24cm×234.5cm
成交价 RMB 23,200,000

王原祁　1698 年作　仿倪黄笔意山水
北京保利　2020/10/18　LOT 4035
立轴　水墨纸本　99.2cm×49.6cm
成交价　RMB 6,785,000

王原祁　1699 年作　溪山茅亭图
西泠印社　2020/08/08　LOT 1146
立轴　水墨纸本　96.5cm×41cm
成交价　RMB 5,290,000

王原祁　1710 年作　秋山图
上海朵云轩　2020/09/24　LOT 1646
立轴　设色纸本　100cm×49.5cm
成交价　RMB 5,290,000

王原祁　1711 年作　青绿山水
中国嘉德　2020/12/01　LOT 287
立轴　设色纸本　100cm×48cm
成交价　RMB 11,020,000

文彭　追和云林先生江南春词三篇
华艺国际（北京）　2020/10/16　LOT 66
手卷　水墨纸本　33.5cm×736cm
成交价　RMB 6,670,000

文嘉　草阁延宾图
华艺国际（北京）　2020/10/16　LOT 74
立轴　水墨纸本　117.5cm×37.5cm
成交价　RMB 21,850,000

乾隆帝御题　文徵明　林径微吟图
东京中央（香港）　2020/12/29　LOT 204
立轴　水墨纸本　136.5cm×29cm
成交价　RMB 5,239,357

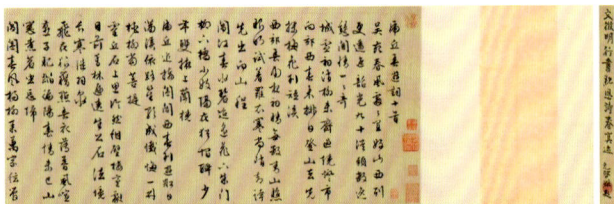

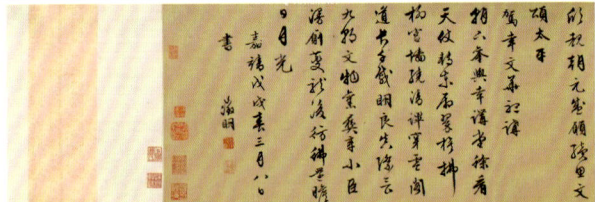

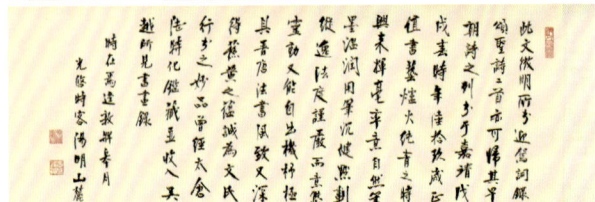

文徵明　1527、1538 年作　行书春游、纪恩诗卷
北京保利　2020/10/18　LOT 4022
手卷 水墨纸本
书法 30cm×92cm、30cm×95cm
题跋 33cm×90cm
成交价　RMB 6,325,000

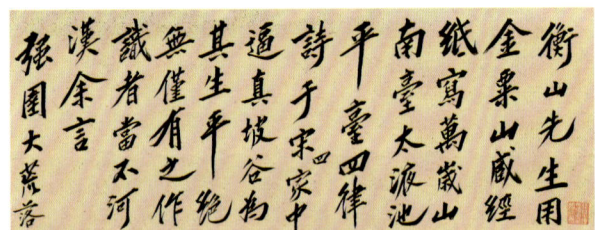

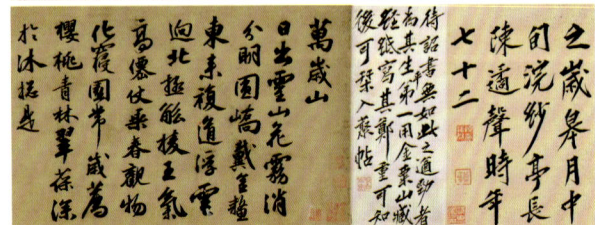

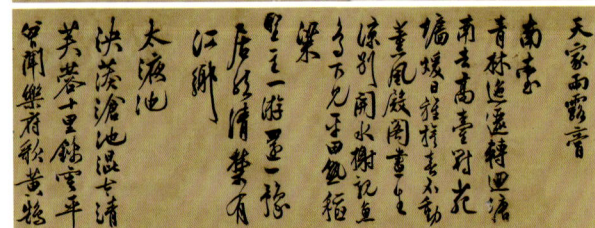

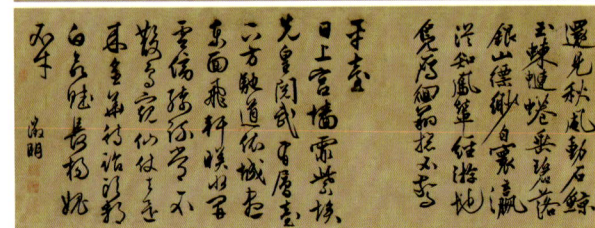

文徵明　临宋四家四律诗行书卷
上海朵云轩　2020/09/24　LOT 1649
手卷 纸本　31cm×223cm
成交价　RMB 34,500,000

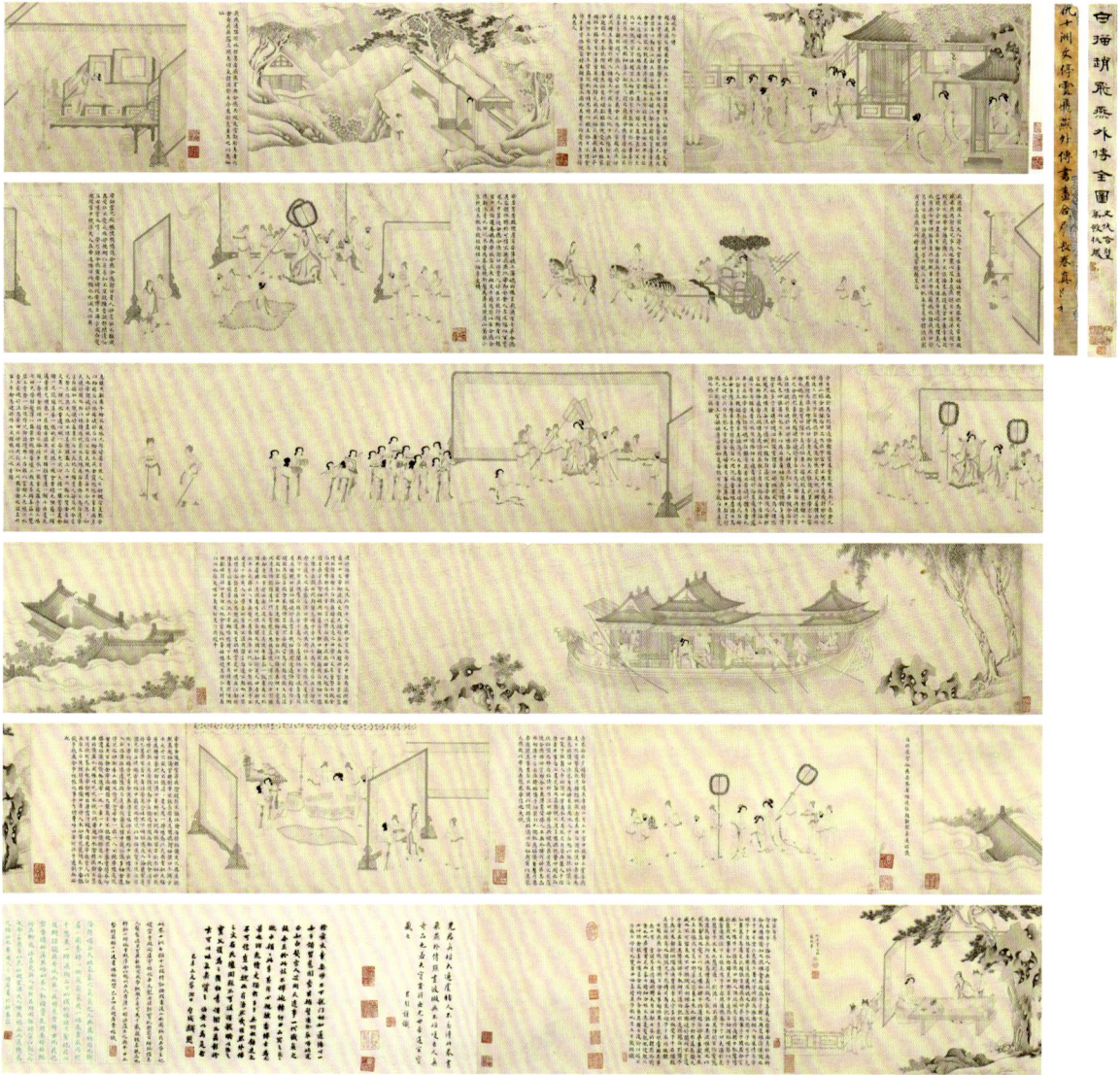

中国书画 —— 古代 —— 文徵明　仇英

文徵明　仇英　赵飞燕外传
北京保利　2020/10/18　LOT 4026
手卷　水墨纸本
本幅 30.5cm×1055cm；题跋 30.5cm×90cm
成交价　RMB 8,625,000

中国收藏
拍卖年鉴
2021

CHINESE FINE ART &
ANTIQUES AUCTION
YEARBOOK 2021

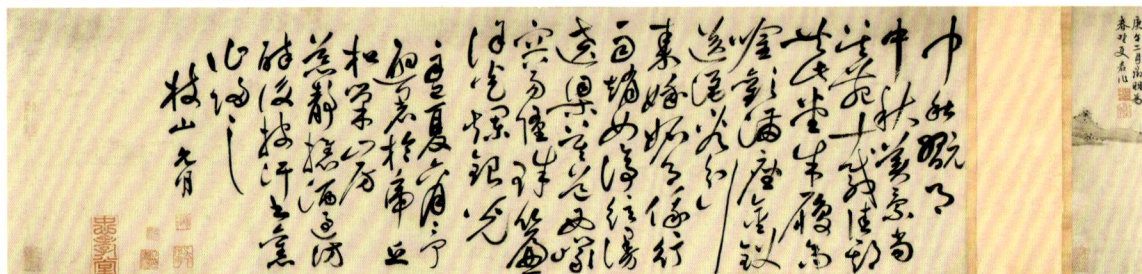

文徵明 祝允明　吴山揽胜、草书中秋玩月合璧卷
北京保利　2020/10/18　LOT 4024
手卷 设色、水墨纸本
绘画 35.5cm×153.cm；书法 35cm×123cm
成交价　RMB 5,980,000

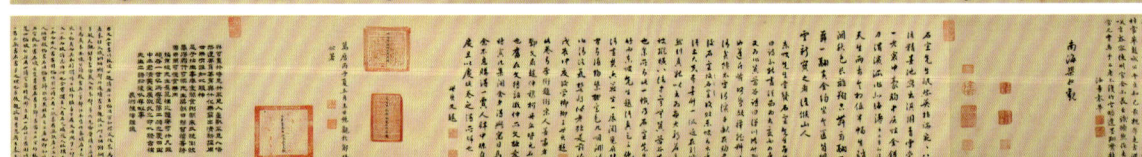

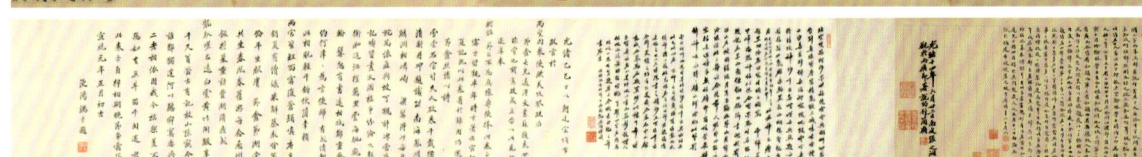

文同 苏轼　墨竹卷
北京保利　2020/12/05　LOT 1068
手卷 水墨纸本
绘画 28cm×63cm；题跋 28cm×540cm
成交价　RMB 121,900,000

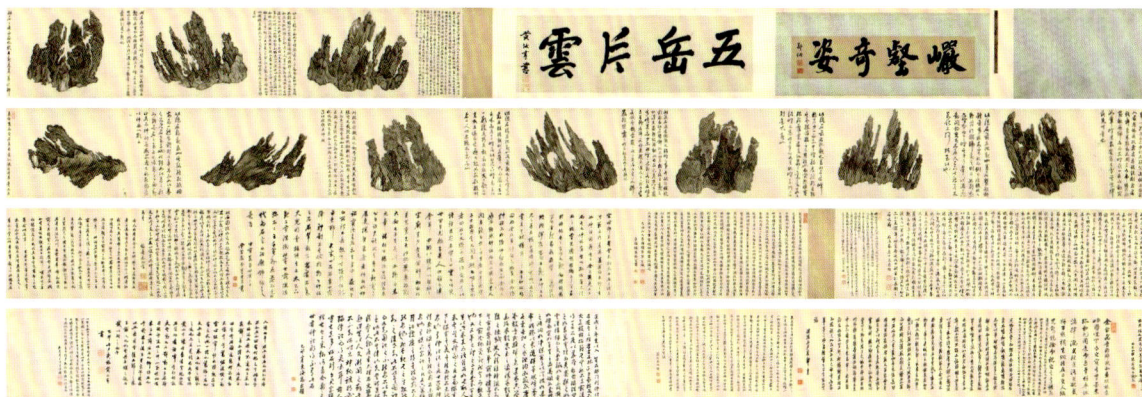

吴彬 约 1610 年作 十面灵璧图卷
北京保利 2020/10/18 LOT 3922
手卷 水墨纸本
引首一 26cm×112.5cm；引首二 47.5cm×143cm
画心 55.5cm×1150cm；题跋 55.5cm×1132cm
成交价 RMB 512,900,000

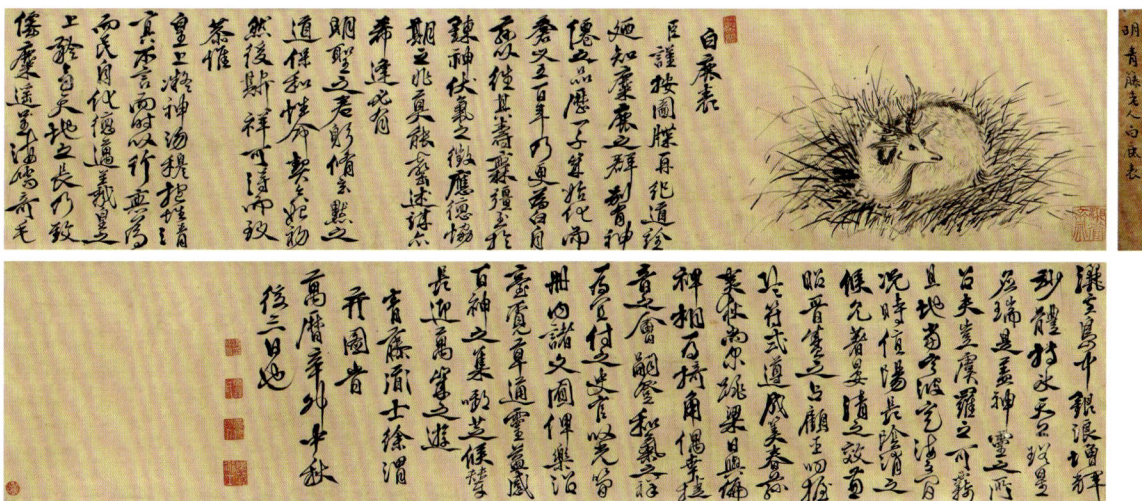

徐渭 行书 白鹿表
荣宝斋（上海） 2020/10/25 LOT 51
手卷 水墨绢本 25.5cm×245cm
成交价 RMB 28,750,000

夏言 仙坛雅集卷
北京荣宝 2020/08/23 LOT 225
手卷 水墨纸本 32cm×1100cm
成交价 RMB 36,225,000

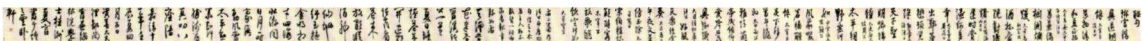

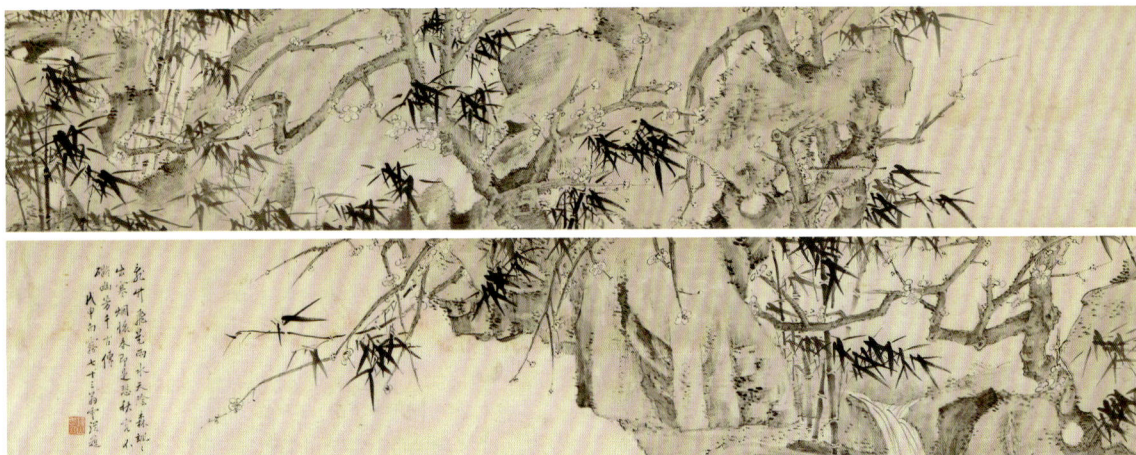

萧云从　1668 年作　梅竹图
中国嘉德　2020/08/17　LOT 915
手卷　水墨纸本　29.5cm×308cm
成交价　RMB 9,512,000

谢时臣　浙省奇观
北京保利　2020/10/18　LOT 4028
手卷　设色绢本　31cm×1035cm
成交价　RMB 17,250,000

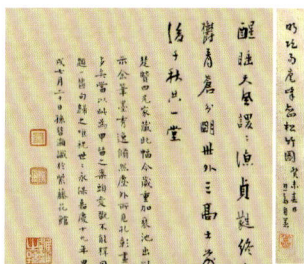

余集 种竹图
佳士得香港 2020/12/02 LOT 898
手卷 设色纸本 43.5cm×94cm
成交价 RMB 7,555,977

项圣谟 1627年作 南山松石
上海朵云轩 2020/09/24 LOT 1607
立轴 水墨纸本 52.5cm×29.5cm
成交价 RMB 6,210,000

袁江 1702年作 秋山行旅
上海朵云轩 2020/09/24 LOT 1645
立轴 设色绢本 156.5cm×77.5cm
成交价 RMB 8,050,000

袁江 燕台山水
中贸圣佳 2020/10/17 LOT 858
立轴 设色绢本 178cm×106cm
成交价 RMB 5,175,000

中国书画———古代———项圣谟 余集 袁江

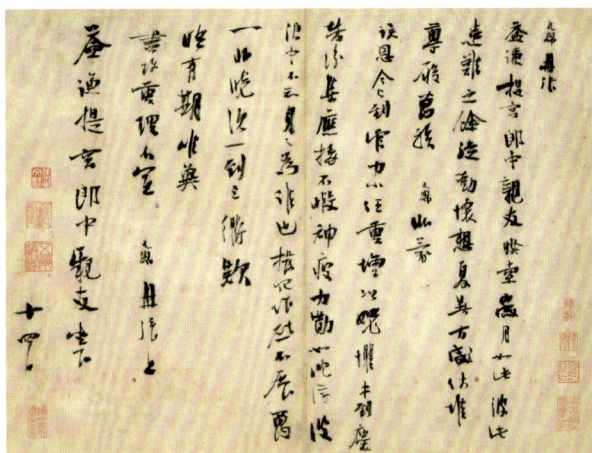

朱敦儒　暌索帖
中国嘉德　2020/12/01　LOT 279
册片　水墨纸本　34.5cm×46.2cm
成交价　RMB 151,960,000

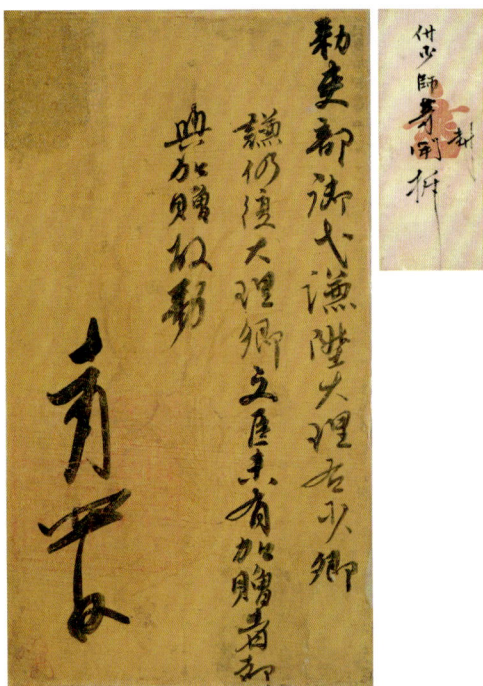

朱高炽　行书　勅谕
中国嘉德　2020/12/01　LOT 278
手卷　水墨纸本
勅谕 27cm×15cm；信封 25cm×10.5cm
成交价　RMB 5,336,000

张宗苍　1732 年作　万木奇峰
上海朵云轩　2020/09/24　LOT 1643
立轴　水墨绢本　188cm×93cm
成交价　RMB 6,095,000

张宗苍　仿子久夏山图
中贸圣佳　2020/10/17　LOT 861
立轴　设色绢本　147cm×79cm
成交价　RMB 7,475,000

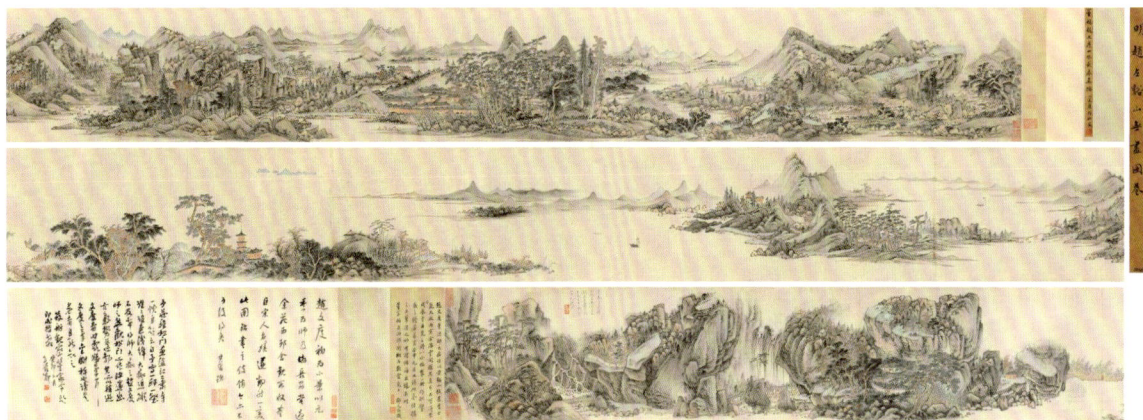

赵左　1612年–1613年作　溪山无尽图卷
北京保利　2020/10/18　LOT 3921
手卷　设色纸本　画心 28cm×605cm；题跋 28cm×127cm
成交价　RMB 39,100,000

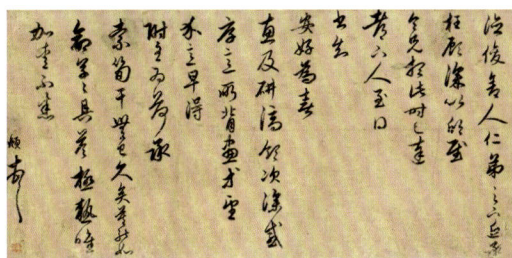

赵孟頫　行书尺牍
中鸿信　2020/12/06　LOT 1224
镜心　水墨纸本　22.5cm×46cm
成交价　RMB 14,375,000

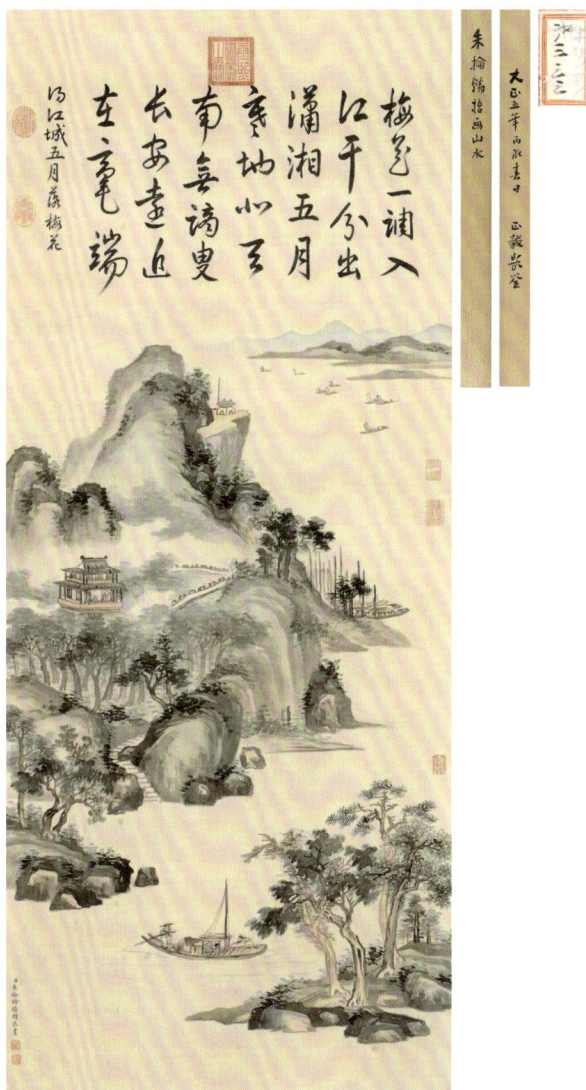

朱伦瀚　潇湘烟霭图
北京保利　2020/10/18　LOT 4044
立轴　设色绢本　148cm×63cm
成交价　RMB 17,250,000

中国收藏
拍卖年鉴
2021

CHINESE FINE ART &
ANTIQUES AUCTION
YEARBOOK 2021

中国书画 ──── 古代 ──── 郑板桥

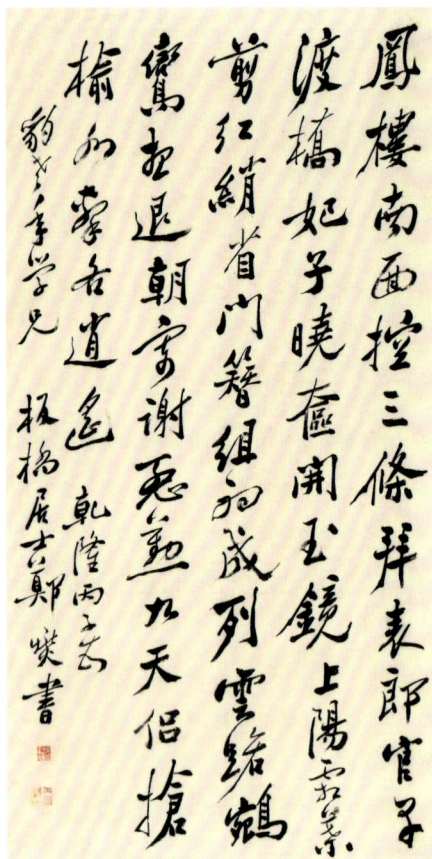

郑板桥　1756 年作　行书
上海朵云轩　2020/09/24　LOT 1606
立轴　水墨纸本　178.5cm×92cm
成交价　RMB 10,350,000

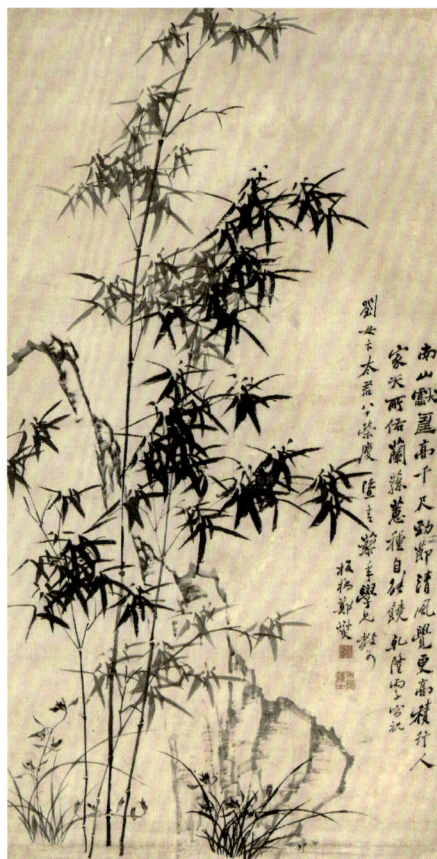

郑板桥　竹石兰蕙图
中国嘉德　2020/08/16　LOT 783
立轴　水墨纸本　186.5cm×97cm
成交价　RMB 30,160,000

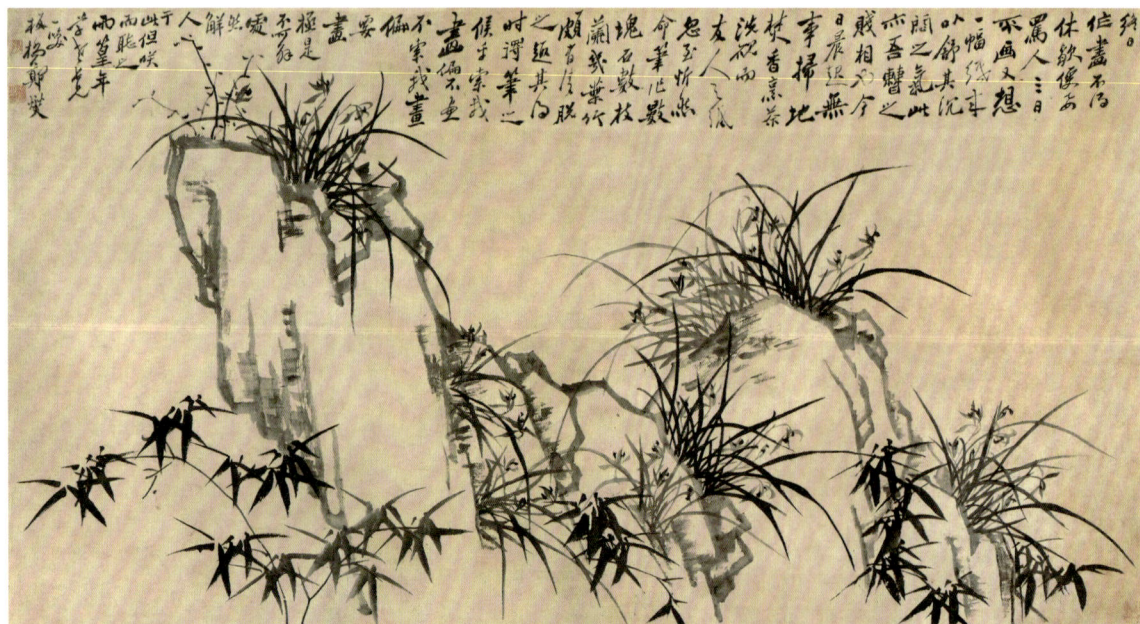

郑板桥　竹石兰草图
中国嘉德　2020/12/01　LOT 292
镜心　水墨纸本　91cm×175cm
成交价　RMB 17,400,000

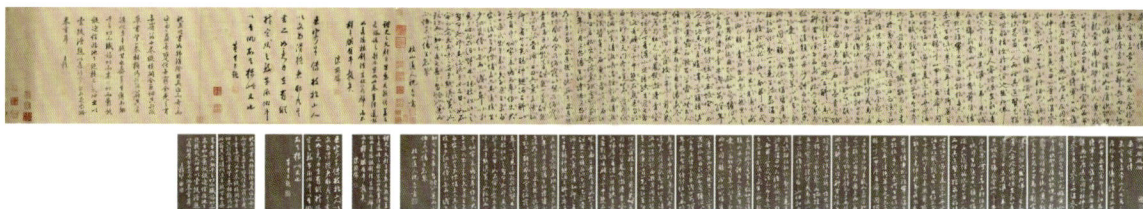

祝允明　行草　桑寄生传
佳士得香港　2020/12/02　LOT 852
手卷　水墨纸本　31.5cm×211cm
成交价　RMB 10,176,547

张为邦　1752 年作　下元灵佑图
北京保利　2020/12/05　LOT 1067
手卷　设色纸本　57cm×312cm
成交价　RMB 26,220,000

张瑞图　1625 年作　别有天地（部分图）
佳士得纽约　2020/09/24　LOT 811
册页十四对开　水墨洒金纸本　每开 29.2cm×34.8cm
成交价　RMB 21,725,553

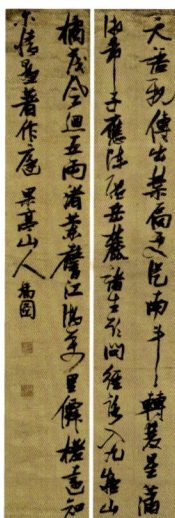

张瑞图　草书七言诗
东京中央（香港）　2020/12/30　LOT 796
镜心　绫本　283cm×49.5cm
成交价　RMB 15,906,510

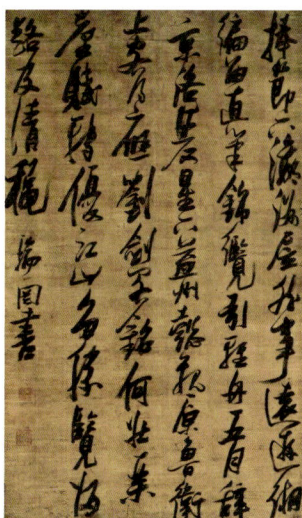

张瑞图　捧节下瀛洲诗
北京荣宝　2020/08/23　LOT 223
立轴　水墨绫本　182cm×111cm
成交价　RMB 11,500,000

张若霭　溪山仙馆
上海朵云轩　2020/09/24　LOT 1650
立轴　设色纸本　63cm×34.5cm
成交价　RMB 5,175,000

佚名　荷塘楼阁
上海朵云轩　2020/09/24　LOT 1639
立轴 设色绢本　250cm×168cm
成交价　RMB 9,200,000

佚名　御苑市朝图
华艺国际（北京）　2020/12/05　LOT 278
立轴 设色绢本　104.6cm×52.6cm
成交价　RMB 9,430,000

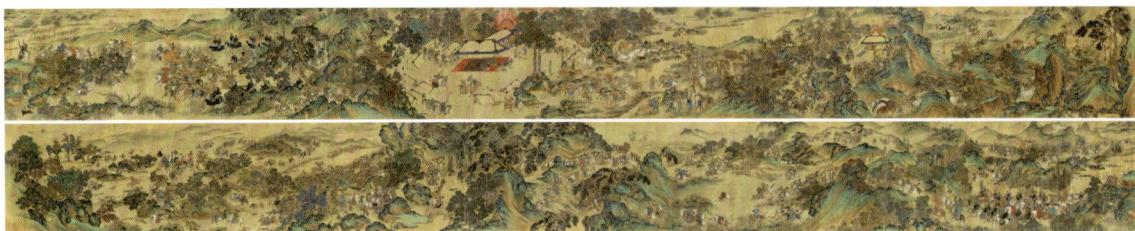

佚名　元人秋猎图
华艺国际（北京）　2020/10/16　LOT 73
手卷 设色绢本　59cm×1240cm
成交价　RMB 62,100,000

陈半丁 1956 年作 花卉四屏

北京荣宝 2020/08/23 LOT 205

镜心 设色纸本 133.7cm×34.8cm×4

成交价 RMB 5,520,000

程十发 1980 年作 阆苑长春

上海嘉禾 2020/12/13 LOT 371

镜片 设色纸本 179cm×341cm

成交价 RMB 10,925,000

241

中国收藏
拍卖年鉴
2021

CHINESE FINE ART &
ANTIQUES AUCTION
YEARBOOK 2021

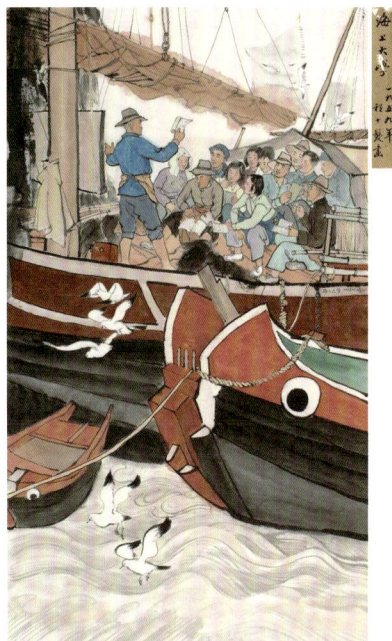

程十发　1959 年作　海上大学
上海嘉禾　2020/12/13　LOT 8035
立轴　设色纸本　142cm×82cm
成交价　RMB 6,325,000

程十发　1984 年作　万世同根
苏富比香港　2020/07/10　LOT 2840
立轴　设色纸本　184cm×184cm
成交价　RMB 5,603,652

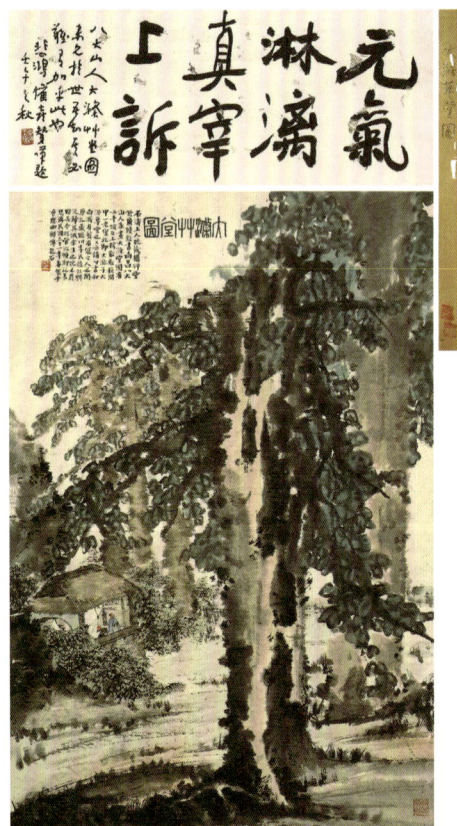

傅抱石　1942 年作　大涤草堂图
中国嘉德　2020/12/01　LOT 185
立轴　设色纸本　本幅 84.5cm×58.5cm；诗堂 23cm×58.5cm
成交价　RMB 139,200,000

傅抱石　1943 年作　东坡先生
中国嘉德　2020/12/01　LOT 184
镜心　设色纸本　90cm×30cm
成交价　RMB 41,760,000

傅抱石　1943 年作　高山行旅图
北京保利　2020/10/17　LOT 2673
立轴　设色纸本　154cm×38cm
成交价　RMB 28,750,000

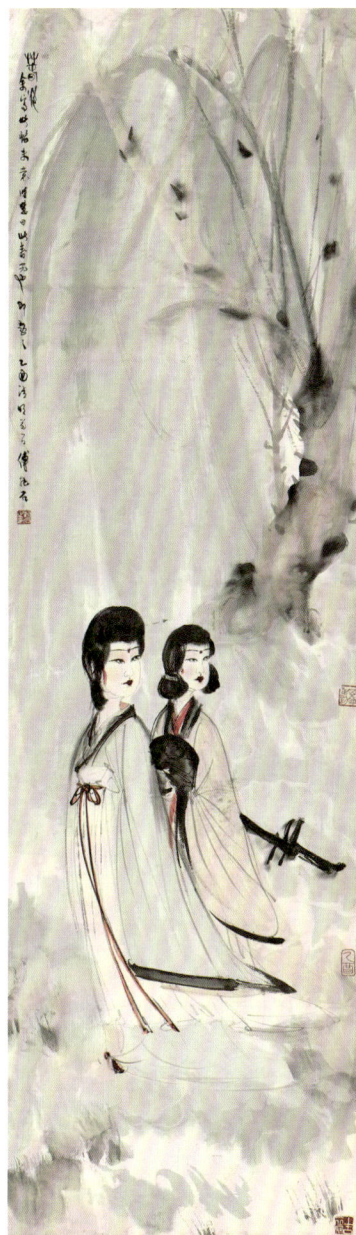

傅抱石　1945 年作　春光
北京宝瑞盈　2020/10/15　LOT 860
立轴　设色纸本　138cm×40cm
成交价　RMB 42,340,000

傅抱石　1944 年作　风雨同舟
佳士得香港　2020/12/01　LOT 1065
镜框　设色纸本　61.2cm×49.7cm
成交价　RMB 7,555,977

中国收藏
拍卖年鉴
2021

CHINESE FINE ART &
ANTIQUES AUCTION
YEARBOOK 2021

傅抱石　1945 年作　松荫闲话
北京保利　2020/12/04　LOT 637
立轴 设色纸本　131cm×32cm
成交价　RMB 7,590,000

傅抱石　1946 年作　二湘图
北京保利　2020/12/04　LOT 639
立轴 设色纸本　165cm×43.5cm
成交价　RMB 104,650,000

傅抱石　1949 年作　山瀑清会
华艺国际（北京）　2020/10/16　LOT 40
立轴 设色纸本　173cm×92cm
成交价　RMB 43,930,000

傅抱石　1960 年作　湘夫人
中鸿信　2020/12/05　LOT 430
立轴 纸本设色　134.5cm×34cm
成交价　RMB 44,850,000

傅抱石　1955 年作　深山访友
十竹斋拍卖（北京）　2020/10/18　LOT 5029
立轴 设色纸本　132.5cm×44.5cm
成交价　RMB 10,120,000

傅抱石 1961年作 白山林海
中国嘉德 2020/08/16 LOT 705
立轴 设色纸本 49cm×57cm
成交价 RMB 19,720,000

傅抱石 1961年作 华岳千寻图
西泠印社 2020/08/09 LOT 2904
立轴 设色纸本 68.5cm×50.5cm
成交价 RMB 5,060,000

傅抱石 1961年作 千山竞秀
北京保利 2020/10/17 LOT 2674
镜心 设色纸本 103cm×144cm
成交价 RMB 16,675,000

傅抱石 1961年作 青岛鲁迅公园
华艺国际（北京） 2020/10/16 LOT 41
立轴 设色纸本 27.5cm×45.5cm
成交价 RMB 5,750,000

傅抱石　1962 年作　绿满钢都
中国嘉德　2020/12/01　LOT 188
镜心　设色纸本　28cm×64cm
成交价　RMB 7,424,000

傅抱石　1963 年作　观瀑图
北京荣宝　2020/08/23　LOT 241
立轴　设色纸本　83cm×42.6cm
成交价　RMB 11,500,000

傅抱石　1963 年作　致罗时慧寿桃图
中国嘉德　2020/12/01　LOT 187
镜心　设色纸本　93.5cm×45cm
成交价　RMB 17,632,000

傅抱石　1962 年作　湘夫人
华艺国际（北京）　2020/10/16　LOT 39
立轴　设色纸本　80cm×56cm
成交价　RMB 9,775,000

傅抱石　1964 年作　杜甫行吟图
北京保利　2020/10/17　LOT 2675
立轴　设色纸本　125cm×38cm
成交价　RMB 7,130,000

傅抱石　1964 年作　登庐山诗意
中国嘉德　2020/12/01　LOT 186
镜心　设色纸本　66.5cm×96.5cm
成交价　RMB 10,440,000

傅抱石　1964 年作　芙蓉国里尽朝晖
华艺国际（北京）　2020/12/05　LOT 71
立轴　设色纸本　48cm×68.6cm
成交价　RMB 51,175,000

傅抱石　棒槌岛
中国嘉德　2020/08/16　LOT 704
镜心　设色纸本　27.8cm×46cm
成交价　RMB 10,904,000

傅抱石　侧耳含情披月影
北京保利　2020/12/04　LOT 644
立轴　设色纸本　113.5cm×66cm
成交价　RMB 20,125,000

傅抱石　虎跑深秋
中国嘉德　2020/08/16　LOT 706
立轴　设色纸本　80.5cm×45.5cm
成交价　RMB 26,680,000

傅抱石　春词诗意
中国嘉德　2020/12/01　LOT 183
立轴　设色纸本　89cm×28cm
成交价　RMB 8,700,000

傅抱石 加丹附近小型公园
中国嘉德 2020/08/16 LOT 703
镜心 设色纸本 28cm×47cm
成交价 RMB 9,744,000

傅抱石 激石泉咽图
苏富比香港 2020/07/10 LOT 2880
镜框 设色纸本 89.3cm×56cm
成交价 RMB 8,538,691

傅抱石 金刚坡山色
上海匡时 2020/12/12 LOT 331
镜心 纸本 133cm×60cm
成交价 RMB 6,325,000

傅抱石 乱瀑鸣泉
佳士得香港 2020/12/01 LOT 1146
镜框 设色纸本 109cm×61.5cm
成交价 RMB 14,893,573

傅抱石 千山
中贸圣佳 2020/10/17 LOT 825
立轴 设色纸本 107cm×72cm
成交价 RMB 14,030,000

中国书画
────
近现代
────
关良 关山月 高剑父

关良　1980 年作　齐天大圣
华艺国际（北京）　2020/10/16　LOT 48
立轴　设色纸本　137cm×68cm
成交价　RMB 11,730,000

关山月　1943 年作　祁连风情
华艺国际（北京）　2020/10/16　LOT 47
镜框　设色纸本　189cm×111cm
成交价　RMB 13,800,000

关山月　征程
中国嘉德　2020/08/16　LOT 744
镜心　设色纸本　176.5cm×94.5cm
成交价　RMB 7,076,000

高剑父　1933 年作　珠江渔村
华艺国际（北京）　2020/10/16　LOT 46
镜框　设色纸本　171cm×547.5cm
成交价　RMB 8,625,000

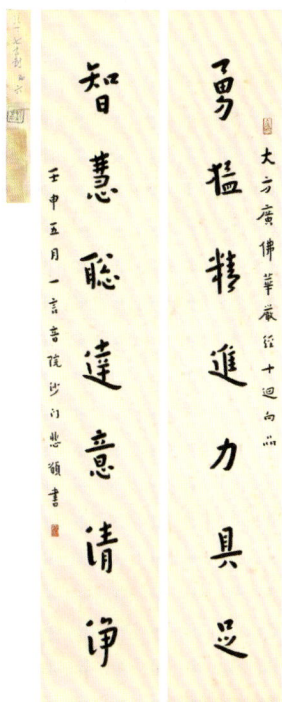

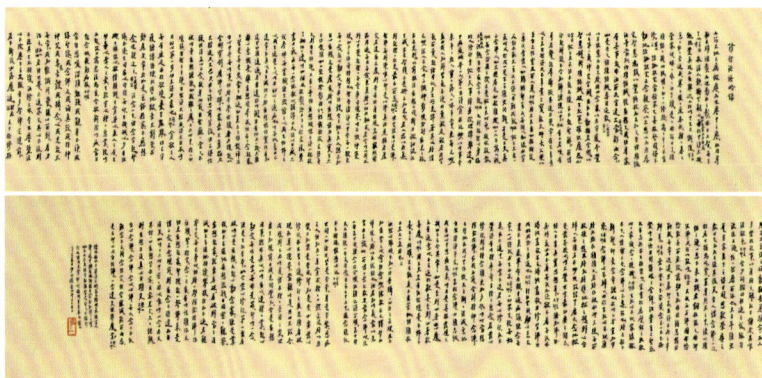

弘一　1941年作　修行法语略录
华艺国际（北京）　2020/10/16　LOT 59
手卷　水墨绢本　25.8cm×207cm
成交价　RMB 5,175,000

弘一　1932年作　行书七言联
中贸圣佳　2020/10/17　LOT 815
镜心　水墨纸本　115cm×20cm×2
成交价　RMB 6,900,000

弘一　行书
上海朵云轩　2020/09/23　LOT 664
横披　纸本　30cm×99cm
成交价　RMB 13,225,000

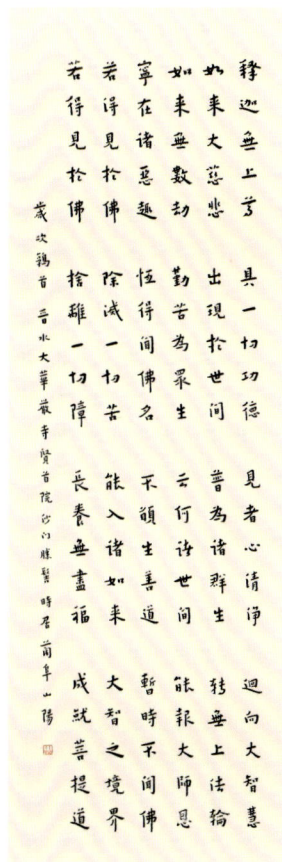

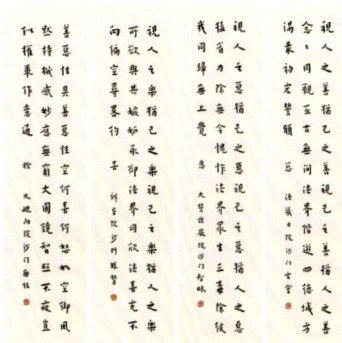

弘一　行书格言联璧四屏
十竹斋拍卖（北京）　2020/10/18　LOT 6022
立轴　水墨纸本　50cm×15cm×4
成交价　RMB 10,580,000

弘一　行书四大量心铭四屏
中鸿信　2020/12/05　LOT 405
立轴　水墨纸本　77cm×19.5cm×4
成交价　RMB 6,037,500

弘一　楷书
上海朵云轩　2020/09/23　LOT 670
立轴　纸本　133cm×46cm
成交价　RMB 6,325,000

黄宾虹 1939 年作 双树居图
北京保利 2020/10/17 LOT 2619
手卷 设色纸本 26.8cm×287cm
成交价 RMB 18,400,000

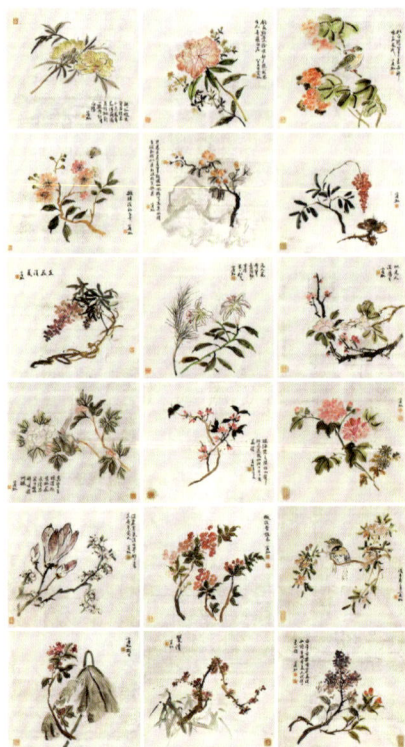

黄宾虹 1928 年作 云山高隐图
西泠印社 2020/08/09 LOT 2882
立轴 设色纸本 172.5cm×96cm
成交价 RMB 10,005,000

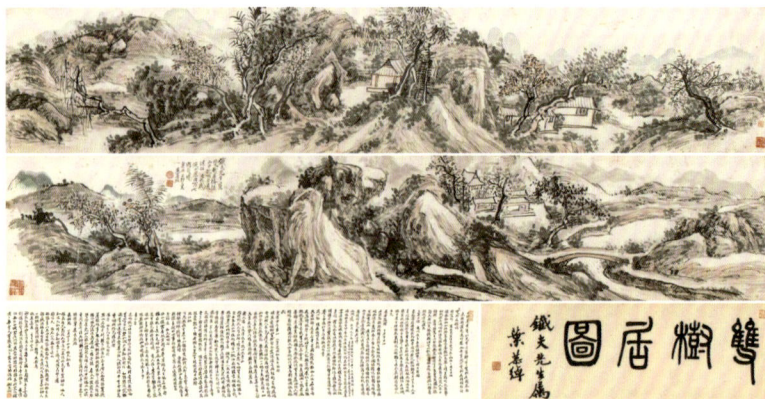

黄宾虹 1948 年作 花鸟草虫六扇屏风
北京宝瑞盈 2020/10/15 LOT 840
屏风 设色绢本 每幅 56.3cm×62.5cm
成交价 RMB 58,000,000

黄宾虹 1951 年作 夏山图
中国嘉德 2020/12/01 LOT 233
立轴 水墨纸本 69.5cm×34cm
成交价 RMB 6,960,000

黄宾虹 1952 年作 水木清华图
西泠印社 2020/08/09 LOT 2881
立轴 设色纸本 117.5cm×50cm
成交价 RMB 10,005,000

黄宾虹 1953 年作 高阁清话
中国嘉德 2020/12/01 LOT 237
镜心 设色纸本 45cm×125.5cm
成交价 RMB 45,820,000

黄宾虹 翠微深处
上海嘉禾 2020/12/13 LOT 8012
立轴 设色纸本 73.5cm×33cm
成交价 RMB 12,650,000

黄宾虹 莲花峰初晴
北京荣宝 2020/08/23 LOT 210
立轴 设色纸本 97cm×40.5cm
成交价 RMB 23,575,000

黄宾虹 峦亭过雨
上海嘉禾 2020/12/13 LOT 8010
立轴 设色纸本 115cm×60cm
成交价 RMB 5,520,000

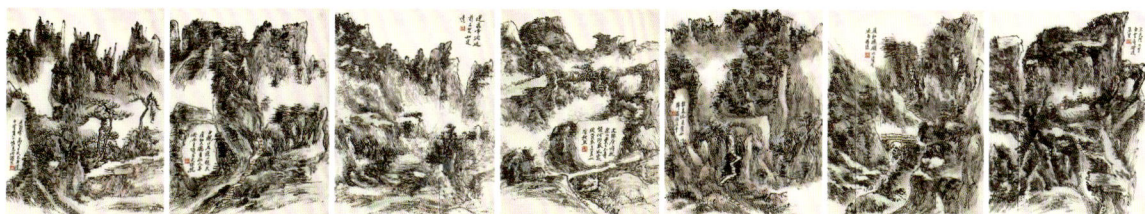

黄宾虹 黄山揽胜册
北京保利 2020/12/04 LOT 630
册页（七开）设色纸本 33.8cm×26cm×7
成交价 RMB 12,535,000

中国收藏
拍卖年鉴
2021

CHINESE FINE ART &
ANTIQUES AUCTION
YEARBOOK 2021

黄宾虹　山水四帧
西泠印社　2020/08/09　LOT 2879
镜片 设色纸本　水墨纸本 88cm×31cm×4
成交价　RMB 25,300,000

黄宾虹　西山翠微图
北京保利　2020/12/04　LOT 666
镜心 设色纸本　151cm×81cm
成交价　RMB 5,980,000

黄宾虹　雨后玉泉图
荣宝斋（上海）　2020/10/25　LOT 17
立轴 水墨纸本　85.5cm×38.5cm
成交价　RMB 7,475,000

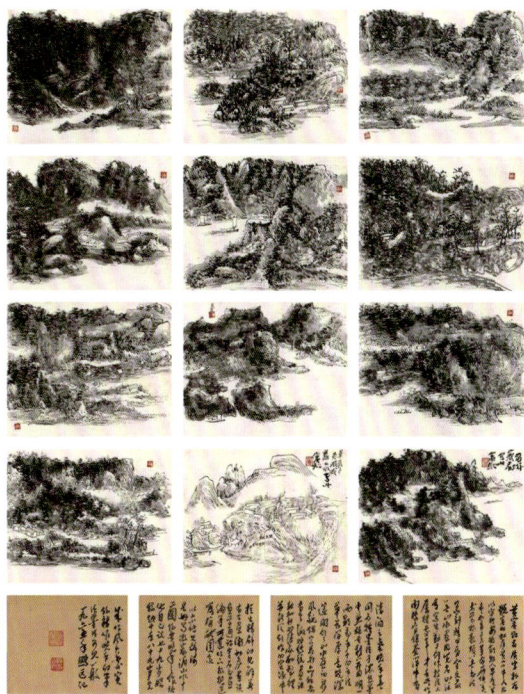

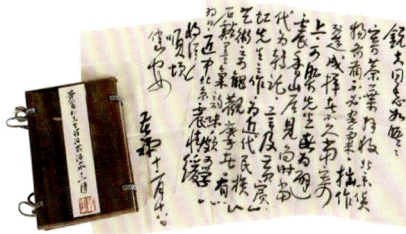

黄宾虹　蜀游峨眉山水册十二图（画十二帧、跋四帧）
西泠印社　2020/08/09　LOT 2880
镜片 水墨、设色纸本
画心 17cm×22cm×12；题跋 17cm×22cm×4
成交价　RMB 27,025,000

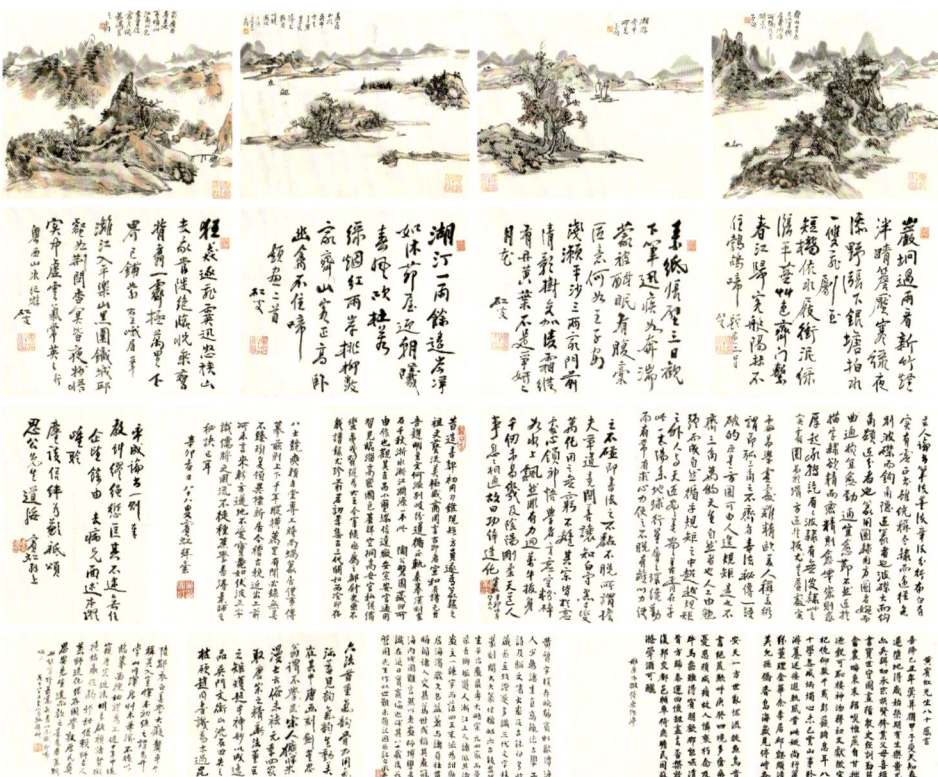

黄宾虹　致陶广书画册（八十感言书画册及手书画论十九开）
北京保利　2020/10/17　LOT 2621
册页 设色纸本　34cm×37cm；12cm×31.5cm×12；26cm×18cm×6
成交价　RMB 9,085,000

中国收藏
拍卖年鉴
2021

CHINESE FINE ART &
ANTIQUES AUCTION
YEARBOOK 2021

中
国
书
画

近
现
代

黄
宾
虹

黄
胄

黄宾虹　1947年作　拟董北苑山水
北京永乐　2020/08/17　LOT 680
手卷　设色纸本　34.7cm×137.5cm
成交价　RMB 17,250,000

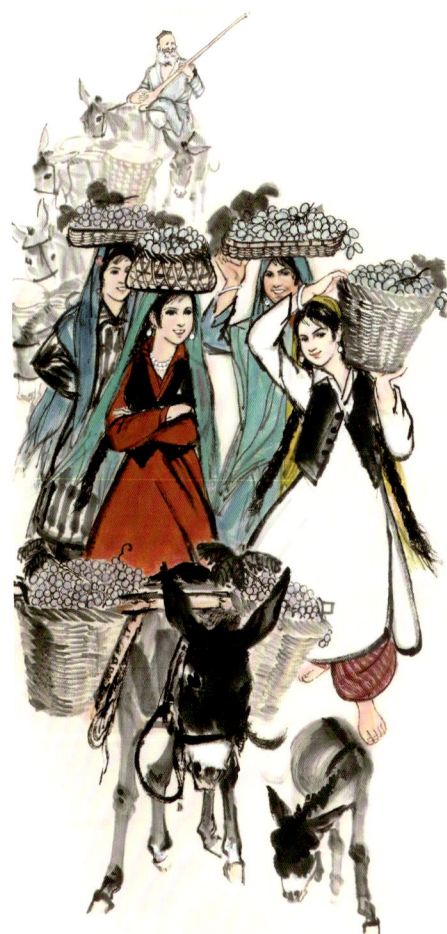

黄胄　1960年作　喜庆丰收图
中鸿信　2020/12/05　LOT 436
镜心　设色纸本　136cm×69cm
成交价　RMB 6,325,000

黄胄　1974年作　五指山中所见
北京宝瑞盈　2020/10/15　LOT 843
镜心　设色纸本　95cm×55.5cm
成交价　RMB 5,220,000

黄胄 1975 年作 新疆歌舞
北京保利 2020/12/04 LOT 681
立轴 设色纸本 180cm×95cm
成交价 RMB 8,165,000

黄胄 1976 年作 出诊图
北京荣宝 2020/08/23 LOT 219
立轴 设色纸本 173cm×87cm
成交价 RMB 7,475,000

黄胄 1976 年作 出诊图
北京荣宝 2020/08/23 LOT 234
立轴 设色纸本 177cm×94cm
成交价 RMB 6,210,000

黄胄 1976 年作 飞雪迎春
华艺国际（北京） 2020/10/16 LOT 17
镜框 设色纸本 190cm×129cm
成交价 RMB 31,050,000

黄冑　1985 年作　丰收
北京荣宝　2020/12/20　LOT 379
立轴 设色纸本　97cm×60cm
成交价　RMB 5,175,000

黄冑　1986 年作　草原逐戏图
华艺国际（北京）　2020/12/05　LOT 76
镜框 设色纸本　120cm×250cm
成交价　RMB 34,500,000

黄冑　1987 年作　驼背上的小学生
北京保利　2020/10/17　LOT 2707
立轴 设色纸本　143cm×135cm
成交价　RMB 11,270,000

黄冑　1989 年作　运粮图
中鸿信　2020/12/05　LOT 435
镜心 纸本设色　137cm×69.5cm
成交价　RMB 5,175,000

蒋兆和 1954 年作 两个母亲一条心
北京荣宝 2020/12/20 LOT 308
镜心 设色纸本 105cm×114cm
成交价 RMB 5,807,500

康有为 朱砂行书五言联
上海嘉禾 2020/12/13 LOT 8006
对联 纸本 225cm×60cm×2
成交价 RMB 5,520,000

李可染 1943 年作 东坡夜游赤壁图
华艺国际（北京） 2020/10/16 LOT 13
镜框 设色纸本 绘画 64cm×56cm；诗堂 26cm×56cm
成交价 RMB 5,980,000

李可染　1962 年作　从化温泉
中国嘉德　2020/12/01　LOT 169
立轴　设色纸本　69.5cm×46cm
成交价　RMB 6,728,000

李可染　1962 年作　苏州狮子林
中国嘉德　2020/12/01　LOT 170
镜心　设色纸本　65cm×46cm
成交价　RMB 5,800,000

李可染　1966 年作　蜀山春雨
北京保利　2020/12/04　LOT 662
镜心　设色纸本　81cm×50cm
成交价　RMB 11,500,000

李可染　1972 年作　延安颂
北京保利　2020/10/17　LOT 2703
立轴　设色纸本　45cm×92cm
成交价　RMB 11,500,000

李可染　1974 年作　无限风光在险峰
北京荣宝　2020/08/23　LOT 203
立轴　设色纸本　70.3cm×46.2cm
成交价　RMB 9,890,000

李可染　1978 年作　漓江胜景图
北京荣宝　2020/12/20　LOT 307
立轴　设色纸本　107.3cm×69.8cm
成交价　RMB 18,515,000

李可染　1979 年作　漓江边上
北京荣宝　2020/08/23　LOT 244
立轴　设色纸本　69cm×45.5cm
成交价　RMB 5,750,000

李可染　1979 年作　黄山胜景
中国嘉德　2020/08/16　LOT 726
立轴　设色纸本　96cm×59cm
成交价　RMB 6,960,000

中国收藏
拍卖年鉴
2021

CHINESE FINE ART &
ANTIQUES AUCTION
YEARBOOK 2021

李可染　1985 年作　绿天庵醉僧书蕉图
上海嘉禾　2020/12/13　LOT 8065
立轴　设色纸本　98cm×56.5cm
成交价　RMB 9,200,000

李可染　1986 年作　怀素书蕉图
北京保利　2020/10/17　LOT 2662
立轴　设色纸本　122cm×68cm
成交价　RMB 12,650,000

李可染　1987 年作　高岩飞瀑图
上海嘉禾　2020/12/13　LOT 8066
镜片　水墨纸本　128.5cm×67.5cm
成交价　RMB 116,725,000

李可染　1987 年作　山林之歌
北京保利　2020/10/17　LOT 2661
镜心　设色纸本　67cm×46cm
成交价　RMB 20,700,000

李可染　1987 年作　峡江万里图
中鸿信　2020/01/03　LOT 316
镜心　纸本设色　98cm×67.5cm
成交价　RMB 43,700,000

李可染　1989 年作　元气淋漓障犹湿
北京荣宝　2020/08/23　LOT 218
镜心　设色纸本　92cm×54.9cm
成交价　RMB 10,120,000

李可染　渡江图
荣宝斋（上海）2020/10/25　LOT 39
立轴　设色纸本　70cm×45.7cm
成交价　RMB 34,730,000

李可染　井冈山主峰图
北京荣宝　2020/08/23　LOT 243
立轴　设色纸本　124cm×69cm
成交价　RMB 17,825,000

263

中国收藏
拍卖年鉴
2021

CHINESE FINE ART &
ANTIQUES AUCTION
YEARBOOK 2021

李可染　漓江胜景
中国嘉德　2020/08/16　LOT 725
立轴 设色纸本　70cm×47cm
成交价　RMB 6,960,000

李可染　1986 年作 高岩飞瀑
北京永乐　2020/08/17　LOT 666
立轴 水墨纸本　128cm×68cm
成交价　RMB 13,225,000

李可染　苏州的河流
北京保利　2020/10/17　LOT 2660
镜心 设色纸本　40cm×48.5cm
成交价　RMB 6,440,000

李可染　四季牧牛图
北京荣宝　2020/08/23　LOT 217
镜框　设色纸本　69cm×45cm×4
成交价　RMB 13,800,000

林风眠　1929 年作　集义图
西泠印社　2020/08/08　LOT 1410
绢本　彩墨　205cm×81cm
成交价　RMB 16,675,000

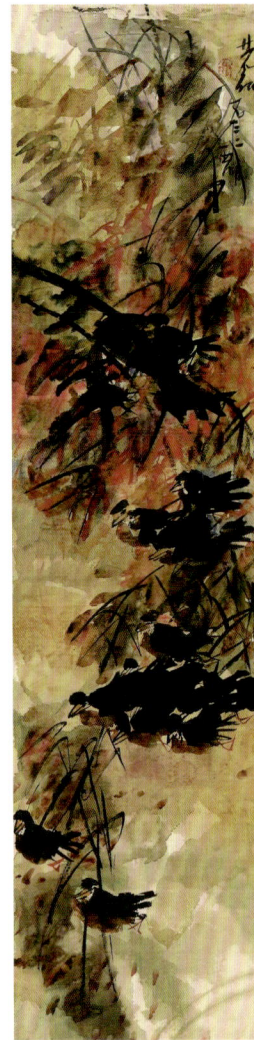

林风眠　1932 年作　群雀
西泠印社　2020/08/08　LOT 1411
绢本　彩墨　165.7cm×40.5cm
成交价　RMB 8,050,000

林风眠　1950 年—1960 年作　宝莲灯
苏富比香港　2020/07/08　LOT 1040
彩墨　纸本　65.9cm×66.4cm
成交价　RMB 8,538,691

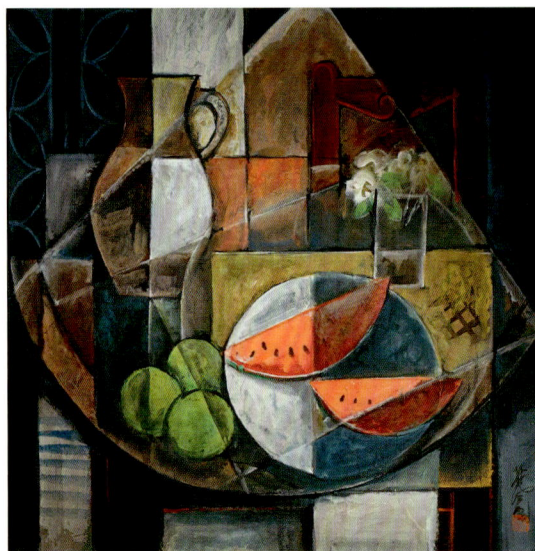

林风眠　1952 作　立体静物
苏富比香港　2020/10/05　LOT 1011
纸本　彩墨　68.5cm×68.5cm
成交价　RMB 5,437,683

林风眠　宝莲灯
北京保利　2020/10/17　LOT 2636
镜心　设色纸本　68cm×70cm
成交价　RMB 5,750,000

林风眠　宝莲灯
北京保利　2020/12/04　LOT 620
镜心　设色纸本　68cm×64cm
成交价　RMB 6,900,000

林风眠　春山翠岭
华艺国际（北京）　2020/10/15　LOT 8102
设色纸本　67cm×67cm
成交价　RMB 7,705,000

林风眠　风景
北京保利　2020/10/17　LOT 2638
镜心　设色纸本　69cm×69cm
成交价　RMB 7,245,000

中国收藏
拍卖年鉴
2021

CHINESE FINE ART &
ANTIQUES AUCTION
YEARBOOK 2021

林风眠　人物风景花鸟册
上海嘉禾　2020/12/13　LOT 8052
册页（十开）设色纸本　画34cm×34cm×10；书法35cm×35cm×11
成交价　RMB 13,800,000

林风眠　她在丛中笑
十竹斋拍卖（北京）2020/10/18　LOT 5040
镜心　设色纸本　68cm×69cm
成交价　RMB 8,050,000

林风眠　长江三峡
北京永乐　2020/12/04　LOT 6
设色纸本　68cm×138cm
成交价　RMB 7,015,000

林风眠　为蔡若虹作集锦册
北京印千山　2020/12/27　LOT 165
册页（八开）设色纸本　39.5cm×59.5cm×8
成交价　RMB 17,365,000

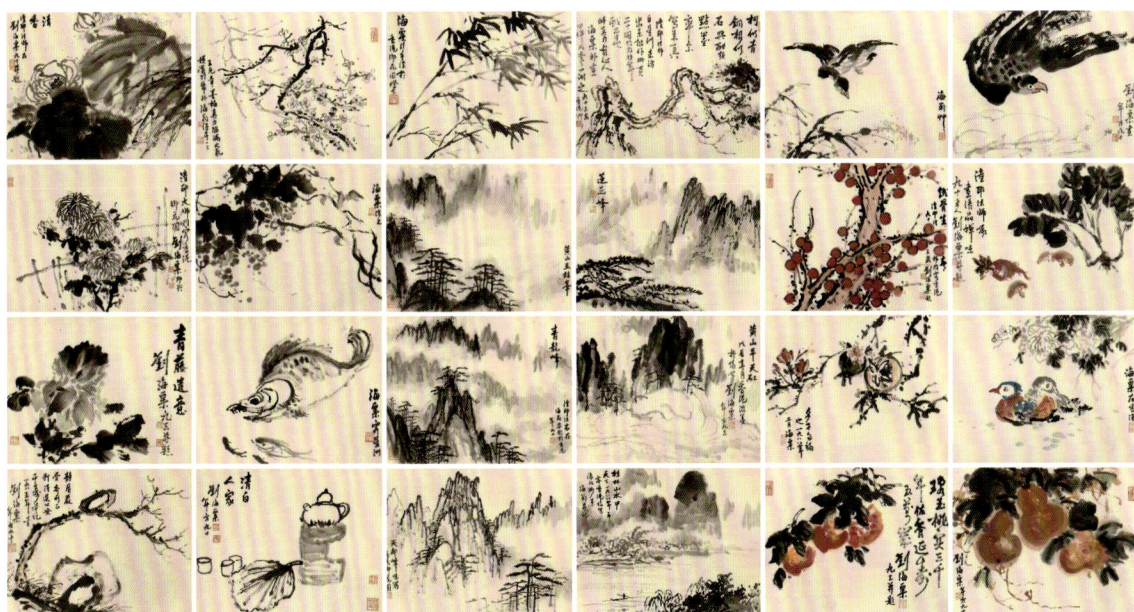

刘海粟 艺海存珠册
北京印千山 2020/12/27 LOT 169
册页 设色纸本 48cm×62cm×24
成交价 RMB 7,130,000

刘旦宅 1998年作 诗文词曲画册
中国嘉德 2020/08/16 LOT 759
册页(十开二十页)设色纸本 37cm×24cm×20
成交价 RMB 9,280,000

陆俨少　1956 年作　峒关蒲雪图
上海嘉禾　2020/12/13　LOT 8029
立轴　设色纸本　95.5cm×48.5cm
成交价　RMB 11,500,000

陆俨少　1963 年作　人勤春早
华艺国际（北京）　2020/12/05　LOT 74
镜框　设色纸本　137cm×69cm
成交价　RMB 10,350,000

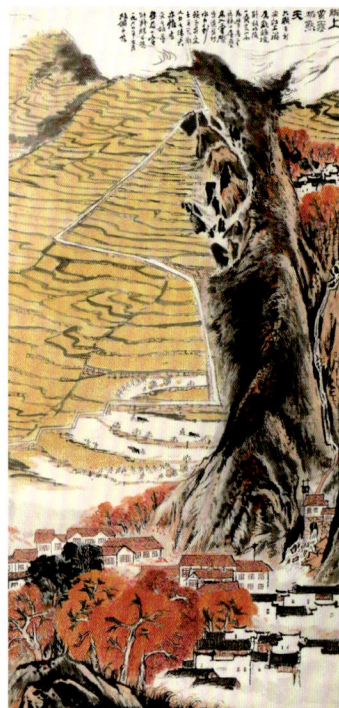

陆俨少　1964 年作　陇上黄云图
上海朵云轩　2020/09/23　LOT 656
立轴　设色纸本　135.5cm×66.5cm
成交价　RMB 7,130,000

陆俨少　1957 年作　祖国新貌
中国嘉德　2020/08/16　LOT 722
镜心　设色纸本　68.5cm×139.5cm
成交价　RMB 5,800,000

陆俨少　1979 年作　峡江图
上海嘉禾　2020/12/13　LOT 239
手卷　设色纸本　引首 31cm×82.5cm；画心 31cm×178.5cm；尾跋 31cm×50cm
成交价　RMB 5,865,000

陆俨少　1981 年作　峡江羁旅图
中国嘉德　2020/08/16　LOT 724
手卷　设色纸本
引首 32.8cm×89cm；画心 32.8cm×277.5cm；题跋 33cm×139cm
成交价　RMB 10,440,000

陆俨少　1983年作　宋诗逸景册
浙江南北　2020/08/07　LOT 57
册页（十二开）设色纸本　34.5cm×27cm×12
成交价　RMB 5,520,000

陆俨少　稼轩词意册
上海匡时　2020/12/12　LOT 370
册页（十三开）　27cm×35.5cm×13
成交价　RMB 12,420,000

中国书画 ——— 近现代 ——— 陆俨少

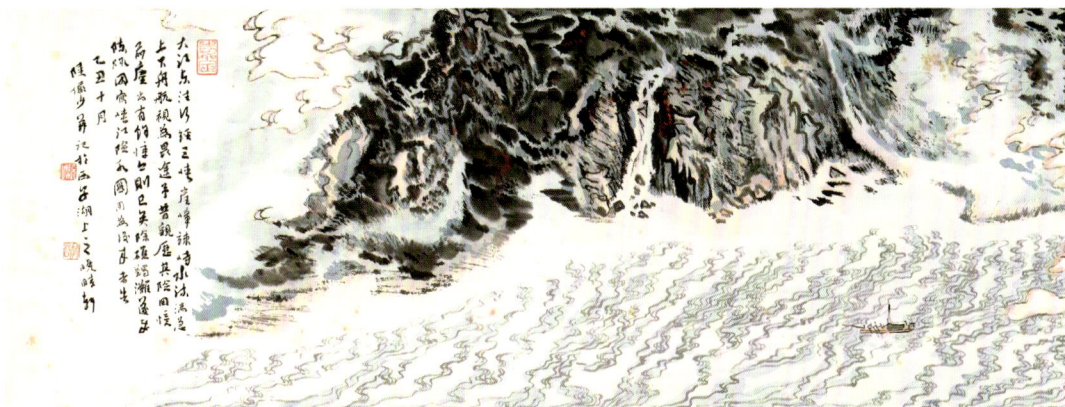

陆俨少　1985 年作　峡江险水图
中国嘉德　2020/12/01　LOT 230
手卷　设色纸本　画心 34cm×276cm；引首 34cm×111cm
成交价　RMB 8,700,000

中国收藏
拍卖年鉴
2021

CHINESE FINE ART &
ANTIQUES AUCTION
YEARBOOK 2021

陆俨少　江山册
上海朵云轩　2020/09/23　LOT 705
册页（十二开）设色纸本　24cm×32cm×12
成交价　RMB 5,865,000

陆俨少　女真人生活图
华艺国际（北京）　2020/10/16　LOT 49
镜框　设色纸本　79cm×253cm
成交价　RMB 34,500,000

陆俨少　井冈山朱砂冲哨口
上海嘉禾　2020/12/13　LOT 8030
立轴　设色纸本　140cm×68.5cm
成交价　RMB 16,100,000

陆俨少　万山红遍层林尽染
中国嘉德　2020/12/01　LOT 227
镜心　设色纸本　52.5cm×110.5cm
成交价　RMB 9,164,000

黎雄才　1976 年作　旭日东升

华艺国际（北京）　2020/12/05　LOT 75

镜框　设色纸本　142cm×366cm

成交价　RMB 12,075,000

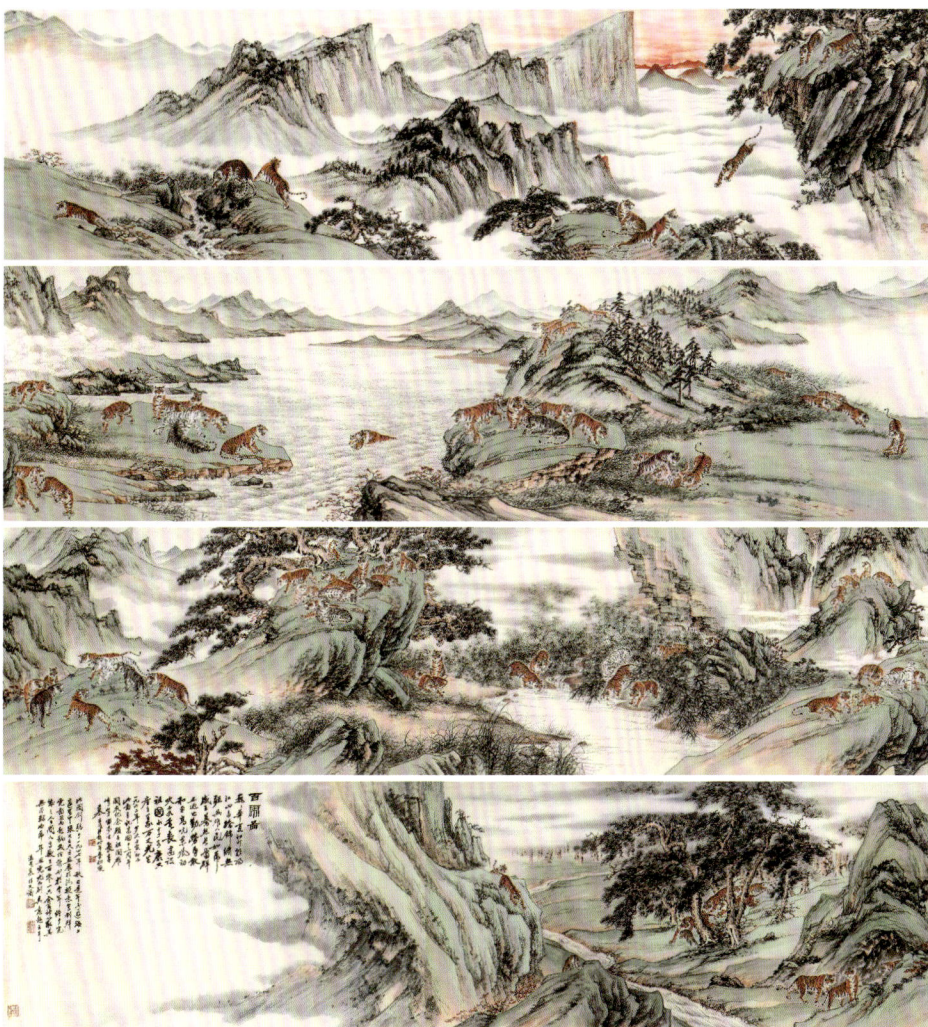

慕凌飞　百虎图

中鸿信　2020/12/05　LOT 247

手卷　设色纸本　引首 45cm×137cm；画心 45.5cm×700cm

成交价　RMB 10,120,000

中国书画 ── 近现代 ── 黎雄才　慕凌飞

潘天寿 1924 年作 斜头曲背图
华艺国际（北京） 2020/12/05 LOT 66
立轴 设色纸本 140cm×39cm
成交价 RMB 5,750,000

潘天寿 1928 年作 飞帆
北京诚轩 2020/12/12 LOT 144
立轴 设色纸本 199cm×52.7cm
成交价 RMB 9,200,000

潘天寿 空山晴翠
中国嘉德 2020/12/01 LOT 263
立轴 水墨纸本
145.5cm×55cm；题 23.5cm×55cm
成交价 RMB 11,600,000

潘天寿 1929 年作 拖泥带水山图
中国嘉德 2020/12/01 LOT 162
立轴 水墨纸本 131.5cm×59.5cm
成交价 RMB 5,800,000

潘天寿 1958 年作 耕罢
华艺国际（北京） 2020/10/16 LOT 38
立轴 设色纸本 227cm×121cm
成交价 RMB 178,825,000

潘天寿 1962 年作 榴实蕙兰图
北京保利 2020/10/17 LOT 2623
立轴 设色纸本 106cm×47cm
成交价 RMB 7,245,000

潘天寿　1959 年作　江天新霁
中国嘉德　2020/08/16　LOT 753
镜心　设色纸本　72cm×241cm
成交价　RMB 62,640,000

潘天寿　1963 年作　灵蟾
北京保利　2020/12/04　LOT 670
立轴　水墨纸本　58cm×44.5cm
成交价　RMB 5,750,000

溥儒　1932 年作杏语图　1934 年作醉杏图
佳士得香港　2020/07/08　LOT 1091
手卷　设色纸本　16cm×94.5cm×2
成交价　RMB 7,970,900

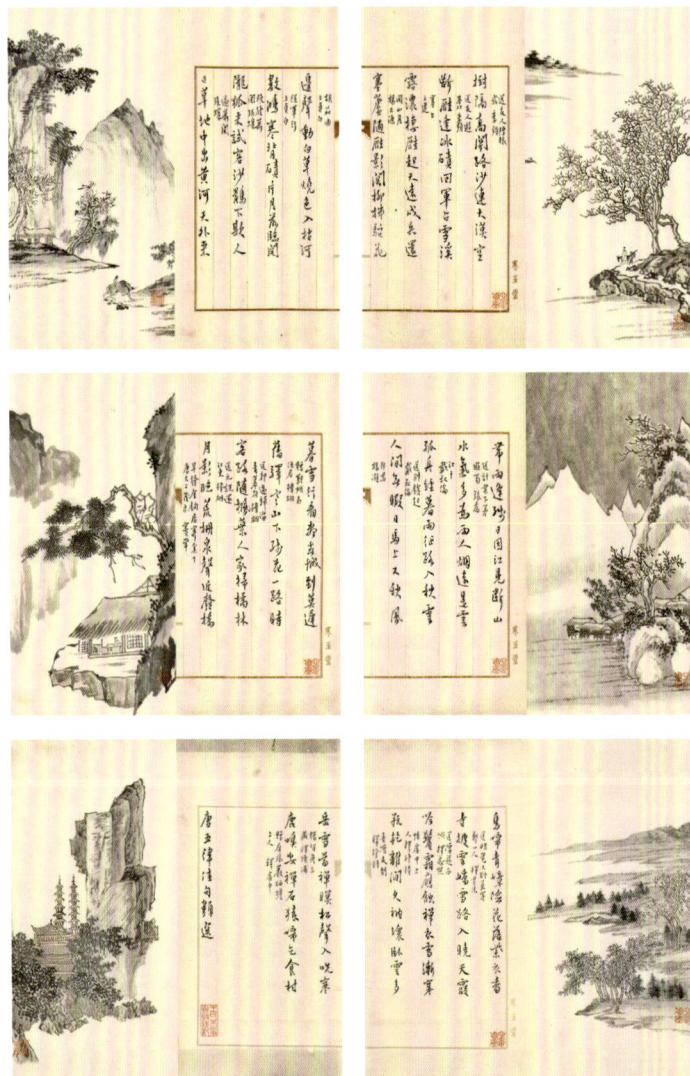

溥儒　1952 年作　唐五律佳句类选书画合璧册（部分图）
佳士得香港　2020/07/08　LOT 1058
线装一册六十六页　设色纸本　30.5cm×17.6cm
成交价　RMB 18,977,294

溥儒　白孔雀
苏富比香港　2020/10/08　LOT 3119
立轴　设色纸本　120cm×39cm
成交价　RMB 8,819,965

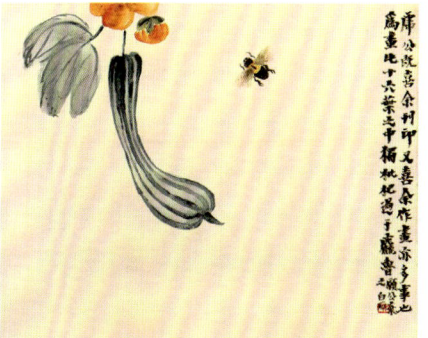

齐白石　1921 年作　致杨度工笔花虫册

中国嘉德　2020/12/01　LOT 207

镜心（十开）设色绢本　24cm×32.5cm×10

成交价　RMB 46,400,000

齐白石　1923 年作　紫藤
北京华辰　2020/12/06　LOT 154
立轴　设色纸本　167.5cm×43cm
成交价　RMB 5,750,000

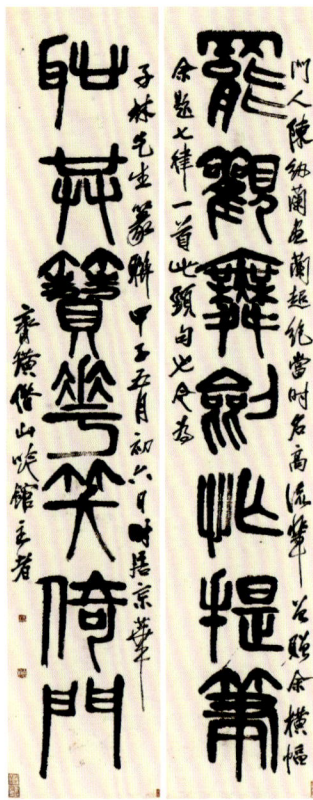

齐白石　1924 年作　篆书七言联
北京保利　2020/10/17　LOT 2514
立轴　水墨纸本　147.5cm×28.5cm×2
成交价　RMB 6,440,000

齐白石　1927 年作　寄斯庵制竹图
中国嘉德　2020/08/16　LOT 762
立轴　设色纸本　49cm×30cm
成交价　RMB 8,120,000

齐白石　1928 年作　白衣大士
华艺国际（北京）　2020/10/16　LOT 21
立轴　设色纸本　135cm×33.5cm
成交价　RMB 19,550,000

齐白石　1942 年作　金秋蔬果图卷
荣宝斋（上海）　2020/10/25　LOT 27
手卷　设色纸本　35.8cm×306cm
成交价　RMB 19,550,000

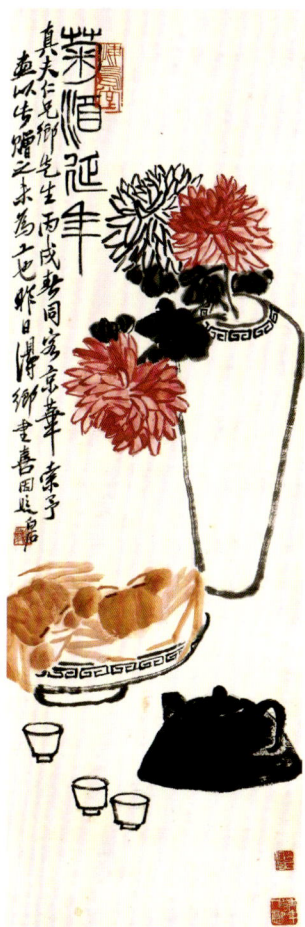

齐白石　1946 年作　菊酒延年
北京保利　2020/10/17　LOT 2669
立轴　设色纸本　103.5cm×34cm
成交价　RMB 7,072,500

齐白石　1948 年作　世世有余
华艺国际（北京）　2020/12/05　LOT 58
立轴　设色纸本　172.5cm×68cm
成交价　RMB 21,275,000

中国收藏
拍卖年鉴
2021

CHINESE FINE ART &
ANTIQUES AUCTION
YEARBOOK 2021

齐白石　1948 年作　水族四屏
中国嘉德　2020/12/01　LOT 212
镜心　水墨纸本　97.5cm×36cm×4
成交价　RMB 5,684,000

齐白石　1951 年作　篆书五言
上海朵云轩　2020/09/23　LOT 693
对联　纸本　139cm×34cm×2
成交价　RMB 7,130,000

齐白石　1953 年作　和平和平
北京保利　2020/10/17　LOT 2612
镜心　设色纸本　117cm×41.5cm
成交价　RMB 6,900,000

齐白石　1956 年作　国色天香
北京荣宝　2020/08/23　LOT 236
立轴　设色纸本　100cm×33.7cm
成交价　RMB 24,150,000

中国书画 —— 近现代 —— 齐白石

齐白石　花草工虫册
北京荣宝　2020/08/23　LOT 232
册页（十开）设色纸本　34.8cm×23.5cm×10
成交价　RMB 129,950,000

齐白石　百卉争艳

华艺国际（北京）　2020/10/16　LOT 27

册页（十开）设色纸本　28cm×45cm×10

成交价　RMB 39,100,000

中国书画 ──── 近现代 ──── 齐白石

齐白石　1939 年作　红荷鸳鸯
北京荣宝　2020/08/23　LOT 237
镜心　设色纸本　136.5cm×62cm
成交价　RMB 5,750,000

齐白石　百寿图
上海朵云轩　2020/09/23　LOT 694
立轴　设色纸本　102cm×34cm
成交价　RMB 7,820,000

齐白石　贝叶草虫
北京保利　2020/12/04　LOT 653
立轴　设色纸本　102cm×34cm
成交价　RMB 8,970,000

齐白石　多寿
中国嘉德　2020/08/16　LOT 766
立轴　设色纸本　132cm×47.5cm
成交价　RMB 5,800,000

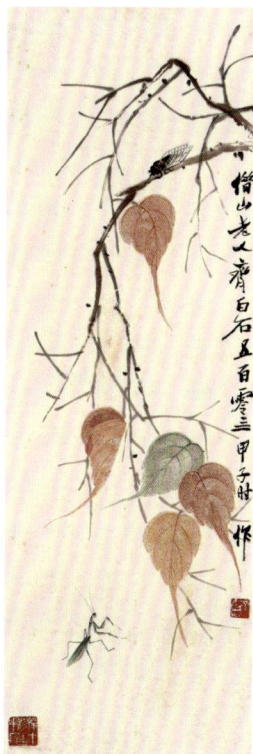

齐白石　陈师曾　1920 年作　大利图 花卉
华艺国际（北京）　2020/10/16　LOT 6
成扇　设色纸本　23cm×61cm
成交价　RMB 6,095,000

齐白石　赤霞丹竹
华艺国际（北京）　2020/12/05　LOT 56
立轴　设色纸本　105cm×41cm
成交价　RMB 6,900,000

齐白石　桂花绶带图
荣宝斋（上海）　2020/10/25　LOT 11
立轴　设色纸本　117cm×45.4cm
成交价　RMB 12,650,000

齐白石　大富贵家风
北京荣宝　2020/12/20　LOT 305
立轴　设色纸本　68cm×34.5cm
成交价　RMB 9,200,000

齐白石　富贵延年四屏
中国嘉德（香港）　2020/10/09　LOT 1173
镜心 设色纸本　96cm×42.5cm×4
成交价　RMB 7,835,504

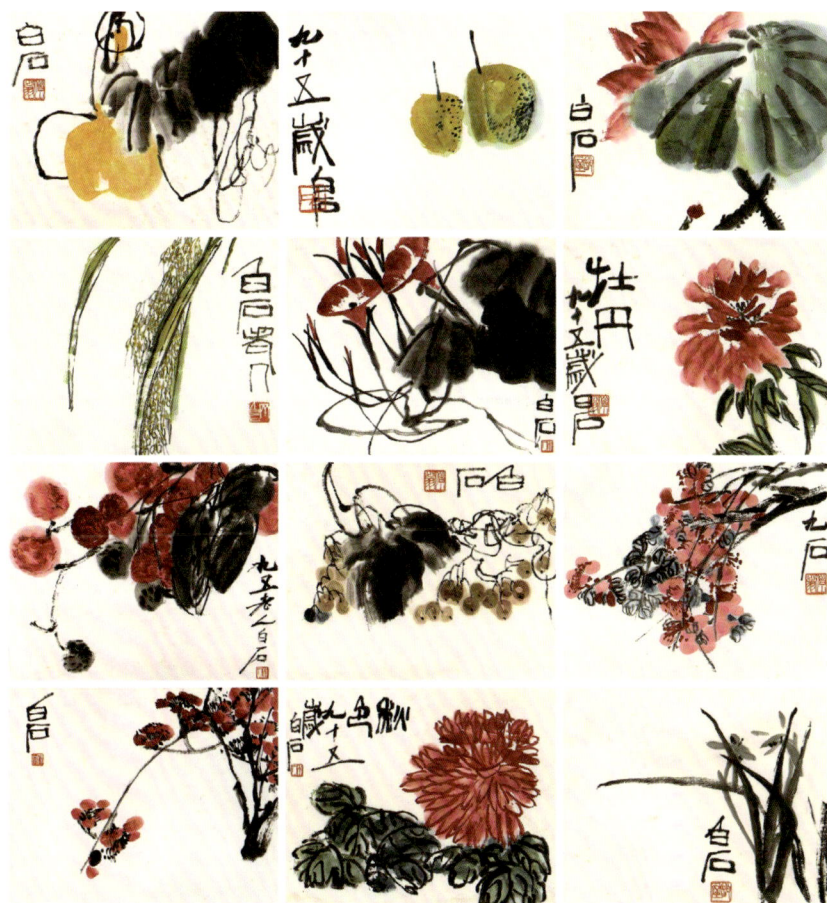

齐白石　1955 年作　花卉蔬果册
北京荣宝　2020/08/23　LOT 215
册页（十二开）设色纸本　27cm×34cm×12
成交价　RMB 71,300,000

中国收藏
拍卖年鉴
2021

CHINESE FINE ART &
ANTIQUES AUCTION
YEARBOOK 2021

齐白石　花果虫草
上海嘉禾　2020/12/13　LOT 8060
四屏镜片 设色纸本　131cm×33.5cm×4
成交价　RMB 10,925,000

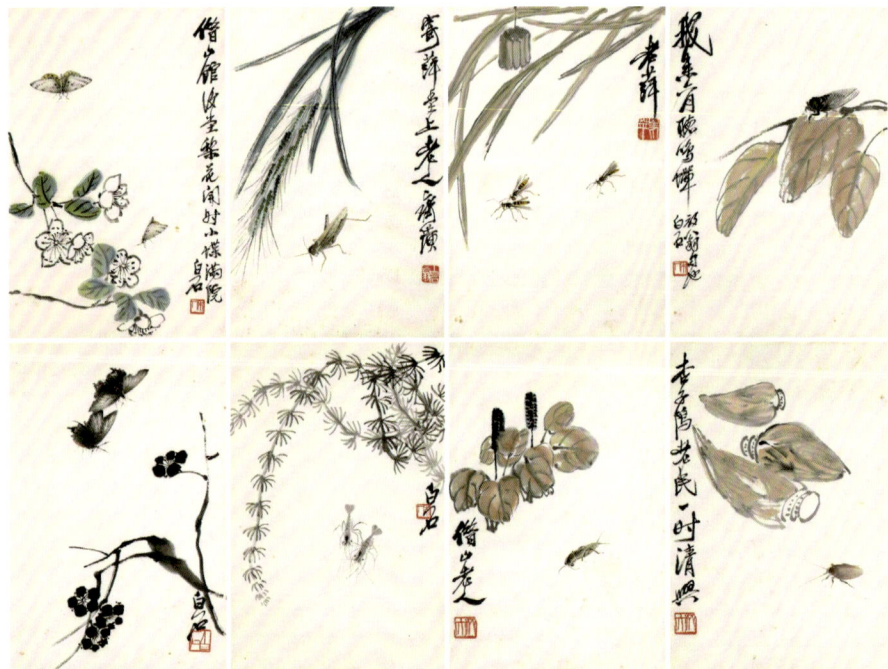

齐白石　花卉工虫册
北京保利　2020/10/17　LOT 2671
镜心 设色纸本　35cm×23cm×8
成交价　RMB 31,625,000

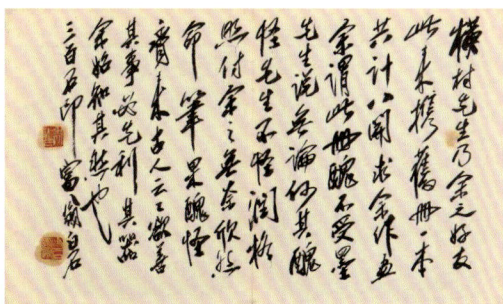

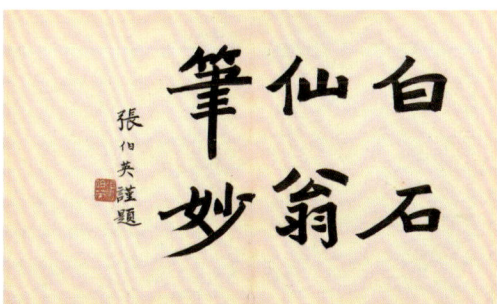

齐白石 花卉集珍册

荣宝斋（上海） 2020/10/25 LOT 19

册页（八开）设色纸本 33cm×57cm×8

成交价 RMB 8,625,000

齐白石　生机勃勃册
苏富比香港　2020/07/10　LOT 2898
册页（十一开）设色、水墨纸本　18.5cm×28cm×11
成交价　RMB 8,748,336

齐白石　牡丹
佳士得巴黎　2020/06/23　LOT 93
镜框　设色纸本　51cm×31.5cm
成交价　RMB 6,029,601

齐白石　寿酒
荣宝斋（上海）　2020/10/25　LOT 28
立轴　设色纸本　103cm×34cm
成交价　RMB 5,060,000

齐白石　蔬果花鸟册

北京荣宝　2020/12/20　LOT 313

册页（十开）设色纸本　27cm×34cm×10

成交价　RMB 36,800,000

中国收藏
拍卖年鉴
2021

CHINESE FINE ART &
ANTIQUES AUCTION
YEARBOOK 2021

齐白石　双寿
华艺国际（北京）　2020/12/05　LOT 59
镜框　设色纸本　100cm×34cm
成交价　RMB 6,267,500

齐白石　双寿
中鸿信　2020/12/05　LOT 585
立轴　设色纸本　120cm×35cm
成交价　RMB 9,775,000

齐白石　四季清兴
华艺国际（北京）　2020/10/16　LOT 24
立轴　设色纸本　130cm×33cm×4
成交价　RMB 7,360,000

齐白石 松鹤图
荣宝斋（上海） 2020/10/25 LOT 9
立轴 设色纸本 180cm×48.2cm
成交价 RMB 20,930,000

齐白石 松鹰
北京保利 2020/12/04 LOT 647
立轴 设色纸本 178cm×46.5cm
成交价 RMB 14,375,000

齐白石 松鹰图
荣宝斋（上海） 2020/10/25 LOT 7
立轴 设色纸本 178.5cm×47.8cm
成交价 RMB 28,750,000

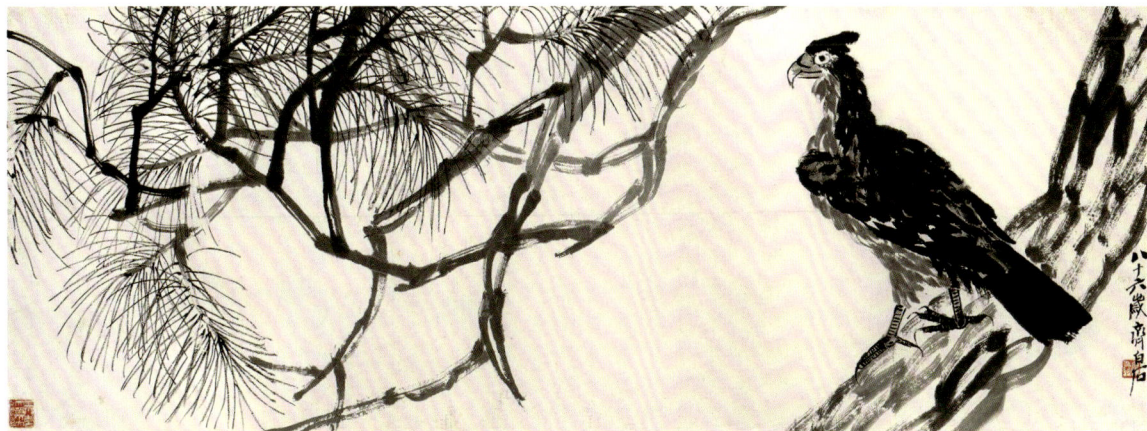

齐白石 松鹰图
北京保利 2020/10/17 LOT 2670
镜心 水墨纸本 66cm×180cm
成交价 RMB 18,975,000

中国收藏
拍卖年鉴
2021

CHINESE FINE ART &
ANTIQUES AUCTION
YEARBOOK 2021

中国书画 ——— 近现代 ——— 齐白石

齐白石　岁朝图
华艺国际（北京）　2020/10/16　LOT 26
立轴　设色纸本　136cm×34cm
成交价　RMB 17,250,000

齐白石　滕王阁
中国嘉德　2020/08/16　LOT 697
立轴　设色纸本　97.3cm×33.2cm
成交价　RMB 5,568,000

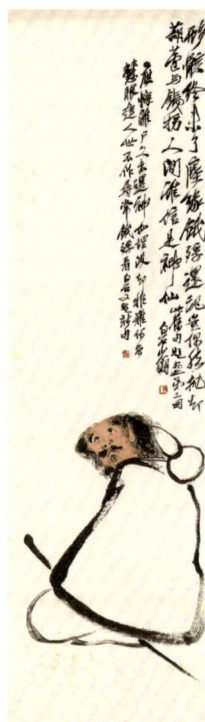

齐白石　铁拐李
北京保利　2020/10/17　LOT 2606
镜心　设色纸本　131cm×38cm
成交价　RMB 6,555,000

齐白石　五子登科
中国嘉德　2020/08/16　LOT 694
镜心　设色纸本　100cm×34.5cm
成交价　RMB 7,076,000

齐白石　英雄独立
中国嘉德　2020/08/16　LOT 695
立轴　水墨纸本　170.5cm×45.5cm
成交价　RMB 28,420,000

齐白石　云山深涧
北京保利　2020/10/17　LOT 2614
立轴　设色纸本　162cm×92cm
成交价　RMB 38,525,000

启功　1938 年作　米家云山图
北京保利　2020/10/17　LOT 2714
镜框　设色纸本　128cm×59cm
成交价　RMB 5,520,000

钱松嵒　福寿之松图
荣宝斋（上海）　2020/10/25　LOT 40
立轴　设色纸本　83cm×109cm
成交价　RMB 6,325,000

钱松嵒　1974 年作　遵义
北京荣宝　2020/08/23　LOT 221
立轴　设色纸本　104cm×69cm
成交价　RMB 5,520,000

钱松嵒　遵义
上海嘉禾　2020/12/13　LOT 8050
立轴　设色纸本　100cm×68cm
成交价　RMB 7,245,000

中国收藏
拍卖年鉴
2021

CHINESE FINE ART &
ANTIQUES AUCTION
YEARBOOK 2021

石鲁　1959 年作　春忙图
北京荣宝　2020/12/20　LOT 326
镜心　设色纸本　75cm×93cm
成交价　RMB 7,475,000

石鲁　红梅图　草书五言联
十竹斋拍卖（北京）　2020/10/18　LOT 5026
镜心　设色、水墨纸本
画心 180cm×63cm；对联 180cm×48cm×2
成交价　RMB 10,465,000

石鲁　1971 年作　五月风荷图
北京荣宝　2020/08/23　LOT 245
立轴　设色纸本　177.5cm×78cm
成交价　RMB 25,300,000

石鲁　华岳松风
北京保利　2020/10/17　LOT 2709
镜心　水墨纸本　145cm×69cm
成交价　RMB 6,095,000

宋文治 1962 年作 河山新造
上海嘉禾 2020/12/13 LOT 347
镜片 设色纸本 167cm×367cm
成交价 RMB 11,730,000

宋文治 太湖之晨
荣宝斋（上海） 2020/10/25 LOT 42
立轴 设色纸本 93.6cm×179cm
成交价 RMB 6,325,000

中国书画 —— 近现代 —— 吴昌硕

中国收藏
拍卖年鉴
2021

CHINESE FINE ART &
ANTIQUES AUCTION
YEARBOOK 2021

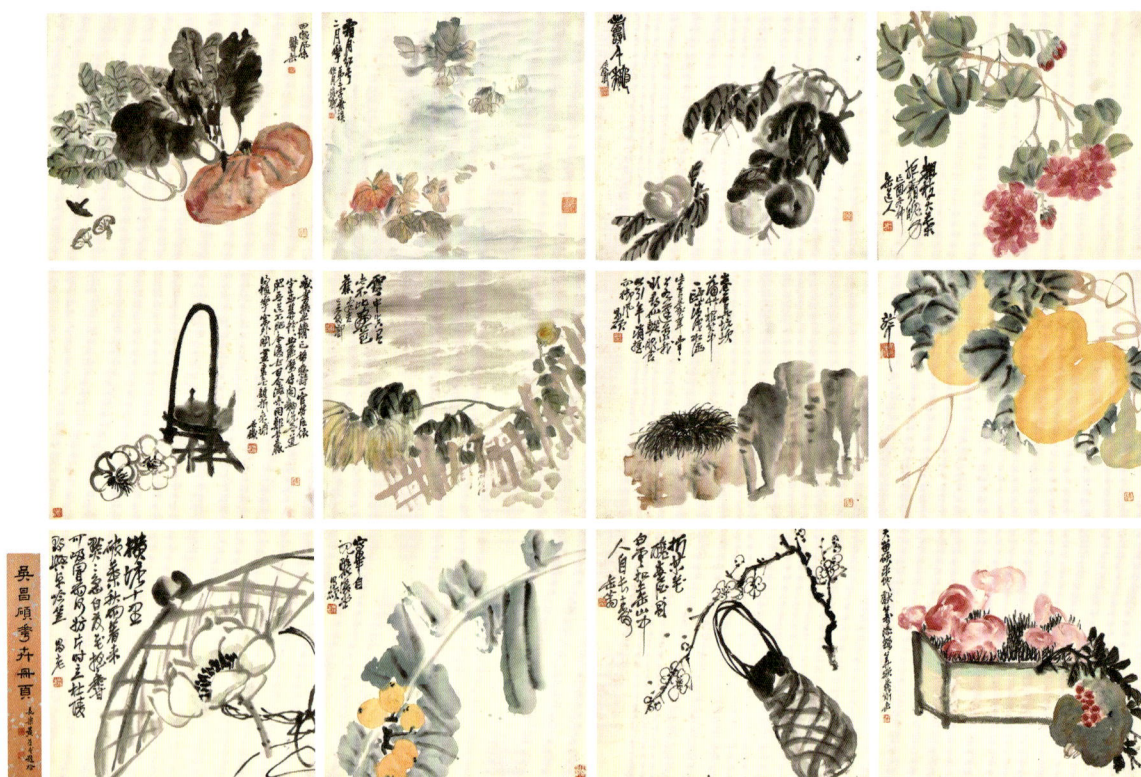

吴昌硕　1909 年作　花卉册
佳士得香港　2020/12/01　LOT 1192
册页（十二开）设色纸本　37.3cm×40.3cm×12
成交价　RMB 15,941,801

吴昌硕　荷花图
荣宝斋（上海）2020/10/25　LOT 33
立轴　设色纸本　140cm×69cm
成交价　RMB 5,175,000

吴昌硕　1918 年作　虞山邹巷古藤
北京保利　2020/10/17　LOT 2616
立轴　设色纸本　179.5cm×96cm
成交价　RMB 7,475,000

吴昌硕　1915 年作　葫芦图
西泠印社　2020/08/09　LOT 2870
镜片　设色纸本　138.5cm×61.5cm
成交价　RMB 5,980,000

吴昌硕　1916 年作　多寿图
北京保利　2020/10/17　LOT 2667
立轴　设色纸本　148.5cm×80.5cm
成交价　RMB 5,980,000

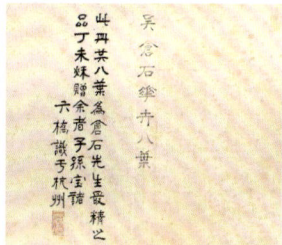

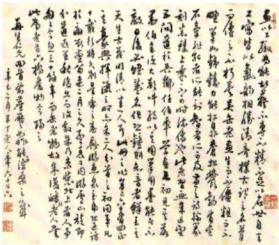

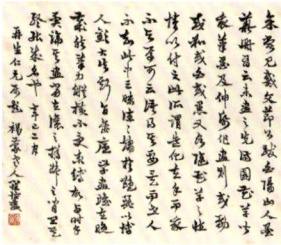

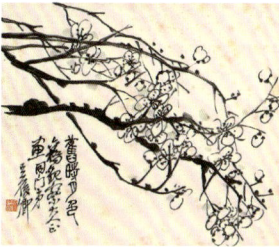

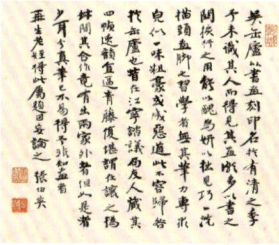

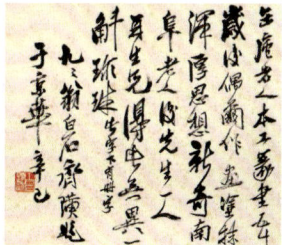

吴昌硕　1917 年作　千年桃实
上海朵云轩　2020/09/23　LOT 677
立轴　设色纸本　178.5cm×92.5cm
成交价　RMB 16,675,000

吴昌硕　1917 年作　红梅
北京荣宝　2020/08/23　LOT 233
立轴　设色纸本　143cm×71 cm
成交价　RMB 6,900,000

吴昌硕　致三多花卉册
中国嘉德　2020/12/01　LOT 195
册页（四开八页）设色纸本　27cm×32cm×8
成交价　RMB 52,200,000

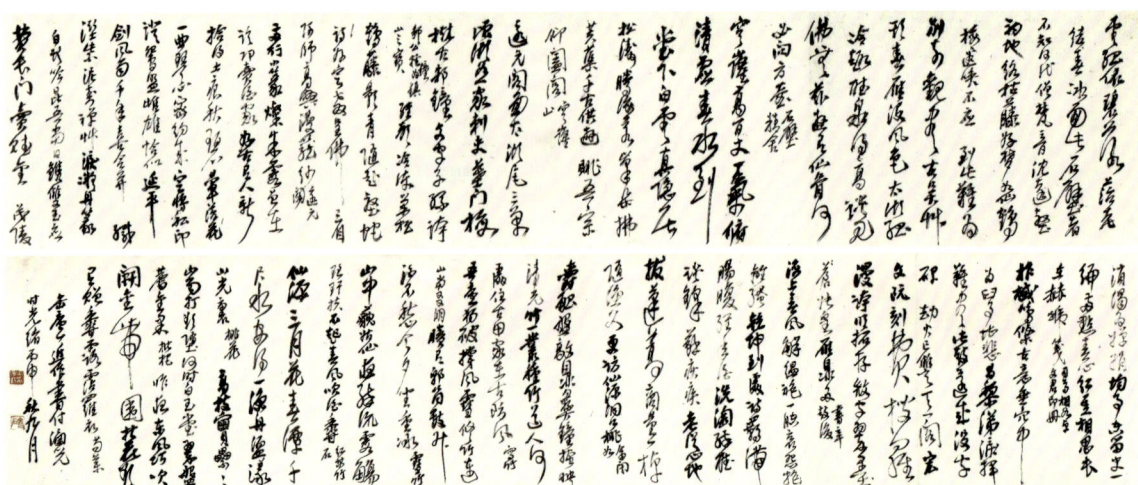

吴昌硕　1896 年作　行书自作诗
北京保利　2020/10/17　LOT 2509
手卷　水墨纸本　29cm×285.5cm
成交价　RMB 5,980,000

吴昌硕　1914 年作　行书
上海朵云轩　2020/09/23　LOT 678
横披　纸本　77cm×220cm
成交价　RMB 9,200,000

吴冠中　1979 年作　山城重庆
苏富比香港　2020/10/08　LOT 3043
镜框　设色纸本　68.3cm×137.5cm
成交价　RMB 43,959,188

吴冠中　1979 年作　春笋
苏富比香港　2020/07/10　LOT 2757
镜框　设色纸本　68cm×68.8cm
成交价　RMB 5,394,007

吴冠中 1983 年作 雪山与杜鹃
华艺国际（北京） 2020/10/15 LOT 8117
设色纸本 136.5cm×67cm
成交价 RMB 8,280,000

吴冠中 1987 年作 江南水巷
苏富比香港 2020/07/10 LOT 2755
镜框 设色纸本 48cm×50cm
成交价 RMB 7,175,994

吴冠中 1986 年作 长白山天池
苏富比香港 2020/07/10 LOT 2763
镜框 设色纸本 95cm×180cm
成交价 RMB 21,117,427

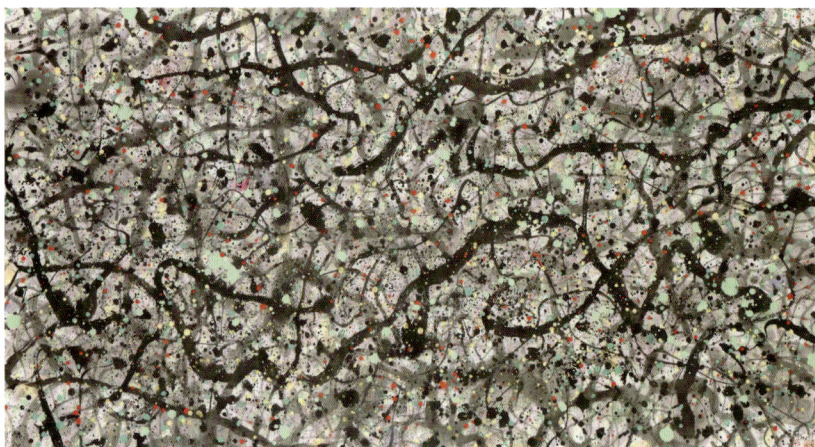

吴冠中　1987 年作　野藤明珠
佳士得香港　2020/07/08　LOT 1042
镜框　设色纸本　95.5cm×178.5cm
成交价　RMB 15,832,610

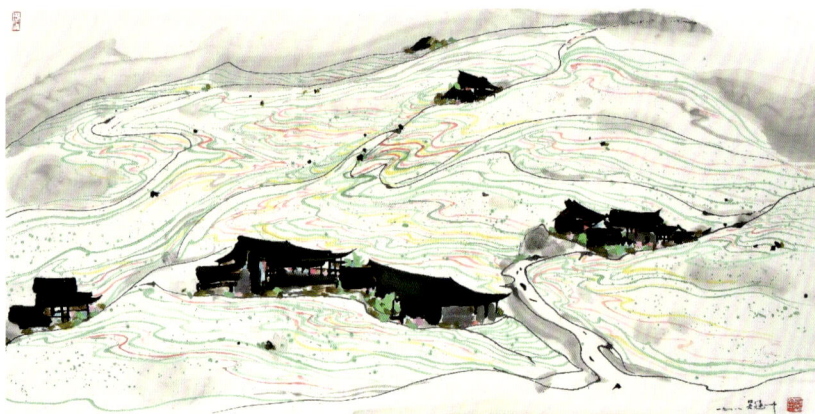

吴冠中　1988 年作　山居图
华艺国际（北京）　2020/10/15　LOT 8113
设色纸本　68.5cm×137cm
成交价　RMB 9,430,000

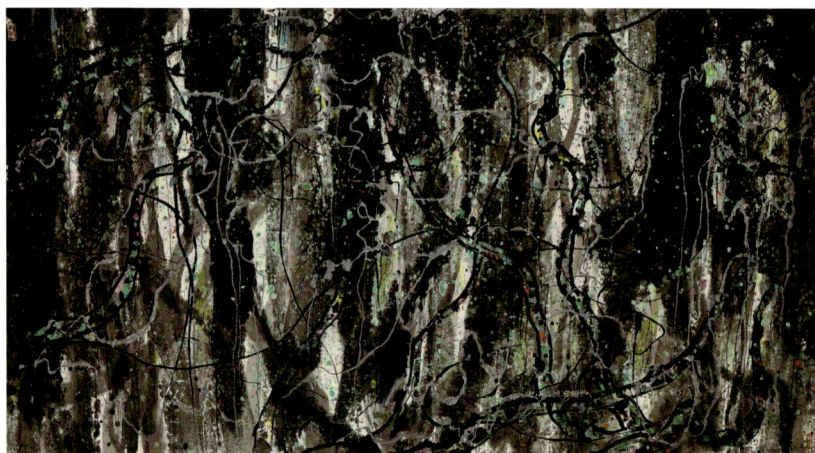

吴冠中　1988 年作　原始林
苏富比香港　2020/10/08　LOT 3044
镜框　设色纸本　95.4cm×178.4cm
成交价　RMB 24,463,021

吴冠中　1990 年作　春雪
苏富比香港　2020/07/10　LOT 2761
镜框　设色纸本　66.5cm×136cm
成交价　RMB 5,394,007

吴冠中　1989 年作　是空是色入画来
苏富比香港　2020/10/08　LOT 3046
镜框　设色纸本　67.5cm×68.4cm
成交价　RMB 5,226,290

吴冠中　1991 年作　今日迷宫
苏富比香港　2020/10/08　LOT 3061
镜框　设色纸本　97.5cm×68.2cm
成交价　RMB 6,706,039

吴冠中　1991 年作　苇塘
北京保利　2020/10/16　LOT 1203
纸本设色　68.6cm×138.4cm
成交价　RMB 6,670,000

吴冠中　1992 年作　忆武夷山
中国嘉德　2020/12/05　LOT 1722
彩墨纸本　69cm×89cm
成交价　RMB 7,130,000

吴冠中　1987 年作　奔流
北京保利　2020/10/17　LOT 2654
镜心　设色纸本　161cm×95.5cm
成交价　RMB 15,870,000

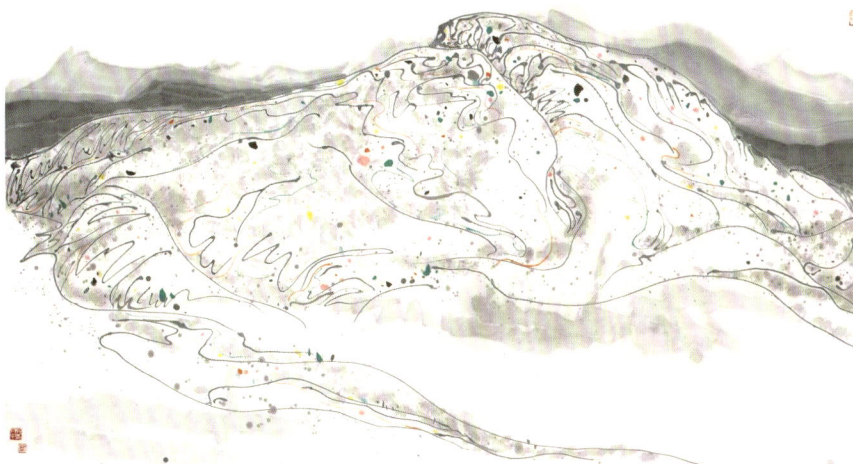

吴冠中　彩山
苏富比香港　2020/07/10　LOT 2764
镜框　设色纸本　95cm×181cm
成交价　RMB 9,586,919

吴冠中　1992 年作　秩序
北京保利　2020/10/17　LOT 2653
镜心　设色纸本　67.6cm×130.6cm
成交价　RMB 6,670,000

吴冠中　太湖泊舟
佳士得香港　2020/12/01　LOT 1093
镜框　设色纸本　68cm×134cm
成交价　RMB 14,893,573

中国书画 —— 近现代 —— 吴冠中

吴冠中　忆泰山上高峰
荣宝斋（上海）　2020/10/25　LOT 69
镜心　设色纸本　67cm×131cm
成交价　RMB 6,900,000

吴冠中　水上人家
苏富比香港　2020/07/10　LOT 2868
镜框　设色纸本　67.2cm×136cm
成交价　RMB 6,651,880

吴冠中　狮子林
苏富比香港　2020/10/08　LOT 3045
镜框　设色纸本　69.5cm×94.2cm
成交价　RMB 6,494,646

吴湖帆 1937年作 媚秋堂寻诗图

中国嘉德 2020/12/01 LOT 243

手卷 设色纸本

引首 25.5cm×86cm；画 25cm×110cm

跋 24.5cm×122.5cm、24.5cm×57cm

成交价 RMB 11,600,000

中国收藏
拍卖年鉴
2021

CHINESE FINE ART &
ANTIQUES AUCTION
YEARBOOK 2021

吴湖帆　1934 年作　晴岭飞泉
广东崇正　2020/09/13　LOT 96
立轴　设色纸本　110cm×48.5cm
成交价　RMB 8,855,000

吴湖帆　1947 年作　邃谷寒潭
十竹斋拍卖（北京）　2020/10/18　LOT 5014
立轴　设色纸本　90.5cm×48.5cm
成交价　RMB 5,865,000

王雪涛　1951 年作　百卉图
北京保利　2020/12/04　LOT 657
手卷　设色纸本　画 34cm×2783cm；题 34cm×236cm
成交价　RMB 8,970,000

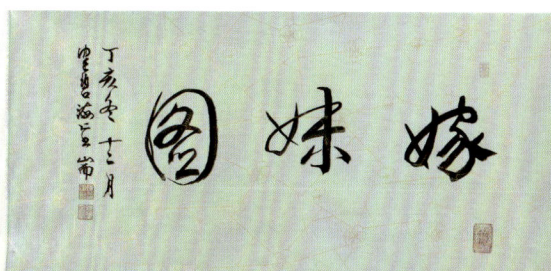

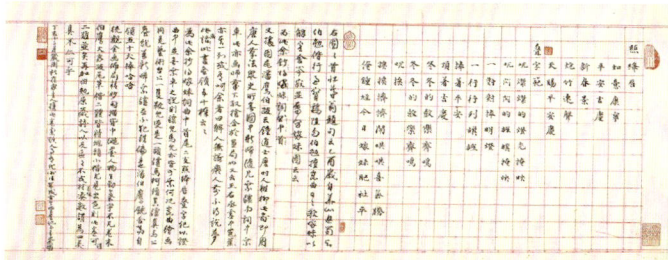

谢稚柳　1947 年作　嫁妹图
上海嘉禾　2020/12/13　LOT 8036
手卷 设色纸本　引首 33cm×69cm；画心 33cm×117cm；跋 33cm×82.5cm
成交价　RMB 7,705,000

谢稚柳　1961 年作　草原放牧图
上海嘉禾　2020/12/13　LOT 304
镜片 设色纸本　164cm×82cm
成交价　RMB 12,420,000

谢稚柳　1945 年作　仰高图
北京永乐　2020/12/03　LOT 374
立轴 设色纸本　诗塘 21cm×123cm；本幅 232cm×105cm
成交价　RMB 13,800,000

中国收藏
拍卖年鉴
2021

CHINESE FINE ART &
ANTIQUES AUCTION
YEARBOOK 2021

徐悲鸿　1930 年作　牧牛图
北京保利　2020/10/17　LOT 2646
立轴　设色纸本　85cm×52cm
成交价　RMB 5,635,000

徐悲鸿　1935 年作　燕燕于飞
荣宝斋（上海）　2020/10/25　LOT 72
立轴　设色纸本　81cm×43cm
成交价　RMB 14,950,000

徐悲鸿　1935 年作神骏图　1942 年作行书四言
上海朵云轩　2020/09/23　LOT 680
立轴　对联片　设色纸本　129cm×77cm；129cm×33cm×2
成交价　RMB 13,800,000

徐悲鸿　1936 年作　秋兴
北京保利　2020/12/04　LOT 619
镜心　设色纸本　82.6cm×99.4cm
成交价　RMB 12,880,000

徐悲鸿　1936 年作 仙姑献寿
北京保利　2020/10/17　LOT 2645
镜心 设色纸本　83cm×43.5cm
成交价　RMB 13,800,000

徐悲鸿　1937 年作 古柏双骏
北京保利　2020/10/17　LOT 2647
镜心 设色纸本　128.5cm×76.3cm
成交价　RMB 14,950,000

徐悲鸿　1938 年作 红豆情思
华艺国际（北京）　2020/12/05　LOT 63
镜框 设色纸本　85cm×53cm
成交价　RMB 36,800,000

徐悲鸿　1939 年作 奔马图
北京保利　2020/12/04　LOT 650
镜心 设色纸本　84cm×55cm
成交价　RMB 5,750,000

中国书画 —— 近现代 —— 徐悲鸿

311

徐悲鸿　1941 年作　柏荫仕女

上海匡时　2020/08/05　LOT 210

立轴　设色纸本　152.5cm×78cm

成交价　RMB 6,670,000

徐悲鸿　1941 年作　立马图

中国嘉德　2020/11/09　LOT 421

镜心　纸本　134cm×65cm

成交价　RMB 12,180,000

徐悲鸿　1941 年作　雄狮

北京保利　2020/12/04　LOT 652

镜心　设色纸本　95cm×87cm

成交价　RMB 10,925,000

徐悲鸿　1943 年作　赠赵少昂猫石图

北京保利　2020/12/04　LOT 649

镜心　设色纸本　70.5cm×104.7cm

成交价　RMB 7,532,500

徐悲鸿　1943 年作　五骏图
北京保利　2020/12/04　LOT 651
立轴　设色纸本　74cm×96cm
成交价　RMB 34,500,000

徐悲鸿　1943 年作　平川立马图
中鸿信　2020/01/03　LOT 319
立轴　设色纸本　89cm×54.5cm
成交价　RMB 5,750,000

徐悲鸿　1944 年作　奔马图
北京保利　2020/10/17　LOT 2701
立轴　设色纸本　104.5cm×60.8cm
成交价　RMB 5,865,000

徐悲鸿　1944 年作　天马行空
北京保利　2020/10/17　LOT 2644
立轴　水墨纸本　100cm×62cm
成交价　RMB 5,750,000

徐悲鸿　奔马
荣宝斋（上海）　2020/10/25　LOT 79
立轴　设色纸本　85.5cm×57cm
成交价　RMB 17,250,000

徐悲鸿 张书旗　1937 年作　狮子猫
北京荣宝　2020/08/23　LOT 235
立轴　设色纸本　102cm×36cm
成交价　RMB 8,740,000

徐悲鸿　1947 年作　奔马
北京永乐　2020/12/03　LOT 368
立轴　水墨纸本　104cm×50cm
成交价　RMB 6,325,000

于非闇　1949 年作　大富贵益寿考
苏富比香港　2020/10/08　LOT 3120
立轴　设色纸本　131.5cm×67cm
成交价　RMB 5,437,683

于非闇　1938 年作　玉堂富贵春喜
北京保利　2020/10/17　LOT 2685
立轴　设色纸本　150cm×66.5cm
成交价　RMB 9,832,500

于非闇　1938 年作　锦上添花
华艺国际（北京）　2020/10/16　LOT 9
立轴　设色纸本　150.5cm×65.5cm
成交价　RMB 8,740,000

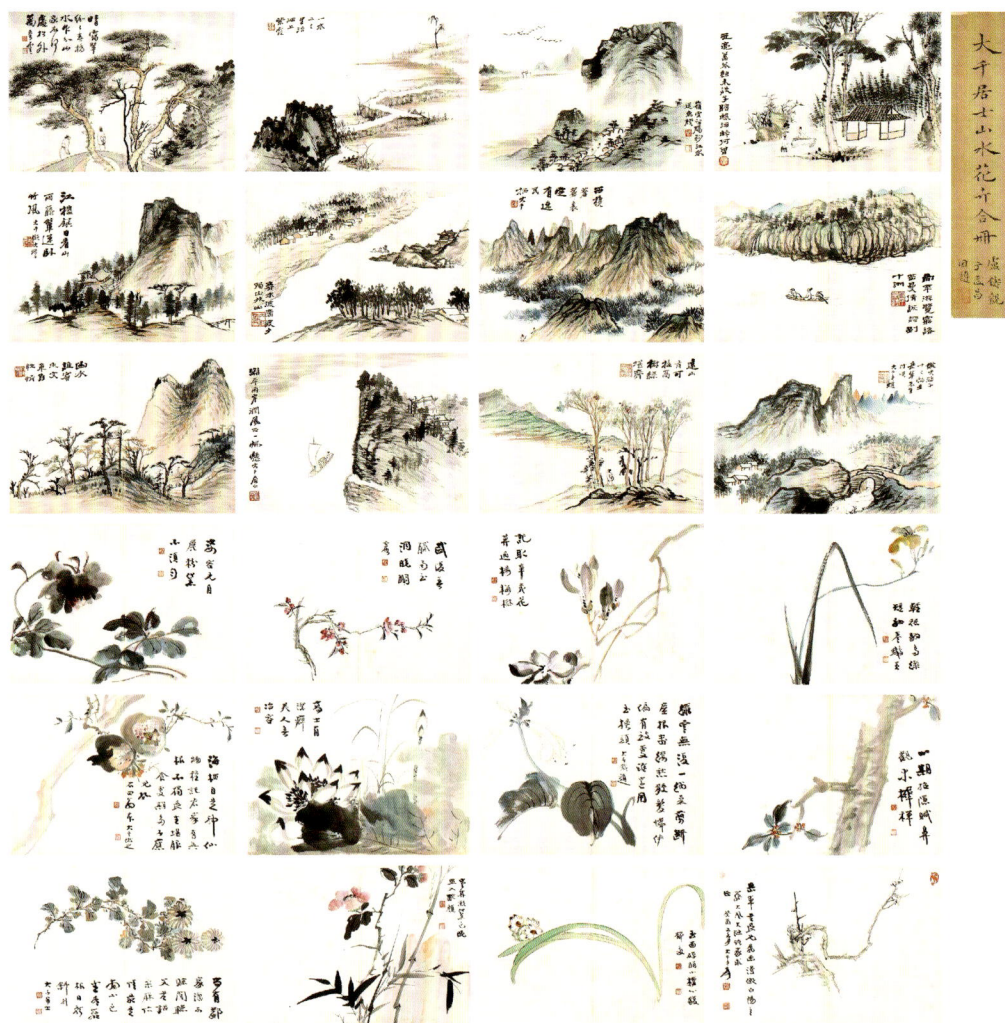

张大千　1933 年作　致张群山水花卉册
华艺国际（北京）　2020/10/16　LOT 28
册页　设色纸本　33cm×48cm×24
成交价　RMB 27,600,000

张大千　1947 年作　围人调马图
中国嘉德　2020/08/16　LOT 736
镜心　设色纸本　43.6cm×95cm

成交价　RMB 22,620,000

张大千　1935 年作　巫峡清秋
北京保利　2020/12/04　LOT 610
立轴　设色纸本　76cm×38cm
成交价　RMB 7,590,000

张大千　1935 年作　黄山文殊院
上海嘉禾　2020/12/14　LOT 850
立轴　设色纸本　121.5cm×40.5cm
成交价　RMB 6,670,000

张大千　1936 年作　华山云海图
北京翰海　2020/12/11　LOT 294
立轴　设色纸本　134.5cm×47cm
成交价　RMB 6,670,000

张大千　1937 年作　听泉图
中国嘉德　2020/12/01　LOT 180
镜心　设色纸本　135.5cm×60cm
成交价　RMB 14,500,000

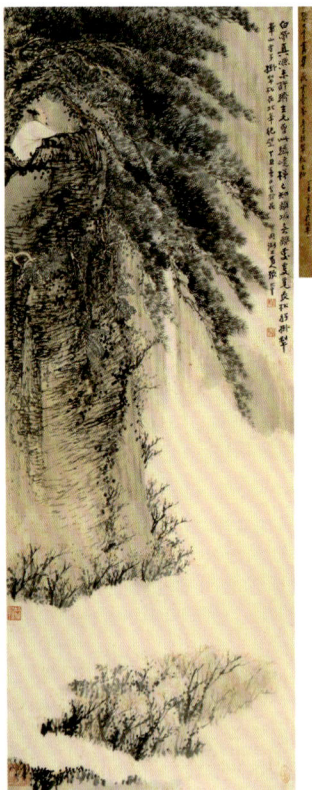

张大千　1937 年作　老子挂犁松
中国嘉德　2020/12/01　LOT 181
立轴　设色纸本　120.5cm×46cm
成交价　RMB 6,960,000

张大千　1938 年作　黄山文殊院
华艺国际（北京）　2020/12/05　LOT 67
镜框　设色纸本　112cm×48cm
成交价　RMB 9,430,000

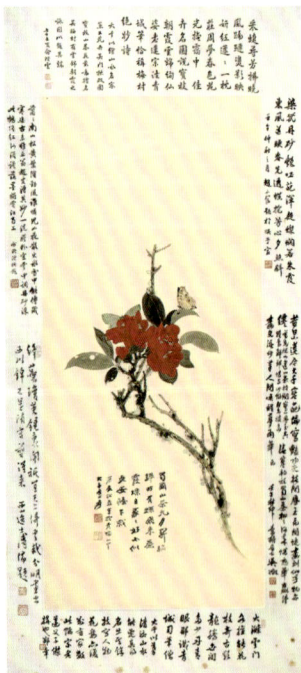

张大千　1940 年作　茶花蝴蝶
中国嘉德　2020/12/01　LOT 178
镜心　设色纸本　87.5cm×38.5cm
成交价　RMB 9,860,000

张大千　1944 年作　持镜仕女
北京保利　2020/10/17　LOT 2683
镜心　设色纸本　113cm×46cm
成交价　RMB 5,290,000

张大千　1944 年作　吹箫仕女图
北京荣宝　2020/12/20　LOT 303
立轴 水墨纸本　130cm×64.8cm
成交价　RMB 12,075,000

张大千　1944 年作　寥沈秋天好
十竹斋拍卖（北京）　2020/10/18　LOT 5036
立轴 设色纸本　117cm×65cm
成交价　RMB 7,705,000

张大千　1944 年作　倚柳春忆
北京保利　2020/10/17　LOT 2680
镜心 设色纸本　81.5cm×33.5cm
成交价　RMB 23,000,000

张大千　1944 年作　制笺图
北京保利　2020/10/17　LOT 2679
立轴 设色纸本　152cm×60.5cm
成交价　RMB 20,700,000

中国收藏
拍卖年鉴
2021

CHINESE FINE ART &
ANTIQUES AUCTION
YEARBOOK 2021

张大千　1945 年作　峒关蒲雪图
上海嘉禾　2020/12/13　LOT 8028
镜片　设色纸本　94cm×46.5cm
成交价　RMB 23,575,000

张大千　1945 年作　南无观世音菩萨
北京保利　2020/12/04　LOT 611
镜框　设色纸本　112cm×67cm
成交价　RMB 5,520,000

张大千　1945 年作　纨扇仕女
北京保利　2020/12/04　LOT 642
立轴　设色纸本　113.5cm×51cm
成交价　RMB 12,075,000

张大千　1946 年作　擎马图
上海朵云轩　2020/09/23　LOT 675
立轴　设色纸本　96cm×45cm
成交价　RMB 5,175,000

张大千　1946 年作　红叶青禽
中国嘉德　2020/08/16　LOT 733
立轴　设色纸本　107cm×48cm
成交价　RMB 17,400,000

张大千　1947 年作　仿吴渔山凤阿山房图
华艺国际（北京）　2020/10/16　LOT 29
镜框　设色纸本　96.5cm×47.5cm
成交价　RMB 21,850,000

张大千　1947 年作　仿石涛游华阳山图
西泠印社　2020/08/08　LOT 789
镜片　设色纸本　167cm×63cm
成交价　RMB 11,155,000

张大千　1947 年作　天风海水
中国嘉德　2020/08/16　LOT 735
镜心　设色纸本　92cm×47.2cm
成交价　RMB 23,200,000

张大千　1947 年作　蕉荫仕女
中国嘉德　2020/08/16　LOT 734
镜心　设色纸本　96.8cm×39.5cm
成交价　RMB 11,600,000

张大千　1947 年作　兴隆山图
中国嘉德　2020/08/16　LOT 737
立轴　设色纸本　121.5cm×45.5cm
成交价　RMB 8,004,000

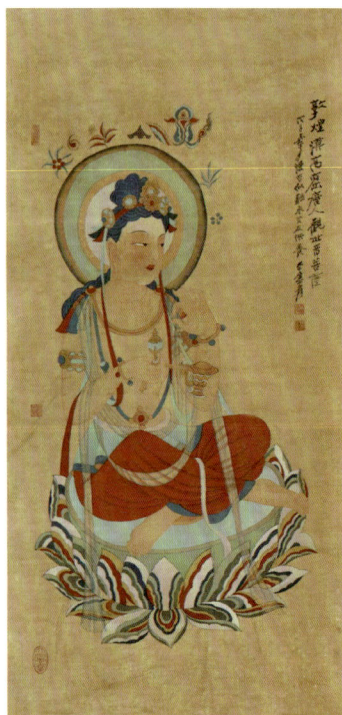

张大千　1948 年作　敦煌莫高窟唐人观世音造像
荣宝斋（上海）　2020/10/25　LOT 59
镜心　设色麻布　186cm×92cm
成交价　RMB 26,450,000

张大千　1948 年作　红叶双栖
北京保利　2020/12/04　LOT 656
立轴　设色纸本　136cm×68cm
成交价　RMB 11,040,000

张大千　1949 年作　仿王蒙青卞隐居图
北京荣宝　2020/12/20　LOT 312
镜心　设色纸本　163cm×51.5cm
成交价　RMB 17,020,000

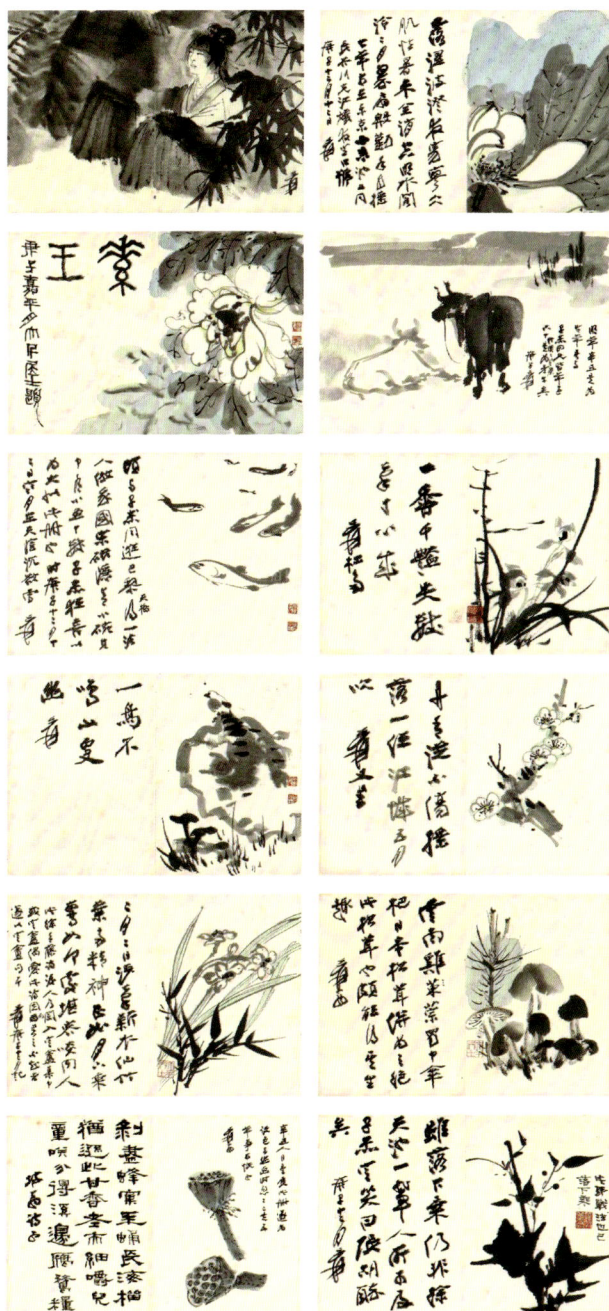

张大千　1956 年作、1961 年作　大千狂涂册之三
北京诚轩　2020/12/12　LOT 182
册页（十二开）水墨、设色纸本　23.7cm×35.6cm×12
成交价　RMB 5,405,000

张大千　1958 年作　香远益清
佳士得香港　2020/07/08　LOT 1094
镜框　设色纸本　101cm×189.7cm
成交价　RMB 9,543,242

张大千　1961 年作　赠台静农摩诘山园图
北京保利　2020/12/04　LOT 634
立轴　设色纸本　195.8cm×104cm
成交价　RMB 27,600,000

张大千　1963 年作　三顶同登看佛光
北京保利　2020/12/04　LOT 678
立轴　设色纸本　136.8cm×69.5cm
成交价　RMB 12,420,000

张大千　1965 年作　瑞士雪景
北京荣宝　2020/12/20　LOT 301
镜心　设色纸本　45cm×57cm
成交价　RMB 7,245,000

张大千　1971 年作　翠岭晴云
苏富比香港　2020/10/08　LOT 3085
镜框　泼墨泼彩绢本　86cm×138cm
成交价　RMB 21,292,131

张大千 1978 年作 松云二士
佳士得香港 2020/12/01 LOT 1075
镜框 水墨纸本 68cm×135cm
成交价 RMB 10,700,661

张大千 1979 年作 太湖渔家
佳士得香港 2020/12/01 LOT 1074
镜框 设色纸本 64.5cm×95cm
成交价 RMB 10,491,015

张大千 1949 年作 秋壑鸣泉
华艺国际（北京） 2020/10/16 LOT 30
立轴 设色纸本 115cm×56cm
成交价 RMB 13,225,000

张大千 1965 年作 瑞奥道中写景
苏富比香港 2020/10/08 LOT 3114
立轴 泼墨泼彩纸本 127cm×61cm
成交价 RMB 39,944,475

张大千　1967 年作　雨后岚新
中国嘉德　2020/12/01　LOT 173
镜心　设色纸本　67cm×188cm
成交价　RMB 12,760,000

张大千　1965 年作　溪山秋霁图
北京保利　2020/12/04　LOT 636
立轴　设色纸本　87cm×58cm
成交价　RMB 9,085,000

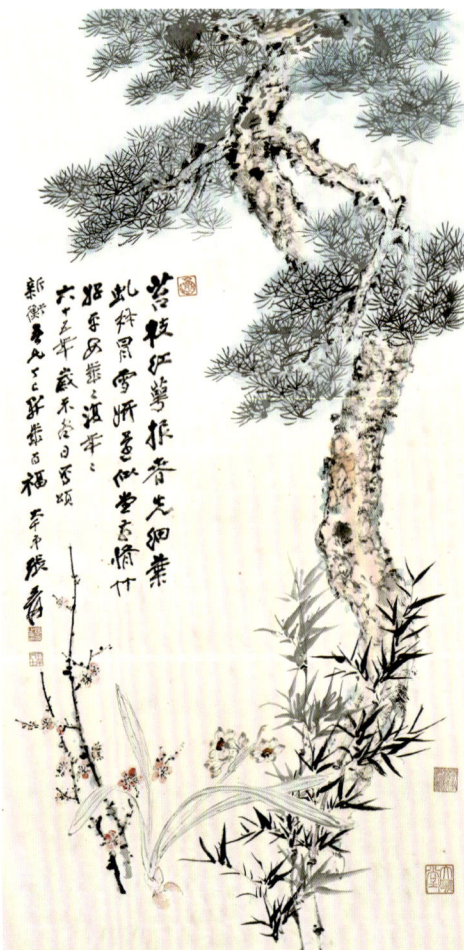

张大千　1976 年作　松竹梅
佳士得香港　2020/07/08　LOT 1052
镜框　设色纸本　137.3cm×70.3cm
成交价　RMB 6,713,027

张大千 1977 年作 竹林幽居
华艺国际（北京） 2020/12/05 LOT 68
镜框 设色纸本 102cm×193cm
成交价 RMB 39,100,000

张大千 1968 年作 白帝清晓
北京保利 2020/10/17 LOT 2626
镜心 设色纸本 99cm×191cm
成交价 RMB 12,650,000

中国收藏
拍卖年鉴
2021

CHINESE FINE ART &
ANTIQUES AUCTION
YEARBOOK 2021

张大千　1980 年作　阿里山浮云
北京保利　2020/10/17　LOT 2625
镜心　设色纸本　66.5cm×136cm
成交价　RMB 14,720,000

张大千　1980 年作　宫亭湖
北京保利　2020/12/04　LOT 608
镜框　设色纸本　34cm×101cm
成交价　RMB 14,375,000

张大千　1980 年作　谷口人家
华艺国际（北京）　2020/10/16　LOT 34
镜框　设色纸本　85cm×176.5cm
成交价　RMB 12,075,000

张大千 1980 年作 黄山松云
佳士得香港 2020/07/08 LOT 1090
镜框 设色纸本 57.5cm×102cm
成交价 RMB 6,922,672

张大千 1981 年作 桐江七里泷
中国嘉德 2020/12/01 LOT 161
立轴 设色纸本 93cm×45.5cm
成交价 RMB 7,540,000

张大千 临石涛钓归图
北京保利 2020/10/17 LOT 2677
立轴 设色纸本 197cm×100cm
成交价 RMB 7,475,000

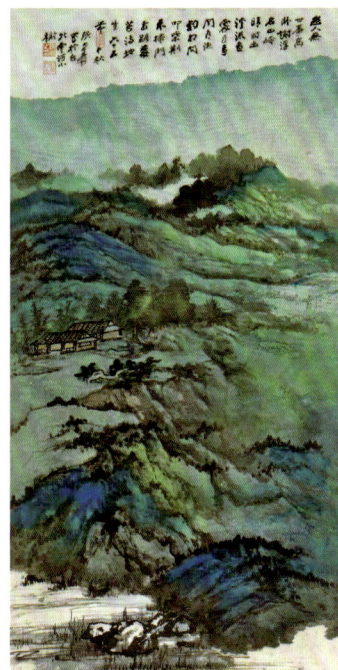

张大千 1976 年作 翠云晴岚
北京诚轩 2020/08/17 LOT 133
立轴 设色纸本 102cm×53cm
成交价 RMB 5,922,500

中国收藏
拍卖年鉴
2021

CHINESE FINE ART &
ANTIQUES AUCTION
YEARBOOK 2021

张大千　山水人物花蔬册
北京印千山　2020/12/27　LOT 152
册页（十开）设色纸本　45cm×70cm×10
成交价　RMB 17,020,000

张大千　拟八大山人笔意
上海嘉禾　2020/12/13　LOT 8020
镜片 水墨纸本　136cm×269cm
成交价　RMB 17,020,000

张大千　千山尚绿肥
保利（厦门）　2020/01/03　LOT 194
镜心　设色纸本　60cm×126cm
成交价　RMB 8,050,000

张大千　观音造像
中国嘉德　2020/12/01　LOT 176
立轴　设色纸本　108cm×44cm
成交价　RMB 12,180,000

张大千　松江轻航
上海朵云轩　2020/09/23　LOT 674
立轴　设色纸本　103cm×36.5cm
成交价　RMB 13,800,000

中国收藏
拍卖年鉴
2021

CHINESE FINE ART &
ANTIQUES AUCTION
YEARBOOK 2021

张大千　黄山文殊院云海
中国嘉德　2020/12/01　LOT 182
立轴　设色纸本　181.5cm×94cm
成交价　RMB 35,380,000

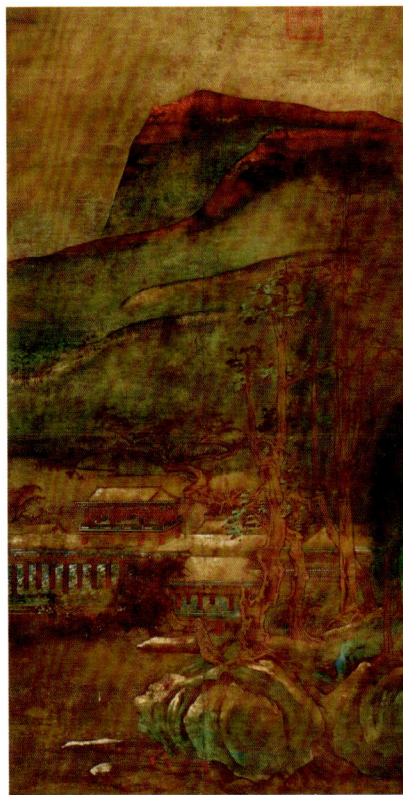

张大千　仙山楼阁
中国嘉德　2020/08/16　LOT 731
立轴　设色绢本　204.5cm×106cm
成交价　RMB 29,000,000

张大千　雪屐观梅图
上海匡时　2020/12/12　LOT 382
镜心　绢本　138cm×66cm
成交价　RMB 12,650,000

张大千　1950 年作　密积金刚
北京永乐　2020/12/03　LOT 312
立轴　设色纸本　95cm×53cm
成交价　RMB 36,800,000

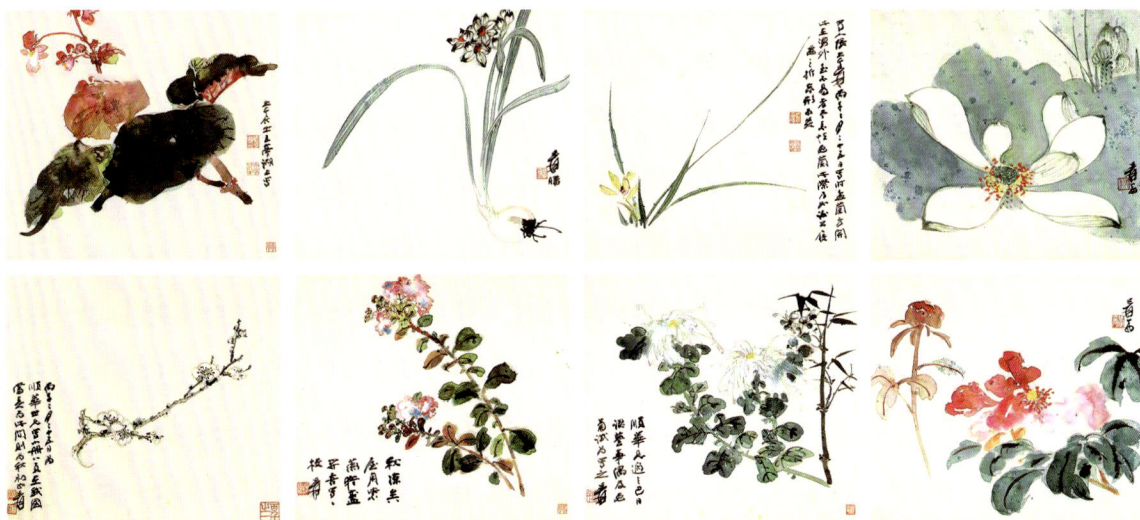

张大千　花卉集锦册

北京永乐　2020/12/03　LOT 309

册页（八开）设色纸本　24cm×26.5cm×8

成交价　RMB 12,650,000

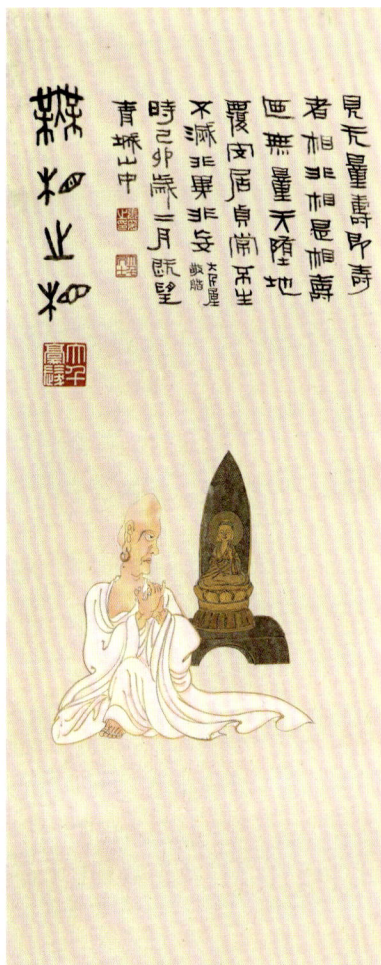

张大千　1939 年作　无量寿佛

北京永乐　2020/12/03　LOT 313

立轴　设色纸本　69cm×27cm

成交价　RMB 13,225,000

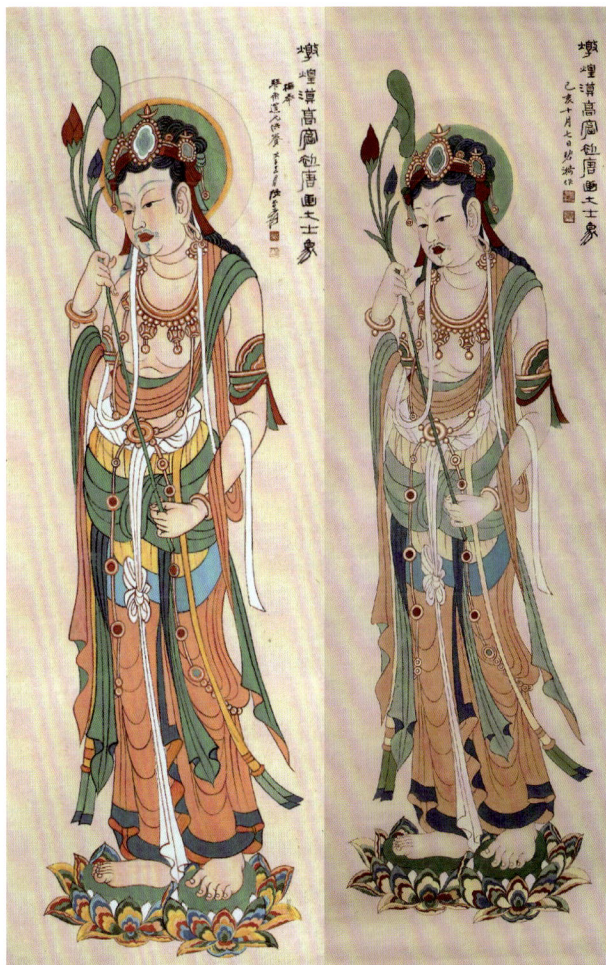

张大千　侯碧漪　1948 年、1959 年作　敦煌莫高窟初唐画大士像

华艺国际（北京）　2020/10/16　LOT 35

镜框　设色纸本　张大千作品 196.8cm×68.6cm；侯碧漪作品 122cm×38.3cm

成交价　RMB 58,880,000

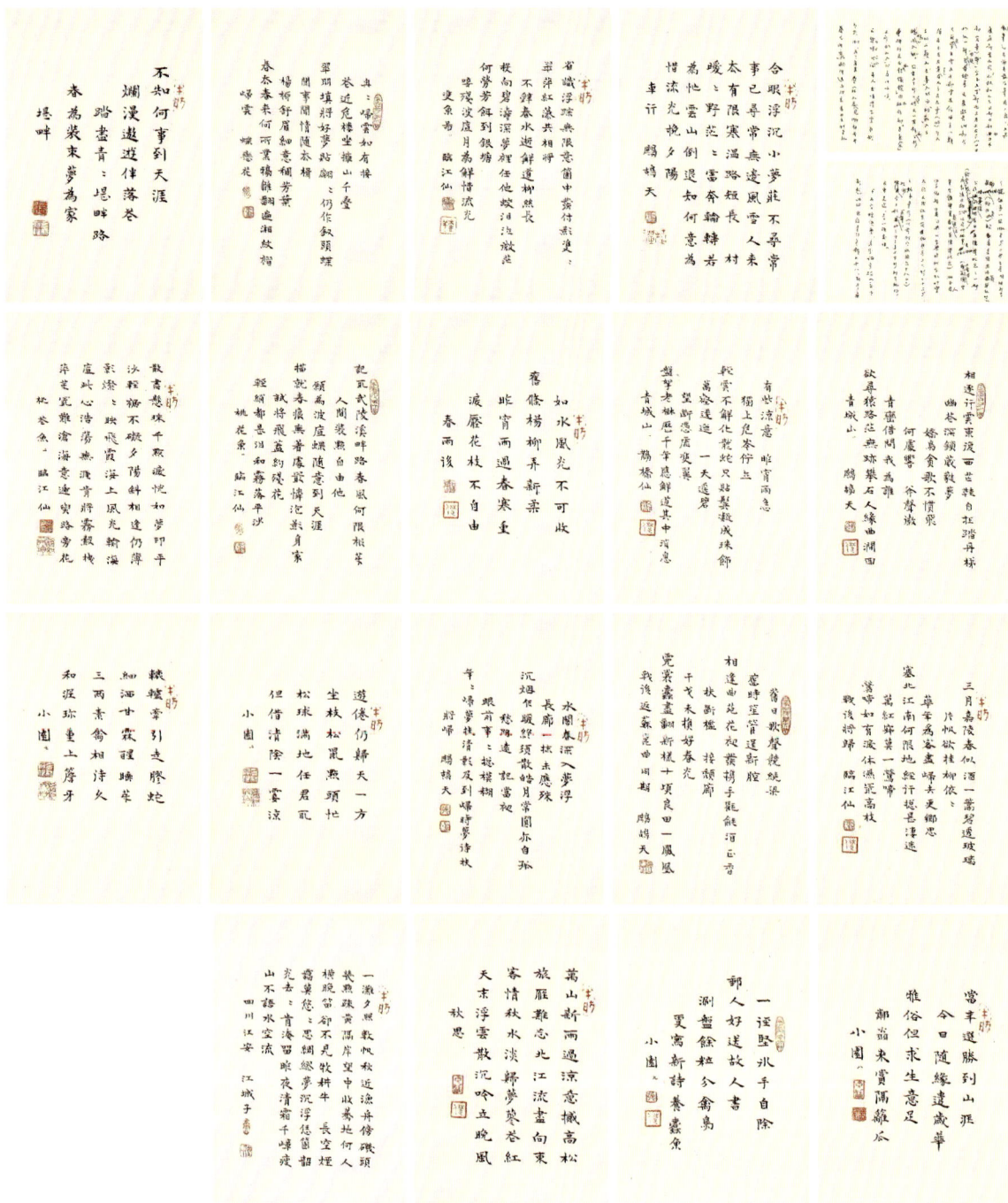

张充和　楷书《桃花鱼》诗册及其签名本《桃花鱼》诗词集
中国嘉德　2020/08/15　LOT 215
册页（十八开）水墨纸本、诗词集　册页 29cm×19.5cm×18；诗词集 22cm×28cm
成交价　RMB 5,800,000

朱屺瞻　1957年作　丁酉川蜀记游册

中国嘉德　2020/12/01　LOT 225

册页（十二开）设色、水墨纸本　32cm×46cm×12

成交价　RMB 18,560,000

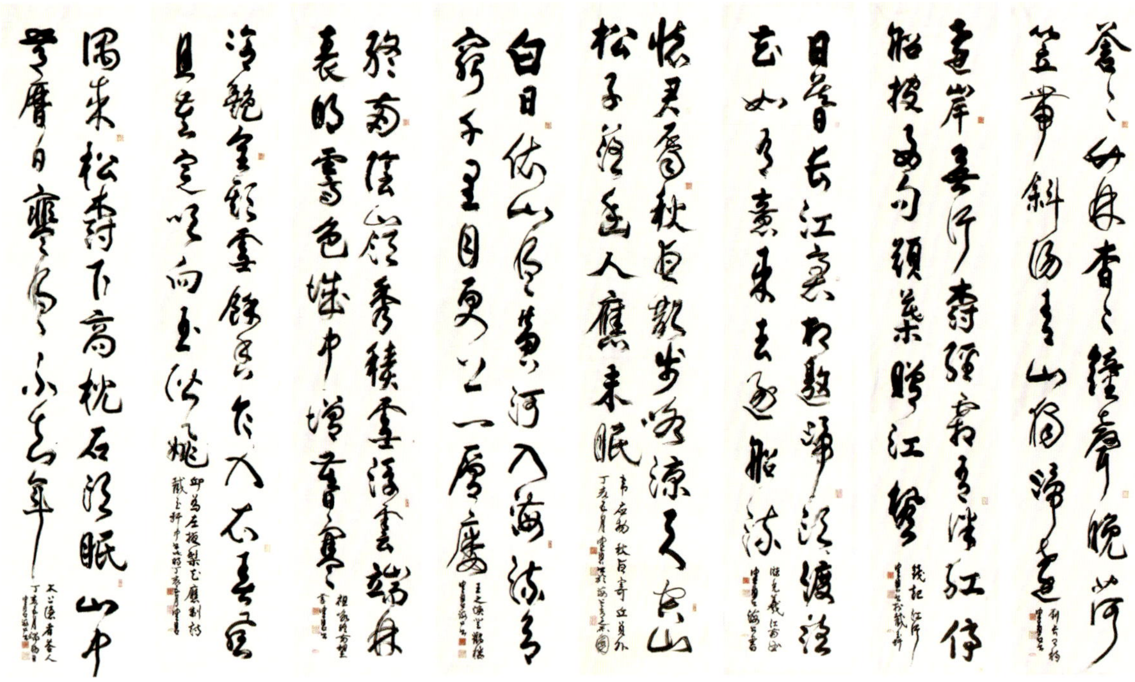

中国收藏
拍卖年鉴
2021

CHINESE FINE ART &
ANTIQUES AUCTION
YEARBOOK 2021

陈佩秋　草书八屏
荣宝斋（上海）　2020/10/25　LOT 83
镜心　水墨纸本　369cm×72cm×8
成交价　RMB 8,625,000

范曾　2002 年作　日出东南隅
北京保利　2020/10/17　LOT 2723
镜心　设色纸本　143cm×364cm
成交价　RMB 7,360,000

郝量 2010 年作 毒浮屠 2
苏富比香港 2020/07/09 LOT 1136
重彩水墨绢本 画作 162.5cm×90.5cm；画框 220.5cm×132cm
成交价 RMB 14,828,059

郝量 2010 年作 幽暗
北京永乐 2020/08/18 LOT 863
设色绢本 165cm×95cm
成交价 RMB 5,750,000

黄建南 湖边村寨
荣宝斋（南京） 2020/11/28 LOT 1029
镜心 水墨纸本 68cm×203cm
成交价 RMB 9,315,000

霍春阳 2003 年作 细细流霞举
北京荣宝 2020/08/23 LOT 47
镜心 设色纸本 141cm×450cm
成交价 RMB 11,500,000

337

李华弌 2008 年作 卧雪
苏富比香港 2020/10/05 LOT 1028
彩墨纸本 190cm×580cm
成交价 RMB 7,023,128

龙瑞 2015 年作 虎跳峡中茶马古道纪游
北京翰海 2020/09/12 LOT 1189
镜心 设色纸本 247cm×124cm
成交价 RMB 5,750,000

刘广　2012 年作　游春图
北京保利　2020/12/04　LOT 515
镜心　水墨纸本　65.5cm×523cm
成交价　RMB 5,313,000

李学功　荷塘初放时
荣宝斋（南京）　2020/11/28　LOT 1074
镜心　设色纸本　215cm×556cm
成交价　RMB 9,200,000

李小可　2020 年作　千岩竞秀图
北京永乐　2020/12/03　LOT 382
镜心　设色纸本　144cm×386cm
成交价　RMB 8,625,000

石齐　卓玛
北京保利　2020/08/20　LOT 3017
镜框　设色纸本　144cm×181cm
成交价　RMB 5,277,100

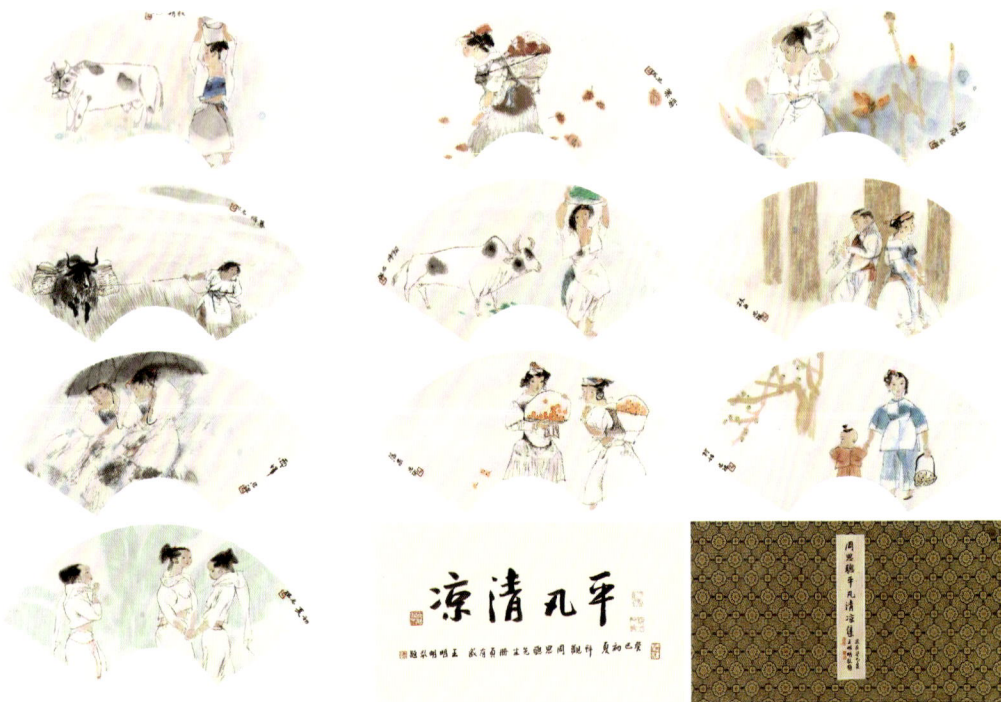

周思聪　平凡清凉集
北京荣宝　2020/08/23　LOT 443
册页（十开）设色纸本　19cm×52.5cm×10

成交价　RMB 5,750,000

中国书画 ……… 当代 ……… 周思聪 张孝友

周思聪 人物
荣宝斋（上海） 2020/10/25 LOT 87
册页（十九开）设色纸本 40cm×59cm×19
成交价 RMB 5,175,000

张孝友 楚峰楼阁图
荣宝斋（南京） 2020/11/28 LOT 1045
镜心 设色纸本 68cm×136cm
成交价 RMB 5,750,000

常玉 20 世纪 50 年代作 绿色背景四裸女
苏富比香港 2020/07/08 LOT 1024
布面 油画 100cm×122cm
成交价 RMB 225,666,891

流传序列

图欧拍卖，1966 年，法国巴黎

易·毕朵旧藏，法国巴黎

尚·克劳德·希耶戴旧藏，法国巴黎

苏富比台北，1994 年，LOT 68

国巨典藏，中国台湾

佳士得香港，2005 年，LOT 185

亚洲重要私人收藏

著录

1. 法国《玛利嘉儿居家杂志》第 195 期，1983 年，第 13 页。

2. 陈炎锋《华裔美术选集—常玉》，台北艺术家出版社，1995 年，第 97 页、156 页—157 页。

3. 台北大未来画廊《民初西洋美术的开拓者》，1996 年，第 114、133 页。

4. 衣淑凡《常玉油画全集》，国巨基金会及大未来艺术出版社，2001 年，第 35、135 页。

5. 衣淑凡《常玉油画全集第二册》，立青文教基金会，2011 年，第 35、119 页。

6. 王嘉骥《常玉：中国现代主义艺术的先锋》，耿画廊，2013 年，第 190 页。

展览

《民初西洋美术的开拓者》，台北大未来画廊，1996.6.15—1996.7.16

按语

　　"裸女"是常玉作品中最重要的主题之一，此幅油画创作于 20 世纪 50 年代，画面精彩活泼、构图设计巧妙。在绿色背景的衬托下，四位裸女或俯或仰，姿态、发色和面容各不相同，仿佛在青青草地中尽情享受着夏日阳光，充满轻松自在的氛围。人物姿势构思精巧、画面构图完整协调，是常玉"裸女"题材油画中的上等作品。

　　常玉在 1921 年远赴法国巴黎，进入"大茅屋工作室"学习和创作，接触到当时活跃于巴黎画坛的多位艺术家，其中包括吉斯林（Moïse Kisling）、贾科梅蒂（Alberto Giacometti）、藤田嗣治（Léonard Tsugouharu Foujita）等人，他们聚首于文艺中心的蒙帕那斯区，以无比的创作热情和独特的风格形成"巴黎画派"。常玉经历了巴黎 20 世纪 30 年代的纸醉金迷和 40 年代的战火洗礼，在 20 世纪 50 年代，他的艺术风格进入新阶段。以裸女题材为例，常玉早年大多以单一女子为主角。在 50 年代后，他所创作的裸女群像，画中人数和画幅都有明显增加，给人以磅礴又惬意的感觉。

　　《绿色背景四裸女》是常玉创作晚期结合中西方画法的典范之作。在他的笔下，裸女们姿态各异、曲线玲珑，过渡自然、交错和谐，如同连绵不尽的山川叠峰，借用女性躯体表达了对大自然的赞美和咏叹。他跨越了中国传统文化对裸露的禁忌，又挣脱了西方对异性肉体写实的呈现，将东西方的文化彼此结合、互相激荡，融汇东西方对造化之美的执着与想象，此时常玉的美学风格已进入成熟阶段，下笔自然、有道可依，山水如此，裸女亦然，彰显出超然于艺术层面的精神世界。

　　在常玉的职业生涯中，总共创作过 56 幅裸女油画作品。而在 20 世纪 50 年代创作的作品中，数量在三人及以上的裸女画仅五幅。不同于早期作品的单一女子主角，常玉的裸女群像代表了他在创作构图、风格建立以及多重视角运用上的突破。由于其数量稀少、更凝聚了艺术家晚年深厚的功底，因此一经出现在拍卖场上，备受关注。在过去，常玉的主要藏家多来自于法国，近几年，其艺术价值逐渐被国内及亚太其他地区藏家认可，不断有重量级作品竞拍回国。随着同题材、同类型裸女大作不断刷新纪录，常玉作品价值逐渐受到了市场认可，未来发展态势良好，潜力有待进一步开发。

中国收藏
拍卖年鉴
2021

CHINESE FINE ART &
ANTIQUES AUCTION
YEARBOOK 2021

常玉　20 世纪 30 年代—40 年代作　八尾金鱼
佳士得香港　2020/12/02　LOT 800
布面 油彩　73.8cm×50.2cm
成交价　RMB 148,647,466

常玉　20 世纪 30 年代作　一篮梨子
苏富比香港　2020/07/08　LOT 1023
镜面 油画　34cm×43cm
成交价　RMB 5,394,007

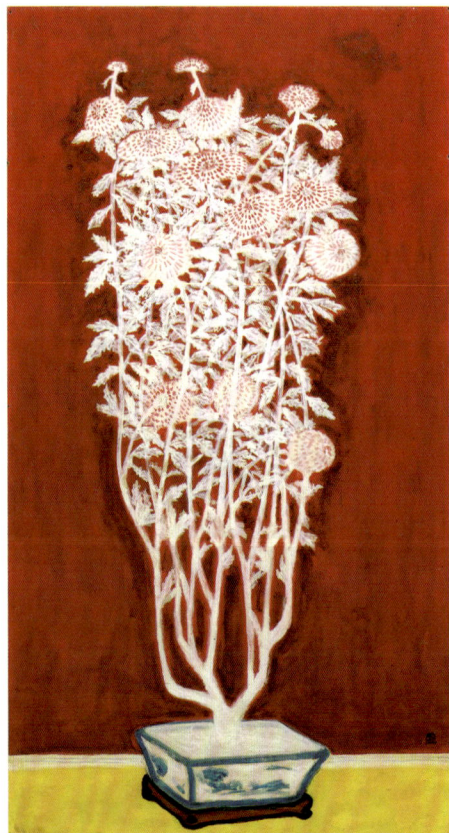

常玉　20 世纪 40 年代—50 年代作　青花盆中盛开的菊花
佳士得香港　2020/07/10　LOT 121
纤维板 油彩　110cm×60cm
成交价　RMB 167,384,541

常玉　20 世纪 40 年代作　红底黄菊
华艺国际（北京）　2020/12/05　LOT 8016
纤维板 油画　59.5cm×39.8cm
成交价　RMB 81,650,000

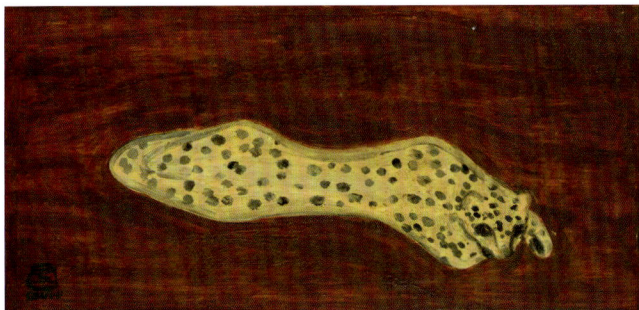

常玉 20 世纪 40 年代作 豹
佳士得香港 2020/07/11 LOT 211
纤维板 油彩 10.5cm×21.3cm
成交价 RMB 9,543,242

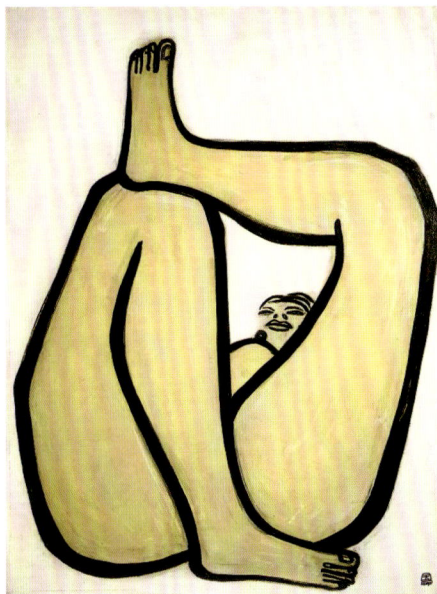

常玉 20 世纪 50 年代—60 年代作 翘腿的裸女
苏富比香港 2020/10/05 LOT 1016
纤维板 油画 125cm×95.5cm
成交价 RMB 147,338,054

常玉 1929 年作 白菊
佳士得香港 2020/12/02 LOT 122
布面 油彩 46cm×27cm
成交价 RMB 20,134,713

常玉 1931 年作 篮中粉红菊
佳士得香港 2020/12/02 LOT 123
布面 油彩 92cm×60cm
成交价 RMB 120,642,308

345

常玉　20世纪50年代作　绿色背景四裸女
苏富比香港　2020/07/08　LOT 1024
布面 油画　100cm×122cm
成交价　RMB 225,666,891

常玉　20世纪50年代作　豹
佳士得香港　2020/12/03　LOT 244
纸板 综合媒材　18cm×20.5cm
成交价　RMB 7,555,977

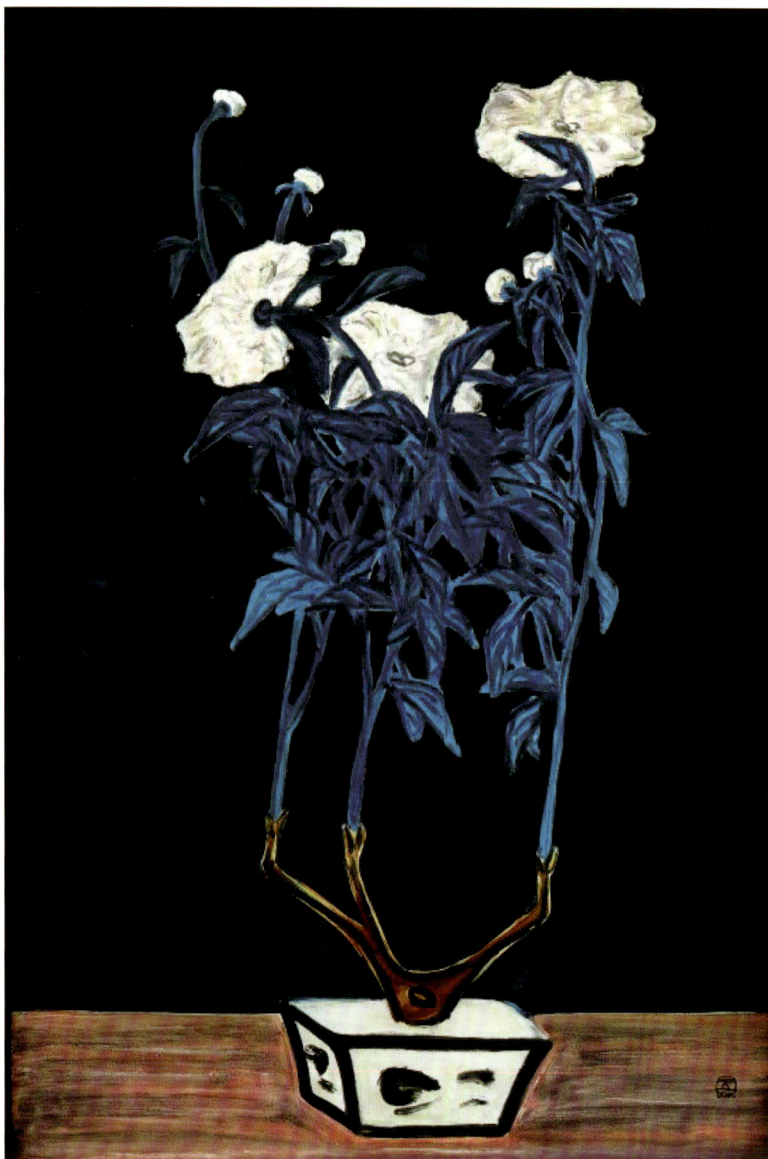

常玉　20世纪50年代作　青花盆与菊
苏富比香港　2020/10/05　LOT 1015
纤维板 油画　91cm×62cm
成交价　RMB 163,396,907

常玉 鸡与蛇
佳士得香港 2020/07/10 LOT 122
纤维板 油彩 49cm×63.5cm
成交价 RMB 18,977,294

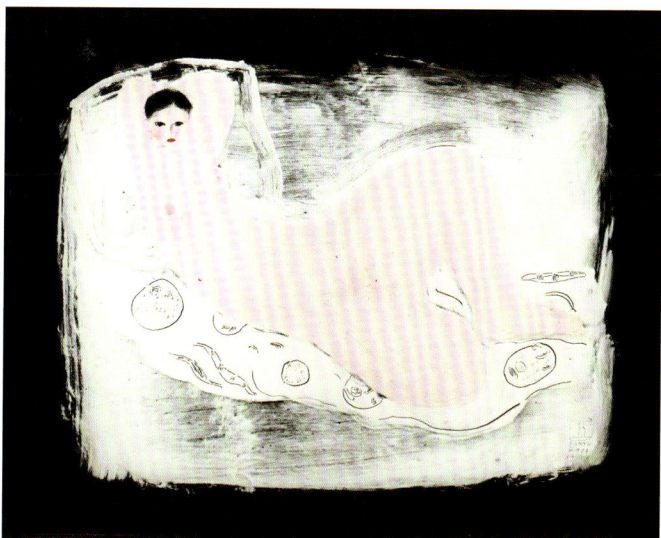

常玉 1929 年作 粉红裸女
苏富比香港 2020/07/08 LOT 1022
镜面 油画 33cm×42cm
成交价 RMB 10,635,147

常玉 20 世纪 30 年代作 镜前母与子
北京永乐 2020/12/04 LOT 27
布面 油画 55cm×46cm
成交价 RMB 15,870,000

陈丹青　1983 年作　康巴汉子
北京保利　2020/10/16　LOT 1211
布面　油画　100.5cm×75.5cm
成交价　RMB 6,900,000

陈丹青　2014 年作　刚过 60 岁、造型设计师谢星、假花
华艺国际（北京）　2020/10/15　LOT 8001
布面　油画　138cm×92.5cm；220cm×400cm；210cm×230cm
成交价　RMB 17,250,000

陈逸飞 水乡
北京华辰 2020/12/06 LOT 186
布面 油画 115cm×128cm
成交价 RMB 13,800,000

陈逸飞 1980 年作 金桥（苏州）
北京永乐 2020/08/18 LOT 838
布面 油画 76cm×107cm
成交价 RMB 7,705,000

陈逸飞 1990 年作 高原母子情
北京永乐 2020/12/04 LOT 58
布面 油画 66cm×97cm
成交价 RMB 5,750,000

陈衍宁 1994 年作 花市行
上海泓盛 2020/01/04 LOT 5046
布面 油彩 117cm×162.5 cm
成交价 RMB 9,200,000

常书鸿 李承仙 1993 年作 敦煌春天
北京翰海 2020/12/12 LOT 1124
布面 油画 191.5cm×372cm
成交价 RMB 6,325,000

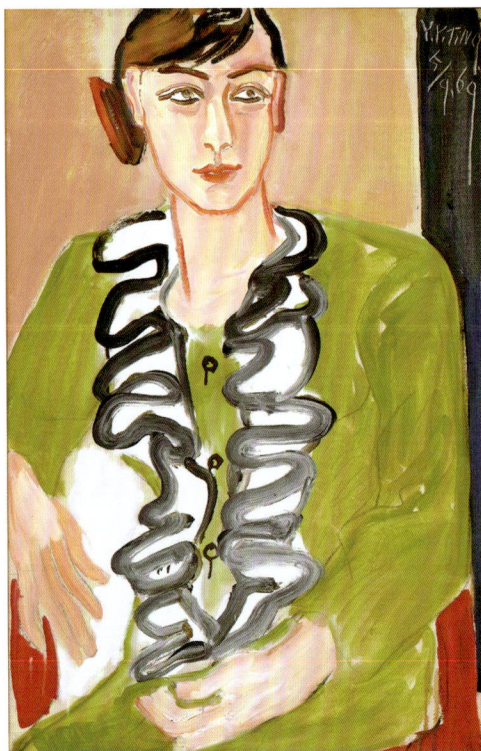

丁衍庸 1969 年作 穿绿色外套的女人
佳士得香港 2020/12/02 LOT 136
布面 油彩 91.2cm×60.6cm
成交价 RMB 6,298,103

关良 西湖素装
中国嘉德 2020/12/05 LOT 1717
布面 油画 35cm×44.5cm
成交价 RMB 6,325,000

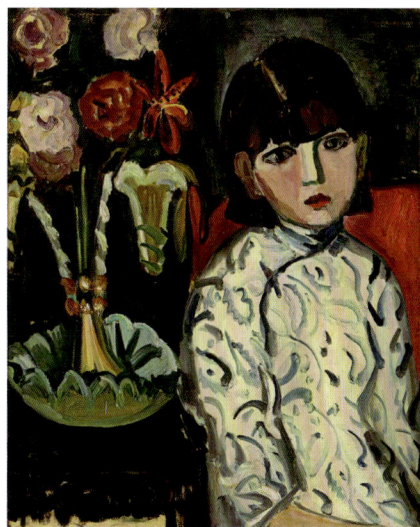

关紫兰 20 世纪 30 年代作 少女
苏富比香港 2020/07/08 LOT 1028
布面 油画 76.5cm×63cm
成交价 RMB 8,538,691

何多苓 1992 年作 海滩
北京保利 2020/10/16 LOT 1216
布面 油画 117cm×96cm
成交价 RMB 8,625,000

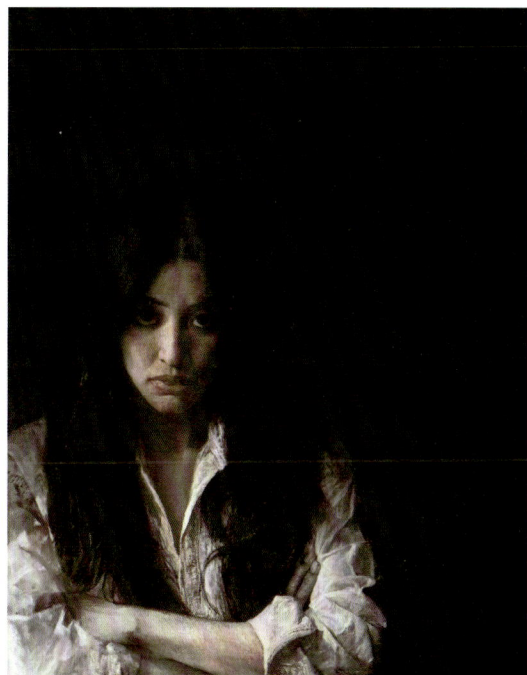

何多苓 1990 年作 窗前的女人
华艺国际（北京） 2020/10/15 LOT 8126
布面 油画 100cm×80cm
成交价 RMB 11,500,000

油画及中国当代艺术……… 关良 关紫兰 何多苓

351

中国收藏
拍卖年鉴
2021

CHINESE FINE ART &
ANTIQUES AUCTION
YEARBOOK 2021

油画及中国当代艺术 ———— 黄宇兴　胡善馀　靳尚谊

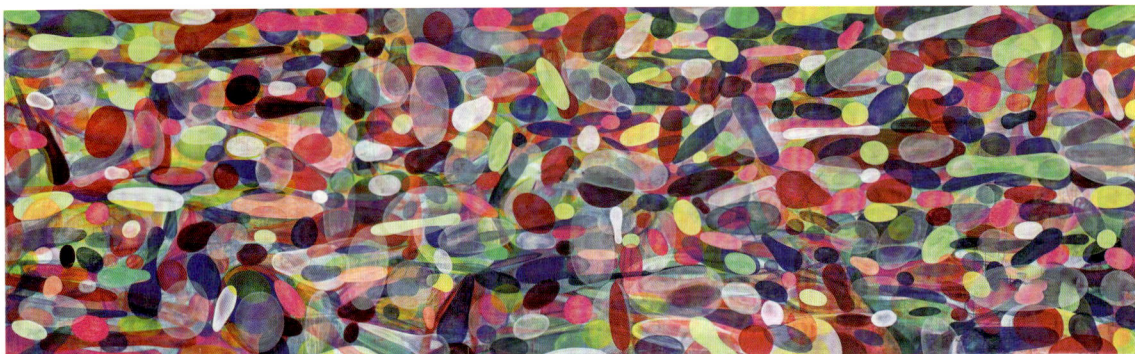

黄宇兴　2015 年作　熔流
北京永乐　2020/12/04　LOT 88
布面 丙烯　315cm×1050cm
成交价　RMB 7,015,000

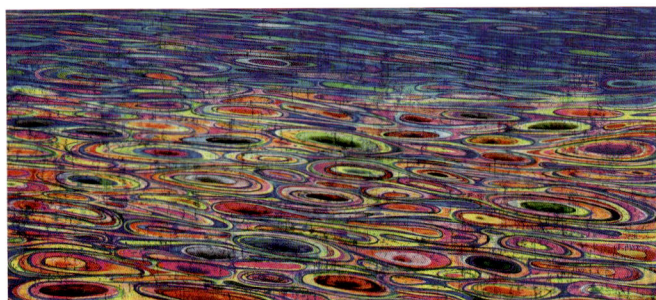

黄宇兴　2014 年作　河流漩涡
北京保利　2020/10/16　LOT 1107
布面 丙烯　260cm×600cm
成交价　RMB 5,520,000

黄宇兴　2016 年—2018 年作　照耀
佳士得香港　2020/07/10　LOT 116
布面 压克力　230cm×320cm
成交价　RMB 7,551,609

胡善馀　1944 年作　穿绿毛衣的少女
中国嘉德　2020/12/05　LOT 1721
布面 油画　73cm×54cm
成交价　RMB 10,120,000

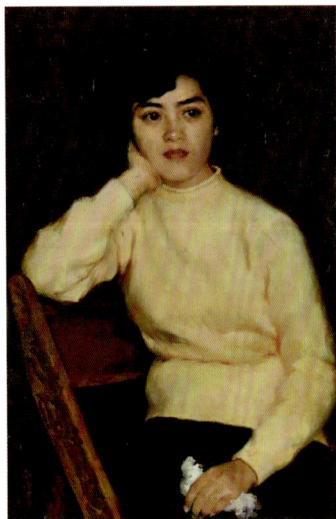

靳尚谊　1979 年作　小崔
中贸圣佳　2020/10/17　LOT 8016
布面 油彩　81cm×56cm
成交价　RMB 10,580,000

靳尚谊　1994 年作　画家詹建俊
中国嘉德　2020/08/17　LOT 1509
布面 油画　120cm×115cm
成交价　RMB 13,800,000

贾蔼力 2006 年作 二月物语——永远（海）
北京保利 2020/10/16 LOT 1110
布面 油画 300cm×600 cm
成交价 RMB 20,700,000

贾蔼力 2008 年作 疯景
北京永乐 2020/12/04 LOT 106
布面 油画 200cm×240cm
成交价 RMB 5,750,000

贾蔼力 2009 年作 不混合
佳士得香港 2020/12/02 LOT 14
布面 油彩 267.3cm×207cm
成交价 RMB 8,604,205

贾蔼力 2010 年作 蓝山
北京永乐 2020/08/18 LOT 861
布面 油画 210cm×270cm
成交价 RMB 21,850,000

贾蔼力 2015 年作 闪光的世界
北京永乐 2020/08/18 LOT 862
布面 油画 130cm×110cm
成交价 RMB 5,750,000

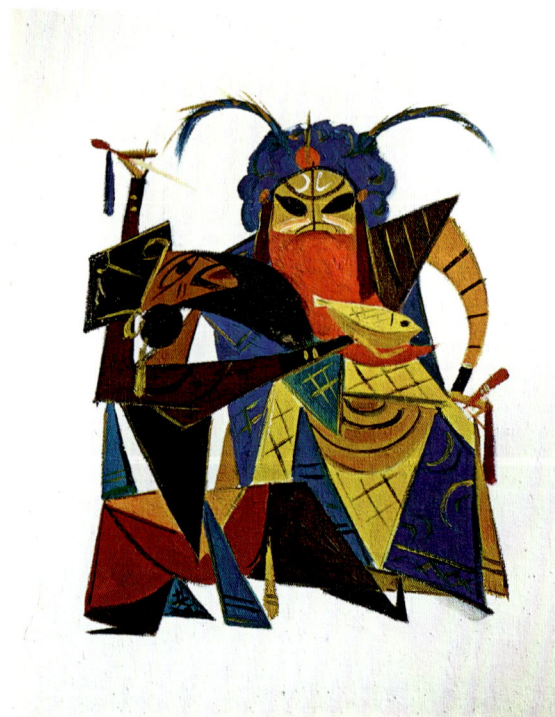

林风眠 约 20 世纪 50 年代—60 年代
中国戏曲系列：刺王僚（鱼肠剑）
苏富比香港 2020/10/06 LOT 741
布面 油画 裱于木板 195cm×131cm
成交价 RMB 7,763,002

林风眠 京剧系列连环套
华艺国际（北京） 2020/10/15 LOT 8108
布面 油画 55.5cm×43cm
成交价 RMB 7,590,000

刘海粟　1956 年作 太湖渔舟
中国嘉德　2020/12/05　LOT 1715
布面 油画　72cm×92cm
成交价　RMB 23,230,000

刘炜　1995 年作 香蕉
苏富比香港　2020/10/06　LOT 1124
布面 油画　300cm×150.5cm
成交价　RMB 18,649,723

刘炜　1998 年作 你吸烟吗?
中国嘉德　2020/08/17　LOT 1522
布面 油画　49.5cm×59.5cm
成交价　RMB 8,050,000

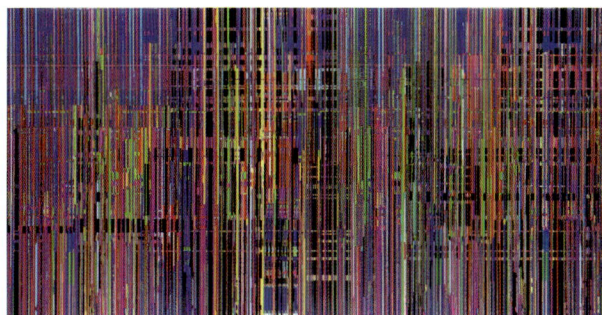

刘𬭤　2015 年作 无题
北京永乐　2020/12/04　LOT 111
布面 油画　300cm×600cm
成交价　RMB 5,175,000

刘小东　1993 年作 春懒人闲
中国嘉德　2020/08/17　LOT 1519
布面 油画　157cm×172cm
成交价　RMB 5,520,000

油画及中国当代艺术———刘海粟　刘炜　刘𬭤　刘小东

355

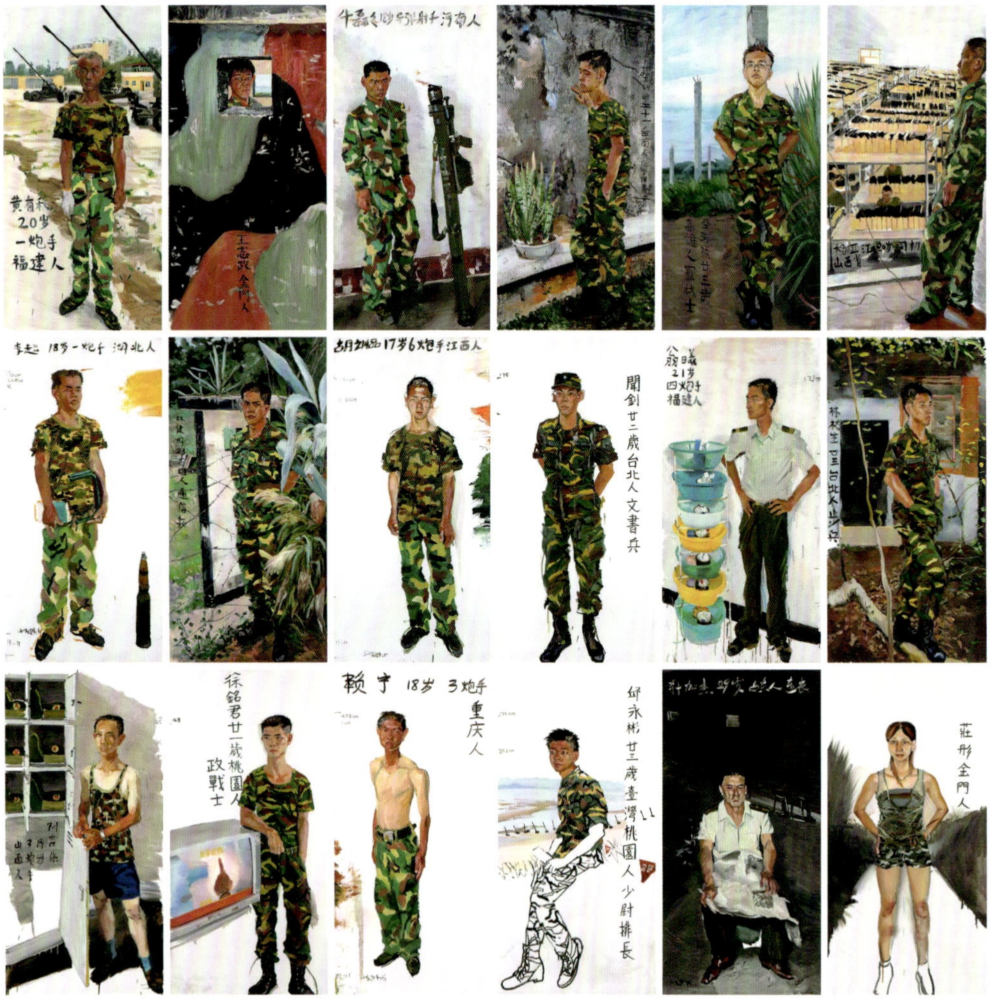

刘小东　2004 年作　战地写生——新十八罗汉像

北京永乐　2020/12/04　LOT 54

布面 油画　200cm×100cm×18

成交价　RMB 80,500,000

刘野　1999 年—2000 年作　迷

苏富比香港　2020/07/09　LOT 1104

布面 压克力　50cm×100cm

成交价　RMB 7,071,171

刘野　1994 年作　小鬼与骑士
佳士得香港　2020/12/02　LOT 113
布面　油彩　压克力　46cm×55cm
成交价　RMB 5,983,635

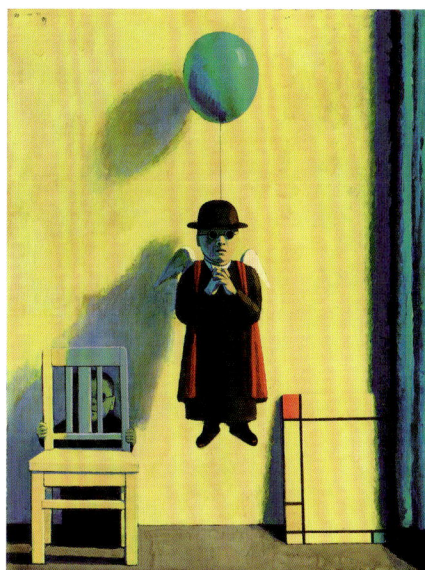

刘野　1995 年作　红、黄、蓝的构图
佳士得香港　2020/07/10　LOT 105
布面　油彩　压克力　45cm×35cm
成交价　RMB 5,664,799

刘野　1998 年作　喜悦
苏富比香港　2020/07/10　LOT 591
布面　压克力　38cm×45.5cm
成交价　RMB 6,442,235

刘野　1998 年作　男孩与鱼 2
佳士得香港　2020/12/03　LOT 425
布面　压克力　100cm×100cm
成交价　RMB 13,845,345

刘野　1993 年作　完美绘画
佳士得香港　2020/07/11　LOT 224
布面　油彩　压克力　35cm×24cm
成交价　RMB 11,639,698

刘野　1994 年作　佛罗伦斯
苏富比香港　2020/10/06　LOT 1129
布面　油画　119.7cm×150.2cm
成交价　RMB 9,665,536

刘野　1999 年作　天使合唱团（红）
富艺斯香港　2020/07/08　LOT 7
布面　油彩　169.1cm×199.2cm
成交价　RMB 24,240,272

刘野　2001 年作　蒙德里安在伦敦
佳士得香港　2020/07/10　LOT 120
布面　油彩　150cm×150cm
成交价　RMB 20,025,522

刘野　2003 年作　融化
中国嘉德　2020/08/17　LOT 1403
布面 丙烯　99.5cm×79.5cm
成交价　RMB 5,175,000

刘野　2003 年作　读书的女人
佳士得香港　2020/12/02　LOT 112
布面 压克力　100cm×80cm
成交价　RMB 12,797,117

刘野　2004 年作　女孩！
富艺斯香港　2020/07/09　LOT 185
布面 压克力　60cm×44.7cm
成交价　RMB 6,839,688

刘野　2006 年作　黑白灰的构图
佳士得香港　2020/12/02　LOT 10
布面 压克力　160cm×140cm
成交价　RMB 16,990,029

刘野　2010 年作　女孩与蒙德里安
中国嘉德　2020/12/05　LOT 1748
布面 油画　60cm×100cm
成交价　RMB 7,820,000

刘野　2008 年作　让我留在黑暗里
苏富比香港　2020/07/09　LOT 1125
布面 压克力　219.7cm×299.7cm
成交价　RMB 39,612,536

刘野　2008 年作　特别为您（2008 年奥运会）
苏富比香港　2020/10/06　LOT 1114
布面 油画　96.5cm×77cm
成交价　RMB 8,608,572

刘野　2004 年作　粉
北京永乐　2020/08/18　LOT 849
布面 丙烯　60cm×45cm
成交价　RMB 6,325,000

罗中立 1992 年作 牵手过河
北京永乐 2020/12/04 LOT 56
布面 油画 160cm×200cm
成交价 RMB 5,520,000

毛焰 1994 年作 苏童、常进、鲁羊、李小山
北京保利 2020/10/16 LOT 1222
布面 油画 230cm×340cm
成交价 RMB 31,050,000

毛焰 1996 年作 记忆或者舞蹈的黑色玫瑰
中国嘉德 2020/12/05 LOT 1742
布面 油画 230cm×150cm
成交价 RMB 20,700,000

潘玉良 1944 年作 披外套的裸女
中鸿信 2020/12/05 LOT 411
布面 油画 61.5cm×45cm
成交价 RMB 6,670,000

庞均 2009 年作 莫内花园
苏富比香港 2020/07/08 LOT 1027
布面 油画 182cm×454cm
成交价 RMB 6,442,235

油画及中国当代艺术 ………… 罗中立 毛焰 潘玉良 庞均

尚扬　1984 年作　楚人竞渡图
中国嘉德　2020/08/17　LOT 1511
布面　油画　106.5cm×188cm
成交价　RMB 9,200,000

石冲　1994 年作　行走的人之二
保利香港　2020/12/08　LOT 2044
布面　油彩　180.1cm×81cm
成交价　RMB 7,730,682

王衍成　2018 年作　无题
北京保利　2020/10/16　LOT 1228
布面　油画　260cm×210cm
成交价　RMB 25,300,000

王衍成　2018 年作　无题
北京永乐　2020/08/18　LOT 824
布面 油画　200cm×260cm
成交价　RMB 17,250,000

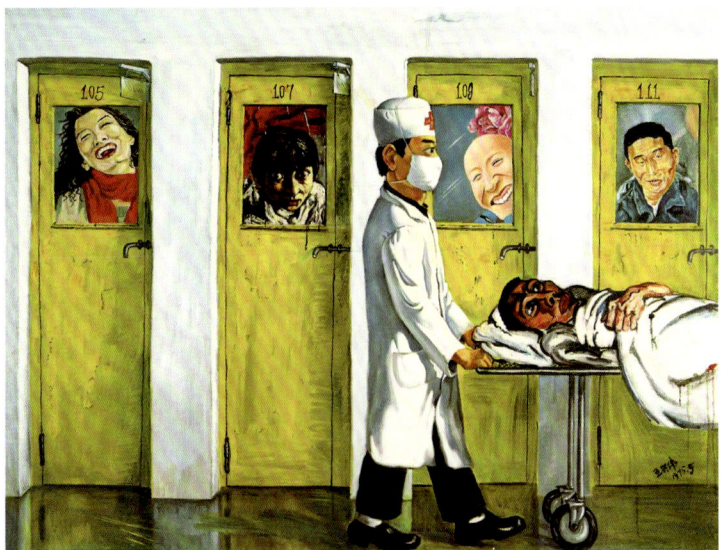

王兴伟　1995 年作　八五后标准表情
北京保利　2020/10/16　LOT 1226
布面 油画　150cm×200cm
成交价　RMB 31,625,000

王兴伟　1991 年作　高粱地及画稿（一组两件）
中国嘉德　2020/08/17　LOT 1520
布面 油画　140cm×172cm；15cm×19cm
成交价　RMB 5,692,500

油画及中国当代艺术 ┈┈┈ 吴大羽 吴冠中

吴大羽　20 世纪 80 年代作　射戟辕门
中国嘉德　2020/12/05　LOT 1713
布面 油画　53cm×38cm
成交价　RMB 12,075,000

吴大羽　夜曲
中国嘉德　2020/08/17　LOT 1501
布面 油画　45.5cm×32.5cm
成交价　RMB 8,280,000

吴大羽　约 1980 年作　势韵之无题 56
北京保利　2020/10/16　LOT 1201
布面 油画　53cm×38cm
成交价　RMB 7,820,000

吴冠中　1973 年作　桂林景色
苏富比香港　2020/10/05　LOT 1014
木板 油画　64.2cm×42cm
成交价　RMB 37,937,118

吴冠中　1960 年作　海南岛木棉林
苏富比香港　2020/07/08　LOT 1033
木板　油画　46cm×61cm
成交价　RMB 6,756,703

吴冠中　1976 年作　北戴河
佳士得香港　2020/07/11　LOT 213
木板　油彩　45cm×45cm
成交价　RMB 10,486,648

吴冠中　1973 年作　北国风光
苏富比香港　2020/10/05　LOT 1013
木板　油画　71.7cm×160cm
成交价　RMB 132,282,879

中国收藏
拍卖年鉴
2021

CHINESE FINE ART &
ANTIQUES AUCTION
YEARBOOK 2021

吴冠中　1978 年作　园林（江南园林）
佳士得香港　2020/12/02　LOT 130
木板　油彩　69cm×54cm
成交价　RMB 14,893,573

吴冠中　1978 年作　春在无寻处
中国嘉德　2020/12/05　LOT 1726
纸本裱于木板　油画　35cm×37cm
成交价　RMB 10,350,000

吴冠中　1985 年作　江南早春
中国嘉德　2020/12/05　LOT 1723
布面　油画　61cm×72cm
成交价　RMB 17,825,000

吴冠中　1985 年作　鲁迅乡土
佳士得香港　2020/12/02　LOT 127
布面　油彩　61cm×72.5cm
成交价　RMB 19,086,485

吴冠中 1990 年作 夜东京
佳士得香港 2020/12/02 LOT 131
布面 油彩 40.5cm×31.5cm
成交价 RMB 6,507,749

吴冠中 1989 年作 喷泉
佳士得香港 2020/12/02 LOT 129
布面 油彩 53.5cm×46cm
成交价 RMB 8,394,559

吴冠中 1990 年作 海婴（人体）
佳士得香港 2020/12/02 LOT 128
布面 油彩 61cm×92.7cm
成交价 RMB 16,990,029

吴冠中 1985 年作 鲁迅乡土
苏富比香港 2020/07/08 LOT 1034
布面 油画 46cm×53cm
成交价 RMB 21,117,427

中国收藏
拍卖年鉴
2021

CHINESE FINE ART &
ANTIQUES AUCTION
YEARBOOK 2021

吴冠中　1992 年作　花卉
佳士得香港　2020/07/10　LOT 124
布面　油彩　53cm×65cm
成交价　RMB 6,922,672

吴冠中　1994 年作　围城
北京保利　2020/10/16　LOT 1204
木板　油画　46cm×46cm
成交价　RMB 11,500,000

吴冠中　约 1960 年前后作　牡丹花
中国嘉德　2020/12/05　LOT 1725
木板　油画　50.5cm×40cm
成交价　RMB 16,100,000

吴冠中　1993 年作　云南小景
佳士得香港　2020/07/11　LOT 212
布面　油彩　45cm×38cm
成交价　RMB 6,293,736

吴冠中　1990 年作　野井（倒影）
北京永乐　2020/12/04　LOT 28
布面　油画　39.5cm×30.5cm
成交价　RMB 16,100,000

吴冠中　1992 年作　英国乡村旅店
北京永乐　2020/08/18　LOT 814
布面　油画　60cm×73cm
成交价　RMB 19,550,000

吴冠中　1975 年作　乞力马扎罗雪山
北京永乐　2020/12/04　LOT 29
布面　油画　100cm×180cm
成交价　RMB 43,700,000

吴冠中 2002 年作 秋瑾故居
北京永乐 2020/08/18 LOT 813
布面 油画 70cm×140cm
成交价 RMB 70,150,000

吴冠中 1998 年作 彩面朝天
北京永乐 2020/12/04 LOT 130
布面 油画 100cm×80cm
成交价 RMB 69,000,000

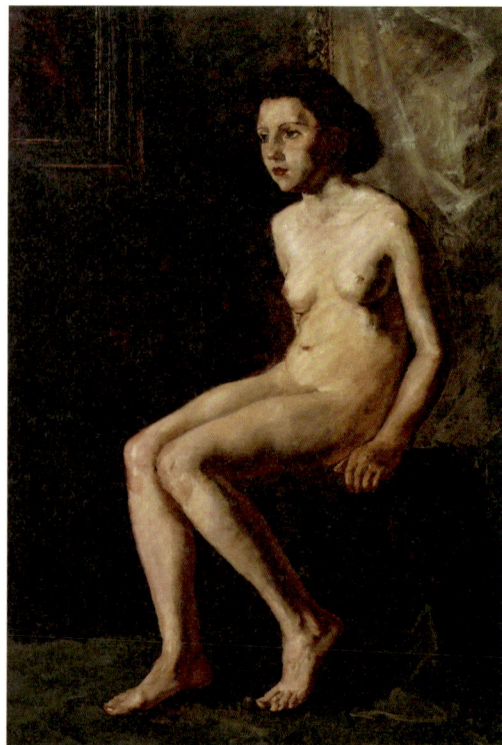

吴作人 坐女人体
中国嘉德 2020/12/05 LOT 1714
布面 油画 130cm×90cm
成交价 RMB 9,430,000

谢景兰　1972 年作 从蓝绿中产生的形象
苏富比香港　2020/10/05　LOT 1023
布面 油画　整体 195cm×260.6cm
成交价　RMB 9,665,536

岳敏君　1993 年作 金鱼
苏富比香港　2020/07/09　LOT 1143
布面 油画　180cm×247cm
成交价　RMB 6,651,880

袁运生　1996 年作 寏
中国嘉德　2020/08/17　LOT 1510
综合媒材　240cm×240cm
成交价　RMB 9,890,000

颜文樑　南湖旭日
中国嘉德　2020/12/05　LOT 1712
纤维板 油画　42cm×71.5cm
成交价　RMB 27,830,000

油画及中国当代艺术 —— 谢景兰　岳敏君　袁运生　颜文樑

中国收藏
拍卖年鉴
2021

CHINESE FINE ART &
ANTIQUES AUCTION
YEARBOOK 2021

油画及中国当代艺术 ——— 严培明 曾梵志

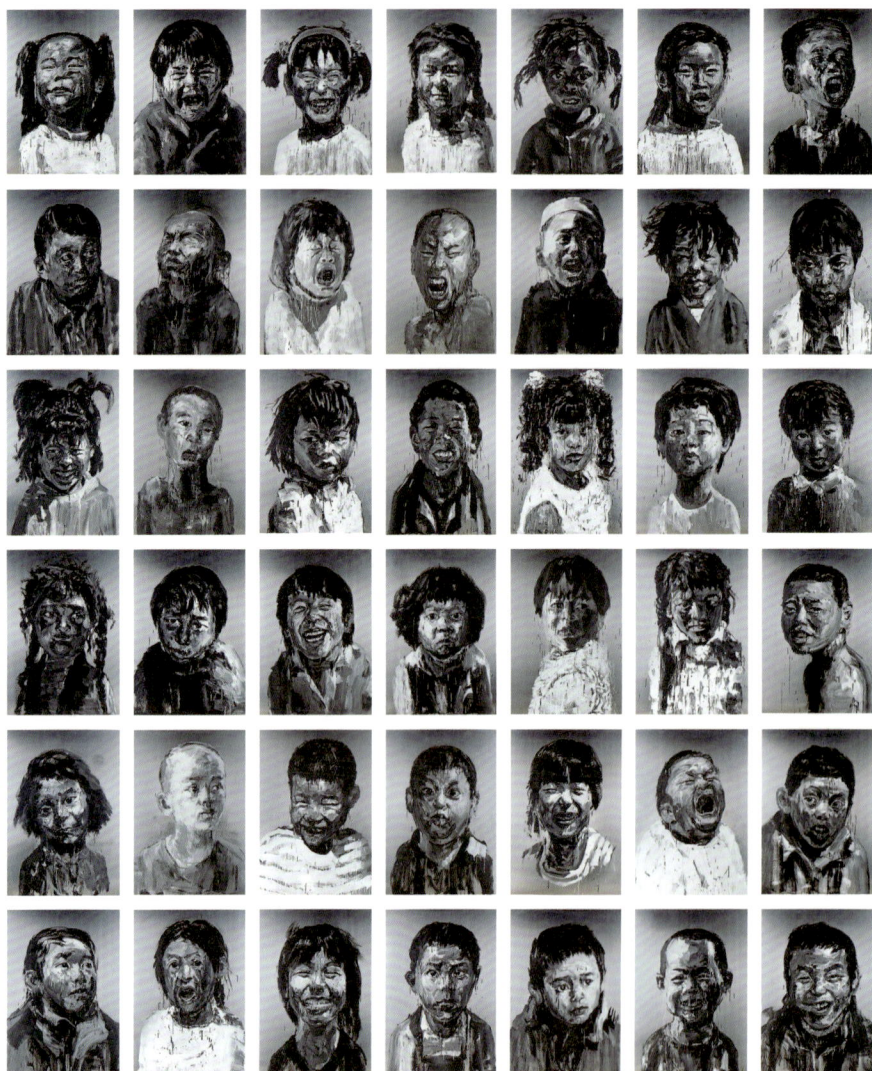

严培明　2010 年作　上海儿童
北京永乐　2020/12/04　LOT 55
不锈钢板　汽车彩色涂料　180cm×126cm×21（正反面）
成交价　RMB 42,550,000

曾梵志　1994 年作　面具系列 11 号
苏富比香港　2020/10/06　LOT 1127
布面　油画　180cm×150cm
成交价　RMB 20,763,650

曾梵志　1999 年作　面具系列 No.6
北京保利　2020/10/16　LOT 1227
布面　油画　200cm×170cm
成交价　RMB 21,850,000

曾梵志 2005 年作 无题
富艺斯香港 2020/07/08 LOT 16
布面 油彩 200cm×150cm
成交价 RMB 5,267,346

曾梵志 2012 年作 无题
中国嘉德（香港） 2020/10/08 LOT 90
布面 油彩 330cm×215cm
成交价 RMB 7,935,959

曾梵志 2017 年作 虎
北京永乐 2020/12/04 LOT 50
布面 油画 400cm×400cm
成交价 RMB 40,250,000

油画及中国当代艺术 ——— 曾梵志 张晓刚

曾梵志 1996 年作 面具系列 1996 NO.6
北京永乐 2020/08/18 LOT 847
布面 油彩 199cm×358.6cm
成交价 RMB 161,000,000

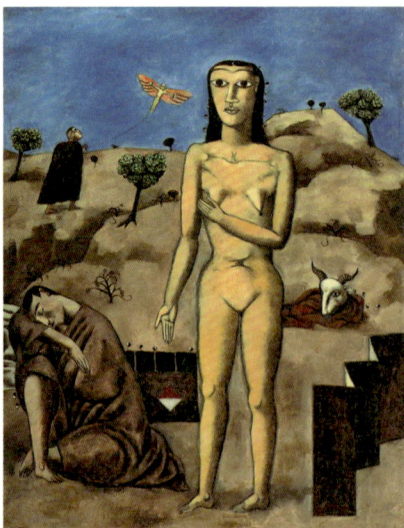

张晓刚 1989 年作 生生不息明天将要来临
佳士得香港 2020/12/02 LOT 120
布面 油彩 99cm×79cm
成交价 RMB 5,459,521

张晓刚 1995 年作 血缘一大家庭 2 号
佳士得香港 2020/12/02 LOT 119
布面 油彩 180cm×230cm
成交价 RMB 85,635,860

张晓刚　2005 年作　血缘系列大家庭 3 号
富艺斯香港　2020/07/08　LOT 13
布面　油彩　200.1cm×259.2cm
成交价　RMB 7,678,270

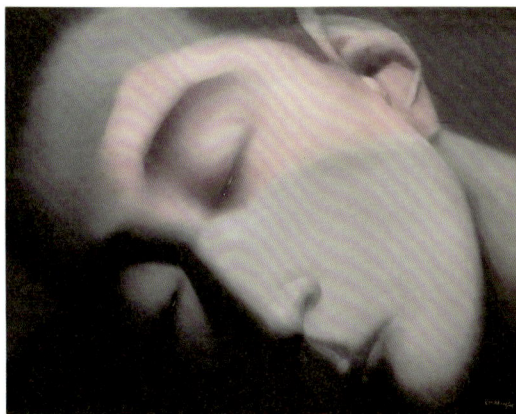

张晓刚　2006 年—2008 年作　失忆与记忆 2008 一号
苏富比香港　2020/10/07　LOT 544
布面　油画　200cm×261cm
成交价　RMB 5,437,683

张晓刚　2011 年作　红梅
华艺国际（北京）　2020/10/15　LOT 8130
布面　油画　200.5cm×300.5cm
成交价　RMB 10,350,000

张晓刚　1989 年—1990 年作　黑色三部曲：惊恐、沈思、忧郁
苏富比香港　2020/10/06　LOT 1126
布面　油画　综合媒材　整体 179cm×342.3cm
成交价　RMB 47,973,901

赵半狄　1990 年作　在那个早晨
北京保利　2020/10/16　LOT 1219
布面　油画　200cm×190cm
成交价　RMB 28,750,000

赵无极　28.5.65
苏富比伦敦　2020/05/28　LOT 13
布面　油画　65cm×92cm
成交价　RMB 6,517,673

赵无极　1952 年作 荷兰小镇
佳士得香港　2020/07/10　LOT 128
布面　油彩　65cm×92.5cm
成交价　RMB 28,411,346

赵无极　1952 年作 林荫小径
佳士得香港　2020/12/03　LOT 444
布面　油彩　50cm×61cm
成交价　RMB 6,507,749

赵无极　1953 年作　花卉
佳士得巴黎　2020/07/10　LOT 11
布面 油彩　38cm×46cm
成交价　RMB 6,026,626

赵无极　1956 年作　隐蔽的城市
苏富比香港　2020/07/08　LOT 1020
布面 油画　50cm×50cm
成交价　RMB 10,635,147

赵无极　1959 年作　19.11.59
苏富比香港　2020/07/08　LOT 1018
布面 油画　114cm×146cm
成交价　RMB 96,821,763

赵无极　1960 年作　20.03.60
苏富比香港　2020/07/08　LOT 1017
布面 油画　130cm×162cm
成交价　RMB 100,304,064

赵无极　1963 年作　17.5.63
苏富比巴黎　2020/06/24　LOT 10
布面 油画　55cm×81cm
成交价　RMB 14,047,111

赵无极　1961 年作　17.06.61
苏富比香港　2020/10/05　LOT 1019
布面 油画　60cm×73cm
成交价　RMB 22,349,094

中国收藏
拍卖年鉴
2021

CHINESE FINE ART &
ANTIQUES AUCTION
YEARBOOK 2021

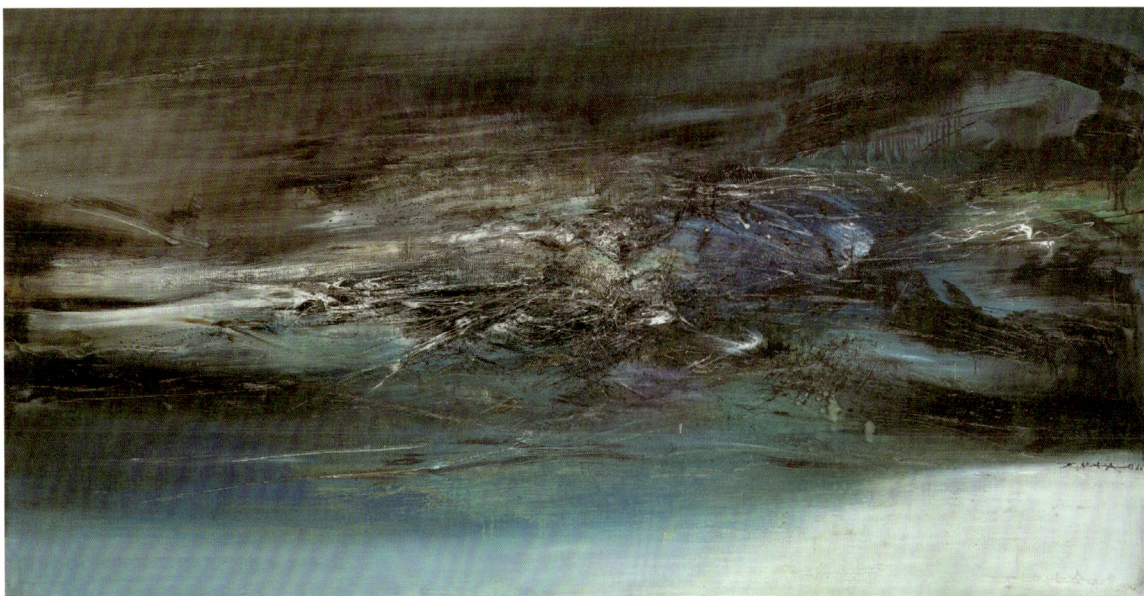

赵无极　1966 年作　18.11.66
佳士得香港　2020/07/10　LOT 127
布面 油彩　97cm×195cm
成交价　RMB 99,966,010

赵无极　1963 年作　24.10.63
富艺斯香港　2020/07/08　LOT 9
布面 油彩　194cm×97cm
成交价　RMB 40,500,909

赵无极　1964 年作　21.3.1964
罗芙奥　2020/12/06　LOT 223
布面 油彩　63.5cm×80cm
成交价　RMB 18,952,196

赵无极　1965 年作　09.03.65
佳士得香港　2020/12/02　LOT 150
布面　油彩　130cm×162cm
成交价　RMB 66,132,268

赵无极　1963 年作　22.6.63
富艺斯香港　2020/07/08　LOT 8
布面　油彩　146cm×89cm
成交价　RMB 47,441,052

赵无极　1966 年作　26.01.1966
北京保利　2020/10/16　LOT 1202
布面　油画　61cm×50cm
成交价　RMB 6,670,000

赵无极　1968 年作　12.12.68
苏富比巴黎　2020/10/21　LOT 11
布面　油画　95cm×105cm
成交价　RMB 8,804,150

赵无极　1977 年作　25.02.77
佳士得香港　2020/12/02　LOT 145
布面 油彩　73cm×100cm
成交价　RMB 14,893,573

赵无极　1968 年作　18.03.68
佳士得香港　2020/12/02　LOT 149
布面 油彩　95cm×105cm
成交价　RMB 19,086,485

赵无极　1968 年作　23.03.68
佳士得香港　2020/07/10　LOT 126
布面 油彩　89cm×130cm
成交价　RMB 41,470,520

赵无极　1968 年作 31.07.68
佳士得巴黎　2020/10/22　LOT 5
布面 油画　73cm×92cm
成交价　RMB 16,465,319

油画及中国当代艺术————赵无极

赵无极　1969 年作 12.2.69
富艺斯香港　2020/12/03　LOT 20
布面 油彩　81cm×68cm
成交价　RMB 11,844,976

赵无极　1973 年作 14.06.73
富艺斯香港　2020/12/03　LOT 21
布面 油彩　99.5cm×81.2cm
成交价　RMB 10,788,013

赵无极　1977 年作 23.03.77
苏富比香港　2020/07/08　LOT 1031
布面 油画　54cm×65cm
成交价　RMB 7,490,463

赵无极　1979 年作 10.03.79
苏富比香港　2020/07/08　LOT 1032
布面 油画　54cm×65cm
成交价　RMB 7,700,108

中国收藏
拍卖年鉴
2021

CHINESE FINE ART &
ANTIQUES AUCTION
YEARBOOK 2021

赵无极　1979 年作　11.02.79
苏富比巴黎　2020/06/24　LOT 3
布面 油画　162cm×130cm
成交价　RMB 14,977,126

赵无极　1981 年作　10.2.81
苏富比巴黎　2020/06/24　LOT 4
布面 油画　200cm×162cm
成交价　RMB 21,487,235

赵无极　1982 年作　15.01.82（三联作）
佳士得香港　2020/12/02　LOT 143
布面 油彩　195cm×130cm×3
成交价　RMB 82,635,307

赵无极 1985 年作 04.12.85
佳士得香港 2020/12/03 LOT 435
布面 油彩 100cm×81cm
成交价 RMB 11,748,889

赵无极 1986 年作 01.11.86
苏富比香港 2020/07/08 LOT 1019
布面 油画 89cm×116cm
成交价 RMB 11,683,375

赵无极 1986 年作 27.01.86
佳士得香港 2020/12/02 LOT 16
布面 油彩 200cm×162cm
成交价 RMB 30,616,993

赵无极 1988 年作 29.02.88
苏富比香港 2020/07/08 LOT 1016
布面 油画 162cm×130cm
成交价 RMB 43,592,308

赵无极　1998 年作　04.08.98
苏富比香港　2020/10/05　LOT 1018
布面 油画　150cm×162cm
成交价　RMB 21,292,131

赵无极　2001 年—2002 年作　31·08·2001—09·09·2002
保利（厦门）　2020/01/03　LOT 208
布面 油画　130cm×162cm
成交价　RMB 12,880,000

赵无极　2001 年作　16.12.2001
华艺国际（北京）　2020/10/15　LOT 8119
布面 油画　146cm×114cm
成交价　RMB 29,900,000

赵无极　1960 年作　2.3.60
北京永乐　2020/08/18　LOT 820
布面 油画　45.5cm×55cm
成交价　RMB 6,785,000

赵无极 多米尼克·希德 1984 年合作 马赛克
佳士得巴黎 2020/10/22 LOT 31
综合媒材 192cm×760cm
成交价 RMB 11,190,023

赵无极 1979 年作 04.01.79
北京永乐 2020/12/04 LOT 26
布面 油画 250cm×260cm
成交价 RMB 174,800,000

周春芽　1993 年作　瓶花
富艺斯香港　2020/12/03　LOT 11
布面　油彩　99cm×79.2cm
成交价　RMB 6,031,679

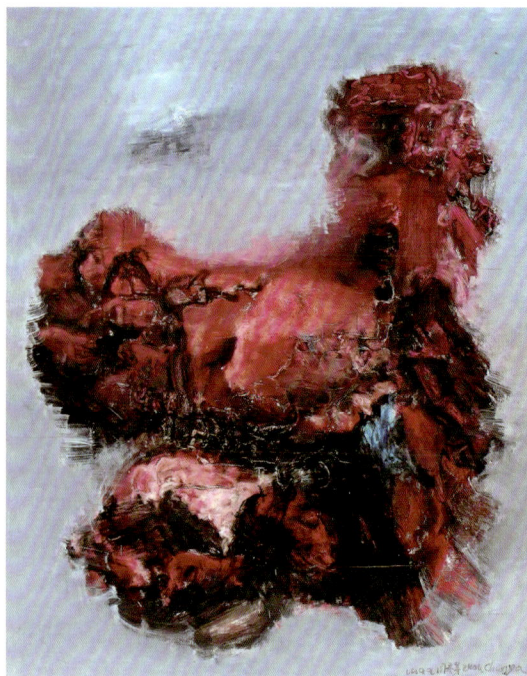

周春芽　1999 年作　红色山石
保利（厦门）　2020/01/03　LOT 207
布面　油画　150cm×120cm
成交价　RMB 8,050,000

周春芽　1984 年作　春天来了
中国嘉德　2020/08/17　LOT 1514
布面　油画　163cm×186.5cm
　成交价　RMB 86,250,000

周春芽 2003 年作 山石与烟云
中国嘉德 2020/12/05 LOT 1741
布面 油画 360cm×220cm
成交价 RMB 43,700,000

周春芽 2008 年作 站着的 TT
华艺国际（北京） 2020/12/05 LOT 8038
布面 油画 220cm×320cm
成交价 RMB 5,750,000

周春芽 2010 年作 轻薄桃花逐水流
华艺国际（北京） 2020/10/15 LOT 8129
布面 油画 254cm×360cm
成交价 RMB 19,320,000

周春芽　1991 年作　穿着袍子的女人
北京永乐　2020/12/04　LOT 57
布面　油画　150cm×120cm
成交价　RMB 5,980,000

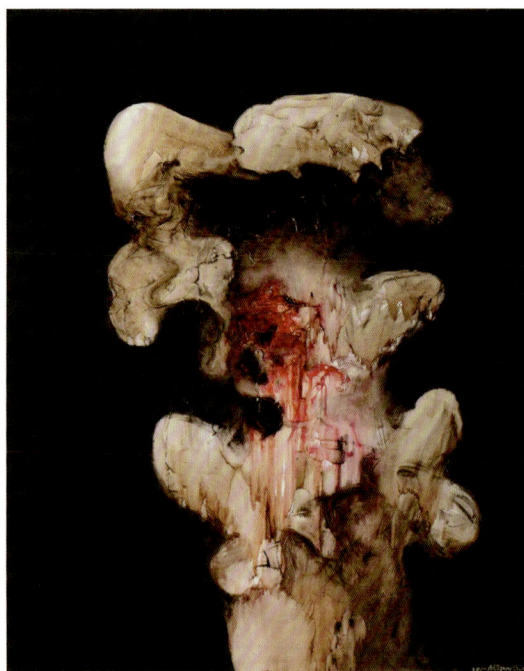

周春芽　2000 年作 苏州太湖石
北京永乐　2020/08/18　LOT 839
布面　油画　150cm×120cm
成交价　RMB 12,650,000

周春芽　2007 年作　三个斗犬
北京永乐　2020/08/18　LOT 841
布面　油画　200cm×250cm
成交价　RMB 7,820,000

油画及中国当代艺术 ········ 周春芽 朱德群

周春芽 2008 年作 飞机、大炮和 TT
北京永乐 2020/08/18 LOT 840
布面 油画 250cm×200cm
成交价 RMB 6,670,000

周春芽 2007 年作 四个 TT
北京永乐 2020/08/18 LOT 842
布面 油画 220cm×320cm
成交价 RMB 14,950,000

朱德群 1969 年作 第 312 号构图
苏富比香港 2020/10/05 LOT 1024
布面 油画 200cm×200cm
成交价 RMB 52,992,293

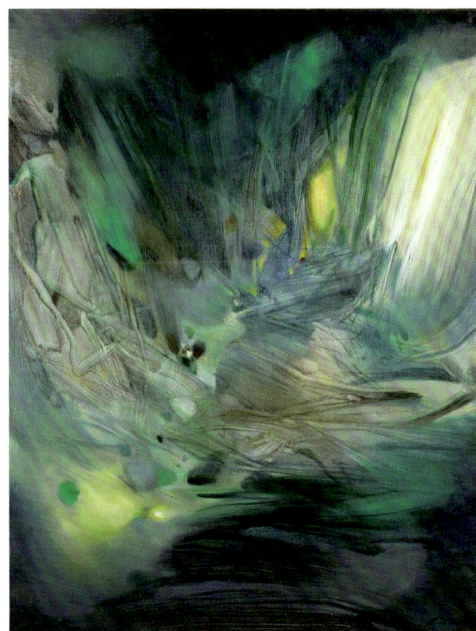

朱德群 1976 年作 LE 8.12.1976
佳士得香港 2020/07/10 LOT 131
布面 油彩 161.7cm×126.8cm
成交价 RMB 7,446,786

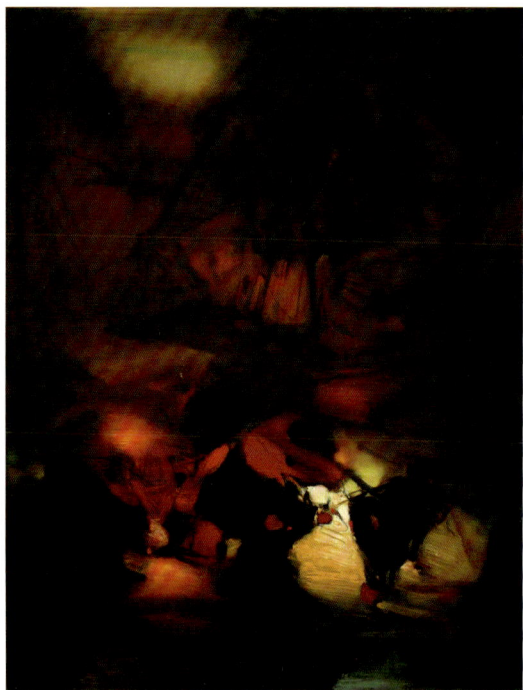

朱德群　1978 年作　5.5.1978
罗芙奥　2020/07/19　LOT 131
布面　油彩　162cm×128cm
成交价　RMB 11,611,029

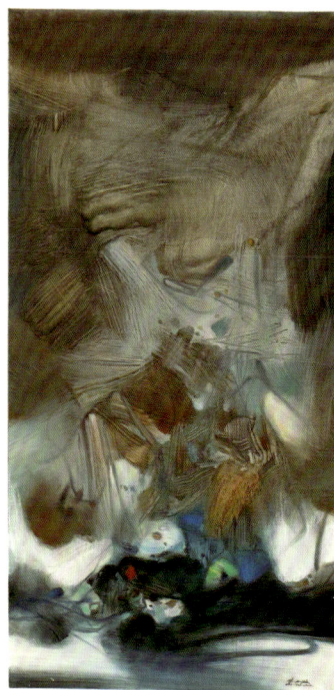

朱德群　1981 年作　1981 年 3 月 30 日
富艺斯香港　2020/12/03　LOT 23
布面　油彩　160.5cm×80.3cm
成交价　RMB 6,771,553

朱德群　1987 年作　白色森林之一
佳士得香港　2020/12/02　LOT 142
布面　油彩　130cm×195.5cm

成交价　RMB 36,906,361

朱德群 1983 年—1984 年作 自然颂
苏富比香港 2020/07/08 LOT 1014
布面 油画 162cm×650cm
成交价 RMB 99,309,121

朱德群 1987 年作 透明冰河
苏富比香港 2020/10/05 LOT 1025
布面 油画 120cm×60cm
成交价 RMB 10,722,499

朱德群 1990 年—1991 年作 和谐
北京保利 2020/10/16 LOT 1205
布面 油画 162cm×130cm
成交价 RMB 13,225,000

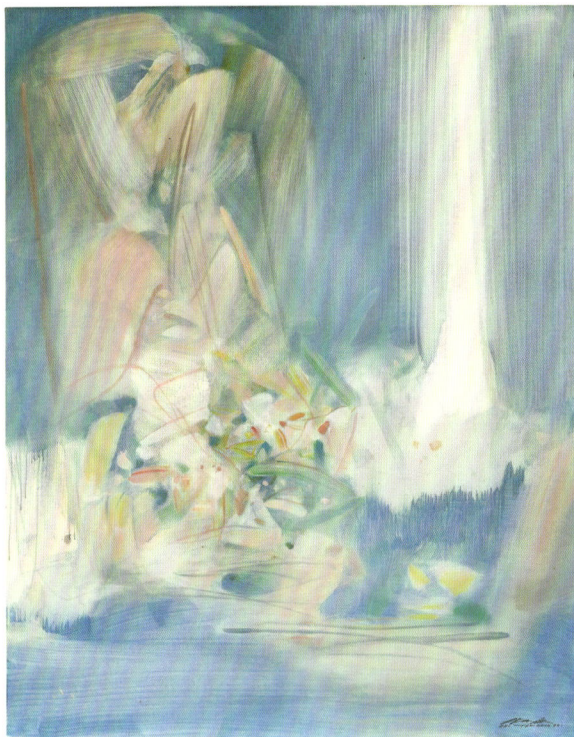

朱德群　1990 年作　Serin
富艺斯香港　2020/12/04　LOT 214
布面　油彩　162cm×130cm
成交价　RMB 5,503,197

朱德群　2000 年作　夜之探索
苏富比香港　2020/10/06　LOT 740
布面　油画　57cm×46cm
成交价　RMB 7,128,824

朱德群　第 195 号 春临之际
佳士得香港　2020/12/02　LOT 144
布面　油彩　146cm×114cm
成交价　RMB 31,665,221

朱德群　第 40 号构图，河岸
苏富比香港　2020/10/05　LOT 1026
布面　油画　116cm×81cm
成交价　RMB 19,178,205

朱铭 1996 年作（左）、1999 年作（右）太极系列：云手、转身踢腿
中国嘉德（香港） 2020/10/08 LOT 54
铜雕 左 253cm×171.2cm×142cm；右 203cm×180.3cm×127.5cm
成交价 RMB 9,643,698

朱曜奎 2016 年作 长城万里图
北京翰海 2020/09/12 LOT 1348
布面 油画 100cm×200cm
成交价 RMB 9,200,000

中国收藏
拍卖年鉴
2021

CHINESE FINE ART &
ANTIQUES AUCTION
YEARBOOK 2021

朱曜奎　林中曙光
荣宝斋（南京）　2020/11/28　LOT 1036
布面　油彩　100cm×140cm
成交价　RMB 23,000,000

朱曜奎　2017 年作　沧澜黄河
北京翰海　2020/09/12　LOT 1329
布面　油画　150cm×200cm
成交价　RMB 10,925,000

油画及中国当代艺术 ┈┈┈┈ 朱乃正

朱乃正　2007 年作　国魂
北京保利　2020/10/16　LOT 1210
布面 油画　260cm×260cm
成交价　RMB 9,200,000

流传序列

香港徐展堂先生"在望山庄"旧藏

苏富比纽约，1997年9月23日，LOT 348

北美十面灵璧山居收藏，编号EK8

著 录

1.埃斯肯纳齐《A DEALER'S HAND——埃斯肯纳齐中国艺术品经眼录》，2012年，第164页，图版156页。

清康熙　五彩十二月花卉图题诗句杯

保利北京　2020/10/19　LOT 5017

口径　6.5cm—6.8cm×12

成交价　RMB 132,825,000

按 语

　　五彩十二月花卉图题诗句杯是清代康熙官窑瓷器中的名品，贯称"十二月花神杯"。一套为12件，一杯一花，腹壁一面绘画，另一面题诗，诗句出自唐诗。十二杯分别以迎春、杏花、桃花、牡丹、石榴、荷莲、兰草、桂花、菊花、月季、梅花和水仙为绘。所奉十二花神为：正月梅花神寿公主，二月杏花神杨玉环，三月桃花神息夫人，四月牡丹花神丽娟，五月石榴花神卫氏，六月荷花神西施，七月葵花神李夫人，八月桂花神徐贤妃，九月菊花神左贵嫔，十月芙蓉花神花蕊夫人，十一月茶花神王昭君，十二月水仙花神洛神。《陶雅》中有记载："康熙十二月花卉酒杯，一杯一花，有青花，有五彩，质地甚薄，铢两自轻。若欲凑合十二月之花，诚戛戛乎其难。"

　　公元1680年（康熙十九年），刘源被任命为景德镇官窑瓷器设计官员，承命主持设计各式御瓷，他在设计思路上推陈出新，擅长烧制五彩、斗彩制品，成就斐然。而在设计的数百种瓷样中，十二花神杯空前绝后：杯上所写的诗句皆为五言或七言唐诗，每首诗后皆钤方形篆书"赏"字印。诗句内容与杯上的绘画相互呼应，又跟月份、时节、花期有关，各种创作元素互相紧扣，足见工匠之巧思。诗书画印、瓷艺、花艺，在十二个小杯上共治一炉，反映了清朝文人极致典雅的审美情趣，此创意得到了康熙皇帝的认可，成为当时达官贵人们竞相追逐的精品瓷器。

　　从现有传世品来看，无论是绘画还是制胎，五彩十二月花卉图题诗句杯都可以代表康熙官窑的工艺高峰。如今收藏有单只花神杯的不在少数，但凑齐12只，且是同一批出窑品，存量极为稀少。同样完整的一套十二花神杯现藏于大英博物馆，在国内二级市场上，这样完整成套藏品的出现机会极为难得，多重稀有因素助推其成为2020年瓷器板块成交价最高的藏品。

瓷玉杂项 ———— 陶瓷器 ———— 宋代及以前

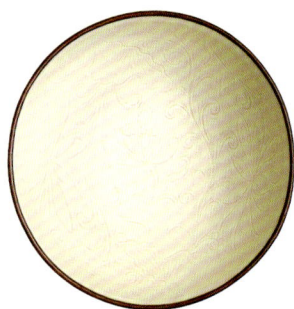

北宋晚期或金早期　定窑白釉刻划荷莲纹碗
佳士得香港　2020/11/30　LOT 3001
口径 31.5cm
成交价　RMB 24,327,625

南宋　哥窑灰青釉方花盆
西泠印社　2020/08/08　LOT 1927
高 11.4cm；边长 14.5cm
成交价　RMB 5,980,000

南宋　龙泉窑粉青釉鬲式炉
苏富比香港　2020/07/11　LOT 117
高 13.5cm
成交价　RMB 5,918,121

南宋　龙泉窑粉青釉鬲式炉
苏富比香港　2020/10/09　LOT 100
高 10.5cm；直径 12.5cm
成交价　RMB 5,226,290

南宋　龙泉窑粉青釉纸槌瓶
广东崇正　2020/09/13　LOT 1604
高 21 cm
成交价　RMB 11,270,000

南宋　龙泉窑粉青釉弦纹梅瓶
厦门博乐德　2020/01/01　LOT 145
高 21.7 cm
成交价　RMB 9,545,000

南宋 建窑黑釉鹧鸪斑盏
苏富比香港 2020/10/09 LOT 31
口径 12cm
成交价 RMB 8,608,572

金 钧窑天蓝釉三足炉
上海匡时 2020/08/05 LOT 646
高 10.8cm；直径 12.5cm
成交价 RMB 5,635,000

元　青花缠枝牡丹纹铺首耳罐
中贸圣佳　2020/10/17　LOT 833
高 37cm
成交价　RMB 13,800,000

元　青花孔雀穿缠枝牡丹纹带盖梅瓶
北京华辰　2020/12/06　LOT 166
高 45cm
成交价　RMB 23,000,000

元　青花地留白缠枝莲纹菱花口折沿盘
北京宝瑞盈　2020/10/16　LOT 1514
口径 41.3cm
成交价　RMB 7,192,000

元　青花仙人指路图玉壶春瓶
中贸圣佳　2020/10/17　LOT 834
高 24.4cm
成交价　RMB 10,580,000

元　青花云龙缠枝牡丹纹铺首耳罐
华艺国际（北京）　2020/12/05　LOT 6
高 38.5cm
成交价　RMB 11,500,000

元　青花云龙纹铺首耳罐
北京保利　2020/10/20　LOT 6232
高 38cm
成交价　RMB 8,625,000

明永乐 青花缠枝花纹菱花口折沿盘
北京保利 2020/12/05 LOT 1833
口径 37.8 cm
成交价 RMB 6,440,000

明永乐 青花缠枝莲纹梅瓶
北京宝瑞盈 2020/10/16 LOT 1507
高 24.5cm；口径 4.5cm；足径 10cm
成交价 RMB 5,220,000

明永乐 青花海水葡萄纹折沿盘
云南典藏 2020/11/28 LOT 868
口径 37.3cm
成交价 RMB 6,325,000

明永乐 青花伊斯兰花纹绶带耳葫芦扁瓶
中国嘉德 2020/08/18 LOT 2710
高 25cm
成交价 RMB 6,728,000

明永乐 青花伊斯兰花纹绶带耳葫芦扁瓶
苏富比香港 2020/10/09 LOT 3608
高 29.5cm
成交价 RMB 14,421,870

明永乐 青花伊斯兰花纹绶带耳葫芦扁瓶
北京翰海 2020/12/12 LOT 2200
高 32cm
成交价 RMB 21,850,000

瓷玉杂项 ──── 陶瓷器 ──── 元明清 ──── 釉下彩

中国收藏
拍卖年鉴
2021

CHINESE FINE ART &
ANTIQUES AUCTION
YEARBOOK 2021

明永乐　青花折枝花果纹梅瓶
中国嘉德　2020/12/03　LOT 2816
高 29cm
成交价　RMB 25,520,000

明永乐　青花缠枝花纹菱花口折沿盘　沙贾汉旧藏
佳士得纽约　2020/09/25　LOT 1551
口径 37.8cm
成交价　RMB 9,949,085

明宣德　青花缠枝茶花纹胆式瓶
中贸圣佳　2020/12/07　LOT 3085
高 16.2cm
成交价　RMB 5,750,000

明宣德　青花折枝花果纹葵口碗
保利香港　2020/12/02　LOT 1008
口径 22.6cm
成交价　RMB 9,070,666

明成化　青花海水应龙纹罐
苏富比香港　2020/07/11　LOT 3625
高 8.8cm
成交价　RMB 29,503,251

明成化　青花九秋花卉图罐
北京保利　2020/10/19　LOT 5187
直径 10.5cm
成交价　RMB 28,175,000

明成化　青花海水天马纹卧足碗
北京宝瑞盈　2020/10/16　LOT 1517
高 4.3cm；口径 12.5cm
成交价　RMB 34,800,000

明成化　青花婴戏图碗
中国嘉德（香港）　2020/10/08　LOT 428
口径 22.5cm
成交价　RMB 5,153,788

明天启　米万钟制青花洞石花卉图出戟花觚
北京保利　2020/10/18　LOT 3939
高 32cm
成交价　RMB 14,375,000

清康熙　青花团花锯齿纹摇铃尊
中国嘉德　2020/08/18　LOT 2705
高 23.5cm
成交价　RMB 10,092,000

清康熙　青花十二月花卉图题诗句杯（存十只）
北京保利　2020/10/19　LOT 5018
口径 6.5cm—6.8cm
成交价　RMB 13,225,000

中国收藏
拍卖年鉴
2021

CHINESE FINE ART &
ANTIQUES AUCTION
YEARBOOK 2021

瓷玉杂项 —— 陶瓷器 —— 元明清 —— 釉下彩

清康熙 青花腾龙纹梅瓶
北京保利　2020/10/19　LOT 5007
高 25cm
成交价　RMB 23,402,500

清雍正 青花龙穿花纹折沿盘
北京保利　2020/10/19　LOT 5040
口径 51cm
成交价　RMB 14,375,000

清雍正 青花缠枝花纹葫芦扁瓶
中国嘉德　2020/08/18　LOT 2655
高 53.3cm
成交价　RMB 6,960,000

清雍正 青花海水九龙纹胆式瓶
北京保利　2020/10/19　LOT 5042
高 39cm
成交价　RMB 85,100,000

清雍正 青花龙穿花纹盘
中国嘉德（香港）　2020/10/08　LOT 414
口径 51cm
成交价　RMB 6,730,497

清雍正 青花海水云龙纹折沿盘
北京宝瑞盈　2020/10/16　LOT 1511
口径 48.5cm
成交价　RMB 7,192,000

清雍正　仿明永乐青花喜鹊登梅图如意耳扁瓶

北京保利　2020/12/05　LOT 1762

高 22cm

成交价　RMB 8,970,000

清乾隆　青花海水云龙戏珠纹钵式卷缸

北京大羿　2020/12/06　LOT 604

高 48.5cm；口径 43cm

成交价　RMB 14,490,000

清雍正　青花折枝花果纹钵式卷缸

北京保利　2020/12/05　LOT 1821

宽 40cm

成交价　RMB 12,075,000

清乾隆　青花缠枝灵芝纹伴粉青釉刻划八吉祥纹螭耳抱月瓶

北京保利　2020/10/19　LOT 5179

高 48cm

成交价　RMB 29,900,000

清乾隆　青花缠枝花纹六方瓶

中贸圣佳　2020/10/17　LOT 832

高 47.1cm

成交价　RMB 8,280,000

清乾隆　青花缠枝花纹盘口瓶

北京中汉　2020/12/04　LOT 255

高 54cm

成交价　RMB 6,900,000

清乾隆　青花莲瓣八吉祥纹抱月瓶
保利香港　2020/12/02　LOT 1031
高 50cm
成交价　RMB 7,112,227

清乾隆　青花缠枝莲托八吉祥纹尊
北京保利　2020/10/19　LOT 5064
高 48.8cm
成交价　RMB 8,280,000

清乾隆　青花团花螭龙耳花口瓶（一对）
保利（厦门）　2020/01/03　LOT 936
每件高 25.2cm
成交价　RMB 8,740,000

清乾隆　青花折枝花果纹六方瓶
北京保利　2020/10/19　LOT 5065
高 66cm
成交价　RMB 12,075,000

清乾隆　青花折枝花果纹六方瓶
厦门博乐德　2020/01/01　LOT 63
高 66cm
成交价　RMB 9,775,000

清乾隆　青花折枝花果纹六方大瓶
北京永乐　2020/12/02　LOT 833
高 65.5cm
成交价　RMB 13,225,000

清乾隆　青花缠枝莲纹如意耳尊
华艺国际（北京）　2020/10/16　LOT 1811
高 18cm
成交价　RMB 19,550,000

明弘治　黄地青花折枝花果纹盘（一对）
华艺国际（北京）　2020/10/16　LOT 1805
每件口径 26cm
成交价　RMB 15,525,000

清乾隆　黄地青花缠枝花纹双耳出戟尊
北京保利　2020/12/05　LOT 1772
高 32.8cm
成交价　RMB 8,050,000

明洪武　釉里红缠枝花纹碗
华艺国际（北京）　2020/10/16　LOT 1813
口径 41cm
成交价　RMB 9,890,000

清康熙　釉里红折枝纹苹果尊
北京保利　2020/10/19　LOT 5009
直径 9.5cm
成交价　RMB 9,200,000

清雍正　青花釉里红缠枝花纹瓶
北京保利　2020/10/19　LOT 5041
高 39cm
成交价　RMB 31,050,000

瓷玉杂项　　陶瓷器　　元明清　　釉下彩

清雍正　青花加矾红彩龙穿缠枝花纹玉壶春瓶
北京保利　2020/10/19　LOT 5043
高 31.2cm
成交价　RMB 8,625,000

清乾隆　唐英制青花釉里红一品富贵图题诗瓶（一对）
北京大羿　2020/12/06　LOT 605
每件高 39.5cm
成交价　RMB 5,520,000

清乾隆　青花釉里红缠枝莲纹瓶
苏富比纽约　2020/09/23　LOT 544
高 39.8cm
成交价　RMB 5,704,142

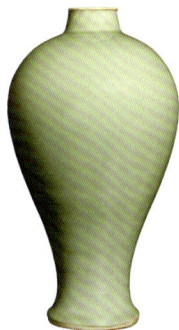

明初 龙泉窑青釉梅瓶
苏富比香港 2020/07/11 LOT 105
高 38.8cm
成交价 RMB 6,442,235

明永乐 翠青釉盖罐
苏富比香港 2020/10/09 LOT 19
直径 12cm
成交价 RMB 15,478,833

清康熙 冬青釉浅浮雕海水龙纹莱菔尊
北京保利 2020/10/19 LOT 5006
高 19cm
成交价 RMB 7,590,000

清雍正 仿哥釉八方抱月瓶
华艺国际（北京） 2020/10/16 LOT 1815
高 49cm
成交价 RMB 5,060,000

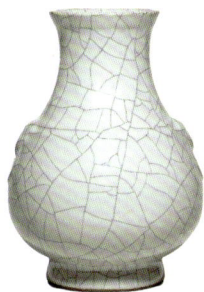

清雍正 仿哥釉铺首耳尊
中国嘉德 2020/12/03 LOT 2801
高 25.6cm
成交价 RMB 6,264,000

清雍正 粉青釉六联瓶
苏富比伦敦 2020/11/04 LOT 14
高 24cm
成交价 RMB 5,162,481

清雍正　粉青釉九弦纹三系梅瓶
中贸圣佳　2020/10/17　LOT 805
高 28.3cm
成交价　RMB 17,250,000

清雍正　天青釉莲花式盘
苏富比香港　2020/07/11　LOT 132
口径 30cm
成交价　RMB 6,442,235

清乾隆　仿汝釉菊瓣贯耳胆式瓶
北京保利　2020/10/19　LOT 5173
高 42cm
成交价　RMB 7,820,000

清乾隆　粉青釉葫芦瓶
北京保利　2020/10/19　LOT 5075
高 31.8cm
成交价　RMB 6,900,000

清乾隆　粉青釉凸弦纹长颈瓶
北京保利　2020/10/19　LOT 5163
高 16.5cm
成交价　RMB 5,750,000

清乾隆　粉青釉描金银如意纹"爱奥尼柱式"螭耳瓶
中国嘉德　2020/12/03　LOT 2808
高 13.6cm
成交价　RMB 6,960,000

清雍正 茶叶末釉如意耳尊
中国嘉德 2020/08/18 LOT 2746
高 22.5cm
成交价 RMB 7,192,000

清乾隆 茶叶末釉观音瓶
北京保利 2020/10/19 LOT 5171
高 27.5cm
成交价 RMB 6,325,000

清乾隆 茶叶末釉出戟花觚
北京保利 2020/10/19 LOT 5164
高 21cm
成交价 RMB 5,060,000

清康熙 豇豆红釉菊瓣瓶
苏富比纽约 2020/09/22 LOT 116
高 21cm
成交价 RMB 5,048,991

清乾隆 宝石红釉僧帽壶
佳士得香港 2020/07/09 LOT 2705
高 19.2cm
成交价 RMB 7,970,900

清乾隆 祭红釉描金银御题诗胆式瓶
北京保利 2020/10/19 LOT 5077
高 32cm
成交价 RMB 39,100,000

清雍正 柠檬黄釉碗（一对）
北京保利　2020/10/19　LOT 5036
每件口径 6.2cm
成交价　RMB 5,060,000

清雍正 炉钧釉卷缸
北京大羿　2020/08/16　LOT 32
直径 22.5cm
成交价　RMB 8,452,500

清乾隆 窑变釉刻弦纹双耳罍式尊
北京保利　2020/12/05　LOT 1810
高 33.8cm
成交价　RMB 6,555,000

明洪武 外酱釉内蓝釉模印云龙纹碗
苏富比香港　2020/10/09　LOT 46
口径 20.5cm
成交价　RMB 7,551,609

清雍正 粉彩仙姑"献寿图"撇口瓶
苏富比香港　2020/07/11　LOT 3122
高 21.5cm
成交价　RMB 5,603,652

清雍正 粉彩过枝"福寿双全"八桃五蝠图盘
北京保利　2020/12/05　LOT 1763
口径 50.5cm
成交价　RMB 38,525,000

清雍正 粉彩过枝"福寿双全"图碗
苏富比香港　2020/10/09　LOT 3622
口径 14.3cm
成交价　RMB 23,406,058

清雍正 粉彩过枝"福寿双全"六桃五蝠图碗
北京保利　2020/10/19　LOT 5038
口径 14.2cm
成交价　RMB 33,350,000

清雍正 粉彩"三多"纹杯（一对）
北京保利　2020/10/19　LOT 5037
每件口径 8.9cm
成交价　RMB 29,900,000

清雍正 粉彩虞美人花卉图杯
佳士得香港　2020/11/30　LOT 3003
口径 9.1cm
成交价　RMB 7,555,977

中国收藏
拍卖年鉴
2021

CHINESE FINE ART &
ANTIQUES AUCTION
YEARBOOK 2021

清乾隆 仿石纹釉开光粉彩山水图灯笼瓶
中贸圣佳 2020/10/17 LOT 856
高 15.5cm
成交价 RMB 9,200,000

清乾隆 粉彩山水百鹿图螭耳鹿头尊
北京大羿 2020/10/18 LOT 305
高 45cm
成交价 RMB 35,650,000

清乾隆 粉彩缠枝西番莲纹天球瓶
保利香港 2020/12/02 LOT 911
高 50.8cm
成交价 RMB 14,945,984

清乾隆 粉彩山水人物图螭耳鹿头尊
上海工美 2020/11/08 LOT 196
高 46cm；宽 41cm
成交价 RMB 9,315,000

清乾隆 粉彩婴戏图带盖壮罐（一对）
佳士得纽约 2020/09/25 LOT 1616
每件高 28.5cm
成交价 RMB 11,167,340

清乾隆 天蓝地轧道粉彩开光重阳菊花纹节令膳碗（一对）
保利香港 2020/12/02 LOT 1038
口径 15cm
成交价 RMB 6,390,697

清乾隆 青花加粉彩缠枝西洋花卉纹凤耳瓶
北京诚轩 2020/12/13 LOT 639
高 25.3cm
成交价 RMB 8,510,000

清乾隆 胭脂红地锦上添花粉彩夹冬青釉描金镂空套瓶
苏富比香港 2020/07/11 LOT 1
高 31.4cm
成交价 RMB 61,501,284

清乾隆 淡绿地粉彩开光海屋添筹图如意耳葫芦扁瓶
北京保利 2020/10/19 LOT 5073
高 18cm
成交价 RMB 6,440,000

清乾隆 粉彩山水百鹿图螭耳鹿头尊
北京保利 2020/12/05 LOT 1816
高 44.5cm
成交价 RMB 10,637,500

清乾隆 胭脂紫地夹白地粉彩描金"歌舞升平""福在眼前"螭耳瓶
北京保利 2020/10/19 LOT 5071
高 75cm；腹径 40cm
成交价 RMB 32,200,000

清乾隆 松石绿地粉彩描金折枝莲八吉祥纹如意耳瓶
保利香港 2020/12/02 LOT 1039
高 54.5cm
成交价 RMB 36,076,514

清乾隆 松石绿地洋彩描金缠枝莲托八吉祥纹天球瓶
北京永乐 2020/12/02 LOT 844
高 53cm
成交价 RMB 16,100,000

清乾隆 粉彩"万花献瑞"葫芦瓶
中国嘉德 2020/08/18 LOT 2649
高 60.3cm
成交价 RMB 5,220,000

清嘉庆 粉彩三羊开泰图弦纹瓶
厦门博乐德 2020/01/01 LOT 58
高 30.9cm
成交价 RMB 6,900,000

清康熙 珊瑚红地珐琅彩九秋图宫碗
北京保利 2020/10/19 LOT 5016
口径 11cm
成交价 RMB 7,187,500

清雍正 斗彩"如日方中""寿"字五色祥云纹高足杯
北京保利 2020/10/19 LOT 5034
高 8.5cm；口径 8.3cm
成交价 RMB 5,807,500

明万历 五彩莲塘花鸟图蒜头瓶
华艺国际（北京） 2020/10/16 LOT 1035
高 53.9cm
成交价 RMB 7,475,000

清康熙　五彩十二月花卉图题诗句杯
北京保利　2020/10/19　LOT 5017
口径 6.5cm—6.8cm
成交价　RMB 132,825,000

清康熙　五彩描金鹤鹿同春祝寿图花盆（一对）
中国嘉德（香港）　2020/10/08　LOT 321
每件直径 60.5cm
成交价　RMB 5,223,670

清乾隆　祭蓝釉描金云龙纹梅瓶
厦门博乐德　2020/09/28　LOT 483
口径 2.5cm；高 17cm
成交价　RMB 6,152,500

清乾隆　松石绿地胭脂红彩描金云龙纹双耳三足鼎式炉
华艺国际（北京）　2020/10/16　LOT 1539
高 24.2cm
成交价　RMB 5,520,000

清嘉庆　祭蓝釉描金云龙纹贲巴壶
中贸圣佳　2020/10/17　LOT 857
高 19.4cm
成交价　RMB 6,210,000

民国 王大凡绘人物故事十二生肖图瓷板
上海嘉禾　2020/01/05　LOT 1179
每件 19cm×12cm
成交价　RMB 5,750,000

商晚期 "冀侯弥用" 白玉戈
佳士得香港　2020/11/30　LOT 2707
长 29.8cm
成交价　RMB 5,669,166

清乾隆　白玉雕童子洗象摆件
佳士得纽约　2020/09/25　LOT 1543
高 19cm
成交价　RMB 6,862,838

清乾隆　白玉鸡缸杯
苏富比香港　2020/07/11　LOT 124
直径 7.6cm
成交价　RMB 10,635,147

清乾隆　白玉仙人贺寿双蝠如意（一对）
北京保利　2020/10/19　LOT 5090
每件长 43cm
成交价　RMB 11,270,000

清乾隆　御制白玉雕仿石榖文吉礼璧
保利（厦门）　2020/01/03　LOT 945
直径 17.2cm
成交价　RMB 5,750,000

清乾隆或嘉庆　白玉福禄寿摆件
佳士得香港　2020/11/30　LOT 2908
高 27.2cm
成交价　RMB 9,128,319

近代 新疆和田羊脂白玉籽料
北京宝瑞盈 2020/10/16 LOT 1541
重 80kg
成交价 RMB 45,472,000

当代 高毅进 白玉"观音"摆件
华艺国际（北京） 2020/10/15 LOT 6051
高约 72cm；底座约 20cm
成交价 RMB 8,625,000

西汉 黄玉带钩
佳士得伦敦 2020/11/03 LOT 7
长 9.2cm；宽 6.4cm；厚 1.6cm
成交价 RMB 25,670,895

西汉 玉雕朱雀纹高足杯
苏富比香港 2020/10/09 LOT 16
高 11.3cm
成交价 RMB 19,178,205

汉至六朝 玉马首
苏富比纽约 2020/09/22 LOT 252
高 9.7cm
成交价 RMB 5,048,991

清乾隆 黄玉雕瑞兽摆件
苏富比纽约 2020/09/22 LOT 227
长 15cm
成交价 RMB 11,600,498

晚商安阳时期 玉援铜内戈
佳士得香港 2020/11/30 LOT 2706
长 31.3cm
成交价 RMB 5,459,521

当代 北极玉
保利（厦门） 2020/01/03 LOT 1143
长 120cm；宽 162cm；高 163cm
成交价 RMB 9,200,000

中国收藏
拍卖年鉴
2021

CHINESE FINE ART &
ANTIQUES AUCTION
YEARBOOK 2021

12 世纪　鎏金铜合金释迦牟尼佛坐像
苏富比巴黎　2020/12/11　LOT 28
高 30.7cm
成交价　RMB 21,376,940

14 世纪　释迦牟尼
华艺国际（北京）　2020/10/16　LOT 1325
高 40cm
成交价　RMB 8,855,000

明宣德　鎏金铜释迦牟尼佛坐像
佳士得香港　2020/07/09　LOT 2703
高 27cm
成交价　RMB 7,656,432

辽　铜鎏金大日如来佛坐像
苏富比纽约　2020/09/23　LOT 596
高 21.9cm
成交价　RMB 6,686,868

14 世纪　铜鎏金阿弥陀佛
中国嘉德　2020/12/01　LOT 2327
高 26.5cm
成交价　RMB 6,380,000

元　铜鎏金一佛二菩萨连枝坐像
北京中拍　2020/01/07　LOT 1022
高 40.3cm；宽 27.3cm；重 3.08kg
成交价　RMB 5,750,000

明 铜鎏金如来佛坐像
北京中拍 2020/01/07 LOT 1034
高 85cm；宽 72cm
成交价 RMB 9,200,000

明 16 世纪 鎏金铜宝冠佛坐像
佳士得香港 2020/11/30 LOT 3015
高 72cm
成交价 RMB 8,080,091

明早期 中原铜鎏金药师佛
北京保利 2020/10/19 LOT 5093
高 51cm
成交价 RMB 5,980,000

明永乐早期 铜鎏金无量寿佛
北京永乐 2020/12/02 LOT 882
高 39cm
成交价 RMB 5,175,000

16 世纪—17 世纪 黄财神像
十竹斋拍卖（北京） 2020/10/18 LOT 6057
高 27cm
成交价 RMB 6,555,000

清康熙 鎏金铜无量寿佛坐像
北京文津阁 2020/10/15 LOT 220
高 24cm
成交价 RMB 14,490,000

清康熙 铜鎏金无量寿佛像
厦门博乐德　2020/09/28　LOT 510
高 44cm
成交价　RMB 15,065,000

清康熙 御制铜鎏金无量寿佛
华艺国际（北京）　2020/10/16　LOT 1806
高 44cm
成交价　RMB 12,650,000

清乾隆 宫廷御制紫金璃玛无量寿佛（金嵌宝石）
中国嘉德　2020/12/01　LOT 2320
高 23cm
成交价　RMB 12,760,000

15 世纪 绿度母像
中贸圣佳　2020/10/16　LOT 1726
高 26cm
成交价　RMB 7,820,000

明"大明宣德年施"款铜鎏金飞天度母立像（一对）
北京中拍　2020/01/07　LOT 1026
每件高 31cm；底径 14.5cm；重 6.11kg
成交价　RMB 6,325,000

9 世纪或 10 世纪 鎏金铜像观世音菩萨
苏富比纽约　2020/09/22　LOT 322
高 26.7cm
成交价　RMB 5,622,248

约 13 世纪 鎏金铜金刚手菩萨立像
佳士得巴黎 2020/12/10 LOT 60
通高 96cm
成交价 RMB 15,506,174

约 13 世纪 铜观音菩萨立像
佳士得巴黎 2020/12/10 LOT 59
通高 104cm
成交价 RMB 14,067,457

明永乐 转轮王自在观音
上海匡时 2020/12/12 LOT 761
高 18.5cm
成交价 RMB 8,165,000

明永乐 铜鎏金文殊菩萨
北京永乐 2020/08/17 LOT 1030
高 25.5cm
成交价 RMB 10,925,000

明 15 世纪 铜鎏金白衣观音坐像
佳士得纽约 2020/09/24 LOT 810
高 25.6cm
成交价 RMB 6,375,536

明宣德 宫廷铜鎏金文殊菩萨
中国嘉德 2020/08/15 LOT 2124
高 26cm
成交价 RMB 5,336,000

中国收藏
拍卖年鉴
2021

CHINESE FINE ART &
ANTIQUES AUCTION
YEARBOOK 2021

明 16 世纪　鎏金铜宝冠佛坐像
佳士得香港　2020/11/30　LOT 3015
高 72cm
成交价　RMB 8,080,091

明　铜鎏金观音坐像
厦门博乐德　2020/01/01　LOT 85
高 110.5cm
成交价　RMB 7,130,000

明　铜鎏金大威德金刚
北京永乐　2020/12/02　LOT 883
高 33cm
成交价　RMB 7,475,000

清乾隆（宫廷）铜漆金白马头金刚（六品佛楼）
中国嘉德　2020/12/01　LOT 2328
高 37.5cm
成交价　RMB 13,340,000

元　迦诺迦跋黎堕阇尊者
北京中汉　2020/12/04　LOT 307
高 68cm
成交价　RMB 5,750,000

14 世纪—15 世纪　止贡巴上师像
上海匡时　2020/08/05　LOT 423
高 32cm
成交价　RMB 5,175,000

隋　大理石雕佛首
佳士得纽约　2020/09/24　LOT 809
高 29.9cm
成交价　RMB 15,228,191

北齐　石灰岩释迦牟尼佛立像
佳士得纽约　2020/09/25　LOT 1531
高 171.3cm
成交价　RMB 17,258,617

元　青釉露胎坐龛观音像
上海匡时　2020/12/12　LOT 1165
高 59cm；直径 28cm
成交价　RMB 7,935,000

元　银鎏金高冠自在观音坐像
北京中拍　2020/01/07　LOT 1013
宽 14.5cm；高 28.3cm
成交价　RMB 10,350,000

15 世纪　金刚乘至尊天杖
中鸿信　2020/12/05　LOT 2229
长 107.5cm；重 4.8kg
成交价　RMB 5,520,000

清早期　田黄嵌宝抚膝罗汉坐像
西泠印社　2020/08/09　LOT 3982
长 5.7cm；宽 4cm；高 6cm；重 107g
成交价　RMB 5,405,000

明 黄花梨木香蕉马蹄腿围子床
北京印千山　2020/12/27　LOT 1181
长 193cm；宽 98cm；高 72cm
成交价　RMB 6,900,000

明 16 世纪—17 世纪 黄花梨裹腿做矮老凉榻
苏富比香港　2020/10/09　LOT 72
长 212cm；宽 108cm；高 50cm
成交价　RMB 7,551,609

明 17 世纪 黄花梨独板围子夔龙纹罗汉床
苏富比香港　2020/07/11　LOT 115
长 201.2cm；宽 122.7cm；高 71.9cm
成交价　RMB 42,597,365

明 17 世纪 黄花梨六柱透雕螭龙瑞兽纹围子架子床
苏富比香港　2020/10/09　LOT 53
长 226cm；宽 156.2cm；高 226cm
成交价　RMB 20,235,168

晚明 黄花梨透雕龙纹架子床
北京印千山　2020/12/27　LOT 1184
长 323cm；宽 126cm；高 226cm
成交价　RMB 7,360,000

清早期 黄花梨勾云纹架子床
北京荣宝　2020/12/20　LOT 2228
长 222cm；宽 153cm；高 263cm
成交价　RMB 7,475,000

清早期 黄花梨花卉螭龙纹六柱架子床
北京保利 2020/12/05 LOT 1826
长 224cm；宽 148cm；高 232cm
成交价 RMB 9,200,000

清早期 黄花梨四合如意云龙纹架子床
中贸圣佳 2020/10/16 LOT 1648
长 227cm；宽 159cm；高 226.3cm
成交价 RMB 16,100,000

清早期 黄花梨素围板罗汉床
中贸圣佳 2020/10/16 LOT 1647
长 199cm；宽 115cm；高 80.7cm
成交价 RMB 10,350,000

17 世纪 黄花梨万历柜（一对）
苏富比香港 2020/10/09 LOT 75
每件长 141cm；宽 51.8cm；高 193cm
成交价 RMB 49,981,258

明 17 世纪 黄花梨有柜膛圆角柜（一对）
苏富比香港 2020/10/09 LOT 45
每件长 96cm；宽 51cm；高 179cm
成交价 RMB 5,649,075

明 17 世纪 黄花梨雕双龙供莲纹四件顶箱柜（一对）
苏富比香港 2020/10/09 LOT 88
每件长 126.5cm；宽 63cm；高 251cm
成交价 RMB 7,023,128

明 17 世纪 黄花梨圆角柜一对连原底座
佳士得香港 2020/11/30 LOT 2810
每件长 80.5cm；宽 47cm；总高 186cm
成交价 RMB 15,941,801

明末清初 黄花梨方角四平柜（二件）
北京翰海 2020/12/12 LOT 2329
每件长 100cm；宽 50cm；高 195cm
成交价 RMB 5,175,000

清初 17 世纪 黄花梨透棂书格
苏富比香港 2020/07/11 LOT 123
长 105.4cm；宽 47.8cm；高 177cm
成交价 RMB 6,547,057

清 黄花梨螭龙纹大四件柜（一对）
中鸿信 2020/08/27 LOT 1020
每件长 123cm；宽 60cm；高 240cm
成交价 RMB 5,500,000

清康熙 黄花梨雕螭龙螭凤捧寿纹双闷仓大四件柜（一对）
北京保利 2020/12/05 LOT 1829
每件长 158cm；宽 63.5cm；高 286.5cm
成交价 RMB 20,700,000

明 黄花梨嵌云石四出头官帽椅（一对）
中贸圣佳 2020/10/16 LOT 1634
每件座宽 57cm；座深 45cm；高 114cm
成交价 RMB 11,500,000

明末　黄花梨圈椅（一对）
苏富比香港　2020/07/11　LOT 107
每件长 73cm；宽 66cm；高 105cm
成交价　RMB 6,022,943

明末　黄花梨四出头禅椅
苏富比香港　2020/07/11　LOT 137
长 84cm；宽 76cm；高 123cm
成交价　RMB 16,924,515

明末清初　黄花梨大南官帽椅
中国嘉德　2020/12/04　LOT 3614
长 60.5cm；宽 49.8cm；高 116cm
成交价　RMB 8,352,000

晚明　黄花梨南官帽椅（一对）
苏富比伦敦　2020/11/04　LOT 107
每件长 62cm；宽 48cm；高 120cm
成交价　RMB 7,409,845

清早期　黄花梨三接椅圈圈椅（一对）
中国嘉德　2020/12/04　LOT 3616
每件长 61.5cm；宽 45cm；高 94cm
成交价　RMB 7,888,000

清早期　黄花梨四出头官帽椅（一对）
北京永乐　2020/08/17　LOT 1043
长 55cm；宽 61.5cm；高 116cm
成交价　RMB 6,325,000

清 18 世纪　黄花梨双环卡子花拉开式躺椅
苏富比香港　2020/10/09　LOT 33
总长 149cm；宽 70cm；高 100cm
成交价　RMB 8,080,091

17 世纪或 18 世纪　黄花梨如意纹平头案
佳士得纽约　2020/09/25　LOT 1647
长 181cm；宽 41.3cm；高 81.9cm
成交价　RMB 5,482,149

明　黄花梨夹头榫云纹挡板翘头案
中鸿信　2020/01/03　LOT 2543
长 183cm；宽 43cm；高 88cm
成交价　RMB 6,325,000

明　黄花梨嵌樱子木圆腿云头画案
北京印千山　2020/12/27　LOT 1186
长 218cm；宽 64.5cm；高 81cm
成交价　RMB 8,510,000

明 16 世纪—17 世纪　黄花梨雕龙凤花鸟纹束腰矮桌展腿式半桌
苏富比香港　2020/10/09　LOT 99
长 104.5cm；宽 64.4cm；高 86.7cm
成交价　RMB 11,779,462

明 17 世纪　黄花梨夹头榫独板面双凤挡板带托子翘头案
苏富比香港　2020/07/11　LOT 111
长 289.3cm；宽 58.5cm；高 88cm
成交价　RMB 52,546,796

明 17 世纪　黄花梨嵌铁梨木夹头榫平头案
苏富比香港　2020/10/09　LOT 120
长 266cm；宽 67.5cm；高 81.5cm
成交价　RMB 7,551,609

明 17 世纪　黄花梨如意云牙头夹头榫带托子翘头案
苏富比香港　2020/10/09　LOT 5
长 267cm；宽 50cm；高 89cm
成交价　RMB 14,950,352

明 17 世纪初　黄花梨如意角牙马蹄足四平条桌（一对）
苏富比香港　2020/10/09　LOT 47
每件长 120.5cm；宽 62.7cm；高 87.2cm
成交价　RMB 17,064,278

晚明　黄花梨如意纹独板翘头案
佳士得香港　2020/11/30　LOT 2806
长 197.5cm；宽 45.5cm；高 87cm
成交价　RMB 5,983,635

明末或清初　黄花梨灵芝纹独板小翘头案
佳士得香港　2020/11/30　LOT 2809
长 138.8cm；宽 43.8cm；高 85.2cm
成交价　RMB 8,080,091

明末或清初　黄花梨小香案
佳士得香港　2020/11/30　LOT 2807
长 54cm；宽 37cm；高 80cm
成交价　RMB 7,555,977

明末清初　黄花梨独板灵芝纹大翘头案
中国嘉德　2020/12/04　LOT 3611
长 222.5cm；宽 47cm；高 93.5cm；面板厚 6cm
成交价　RMB 15,080,000

明末清初　黄花梨独板如意云纹大翘头案
华艺国际（北京）　2020/12/05　LOT 43
长 325.2cm；宽 52cm；高 92.1cm
成交价　RMB 35,650,000

明末清初　黄花梨高束腰霸王楼翘头书桌
北京保利　2020/10/20　LOT 6354
长 155cm；宽 54cm；高 84cm
成交价　RMB 7,130,000

清早期　黄花梨独板翘头案
北京永乐　2020/08/17　LOT 1037
长 159cm；宽 34.5cm；高 85.5cm
成交价　RMB 5,175,000

清 18 世纪　黄花梨嵌乌木画桌
苏富比香港　2020/07/11　LOT 103
长 193.1cm；宽 72.7cm；高 87cm
成交价　RMB 6,966,349

清康熙　黄花梨刻朱彝尊杂咏诗小书案
北京保利　2020/12/05　LOT 1043
长 124.7cm；宽 46.9cm；高 77cm
成交价　RMB 12,075,000

清早期　黄花梨螭龙纹独板面翘头案
北京保利　2020/10/20　LOT 6356
长 295cm；宽 42cm；高 96cm
成交价　RMB 17,825,000

清早期　黄花梨夹头榫螭凤纹扁腿大画案
中国嘉德　2020/12/04　LOT 3615
长 247cm；宽 62cm；高 80cm
成交价　RMB 7,888,000

清早期　黄花梨夹头榫带托子独板翘头案
中国嘉德　2020/12/04　LOT 3786
长 191.5cm；宽 42cm；高 85cm
成交价　RMB 5,800,000

明 17 世纪　黄花梨高束腰三弯腿长方香几
苏富比香港　2020/10/09　LOT 1
长 38.6cm；宽 27.7cm；高 79cm
成交价　RMB 7,023,128

明　紫檀、黄花梨九成宫大座屏
中国嘉德　2020/08/16　LOT 3638
长 141cm；宽 59cm；高 194cm
成交价　RMB 11,600,000

明晚期　黄花梨镂雕螭龙纹福寿落地大插屏
北京宝瑞盈　2020/10/15　LOT 1610
长 198cm；宽 57.5cm；高 227.5cm
成交价　RMB 24,940,000

437

瓷玉杂项 —— 古典家具 —— 黄花梨 紫檀

清早期 黄花梨瑞兽博古纹十二扇屏
中贸圣佳　2020/10/16　LOT 1637
每扇长 54cm；高 317cm
成交价　RMB 18,400,000

清中期 黄花梨嵌山水人物挂屏（二件）
北京翰海　2020/12/12　LOT 2313
每件长 52.8cm；宽 43.5cm；厚 5.2cm
成交价　RMB 5,175,000

明 黄花梨云头搭脑脸盆架
中贸圣佳　2020/10/16　LOT 1642
长 57.5cm；宽 57.5cm；高 197.8cm
成交价　RMB 6,900,000

明末清初 紫檀曲尺围子罗汉床
北京保利　2020/10/20　LOT 6358
长 224.2cm；宽 127.3cm；高 82.6cm
成交价　RMB 23,000,000

明末清初 紫檀有束腰马蹄足四柱灯笼锦围子架子床
中国嘉德　2020/12/04　LOT 3818
长 211cm；宽 141cm；高 228cm
成交价　RMB 20,880,000

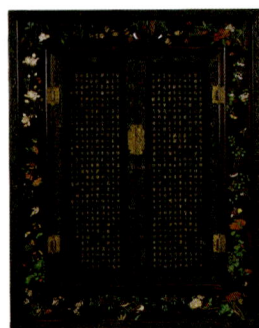

清康熙三十六年 御制紫檀鸡翅木百宝嵌"大宝箴"柜式大屏
北京保利　2020/10/19　LOT 5026
长 147cm；高 198cm
成交价　RMB 7,820,000

清乾隆 紫檀雕西洋花束腰带托泥扶手椅（一对）
苏富比香港 2020/10/09 LOT 113
每件长 64cm；宽 51.5cm；高 109.5cm
成交价 RMB 5,860,468

清乾隆 紫檀西蕃莲纹展腿式六方桌
佳士得香港 2020/11/30 LOT 2844
宽 113cm；高 93cm；厚 97cm
成交价 RMB 18,038,257

清乾隆 紫檀夹头榫鹤鹿同春平头案
中国嘉德 2020/12/04 LOT 3789
长 192.5cm；宽 44cm；高 90cm
成交价 RMB 17,400,000

清早期 紫檀雕云蝠纹条桌
北京翰海 2020/12/12 LOT 2325
长 121.5cm；宽 38cm；高 83.5cm
成交价 RMB 5,750,000

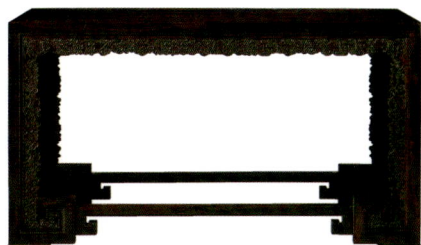

晚清 紫檀云蝠纹画案
佳士得纽约 2020/10/14 LOT 9
长 158.6cm；宽 64.7cm；高 83.8cm
成交价 RMB 10,355,170

清中期 紫檀雕法书夹头榫大平头案
北京宝瑞盈 2020/10/15 LOT 1621
长 182cm；宽 81cm；高 83cm
成交价 RMB 23,200,000

中国收藏
拍卖年鉴
2021

CHINESE FINE ART &
ANTIQUES AUCTION
YEARBOOK 2021

清乾隆　紫檀镶大理石大座屏
北京保利　2020/10/18　LOT 3940
长 108cm；宽 36.8cm；高 93cm
成交价　RMB 8,625,000

清乾隆　紫檀云石插屏
北京永乐　2020/08/17　LOT 1045
长 110cm；宽 38cm；高 103cm
成交价　RMB 5,750,000

清中期　紫檀嵌黄杨缂丝八扇屏
北京翰海　2020/12/12　LOT 2337
长 310cm；高 180cm
成交价　RMB 12,650,000

晚清　紫檀雕龙纹宝座
佳士得纽约　2020/10/14　LOT 8
长 144.2cm；高 111.8cm；深 86.3cm
成交价　RMB 11,167,340

清雍正　御制云蝠纹西番莲大条桌
中贸圣佳　2020/10/16　LOT 1614
长 193.8cm；宽 51.8cm；高 93.8cm
成交价　RMB 14,950,000

当代　大漆花卉人物山水黄杨木雕屏风
上海匡时　2020/08/05　LOT 75
长 494cm；高 212cm
成交价　RMB 5,922,500

商　康丁方彝
北京保利　2020/10/19　LOT 5053
高 13cm
成交价　RMB 9,085,000

晚商　青铜鸮卣
佳士得香港　2020/11/30　LOT 2801
高 25.5cm
成交价　RMB 8,080,091

西周早期　青铜牺首提梁卣
苏富比香港　2020/07/11　LOT 113
高 14.7cm；连提梁总高 16.7cm
成交价　RMB 5,394,007

战国　青铜错金银嵌琉璃乳钉纹方壶
苏富比巴黎　2020/09/23　LOT 578
高 35.1cm
成交价　RMB 56,222,482

商晚期　青铜"作从彝戈"方鼎
中国嘉德（香港）　2020/10/10　LOT 880
高 22cm
成交价　RMB 9,643,698

春秋　青铜龙纹三足大盖鼎
佳士得纽约　2020/09/25　LOT 1526
手柄间宽 52.7cm
成交价　RMB 7,350,140

隋末唐初 "淮南起照，仁寿传名" 铭四神十二生肖纹镜
中贸圣佳　2020/10/17　LOT 575
直径 28.8cm；厚 1.2cm
成交价　RMB 9,200,000

商 镶嵌绿松石兽面铜内玉戚
佳士得香港　2020/11/30　LOT 2705
长 21cm
成交价　RMB 5,459,521

东周 铜错金银龙凤纹车饰（一对）
佳士得伦敦　2020/11/03　LOT 12
每件长 26cm
成交价　RMB 13,465,612

秦始皇诏版
中国嘉德　2020/12/01　LOT 284
长 10.64cm；宽 7.13cm；厚 0.89cm；重 0.3kg
成交价　RMB 23,200,000

明 16 世纪或 17 世纪 铜文官立像（一对）
苏富比纽约　2020/09/23　LOT 648
高 172.7cm
成交价　RMB 7,505,806

清康熙 54 年 御制铜鎏金蒲牢纽八卦纹 "南吕" 编钟
北京保利　2020/10/19　LOT 5021
高 31cm
成交价　RMB 6,900,000

清康熙五十四年　御制铜鎏金蒲牢纽八卦纹
"应钟"、"蕤宾"编钟
北京保利　2020/10/19　LOT 5022
高 31.5cm
成交价　RMB 16,100,000

清雍正或乾隆　御制掐丝珐琅饕餮纹贯耳大壶
佳士得香港　2020/11/30　LOT 2905
高 64.7cm
成交价　RMB 7,555,977

清乾隆　御制掐丝珐琅麒麟八狮戏绣球纹蟠龙耳盘口小瓶
佳士得香港　2020/11/30　LOT 2901
高 11.2cm
成交价　RMB 5,983,635

清乾隆　掐丝珐琅双龙耳鹤足瑞鹿大香熏
北京永乐　2020/08/17　LOT 1069
高 65cm
成交价　RMB 6,900,000

元　银鎏金龙柄龙嘴宝相花纹侧柄唐式壶
北京中拍　2020/01/07　LOT 1079
高 15.3；长 17.4cm
成交价　RMB 6,900,000

元　银鎏金双开光对虎纹唐式提梁壶
北京中拍　2020/01/07　LOT 1067
高 22cm；腹径 12.9cm；重 626.3g
成交价　RMB 5,175,000

瓷玉杂项 ─────── 金属器 ─────── 铜鎏金　掐丝珐琅　其他

443

元 多宝嵌饕餮衔玉环战国式金饰
北京中拍 2020/01/07 LOT 1083
高 6.9cm；宽 5.3cm
成交价 RMB 5,175,000

明代 金质龙纹嵌宝石圆壶
中国嘉德 2020/08/18 LOT 5024
高 25cm；底径 7cm；重 898g
成交价 RMB 5,684,000

清 18 世纪　田黄天保九如辟邪纽方章
华艺国际（北京）　2020/12/05　LOT 12
长 3.2cm；宽 3.2cm；高 5.7cm
成交价　RMB 6,210,000

清中期　田黄"潘仕成收藏金石文字之印信"章
北京保利　2020/10/19　LOT 5083
长 2.8cm；宽 2.8cm；高 5.8cm；重 113g
成交价　RMB 10,925,000

清康熙　御制"康熙御览"瑞兽纽方形玺
上海嘉禾　2020/12/13　LOT 8082
长 6.3cm；宽 6.3cm；高 7.5cm
成交价　RMB 10,120,000

清雍正　寿山石雕云龙纹纽玺
苏富比香港　2020/10/09　LOT 3617
长 6.8cm；宽 6.8cm；高 13.6cm
成交价　RMB 5,649,075

清　乾隆御用"内府图书"宝玺
上海工美　2020/11/08　LOT 144
长 2.4cm；宽 2.4cm；高 5.5cm
成交价　RMB 7,360,000

清乾隆　乾隆帝御宝花青玉交龙纽玺
苏富比香港　2020/07/11　LOT 3629
长 6.5cm；宽 6.4cm；高 6.4cm
成交价　RMB 15,876,287

瓷玉杂项
————
文房雅玩
————
印章 笔筒

清乾隆 御制碧玉"三希堂"葫芦形宝玺
华艺国际（北京） 2020/10/16 LOT 1808
长 8.7cm
成交价 RMB 98,900,000

清 赵之谦刻 青田石自用印
中国嘉德 2020/08/17 LOT 3495
长 4.8cm；宽 4.8cm；高 5.3cm
成交价 RMB 6,960,000

清乾隆 御制黄水晶"德日新""所宝惟贤""乾隆御笔"组玺三方（原配紫檀印匣）
北京保利 2020/10/19 LOT 5079
长 2.6cm 宽 1.4cm 高 4.3cm；长 2.1cm 宽 2.1cm 高 4.6cm；长 2.3cm 宽 2.3cm 高 5cm
成交价 RMB 19,550,000

清雍正 仿花梨木纹釉夹白地粉彩待琴图笔筒
北京保利 2020/10/19 LOT 5039
高 12cm 口径 16.5cm
成交价 RMB 13,800,000

清乾隆 天蓝地锦上添花洋彩暗八仙福寿如意万年甲子旋转笔筒
华艺国际（北京） 2020/12/05 LOT 40
高 12.7cm
成交价 RMB 8,970,000

清乾隆 紫檀随形雕百子闹春图笔海
中贸圣佳 2020/10/17 LOT 899
长 32.5cm；宽 28.5cm；高 24.5cm
成交价 RMB 8,740,000

明 月白釉三足鼓钉洗
北京保利 2020/10/19 LOT 5130
口径 20cm
成交价 RMB 5,405,000

明早期 钧窑玫瑰紫釉鼓钉洗
中国嘉德 2020/08/18 LOT 2721
口径 20.9cm
成交价 RMB 6,496,000

清乾隆 湖水绿釉葵口三足洗
北京保利 2020/10/19 LOT 5169
宽 15.5cm
成交价 RMB 6,497,500

清雍正 祭蓝釉水丞（一对）
中国嘉德 2020/08/18 LOT 2731
每件直径 6cm
成交价 RMB 6,960,000

清 金农、康焘铭"稽留山民画梅第二砚"
西泠印社 2020/08/09 LOT 3566
长 13cm；宽 10.1cm；高 4.3cm
成交价 RMB 10,580,000

447

瓷玉杂项 —— 文房雅玩 —— 炉 其他

明正德五年 钦赐回回掌教黄铜错红铜阿文炉
北京保利 2020/10/19 LOT 5055
宽 18.5cm；重 1717g
成交价 RMB 8,625,000

明正德 阿拉伯文铜鎏金莲瓣纹三足炉
中贸圣佳 2020/10/17 LOT 875
腹径 13.8cm；高 15.8cm
成交价 RMB 5,175,000

清雍正—乾隆 铜戟耳簋式炉
北京保利 2020/10/19 LOT 5058
宽 16cm；重 968g
成交价 RMB 6,900,000

清乾隆 袁枚手铸洒金钵式炉
中贸圣佳 2020/10/17 LOT 904
腹径 24.2cm；高 17.7cm
成交价 RMB 6,325,000

明 铜鎏金戟耳筒式炉
中国嘉德 2020/08/16 LOT 3675
口径 9.6cm；高 6.9cm；重 903g
成交价 RMB 5,104,000

明 灵璧山子
中贸圣佳 2020/10/16 LOT 1519
长 54.5cm；高 30.5cm
成交价 RMB 8,050,000

清　千枚岩山子
北京保利　2020/10/18　LOT 3931
长 42cm；宽 14cm；高 63cm；带底座高 64cm
成交价　RMB 8,452,500

清　灵璧石"锁云"
北京保利　2020/10/18 LOT　3928
长 23cm；宽 13cm；高 24cm；带底座高 29cm
成交价　RMB 13,455,000

当代　翡翠雕虎踞猿林山子摆件
西泠印社　2020/08/09　LOT 4441
带座高 28.5cm；净高 23.5cm
成交价　RMB 6,325,000

清康熙　三色金龙纹蓝缎绣御用战袍
中鸿信　2020/12/05　LOT 2836
上衣长 73cm；宽 62cm；下衣长 63cm；宽 45cm
成交价　RMB 12,075,000

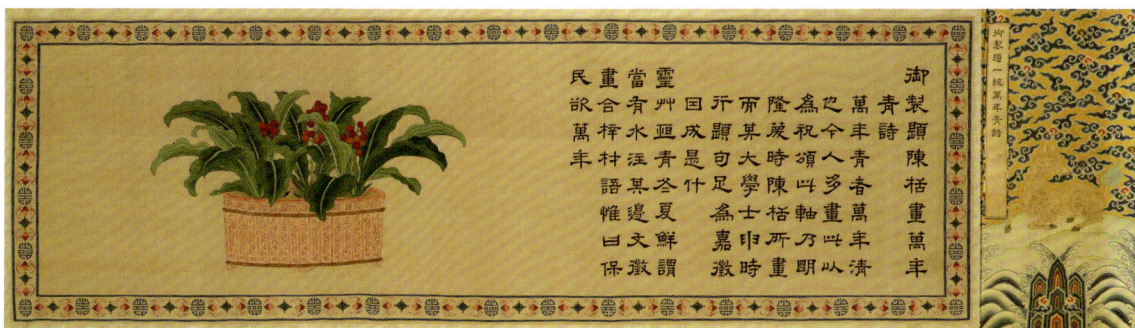

清乾隆　御制题陈栝画万年青诗卷
北京永乐　2020/08/17　LOT 760
长 128cm；宽 39cm
成交价　RMB 5,060,000

清早期 大彬款梅尧臣诗意壶
中贸圣佳 2020/10/17 LOT 2035
长 15.4cm；高 5.8cm
成交价 RMB 22,425,000

清康熙 惠逸公制 南州高士
上海匡时 2020/12/12 LOT 5
宽 17.5cm；高 12.5cm；容量 550cc
成交价 RMB 5,290,000

清道光 大亨款大德钟壶
中贸圣佳 2020/10/17 LOT 2036
长 17.8cm；高 9.8cm
成交价 RMB 10,005,000

民国 顾景舟制 提壁壶
北京翰海 2020/12/11 LOT 1734
长 15.5cm；高 13.5cm
成交价 RMB 9,257,500

民国 顾景舟制 大彬僧帽壶
上海匡时 2020/12/12 LOT 99
宽 12cm；高 10.7cm；容量 200cc
成交价 RMB 8,165,000

唐"大唐雷氏斫"仲尼式古琴
中国嘉德 2020/08/16 LOT 3695
通长 122cm；肩宽 19cm；尾宽 14cm
成交价 RMB 7,540,000

宋 "龙云虎风" 仲尼式古琴

中国嘉德　2020/08/16　LOT 3696

通长 121cm；肩宽 21cm；尾宽 15cm

成交价　RMB 6,960,000

元 凤嗉式琴 田家青制琴桌

中贸圣佳　2020/10/16　LOT 1538

总长 121cm；肩宽 18.5cm；尾宽 14.5cm；

有效弦长 115.5cm

成交价　RMB 5,980,000

明成化 宪宗御制洛象琴

中贸圣佳　2020/10/16　LOT 1537

总长 119.5cm；肩宽 20cm；尾宽 15cm；有效弦长 109cm

成交价　RMB 11,270,000

明崇祯 潞王制 "中和" 琴

中国嘉德　2020/08/16　LOT 3692

通长 120cm；肩宽 18cm；尾宽 13.2cm

成交价　RMB 5,220,000

元 剔红访友图葵瓣盘

华艺国际（北京）　2020/10/16　LOT 1810

直径 32cm

成交价　RMB 6,325,000

明永乐 剔红缠枝石榴花盖盒

苏富比香港　2020/07/11　LOT 110

直径 31.5cm

成交价　RMB 13,150,894

瓷玉杂项 —— 其他工艺品 —— 古琴　漆器

451

流传序列

梁勤峰，2013 年，中国香港

著 录

1.《新青年 二卷四号》，亚东图书馆、求益书社，1916 年。

2.《新青年 二卷五号》，亚东图书馆、求益书社，1917 年。

3.《新青年 二卷六号》，亚东图书馆、求益书社，1917 年。

4.《新青年 三卷一号》，亚东图书馆、求益书社，1917 年。

5.《新青年 三卷二号》，亚东图书馆、求益书社，1917 年。

6.《新青年 三卷四号》，亚东图书馆、求益书社，1917 年。

7.《新青年 三卷五号》，亚东图书馆、求益书社，1917 年。

8.《新青年 三卷六号》，亚东图书馆、求益书社，1917 年。

9.《新青年 四卷二号》，亚东图书馆、求益书社，1918 年。

10.《新青年 五卷一号》，亚东图书馆、求益书社，1918 年。

11.《新青年 五卷三号》，亚东图书馆、求益书社，1918 年。

12. 胡适《藏晖室札记》，亚东图书馆，1939 年。

13. 胡适《胡适留学日记》，商务印书馆，1947 年。

14. 胡适《胡适留学日记（台一版）》，台湾商务印书馆，1959 年。

15.《胡适的日记（上、下）》，胡适著，中华书局，1985 年 11 月。

16.《胡适作品集·第 34、35、36、37 册·胡适留学日记》，胡适著，远流出版事业股份有限公司，1986 年。

17.《民国丛书 第 2 编 83 胡适留学日记》，周谷城主编，上海书店出版社，1990 年。

18.《胡适留学日记》，谢军、钟楚楚编辑，海南出版社，1994 年 8 月。

19.《胡适留学日记（上下册）》，胡适著，安徽教育出版社，1999 年 10 月。

20.《旧籍新刊：胡适留学日记》，胡适著，岳麓书社，2000 年 1 月。

21.《胡适日记全编 1：1910-1914》，胡适著、曹伯言整理，安徽教育出版社，2001 年 10 月。

22.《胡适全集第 27、28 卷》，胡适著，安徽教育出版社，2003 年 9 月。

23.《胡适留学日记》（全 2 册），胡适著，同心出版社，2012 年 8 月。

24.《胡适留学日记》（全 4 册），胡适著，生活·读书·新知三联书店，2014 年 1 月。

25.《此间的少年》，胡适著，国际文化出版公司，2014 年 1 月。

注：附手稿脱落的 30 张珍贵照片及 1939 年首次出版编辑商讨函多种。

出 版

《胡适留学日记手稿本》，上海人民出版社，2015 年 8 月。

按 语

　　在近代中国，赴外留学的青年学生成千上万，写日记者大有其人，但在作者存世时以"留学日记"题名并出版的只有《胡适留学日记》这一部著作。1910 年，胡适赴美国康奈尔大学留学，师从哲学家约翰·杜威，其间记录了留学美国时期的见闻和思想。日记最早由上海亚东图书馆以《藏晖室札记》为名，于 1939 年整理出版。此后，商务印书馆、安徽教育出版社、岳麓书社等多家出版社均依照亚东图书馆的版本，以《胡适留学日记》为名重印出版。

　　亚东图书馆于 1913 年在上海成立，以胡适和陈独秀为核心人物，团结了一众仁人志士，通过出版事业有力推动了新文化运动的发生与新思潮的传播。这件《胡适留学日记》是迄今发现公开的最全本，皆为胡适原稿，共 18 册 50 余万字，涵盖胡适 1917 年归国后所写的《北京杂记》和《归娶记》，有效填补了现存日记中的两年空白，具有相当重要的历史地位，被誉为"新文化运动的历史遗产"。当年一出版即引起学术界的注意，认为此书有四大特点：表现著者之政治主张、文学主张；表现著者对国事及世界大事之关心；表现著者对外国风俗习惯之留心；记录与本国及外国友人交游经历，情感真挚，溢于楮墨。

　　《胡适留学日记》尽管被多次重印，但在长达半个多世纪的时间里，海内外胡适研究界并不知道这部手稿仍然存世。2013 年 9 月，收藏家梁勤峰在中国香港发现这部手稿真迹，历经近百年的风雨飘摇，这部横跨地球两端的原作依旧完好地保留下来，实属不易。民国时期的思想家大多置身社会活动第一线，由于当时时局动荡，完整流传下来的手稿在数量上较为稀少，加之胡适在我国近代史上的学术地位，使该藏品更具收藏价值。

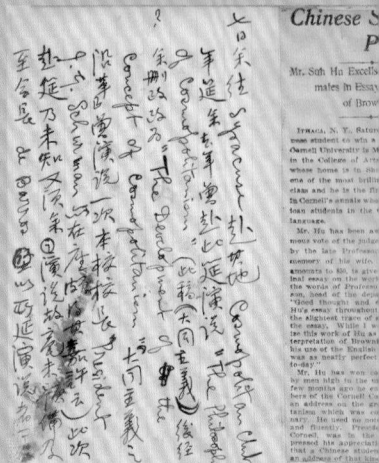

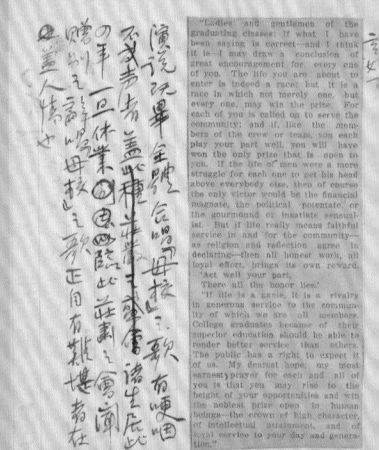

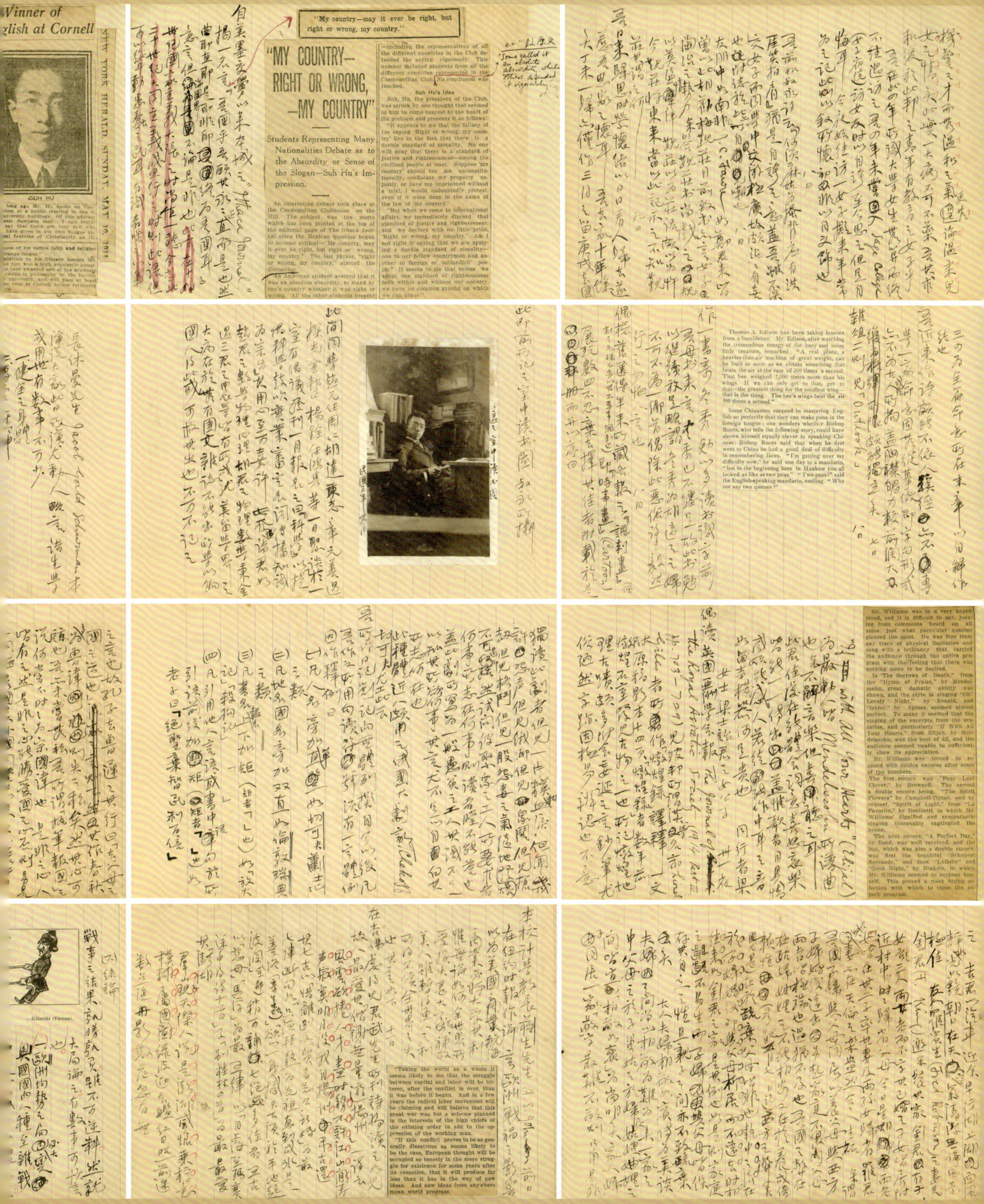

胡适　1912 年—1918 年作 胡适留学日记手稿

华艺国际　2020/10/16　LOT 118

一套十八册 每册 12cm×22cm

成交价　RMB 139,150,000

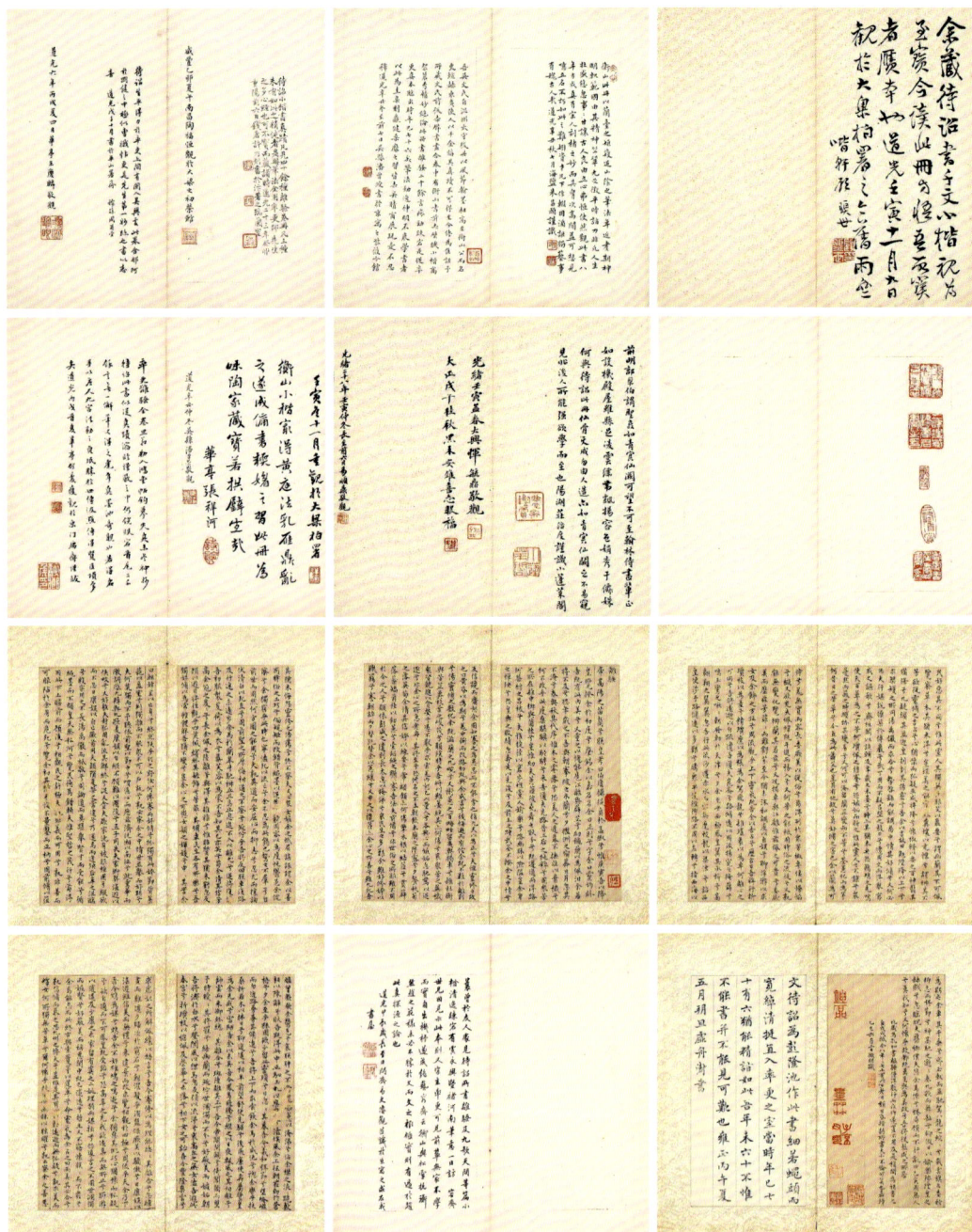

文徵明　1545年作　小楷《离骚经》
华艺国际（北京）　2020/12/05　LOT 303
册页　水墨纸本　经文 18.5cm×9.8cm×9
成交价　RMB 7,475,000

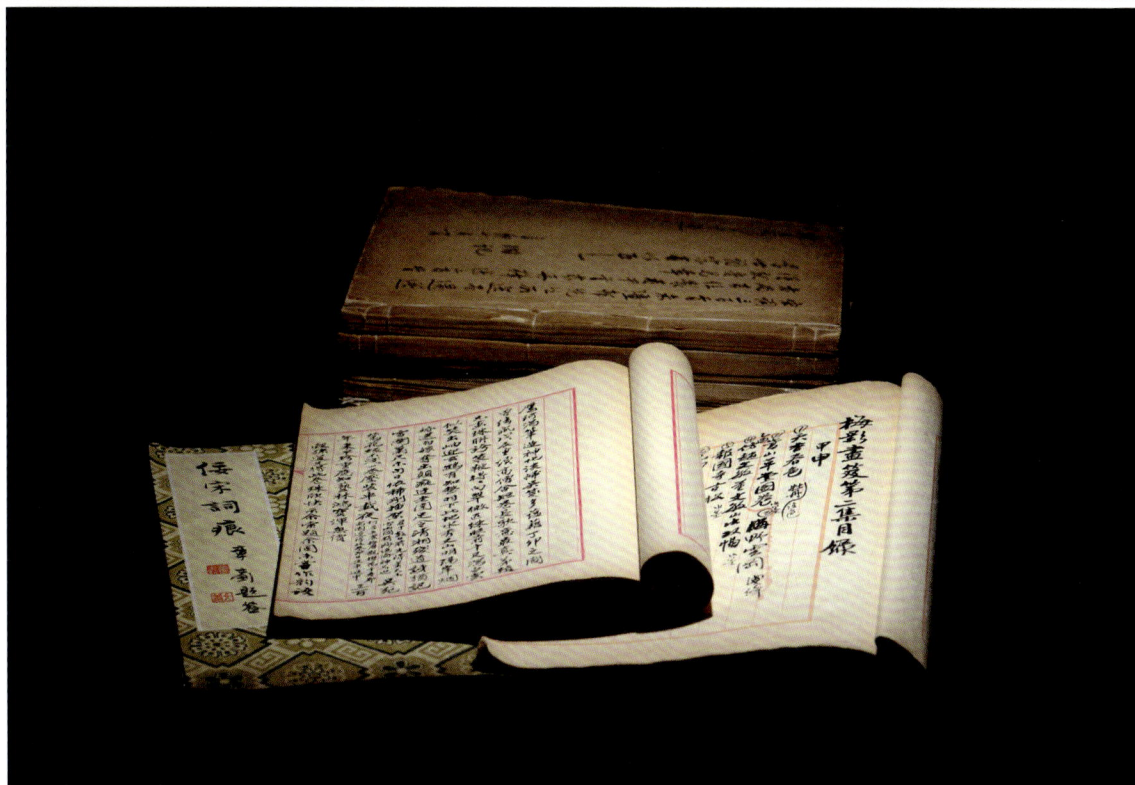

梅景遗珍——吴湖帆文献十册（局部）

上海嘉禾 2020/12/13 LOT 8047

线装书 纸本 尺寸不一

成交价 RMB 6,900,000

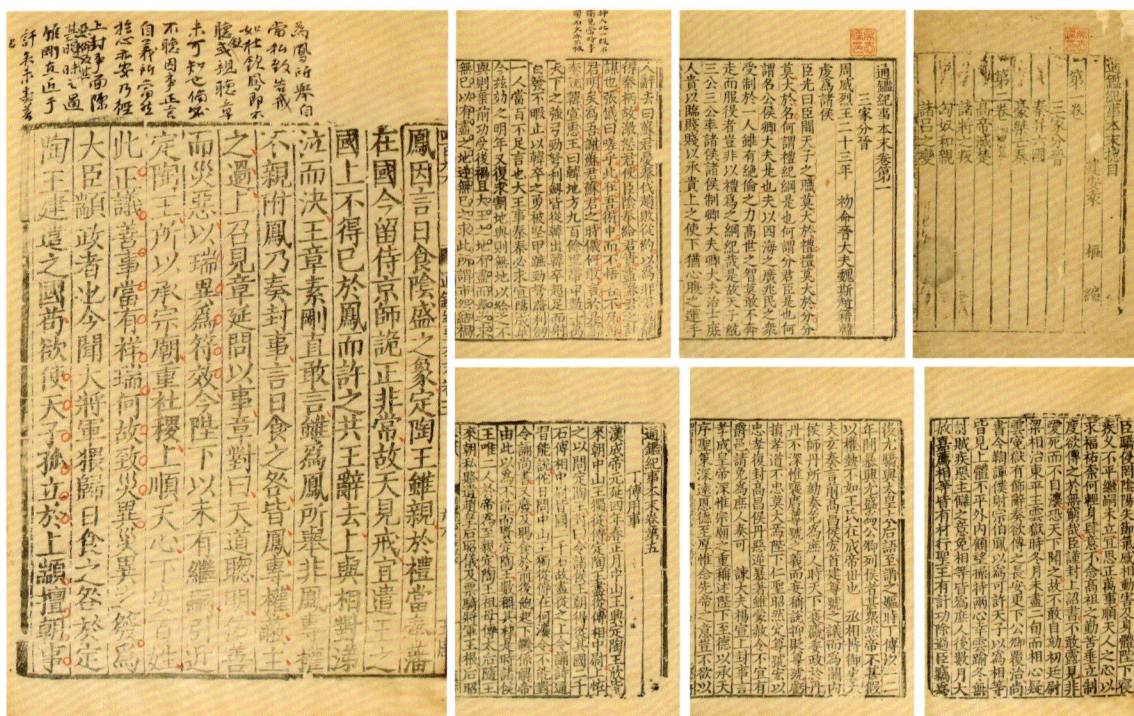

宋刻 《通鉴纪事本末》四十二卷全本（局部）
北京保利　2020/10/18　LOT 142
10 函 84 册　每册 32.5cm×24cm
成交价　RMB 20,240,000

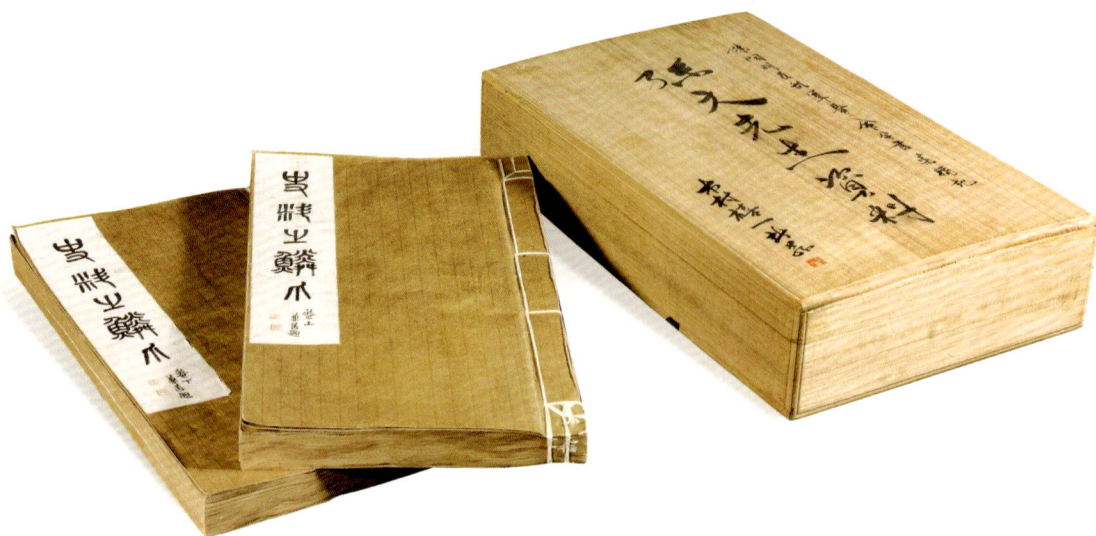

《史料之鳞爪》（上、下卷）、《总理奉安实录》
荣宝斋（上海）　2020/10/25　LOT 54
上卷一百一十七开 下卷七十九开　尺寸不一
成交价　RMB 5,750,000

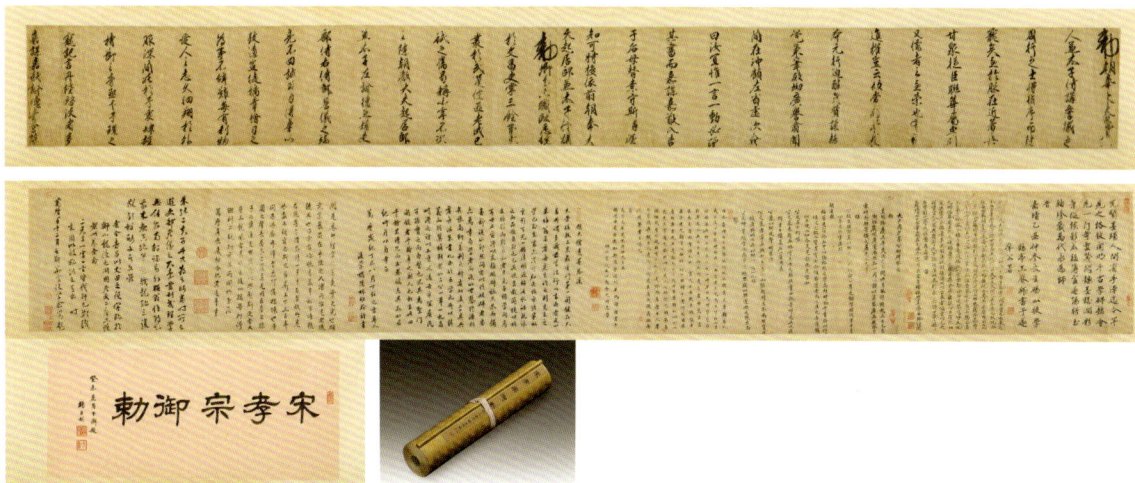

南宋淳熙年间 詹仪之任官告身 遂安詹氏旧藏
中国嘉德 2020/12/02 LOT 2163
手卷 水墨纸本 引首 29.5cm×68cm；告身 25.2cm×235.5cm；题跋 30.7cm×242.5cm；全长 546cm
成交价 RMB 18,560,000

宋龙舒本《王文公文集》、宋人信札册
北京永乐 2020/12/02 LOT 180
纸本写本 尺寸不一
成交价 RMB 263,350,000

457

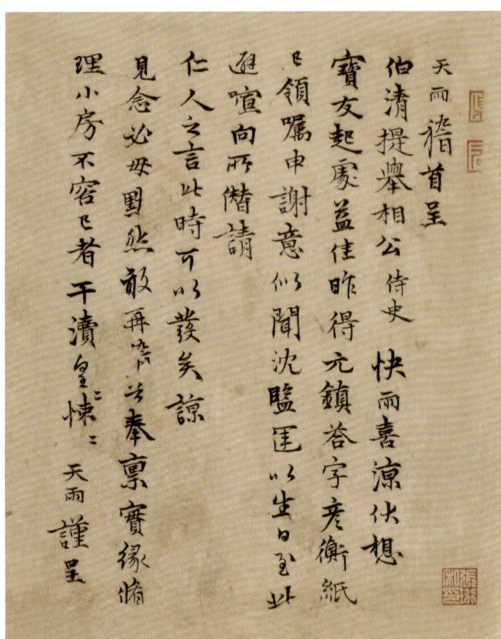

张雨　致伯清信札
苏富比香港　2020/07/09　LOT 2598
镜框　水墨纸本　27cm×23cm
成交价　RMB 10,635,147

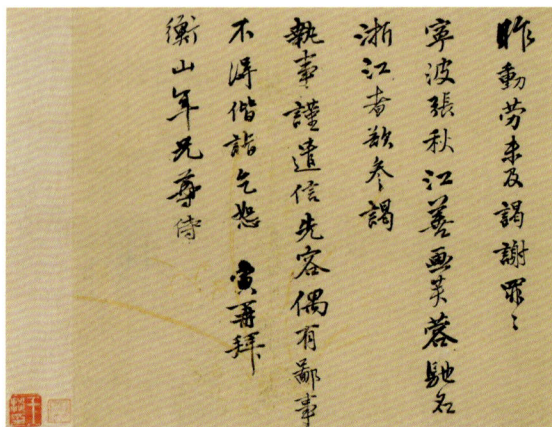

唐寅　手札
上海朵云轩　2020/09/24　LOT 1621
镜片　笺本　24cm×32cm
成交价　RMB 5,865,000

明人尺牍（局部）
中国嘉德　2020/08/16　LOT 773
册页（共107页）水墨纸本　尺寸不一
成交价　RMB 43,384,000

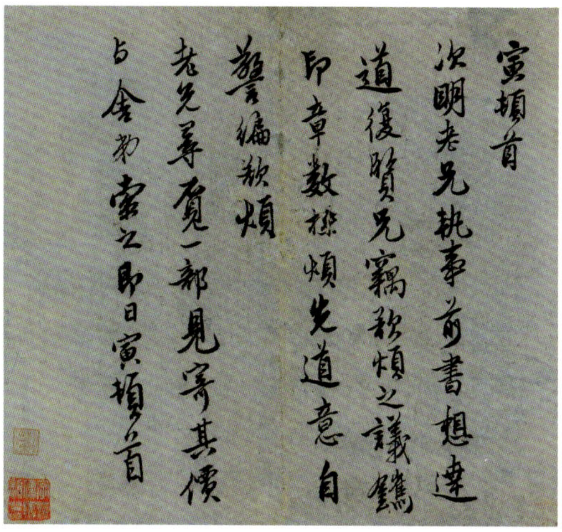

唐寅 手札
上海朵云轩 2020/09/24 LOT 1622
镜片 纸本 26.5cm×29cm
成交价 RMB 7,015,000

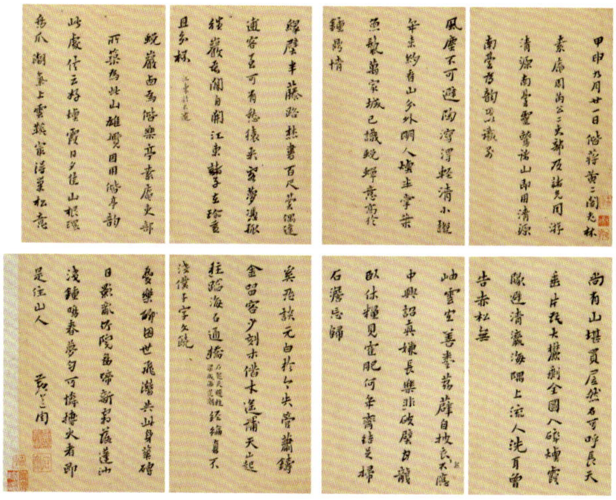

黄道周 1644 年作 黄道周公诗稿（局部）
佳士得香港 2020/07/08 LOT 830
册页（三十开）水墨绫本 23.5cm×14.5cm×30
成交价 RMB 5,350,330

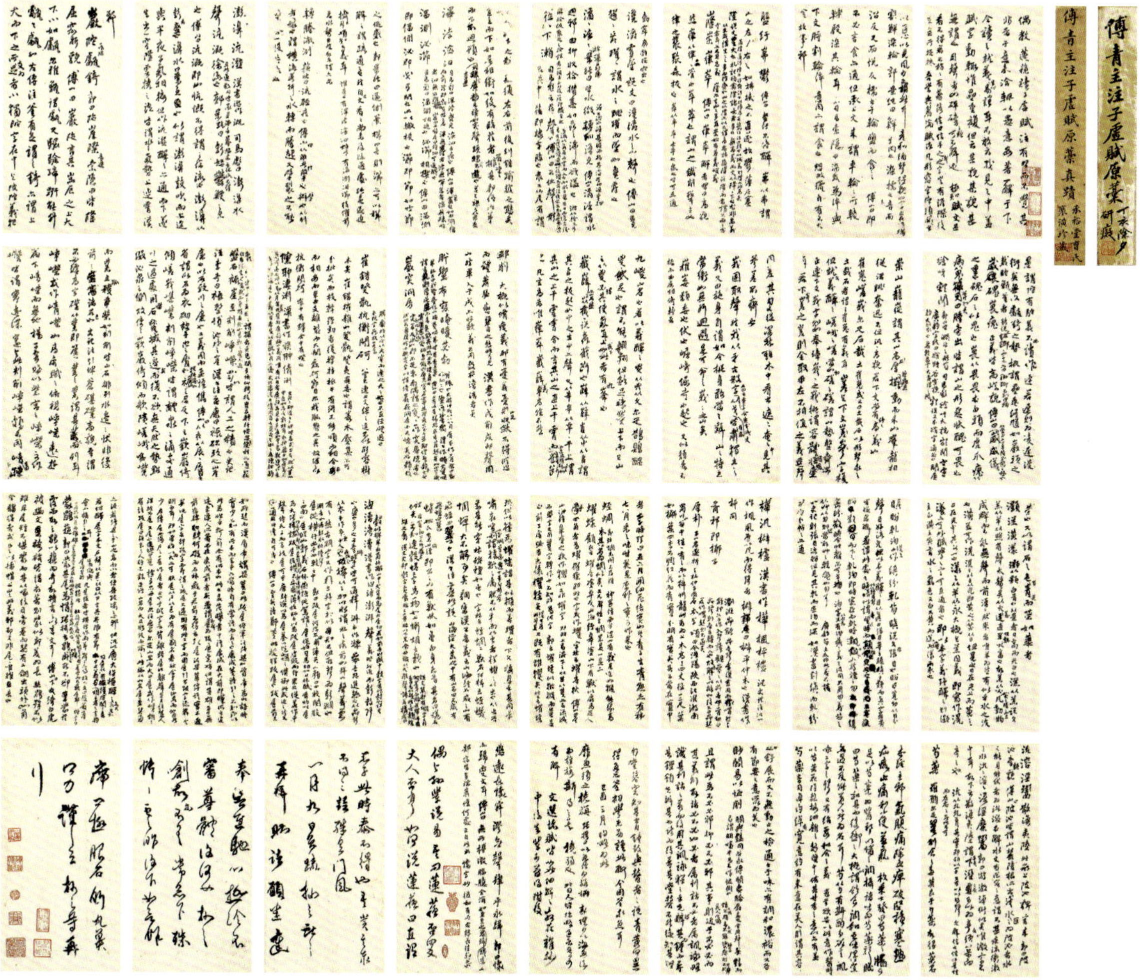

傅山 1669 年作《注司马相如赋》手稿
中国嘉德 2020/08/16 LOT 771
册页（三十二页）水墨纸本 27.5cm×14.5cm×32
成交价 RMB 6,728,000

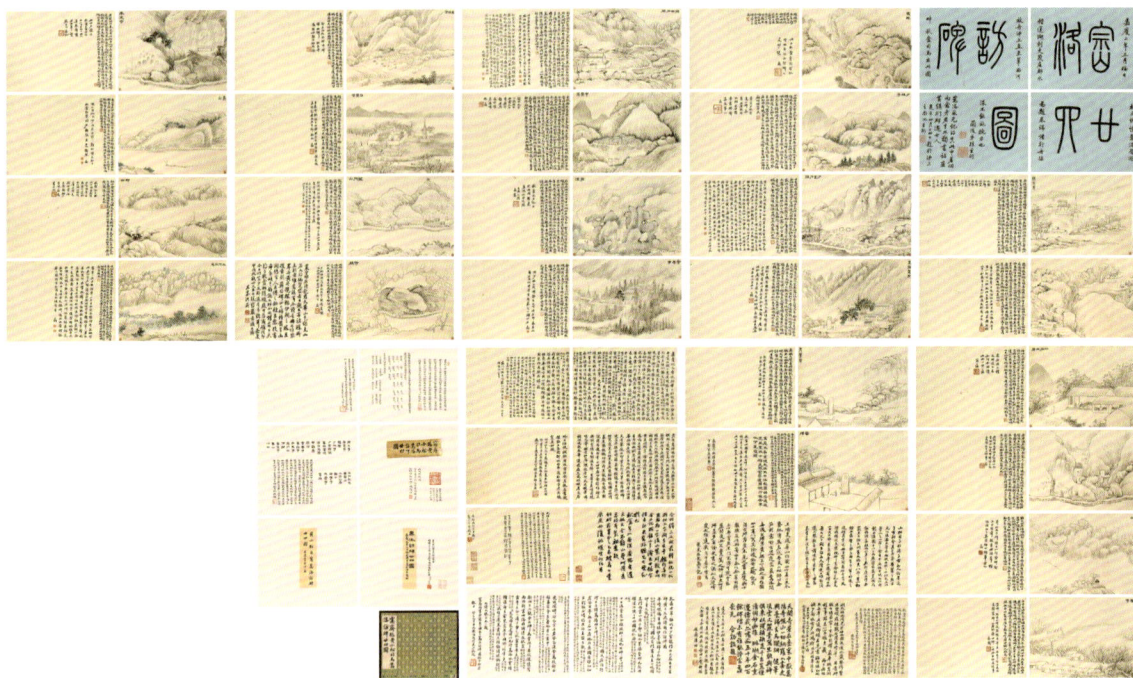

吴大澂　愙斋临《黄小松司马嵩洛访碑廿四图》并诸家跋
中国嘉德　2020/12/01　LOT 274
册页（三十一开）水墨、设色纸本　扉页 18.5cm×52.5cm；每幅画 18.7cm×25.8cm；每幅字 18.7cm×26cm；每幅跋 24cm×57cm
成交价　RMB 9,280,000

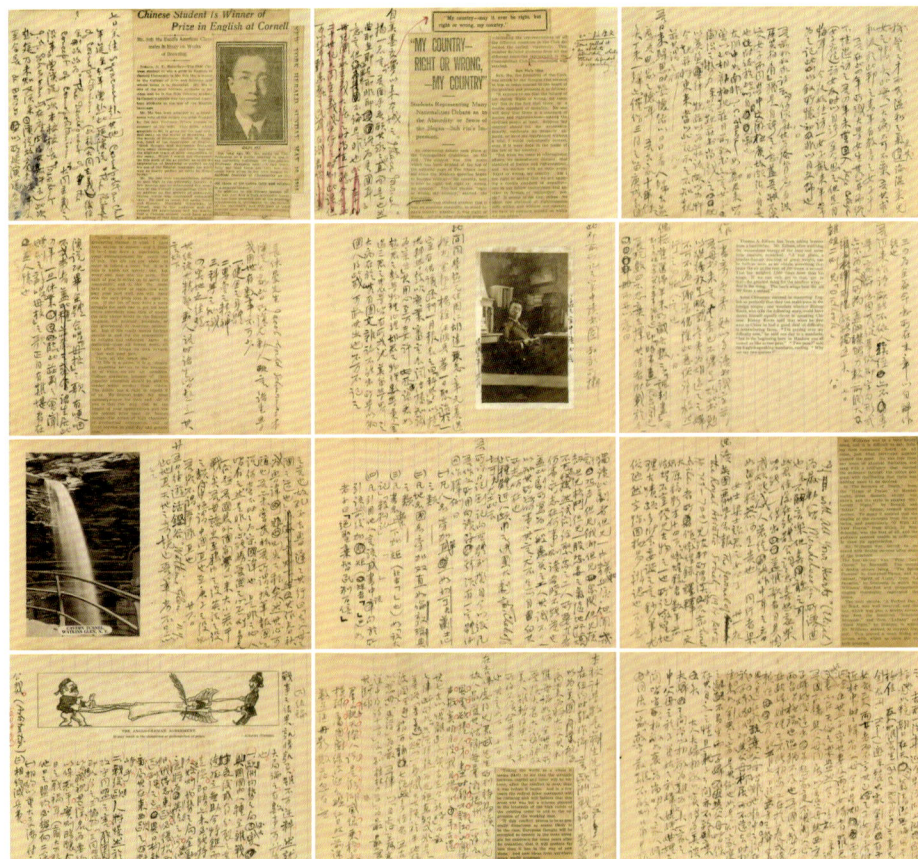

胡适　1912 年—1918 年作《胡适留学日记》手稿（局部）
华艺国际（北京）　2020/10/16　LOT 118
一套十八册　每册 12cm×22cm
成交价　RMB 139,150,000

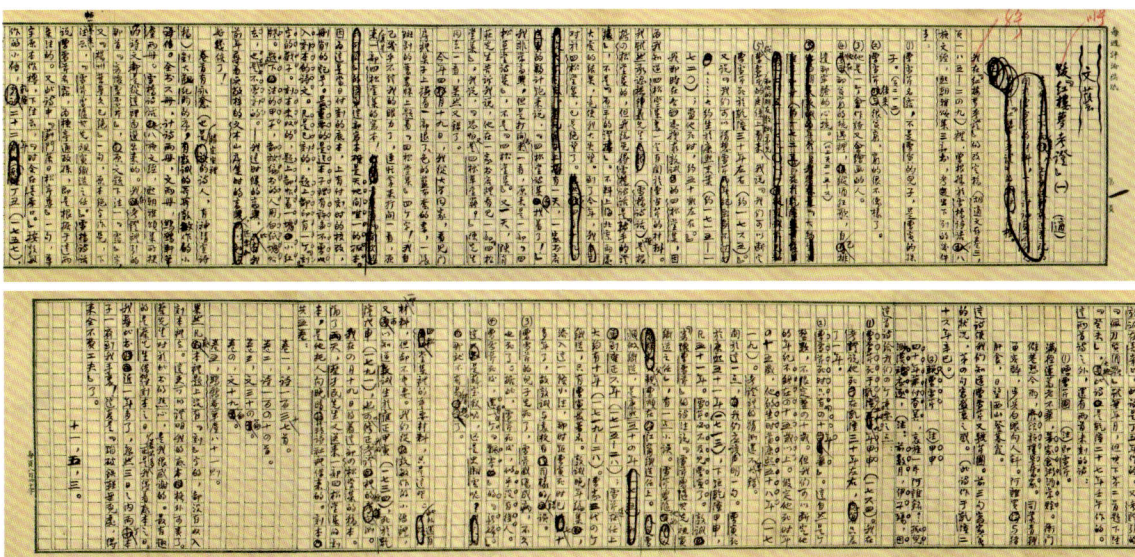

胡适 1922 年作《跋红楼梦考证》之一
华艺国际（北京） 2020/10/16 LOT 116
镜片四开 水墨纸本 22cm×58cm×3；21.5cm×48.5cm
成交价 RMB 5,865,000

茅盾 《谈最近的短篇小说》手稿
上海嘉禾 2020/12/13 LOT 8053
册页（共 29 页）纸本 约 16cm×23.5cm×29
成交价 RMB 28,750,000

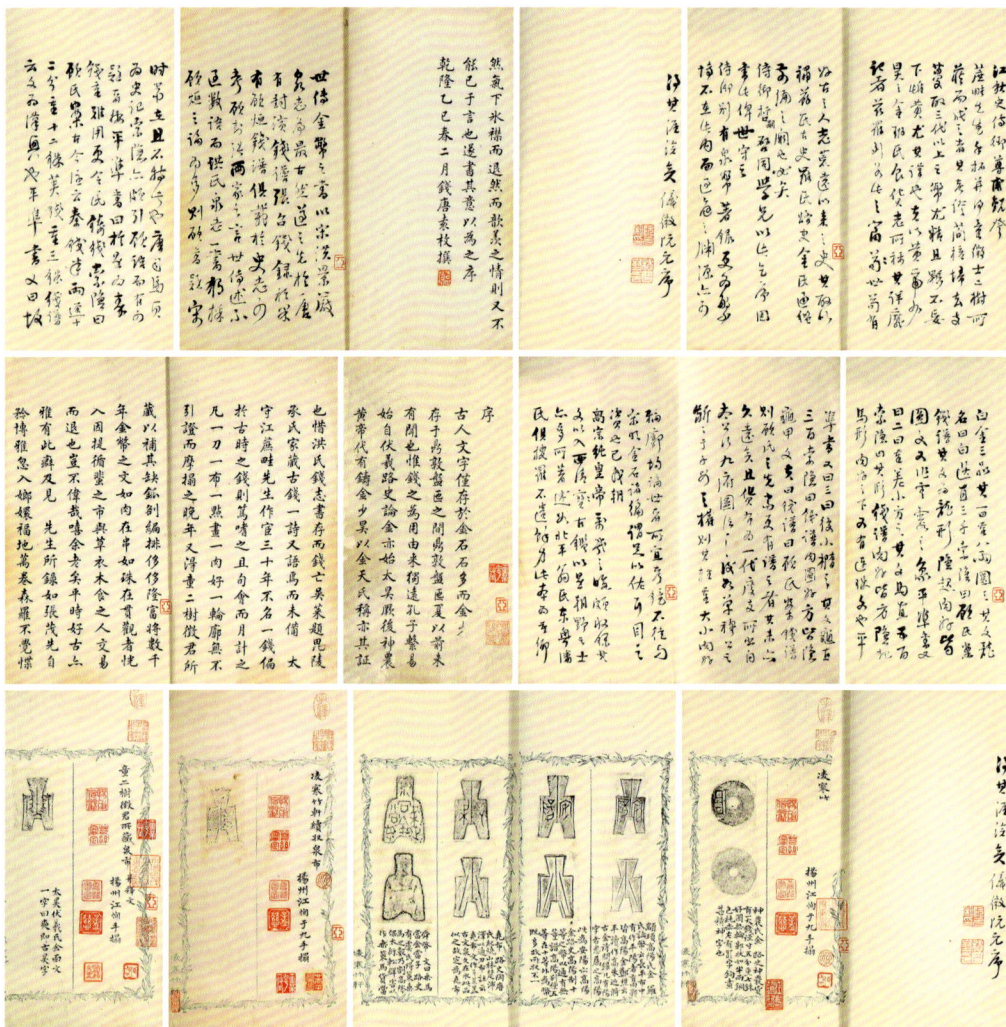

《凌寒竹轩泉谱》（局部）
十竹斋拍卖（北京） 2020/10/18 LOT 7189
线装 1 函 7 册 白纸 每页 30cm×18cm
成交价 RMB 5,750,000

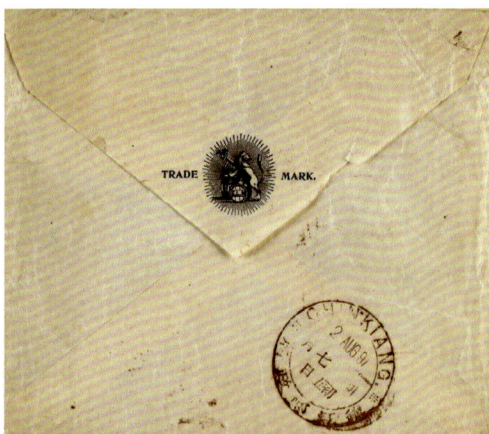

1897 年上海寄镇江西式封
北京保利 2020/10/23 LOT 10275
贴邮慈寿邮票"翡翠姐"
成交价 RMB 8,222,500

上海壹两"无射线"版银币样币 PCGS SP64
北京诚轩　2020/08/18　LOT 2275
成交价　RMB 5,175,000

大明嘉靖四十年十月户部造　五十两金锭
北京保利　2020/10/19　LOT 5063
重 1870g；长 12.2cm
成交价　RMB 8,050,000

重 量

    重量 3 克拉以上又达到浓彩蓝色等级的钻石已属珍罕，因而这枚重达 12.11 克拉的钻石戒指尤为珍贵。其传统的切割方式不带任何修改变化，呈现天蓝色调，净度完美无瑕。

颜 色

    蓝钻不但魅力慑人，更珍稀罕有，这枚榄尖形明亮式切割的精品钻石被 GIA 评定为浓彩蓝色。

净 度

    完全纯净的钻石是最受欢迎的，价格也是最昂贵的。一般钻石都有一些内含物、划迹、矿物质痕迹或者其他微小的特性，这些将减损钻石的纯度美。顶级宝石的透明度高品体干净，宝石界通常会用"完美晶体"来形容。此颗 12.11 克拉榄尖形浓彩蓝色 IF 钻石戒指净度评级为内部无瑕，用"完美晶体"来描述确为恰当。由于钻石是在地球高温高压的环境下形成，它们往往带有独特的胎记，即形成过程中被困在钻石内部的矿物质或杂质。而当钻石随火山运动从地壳到地球表面的过程中会再次经历各种撞击，大部分的晶体会被击碎成大小不一的颗粒。因此 10 克拉以上无内含物和暇疵的钻石十分稀有。这颗 12.11 克拉榄尖形浓彩蓝色钻石戒指被评定为 IF 级别，是指用十倍的放大镜看不到内含物，属于稀有物品。

切 工

    这颗榄尖形明亮式切割无瑕彩钻呈现浓郁、纯美的天蓝色调，绽放耀眼火彩，净度完美无瑕，大部分的彩钻切工都经过调整和改良，目的是通过改变传统切割的切面角度来提升颜色的浓度。然而，这枚重达 12.11 克拉的珍品采用传统的切割方式，不带任何修改变化，依然呈现出醉人的天蓝色调以及闪烁的火光。

按 语

    作为世界上稀有珍贵的宝石，顶级彩钻是珠宝收藏家梦寐以求的终极目标。而其中又以红色、蓝色、绿色和粉红色甚为珍稀且昂贵。天然蓝色钻石十分罕见，属于 IIB 型，绝大部分在南非和澳大利亚生产。重量越大，价格会呈几何倍数增长。

    天然蓝色钻石不含氮元素，但含极少量的硼元素。硼原子在钻石的晶体中产生一个受子能带，受子能带能够吸收近红外辐射和长波，因而使钻石呈现蓝色。蓝钻的颜色从淡到浓可分级为：微蓝（Faint Blue）、微浅蓝（Very Light Blue）、淡蓝（Light Blue）、淡彩蓝（Fancy Light Blue）、中彩蓝（Fancy Blue）、浓彩蓝（Fancy Intense Blue）、艳彩蓝（Fancy Vivid Blue）、深彩蓝（Fancy Deep Blue）、暗彩蓝（Fancy Dark Blue）。对于蓝钻来说，颜色是决定其价值的主要因素，从拍卖历史来看，顶级蓝钻的颜色一般为浓彩蓝和艳彩蓝。这枚浓彩蓝色钻石戒指，色彩极其漂亮，如同夏日阳光照耀下的清澈海水，散发出微弱的光芒，展现出无与伦比的自然之美。

    蓝色钻石代表着和平、真理、奉献、永恒、贞洁和灵性。蓝色钻石戒指，象征着对爱情的专一和向往，寓意着无与伦比的爱，加上钻石"永恒"的特性，至臻精粹，具有不菲的收藏价值。

12.11 克拉　榄尖形浓彩蓝色　IF 钻石戒指

佳士得香港　2020/07/09　LOT 1947

戒指配 0.71 克拉及 0.69 克拉梨形钻石，配钻石，镶铂金及金，戒指 6Ω 号

成交价　RMB 106,906,153

珠宝尚品

珠宝翡翠

戒指

中国收藏
拍卖年鉴
2021

CHINESE FINE ART &
ANTIQUES AUCTION
YEARBOOK 2021

16.08 克拉天然"哥伦比亚"无油祖母绿配钻石戒指
苏富比香港　2020/10/07　LOT 1651
白金镶嵌，戒指 8 号
成交价　RMB 5,437,683

天然翡翠蛋面戒指
佳士得香港　2020/11/29　LOT 1996
配钻石，镶金，蛋面 1.88cm×1.6cm×0.92cm，戒指 6¼ 号
成交价　RMB 5,131,950

1.04 克拉正方形深彩紫粉红色 VS2 钻石戒指
佳士得香港　2020/11/29　LOT 2025
配钻石，戒指 4¾ 号
成交价　RMB 5,459,521

4.05 克拉的榄尖形浓彩紫粉红色 SI2 净度钻石戒指
苏富比香港　2020/07/10　LOT 1697
戒指 6 号
成交价　RMB 10,635,147

4.49 克拉心形艳彩粉红色内部无瑕（IF）钻石配钻石戒指
苏富比香港　2020/07/10　LOT 1807
镶嵌梨形钻石，戒指 5½ 号
成交价　RMB 55,034,154

4.90 克拉正方形浓彩粉红色 VS1 钻色戒指
佳士得香港　2020/11/29　LOT 2027
配钻石，镶金，戒指 5¾ 号
成交价　RMB 25,375,853

10.79 克拉矩形粉钻戒指
华艺国际（北京） 2020/12/05 LOT 6051
白 18K 金镶嵌，主石两侧配镶钻石
成交价 RMB 7,475,000

10.8 克拉淡彩粉色钻石戒指
北京永乐 2020/12/04 LOT 1100
18K 金镶嵌优质水滴形白钻
成交价 RMB 28,175,000

12.45 克拉"光明女神"粉钻戒指
北京永乐 2020/12/04 LOT 1160
主石 1.83cm×1.34cm×0.77cm，18K 金镶嵌钻石
成交价 RMB 20,700,000

8.88 克拉艳彩黄色钻石配钻石戒指
苏富比香港 2020/10/07 LOT 1750
戒指 6 号
成交价 RMB 7,340,217

15.23 克拉艳彩黄色钻石配钻石戒指
北京保利 2020/10/19 LOT 6603
18K 白金镶嵌 15.23 克拉长方形艳彩黄色钻石，配镶钻石，戒指 6¼ 号
成交价 RMB 8,050,000

18.08 克拉长方形艳彩黄色 VVS1 钻石戒指
佳士得香港 2020/11/29 LOT 1966
配钻石，镶铂金及金，戒指 5¼ 号
成交价 RMB 9,652,433

2.08 克拉榄尖形浓彩蓝色 IF 钻石戒指
佳士得香港　2020/07/09　LOT 1930
配钻石，镶铂金，戒指 6Ω 号
成交价　RMB 9,543,242

5.04 克拉心形艳彩蓝色 VS2 净度钻石配钻石戒指
苏富比香港　2020/07/10　LOT 1806
白金镶嵌，戒指 4¾ 号
成交价　RMB 71,450,715

12.11 克拉榄尖形浓彩蓝色 IF 钻石戒指
佳士得香港　2020/07/09　LOT 1947
戒指配 0.71 克拉及 0.69 克拉梨形钻石，配钻石，镶铂金
及金，戒指 6Ω 号
成交价　RMB 106,906,153

卡地亚设计　5.22 克拉浓彩蓝色内部无瑕（IF）钻石配钻石戒指
苏富比香港　2020/10/07　LOT 1752
戒指 6 号
成交价　RMB 30,276,319

50.2 克拉彩棕绿黄色钻石戒指
北京永乐　2020/12/04　LOT 1095
18K 金配镶大克拉水滴形钻石
成交价　RMB 9,430,000

5.03 克拉及 5.02 克拉圆形 D/IF Type IIa 钻石戒指
佳士得香港　2020/11/29　LOT 2021
镶铂金，耳环 1.1cm
成交价　RMB 6,298,103

10.59 克拉梨形 D/IF Type IIa 钻石戒指

佳士得香港 2020/07/09 LOT 1942

配钻石，镶铂金，戒指 3Ω 号

成交价 RMB 5,874,444

12.03 克拉长方形 D/IF Type IIa 钻石戒指

佳士得香港 2020/11/29 LOT 2003

配钻石，镶铂金，戒指 5¾ 号

成交价 RMB 8,080,091

12.33 克拉 D/IF Type IIa 钻石戒指

富艺斯香港 2020/11/28 LOT 579

戒指 7 号

成交价 RMB 6,560,160

16.16 克拉圆形 D/IF Type IIa 钻石戒指

佳士得香港 2020/11/29 LOT 2022

配钻石，镶金，戒指 5½ 号

成交价 RMB 11,748,889

17.95 克拉长方形 D/IF Type IIa 钻石戒指

佳士得香港 2020/07/09 LOT 1935

戒指 6 号

成交价 RMB 10,591,470

梵克雅宝设计 16.38 克拉方形 D 色全美无瑕（FL）Type IIa 钻石戒指

苏富比香港 2020/10/07 LOT 1638

戒指 5 号

成交价 RMB 17,064,278

格拉夫设计　10.45 克拉椭圆形足色全美钻石配钻石戒指
苏富比香港　2020/07/10　LOT 1698
白金镶嵌，戒指 6¼ 号
成交价　RMB 6,966,349

海瑞·温斯顿设计　12.55 克拉 D/IF Type IIa 钻石戒指
富艺斯香港　2020/07/08　LOT 631
戒指 6½ 号
成交价　RMB 7,678,270

卡地亚设计　10.07 克拉梨形足色内部无瑕（IF）钻石配钻石戒指
苏富比香港　2020/07/10　LOT 1663
白金镶嵌，戒指 6¾ 号
成交价　RMB 5,184,361

2.25 克拉心形浓彩蓝色 SI1 钻石戒指
佳士得香港　2020/11/29　LOT 2026
配钻石，镶金，戒指 5¾ 号
成交价　RMB 7,031,863

8.82 克拉天然克什米尔未经加热蓝宝石配钻石戒指
中国嘉德　2020/12/05　LOT 4281
18K 玫瑰金镶嵌 8.82 克拉蓝宝石，配镶钻石
钻石总重约 4.20 克拉，指环尺寸 10.5
成交价　RMB 8,740,000

11.48 克拉克什米尔蓝宝石配钻石戒指
北京保利　2020/12/05　LOT 2010
18K 金镶嵌 11.48 克拉枕形克什米尔蓝宝石
铺镶 12 颗梨形钻石共重 10.42 克拉，戒指尺寸 6 号
成交价　RMB 16,100,000

14.70 克拉枕形克什米尔天然蓝宝石戒指
佳士得香港 2020/07/09 LOT 1938
配钻石，镶金
成交价 RMB 9,019,128

56.41 克拉"斯里兰卡""皇家蓝"蓝宝石配钻石戒指吊坠
华艺国际（北京） 2020/12/05 LOT 6050
白 18K 金镶嵌，配镶钻石
成交价 RMB 8,280,000

梵克雅宝设计 23.49 克拉缅甸"皇家蓝"蓝宝石配钻石戒指
北京保利 2020/10/19 LOT 6510
铂金镶嵌 23.49 克拉椭圆形皇家蓝蓝宝石
两侧配镶梨形钻石，戒指 6¾ 号
成交价 RMB 9,200,000

胡茵菲设计 14.03 克拉缅甸"皇家蓝"蓝宝石配钻石戒指
北京保利 2020/12/05 LOT 2012
18K 金镶嵌 14.03 克拉枕形蓝宝石，配镶圆形切割钻石
钻石共重约 19.15 克拉，戒指 6¾ 号
成交价 RMB 5,175,000

56.41 克拉斯里兰卡无烧皇家蓝色蓝宝石钻戒或吊坠两用款
北京永乐 2020/08/18 LOT 1287
主石 1.98×1.88×1.65cm，18K 金镶嵌
成交价 RMB 7,820,000

5.05 克拉枕形缅甸天然鸽血红红宝石戒指
佳士得香港 2020/11/29 LOT 1984 A
配钻石，镶金，戒指 5¼ 号
成交价 RMB 13,845,345

6.06 克拉枕形缅甸天然鸽血红红宝石戒指
佳士得香港　2020/07/09　LOT 1944
配钻石及粉钻，镶金
成交价　RMB 8,704,660

8.03 克拉缅甸"鸽血红"红宝石配钻石戒指
北京保利　2020/10/19　LOT 6656
18K 金镶嵌 8.03 克拉枕形缅甸红宝石
铺镶 8 颗圆形钻石共重约 4.99 克拉，戒指 5½ 号
成交价　RMB 7,130,000

Forms 设计及镶嵌 6.41 克拉天然"缅甸鸽血红"未
经加热红宝石配钻石戒指
苏富比香港　2020/10/07　LOT 1743
戒指 6 号
成交价　RMB 19,178,205

10.03 克拉莫桑比克全净玻璃体无烧鸽血红色红宝石钻戒
北京永乐　2020/12/04　LOT 1159
主石 1.48cm×1.11cm×0.66cm，18K 金镶嵌高品质白钻
成交价　RMB 5,175,000

9.26 克拉的天然"哥伦比亚穆索"无油祖母绿配钻
石及彩色钻石戒指
苏富比香港　2020/10/07　LOT 1724
戒指 6½ 号
成交价　RMB 8,397,180

21.52 克拉"哥伦比亚"天然祖母绿配钻石戒指
富艺斯香港　2020/07/08　LOT 624
21.52 克拉
成交价　RMB 7,992,739

"大巨蛋"金镶蛋面翡翠项链

西泠印社　2020/08/07　LOT 725

18K 白金镶嵌大蛋面翡翠，吊坠部分镶嵌 8.86 克拉钻石以及项
链部分镶嵌 20.66 克拉钻石

翡翠尺寸约 3.65cm×3.02cm，项链长约 42cm，重约 91.52g

成交价　RMB 5,175,000

"佛照神龙"金镶翡翠龙石种翡翠吊坠

西泠印社　2020/08/07　LOT 723

18K 白金镶嵌龙石种翡翠佛公，配镶钻石作点缀

翡翠尺寸约 5.08cm×4.28cm×1.62cm，重约 16.2g

成交价　RMB 5,577,500

"珠润佳人"43 颗翡翠珠链

西泠印社　2020/08/07　LOT 722

翡翠珠直径 1.12cm—1.42cm，珠链长约 56.7cm，重约 154.18g

成交价　RMB 6,095,000

**Boghossian 及陈智安设计 28 颗 10.41 克拉—1.48
克拉枕形或长方形哥伦比亚天然祖母绿项链**

佳士得香港　2020/11/29　LOT 2016

配 22 颗 4.22 克拉—0.70 克拉椭圆形或长方形
D—F VVS1—SI1 钻石

配钻石及翡翠，镶金，项链内周长 40cm

成交价　RMB 47,388,641

缅甸天然翡翠蛋面配钻石项链

北京保利　2020/10/19　LOT 6545

18K 金镶嵌 11 颗缅甸天然翡翠蛋面，翡翠蛋面总重约 85.81 克拉
尺寸 1.53cm×1.2cm×0.7cm，配镶梨形、榄尖形及圆形切割钻石
钻石共重约 19.6 克拉，项链长约 42cm

成交价　RMB 5,750,000

缅甸天然翡翠珠配红宝石及钻石项链

保利香港　2020/07/08　LOT 2031

项链由 41 颗翡翠珠串连而成，直径约 1.15cm—
1.31cm，配镶 18K 金镶嵌圆形切割钻石及红宝石链扣
珠链长约 54.3cm

成交价　RMB 20,615,151

缅甸天然翡翠珠配钻石及红宝石项链
北京保利　2020/10/19　LOT 6676
项链由 41 颗翡翠玉珠串联而成，配以 18K 金镶嵌钻石及红宝石链扣，直径约 1.28cm—1.33cm，钻石共重约 0.46 克拉，红宝石共重约 4.37 克拉项链长约 54.5cm
成交价　RMB 34,500,000

天然"帝王绿"翡翠珠配钻石项链
苏富比香港　2020/10/07　LOT 1662
由 43 颗翡翠珠组成，总重约 630 克拉，长约 53.5cm，翡翠珠约 1.12cm—1.3cm
成交价　RMB 54,999,650

天然"哥伦比亚"祖母绿配钻石项链
苏富比香港　2020/07/10　LOT 1706
配镶 33 颗不同形状钻石，悬吊一颗梨形钻石，钻石总重 26.45 克拉，铂金镶嵌，长度约 41cm
成交价　RMB 5,394,007

天然玻璃种"帝王绿"翡翠配红宝石及钻石珠链
华艺国际（北京）　2020/12/05　LOT 6055
项链由 39 颗翡翠玉珠串连而成，直径约 1.18cm—1.33cm，配以 18K 金镶嵌红宝石及钻石链扣
成交价　RMB 52,900,000

天然翡翠配红宝石及钻石珠链
中国嘉德　2020/12/05　LOT 4373
18K 金项链扣，配镶钻石，项链长度约 53.2cm，总重约 186.61g，共 39 粒翡翠珠子，翡翠珠子直径约 1.5cm—1.2cm
成交价　RMB 10,350,000

天然翡翠玉珠项链
佳士得香港　2020/11/29　LOT 1889
配天然紫罗兰翡翠玉珠，镶金，37 颗翡翠玉珠 1.35cm—1.48cm，紫罗兰翡翠玉珠 1.44cm，项链 60cm
成交价　RMB 6,507,749

天然满绿玻璃种翡翠配钻石"平安无事"牌

华艺国际（北京） 2020/10/15 LOT 6126

翡翠约 4.78cm×3.06cm×1.43cm，吊坠约 6.28cm×3.06cm×1.87cm

成交价 RMB 56,350,000

天然满绿翡翠观音配钻石吊坠

保利（厦门） 2020/09/26 LOT 1733

18K 白金镶嵌，吊坠尺寸约 6.66cm×4.13cm，主石尺寸约 5.8cm×3.49cm

成交价 RMB 6,670,000

天然满绿翡翠珠链

保利（厦门） 2020/01/03 LOT 1101

18K 白金镶嵌，配镶钻石 0.31 克拉及红宝石 2.76 克拉，珠链长约 56cm，由 49 颗满绿翡翠圆珠串成，最大珠径约 1.29cm，最小珠径约 1cm

成交价 RMB 14,950,000

天然满绿翡翠珠链

保利（厦门） 2020/01/03 LOT 1141

由 35 颗满绿翡翠圆珠串成，最大珠径约 1.57cm，最小珠径约 1.34cm

成交价 RMB 20,700,000

天然满绿翡翠珠链

保利（厦门） 2020/09/26 LOT 1686

18K 白金镶嵌，配镶红宝石及钻石，珠链长约 103cm，由 108 颗满绿翡翠圆珠串成，最大珠径约 1.18cm，最小珠径约 0.88cm

成交价 RMB 13,800,000

19.53 克拉椭圆形天然缅甸星光红宝石项链

佳士得香港 2020/07/09 LOT 1945

配红宝及钻石，镶金，项链 38.2cm

成交价 RMB 17,929,066

Fai Dee 设计　椭圆形缅甸天然鸽血红红宝石项链
佳士得香港　2020/11/29　LOT 1984
配钻石，镶金，项链 44.3cm
成交价　RMB 9,023,496

宝格丽设计　天然缅甸红宝石配钻石项链
华艺国际（北京）　2020/10/15　LOT 6078
18K 白金、铂金 950 镶嵌共 31 颗椭圆形天然红宝石，红宝石共重
约 65.57 克拉，配镶圆形钻石共重约 51.76 克拉
成交价　RMB 9,315,000

12.81 克拉、6.50 克拉及 2.74 克拉椭圆形及枕形克什米尔天然蓝宝石
佳士得香港　2020/07/09　LOT 1939
配钻石，镶铂金，项链 46.5cm
成交价　RMB 10,067,356

**海瑞·温斯顿设计　124.10 克拉缅甸"皇家蓝"蓝宝
石配钻石项链**
北京保利　2020/10/19　LOT 6533
8K 及 14K 金镶嵌 124.10 克拉枕形蓝宝石，围镶圆形钻石
钻石共重约 40.87 克拉，项链长约 49cm
成交价　RMB 20,700,000

1.03 克拉彩紫红色及 10.02 克拉 D 色 TypeIIA 钻石项链
北京保利　2020/10/19　LOT 6604
18K 金镶嵌 1.03 克拉六角形彩紫红色钻石及 10.02 克拉梨形 D 色钻石
配镶 2.66 克拉梨形 D 色钻石，项链长约 42.2cm
成交价　RMB 20,240,000

**丰吉设计　19 克拉淡彩粉红色 VVS2 Type IIa 钻石
配宝石"吉维尼花园"项链／手链／戒指**
富艺斯香港　2020/11/28　LOT 649
19 克拉
成交价　RMB 17,658,274

古柏林命名"上古之水"12.85 克拉梨形 D 色内部无瑕（IF）Type IIa 钻石项链
苏富比香港　2020/10/07　LOT 1657
长度约为 40cm—45cm
成交价　RMB 9,137,054

海瑞·温斯顿设计　"Holly Wreath"钻石项链
苏富比香港　2020/10/07　LOT 1754
钻石共重约 125 克拉，长约 38cm
成交价　RMB 8,608,572

23.51 克拉黄色钻石手链
北京保利　2020/10/19　LOT 6602
18K 金镶嵌 180 颗圆形明亮形黄色钻石，共重约 23.51
克拉，手链长约 1.65cm
成交价　RMB 8,050,000

缅甸天然翡翠手镯
北京保利　2020/10/19　LOT 6675
手镯内径 5.73cm，厚度约 1.31cm，总重约 503.42 克拉
成交价　RMB 36,110,000

缅甸天然翡翠手镯
北京保利　2020/12/05　LOT 2013
手镯内径约 5.46cm，厚度约 1.06cm，总重约 285.5 克拉
成交价　RMB 31,050,000

天然满绿翡翠手镯
中国嘉德　2020/08/27　LOT 11542
翡翠镯圈口约 5.8cm，尺寸约 8.4cm×5.9cm×12.4cm
重量 479.67g
成交价　RMB 6,325,000

中国收藏
拍卖年鉴
2021

CHINESE FINE ART &
ANTIQUES AUCTION
YEARBOOK 2021

天然满色翡翠手镯
苏富比香港　2020/07/10　LOT 1672
内径约 5.69cm，厚度约 1.15cm
成交价　RMB 13,779,831

**9 克拉、8.85 克拉、2.11 克拉及 2.02 克拉枕形哥伦
比亚天然祖母绿耳环**
佳士得香港　2020/11/29　LOT 2014
配 2.02 克拉、2.01 克拉、1.81 克拉及 1.71 克拉方形
D/VVS1—VVS2 钻石，镶金，耳环 4.2cm
成交价　RMB 7,031,863

**8.21 克拉及 8.21 克拉天然"莫桑比克""鸽血红"
红宝石配钻石耳环一对**
华艺国际（北京）　2020/12/05　LOT 6045
白 18K 金镶嵌，配镶钻石共重约 9.4 克拉
成交价　RMB 6,325,000

9.42 克拉及 6.79 克拉椭圆形缅甸天然红宝石耳环
佳士得香港　2020/11/29　LOT 1979
配钻石，镶金，耳环 2.3cm
成交价　RMB 7,975,268

天然"喀什米尔"未经加热蓝宝石配钻石耳坠一对
苏富比香港　2020/10/07　LOT 1645
蓝宝石共重 20.26 克拉
成交价　RMB 7,023,128

**12.72 克拉及 12.46 克拉梨形足色全美钻石配彩黑色钻
石及彩白色钻石吊耳环一对**
苏富比香港　2020/07/10　LOT 1754
方形祖母绿切割和垫形花式黑、花式白钻石重 5.11 克拉和
4.25 克拉，镶有分别重 1.11 克拉和 1.07 克拉的菱形钻石
成交价　RMB 15,876,287

12.2 克拉浓彩黄绿色钻石耳坠
北京永乐　2020/12/04　LOT 1099
绿色水滴形钻石镶嵌一圈白色异形钻石，搭配黄色梨形钻石
成交价　RMB 16,100,000

3.29 克拉及 3.29 克拉榄尖形浓彩蓝色 IF 钻石耳环
佳士得香港　2020/11/29　LOT 2029
配镶 1.86 克拉一 0.51 克拉梨形 D/IF 钻石，镶铂金及金
耳环 4.7cm
成交价　RMB 41,099,273

18.75 克拉 /18.47 克拉切角方形彩黄色钻石耳坠
西泠印社　2020/08/07　LOT 645
耳坠尺寸约 4cm×1.8cm，重约 22.95g
成交价　RMB 5,750,000

天然翡翠蛋面耳环
佳士得香港　2020/11/29　LOT 1995
配钻石，镶金，最大蛋面 1.52cm×1.26cm×0.81cm
耳环 17cm
成交价　RMB 6,717,394

天然翡翠圈耳环
佳士得香港　2020/07/09　LOT 1924
最大圈直径 2.37cm，厚度 0.65cm，配红宝及钻石，镶金，耳环 3.5cm
成交价　RMB 8,704,660

"爱丽丝" 42.35 克拉哥伦比亚极品木佐色祖母绿套组
西泠印社　2020/08/07　LOT 614
18K 白金镶嵌，配镶圆钻 25.3 克拉，梨形钻 4 克拉，马眼钻 16.97 克拉作点缀
成交价　RMB 10,120,000

缅甸天然"帝王绿"翡翠蛋面配钻石项链及耳环套装
北京保利　2020/12/05　LOT 2014
18K 金镶嵌 12 颗缅甸天然翡翠蛋面，翡翠蛋面总
重 210.34 克拉，尺寸 1.92cm×1.55cm×0.87cm—
1.73cm×1.54cm×0.79cm，配镶圆形切割钻石，钻石共
重约 32.56 克拉，项链长约 42.5cm，耳环长约 2.5cm
成交价　RMB 46,575,000

天然"帝王绿"翡翠配钻石套装
苏富比香港　2020/10/07　LOT 1660
项链由 10 颗翡翠绿硬玉镶嵌而成，重达 108.97 克拉
一副耳环和一套手镯，共有 7 颗椭圆形硬玉圆石，重达
52.56 克拉。项链和手链长度分别约 42cm 和 17cm
成交价　RMB 12,307,944

天然翡翠蛋面手链及耳环套装
佳士得香港　2020/11/29　LOT 1993
配钻石，镶金，最大蛋面 1.75cm×1.36cm×0.77cm
手链 17cm，耳环 3.1cm
成交价　RMB 8,918,673

天然翡翠及宝石首饰套装
佳士得香港　2020/11/29　LOT 1997
配珊瑚、玉髓及蓝宝石，镶金，156 颗翡翠玉珠 0.7cm—
0.85cm，项链 104.7cm，手链 14.8cm—17.8cm 及 26.4cm
成交价　RMB 12,168,180

天然满绿翡翠大蛋面配钻石吊坠项链、耳环、戒指套装
保利（厦门）　2020/01/03　LOT 1142
18K 白金镶嵌，戒指主石尺寸约 2.06cm×1.73cm×1.68cm，耳环主
石尺寸约 1.52cm×1.39cm×1.25cm 及 1.54cm×1.41cm×1.21cm
项链最大主石尺寸约 2.17cm×1.72cm×1.72cm，最小主石尺寸约
1.83cm×1.57cm×1.75cm
成交价　RMB 22,425,000

紫罗兰翡翠套装
北京永乐　2020/08/18　LOT 1295
珠子共计 39 粒直径 1.3cm—1.5cm；手镯 55 号圈口
条宽 1.32cm；镯芯 5.3cm×1.7cm；单珠 1.45cm
对珠小 0.9cm；大 1.25cm
成交价　RMB 11,040,000

5.44 克拉及 5.31 克拉圆形 D 色全美无瑕（FL）钻石一对
苏富比香港　2020/10/07　LOT 1720
两颗钻石分别重 5.44 克拉和 5.31 克拉
成交价　RMB 5,649,075

10.01 克拉 D 色 TYPE IIA 全美钻石
保利（香港）　2020/07/08　LOT 2023
10.01 克拉
成交价　RMB 6,699,924

33.25 克拉 D 色 TYPE IIA 全美钻石
北京保利　2020/10/19　LOT 6561
33.25 克拉
成交价　RMB 35,420,000

102.39 克拉椭圆形 D 色内外无瑕 Type IIa 全美钻石
苏富比香港　2020/10/05　LOT 1818
102.39 克拉
成交价　RMB 106,187,243

中国收藏
拍卖年鉴
2021

CHINESE FINE ART &
ANTIQUES AUCTION
YEARBOOK 2021

百达翡丽　18K 白金自动上弦万年历腕表
佳士得香港　2020/11/28　LOT 2423
直径 3.7cm
成交价　RMB 8,080,091

百达翡丽　18K 红金自动上弦腕表
佳士得香港　2020/11/28　LOT 2428
直径 3.6cm
成交价　RMB 6,193,280

百达翡丽　18K 金万年历计时腕表
佳士得香港　2020/11/28　LOT 2424
直径 3.5cm
成交价　RMB 7,555,977

百达翡丽　18k 金腕表
佳士得香港　2020/07/13　LOT 2493
直径 3.3cm
成交价　RMB 5,350,330

百达翡丽　铂金三问万年历镂空腕表
佳士得香港　2020/11/28　LOT 2406
直径 4.3cm
成交价　RMB 7,765,622

百达翡丽　铂金双表盘腕表
佳士得香港　2020/07/13　LOT 2504
直径 4.4cm
成交价　RMB 8,442,603

百达翡丽　钛金属自动上弦酒桶形腕表
佳士得香港　2020/07/13　LOT 2492
宽 3.8cm
成交价　RMB 13,212,040

高珀富斯　18k 白金半镂空腕表
佳士得香港　2020/07/13　LOT 2300
直径 4.5cm
成交价　RMB 5,979,267

劳力士　铂金计时腕表
苏富比香港　2020/07/11　LOT 2236
直径 4cm
成交价　RMB 22,165,655

理查德·米勒　白陶瓷及 18K 红金酒桶形镂空陀飞轮腕表
佳士得香港　2020/11/28　LOT 2215
5cm×4.27cm
成交价　RMB 5,459,521

百达翡丽　粉红金开放式世界时间怀表
富艺斯日内瓦　2020/06/28　LOT 62
直径 4.4cm
成交价　RMB 8,447,561

2020年 高价拍品榜单

2020 年综合 TOP 10

序号	地区	拍卖行	拍卖会及专场	Lot 号	作品名称	拍卖时间	人民币成交价（含佣金）
1	北京	北京保利	北京保利十五周年庆典拍卖会 吴彬《十面灵璧图卷》暨十面灵璧山居藏书画赏石专场	3922	吴彬《十面灵璧图卷》	20201018	512,900,000
2	香港	苏富比香港	苏富比香港 2020 秋季拍卖会 中国古代书画	2575	任仁发《五王醉归图》	20201008	267,779,451
3	北京	北京永乐	2020 艺术品全球首拍 中国古代书画夜场	180	宋龙舒本《王文公文集》《宋人信札册》	20201202	263,350,000
4	香港	苏富比香港	苏富比香港 2020 春季拍卖会 现代艺术夜场	1024	常玉《绿色背景四裸女》	20200708	225,666,891
5	北京	华艺国际（北京）	华艺国际（北京）首季拍卖会 大美——中国书画珍品之夜	38	潘天寿《耕罢》	20201016	178,825,000
6	北京	北京永乐	2020 艺术品全球首拍 现当代艺术夜场	26	赵无极《04.01.79》	20201204	174,800,000
7	香港	佳士得香港	佳士得香港 2020 年 7 月拍卖会 现代及当代艺术夜场	121	常玉《青花盆中盛开的菊花》	20200710	167,384,541
8	香港	苏富比香港	苏富比香港 2020 秋季拍卖会 现代艺术夜场	1015	常玉《青花盆与菊》	20201005	163,396,907

| 9 | 北京 | 北京永乐 | 前奏——永乐夏季拍卖会 现当代艺术夜场 | 847 | 曾梵志 《面具系列 1996 NO.6》 | 20200818 | 161,000,000 |
| 10 | 北京 | 中国嘉德 | 中国嘉德 2020 秋季拍卖会 大观——中国书画珍品 之夜·古代 | 279 | 朱敦儒 《暌索帖》 | 20201201 | 151,960,000 |

中国书画—国画

序号	地区	拍卖行	拍卖会及专场	Lot 号	作品名称	拍卖时间	人民币成交价 （含佣金）
1	北京	北京保利	北京保利十五周年庆典 拍卖会 吴彬《十面灵璧图卷》暨十 面灵璧山居藏书画赏石专场	3922	吴彬 《十面灵璧图卷》	20201018	512,900,000
2	香港	苏富比香港	苏富比香港 2020 秋季 拍卖会 中国古代书画	2575	任仁发 《五王醉归图》	20201008	267,779,451
3	北京	华艺国际 （北京）	华艺国际（北京）首季拍卖会 大美中国书画珍品之夜	38	潘天寿 《耕罢》	20201016	178,825,000
4	北京	中国嘉德	中国嘉德 2020 秋季拍卖会 大观——中国书画珍品 之夜·近现代	185	傅抱石 《大涤草堂图》	20201201	139,200,000
5	北京	北京荣宝	北京荣宝 2020 春季艺术品 拍卖会 中国书画·荣名为宝	232	齐白石 《花草工虫册》	20200823	129,950,000
6	北京	北京保利	北京保利 2020 秋季拍卖会 仰之弥高——中国古代书画 夜场	1068	文同 苏轼 《墨竹卷》	20201205	121,900,000
7	上海	上海嘉禾	上海嘉禾 2020 秋季暨十周 年庆拍卖会 《禾风》——中国书画夜场	8066	李可染 《高岩飞瀑图》	20201213	116,725,000
8	北京	北京保利	北京保利 2020 秋季拍卖会 中国书画夜场	639	傅抱石 《二湘图》	20201204	104,650,000
9	北京	中国嘉德	中国嘉德 2020 春季拍卖会 大观——中国书画珍品之夜 近现代 / 古代	780	董其昌 《书画合璧山水小景》	20200816	75,400,000
10	北京	中国嘉德	中国嘉德 2020 秋季拍卖会 大观——中国书画珍品 之夜·古代	290	八大山人 《山水花鸟书法册》	20201201	71,920,000

中国书画—书法

序号	地区	拍卖行	拍卖会及专场	Lot号	作品名称	拍卖时间	人民币成交价（含佣金）
1	北京	中国嘉德	中国嘉德2020秋季拍卖会 大观——中国书画珍品之夜·古代	279	朱敦儒《暌索帖》	20201201	151,960,000
2	北京	北京荣宝	北京荣宝2020春季艺术品拍卖会 中国书画·荣名为宝	225	夏言《仙坛雅集卷》	20200823	36,225,000
3	上海	上海朵云轩	2020朵云轩120周年庆典拍卖会 云集——中国古代书画夜场	1649	文徵明《临宋四家四律诗行书卷》	20200924	34,500,000
4	上海	荣宝斋（上海）	荣宝斋（上海）九周年书画精品拍卖会 荣名为宝	51	徐渭 行书《白鹿表》	20201025	28,750,000
5	北京	北京保利	北京保利十五周年庆典拍卖会 仰之弥高——古代书画夜场	4012	董其昌《临淳化阁帖》	20201018	28,750,000
6	北京	中国嘉德	中国嘉德2020秋季拍卖会 大观——中国书画珍品之夜·古代	275	丁敬《砚林老人诗文遗墨集卷》	20201201	23,780,000
7	上海	上海嘉禾	上海嘉禾2020秋季暨十周年庆拍卖会《禾风》——中国书画夜场	8085	董其昌 行书《昼锦堂记十二屏》	20201213	18,975,000
8	香港	苏富比香港	苏富比香港2020春季拍卖会 中国古代书画	2555	董其昌 行书《陈心抑尚书神道碑》	20200709	17,972,743
9	北京	北京保利	北京保利十五周年庆典拍卖会 仰之弥高——古代书画夜场	4019	王铎 草书临王献之《铁石帖》	20201018	17,250,000
10	香港	东京中央（香港）	东京中央拍卖12月现场拍卖会（二） 近世墨痕 日本某书道会创始会长同一收藏	796	张瑞图《草书七言诗》	20201230	15,906,510

油画及中国当代艺术

序号	地区	拍卖行	拍卖会及专场	Lot号	作品名称	拍卖时间	人民币成交价（含佣金）
1	香港	苏富比香港	苏富比香港2020春拍卖会 现代艺术夜场	1024	常玉《绿色背景四裸女》	20200708	225,666,891
2	北京	北京永乐	2020艺术品全球首拍 现当代艺术夜场	26	赵无极《04.01.79》	20201204	174,800,000
3	香港	佳士得香港	佳士得香港2020年7月拍卖会 现代及当代艺术夜场	121	常玉《青花盆中盛开的菊花》	20200710	167,384,541

4	香港	苏富比香港	苏富比香港 2020 秋季 拍卖会 现代艺术夜场	1015	常玉 《青花盆与菊》	20201005	163,396,907
5	北京	北京永乐	前奏——永乐夏季拍卖会 现当代艺术夜场	847	曾梵志 《面具系列 1996 NO.6》	20200818	161,000,000
6	香港	佳士得香港	佳士得香港 2020 秋季 拍卖会 常玉 八尾金鱼	800	常玉 《八尾金鱼》	20201202	148,647,466
7	香港	苏富比香港	苏富比香港 2020 秋季 拍卖会 现代艺术夜场	1016	常玉 《翘腿的裸女》	20201005	147,338,054
8	香港	苏富比香港	苏富比香港 2020 秋季 拍卖会 现代艺术夜场	1013	吴冠中 《北国风光》	20201005	132,282,879
9	香港	佳士得香港	佳士得香港 2020 秋季 拍卖会 现代及当代艺术夜场	123	常玉 《篮中粉红菊》	20201202	120,642,308
10	香港	苏富比香港	苏富比香港 2020 春季 拍卖会 现代艺术夜场	1017	赵无极 《20.03.60》	20200708	100,304,064

陶瓷器

序号	地区	拍卖行	拍卖会及专场	Lot 号	作品名称	拍卖时间	人民币成交价 （含佣金）
1	北京	北京保利	北京保利十五周年庆典 拍卖会 禹贡 I ——康熙大帝之几暇 格物	5017	清康熙 五彩十二月花卉图 题诗句杯	20201019	132,825,000
2	北京	北京保利	北京保利十五周年庆典 拍卖会 禹贡 II ——雍正御窑十三绝	5042	清雍正 青花海水九龙纹胆式瓶	20201019	85,100,000
3	香港	苏富比香港	2020 春季拍卖会 蕴古存今——迦纳爵士旧藏 玲珑夹层瓶	1	清乾隆 胭脂红地锦上添花粉彩 夹冬青釉描金镂空套瓶	20200711	61,501,284
4	北京	北京保利	北京保利十五周年庆典 拍卖会 禹贡 III ——五福五代 清宫秘瓷	5077	清乾隆 祭红釉描金银御题诗 胆式瓶	20201019	39,100,000
5	北京	北京保利	北京保利 2020 秋季拍卖会 凝禧——鸿禧美术馆、十面 灵璧山居、山中商会诸家 藏瓷拾珍	1763	清雍正 粉彩过枝"福寿双全" 八桃五蝠图盘	20201205	38,525,000
6	香港	保利香港	保利香港 2020 秋季拍卖会 云润星晖：放山居、十面灵 璧山居暨海外名家藏 盛清瓷器	1039	清乾隆 松石绿地粉彩描金折枝 莲八吉祥纹如意耳瓶	20201202	36,076,514
7	北京	北京大羿	北京大羿 2020 春季拍卖会 龙焱——宫廷艺术珍品	305	清乾隆 粉彩山水百鹿图 螭耳鹿头尊	20201018	35,650,000

序号	地区	拍卖行	拍卖会及专场	Lot 号	作品名称	拍卖时间	人民币成交价（含佣金）
8	北京	北京宝瑞盈	北京宝瑞盈 2020 大型艺术品拍卖会 古董珍玩——璀璨之夜	1517	明成化 青花海水天马纹卧足碗	20201016	34,800,000
9	北京	北京保利	北京保利十五周年庆典拍卖会 禹贡Ⅱ——雍正御窑十三绝	5038	清雍正 粉彩过枝"福寿双全" 六桃五蝠图碗	20201019	33,350,000
10	北京	北京保利	北京保利十五周年庆典拍卖会 禹贡Ⅲ——五福五代 清宫秘玩	5071	清乾隆 胭脂紫地夹白地粉彩描金"歌舞升平" "福在眼前"螭耳瓶	20201019	32,200,000

玉石器

序号	地区	拍卖行	拍卖会及专场	Lot 号	作品名称	拍卖时间	人民币成交价（含佣金）
1	北京	北京宝瑞盈	北京宝瑞盈 2020 大型艺术品拍卖会 古董珍玩——璀璨之夜	1541	近代 新疆和田羊脂白玉籽料	20201016	45,472,000
2	伦敦	佳士得伦敦	佳士得伦敦 2020 年 11 月拍卖会 重要中国艺术精品	7	西汉 黄玉带钩	20201103	25,670,895
3	香港	苏富比香港	苏富比香港 2020 秋季拍卖会 凝盈一色（二）	16	西汉 玉雕朱雀纹高足杯	20201009	19,178,205
4	纽约	苏富比纽约	2020 秋季纽约亚洲艺术周 琼肯：玉	227	清乾隆 黄玉雕瑞兽摆件	20200922	11,600,498
5	北京	北京保利	北京保利十五周年庆典拍卖会 禹贡Ⅲ——五福五代 清宫秘玩	5090	清乾隆 白玉仙人贺寿双蝠如意（一对）	20201019	11,270,000
6	香港	苏富比香港	苏富比香港 2020 春季拍卖会 凝盈一色	124	清乾隆 白玉鸡缸杯	20200711	10,635,147
7	厦门	保利（厦门）	保利厦门 2019 秋季拍卖会 珠宝腕表与装饰艺术	1143	当代 北极玉	20200103	9,200,000
8	香港	佳士得香港	佳士得香港 2020 秋季拍卖会 韶华璀璨——斯普菲博物馆珍藏	2908	清乾隆或嘉庆 白玉福禄寿摆件	20201130	9,128,319
9	北京	华艺国际（北京）	华艺国际（北京）首季拍卖会 瑰丽——珠宝翡翠及名品手袋	6051	当代 高毅进 白玉"观音"摆件	20201015	8,625,000
10	纽约	佳士得纽约	2020 纽约亚洲艺术周 重要中国瓷器及工艺精品	1543	清乾隆 白玉雕童子洗象摆件	20200925	6,862,838

佛像唐卡

序号	地区	拍卖行	拍卖会及专场	Lot 号	作品名称	拍卖时间	人民币成交价（含佣金）
1	巴黎	苏富比巴黎	亚洲艺术珍品拍卖会 亚洲艺术珍品	28	12 世纪 鎏金铜合金释迦牟尼佛坐像	20201211	21,376,940
2	纽约	佳士得纽约	2020 纽约亚洲艺术周 重要中国瓷器及工艺精品	1531	北齐 石灰岩释迦牟尼佛立像	20200925	17,258,617
3	巴黎	佳士得巴黎	佳士得巴黎 2020 秋季 拍卖会亚洲艺术	60	约 13 世纪 鎏金铜金刚手菩萨立像	20201210	15,506,174
4	纽约	佳士得纽约	2020 纽约亚洲艺术周 崇圣御宝——詹姆斯及玛丽莲·阿尔斯多夫珍藏（第一部分）	809	隋 大理石雕佛首	20200924	15,228,191
5	厦门	厦门博乐德	厦门博乐德 2020 春季艺术品拍卖会 符瑞·宫廷瓷器及古董珍玩	510	清康熙 铜鎏金无量寿佛像	20200928	15,065,000
6	北京	北京文津阁	北京文津阁 2020 春季艺术品拍卖会 诸相非相——佛教艺术专场	220	清康熙 鎏金铜无量寿佛坐像	20201015	14,490,000
7	巴黎	佳士得巴黎	佳士得巴黎 2020 秋季 拍卖会 亚洲艺术	59	约 13 世纪 铜观音菩萨立像	20201210	14,067,457
8	北京	中国嘉德	中国嘉德 2020 秋季拍卖会 游檀林——佛教艺术集萃	2328	清乾隆（宫廷） 铜漆金白马头金刚（六品佛楼）	20201201	13,340,000
9	北京	华艺国际（北京）	华艺国际（北京）首季 拍卖会 华章——古代宫廷艺术品	1806	清康熙 御制铜鎏金无量寿佛	20201016	12,650,000
10	北京	北京永乐	前奏·永乐夏季拍卖会 中国古董珍玩专场	1030	明永乐 铜鎏金文殊菩萨	20200817	10,925,000

古典家具

序号	地区	拍卖行	拍卖会及专场	Lot 号	作品名称	拍卖时间	人民币成交价（含佣金）
1	香港	苏富比香港	苏富比香港 2020 春季 拍卖会 凝盈一色	111	明 17 世纪 黄花梨夹头榫独板面双凤挡板带托子翘头案	20200711	52,546,796
2	香港	苏富比香港	苏富比香港 2021 秋季 拍卖会 凝盈一色（二）	75	17 世纪 黄花梨万历柜（一对）	20201009	49,981,258

3	香港	苏富比香港	苏富比香港 2022 春季拍卖会 凝盈一色	115	明 17 世纪 黄花梨独板围子夔龙纹罗汉床	20200711	42,597,365
4	北京	华艺国际 （北京）	华艺国际（北京）2020 秋季拍卖会 大美——中国艺术珍品之夜	43	明末清初 黄花梨独板如意云纹大翘头案	20201205	35,650,000
5	北京	北京宝瑞盈	北京宝瑞盈 2020 大型艺术品拍卖会 中国明清家具专场	1610	明晚期 黄花梨镂雕螭龙纹福寿落地大插屏	20201015	24,940,000
6	北京	北京宝瑞盈	北京宝瑞盈 2020 大型艺术品拍卖会 中国明清家具专场	1621	清中期 紫檀雕法书夹头榫大平头案	20201015	23,200,000
7	北京	北京保利	北京保利十五周年庆典拍卖会 逍遥座 II——十面灵璧山居暨海外名藏重要明清家具	6358	明末清初 紫檀曲尺围子罗汉床	20201020	23,000,000
8	北京	中国嘉德	中国嘉德 2020 秋季拍卖会 清隽明朗——明清古典家具精品	3818	明末清初 紫檀有束腰马蹄足四柱灯笼锦围子架子床	20201204	20,880,000
9	北京	北京保利	北京保利 2020 秋季拍卖会 挹古芳——清康熙黄花梨雕螭龙螭凤纹双闷仓大四件柜 宫廷艺术与重要瓷器、玉器、工艺品	1829	清康熙 黄花梨雕螭龙螭凤捧寿纹双闷仓大四件柜(一对)	20201205	20,700,000
10	香港	苏富比香港	苏富比香港 2020 秋季拍卖会 凝盈一色（二）	53	明 17 世纪 黄花梨六柱透雕螭龙瑞兽纹围子架子床	20201009	20,235,168

金属器

序号	地区	拍卖行	拍卖会及专场	Lot 号	作品名称	拍卖时间	人民币成交价 （含佣金）
1	巴黎	苏富比巴黎	2020 秋季纽约亚洲艺术周 重要中国艺术精品	578	战国 公元前 3 或 4 世纪 青铜错金银嵌琉璃乳钉纹方壶	20200923	56,222,482
2	北京	中国嘉德	中国嘉德 2020 秋季拍卖会 大观——中国书画珍品之夜·古代	284	秦始皇诏版	20201201	23,200,000
3	北京	北京保利	北京保利十五周年庆典拍卖会 禹贡 I——康熙大帝之几暇格物	5022	清康熙 54 年 御制铜鎏金蒲牢纽八卦纹"应钟"、"蕤宾"编钟	20201019	16,100,000
4	伦敦	佳士得伦敦	佳士得伦敦 2020 年 11 月拍卖会 重要中国艺术精品	12	东周 铜错金银龙凤纹车饰（一对）	20201103	13,465,612

5	香港	中国嘉德（香港）	中国嘉德香港 2020 秋季拍卖 观古 II——玉器金石文房艺术	880	商晚期 青铜 "作从彝戈" 方鼎	20201010	9,643,698
6	北京	中贸圣佳	中贸圣佳 25 周春季艺术品拍卖会 止水——中国古代铜镜	575	隋末唐初 "淮南起照，仁寿传名" 铭四神十二生肖纹镜	20201017	9,200,000
7	北京	北京保利	北京保利十五周年庆典拍卖会 禹贡III——五福五代清宫秘瓻	5053	商 康丁方彝	20201019	9,085,000
8	香港	佳士得香港	佳士得香港 2020 秋季拍卖会 摛翰藻——文房雅气	2801	晚商 青铜鸮卣	20201130	8,080,091
9	香港	佳士得香港	佳士得香港 2020 秋季拍卖会 韶华璀璨——斯普菲博物馆珍藏	2905	清雍正或乾隆 御制掐丝珐琅饕餮纹贯耳大壶	20201130	7,555,977
10	纽约	苏富比纽约	中国重要艺术	648	明 16 世纪或 17 世纪 铜文官立像（一对）	20200923	7,505,806

文房雅玩

序号	地区	拍卖行	拍卖会及专场	Lot 号	作品名称	拍卖时间	人民币成交价（含佣金）
1	北京	华艺国际（北京）	华艺国际（北京）首季拍卖会 华章——古代宫廷艺术品	1808	清乾隆 御制碧玉 "三希堂" 葫芦形宝玺	20201016	98,900,000
2	北京	北京保利	北京保利十五周年庆典拍卖会 禹贡III——五福五代清宫秘瓻	5079	清乾隆 御制黄水晶 "德日新" "所宝惟贤" "乾隆御笔" 组玺三方（原配紫檀印匣）	20201019	19,550,000
3	香港	苏富比香港	苏富比香港 2020 春季拍卖会 重要中国艺术精品	3629	清乾隆 乾隆帝御宝花青玉交龙纽玺	20200711	15,876,287
4	北京	北京保利	北京保利十五周年庆典拍卖会 禹贡 II——雍正御窑十三绝	5039	清雍正 仿花梨木纹釉夹白地粉彩待琴图笔筒	20201019	13,800,000
5	北京	北京保利	北京保利十五周年庆典拍卖会 禹贡III——五福五代清宫秘瓻	5083	清中期 田黄 "潘仕成收藏金石文字之印信" 章	20201019	10,925,000
6	杭州	西泠印社	西泠印社 2020 春季拍卖会 文房清玩·历代名砚暨古墨专场	3566	清 金农、康泰铭 "稽留山民画眉梅第二砚"	20200809	10,580,000
7	上海	上海嘉禾	上海嘉禾 2020 秋季暨十周年庆拍卖会 《禾风》——中国书画夜场	8082	清康熙 御制 "康熙御览" 瑞兽纽方形玺	20201213	10,120,000

8	北京	华艺国际（北京）	华艺国际（北京）2020 秋季拍卖会 大美——中国艺术珍品之夜	40	清乾隆 天蓝地锦上添花洋彩暗八仙福寿如意万年甲子旋转笔筒	20201205	8,970,000
9	北京	中贸圣佳	中贸圣佳 25 周年春季艺术品拍卖会 璀璨——中国书画及古代艺术珍品夜场	899	清乾隆 紫檀随形雕百子闹春图笔海	20201017	8,740,000
10	北京	中贸圣佳	中贸圣佳 25 周年春季艺术品拍卖会 方物——古代文人书房长物	1519	明 灵璧山子	20201016	8,050,000

竹木牙角

序号	地区	拍卖行	拍卖会及专场	Lot 号	作品名称	拍卖时间	人民币成交价（含佣金）
1	北京	华艺国际（北京）	华艺国际（北京）首季拍卖会 游于艺——名人旧藏专场	1613	近代 吴湖帆画竹 金西厓刻制 乌木扇骨、白竹秘阁 近现代 冯力远竹雕花鸟诗文臂搁、精刻金文臂搁	20201016	3,220,000
2	北京	北京保利	北京保利拍卖十五周年庆典拍卖会 逍遥座 I ——十面灵璧山居暨马科斯·弗拉克斯藏案上木器清玩	6317	明末清初 黄花梨炕桌式双陆棋局	20201020	2,300,000
3	香港	佳士得香港	佳士得香港 2020 年 7 月网络拍卖会 赏心乐艺：中国艺术网上拍卖	8823	清 18 世纪 竹根雕蛙	20200701	1,856,237
4	北京	北京古天一	虔心·古天一 2020 拍卖会 清玩聚珍	2044	清中期 沉香山水杯	20201016	1,725,000
5	北京	北京保利	北京保利十五周年庆典拍卖会 息壤——省吾庐藏文石箑骨及诸家藏文房清供	6415	民国 金西厓刻溥心畬松猿图、溥心畬行书诗文竹扇骨	20201020	1,552,500
6	北京	北京保利	北京保利十五周年庆典拍卖会 抟古芳——宫廷艺术与重要瓷器、玉器、工艺品	6182	清乾隆 紫檀嵌银丝题铭架配古玉斧	20201020	1,495,000
7	北京	北京保利	北京保利十五周年庆典拍卖会 息壤——省吾庐藏文石箑骨及诸家藏文房清供	6439	清乾隆 竹刻贴黄乾隆御笔行书陶渊明诗文扇骨	20201020	1,380,000
8	北京	华艺国际（北京）	华艺国际（北京）首季拍卖会 游于艺——名人旧藏专场	1642	明 沉香雕螭龙灵芝纹如意	20201016	1,380,000
9	北京	北京永乐	2020 艺术品全球首拍 中国古董珍玩及佛教艺术	945	清早期 沉香雕山水图杯（一对）	20201202	1,150,000
10	东京	东京新日本	东京新日本拍卖——2020 第 6 次网络拍卖 瓷器杂项专场	250	沉香 4 千克	20200908	1,086,441

鼻烟壶

序号	地区	拍卖行	拍卖会及专场	Lot 号	作品名称	拍卖时间	人民币成交价（含佣金）
1	北京	北京大羿	北京大羿 2020 秋季拍卖会（一）龙焱——重要宫廷艺术珍品	607	清乾隆 清宫内府御制铜胎画珐琅西洋画景图鼻烟壶	20201206	2,990,000
2	香港	佳士得香港	2020 秋季拍卖会 重要中国瓷器及工艺精品	3093	清 18/19 世纪 墨白玉苏作巧雕得利图鼻烟壶	20201130	1,528,666
3	保利	北京保利	北京保利 2020 秋季拍卖会 抟古芳——清康熙黄花梨雕螭龙螭凤纹双闷仓大四件柜 宫廷艺术与重要瓷器、玉器、工艺品	1883	清 翡翠烟壶	20201205	1,380,000
4	香港	佳士得香港	2020 秋季拍卖会 私人珍藏鼻烟壶及烟碟	69	清乾隆 御制铜胎画珐琅开光西洋侍女图鼻烟壶 清乾隆 御制铜胎画珐琅山水图花卉纹鼻烟碟	20201008	491,357
5	北京	北京宝瑞盈	2020 北京宝瑞盈大型艺术品拍卖会 中国古董珍玩专场	1064	清 料器画珐琅花鸟纹鼻烟壶	20201015	464,000
6	昆明	云南典藏	云南典藏二十五周年庆典拍卖会 "大理国"之夜	3031	清 翡翠鼻烟壶	20201127	448,500
7	南京	江苏六朝艺宴	六朝艺宴 2020 春季艺术品拍卖会 集大成者——丁二仲鼻烟壶专题	27	十骏犬	20200918	322,000
8	香港	佳士得香港	2020 秋季拍卖会 重要中国瓷器及工艺精品	3097	清乾隆 玛瑙阴刻御题诗文双蝶耳鼻烟壶	20201130	305,733
9	香港	佳士得香港	2020 秋季拍卖会 重要中国瓷器及工艺精品	3096	清乾隆 蓝玻璃胎珐琅彩梅石花卉鼻烟壶	20201130	305,733
10	南京	江苏六朝艺宴	六朝艺宴 2020 年春季艺术品拍卖会 集大成者——丁二仲鼻烟壶专题	6	小写意虫草	20200918	276,000

古籍文献及手稿

序号	地区	拍卖行	拍卖会及专场	Lot 号	作品名称	拍卖时间	人民币成交价（含佣金）
1	北京	北京永乐	2020 艺术品全球首拍 中国古代书画夜场	180	宋龙舒本《王文公文集》《宋人信札册》	20201202	263,350,000
2	北京	华艺国际（北京）	华艺国际（北京）首季拍卖会 亚东遗珍	118	胡适 胡适留学日记手稿	20201016	139,150,000

3	北京	中国嘉德	中国嘉德 2020 春季拍卖会 大观——中国书画珍品之夜 近现代／古代	773	明人尺牍	20200816	43,384,000
4	上海	上海嘉禾	上海嘉禾 2020 秋季 暨十周年庆拍卖会 《禾风》——中国书画夜场	8053	茅盾 谈最近的短篇小说手稿	20201213	28,750,000
5	北京	华艺国际 （北京）	华艺国际（北京）首季 拍卖会 亚东遗珍	119	陈独秀 科学与人生观序	20201016	21,850,000
6	北京	北京保利	北京保利十五周年庆典拍卖会 宋刻《通鉴纪事本末》专场	142	宋刻 通鉴纪事本末四十二卷全本	20201018	20,240,000
7	北京	中国嘉德	中国嘉德 2020 秋季拍卖会 八百年世代相守——遂安詹 氏旧藏南宋詹仪之告身	2163	南宋淳熙年间 詹仪之任官告身 遂安詹氏旧藏	20201202	18,560,000
8	香港	苏富比香港	苏富比香港 2020 春季拍卖会 中国古代书画	2598	张雨 致伯清信札	20200709	10635147
9	北京	中国嘉德	中国嘉德 2020 秋季拍卖会 大观——中国书画珍品 之夜·古代	274	吴大澂 愙斋临黄小松司马嵩洛 访碑廿四图并诸家跋	20201201	9280000
10	上海	上海朵云轩	2020 朵云轩 120 周年庆典 拍卖会 云集——中国古代书画夜场	1622	唐寅 手札	20200924	7015000

邮品钱币

序号	地区	拍卖行	拍卖会及专场	Lot 号	作品名称	拍卖时间	人民币成交价 （含佣金）
1	北京	北京保利	方寸聚九州——邮品专场 方寸聚九州——邮品（一）	10275	1897 年上海寄镇江西式封	20201023	8,222,500
2	北京	北京保利	北京保利拍卖十五周年庆典 拍卖会 禹贡Ⅲ——五福五代 清官秘瓻	5063	大明嘉靖四十年十月 户部造 五十两金锭	20201019	8,050,000
3	北京	北京诚轩	北京诚轩 2020 春季拍卖会 机制币	2275	上海壹两"无射线"版 银币样币 /PCGS SP64	20200818	5,175,000
4	北京	北京诚轩	北京诚轩 2020 春季拍卖会 机制币	2276	上海壹两"有射线"版 银币样币 /PCGS SP65	20200818	4,887,500
5	北京	北京保利	北京保利十五周年庆典 拍卖会 泉韵古今——钱币	14663	1900 年江南省造 庚子光绪元宝库平七钱 二分银币	20201018	4,657,500
6	北京	北京诚轩	北京诚轩 2020 秋季拍卖会 机制币	1622	光绪二十九年户部 光绪元宝库平一两银币 样币 /PCGS SP64	20201214	3,335,000
7	北京	北京诚轩	北京诚轩 2020 秋季拍卖会 机制币	1646	宣统三年 大清银币"反龙"版壹圆 样币 /PCGS SP64	20201214	3,335,000

8	北京	北京保利	北京保利十五周年庆典拍卖会 泉韵古今——钱币	14662	1898年江南省造戊戌光绪元宝库平七钱二分银币	20201018	2,990,000
9	北京	北京诚轩	北京诚轩2020秋季拍卖会 机制币	2459	己酉大清铜币中心 "汴"试铸样币四枚／均PCGS评级	20201214	2,875,000
10	上海	上海泓盛	上海泓盛2020 暨十五周年秋季 近代机制币（银币、铜元）	367	民国三年 袁世凯像壹圆 "L.GIORGI"签字版 银币试铸样币一枚	20201202	2,530,000

珠宝尚品

序号	地区	拍卖行	拍卖会及专场	Lot号	作品名称	拍卖时间	人民币成交价（含佣金）
1	香港	佳士得香港	佳士得香港2020年7月拍卖会 瑰丽珠宝及翡翠首饰	1947	12.11克拉榄尖形浓彩蓝色IF钻石戒指	20200709	106,906,153
2	香港	苏富比香港	佳士得香港2020秋季拍卖会 The Victor 10239	1818	102.39克拉椭圆形D色内外无瑕Type IIa全美钻石	20201005	106,187,243
3	香港	苏富比香港	苏富比香港2020春季拍卖会 瑰丽珠宝	1806	5.04克拉心形艳彩蓝色VS2净度钻石配钻石戒指	20200710	71,450,715
4	北京	华艺国际（北京）	艺国际（北京）首季拍卖会 瑰丽——珠宝翡翠及名品手袋	6126	天然满绿玻璃种翡翠配钻石"平安无事"牌	20201015	56,350,000
5	香港	苏富比香港	苏富比香港2020春季拍卖会 瑰丽珠宝	1807	4.49克拉心形艳彩粉红色内部无瑕(IF)钻石配钻石戒指	20200710	55,034,154
6	香港	苏富比香港	苏富比香港2020秋季拍卖会 瑰丽珠宝	1662	天然"帝王绿"翡翠珠配钻石项链	20201007	54,999,650
7	北京	华艺国际（北京）	华艺国际（北京）2020秋季拍卖会 瑰丽珠宝·名品手袋·珍贵名表	6055	天然玻璃种"帝王绿"翡翠配红宝石及钻石珠链	20201205	52,900,000
8	香港	佳士得香港	佳士得香港2020秋季拍卖会 瑰丽珠宝及翡翠首饰	2016	Boghossian及陈智安设计28颗10.41至1.48克拉枕形或长方形哥伦比亚天然祖母绿项链	20201129	47,388,641
9	北京	北京保利	北京保利2020秋季拍卖会 至尊贵藏——珠宝腕表及手袋专场	2014	缅甸天然"帝王绿"翡翠蛋面配钻石项链及耳环套装	20201205	46,575,000
10	香港	佳士得香港	佳士得香港2020秋季拍卖会 瑰丽珠宝及翡翠首饰	2029	3.29及3.29克拉榄尖形浓彩蓝色IF钻石耳环	20201129	41,099,273

Chapter 5
Global Antique and Art Industry Events in 2020

第五章　年度文物艺术品行业大事记

中国收藏
拍卖年鉴
2021

CHINESE FINE ART &
ANTIQUES AUCTION
YEARBOOK 2021

哈佛中国艺术实验室落地上海

1月3日，哈佛大学中国艺术实验室（CAMLab）项目基地揭牌仪式在位于上海闵行区的楠书房举行。CAMLab 隶属哈佛大学文理学院，是整合尖端学术研究与多媒体艺术创意的国际平台，由洛克菲勒亚洲艺术史终身教授汪悦进（Eugene Wang）创立并主导，致力于将高科技与中国传统文化有机结合，促使传统文化以新面貌呈现。楠书房作为传播中国传统书房文化最有代表性的机构，与 CAMLab 所持理念及价值观不谋而合，双方将进行长期合作。

首个项目聚焦中国戏曲史上最杰出的作品之一《牡丹亭》，使用器物揭示其背后的精神和想象空间，提炼中国物质文化元素，为观众留下一个特殊的体验。

上海博物馆打造"智慧场馆"：AI 展厅导览和文物科研先行

1月6日，上海博物馆与科大讯飞、阿科瑟司、同济大学建筑设计研究院三家前沿科技单位签署战略合作协议，共同开展人工智能及智慧文化场馆建设等相关的业务合作。上海博物馆根据自身特点提出 AI 展厅导览和 AI 文物科研两方面场景需求。

随着科技发展，此次上博通过和几家单位的合作，将形成一个顶层设计架构。结合人工智能、大数据、互联网等先进技术，就智能化管理系统、视频分析、智慧客流分析、博物馆智能导览、智能辅助文物修复、古籍文献智能研究等六个应用建设各方面开展全面合作。提高博物馆科学和精细化管理水平，打造成一个全新的智能化的场馆系统，更加贴合观众需求。

文化和旅游部印发 《文化和旅游部贯彻落实国务院在自由贸易试验区开展 "证照分离" 改革全覆盖试点实施方案》

1月7日，文化和旅游部印发《文化和旅游部贯彻落实国务院在自由贸易试验区开展"证照分离"改革全覆盖试点实施方案》（以下简称《方案》）。该《方案》在上海、广东等多个自由贸易试验区分类推进审批制度改革，为在全国实现"证照分离"改革形成可复制推广的创新成果。同时，落实和强化事中事后监管，按照有关要求和统一标准，全面推进"一网通办"。完善行业准入规则，扩大经营自主权，优化营商环境，推动文化和旅游产业高质量发展。

国家文物局发布第三批全国文物行政执法指导性案例

1月7日，国家文物局发布第三批共14个全国文物行政执法指导性案例，并对有关办案单位予以通报表扬。

开展指导性案例遴选，是推进法治政府建设的一项重要措施，案例引起社会广泛关注，起到良好普法宣传效果。本届遴选活动通过推荐、评审、复核等过程，最终确定14个入选案例，分别来自全国13个省市地区。入选案例在解决"重处罚轻整改"问题、确保执法效果和社会效果相统一方面有新亮点。此批案例为相关部门切实履行文物安全和执法责任，指导地方提高依法行政水平，加强文物行政执法规范化建设，推进文物治理体系和治理能力的现代化等方面具有示范和警示作用。

荷兰首次将大量文物归还印度尼西亚

1月8日，荷兰政府将1500件历史文物送回了曾经是荷兰殖民地的印度尼西亚。这些文物来自努桑塔拉博物馆（Nusantara Museum），藏品种类繁多，且时间跨度巨大，最古老的文物可追溯到公元前5000年，最近的文物来自20世纪40年代。

早在2016年11月两国便同意将这些文物返还给印度尼西亚，但由于外交和法律上的纠纷，这一过程被推迟。这批文物的归还对印尼国家意义重大，同时也为世界各国藏品归还问题给予了信心。

百余件欧洲扇亮相河北博物馆

1月8日，展览"欧扇千华"在河北博物院开幕，共展出 100 余件 18、19 世纪珍贵欧洲扇。展品以法国扇为主，部分来自英国及意大利。通过"欧式华美""东风来仪"和"别出心'材'"三个部分，展示了欧洲扇风格各异的繁华风貌，中国元素对欧洲扇的影响，以及多种多样的材质之美。该展览表达了西方典雅唯美的审美情趣，再现中西文化交融共生的历程，让观众以扇子为载体，了解到更多的欧洲文化信息。

"星槎万里——紫禁城与海上丝绸之路文物展" 在澳门开幕

1月11日，"星槎万里——紫禁城与海上丝绸之路大型文物展"在澳门艺术博物馆开幕，展览由澳门艺术博物馆与故宫博物院共同主办，展出近 150 件两馆珍藏的海上丝路相关文物。展览期间举行多项相关主题活动，包括故宫知识课堂、艺术与科学活动以及上元之夜元宵灯会。澳门是中西文化交流的桥头堡，是海上丝绸之路的重要节点，本次展览见证了西方器物与知识的引进和传播，以及国人据此而进行创造和转化的努力。

河南淮阳发现中国最早车辙

1月13日，在河南省文物考古研究院《2019 年度考古成果交流报告会》中，淮阳平粮台考古队领队、北京大学副教授秦岭发布了重要研究成果。河南淮阳平粮台遗址发现车辙痕迹，距今至少 4200 年，是中国迄今发现的年代最早的车辙痕迹，对研究我国车轮的发明、车的起源具有重要学术价值。路面之上，多处车辙痕迹宽 0.1 至 0.15 米，最深处 0.12 米，最明显的一条长达 3.3 米。其中，一段车辙双条并进，间距 0.8 米，被专家们初步判断为"双轮车"车辙印迹。淮阳平粮台遗址车辙的发现，又将中国车的起源提前了至少 500 年。

中罗签署有关文化财产保护协定

1月17日，中国和罗马尼亚在罗首都布加勒斯特签署了《中华人民共和国政府与罗马尼亚政府关于防止盗窃、盗掘和非法进出境文化财产的协定》。该协定旨在有效阻止两国文物非法流入对方国家及其他国家，向世界表明两国政府共同合作保护人类文化遗产的决心，中方将与罗方携手努力，共同推动两国务实合作，促进国际社会更加重视保护人类共同文化遗产。

251件成都海关查获文物在四川展出

1月21日，"蜀地海关，守关护宝——成都海关查获文物特展"在四川博物院开幕。共有251件文物，包括铜佛像、唐卡、书画、陶瓷器、古钱币等品类。这些文物时间跨度长、种类丰富，具有较高的历史、科学和艺术价值，甚至包含国家一级文物，展出藏品均为成都海关查获的文物。

四川省文物局、成都海关共同举办此次特展，旨在宣传展示文物进出境监管相关法规。双方共同签署《合作备忘录》，建立起更加紧密的长效协作机制，为加强四川省文物进出境监管，打击文物走私犯罪，切实保护文物提供更为有力的保障和支持。

美国华人博物馆遇火灾

1月24日，美国华人博物馆（Museum of Chinese in America）遭遇大火。该博物馆收藏了可追溯到19世纪的近8.5万件藏品，全方位地讲述了中国移民到美国后的奋斗历程。这批独一无二的历史文物和艺术藏品，很可能在这场大火中毁于一旦，使人无比痛心。后经抢救，2月2日，博物馆官网公布的公开信中称，博物馆位于中央街215号的主展区没有受到影响，8.5万件藏品中有3.5万件此前作了数字化保存。尽管损失严重，约700箱资料被抢救，其中八成有望修复。

二月大事记
February

中国收藏
拍卖年鉴
2021

CHINESE FINE ART &
ANTIQUES AUCTION
YEARBOOK 2021

国家文物局推送全国博物馆网上展览资源

2月1日，国家文物局对全国博物馆网上展览进行了汇总，并分批在网站公布相关链接。在国家文物局部署下，全国各地博物馆在做好新冠病毒疫情防控的同时，利用已有数字资源推出一批精彩的网上展览，联合社会力量，创新传播方式。为公众提供安全、便捷的在线服务，为抗击疫情加油鼓劲，以实际行动响应、落实党中央国务院"打赢疫情防控攻坚战"的号召。国家文物局首批推送了全国50家博物馆机构展览链接，便于公众查询浏览，并持续更新。

2020 香港巴塞尔展会推出线上展厅

2月7日，巴塞尔艺术展（Art Basel）宣布取消计划于3月17日至21日期间举行的香港展会。主办方在公开邮件中表示，疫情已直接危害亚洲及世界各地的人，出于对公众和工作团队的健康安全考虑，不得已做出该决定。

除疫情原因，主办方还面临着参展商减少、保险费争议和内地藏家流失等多重压力。2020年，时值 Art Basel 创办50周年，原策展方案是以不同年代、文化背景和艺术视角为出发点，联合中国香港、瑞士巴塞尔和美国迈阿密海滩展会，共同呈现为一个国际艺术项目，而这一计划最终未能实现。在香港遗憾退出后，瑞士和迈阿密展会也在同年宣布因疫情取消。

"生命无价， 艺术有力" 众生公益拍卖启动

2月8日，由三联生活传媒与单向空间、北京联益慈善基金会共同发起的"生命无价，艺术有力"众生公益拍卖正式启动，北京单向街公益基金会为此次行动提供特别支持。自活动开始以

来，收到一百多位海内外艺术家创作和捐赠的作品。2 月 15 日，公益行动的第一批作品在匡时在线 APP、iCouncil 收藏在线小程序进行线上拍卖，共分为"现当代艺术""新锐艺术""当代名家书画"和"多元艺术"四大专场。此次公益拍卖，旨在安抚伤痛的心灵，在困境中秉持善念，于风雨后重拾希望。

宝格丽、 古驰相继宣布退出 2020 年巴塞尔国际钟表珠宝展

2 月 11 日，LVMH 旗下的宝格丽（BVLGARI）和开云旗下的古驰（GUCCI）相继官宣退出 2020 年巴塞尔国际钟表珠宝展（Baselworld）。这两个品牌的退出对于接连遭受打击的主办方而言，无疑是雪上加霜。拥有着超过百年历史的巴塞尔钟表珠宝展，每年吸引着近 2000 家钟表和奢侈品牌参加。而近 10 年，展会失去了约 1500 个品牌展商，出现亏损。由于新冠疫情影响的不断加大，主办方也跟紧跟巴塞尔香港的脚步，宣布取消本次展会。

中国拍卖行业协会发布 《关于应对新冠肺炎疫情支持文物艺术品拍卖企业开展网络拍卖的公告》

2 月 13 日，中国拍卖行业协会发布《关于应对新冠肺炎疫情支持文物艺术品拍卖企业开展网络拍卖的公告》。文件指出，为贯彻落实党中央和国务院有关要求，即在 1 月 27 日发出有关暂停、暂缓集中性现场拍卖，鼓励采用网络形式代替的呼吁后，易拍全球、在艺云等企业机构纷纷响应，愿在技术服务、功能创新、费用减免等不同方面全力支持网络方式开展拍卖活动。中拍协将发挥引导和桥梁作用，共同助力企业自身网拍平台建设及第三方平台网拍活动。以此为契机，加快转变经营观念，调整经营模式，全面提升行业信息数字化水平，以适应新时代发展的要求。

三大画廊联合获得价值 4.5 亿美元藏品出售权

2 月 18 日，全球三大顶级画廊佩斯（Pace）、高古轩（Gagosian）和阿奎维拉（Acquavella）获得出售 2019 年去世的著名收藏家、金融家唐纳德·马龙（Donald B. Marron）的藏品的权力。三家画廊与马龙先生生前有着非常亲密的关系，此举打破了一线拍卖行对艺术品交易行业的长期垄断。藏品总价值约 4.5 亿美元，其中不乏毕加索、马克·罗斯科等艺术名家的珍贵作品。

在以往艺术藏品的遗产处理中，委托人基本都是交给拍卖行，并期待在市场中卖出最高价值。而三家画廊在这一巨额藏品竞争中的胜利为市场开了先河，为未来行业发展提供了新的可能性。

庞贝古城遗址修复工程结束

2 月 18 日，规模庞大、耗时数年的庞贝考古遗址修复工程项目结束。庞贝古城毗邻那不勒斯，由于火山爆发毁于公元 79 年。该遗址现为意大利第二热门旅游胜地，仅次于罗马斗兽场。

2013 年，联合国教科文组织警告称，由于维护不善、多处坍塌，庞贝古城可能被移出世界遗产名录。修复项目随即于 2014 年启动，在修复过程中，不断有尚未被考古学家发掘的区域出现，诸多珍宝重见天日。整个项目耗资 1.13 亿美元（约合 7.94 亿元人民币），主要由欧盟承担，修复的完成让这处历史遗址重焕生机。

国家文物局发布 《2020 年工作要点》

2 月 18 日，国家文物局发布《2020 年工作要点》。文中指出，要以习近平新时代中国特色社会主义思想为指导，深入贯彻党的十九大和十九届二中、三中、四中全会精神，切实抓好党建工作。加强制度建设，持续推进《关于加强文物保护利用改革的若干意见》《关于实施革命文物保护利用工程（2018-2022 年）的意见》《关于进一步加强文物安全工作的实施意见》落地见效。提升管理效能，全面服务经济社会发展。增进交流合作，着力提升中华文化影响力。着眼固本强基，不断增强保障能力，推动文物事业改革发展再上新台阶。

英国归还伊拉克文物

2 月 19 日，大英博物馆向伊拉克政府归还 156 件楔形文字泥板。伊拉克外交部于首都巴格达举行海外文物归还仪式，并展出了移交的文物。这些文物原本藏于伊拉克国家博物馆，在战乱中被盗并走私到海外，流落至英国、沙特阿拉伯、瑞士等国家，最终在各国政府的协助下将文物送回。伊拉克战争于 2003 年爆发，总计超过 1.5 万件博物馆藏品在战乱中被盗，迄今约 7000 件已被追回，但仍有 8000 余件文物下落不明。

国家文物局部署有序恢复开放文物、博物馆单位工作

2 月 27 日，国家文物局发布《关于新冠肺炎疫情防控期间有序推进文博单位恢复开放和复工的指导意见》。文中指出，为全面贯彻落实习近平总书记关于统筹推进新冠肺炎疫情防控和经济社会发展的重要讲话精神，根据相关指南和要求，疫情防控期间文博单位恢复开放和复工，要根据防控工作和疫情动态变化情况，精准推进工作；明确主体责任，严格落实各项措施，强化组织领导；优先保障配合国家重大基本建设项目，有序恢复开放文物、博物馆单位；优化服务保障措施，确保人员生命健康安全，服务经济社会发展。

第 34 届圣保罗双年展分期举行

第 34 届圣保罗双年展的主题是 "尽管身处黑暗，我仍高歌。" 双年展的运作基于三个不同的轴：空间，时间和深度。从 2020 年 2 月开始至 10 月结束，举办三场个展和三场短期表演，这些活动将在不同时刻在不同区域展开。首席策展人 Jacopo Crivelli Visconti 阐释其主题："第 34 届圣保罗双年展通过其名称，承认了当代世界的焦虑状态，同时强调了存在艺术的可能性，以此来表达韧性，希望和交流。"

中国收藏
拍卖年鉴
2021

CHINESE FINE ART &
ANTIQUES AUCTION
YEARBOOK 2021

东京艺博会宣布取消 2020 年展会

3 月 4 日，东京艺术协会宣布中止举办"2020 东京艺术博览会"，同期举行的"World Art Tokyo 2020"也一并取消。东京艺博会是日本规模最大、亚洲历史最悠久的艺术博览会，2020年恰逢 15 周年纪念。展会原计划于 3 月 20 日至 22 日举办，主题是"与艺术同在"。据此前的筹备情况，将有来自日本和全球各地共 146 家参展商亮相，展品包括古董、手工艺品和现当代艺术。考虑到新型冠状病毒的传播情况，为保证参展商和参观者健康，主办方不得已在开幕日之前宣布取消，并表示将出台退款及善后方式。

中国首个云端艺术周开启

3 月 5 日，中国"2020 春季·Collect+ 艺术周"开启，展期为 3 月 5 日－ 18 日。艺术周依托在艺"Collect+"小程序平台，共分为四大板块：线上艺博会、云端展览、特别项目和新媒体探索。携手中国大陆及港澳台地区 30 家重要画廊、25 家美术馆、23 家拍卖行及 60 家媒体合作伙伴与品牌机构，共同打造中国首个"云端艺术周"。这不仅是艺术品在线交易的一次探索，也是艺术产业云端运营模式的一次创新，更是艺术公共体验在 5G 新时代的一次突破。在确保防控新冠疫情到位的前提下，社会各行各业逐步开始有序复工复产。

第十四届迪拜国际艺术博览会宣布推迟

3 月 10 日，迪拜国际艺术博览会（Art Dubai）宣布推迟。因新冠病毒全球蔓延的影响，2020 年春季亚洲艺博览会全部宣布取消或无限期延迟。但是，主办方没有取消全部活动，只是从安全角度考虑和实际情况出发，去掉了博览会的"国际"部分，将策划精力和商业资源投入到本土的艺术力量，举办一个针对当地文化社区的项目，包括现有展览会的贡献者和思想领袖，并于原展期举行。新展会呈现迪拜本土艺术计划的活动、展览和演讲等内容，利用现有的资源配置，保持迪拜艺术生态系统的互动和商业运转。

山西吕梁首次考古发现北宋 "柿色彩" 瓷器

3月11日，山西省考古研究所公布，在吕梁地区首次考古发现北宋"柿色彩"瓷器。2019年，考古工作者在吕梁市兴县北部魏家滩镇西磁窑沟村发现了古瓷窑址，并于5月至10月对其进行发掘，不断发现窑炉、作坊、灰坑等遗迹，12月底前对出土的瓷片进行了初步拼对。

西磁窑沟瓷窑址时代可追溯至北宋至金代初期，出土瓷器以日用粗白瓷为主，素面居多，烧成后呈现鲜艳浓厚的"柿黄色""柿红色"。装饰题材多为抽象线条花卉纹，风格质朴，富有浓郁的民间气息。西磁窑沟瓷窑址的发掘填补了吕梁陶瓷考古的空白，极具学术意义，为山西地方特色的瓷器又增添了一处产地。

第33届TEFAF艺博会因参展商新冠肺炎确诊提前闭幕

3月11日，原定于3月15日结束的第33届欧洲艺术和古董展览会（TEFAF）马斯特里赫特艺博会宣布提前结束。一名身份未明的意大利参展商在3月8日回国后新冠肺炎检测呈阳性，促使组委会立即做出了中止展会的决定。

TEFAF是全球规模最大、最有影响力的以大师作品和古董为主的艺术博览盛会。今年TEFAF的展出内容依然吸引人，但是提前闭展对来宾、经销商和对当地经济都造成了一定的负面影响。

奥赛博物馆启动 "奥赛全开" 计划

3月12日，巴黎奥赛博物馆宣布将进行扩建，这项名为"奥赛全开"（Orsay Wide Open）的计划将使博物馆未来可接待更多的参观人数。该扩建项目仅在博物馆目前的占地空间内进行，分两个阶段，预计于 2026 年完成。

作为世界上印象派画作最多的收藏之地，奥赛展出包括莫奈、德加等艺术家在内的近代艺术品 4000 多件，是全球最受欢迎的博物馆之一，每年接待约 360 万访客，博物馆的决策者希望将现有的空间最大化利用。扩建后的奥赛博物馆将首次开放全部的历史建筑，也加大印象派和后印象派艺术的展示比重，使所有观众都能获得更丰富、更方便的访问体验。

2020 画廊周北京宣布延期举办

3 月 15 日，画廊周北京发布《2020 延期开幕日期公告》。公告称，出于保证活动工作人员及出席活动的来宾的健康和安全，画廊周北京 2020 的贵宾活动延期至 5 月 22 至 24 日举办，5 月 26 日至 31 日向公众开放。

画廊周北京是由圈内资深人士组织的当代艺术推广平台，至今已举办三届。画廊周 2020 计划将在北京的 798 艺术区、草场地艺术区、花家地、隆福寺和顺义区天竺镇五大文化艺术区举行，共有 23 家本地画廊和 6 家本地非营利机构参展。即使活动延期，画廊周北京依然是中国第一批重启的艺术活动之一，也是全球疫情暴发后第一个举办的画廊周。

国家文物局发布《关于新冠肺炎疫情防控代表性见证物征集和保存工作的通知》

3 月 18 日，国家文物局发布《关于新冠肺炎疫情防控代表性见证物征集和保存工作的通知》。通知指出，新冠肺炎疫情，是新中国成立以来在我国发生的最大的一次重大突发公共卫生事件。目前疫情防控形势发生积极向好变化，防控工作取得阶段性重要成果。

在这次防控疫情的战斗中，各行业工作者冲锋在前、坚守岗位，涌现了一批先进人物和感人事迹。就加强新冠肺炎疫情防控代表性见证物征集和保存工作，需要高度重视，加强征集工作；突出重点，明确征集工作范围；确保安全，加强防范措施。加强当代物证保存，为明天记录今天。

弗里兹纽约艺博会宣布取消 2020 年展会

3 月 18 日，弗里兹艺博会组委会发布公告，取消 2020 年弗里兹纽约（Frieze New York）

艺博会。此举是鉴于全球对新冠病毒的健康担忧和卫生当局的建议做出的。组委会感谢了所有参展画廊、策展人、合作伙伴、工作人员和纽约社区的坚定支持。对于购票和展位费等退款事宜，组委会也积极联系解决，并邀约在未来的弗里兹纽约相见。

2020 悉尼双年展改为线上举办

3月23日，悉尼双年展宣布，由于新冠疫情恶化，于3月14日开幕的第22届双年展即刻关闭，整个展览移至线上。

本届双年展主题为"NIRIN"，在原住民 Wiradjuri 语中意味着"边缘"。展览包括来自101位艺术家和团体的超过700件艺术品。随着澳大利亚病例数不断攀升，线下活动不得已选择关闭。线下活动关闭后双年展与 Google 合作，通过 Google Arts & Culture 平台将"NIRIN"带给全球观众。虚拟双年展包括直播内容、路线游览、电台广播、互动问答和导览等内容。

美国经济刺激计划为艺术人文行业投入 2.3 亿美元

3月26日，美国参议院通过了一项两万亿美元的联邦经济刺激法案，其中计划分配给艺术行业的总金额为 2.32 亿美元，远低于美国博物馆联盟（AAM）向国会诉求的 40 亿美元。该联盟预计，多达 30% 的博物馆在疫情过后将无法重新开放。虽然对最终的资助数额感到失望，但艺术专业人士和文化组织能够从法案的其他部分中收益，比如获得联邦担保的贷款。英国和德国政府也承诺将通过各种资助和救济计划来支持艺术行业。

April

四月大事记

塞尔日·拉维涅连任蓬皮杜艺术中心主席

4月1日，法国文化部长弗兰克·里斯特（Franck Riester）宣布蓬皮杜现任主席塞尔日·拉维涅（Serge Lasvignes）将连任第二任期，继续领导该机构三年。拉维涅于2015年首次担任蓬皮杜艺术中心主席，在他任职期间，展馆每年保持约300万人次的访客数。他还带头建立机构合作，并推动了多项扩张计划，包括于2019年11月在上海开幕的西岸合作项目。但文化部在声明中表示，因为蓬皮杜需要保持连续性，所以继续让拉维涅继续留任。

卓纳画廊为同行提供在线销售平台

4月3日，卓纳画廊（David Zwirner）发布与12家纽约画廊共享的线上展览平台，大卫·卓纳和他的孩子为其命名为"平台：纽约"（Platform：New York）。

由于纽约和世界各地的公共空间处于关闭状态，许多画廊正在向线上交易和虚拟展厅迁移。卓纳画廊迅速建立了自己的数字空间，并将展览搬到网上。但对于无法将展品数字化的画廊来说，这样的转型是困难的。通过共同使用数字基础设施，卓纳为这些小画廊提供有效的帮助。受邀共享该数字空间的小型画廊包括47 Canal、Bridget Donahue、Company、David Lewis、Essex Street和Queer Thoughts等，参与的画廊将在该项目网站上各展示一位艺术家的两件作品。

《北京市推进全国文化中心建设中长期规划（2019年—2035年）》出台

4月9日，北京市委宣传部、市政府新闻办举行《新时代繁荣兴盛首都文化的意见》《北京市推进全国文化中心建设中长期规划（2019年—2035年）》新闻发布会，把北京历史文化名城保护上升到前所未有的高度。

《规划》提出坚持古都文化、红色文化、京味文化、创新文化的"四个文化"基本格局，加强老城整体保护。深入拓展历史文化保护内涵，丰富保护类型，完善历史文化保护要素。加强大运河、长城、西山永定河三条文化带建设。深入挖掘长城文化蕴含的精神力量，弘扬中华民族团结统一、众志成城、坚韧不屈、自强不息、守望和平、开放包容的伟大精神。

第 44 届世界遗产大会推迟举办

4 月 15 日，第 44 届世界遗产委员会会议（世界遗产大会）宣布将推迟举办。此次大会由联合国教科文组织主办，中国政府承办，原定于 2020 年 6 月 29 日至 7 月 9 日在福建省福州市举行。新冠肺炎疫情发生以来，大会筹委会高度关注，与联合国教科文组织保持密切沟通。根据当前全球疫情态势，世界遗产委员会一致决定推迟第 44 届世界遗产大会，新会期安排在 2021 年 7 月，以线上为主的方式继续在福州举办。

纽约现代艺术博物馆出售珍本书籍筹款

4 月 15 日，纽约现代艺术博物馆（Museum of Modern Art）开始出售珍本书籍筹款，以应对面临的经济危机。用户可以在该馆设计商店网站以 25 美元到 2500 美元不等的价格选购超过 100 种经典书籍。其中包括历史上出版的专著、经典入门书、绘画雕塑藏品集等珍贵版本，所得资金用于博物馆展览和教育项目。由于库存有限，部分书籍已经售罄。除此之外，纽约现代艺术博物馆还提供了一系列在线免费课程，内容涉及当代艺术、战后绘画和摄影素养。

上海 ART021 宣布免除 2020 年所有画廊参展申请费用

4 月 17 日，上海 ART021 组委会决定将申请截止日延长至 5 月 30 日并免除全球所有画廊参展申请费用。第八届博览会于 2020 年 11 月 12 日至 15 日举行。

ART021 对于画廊在亚洲拓展市场、创造销售、联络藏家等方面起着至关重要的作用。在艰难的时期，主办方与上海自贸区国际文化投资发展有限公司达成战略合作，为参展商提供展后六个月的免费保税仓储及清关、运输等优惠费率方案，尽可能给予画廊支持。推出的"FTZART+ART021×365"平台，可为画廊提供艺术品常年展示及交易服务，并协助合作机构设立中国区办事处以及开展艺术品相关业务。

中国收藏
拍卖年鉴
2021

CHINESE FINE ART &
ANTIQUES AUCTION
YEARBOOK 2021

联合国教科文组织召开首次文化部长网络会议

4月22日，联合国教科文组织召开首次文化部长网络会议。各成员国文化部长通过网络对话，讨论新冠肺炎疫情危机对文化领域的影响，分享各国的应对政策及措施。此次会议是作为2019年11月19日教科文组织召开的文化部长论坛的延伸，共有来自全球130余个国家的文化部长、副部长出席并发言。

会中强调，文化对帮助人类度过危机以及促进疫后经济恢复有重要作用，教科文组织将在这个过程中继续发挥协调和引导作用。中方代表表示，中国文化和旅游部为减轻疫情影响及时采取相应措施，并将继续支持教科文组织，同国际社会一道加强抗疫合作。

易拍全球发起 "春雷乍响·全球网络迎春拍卖销售" 活动

4月22日，由全球古董艺术品在线交易平台——"易拍全球"发起并主办的大型网络交易活动"春雷乍响·全球网络迎春拍卖销售"活动发布会，活动以视频连线的形式在网上举办。网络迎春拍卖活动于2020年4月26日在易拍全球App、微信、小程序、官方网站上线预展，4月29日至5月10日期间正式开放。

由于新冠肺炎疫情的大规模爆发，使线下拍卖会数量骤降，市场供给端一时严重不足，线下拍卖会数量骤降。此次网络拍卖聚合了国内外百余家艺术机构，带来数百场高品质互联网销售会，包含古董文玩、书画雕塑、珠宝尚品、西洋艺术品等数十种品类的上万件珍品。艺术市场与科技的深度融合，助推文物艺术品行业全面复兴。

文物艺术品拍卖可开具全额增值税普通发票

4月27日，国家税务总局签发2020年第9号公告。公告第三条指出，拍卖行受托拍卖的文物艺术品，委托方按规定享受免征增值税政策，允许拍卖行以自己名义就代为收取的货物价款向购买方开具增值税普通发票，而对应的货物价款不计入拍卖行的增值税应税收入。

　　规定于 2020 年 5 月 1 日起实施。为防范拍卖企业虚开发票，《通知》中明确要求拍卖行须将拍卖物品的图片信息、委托拍卖合同、拍卖成交确认书、买卖双方身份证明等相关资料留存备查。这一拍卖税务难题的解决，给予疫情冲击下文物艺术品拍卖市场极大的生存和发展信心。

May

五月大事记

中国收藏
拍卖年鉴
2021

CHINESE FINE ART &
ANTIQUES AUCTION
YEARBOOK 2021

2019 年度全国十大考古新发现揭晓

5 月 1 日，2019 年度全国十大考古新发现终评会在线上举行。陕西南郑疥疙洞旧石器时代洞穴遗址、黑龙江饶河小南山遗址、陕西神木石峁遗址皇城台、河南淮阳平粮台城址、山西绛县西吴壁遗址、甘肃敦煌旱峡玉矿遗址、湖北随州枣树林春秋曾国贵族墓地、新疆奇台石城子遗址、青海乌兰泉沟吐蕃时期壁画墓、广东"南海 I 号"南宋沉船水下考古发掘十个项目当选 2019 年度全国十大考古新发现。

全国被盗文物信息平台首建功， 流失 32 年珍贵文物正式回归

5 月 8 日，出土于安徽阜阳的被盗文物"商代兽面纹铜鬲"正式回归安徽博物院。该藏品为国家一级文物，1947 年出土于安徽阜阳，1957 年收入安徽省博物馆，1988 年 12 月被盗流失在外。

2017 年 12 月，安徽博物院接到群众提供的重要线索，某拍卖网站上的一件"商代中期兽面纹铜鬲"与流失藏品相似。安徽博物院、国家文物局和公安部立即叫停了该拍品的交易。经专业人员现场进行勘察比对后确认，此件拍品为 1988 年被盗文物。"商代兽面纹铜鬲"是全国被盗文物信息平台建立后第一例成功追索的被盗藏品，彰显了我国打击文物犯罪、保护文物安全的决心和力量。

墨西哥文化部出台经济措施救助独立艺术团体

5 月 11 日，墨西哥文化部宣布全国 91 个独立艺术团体的戏剧节目获得 7 万至 15 万比索（约合 3000 至 6400 美元）不等的资助。这些戏剧节目经过数字化制作后，将陆续在墨西哥文化部数

字媒体和 Youtube、Facebook 等平台上线。91 个获奖作品体现了墨西哥戏剧的多样性，从儿童剧到经典剧无所不包。此次获奖，让剧团和艺术团体得到了资金上的救助，极大缓解了紧张的经济状况。

国家文物局关于印发 《大遗址利用导则 （试行）》 的通知

5 月 12 日，国家文物局发布关于印发《大遗址利用导则（试行）》的通知。《导则》指出，大遗址利用应遵循"坚持保护第一、注重文化导向、服务社会民生、实现可持续发展"的基本原则，确保文物本体及其环境安全，采取多种方式科学阐释文物价值。鼓励机关、团体、企事业单位、集体和个人参与宣传推介、设施建设、游客服务、文化策划、产业发展等大遗址利用活动。考古发掘资质单位应主动参与大遗址利用工作，研究和阐释文物价值，积极转化考古成果，向公众普及文化知识，提供围绕大遗址价值内涵的公众文化服务。

首届线上弗里兹艺术博览会举行

5 月 12 日，来自世界各地的 200 多家画廊参加了弗里兹艺术博览会（Frieze Art Fair）的首届在线展厅。来自英国的弗里兹艺博会每年在兰德尔岛（Randalls Island）举办其纽约版本的展会，但今年由于新冠疫情被迫取消。

不寻常的展览方式和特别的"向芝加哥致敬"展览单元让新的在线平台充满生机，博览会展出了格特鲁德·阿伯克龙比（Gertrude Abercrombie）、埃弗兰·斯塔辛格（Evelyn Statsinger）和莫利·祖克曼 – 哈特（Molly Zuckerman-Hartung）等艺术家的最新作品。线上展览让很多人受益，因为可以不受时空的局限浏览丰富的展品，为藏家提供了一种独特的观展体验。

国家文物局公布 《文物保护工程安全检查督察办法 （试行）》

5 月 13 日，国家文物局公布《文物保护工程安全检查督察办法（试行）》。这是贯彻习近平总书记关于安全生产和文物安全工作的重要指示精神，针对文物保护工程安全管理，强化文物安全检查督察工作的重要监管措施。

中国收藏
拍卖年鉴
2021

CHINESE FINE ART &
ANTIQUES AUCTION
YEARBOOK 2021

《办法》对文物行政部门检查督察职责、检查督察内容与方式、安全隐患整改、工作纪律要求等做出了明确规定。为确保检查督察工作实效，各级文物行政部门可查询文物保护工程安全管理情况和有关档案资料，进入施工现场实地检查核实。国家文物局、省级文物行政部门采取重点督察、专项督察或者联合督察等方式，实施文物保护工程安全督察，对违反安全生产规定的行为，将依法追究其相应责任。

苏富比当代艺术日拍打破线上拍卖纪录

5月14日，苏富比首届当代艺术线上日拍结束，总成交额1370万美元，打破了线上拍卖纪录，是之前最高纪录的两倍多。这场拍卖也帮助苏富比2020年全球线上销售额突破1亿美元大关。

本场拍卖亮点包括克里斯托弗·伍尔（Christopher Wool）的《无题》以及布莱斯·马尔顿（Brice Marden）的《窗研究4号》，两件作品成交价格均超过100万美金。新的成交记录充分说明了当前市场的力量，以及线上销售额不断增加的可能性。即使由于疫情原因关闭了线下场地，拍卖行依然可以实现盈利。

巴黎宣布设立1650万美元文化救助基金

5月22日，巴黎市政府承诺为该市文化部门提供1650万美元的救助计划。其中1250万美元提供给公共剧院、艺术文化中心和音乐厅；130万美元用于私立管弦乐团和音乐厅以及表演场地，5.4万美元分给剧作家和作曲家；电影部门获得150万美元资金，其中32.7万美元分配给独立影院，10.9万美元用于电影短片的制作。

法国是欧洲新冠疫情最严重的国家之一，由于政府采取的封锁措施，文化产业损失严重。救助计划不仅是一次资助，也是一种历史性的姿态，在这场不寻常的危机中，唤起巴黎作为文化之都的地位。

798当代艺术研究中心成立

5月26日，北京798当代艺术研究中心正式成立。研究中心是由中央美术学院美术馆与

798 艺术区文创产业共同发起成立。揭幕当天,举行了第一届"中国当代艺术思想史与方法论"论坛。

全新成立的研究中心,是一个社会公益的民间学术研究平台,致力于开放、新型的学术研究,完善 798 艺术区的业态发展。未来还将成立理事单位,建立完善的社会公益活动,并邀请国内外资深学者组建学术委员会,整合国内与国际资源,共同合作建设全新的学术平台。

2020 特纳奖取消, 拆分奖金资助 10 位艺术家

5 月 26 日,英国特纳奖取消奖项颁发。这意味着组委会不会公布入围艺术家的名单,原定于 2020 年 9 月 30 日至 2021 年 1 月 3 日举办的新作展览也随之取消,将总价值 12.3 万美元的奖金将分发给 10 位受疫情影响遭遇生存危机的艺术家。

特纳奖(Turner)被认为是欧洲最重要和最有威信的视觉艺术大奖,以发展和推动先锋艺术为宗旨。在全球疫情肆虐的情况下,美术馆的关闭和社交疏远措施至关重要,但同时也给艺术家的生计带来了巨大困扰。主办方认为在当前情况下举办特纳奖展览是不实际的,因此要在这个异常困难的时期帮助和支持更多艺术家。

国际博物馆协会发布 《博物馆、 博物馆从业者和新冠肺炎疫情的调查报告》

5 月 27 日,国际博协(ICOM)发布《博物馆、博物馆从业者和新冠肺炎疫情的调查报告》。该报告是基于对世界各地 107 个国家和地区的 1600 多座博物馆的调查分析做出的,这是自新冠疫情发生以来,针对全球博物馆及博物馆从业者最全面的一份调查报告。

这项全球性调查涵盖 5 个主题:博物馆和工作人员、预期的经济影响、数字资源和通信、博物馆安全和馆藏保护、博物馆相关自由职业者。报告称:疫情的大流行使得世界各地博物馆活动受阻,威胁其生存发展并影响成千上万博物馆专业人士的生计。国际博协对这一紧急情况迅速做了调整,并呼吁各国政策和决策者分配救济资金以帮助博物馆和专业人员渡过难关。

"从文艺复兴到印象派——欧洲绘画 500 年" 在湖南开幕

5 月 29 日，湘博重磅推出年度艺术大展"从文艺复兴到印象派——欧洲绘画 500 年"。展出的 60 幅旷世杰作，从 14 世纪到 19 世纪，跨越 500 年历史。包含欧洲中世纪宗教绘画，文艺复兴后期威尼斯画派肖像画，巴洛克艺术人物画以及印象派风景画。其中不乏伦勃朗、鲁本斯、莫奈、戈雅等大师真迹。这些展品从美国纽菲尔兹印第安纳波利斯艺术博物馆远渡大洋而来，为湖南人民带来一场西方经典艺术盛宴。

中国文物保护基金会修复与技术研究推广专项基金正式设立

5 月 30 日，中国文物保护基金会批准设立了"修复与技术研究推广专项基金"。基金管委会与发起方北京乐石文物修复中心正式进驻国家对外文化贸易基地（北京）开展工作，更好地推动可移动文物保护和技术的研究推广。

该项基金将对濒危和亟待修复的文物给予必要的资金和技术支持，重点关注偏远山区、革命老区和基层；立足弘扬文物修复的大国工匠精神，培养年轻技术人员；振兴传统工艺，开展文物价值研究推广，鼓励支持文创研发；加强与各职能部门、文博单位、高等院校和科研机构及社会组织联系，推动可移动文物修复领域的国内外合作交流。

六月大事记

陕西历史博物馆开展民间收藏文物公益鉴定咨询常态服务

6 月 1 日，陕西历史博物馆、陕西省文物保护研究院面向社会制度化、常态化开展民间收藏文物免费公益鉴定咨询服务。鉴定咨询的范围主要是流传有序的传世文物、民间合法收藏的文物以及其他符合法律法规规定的文物艺术品。陕西历史博物馆民间收藏文物公益鉴定咨询服务的时间为每月第三周星期三，全年 12 场次。陕西省文物保护研究院民间收藏文物公益鉴定咨询服务采取线上线下相结合的方式，线下鉴定咨询时间为每月第一个星期五下午，全年共 10 场次。

2019 年度全国美术馆优秀项目评选结果揭晓

6 月 5 日，文化和旅游部艺术司公布 2019 年度全国美术馆优秀项目评选结果。按照《文化和旅游部办公厅关于开展 2019 年度全国美术馆优秀项目评选工作的通知》要求，2019 年度全国美术馆优秀项目评选申报工作结束后，艺术司组织专家对申报项目进行评选，共评选出优秀展览项目 10 个，优秀公共教育项目 10 个，优秀展览提名项目 20 个，优秀公共教育提名项目 10 个。中国美术馆、中央美术学院美术馆等项目获奖。

德国为文化事业拨款 10 亿欧元

6 月 5 日，德国政府宣布了一项 10 亿欧元（约合 78 亿人民币）的财政援助计划，以重启该国的文化产业。其中，1.5 亿欧元专门用于援助音乐场馆、音乐节、主办方和代理商等现场音乐领域，2000 万欧元资助私营广播公司。另外，2.5 亿欧元（约 19.5 亿人民币）用于疫情防护相关的投资，通过实施更严格的卫生程序、更先进的通风系统和在线票务系统等，以保证文化机构重新开放。

巴塞尔艺术展宣布取消瑞士展会

6 月 7 日，巴塞尔艺术展宣布取消今年的瑞士展会。此前展会是计划推迟到 2020 年 9 月，但由于包括疫情造成的安全隐患和财务风险，以及国际旅行限制带来的不确定因素，瑞士联邦委员会也仍需确定何时解除国内举办大型活动的禁令，基于以上考虑，主办方宣布取消线下展会。取而代之的是，所有参展画廊在线上展厅呈现作品。线上展厅于 6 月 19 日至 26 日对公众开放。

英国航空公司出售艺术品以度过财务危机

6 月 11 日，英国航空公司（British Airways）宣布出售总价值数百万英镑的艺术藏品，以筹集资金，缓解新冠疫情下的财务困境。

新冠疫情重创旅游航空业，致使今年英航提供的航空服务大幅萎缩。为维持营运，英航已选出至少 10 件藏品在苏富比拍卖，它们来自达米安·赫斯特（Damien Hirst）、布里奇特·赖利（Bridget Riley）、彼得·多依格（Peter Doig）等知名艺术家之手，这些作品过去展示在机场的贵宾室内。

英国艺术基金将向文化机构提供 250 万美元疫情救助金

6 月 16 日，总部位于伦敦的慈善组织艺术基金（Art Fund）承诺为受疫情影响的英国博物馆和美术馆提供总额 250 万美元的拨款，以缓解文化机构的经济损失以及游客和收入下降。这笔资金将用于收藏和展览、数字技能和基础设施的开发、观众参与活动和重新开放的开销，以及员工支援。每笔金额从 12.5 万美元到 6.3 万美元不等。另有 35 万美元用于支持尚未获得紧急资助的较小型地方博物馆和独立组织。

2020 年在北京朝阳区新建博物馆将享受 30 万元补贴资金

6 月 19 日，北京朝阳区出台了《朝阳区 2020 年非国有博物馆发展专项资金扶持方案》。方案中明确，朝阳区将大力推进博物馆的新办、引进、分馆建设等工作，2020 年内在北京市文物局完成博物馆设立登记的单位将获得 30 万元资金补贴。同时，结合疫情防控特殊情况，在博物馆专项业务水平提升、博物馆之城构建研究、传统文化节日线上活动等方面也设置了相应资金补贴。朝阳区将在给予政策扶持促进馆际合作、加强人才培养、提升公共服务、深化"互联网+"等方面持续发力，推动文博事业实现创新性、突破性发展，助力北京"博物馆之城"建设。

林冠艺术基金会藏品在佳士得上拍

6 月 22 日，林冠艺术基金会（Faurschou Foundation）藏品在佳士得进行拍卖。该基金会是收藏中国当代艺术的重要机构，为继续支持其位于哥本哈根、北京、威尼斯及纽约空间的展览项目，林冠将与佳士得合作举行一场名为"The World Is A Sphere"的网上拍卖，拍品为一系列基金会珍藏画作，来自包括 Elmgreen & Dragset、Subodh Gupta、刘小东、喻红等一系列中西方艺术家的作品。拍品经过林冠基金会的精挑细选，旨在彰显其全球视野，以及过往所举办的一系列展览。

北京保利开启首届网络拍卖

6 月 25 日，历时十天的北京保利首届网络拍卖季落幕。此次网拍拍品总计 261 件，累计成交额突破 1450 万元（包含专场 13.5% 的佣金），平均成交率达 94%，网络围观人数超 8.5 万次，网络总出价人数超 6000 次。此次网拍共分九个专场，涵盖古董珍玩、中国书画、瑰丽珠宝、潮流艺术等多项门类。

面对突如其来的新冠肺炎疫情，北京保利拍卖利用互联网资源与技术推进拍卖网络化，受到广大藏家和业界人士好评，藏家可以通过高清图片与视频了解拍品具体情况。线上预展和拍卖方式顺应了艺术品市场在当下进行交流的需求，为拍卖行业未来发展提供了新思路。

纽约苏富比首推全球高清网上直播

6 月 29 日，纽约苏富比印象派、现代艺术及当代艺术晚拍首次以网上直播形式举行。晚拍由身处伦敦的拍卖官在线主持，以极高流畅度串流直播。客户可作电话竞投，或通过网上及书面委托出价。

现场拍卖进行期间，身处纽约、香港和伦敦苏富比专家会把电话竞投的出价传递给拍卖官。运用视像直播，将影像投射到室内"控制中心"的巨型屏幕上。重点拍品将在直播中展示，屏幕亦会显示每项拍品的资料。这样的方式对于苏富比未来的拍卖活动将会逐渐常态化。

中国艺术品交易中心项目在北京启动

6月，中国艺术品交易中心落户宋庄。该项目由北京文投集团旗下文化置业建设运营，目前正进行基础施工，预计 2023 年建成。

位于北京市通州区的宋庄，近年来汇集了超过 2000 位绘画、书法等领域的原创艺术家，是国内规模最大、知名度最高的画家村群落。艺术品交易中心建成后将成为中国艺术品产业博览会（艺博会）永久会址，总建筑面积达 1.84 万平方米。此外，还将打造大师创作中心、艺术创作中心、艺术孵化中心、艺术传媒中心、艺术金融中心、艺术品拍卖中心和艺术商业中心等七大中心。为艺术产业宣传、拍卖、融资等活动进行配套服务，打造艺术特色商区。

中国收藏
拍卖年鉴
2021

CHINESE FINE ART &
ANTIQUES AUCTION
YEARBOOK 2021

英国政府向文化艺术行业提供 15.7 亿英镑援助

7月4日，英国政府宣布向受疫情影响的艺术和文化部门提供 15.7 亿英镑（约合 143 亿元人民币）的援助。其中计划为英国的博物馆、剧院、独立电影院和其他艺术机构提供 7.5 亿英镑的补助金和 2.4 亿英镑的贷款；为北爱尔兰、苏格兰和威尔士提供 1.3 亿英镑；为国家文化遗址拨款 0.9 亿英镑。此外，还有 1 亿英镑资金用于重新启动文化基础设施建设和遗产建设项目。政府与英国的电影学院、历史遗产委员会、文化遗产博彩基金和艺术委员会等机构共同决定如何具体分配援助资金。

巴西公布国家博物馆火灾调查结果

7月6日，巴西联邦警方正式公布了巴西国家博物馆 2018 年火灾的调查报告。调查结果显示，2018 年 9 月 2 日引发巴西国家博物馆火灾是由于展馆空调年久失修，短路漏电引起。

调查证实，最初的起火点位于博物馆一层主要入口处的一个空调挂机，随后蔓延至整个博物馆建筑，最终让拥有超过 2000 万件藏品的国家博物馆在大火中倒塌，事后从倒塌的建筑中仅抢救出 72 件藏品。根据调查，2015 年 8 月，消防部门曾对国家博物馆开展过安全检查，但检查并未完成，也没有形成最终的消防检测报告。

大都会艺术博物馆永久关闭现当代展品馆

7月6日，美国纽约大都会艺术博物馆决定关闭布劳耶博物馆（Met Breuer）。在严重的疫情之下，大都会艺术博物馆无法继续维持高额场地租金和人力成本，布劳耶博物馆运营仅仅四年即宣告关闭，关闭后将会移交给弗里克收藏（Frick Collection），用来缓解博物馆的财政问题。相关负责人称，闭馆不能完全归结于新冠病毒肺炎疫情，长久以来存在的决策和结构性问题也是主要原因。

中国收藏
拍卖年鉴
2021

CHINESE FINE ART &
ANTIQUES AUCTION
YEARBOOK 2021

北京 2022 年冬奥会和冬残奥会公共艺术作品启动全球征集

7 月 9 日，北京 2022 年冬奥会和冬残奥会组织委员会、北京市人民政府、河北省人民政府联合向全球发布北京 2022 年冬奥会和冬残奥会公共艺术作品征集公告。公告邀请全球艺术家用艺术语言体现冬奥理念，共同打造奥运文化遗产。

本次公共艺术作品征集主要以雕塑为表现形式，活动最终入选的 10 件"最佳方案"将永久安置于国家速滑馆、延庆赛区主入口广场、张家口颁奖广场等核心节点位置。同时，主办方还将以国际化的视野和思考，让本次征集活动成为参与者与国际艺术平台连接的桥梁。

深圳市发布 《深圳市非国有博物馆扶持办法》

7 月 8 日，中共深圳市委宣传部、深圳市财政局等六家单位印发《深圳市非国有博物馆扶持办法》（以下简称《办法》）。《办法》扶持对象为非国有博物馆，必须是以教育、研究和欣赏为目的的非营利性组织。所需资金由深圳市文化事业建设费及宣传文化事业发展专项资金安排，并统一安排给市文物行政部门，非国有博物馆以自愿为原则向市文物行政部门申请。《办法》鼓励龙头企业举办行业博物馆，建设反映各地风情的民俗博物馆。进一步调动社会力量参与文化遗产保护利用的积极性，推动深圳非国有博物馆事业快速健康发展。

圣索菲亚大教堂将从博物馆变回清真寺

7 月 10 日，土耳其总统埃尔多安（Recep Tayyip Erdoğan）宣布，位于伊斯坦布尔的圣索菲亚大教堂（Hagia Sophia）的身份将从博物馆改为清真寺。

圣索菲亚大教堂建成于公元 537 年，最初是东正教教堂，被认为是拜占庭时代最重要的历史遗产之一。1934 年，土耳其首任总统对该国进行现代化和世俗化改革，下令将圣索菲亚清真寺改成博物馆，并向所有国家和宗教开放。时隔 76 年，埃尔多安再次恢复圣索菲亚大教堂的清真寺身份，这一决定受到宗教保守派和土耳其民族主义者的欢迎。联合国教科文组织对该决定表示遗憾和关注，并将重新评估大教堂在世界遗产名录中的位置。

中国鼓励博物馆免费开放， 财政部补助资金超 30 亿人民币

7 月 14 日，财政部印发《关于下达 2020 年博物馆纪念馆逐步免费开放补助资金预算的通知》（以下简称《通知》）。《通知》显示，2020 年财政部合计向 36 个地区下达 30.8 亿元补助资金，其中 13 个地区补助资金预算超 1 亿元。

《通知》强调，有关省、自治区、直辖市财政厅（局）要按照《国务院关于改革和完善中央对地方转移支付制度的意见》和《中央补助地方博物馆、纪念馆免费开放专项资金管理暂行办法》要求，做好预算编制、指标安排等相关工作，不得擅自扩大补助范围，并在收到《通知》之日起 30 日内将 2020 年转移支付资金下达至行政区域内县级以上各级财政部门。

美国博物馆归还韩国佛教绘画

7 月 16 日，美国洛杉矶郡艺术博物馆（Los Angeles County Museum of Art）将四幅于朝鲜战争期间掠夺的佛教绘画归还韩国。这一系列艺术品创作于 18 世纪的韩国雪岳山新兴寺，朝鲜战争期间被美国士兵掠夺，后几经辗转，被洛杉矶郡艺术博物馆购得。2015 年，韩国方面首次与该博物馆联系，通过实地考察以及查看美军在 1954 年拍摄的照片，证实作品确系盗窃所得，并向博物馆理事会建议将这些佛教艺术品归还。韩国方面在一份声明中感谢了洛杉矶艺术博物馆对韩国文化遗产的保护。

Prada 与苏富比首次合作拍卖

7 月 20 日，意大利奢侈品牌 Prada 宣布将首次与苏富比拍卖行合作。Prada 米兰时装秀中的 2020 秋冬系列作品于 10 月进行拍卖。

这场名为"Prada: Tools of Memory"的专场拍品包括男装和女装时装秀的服装、邀请函、摄影、道具等，详细信息均发布在苏富比官网上。所得收益将捐赠给联合国教科文组织，致力于将教育计划造福全世界的弱势群体。

美国将成立国家拉丁裔博物馆

7月27日，美国众议院通过了建造美国拉丁裔国家博物馆的法案。未来将在首都华盛顿的国家广场建立一座全新博物馆，展示拥有近6000万人口的拉丁裔社群的历史和文化，并成为史密森尼学会的附属机构。该馆将参考2016年设立的非洲裔美国历史文化国家博物馆作为模板，史密森尼学会将有两年时间组织董事会，并确定博物馆在国家广场的具体选址。法案要求博物馆一半资金来自联邦政府，另一半则需捐助筹款。

凡·高绝笔之作与创作地被确定

7月30日，凡·高研究专家通过比对一张早期的明信片，确认了凡·高生前描绘的最后一幅作品《树根》的确切地点。

凡·高在自杀前几个小时曾在此处作画，该地点位于巴黎近郊的奥维尔镇，距离凡·高故居不远。专家在此处立起了一块牌匾，以示它与凡·高死亡的关联。此前人们都认为最有象征意味的《麦田群鸦》是他最后的作品，而《树根》的认定颠覆了长久以来的看法。这一发现也为揭示凡·高人生中悲惨的最后时刻提供了新的线索。

中国收藏
拍卖年鉴
2021
CHINESE FINE ART &
ANTIQUES AUCTION
YEARBOOK 2021

挪威政府拆除毕加索壁画

8 月 1 日，挪威政府拆除了毕加索创作的一幅混凝土壁画。该决定遭到了世界各地文物保护者、策展人和数以万计请愿者的反对，该壁画原本位于奥斯陆市中心的一座建筑的外立面上，其建筑大厅内有一幅较小的毕加索壁画《海鸥》（The Seagull）。这座被称为"Y-block"的粗野主义风格办公楼已经有 50 年历史，在 2011 年的恐怖袭击中遭到破坏，而奥斯陆市政区在重建计划中将它划定为拆除对象。该建筑的拆除将是挪威建筑遗产的重大损失。

清华大学国家博物馆文物科技保护联合研究中心成立

8 月 3 日，"清华大学国家博物馆文物科技保护联合研究中心"成立仪式暨首次工作会议在清华大学中央主楼接待厅举行。此次合作使双方充分发挥各自优势，紧紧围绕文物保护和修复技术的大方向，在多领域进行合作。

研究中心将依托清华大学在学科融合、课题研究、人才培养、国际交流等优势，充分结合中国国家博物馆丰富的研究资源、扎实的研究基础，联合开展学术研究、召开学术会议、建设文物保护与修复研究基地，打造成为具有国际影响力的学术机构和智库平台。为留存民族记忆、传承国家民族基因、促进文明交流互鉴、增强中国的文化自信做出应有的贡献。

希腊首家 "水下博物馆" 展出公元前沉船残骸

8 月 3 日，希腊开放首个"水下博物馆"。博物馆由一艘沉没于公元前 5 世纪的古船残骸改造而成，公众可通过潜水对其进行参观。

中国收藏
拍卖年鉴
2021

CHINESE FINE ART &
ANTIQUES AUCTION
YEARBOOK 2021

大约公元前 425 年，古船在行驶到希腊北部时，由于恶劣天气沉没。沉没的古船位于佩里斯特拉岛海岸附近 21 至 28 米深的地方，里面有大约 3000 至 4000 个双耳瓶，曾被用来运输葡萄酒。一名渔民在 1985 年发现了这些双耳瓶，它们中的大部分都保存完好。该景点于 2020 年 8 月 3 日至 10 月 3 日对潜水爱好者开放，不潜水的游客将可以在阿隆索岛的信息中心，通过虚拟技术进行参观。

德国将国家艺术采购预算提高六倍

8 月 5 日，德国政府宣布将联邦艺术收藏的采购预算增加六倍。该部门的资金将从 59 万美元增加至 350 万美元，作为帮助受疫情影响陷于困境的艺术家、画廊和画商的一项新举措。

联邦艺术收藏馆成立于 1970 年，收藏了大约 1700 件艺术品，这笔资金有助于推动艺术生产的复苏。该资助是同年 6 月启动的 11.7 亿美元救助计划的补充，大部分款项会被分配到之前未获得公共资金的机构。采购预算的任务是从艺术博览会、小型画廊、艺术家工作室处购买约 150 件作品，所有决定将基于五位评委的建议，最终购买的艺术品将会出借给德国各大国家博物馆展出。

"荷浦珠还——荷兰倪汉克新近捐赠文物展" 亮相上博

8 月 6 日，"荷浦珠还——荷兰倪汉克新近捐赠文物展"在上海博物馆开幕。展览集中展示荷兰收藏家倪汉克（Henk Nieuwenhuys）近年来向上海博物馆捐赠的珍贵文物，包含青铜器、陶瓷器和牙雕精品等品类共 54 件。

在 2008 年、2018 年和 2019 年，倪汉克先后三次向上海博物馆捐赠了其收藏的中国文物，总计 150 余件，年代自商代至明清，跨度近三千年。此次展览是基于他新近的一次捐赠。上海博物馆表示，这批文物进一步充实了馆藏并填补了相应门类的缺失，具有一定的艺术、历史和学术研究价值。

澳门成为世界遗产城市组织会员城市

8 月 7 日，"澳门特别行政区加入世界遗产城市组织授牌仪式"在澳门以视频会议形式举行。

世界遗产城市组织向澳门特别行政区颁授了该组织的证书，使澳门成为中国继苏州和都江堰后，第三个成为该组织正式会员的城市。

世界遗产城市组织是国际性的非营利和非政府组织，旨为促进《保护世界文化和自然遗产公约》的实施，鼓励各遗产城市在文化遗产保护和管理方面的经验交流。"澳门历史城区"于2005年正式列入《世界遗产名录》，2020年适逢申遗成功十五周年，澳门特区政府文化局通过举办系列庆祝活动，向社会各界传递"文化遗产，共护共享"的保护理念。

《惊艳"中国风"：17—18世纪的中国外销瓷展览》开幕

8月7日，广东省博物馆策划主办的《惊艳"中国风"：17—18世纪的中国外销瓷展览》正式开展。展览通过200余件（套）馆藏陶瓷器，全面展现17—18世纪中国外销陶瓷的面貌，呈现了明清时期精湛、高超的中国制瓷技艺，讲述东西方之间经贸与文化的交流互动。

展览由"东方雅韵""西风袭来""高级定制"三部分组成，分别展示明清外销至西方的陶瓷器以及西方设计和高级定制等藏品。近年来，广东省博物馆非常注重外销艺术品，包括外销陶瓷器的收藏与研究。此次展览是外销陶瓷的收藏与研究状况、文物藏品的活化与利用的一次成果展示。

定东陵出土服饰修复后首次展出

8月8日，中国丝绸博物馆"后宫遗珍——清东陵慈禧及容妃服饰修复成果展"开幕。展览首次公开历时8年修复的慈禧及容妃陵寝地宫出土的服饰。

慈禧陵寝位于定东陵，在1928年遭受严重盗掘，盗掘者将墓主人所穿服饰等丝织品随意丢弃。这批丝织品后经清理，一直被保存在清东陵文物管理处的库房。8年前受清东陵文物管理处委托，纺织品文物保护国家文物局重点科研基地对清东陵所藏20件丝织品文物进行了保护修复。本次成果展，对文物保护有很大的指导性作用，通过解读这批丝织品所隐含的信息，将揭开更多慈禧和容妃殓葬细节。

甘肃省敦煌文物保护研究中心揭牌

8月19日，甘肃省敦煌文物保护研究中心在敦煌研究院揭牌。该中心是在整合甘肃省古代壁画与土遗址保护重点实验室、甘肃省古代壁画与土遗址保护工程技术研究中心等科研平台基础上组建的。围绕敦煌文物保护前沿领域的重大科学问题和技术需求，通过多学科交叉，汇聚与培养文化遗产保护顶尖人才，发起和组织保护领域国内和国际重大研究计划，形成有利于创新和重大成果产出、科技与文化深度融合的新机制。该中心的建立，为实现"世界文化遗产保护典范和敦煌学研究高地"的目标奠定坚实研究基础。

上海设计周开幕， 场景迎来大改变

8月22日，上海设计周正式启幕。主题是"设计重构，相融共生"，设计周首次走出上海展览中心，打破空间界限，让艺术进入商圈、街区和交通枢纽等公共空间。线上线下活动持续3个月，突破了往届3天的短期时限。活动期间，上海设计周还与上海地铁2号线、上海现代服务业发展研究基金会、魔都国际创意节等机构进行延展合作，呈现"设计共同体"城市艺动联展，把展览展示、艺术装置、生活方式和功能再造融入城市公共区域和商业空间。

国务院关于印发自由贸易试验区总体及扩展方案

8月30日，国务院发布关于印发《北京、湖南、安徽自由贸易试验区总体方案及浙江自由贸易试验区扩展区域方案的通知》（以下简称《方案》）。《方案》指出，自贸区发展要坚持新发展理念，赋予自贸试验区更大改革自主权，深入开展差别化探索。以制度创新为核心，以可复制可推广为基本要求，实施区位布局，落实有效措施，强调保障机制。结合当地特点及产业优势，建设更高水平开放型经济新体制，以开放促改革、促发展、促创新，把自贸试验区建设成为新时代改革开放新高地。

柏林民族学博物馆同意归还新西兰毛利藏品

9 月 2 日，柏林民族学博物馆（Ethnologisches Museum Berlin）宣布归还两具制成木乃伊且绘有花纹的毛利头颅。这两个头颅作为收藏品已经被该博物馆保存超过一个世纪。这两具高等级毛利人头颅在其去世后曾由亲属郑重保存，19 世纪，欧洲人获取并出售了这些文物，主要目的是展出。该博物馆的普鲁士文化遗产基金会主席称，藏品的归还纠正了历史上犯下的错误。

法国政府拨款 6.14 亿欧元救济遗产与博物馆事业

9 月 3 日，法国文化部宣布将以 6.14 亿欧元的直接援助款支持遗产和博物馆事业。此次援助是法国政府 20 亿重振文化计划的一部分，拨款中用于古迹保护的款项为 2.8 亿欧元，其中 8000 万欧元将专门用于保护法国各地的大教堂；3.34 亿欧元将被用于重启卢浮宫博物馆、凡尔赛宫、奥赛博物馆、蓬皮杜中心等大型文化遗产机构的运作，以便其渡过参观人数不足带来的难关。

全球 16 家博物馆云端接力展示馆藏

9 月 6 日，中国国家博物馆发起"全球博物馆珍藏展示在线接力"活动。在"手拉手：我们与你同在"的口号下，来自五大洲 16 个国家级博物馆的馆长在线介绍本馆的馆藏特色和馆藏珍品，以接力的方式带领中外公众"走进"文化宝库。此次活动覆盖面广、规格高、文物精，运用了"8K 拍摄展示 +5G 直播 +AR 沉浸"的方式，实现了在云端共享人类文明精髓的愿景，让全球观众能够足不出户在线上欣赏到全世界博物馆的珍藏，进一步推动博物馆资源的创造性转化和创新性发展。

中国收藏
拍卖年鉴
2021

CHINESE FINE ART &
ANTIQUES AUCTION
YEARBOOK 2021

易拍全球竞得两项国际标准制定权

9月9日，易拍全球竞得ITU（联合国国际电信联盟）两项国际标准的制定权，分别是《文物艺术品图像识别系统参考架构》和《基于区块链技术的文物艺术品追溯系统元数据》。

在全球艺术品领域里，需要一个规范标准和语言，来实现描述艺术品的精准表述。此次易拍全球竞得的两项国际标准制定权，填补了世界范围内文物艺术品领域数字化标准和科技标准的空白。在信息时代，中国再次为世界文化的交流与发展做出了重要贡献。

中拍协印发《关于防范被盗（丢失）文物流入拍卖市场的通知》

9月11日，中国拍卖行业协会印发《关于防范被盗（丢失）文物流入拍卖市场的通知》（以下简称《通知》）。《通知》要求各文物拍卖企业抵制非法文物买卖，保护国家文物安全。

拍卖是文物交易的重要方式，各相关拍卖企业要建立自身防范机制，加强业务人员培训。要求委托人说明拍卖物品的来源，接受社会监督，对社会提出的质疑应予重视并及时做出处理。文物犯罪行为将提请相关部门追究刑事责任，并在协会职责范围内做出严肃处理。

巴黎FIAC博览会宣布取消

9月18日，巴黎国际当代艺术博览会（FIAC）宣布取消。运营该博览会的Reed Expositions公司表示，展会取消是因为考虑到法国近期新冠病例激增以及持续的旅行限制。

展会组织方此决定面临着来自部分参展画廊的抗议。许多画廊主对展会突然取消表示失望，尤其是展会开幕日期如此之近。这一特殊时期画廊销售额同比下降70%，他们认为组织者没有考虑到当地的参与者，或者来自邻国的参与者的利益。与其他取消实体展览的博览会不同，FIAC并不打算推出线上展厅，这意味着此次展会将彻底取消。

梅隆基金会向美国中型博物馆捐赠2400万美元

9月21日，安德鲁·W·梅隆基金会（Andrew W. Mellon Foundation）向12个美国中型艺术机构提供资助。第一轮资助将向中型博物馆提供2400万美元，每家机构的资助金额从50万美元到 550 万美元不等。第二轮资助将于 2020 年秋季进行，重点资助小型机构，每家机构将获得最多 300 万美元的资助。

获得资助的名单中包括旧金山亚洲艺术博物馆、纽约布鲁克林博物馆、芝加哥当代艺术博物馆等机构。美国博物馆联盟曾发布报告，预测约有 1.2 万家美国博物馆将因疫情被迫永久关闭，而私人和公共捐款对留住这些机构来说是必要的。

"数字重生——丝绸之路沿线石窟寺数字化保护项目"正式启动

9 月 26 日，"数字重生——丝绸之路沿线石窟寺数字化保护项目"启动仪式在大同云冈石窟举行。活动由中国文物保护基金会、山西省文物局、大同市人民政府共同主办，云冈石窟研究院承办，龙门石窟研究院和麦积山石窟艺术研究所协办。

云冈石窟数字化工作于 2003 年起步，已初步建立起数字云冈档案。该项目的启动和实施，将进一步提升我国石窟寺数字化保护水平，有力推动文物数字化工作的规范和普及，用数字化手段和技术，让千年的石窟文化"活"起来。

卓纳画廊将创建由黑人员工运营的新画廊

9 月 28 日，卓纳画廊聘请埃博妮·L. 海恩斯（Ebony L. Haynes）来创建并管理一家完全由黑人员工运营的新曼哈顿画廊，画廊预计 2021 年春季开幕。

出生于多伦多的海恩斯曾是唐人街马托斯画廊（Martos Gallery）的总监，她希望这间新画廊能在一定程度上弥补艺术行业中严重缺乏黑人决策者的缺陷。这种全国范围内的稀缺现状，反映了几十年来根深蒂固的不平等。她计划在每年的四场展览中展示来自不同背景的艺术家，每场展览都会附有出版物。

中国收藏
拍卖年鉴
2021

CHINESE FINE ART &
ANTIQUES AUCTION
YEARBOOK 2021

迪拜未来博物馆落成

10 月 3 日，迪拜未来博物馆正式落成。该博物馆将成为迪拜的标志性地标，促进未来创新和设计行业的发展。

未来博物馆高 78 米，占地总面积 3 万平方米，设有水池、绿地、自行车道和休闲区。迪拜电力、水务局设计和太阳能光伏电站将为该博物馆提供 4000 兆瓦时的可再生能源，这使该博物馆成为中东第一个建成之后便获得"能源与环境设计先锋国际标准 LEED 铂金认证"的建筑。

三家柏林博物馆遭破坏性袭击

10 月 3 日，三家位于柏林博物馆岛上的艺术机构遭破坏性袭击。柏林警方已经确定，袭击者在 10 月 3 日博物馆开放期间，向陈列于旧国家美术馆（Alte Nationalgalerie）、新博物馆（Neues Museum）和佩加蒙博物馆（Pergamon Museum）的文物喷洒了一种油性物质，导致 63 件（套）文物受损，其中部分是借展作品，包括埃及石棺、石雕和 19 世纪绘画的画框等。事发过后，修复工作已取得了一定程度的进展，包括清洁污渍和敷贴吸收油污等工作。柏林国家博物馆安全主管表示，博物馆岛上的安保工作已经加强。此次破坏性袭击事件为全球博物馆安全工作再次敲响了警钟，安防工作的常态化监管机制亟须加强。

全国首个遗址型考古博物馆亮相洛阳

10 月 10 日，洛阳考古博物馆正式开馆。该馆是我国首个遗址型考古博物馆，位于隋唐洛阳城遗址南城墙西段，展陈面积约 3000 平方米，目前馆内共展出的 269 件（套）精品文物皆从洛阳出土，所属年代从史前延续至明清，每个朝代和时期均有涉及，其中一半以上文物是在洛阳首次展出，将历年考古成果呈现在公众面前。考古博物馆的工作着重在文物发掘、保护、展示、研究等方面开展，持续展示洛阳最新考古成果，开展考古体验、研学等活动，该博物馆为打造洛阳新的文化高地和考古文化交流窗口做出应有贡献。

中国国际进口博览会将文物艺术品纳入优惠政策支持范围

10 月 12 日，财政部、海关总署、税务总局发布关于《中国国际进口博览会展期内销售的进口展品税收优惠政策》的通知。为支持举办中国国际进口博览会，经国务院批准，对进博会展期内销售的合理数量的进口展品免征进口关税、进口环节增值税和消费税；每个展商享受税收优惠的销售数量或限额。与此同时，国家文物局配套制定《关于支持 2020 年第三届中国国际进口博览会文物类展品监管和便利化措施的公告》，这批享受了税收优惠政策的文物艺术品，须在国有文物收藏单位进行不少于 3 年的公益性展示服务。上述两项政策的出台，标志着流落海外的中国文物首次经进博会平台打通了政策堵点，完成了展示、销售、清关的闭环；购买文物类展品的消费者享受到了免征进口关税、进口环节增值税和消费税的税收优惠政策，为今后进博会物类展品的申报审批、展示交易、监管服务等工作形成可复制经验；公众也可从公益性展示服务中一睹海外回流文物艺术品的真容。

2020 年诺贝尔经济学奖垂青拍卖理论家

10 月 12 日，瑞典皇家科学院将 2020 年度诺贝尔经济学奖授予保罗·米尔格罗姆（Paul R. Milgrom）和罗伯特·威尔逊（Robert B. Wilson），以鼓励两位美国学者在"对拍卖理论的改进和对新拍卖形式的发明"方面做出的突出贡献，获奖者将获得 1000 万瑞典克朗奖金（约合 760 万人民币）。

评审委员会认为，威尔逊为拍卖具有共同价值的物品开发了一种理论。"威尔逊的理论展示了表理性的竞标者为什么会将竞标价格置于自己对共同价值的最佳估计以下：他们担心获胜者的'诅咒'，即付出太多但最终出局"，并成功设计了美国电讯市场的拍卖机制。威尔逊的博士生米尔格罗姆通过展示私人价值和共同价值如何影响拍卖结果进一步完善了这一框架，将拍卖理论应用于更现实的环境。

大型私人古典雕塑收藏向公众展出

10 月 14 日，大型私人古典雕塑收藏——托隆尼亚收藏（Torlonia collection）向公众展出。这场名为"托隆尼亚大理石雕塑：搜集杰作"的展览包含 92 件大理石雕塑作品，展期将持续至2021 年 6 月 29 日。

20 世纪 70 年代，亚历山德罗·托隆尼亚亲王解散了其家族博物馆并将其藏品放入库房。此次展览使托隆尼亚的收藏重新亮相，为托隆尼亚收藏所囊括的 620 件古希腊和古罗马作品重新入藏一家罗马的新博物馆迈出了第一步。意大利政府表示愿提供资源和场地来为这些藏品成立一家博物馆，已修复的罗马希尔维斯特里·里瓦尔迪宫，成为新馆的目标选址。

布鲁克林博物馆与佳士得出售馆藏

10 月 15 日，美国纽约布鲁克林博物馆（Brooklyn Museum）在佳士得拍卖了 12 件藏品，其中包括卡米耶·柯罗和居斯塔夫·库尔贝等艺术家的画作。新冠肺炎疫情期间，布鲁克林博物馆游客收入下降，艺术赞助降至最低，建筑和藏品的维护费用更是让债务飙升。这次拍卖是为了保障博物馆的生存，争取更多现金流。美国艺术博物馆馆长协会商定，到 2022 年前，允许美术馆在受到监督的前提下将出售藏品作为收入来源，布鲁克林博物馆即是首家采用此种融资方案的博物馆。

旧金山实施艺术家普遍基本收入计划

10 月 15 日，美国旧金山市长宣布实施"艺术家普遍基本收入试点计划"。政府将拨出 600 万美元，为包括教师在内的 130 名艺术家和文化工作者每月发放 1000 美元的津贴。受益者有望在 2021 年初收到第一笔款项，发放时间至少持续 6 个月。工作组提出的其他方案还包括拨款 26 万美元，用于绘制以公共卫生为主题的壁画，并邀请表演艺术家在人流密集区宣传疫情防护，该计划有助于将艺术家留在旧金山。该计划的实施在一定程度上缓解了艺术家和文化工作者面临的实际困难，可视为疫情期间的特殊扶持行为，长远来看，对艺术家与文化工作者的长久激励与扶持计划应当提上日程。

68 件流失英国的文物回归中国

10 月 20 日，68 件流失英国 25 年的文物重新回归中国。这批文物时间跨度大、产地分布广、器形丰富、品相较好，具有重要的历史、艺术和科学价值。

1995 年，英警方截获大量文物，国家文物局派员赴英鉴定，确认为走私中国文物。在国务院统一部署下，组成"追索英警方查扣走私中国文物工作小组"。1998 年，该案两名嫌疑人与国家文物局签署归还文物协议书，但涉案文物一直被英警方扣押。2020 年 1 月，扣押时间超过追诉期，通过中英各部门的通力合作与鼎力支持，这批文物最终回归中国。反映出中国在不断提升文物保护和流失文物追索等方面的能力，对文物返还领域国际规则改革与完善的正义事业，将推动国际规则向更加公平正义的方向演进做出实际性探索。

十一月大事记

November

中国收藏
拍卖年鉴
2021

CHINESE FINE ART &
ANTIQUES AUCTION
YEARBOOK 2021

国务院办公厅发布 《关于加强石窟寺保护利用工作的指导意见》

11 月 4 日，国务院办公厅发布《关于加强石窟寺保护利用工作的指导意见》（以下简称《意见》）。《意见》就切实加强新时代石窟寺保护利用工作提出十项主要任务，包括加大石窟寺抢救性保护力度、提升石窟寺综合展示水平、规范石窟寺旅游开发活动等。加强石窟寺保护利用工作，事关中华优秀传统文化传承发展和社会主义文化强国建设。《意见》的出台对加大石窟寺抢救性保护力度，深化学术研究和价值挖掘，加强石窟寺数字化保护利用，提升石窟寺综合展示水平，深化石窟寺文化交流合作等方面具有重大意义，同时对服务"一带一路"建设，走出一条具有示范意义的石窟寺保护利用之路产生深远影响。

澳大利亚政府将投入数百万澳元用于海外原住民文物归还

11 月 4 日，澳大利亚政府将向本国原住民和托雷斯海峡岛民研究所（AIATSIS）的"文化遗产归还"（RoCH）项目认捐 720 万澳元。该项目旨在将海外持有的原住民文物归还各自所属社群。根据 AIATSIS 发布的报告，约有 10 万件（套）原住民或托雷斯海峡岛民文物由海外公共收藏持有。该计划已经收到了 44 家机构的归还承诺。迄今已归还的文物包括美国伊利诺伊州立博物馆的 42 件 Aranda 和 Bardi Jawi 部族的文物以及英国曼彻斯特博物馆的 43 件 Aranda、Gangalidda、Garawa、Nyamal 和 Yawuru 的文物。澳大利亚此举为保护原住民文化遗产做出了有意义的探索，为其他国家追回海外流失文物提供了良好典范。

法国宣布在一年内归还贝宁和塞内加尔文物

11 月 4 日，法国将在一年内向贝宁和塞内加尔的博物馆归还 27 件殖民时期的文物。这些文物包括 1892 年法国军队从贝宁盗走的 26 件文物，以及一把属于西非军事指挥官的剑。其中大部分文物由巴黎布朗利河岸博物馆（Musée du Quai Branly-Jacques Chirac）所收藏。

此次文物归还始于 2018 年一项称为"萨沃伊 / 萨尔报告"（Savoy/Sarr report）的最终成果。法国总统马克龙在 2017 年的一次演讲中公开承诺，将在 5 年内实现"将非洲文物暂时或完全归还非洲"，并达成了一系列大规模非洲文物归还的双边协议。法国此举对别国促进海外文物回流具有参考意义。

国家社会文物管理综合改革试点在上海启动

11 月 10 日，国家文物局、上海市政府宣布在上海启动并推进国家社会文物管理综合改革试点合作。双方当日签署了《国家文物局上海市人民政府共同推进社会文物管理综合改革试点合作协议》。

此次综合改革试点历时 3 年，是社会文物管理领域的一次全方位改革，上海也是全国唯一承担此项综合改革试点任务的地区。上海将在社会文物管理政策、促进机制、开放路径、服务模式等方面"先行先试"，率先打造社会文物有效保护和合理利用的创新高地，为全国发展贡献"上海智慧"和"上海样本"。

全球最大自由贸易协定达成

11 月 15 日，国务院总理李克强出席第四次区域全面经济伙伴关系协定领导人会议，各方正式签署"区域全面经济伙伴关系协定（RCEP）"。

RCEP 协定历经 8 年谈判，作为全球覆盖面积最大的自贸协定，RCEP 将有力促进地区繁荣稳定，实现各国间货物贸易、服务贸易和投资高水平开放。为加快疫情后世界经济复苏带来希望，有利于构建开放的世界经济，促进贸易投资自由化便利化。协定的签署也意味着各方支持开放、公平、共赢的全球贸易体系，支持多边主义，摒弃保护主义和单边主义，致力于坚持团结合作应对挑战。

中国文化产业投资母基金正式成立

11月18日，中国文化产业投资母基金在北京正式成立。基金由中宣部和财政部共同发起设立，目标规模500亿元，首期已募集资金317亿元。基金成立是深入贯彻落实党的十九届五中全会精神、推进文化改革发展的重要举措，主要围绕落实国家文化战略和规划积极发挥作用，以政府引导资金撬动，吸引各方资本投入，通过市场化运作、专业化管理，支持文化企业改制重组和并购，促进文化资源整合和产业结构调整，推动文化产业高质量发展。对于健全现代文化产业体系，推进社会主义文化强国建设具有重要意义。

福建海警侦破特大盗捞海底文物案

11月22日，福建海警局成功侦破一起特大盗捞海底文物案，打掉一个盗捞、倒卖海底文物的犯罪链条，抓获涉案人员10名，查获追缴海底沉船文物近700件（套）。该案系海警机构侦破的首例非法盗捞文物案件。

2020年9月中旬，福建海警局获取线索：有犯罪团伙在福建漳州海域非法盗捞海底文物。该局联合漳州市公安局古雷分局，一举打掉一个盗捞海底沉船文物犯罪团伙。犯罪嫌疑人到案后，专案组深挖线索，先后奔袭福建福清、江西抚州等地，追查到下游倒卖文物团伙。案件已进入审理过程。福建海警此次出警对民间文物犯罪活动起到震慑作用。

中国首个 "艺术教育" 主题博物馆开馆

11月21日，华茂艺术教育博物馆在宁波正式开馆。该馆由现代主义建筑大师阿尔瓦罗·西扎设计，是国内第一个以"艺术教育"为主题的博物馆。

开馆之际，同时召开了"东钱湖教育论坛"美育圆桌会议，通过分论坛和圆桌会议等形式，为提升民众体育和美育教育的发展做出贡献。此外，博物馆还通过科技融合教育、赋能教学，从而"预演"艺术教育的未来生活实景。在博物馆的互动体验厅，观众可通过多媒体互动"黑科技"，完成DIY雕塑、3D打印、名画临摹、指挥音乐"舞动"等趣味项目，从而提升观众发现美、创造美、鉴赏美的能力。

全国文物流通经营机构联盟在北京成立

11 月 26 日，全国文物流通经营机构联盟在北京成立。该联盟是由中国文物交流中心联合北京市文物交流中心及三十多家国有文物商店发起组建的行业性、全国性的行业协作与资源共享的工作机制。

该联盟旨在维护成员单位的合法权益，提升会员单位在学术交流、流通经营、保护利用等方面的能力，构建新的经营格局和共享模式，完善新的标准和机制，激发文物流通经营机构活力，持续发挥文物流通经营机构在繁荣事业和市场中的重要作用。

十二月大事记
December

中国收藏
拍卖年鉴
2021

CHINESE FINE ART &
ANTIQUES AUCTION
YEARBOOK 2021

马首铜像回归圆明园

12月1日，圆明园马首铜像正式入藏圆明园止觉寺。与此同时，"百年梦圆——圆明园马首铜像回归展"也同步启动。

此次展览以马首回归为主线，分为"圆明重光""万园之园""马首回归"三个单元。展览面积1172平方米，共展出文物、照片等共约100组件，特意选取了与西洋楼有关的文物、图片和历史故事等，通过多种媒介手段展示兽首当初的使用场景。随着中国的国际影响力的增大，未来会有更多流失海外的文物重返家园。

卢浮宫举行艺术家捐赠作品拍卖， 为新项目筹款

12月1日，卢浮宫首次拍卖艺术家捐赠的画作以及"艺术体验"活动。这项名为"为卢浮宫出价"的拍卖活动分为24个批次，在12月1日到15日期间由法国德鲁奥拍卖行和英国佳士得拍卖行执行，所募资金用于投资一个大型教育研讨会。此外，竞拍获胜者可以全程围观《蒙娜丽莎》年度出框检验或在街头艺术家JR的陪伴下漫步卢浮宫屋顶。拍卖也同时在网上进行，以吸引国际买家。官方希望能募集到80万欧元，用于资助卢浮宫的"团结和教育计划"，卢浮宫特别强调，博物馆的藏品此次不会被拍卖。

富艺斯与保利首度合作"20世纪及当代艺术晚间拍卖会"

12月3日，富艺斯和香港保利拍行首度联合呈现"20世纪及当代艺术晚间拍卖"专场。全场共31件作品上拍，29件易手，成交率达93.5%，共拍得3.88亿港元。

本场晚拍吸引了来自 26 个国家及地区的藏家竞投，通过多机位镜头从香港拍卖现场进行全球直播。本场晚拍还刷新了王俊杰、萨尔曼·托尔（Salmon Toor）、卢卡斯·阿鲁达（Lucas Arruda）和贝尔纳·弗里茨（Bernard Frize）4 位艺术家的拍卖纪录。奈良美智重要代表作《温室女孩》以逾 1.03 亿港元成交，成为全场最高价拍品。疫情期间头部拍行之间的强强联合，可视为拍行积极应对市场变化、资源互通有无的举措。

泰特美术馆将裁减 120 个工作岗位以渡过疫情困境

12 月 4 日，伦敦泰特美术馆宣布将裁减 120 个工作岗位。为了在持续的疫情危机下保持运作，美术馆需要削减 480 万英镑（4400 万人民币）的预算。该机构已在 2020 年 9 月份削减了其商业部门约一半的雇员，并启动了一项自愿裁员计划，鼓励考虑提前退休或希望休息的员工接受该提议。泰特美术馆 2020 年因疫情共关闭了 6 个月，预计接待 100 万名游客，大约是往年的八分之一。除了裁员，泰特美术馆还将运营预算减半，并削减行政级别员工的工资。泰特美术馆此举实为控制成本的无奈之举，由此也反映出美术馆应对突发事件的经验不足与资金基础薄弱等问题。

"建设海南自贸港机遇下的国际艺术品交易" 研讨会在海口召开

12 月 10 日，"海南自贸港机遇下的国际艺术品交易"专题研讨会在海口召开。来自国内博物馆、文物流通经营、艺术品拍卖、画廊领域等 30 多位嘉宾出席了会议。

会议介绍了国家南海文博产业园和海南国际文化艺术品交易中心的背景情况和发展目标。在海南建设国际自贸港的历史机遇下，要共同协作，将海南打造成为国际化、专业化、开放度高、包容性强的高水平文化交易平台，使国内艺术品交易领域形成新的创新发展局面。

国际博物馆研究与交流中心在上海成立

12 月 10 日，国际博物馆协会国际博物馆研究与交流中心（ICOM-IMREC）成立仪式暨"新冠疫情下的博物馆观察与分析"研讨会在上海大学举行。国际博协主席任职该管委会主席，副主席以及研究中心负责人由上海大学相关教授担任。

国际博物馆研究与交流中心的成立，具有高起点、广影响的优势，在开发建设国际博物馆智库和学术网络，开展博物馆领域跨地域、跨学科研究，加强全球博物馆研究与合作等方面具有重要意义，将在推动世界范围内的博物馆学科建设方面发挥更大作用。

贝浩登画廊宣布拓展二级艺术市场

12月17日，贝浩登画廊（Perrotin）宣布进军二级市场。创始人艾曼纽·贝浩登（Emmanuel Perrotin）携手汤姆－戴维·巴斯托克（Tom-David Bastok）与迪伦·雷瑟尔（Dylan Lessel）建立专注于二级市场的全新空间。

合作伙伴之一的汤姆－戴维·巴斯托克于2010年创建了首个提供艺术品联合收藏机会的平台My Art Invest；另一位合作者迪伦·雷瑟尔于2010年在卡迈勒·梅隆赫画廊（Kamel Mennour）担任总监至2018年。2019年，三人开始合作管理艺术家遗产，进一步发展关于二级市场及艺术咨询的业务。此次揭幕的画廊将为藏家提供一处专研于二级市场的巴黎空间，同时提升贝浩登作为艺术品收藏与转售专家的行业地位。

英国艺术机构获纳税人捐赠艺术品总价值创历史新高

12月21日，《艺术新闻》报道，英国纳税人2020年向艺术机构捐赠了总价值8700万美元（约合5.6亿人民币）的艺术品，创下历史新高。英国政府的"代为接受"（Acceptance in Lieu）的税收计划，允许个人向英国机构捐赠具有国家价值的作品，以抵消遗产税债务。

捐赠作品中包含一件捐赠给伦敦考陶德艺术学院的保罗·高更的手稿。这本手稿中包括近30幅插图，是艺术家去世前两个月在偏远的波利尼西亚岛上的创作。随着博物馆和美术馆开始迎接游客的回归，公众将重新关注国家公共收藏，"代为接受"计划将一如既往地发挥重要作用。

2020年公安机关破获文物犯罪案件750余起

12月25日，新华社讯，全国公安机关2020年深入推进打击文物犯罪专项行动取得显著成果。全年共打掉文物犯罪团伙150余个，抓捕犯罪嫌疑人1500余名，破获文物犯罪案件750余起，追缴文物14000余件，其中一级文物15件。

近年来，公安部不断加强新技术手段，联合国家文物局建立全国文物犯罪信息中心，建设中国被盗（丢失）文物信息发布平台。推动设立打击文物犯罪专门机构，坚持普法和打击并重，努力营造全社会保护文物浓厚氛围。公安机关将坚持以信息化技术手段应用为抓手，持续保持对文物犯罪的高压态势，有力推进专项行动向纵深发展。

《粤港澳大湾区文化和旅游发展规划》发布

12月30日，文化和旅游部、粤港澳大湾区建设领导小组办公室、广东省人民政府印发《粤港澳大湾区文化和旅游发展规划》（以下简称《规划》）的通知。《规划》以习近平新时代中国特色社会主义思想为指导，以改革创新、优势互补、开放互鉴等理念为规划原则。到2025年，要达成人文湾区与休闲湾区建设初见成效，文化软实力进一步增强的目标；构筑人文湾区、休闲湾区，加强文化遗产保护利用，优化旅游市场；同时加强规划实施保障，强化组织实施和政策保障。统筹推进粤港澳大湾区协调发展，高质量建设粤港澳大湾区宜居宜业宜游的优质生活圈。该《规划》是新时代推动形成全面开放新格局的新举措，也是推动"一国两制"事业发展的新实践。

高古轩关闭旧金山空间，重心转至洛杉矶

12月底，高古轩画廊（Gagosian Gallery）确认关闭位于旧金山的空间，该空间只开设了四年。相比于科技精英聚集的湾区，高古轩未来会将美国西海岸的业务重心放在更具艺术氛围的洛杉矶，以巩固在加州的销售地位。旧金山空间关闭后，高古轩在全球还有17家分支画廊，分布在纽约、伦敦、巴黎、中国香港等全球各大城市中。

Chapter 6

Commentary of Antique and Art Industry

Policies in 2020

第六章　年度文物艺术品行业政策法规点评

中国收藏
拍卖年鉴
2021

CHINESE FINE ART &
ANTIQUES AUCTION
YEARBOOK 2021

年度收藏与拍卖行
业政策法规点评
Commentary of Antique and Art
Industry Policies

一 《北京市推进全国文化中心建设中长期规划（2019年—2035年）》

由北京市推进全国文化中心建设领导小组发布。旨在充分利用北京文脉底蕴深厚和文化资源集聚的优势，把握大国首都的时代方位，努力把北京建设成为社会主义物质文明与精神文明协调发展、传统文化与现代文明交相辉映、历史文脉与时尚创意相得益彰，具有高度包容性和亲和力，充满人文风采和文化魅力的中国特色社会主义先进文化之都。

《规划》共10章129条，4.5万余字，以凝聚荟萃、辐射带动、创新引领、传播交流、服务保障为战略定位，设定2025年、2035年目标和2050年展望，包括坚持以首善标准做好首都文化这篇大文章、坚持以社会主义核心价值观引领首都文化建设、通过中轴线申遗推动老城整体保护与复兴、依托三条文化带构建历史文脉和生态环境交融的整体空间结构、铸就新时代社会主义文艺高峰、建成供给丰富便捷高效的现代公共文化服务体系、建设具有国际竞争力的创新创意城市、建成彰显中华文化魅力的世界旅游名城、建设面向世界的文明交流互鉴首要窗口、加强规划实施保障等内容。

《规划》对文物艺术品市场予以特别关注。第84条"建设艺术品交易中心"提出：完善艺术品市场体系，提升交易平台功能，加快国家对外文化贸易基地（北京）、798艺术区、宋庄艺术小镇和艺术品产业园区建设，打造制度健全、功能完备、交易活跃的艺术品交易中心。促进国际文物艺术品交易，培育艺术品登记、鉴定、评估、拍卖、展示、保险等全产业链，鼓励嘉德、保利、翰海等一批拍卖企业做强做大。加快现代艺术品交易转型升级，推动国际艺术品网上交易平台等重大项目建设，吸引国际一流艺术品交易机构在京发展。创新艺术品保税交易模式，培育艺术品交易专业化技术人才和经营团队。吸引国际艺术资源集聚，完善艺术品物流、租赁、仓储、保险、保税等配套服务。办好北京·中国文物国际博览会等品牌活动，扩大艺术品消费。第89条"优化文化市场环境"强调：深入推进"放管服"改革，依法放宽文化市场准入，优化文化领域行政审批，加大文化市场监管力度。加快推进大数据行动计划，着力打造北京效率、北京服务、北京标准和北京诚信等示范工程，保持营商环境在全国的领先地位。坚持扩开放与强监管相统一，坚决守住安全底线，强化文化市场监管。

对于收藏与拍卖行业，《规划》将艺术品交易中心作为首都"文化中心"建设的重点任务之一，提出了明确的发展目标和发展路径。北京已与纽约、伦敦、香港并列为全球四大文物艺术品交易中心，经营主体数量、市场规模、成交价格和影响力辐射力在国内无二。北京文物艺术品市场向前发展的动力，只能来自于对卓越的追求，与"中国特色社会主义先进文化之都"的名分相称。具体来说，可归纳为"中国特色""世界影响"。

"中国特色"应包含文物保护与文化传承并重之义，进一步健全政策支持体系（基本营商环境，通关便利、保税乃至免税进口），进一步完善市场体系（守法、诚信、规范经营，行业自律，联合监管、执法），进一步优化服务体系（多元化鉴定评估服务，文物修复、展示、物流服务，金融服务，网上交易平台等）。

"世界影响"应包含品质与指数两方面内容。文物艺术品及其交易真实、可信；基于文物大数据、可溯源、精确统计（剔除虚假成分）、科学算法的"北京指数"具有价格指导意义。

关注：1、"艺术品登记、鉴定、评估、拍卖、展示、保险等全产业链"如何实现？"登记"所指为何？2、被点名鼓励的拍卖企业怎样发挥带头和示范作用？3、"北京诚信"建设的具体内容和实践。

扫码阅读该项规划

二　《关于防范被盗（丢失）文物流入拍卖市场的通知》

由中国拍卖行业协会印发。旨在规范文物拍卖企业经营行为，筑牢文物安全防线，保护国家文物安全。

《通知》要求，各文物拍卖企业及从业人员要严格遵守国家法律法规，提升文物保护意识，担当文物保护使命，抵制非法文物买卖，远离文物犯罪红线，以实际行动保障国家文物安全，维护文物市场秩序，并配合公安、文物等部门打击文物犯罪。

《通知》强调，拍卖是文物交易的重要方式，拍卖企业是文物市场的重要主体，也是文物保护的重要力量。防范非法文物进入拍卖市场，是保障文物安全的重要内容。各相关企业要加强业务人员培训，掌握《文物拍卖管理办法》《文物拍卖标的审核办法》中有关禁拍要求，提升对文物合法性的甄别能力；要求委托人说明拍卖标的来源，并在《委托拍卖合同》中约定相关责任；参照中拍协《文物拍卖标的审定指导规范》开展标的审定工作，及时了解"中国被盗（丢失）文物信息发布平台""外国被盗文物数据库"等平台发布的信息;严格按照文物行政部门要求,如实申报文物拍卖标的并按批复要求进行拍卖;不得以不标注时代等方式逃避文物拍卖标的监管,亦不得假借出土(水)文物名义进行拍卖标的宣传;接受社会监督,对社会提出的公开或书面质疑应予重视并及时做出调查、论证和处理;在业务开展过程中,如发现有盗掘、盗窃、走私、诈骗等文物犯罪线索,应及时提供给公安、文物等相关部门。

对于收藏与拍卖行业,这是全国性行业组织发出的自律强音。守法是一切经营活动的前提,但在文物流通领域却时成例外。近年来,个别拍卖企业无视国家法律,为了一己私利不断触碰"红线",成为文物盗掘、盗窃、倒卖、走私、诈骗分子的销赃平台,在公安机关保持打击文物犯罪高压态势下,仍有拍卖企业铤而走险,实在让人难以理解。《通知》再次划出了底线,勿谓言之不预。

关注:1、文物行政部门在审核文物拍卖标的时,对于频繁征集禁限文物的企业,能否加强教育管理(如列入"名单"),而不仅仅是一撤了之? 2、拍卖行业组织在评选相关奖项时,能否对上述行为实行"一票否决"? 3、故意"错"标(不是不标)文物拍卖标的"时代"的企业,想给历史留下什么(图录)?

扫码阅读该项通知

三 《关于中国国际进口博览会展期内销售的进口展品税收优惠政策的通知》《关于支持 2020 年第三届中国国际进口博览会文物类展品监管和便利化措施的公告》

《通知》由财政部、海关总署、国家税务总局发布,旨在通过税收优惠政策和便利化措施,促进进博会期间相关进口物品销售。《公告》由国家文物局发布,旨在发挥进博会人文交流平台方面的积极作用,促进海外中国文物回流。

《通知》提出,对进博会展期内销售的合理数量的进口展品免征进口关税、进口环节增值税和消费税(展期内未销售且在展期结束后又不退运出境的展品,按照国家有关规定照章征税)。《通知》附件"享受税收优惠政策的展品清单"将"艺术品、收藏品及古物"列入,规定每个参展商享受税收优惠数量不超过 5 件,但不受销售限额(2 万美元)限制。

《公告》明确了进博会文物类展品申报审核(通关一体化 + 登记)、复出境(含 6 个月后延期复出境)、进境审核(境内合法文物经营主体)的基本程序和有关要求,进一步简化了有关流程,便利了经营活动,同时鼓励享受税收优惠政策的文物类展品在国有文物收藏单位进行不少于三年的公益性展示服务。

对于收藏与拍卖行业，这是政府有关部门首次就文物商品进口给予税收优惠，是多年来相关方面积极推动的成果，是文物收藏流通的重大利好。据悉，在各界的共同努力下，第三届进博会期间实现了文物免税进口"零"的突破，为今后文物商品进口销售业务的开展奠定了坚实基础。

关注：期待更大的政策突破（文物数量、政策周期等），让更多流散海外的文物体面"回家"。

扫码阅读该项通知

四　国家林业和草原局公告（2020 年第 7 号）

由国家林业和草原局发布。

《公告》只有一句话：经研究决定，自本公告发布之日起，继续严格禁止进口象牙及其制品。

象牙雕刻是中国传统手工技艺，象牙文物本属于文物的一部分，原曾允许贸易和进口。近年来，为加强濒危野生动物保护，国家对象牙及其制品的运输、销售、进口等实施禁限。在有关方面呼吁下，林业（林草）、文物等部门曾研究象牙文物的进口、销售、拍卖等问题。此番林草局发布公告，可见仍面临较大的保护压力。

对于收藏与拍卖行业，守法是第一位的。先履行人类的大德，再琢磨眼下的小利。

关注：象牙文物不属于现生象牙制品，其流通（理论上）不会直接造成对现生大象的捕杀。如何做到既能有效保护濒危野生动物、又能兼顾文物保护传承，需要更大的智慧。

扫码阅读该项公告

五　《关于进一步规范非国有博物馆备案登记管理工作的意见》

由国家文物局办公室、民政部办公厅发布。旨在规范相关管理程序，促进非国有博物馆健康有序发展。

《意见》进一步明确了非国有博物馆管理权责、理顺了非国有博物馆登记备案程序（申请、备案、登记、变更、终止），健全了非国有博物馆管理制度（规范名称管理、严格备案审查、健全理事会制度、强化藏品管理、健全退出机制、建立信息共享机制、加强监督检查），实现了《博物馆条例》《民办非企业单位登记管理暂行条例》两个"条例"在非国有博物馆备案登记管理工作程序上的有机衔接（文物部门备案管理和民政部门登记管理之间、馆址所在地文物部门业务主管和省级文物部门备案管理之间）。

我国《博物馆条例》规定，博物馆是以教育、研究和欣赏为目的，收藏、保护并向公众展示人类活动和自然环境的见证物，经登记管理机关依法登记的非营利组织。国家在博物馆的设立条件、提供社会服务、规范管理、专业技术职称评定、财税扶持政策等方面，公平对待国有和非国有博物馆。国家文物局等部门共同建立了非国有博物馆相关政策体系，坚持"规范"与"扶持"并重，推动非国有博物馆快速发展，目前已备案的非国有博物馆数量已达全国博物馆总数的三成以上。

藏品是博物馆发展的基础，藏品管理是博物馆管理制度的主干。根据相关规定，博物馆可以通过购买、接受捐赠、依法交换等法律、行政法规规定的方式取得藏品，不得取得来源不明或者来源不合法的藏品。

收藏与拍卖行业，同非国有博物馆有着千丝万缕的联系。非国有博物馆的藏品多直接来自民间，在当前文物盗掘、走私等安全形势仍然严峻、文物造假售假等违法活动依然猖獗的情况下，博物馆必须对藏品的真实性、合法性加强核验。设立非国有博物馆，体现了举办者的社会担当和文化自觉，也应当健全藏品账目及档案，依法依规进行备案及法人财产权确权，保障博物馆长期健康发展。

关注：法律规定，博物馆不得从事文物等藏品的商业经营活动。任何组织或者人员不能打着博物馆的"旗号"，买卖文物。未经文物部门备案和民政部门登记，不得以博物馆名义进行活动。

扫码阅读该项意见

六 《拍卖监督管理办法》

由国家市场监督管理总局修订发布。旨在遵循公开、公平、公正、诚实信用的原则，规范拍卖行为，维护拍卖秩序，保护拍卖活动各方当事人的合法权益。

《办法》延续了以往修订的"放管服"改革总体思路，在进一步转变政府职能、发挥市场主体作用的同时，明确和完善了拍卖活动的行为原则、禁止性规定等。

《办法》强调，拍卖人不得利用拍卖公告或者其他方法，对拍卖标的作引人误解的虚假宣传；委托人在拍卖活动中不得参与竞买或者委托他人代为竞买；拍卖人、委托人、竞买人不得拍卖或者参与拍卖国家禁止买卖的物品或者财产权利；拍卖人不得以委托人、竞买人、买受人要求保密等为由，阻碍监督检查；不得未经许可从事拍卖业务。

对于收藏与拍卖行业，《办法》直指虚假宣传（"拍假"）、自拍自买（哄抬价格）、买卖出土（水）文物等国家禁止买卖的物品、无资质和未报审拍卖文物等行业"顽疾"，约束拍卖人的行为，保障收藏者的权益，维护正常的拍卖秩序。同时，也对委托人、竞买人及其他参与拍卖活动的当事人提出要求，体现了监督管理的广泛性和权威性。

关注：执法的力度。

扫码阅读该项办法

七　国家社会文物管理综合改革试点（上海）

国家文物局、上海市人民政府 11 月 10 日共同宣布启动，旨在推动民间收藏更加理性、企业经营更加规范、诚信意识和专业化水平明显提升、市场环境更加清朗、市场信心大幅提振、市场规模稳步提升、市场活力显著增强。同日，双方签署了《共同推进社会文物管理综合改革试点合作协议》。

此次综合改革试点历时 3 年，坚持问题导向和目标导向，聚焦创新扶持政策和优化监管服务，探索解决民间收藏文物保护利用不足、流通渠道不畅、信用体系缺失、市场环境无序、从业人员专业化水平整体不高等突出问题。

根据协议，上海将在培育新时代收藏文化、建立基于信用监管体系的登记交易制度、提升文物商店经营水平、扶持文物拍卖领军企业、优化文物鉴定服务、创新文物进出境管理、建设国际文物艺术品交易中心、推进长三角文物市场一体化发展、完善文物市场监管体系、强化综合配套政策支持等领域先行示范，打造社会文物有效保护和合理利用的"上海样本"。

对于收藏与拍卖行业，此次试点是十八大以来社会文物管理领域的一次全方位改革，也是探索中国特色民间收藏文物保护利用之路的重要实践。在国家文物局指导和支持下，上海市将在社会文物管理政策、促进机制、开放路径、服务模式等方面打出"组合拳"，重点围绕社会文物保护展示、资质审批、标的许可、鉴定服务、文物回流、人才培养、进出境审核管理等出台创新举措，推动民间收藏健康发展、文物市场有序运行、鉴定服务满足需求、文物回流渠道畅通、诚信体系发挥作用。目前，将在上海口岸开展文物进境登记制度试点，支持外资拍卖企业拍卖境外征集的 1949 年以后去世的部分外国艺术家作品，在上海自贸试验区试点保税仓储文物临时进境 6 个月有效期后可 N 次延

中国收藏
拍卖年鉴
2021

CHINESE FINE ART &
ANTIQUES AUCTION
YEARBOOK 2021

期，打造文物流通全链条一站式综合体，探索建立文物鉴定师认定体系，提供覆盖面更广、支持力度更大的专项扶持资金。干货满满，前景可期。

关注：改革试点构建的社会文物保护利用体系，成为新时代中国特色社会文物管理的"四梁八柱"。

扫码阅读该项协议

八 《罚没财物管理办法》

由财政部发布。旨在规范和加强罚没财物管理，防止国家财产损失，保护自然人、法人和非法人组织的合法权益。

《办法》进一步规范了罚没财物的移交和保管、处置、收入缴库等行为。明确规定：执法机关（行政、监察、审判、检察机关）依法取得的罚没物品，除法律、行政法规禁止买卖的物品或者财产权利、按国家规定另行处置外，应当按照国家规定进行公开拍卖，公开拍卖应当委托具有相应拍卖资格的拍卖人进行。

《办法》将文物列为"按国家规定另行处置"的物品，规定：依法没收的文物，应当移交国家或者省级文物行政管理部门，由其指定的国有博物馆、图书馆等文物收藏单位收藏或者按国家有关规定处置。经国家或者省级文物行政管理部门授权，市、县级文物行政管理部门或者有关国有博物馆、图书馆等文物收藏单位可以具体承办文物接收事宜。

对于收藏与拍卖行业，《办法》一方面保障了具有相应拍卖资格的拍卖人的合法权益（可以拍卖不属于文物的艺术品），防止有关机关违规非公开处置罚没财物；另一方面也对罚没文物拍卖做出了禁限。

关注：文物范围的边界（鉴定与认定）。

扫码阅读该项办法

Chapter 7
Appendix

第七章 附录

扫码解析艺术市场

全国文物评估鉴定机构
Art Authentication Organizations in China

涉案文物鉴定评估机构名单

《最高人民法院 最高人民检察院 关于办理妨害文物管理等刑事案件适用法律若干问题的解释》于 2016 年 1 月 1 日起正式施行。该司法解释第十五条明确表示，对案件涉及的有关文物鉴定、价值认定等专门性问题难以确定的，由司法鉴定机构出具鉴定意见，或者由国务院文物行政部门指定的机构出具报告。其中，对于文物价值，也可以由有关价格认证机构做出价格认证并出具报告。根据此条司法解释，国家文物局于 2016 年 1 月 4 日确定了首批涉案文物鉴定评估机构。为满足司法机关对涉案文物鉴定评估工作的需要，充分发挥文物鉴定评估对依法打击文物违法犯罪活动的支撑作用，国家文物局于 2016 年 9 月 30 日公布第二批涉案文物鉴定评估机构名单。

批次	机构名称	电话	地址
第一批	北京市文物进出境鉴定所	010-64014608	北京市东城区府学胡同 36 号
	天津市文物管理中心	022-23395236	天津市和平区大理道 44 号
	山西博物院	0351-4050840	山西省太原市万柏林区滨河西路北段 13 号
	内蒙古博物院	0471-4608462	内蒙古自治区呼和浩特市新城区新华东街 27 号
	辽宁省文物保护中心	024-24846318	辽宁省沈阳市沈河区朝阳街少帅府巷 48 号
	浙江省文物鉴定站	0571-87081576	浙江省杭州市西湖区天目山路 99 号科贸大楼
	安徽省文物鉴定站	0551-62826619	安徽省合肥市安庆路 268 号
	国家文物出境鉴定河南站	0371-65963495	河南省郑州市人民路 11 号
	湖南省文物鉴定中心	0731-84441768	湖南省长沙市芙蓉区五一大道 399 号
	广东省文物鉴定站	020-87047999	广东省广州市水荫四横路 32 号楼 5-7 楼
	国家文物出境鉴定四川站	028-86120526	四川省成都市少城路 6 号
	陕西省文物鉴定研究中心	029-85360103	陕西省西安市雁塔区雁塔西路 193 号陕西省文物局内 103、105 室
第二批	北京市古代建筑研究所	010-83168738	北京市西城区东经路 21 号
	河北省博物院	0311-86045642	河北省石家庄市长安区东大街 4 号
	山西省文物交流中心	0351-7225133	山西省太原市迎泽区小南关西街 6 号
	辽宁省文物总店	024-23224679	辽宁省沈阳市和平区民主路 68 号
	吉林省博物院	0431-81959567	吉林省长春市净月高新技术产业开发区永顺路 1666 号
	黑龙江省博物馆	0451-53636187	黑龙江省哈尔滨市南岗区红军街 50 号
	上海市文物保护研究中心	021-54651200	上海市徐汇区岳阳路 48 号
	南京博物院	025-84800448	江苏省南京市玄武区中山东路 321 号
	苏州文物商店	0512-65224972	江苏省苏州市姑苏区人民路 1208 号

第二批	淮安市博物馆	0517-83645659	江苏省淮安市清河区健康西路 146-1
	福建省文物鉴定中心	0591-87118174	福建省福州市台江区白马中路 15 号
	江西省文物商店	0791-86778942	江西省南昌市东湖区民德路 349 号
	山东省文物鉴定中心	0531-85058086	山东省济南市历下区经十路 11899 号
	湖北省博物馆	027-86783171	湖北省武汉市武昌区东湖路 160 号
	湖南省文物考古研究所	0731-84441768	湖南省长沙市开福区东风路东风二村巷 18 号
	广西壮族自治区博物馆	0771-2707025	广西壮族自治区南宁市青秀区民族大道 34 号
	国家文物进出境审核海南管理处	0898-66961649	海南省海口市龙华区龙昆南路 76 号金霖花园 45 栋
	重庆市文化遗产研究院	023-63526660	重庆市渝中区枇杷山正街 72 号
	重庆中国三峡博物馆	023-63679011	重庆市渝中区人民路 236 号
	贵州省博物馆	0851-86822214	贵州省贵阳市云岩区北京路 168 号
	云南省文物总店有限公司	0871-63158542	云南省昆明市五华区青年路 371 号 4 楼
	西藏文物鉴定中心	0891-6826335	西藏自治区拉萨市城关区天海路 16 号
	甘肃省文物考古研究所	0931-2138656	甘肃省兰州市城关区和平路 165 号
	甘肃省博物馆	0931-2346308	甘肃省兰州市七里河区西津西路 3 号
	青海省博物馆	0971-6118691	青海省西宁市城西区西关大街 58 号
	青海省文物考古研究所	0971-8176135	青海省西宁市城东区为民巷 15 号
	宁夏回族自治区博物馆	0951-5015460	宁夏回族自治区银川市金凤区人民广场东街 6 号
	新疆维吾尔自治区文物总店	0991-2825161	新疆维吾尔自治区乌鲁木齐市天山区解放南路 39 号
	新疆维吾尔自治区博物馆	0991-4533451	新疆维吾尔自治区乌鲁木齐市沙依巴克区西北路 581 号

民间收藏文物鉴定试点单位

为积极回应社会关切，引导规范民间收藏文物鉴定行为，国家文物局于 2014 年 10 月 24 日发布通知，批准 7 家文博单位面向社会公众开展民间收藏文物鉴定试点工作。此举旨在通过引导国有文博单位参与民间收藏文物鉴定活动，探索民间收藏文物鉴定管理制度，逐步建立民间收藏文物鉴定程序及标准，以规范民间收藏文物鉴定行为，引导公众树立正确的文物价值观。

机构名称	电话	地址
天津市文物开发咨询服务中心	022-23119579 022-23396363	天津市和平区新兴街道贵州路 58 号
黑龙江省龙博文物司法鉴定所	0451-53636187	黑龙江省哈尔滨市南岗区红军街 62 号
西泠印社艺术品鉴定评估中心	0571-86018223	浙江省杭州市西湖区孤山路 31 号
厦门市文物鉴定中心	0592-5052004	福建省厦门市思明区湖滨北路 36 号文物大楼四楼
湖南省文物鉴定中心	0731-84444472 0731-84441768	湖南省长沙市芙蓉区五一大道 399 号

广东省文物鉴定站	020-87047999	广东省广州市水荫四横路 32 号楼 5-7 楼
云南文博文物评估鉴定有限公司	0871-63160925	云南省昆明市青年路 371 号文化科技大楼 4 楼 401 室

国家文物进出境审核管理机构名录

依据《中华人民共和国文物保护法》第六十一条和《中华人民共和国文物保护法实施条例》第四十五条，由国家文物局指定的文物进出境审核机构决定是否受理文物出境许可证的申请；由相关文物进出境审核机构具体审核并做出决定；经审核允许出境的文物，由相关文物进出境审核机构发给由国家文物局签发的文物出境许可证。

机构名称	电话	地址
北京管理处	010-64014608	北京市东城区府学胡同 36 号
天津管理处	022-23396363	天津市和平区贵州路 58 号
河北管理处	0311-85286812	河北省石家庄市长安区东大街 4 号
上海管理处	021-64045311	上海市徐汇区岳阳路 48 号
江苏管理处	025-84841206	江苏省南京市玄武区中山东路 321 号
浙江管理处	0571-87081576	浙江省杭州市下城区校场路 26 号
安徽管理处	0551-62827802	安徽省合肥市庐阳区安庆路 268 号
福建管理处	0591-87118174	福建省福州市台江区白马中路 25 号
山东管理处	0531-85058187	山东省济南市历下区经十路 11899 号
河南管理处	0371-65963945	河南省郑州市金水区人民路 11 号
湖北管理处	027-65399532	湖北省武汉市武昌区公正路 23 号
广东管理处	020-87047165	广东省广州市天河区水荫四横路 32 号 5-7 楼
云南管理处	0871-67204783	云南省昆明市官渡区广福路 6393 号
陕西管理处	029-85360103	陕西省西安市高新区科技一路 35 号
辽宁管理处	024-24846318	辽宁省沈阳市浑南区智慧三街 157 号
四川管理处	028-86120526	四川省成都市青羊区蜀都大道少城路 6 号
山西管理处	0351-5687506	山西省太原市迎泽区文庙巷 33 号
内蒙古管理处	0471-4608271	内蒙古自治区呼和浩特市新城区新华东街 27 号
西藏管理处	0891-6826335	西藏自治区拉萨市城关区天海路 16 号
海南管理处	0898-66987097	海南省海口市龙昆南路 76 号
重庆管理处	023-63679223	重庆市渝中区人民路 236 号

全国重要美术馆及文物艺术类博物馆
Important Museums in China

全国重要文物艺术类博物馆 *

* 注：全国主要文物艺术类博物馆名单摘自国家文物局网站公布的《2019 年度全国博物馆名录》（2020.5.28 更新）以及中国博物馆协会网站公布的《第四批国家一、二、三级博物馆名单》（2020.12.21 更新）仅收录其中质量等级为一、二级的省、市级文物艺术类博物馆以及县级文物艺术类特色博物馆。

序号	名称	质量等级	地址
北京市			
1	故宫博物院	一级	东城区景山前街 4 号
2	中国国家博物馆	一级	东城区东长安街 16 号
3	首都博物馆	一级	西城区复兴门外大街 16 号
4	恭王府博物馆	一级	西城区前海西街 17 号
5	周口店北京人遗址博物馆	一级	房山区周口店大街 1 号
6	清华大学艺术博物馆	一级	海淀区清华园 1 号
7	孔庙和国子监博物馆	二级	东城区国子监街 15 号
8	明十三陵博物馆	二级	昌平区十三陵镇明十三陵 - 定陵
9	北京古代建筑博物馆	二级	西城区东经路 21 号
10	大钟寺古钟博物馆	二级	海淀区北三环西路甲 31 号
11	中国藏学研究中心西藏文化博物馆	二级	朝阳区北四环东路 131 号
天津市			
12	天津博物馆	一级	河西区平江道 62 号
13	元明清天妃宫遗址博物馆	二级	河东区大直沽中路
14	天津沉香艺术博物馆	二级	和平区常德道 37 号
15	天津市武清区博物馆	二级	武清区泉旺路 52 号
河北省			
16	河北博物院	一级	石家庄市东大街 4 号
17	邯郸市博物馆	一级	邯郸市中华北大街 45 号
18	河北美术馆	二级	石家庄市裕华区槐安东路 113 号
19	石家庄市博物馆	二级	石家庄市建设北大街 11 号
20	唐山博物馆	二级	唐山市工人文化宫院内龙泽南路 22 号
21	武强年画博物馆	二级	武强县武强镇新开街 1 号
22	秦皇岛市山海关长城博物馆	二级	秦皇岛市山海关区一关路

23	张家口市博物馆	二级	张家口市桥东区东兴街 14 号
24	承德市避暑山庄博物馆	二级	承德市双桥区避暑山庄丽正门
25	沧州市博物馆	二级	沧州市运河区浮阳南大道 31 号
26	廊坊博物馆	二级	廊坊市和平路 238-1 号
27	磁州窑博物馆	二级	磁县磁州路中段路北

山西省

28	山西博物院	一级	太原市万柏林区滨河西路北段 13 号
29	大同市博物馆	一级	大同市御东新区太和路
30	临汾市博物馆	一级	临汾市尧都区滨河西路
31	晋城博物馆	二级	晋城市凤台东街 1263 号
32	吕梁市汉画像石博物馆	二级	吕梁市离石区龙凤南大街 39 号
33	山西祁县乔家大院民俗博物馆	二级	晋中市祁县 g208
34	榆社县化石博物馆	二级	晋中市榆社县迎春南路 27 号
35	山西省艺术博物馆	二级	太原市起凤街一号
36	太原市晋祠博物馆	二级	太原市晋源区晋祠镇
37	长治市博物馆	二级	长治市太行西街 259 号
38	运城博物馆	二级	运城市盐湖区禹西路与魏南街交汇处
39	河边民俗博物馆	二级	定襄县河边镇
40	山西省民俗博物馆	二级	太原市迎泽区文庙巷文庙
41	盐湖区博物馆	二级	运城市盐湖区舜帝陵景区内
42	太原市博物馆	二级	太原市晋源区广经路 13 号
43	中国雕塑博物馆	二级	大同市平城区武定街 10 号
44	阳泉市博物馆	二级	阳泉市城区桃北中街
45	曲沃县晋国博物馆	二级	临汾市曲沃县曲村镇北赵村

内蒙古自治区

46	鄂尔多斯博物馆	一级	鄂尔多斯市康巴什新区文化西路南 5 号
47	内蒙古博物院	一级	呼和浩特市新华东街 27 号
48	赤峰市博物馆	一级	赤峰市新城区富河街 10A
49	内蒙古自治区将军衙署博物院	二级	呼和浩特市新城区新华大街 31 号 (鼓楼西侧)
50	鄂尔多斯青铜器博物馆	二级	鄂尔多斯市东胜区准格尔南路 3 号
51	呼伦贝尔民族博物馆	二级	内蒙古自治区呼伦贝尔市海拉尔区阿里河路老年大学旁边
52	通辽市博物馆	二级	内蒙古自治区通辽市科尔沁区建国路文化体育广场北侧
53	阿拉善博物馆	二级	阿拉善盟阿拉善左旗浩特镇政通路与额鲁特东路交叉口西南 150 米

54	巴林右旗博物馆	二级	赤峰市巴林右旗大板镇大板街南
55	呼和浩特博物馆	二级	呼和浩特市新城区通道北路 62 号
56	兴安盟博物馆	二级	兴安盟新桥东街 999-6 号
57	内蒙古史前文化博物馆	二级	赤峰市敖汉旗新惠路 63 号
58	内蒙古河套文化博物院	二级	巴彦淖尔市五一街
59	巴林左旗辽上京博物馆	二级	赤峰市巴林左旗 G305
60	包头博物馆	二级	包头市昆区阿尔大街 25 号

辽宁省

61	大连现代博物馆	一级	大连市沙河口区会展路 10 号
62	辽宁省博物馆	一级	沈阳市沈河区市府大路 363 号
63	旅顺博物馆	一级	大连市旅顺口区斯大林路
64	沈阳故宫博物院	一级	沈阳市沈河区沈阳路 171 号
65	鞍山市博物馆	二级	鞍山市铁东区千山中路 41 号
66	锦州市博物馆	二级	锦州市古塔区北三里 1 号
67	张氏帅府博物馆	二级	沈阳市沈河区朝阳街少帅府巷 46 号
68	沈阳新乐遗址博物馆	二级	沈阳市皇姑区黄河北大街龙山路、新开河以北

吉林省

69	吉林省博物院	一级	长春市净月高新技术产业开发区永顺路 1666 号
70	伪满皇宫博物院	一级	长春市光复北路 5 号
71	白城市博物馆	二级	白城市金辉北街文化中心 C 座
72	吉林市博物馆	二级	吉林市丰满区吉林大街 100 号
73	延边博物馆	二级	延吉市长白西路 8627 号
74	东北师范大学东北民族民俗博物馆	二级	长春市经济技术开发区卫星路 98 号
75	白山市长白山满族文化博物馆	二级	白山市浑江区长白山大街 777 号

黑龙江省

76	大庆市博物馆	一级	大庆市高新开发区文苑街 2 号
77	黑龙江省博物馆	一级	哈尔滨市南岗区红军街 50 号
78	哈尔滨市阿城金上京历史博物馆	二级	哈尔滨市阿城区金源文化旅游区
79	佳木斯市博物馆	二级	黑龙江省佳木斯市前进区长安东路 52 号
80	黑龙江流域博物馆	二级	黑龙江省萝北县名山岛
81	黑龙江省民族博物馆	一级	哈尔滨市南岗区文庙街 25 号
82	齐齐哈尔市博物馆	二级	齐齐哈尔市建华区中华路 1 号
83	伊春市博物馆	二级	伊春市伊春区新兴西大街 1 号
84	鸡西市博物馆	二级	鸡西市鸡冠区文化路西段

		上海市	
85	上海博物馆	一级	黄浦区人民大道 201 号
86	上海鲁迅纪念馆	一级	虹口区甜爱路 200 号
87	嘉定博物馆	二级	上海市嘉定区博乐路 215 号
88	上海市松江区博物馆	二级	上海市松江区中山东路 233 号
89	上海市历史博物馆	二级	南京西路 325 号
90	青浦区博物馆	二级	上海市青浦区青浦镇华青南路 1000 号
91	上海大学博物馆	二级	上海市宝山区南陈路上海大学（宝山校区）
		江苏省	
92	常州博物馆	一级	常州市新北区龙城大道 1288 号
93	南京博物院	一级	南京市中山东路 321 号
94	南京市博物总馆	一级	南京市秦淮区中华路 257 号
95	南通博物苑	一级	南通市濠南路 19 号
96	苏州博物馆	一级	苏州市姑苏区东北街 204 号
97	扬州博物馆	一级	扬州市文昌西路 468 号
98	常熟博物馆	一级	苏州市常熟市北门大街 1 号
99	无锡博物院	一级	无锡市钟书路 100 号
100	徐州博物馆	一级	徐州市和平路 101 号
101	镇江博物馆	一级	镇江市润州区伯先路 85 号
102	淮安市博物馆	二级	淮安市健康西路 146-1
103	江阴市博物馆	二级	江阴市澄江中路 128 号
104	连云港市博物馆	二级	连云港市朝阳东路 68 号
105	徐州汉兵马俑博物馆	二级	徐州市云龙区兵马俑路 1 号
106	苏州碑刻博物馆	二级	苏州市姑苏区人民路 613 号
107	徐州汉画像石艺术馆	二级	徐州市泉山区湖东路
108	南京市江宁区博物馆	二级	南京市江宁区竹山路 88 号
109	南京大报恩寺遗址博物馆	二级	南京市秦淮区中华门外雨花路 1 号
110	明孝陵博物馆	二级	南京市玄武区四方城 1 号
111	宜兴市博物馆	二级	宜兴市解放东路 388 号
112	宜兴陶瓷博物馆	二级	宜兴市丁蜀镇丁山北路 150 号
113	常州市武进区博物馆（常州市武进区淹城博物馆）	二级	常州市武进区武宜中路 201 号
114	苏州丝绸博物馆	二级	苏州市人民路 661
115	吴江博物馆	二级	苏州市吴江区笠泽路 450 号

116	太仓市博物馆	二级	苏州市太仓市上海东路 100 号
117	张家港博物馆（长江文化博物馆）	二级	苏州市张家港市杨舍镇暨阳西路 2 号
118	仪征市博物馆	二级	扬州市仪征市解放西路 201 号
119	兴化市博物馆	二级	泰州市兴化市府前路 2 号
120			
120	杭州博物馆	一级	杭州市上城区粮道山 18 号
121	宁波博物馆	一级	宁波市鄞州区首南中路 1000 号
122	温州博物馆	一级	温州市鹿城区市府路 491 号
123	浙江自然博物馆	一级	杭州市下城区朝晖街道西湖文化广场 6 号
124	浙江省博物馆	一级	杭州市西湖区孤山路 25 号
125	中国丝绸博物馆	一级	杭州市玉皇山路 73-1 号
126	中国茶叶博物馆	一级	双峰馆区位于杭州市龙井路 88 号，龙井馆区位于杭州市翁家山 268 号
127	舟山博物馆	一级	舟山市新城海天大道 610 号
128	杭州西湖博物馆总馆	一级	杭州市上城区南山路 89 号
129	杭州工艺美术博物馆	一级	杭州市拱墅区小河路 334 号
130	宁波市天一阁博物馆（保国寺古建筑博物馆）	一级	宁波市天一街 5 号
131	杭州南宋官窑博物馆	二级	杭州市上城区南复路 60 号
132	杭州市余杭博物馆	二级	杭州市余杭区临平南大街 95 号
133	湖州市博物馆	二级	湖州市仁皇山新区吴兴路 1 号
134	绍兴博物馆	二级	绍兴市越城区偏门直街 75 号
135	杭州市萧山区博物馆	二级	杭州市萧山区北干街道北干山南路 651 号
136	余姚博物馆	二级	宁波市余姚市舜水南路（龙泉山西麓广场）
137	杭州工艺美术博物馆	二级	杭州市拱墅区小河路 336 号
138	永康市博物馆	二级	金华市永康市文博路 1 号
139	丽水市博物馆	二级	丽水市莲都区括苍路 701 号
140	嘉兴博物馆	二级	嘉兴市南湖区海盐塘路 485 号
141	衢州市博物馆	二级	衢州市新桥街 98 号
142	绍兴市上虞博物馆	二级	上虞区人民中路 228 号
143	余姚市河姆渡遗址博物馆	二级	余姚市河姆渡镇芦山寺村
144	瑞安市博物馆	二级	温州市瑞安市嘉宁路 23 号
145	文成县博物馆	二级	温州市文成县文青路 1 号
146	安吉县博物馆	二级	湖州市安吉县天目中路 516 号
147	长兴县博物馆	二级	湖州市长兴县中央大道与滨湖大道交叉口

148	浙江中鑫艺术博物馆	二级	绍兴市上虞区舜耕大道 518 号
149	金华市博物馆	二级	金华市婺城区东市北街 128 号
150	台州市博物馆	二级	台州市椒江区爱华路 168 号
151	台州市黄岩区博物馆	二级	台州市黄岩区二环南路 288 号
152	临海市博物馆	二级	台州市临海市临海大道 288 号
153	龙泉市博物馆	二级	丽水市龙泉市剑川大道 258 号

安徽省

154	安徽博物院	一级	合肥市怀宁路 268 号（新馆）、合肥市安庆路 268 号（老馆）
155	安徽中国徽州文化博物馆	一级	黄山市屯溪区机场迎宾大道 50 号
156	宿州市博物馆	一级	宿州市埇桥区通济一路 8 号
157	蚌埠市博物馆	一级	蚌埠市东海大道市民广场
158	淮北市博物馆	一级	淮北市相山区博物馆路 1 号
159	安庆市博物馆	二级	安庆市沿江东路 150 号
160	寿县博物馆	二级	淮南市寿县寿春镇西大街
161	皖西博物馆	二级	六安市佛子岭中路
162	歙县博物馆	二级	歙县新安碑园内
163	阜阳市博物馆	二级	阜阳市颍州区清河东路 335 号
164	马鞍山市博物馆	二级	马鞍山市太白大道 2006-1 号
165	淮南市博物馆	二级	淮南市洞山中路 15 号
166	肥东县博物馆	二级	合肥市肥东县得心路与深秀路交叉口东北角
167	亳州市博物馆	二级	亳州市谯城区芍花路 209 号
168	界首市博物馆	二级	阜阳市界首市胜利东路公园大地南侧
169	芜湖市博物馆	二级	芜湖市鸠江区中江大道与仁和路交叉口
170	宣城市博物馆	二级	宣城市宣州区水阳江大道与响山路交叉口西南侧
171	铜陵市博物馆	二级	铜陵市铜官区陵江北道八宝路 1506 号

福建省

172	福建博物院	一级	福州市鼓楼区湖头街 96 号
173	福建·中国闽台缘博物馆	一级	泉州市丰泽区北清东路 212 号
174	上杭县博物馆	二级	福建省上杭县临江镇临江路 52 号
175	三明市博物馆	二级	三明市贵溪洋新区城市文化广场
176	厦门市博物馆	二级	厦门市思明区体育路 95 号
177	龙岩市博物馆	二级	龙岩市人民广场左侧
178	德化县陶瓷博物馆	二级	泉州市德化县浔中镇唐寨山

中国收藏
拍卖年鉴
2021

CHINESE FINE ART &
ANTIQUES AUCTION
YEARBOOK 2021

179	福州市博物馆	二级	福州市晋安区文博路 8 号
180	晋江市博物馆	二级	晋江市世纪大道 382 号
181	泉州市博物馆	二级	泉州市丰泽区北清东路西湖公园北侧
182	漳州市博物馆	二级	漳州市龙文区迎宾路与龙文路交接处
183	福州市长乐区博物馆	二级	福州市长乐区吴航街道爱心路 198 号
184	福建省昙石山遗址博物馆	二级	福州市闽侯县甘蔗街道昙石村 330 号
185	将乐县博物馆	二级	三明市将乐县龙栖山
186	莆田市博物馆	二级	莆田市城厢区荔城北大道
187	南平市博物馆	二级	南平市马坑路 266 号
188	武平县博物馆	二级	龙岩市武平县育才路 23 号
		江西省	
189	江西省博物馆	一级	南昌市新洲路 2 号
190	九江市博物馆	一级	九江市浔阳区浔阳东路 16 号
191	江西省庐山博物馆	一级	九江市庐山市芦林 1 号
192	萍乡博物馆	一级	萍乡市安源区滨河东路 376 号
193	赣州市博物馆	一级	赣州市博物馆
194	景德镇中国陶瓷博物馆	一级	景德镇市紫晶路 1 号
195	八大山人纪念馆	一级	南昌青云谱区青云谱路 259 号
196	江西客家博物院	二级	赣州市赣县区县城杨仙大道 1 号
197	宜春市博物馆	二级	宜春市泸州北路 536 号
198	婺源博物馆	二级	上饶市婺源县文公北路
199	景德镇陶瓷博物馆	二级	景德镇市莲社北路 169 号
200	南昌市博物馆	二级	南昌市东湖区新洲路 2 号
201	南昌市中国工艺美术大师博物馆	二级	南昌市红谷滩新区阁皂山大道 998 号
202	德安县博物馆	二级	江西省九江市德安县河东乡
203	上饶市博物馆	二级	上饶市信州区凤凰中大道与广信大道交叉口
204	玉山县博物馆	二级	玉山县冰溪镇解放东路 111 号
205	樟树市博物馆	二级	宜春市樟树市药都南大道 54 号
206	高安市博物馆（高安元青花博物馆）	二级	宜春市高安市瑞阳大道 674 号
207	靖安县博物馆	二级	宜春市靖安县水口乡
208	吉安市博物馆	二级	吉安市吉州区禾埠乡秋桂路 1 号
209	吉安县博物馆（吉州窑博物馆）	二级	吉安市吉安县永和镇
210	于都县博物馆	二级	于都县贡江镇交通巷 6 号
211	景德镇陶瓷民俗博物馆	二级	景德镇市昌江区紫晶路 1 号

212	鹰潭市博物馆	二级	鹰潭市月湖区湖西路 4 号
	山东省		
213	青岛市博物馆	一级	青岛崂山区梅岭东路 51 号
214	青州博物馆	一级	青州市范公亭西路 1 号
215	山东博物馆	一级	济南市经十路 11899 号（燕山立交桥东 2 公里）
216	潍坊市博物馆	一级	潍坊市东风东街 6616 号
217	烟台市博物馆	一级	烟台市芝罘区毓岚街 2 号
218	淄博市陶瓷博物馆	一级	淄博市张店区华光路 320 号
219	山东省滕州市博物馆	一级	滕州市杏坛东路龙泉广场北侧
220	滕州市汉画像石馆	一级	滕州市府前东路 1 号
221	济宁市博物馆（朱复戡艺术馆）	一级	济宁市太白湖新区运河路 140 号
222	济南市博物馆	一级	济南市历下区经十一路 30 号
223	临沂市博物馆	一级	临沂市北城新区兰陵路 10 号
224	山东大学博物馆	一级	济南市历城区山大南路 27 号中心校区知新楼 27 楼
225	齐文化博物馆	一级	淄博市临淄区临淄大道 308 号
226	东营市历史博物馆	二级	东营市广饶县月河路 270 号
227	威海市文登区博物馆	二级	威海市文登区柳营街 57 号
228	济南市章丘区博物馆	一级	济南市章丘区清照路
229	泰安市博物馆	二级	泰安市泰山区朝阳街 7 号（岱庙内）
230	诸城市博物馆	二级	诸城市和平北街 125 号
231	淄博市博物馆	二级	淄博市张店区商场西街 153 号
232	莒县博物馆	二级	莒县振兴东路 208 号
233	济南市历城区博物馆	二级	济南市历城区唐冶东路 777 号
234	济南市济阳区博物馆	二级	济南市历下区经十一路 30 号
235	青岛市民俗博物馆	二级	青岛市市南区太平路 19 号
236	胶州市博物馆	二级	胶州市兰州东路 19 号
237	青岛宝龙美术博物馆	二级	山东省青岛市胶州市胶东街道沽河绿岛右岸
238	枣庄市博物馆	二级	枣庄市市中区龙庭路 56 号
239	昌邑市博物馆	二级	潍坊市昌邑市利民街 5 号
240	寿光市博物馆	二级	寿光市金海南路 181 号
241	高密市博物馆	二级	潍坊市高密市康成大街东
242	威海市博物馆	二级	山东省威海市环翠区即墨路 2A 威海文化艺术中心 3 层
243	荣成博物馆	二级	威海市成山大道东段 28 号

244	日照市博物馆	二级	日照市东港区北京南路日照文博中心北区
245	滨州市博物馆	二级	山东省滨州市滨城区黄河十二路与渤海十六路交叉口东南角
246	滨州市沾化区博物馆	二级	滨州市沾化区金海六路与银河二路交叉路口
247	博兴县博物馆	二级	滨州市博兴县文化中心
248	德州市博物馆	二级	德州市东方红东路 566 号
249	聊城市东昌府区博物馆	二级	聊城市东昌府区双街 55 号
250	沂水县博物馆	二级	沂水县正阳路 6 号
251	成武县博物馆	二级	山东省菏泽市成武县先农坛街与仪凤路交叉口
252	巨野县博物馆	二级	山东省菏泽市巨野县麒麟大道与文昌路交叉口东南角
河南省			
253	河南博物院	一级	郑州市农业路 8 号
254	开封市博物馆	一级	河南省开封新区五大街与六大街郑开大道北侧
255	洛阳博物馆	一级	洛阳市洛龙区聂泰路
256	南阳市汉画馆	一级	南阳市卧龙区汉画街 398 号
257	郑州博物馆	一级	郑州市中原区嵩山南路 168 号
258	中国文字博物馆	一级	安阳市人民大道东段
259	安阳博物馆	一级	安阳市文峰区文明大道
260	平顶山博物馆	一级	平顶山市新华区长安大道中段
261	洛阳周王城天子驾六博物馆	二级	洛阳市西工区人民东路与中州中路交叉口王城广场
262	三门峡市博物馆	二级	三门峡市陕州公园内
263	巩义市博物馆	二级	郑州市巩义市杜甫路 82 号
264	周口市博物馆	二级	周口市川汇区文昌大道东段 02 号
265	信阳博物馆	二级	信阳市平桥区前进街道
266	新郑博物馆	二级	河南省新郑市轩辕路西段 228 号
267	新安县千唐志斋博物馆	二级	洛阳市新安县铁门镇
268	驻马店市博物馆	二级	驻马店市通达路中段
269	洛阳龙门博物馆	二级	洛阳市洛龙区龙门石窟
270	鹤壁市博物馆	二级	鹤壁市淇滨区湘江路 12 号
271	洛阳古代艺术博物馆	二级	洛阳市机场路 45 号
272	南阳市博物馆	二级	南阳市卧龙路 766 号
273	三门峡市虢国博物馆	二级	三门峡市六峰北路
274	许昌市博物馆	二级	许昌市许都路东段

275	郑州市大河村遗址博物馆	二级	郑州市连霍高速与中州大道交叉口东南隅
276	洛阳民俗博物馆	二级	中国河南洛阳市新街九都东路口
277	内乡县衙博物馆	二级	内乡县城东大街
278	郑州大象陶瓷博物馆	二级	郑州市金水区顺河路 36 号
279	郑州城外城陶瓷艺术博物馆	二级	郑州市长江西路与三环路交汇处
280	宝丰汝窑博物馆	二级	平顶山市宝丰县清凉寺汝官窑遗址南 50 米
281	新乡市博物馆	二级	新乡市人民东路 697 号
282	焦作市博物馆	二级	焦作市山阳区建设中路 72 号
283	禹州钧瓷文化博物馆	二级	许昌市禹州市钧官窑路与钧州大街交叉口
284	商丘博物馆	二级	商丘市睢阳区华商大道与平原路交汇处向东 500 米路北
285	汝州青瓷博物馆	二级	平顶山市汝州市朝阳东路与云禅大道交叉路口

湖北省

286	湖北省博物馆	一级	武汉市武昌区东湖路 160 号
287	武汉博物馆	一级	武汉市江汉区青年路 373 号
288	荆州博物馆	一级	荆州市荆中路 166 号
289	随州市博物馆	一级	随州市擂鼓墩大道 98 号
290	宜昌博物馆	一级	宜昌市西陵区夷陵大道 115 号
291	武当博物馆	二级	武当山特区博物馆路 14 号
292	黄冈市博物馆	二级	黄冈市黄州区公园路 7 号
293	鄂州市博物馆	二级	鄂州市鄂城区寒溪路 7 号
294	黄石市博物馆	二级	黄石市下陆区团城山广会路 12 号
295	十堰市博物馆	二级	十堰市北京北路 91 号
296	襄阳市博物馆	二级	襄阳市襄城区北街 1 号
297	湖北明清古建筑博物馆	二级	武汉市黄陂区木兰湖畔
298	恩施土家族苗族自治州博物馆	二级	恩施市舞阳大道博物馆路 2 号
299	孝感市博物馆	二级	孝感市孝南区复兴大道孝感市政府东南侧
300	咸宁市博物馆	二级	咸宁市金桂路 169 号

湖南省

301	湖南省博物馆	一级	长沙市开福区东风路 50 号
302	长沙简牍博物馆	一级	长沙市天心区白沙路 92 号
303	长沙市博物馆	一级	长沙市开福区新河三角洲滨江文化园
304	常德博物馆	二级	常德市武陵区武陵大道南段 282 号
305	郴州市博物馆	二级	郴州市博物馆路 5 号

中国收藏
拍卖年鉴
2021

CHINESE FINE ART &
ANTIQUES AUCTION
YEARBOOK 2021

306	益阳市博物馆	二级	益阳市康富南路 18 号
307	湘潭市博物馆	二级	湘潭市岳塘区人大西北角
308	岳阳博物馆	二级	岳阳市岳阳楼区龙舟路 14 号
309	株洲市博物馆	二级	株洲市芦淞区建设中路文化园内
310	龙山县里耶古城（秦简）博物馆	二级	湖南省湘西土家族苗族自治州龙山县里耶镇
311	张家界市博物馆	二级	张家界市大庸路与子午路交叉口
312	湘西土家族苗族自治州博物馆	二级	吉首市湖南湘西经济开发区武陵山大道 22 号
广东省			
313	广东省博物馆	一级	广州市天河区珠江新城珠江东路 2 号
314	西汉南越王博物馆	一级	广州市解放北路 867 号
315	深圳博物馆	一级	深圳市福田区同心路 6 号
316	孙中山故居纪念馆	一级	广东省中山市翠亨村
317	广州博物馆	一级	广州市越秀山镇海楼
318	广东民间工艺博物馆	一级	广州市中山 7 路
319	广州艺术博物院	一级	广州市麓湖路 13 号
320	广东海上丝绸之路博物馆	一级	阳江市江城区试验区十里银滩
321	广东中国客家博物馆	一级	中国广东省梅州市梅江区东山大道 2 号
322	潮州市博物馆	二级	潮州市人民广场西侧
323	东莞市博物馆	二级	东莞市莞城区新芬路 36 号
324	惠州市博物馆	二级	惠州市江北市民乐园西路 3 号
325	番禺博物馆	二级	广州市番禺区银平路 121 号
326	东莞展览馆	二级	东莞市南城街道鸿福路 97 号
327	佛山市顺德区博物馆	二级	佛山市顺德区大良街道碧水路北侧
328	东莞市可园博物馆	二级	东莞市城区可园路 32 号
329	南越王宫博物馆	二级	广州市越秀区北京路与中山四路交界处
330	河源市博物馆	二级	河源市源城区滨江大道龟峰公园内龟峰山北麓
331	江门市博物馆	二级	江门市蓬江区白沙大道西 37 号
332	韶关市博物馆	二级	韶关市武江区工业西路 90 号
333	云浮市博物馆	二级	云浮市世纪大道中博物馆大楼
334	肇庆市博物馆	二级	肇庆市端州区江滨路
335	珠海市博物馆	二级	珠海市吉大景山路 191 号九洲城
336	广州东方博物馆	二级	广州市番禺区石楼镇浮莲路 118 号
337	汕头市博物馆	二级	汕头市金平区月眉路

338	佛山市南海区博物馆	二级	佛山市环山大道西樵山南门入口东侧
339	大埔县博物馆	二级	梅州市大埔县湖寮镇环城大道
340	湛江市博物馆	二级	湛江市赤坎区南方路 50 号
341	雷州市博物馆	二级	江市雷州市西湖大道 26 号
342	茂名市博物馆	二级	茂名市茂南区人民北路 20 号
343	广东瑶族博物馆	二级	清远市连南瑶族自治县朝阳路 113 号
广西壮族自治区			
344	广西民族博物馆	一级	南宁市青环路 11 号
345	广西壮族自治区博物馆	一级	南宁市青秀区民族大道 34 号
346	桂海碑林博物馆	二级	桂林市七星区龙隐路 1 号
347	南宁博物馆	二级	南宁市良庆区龙堤路与宋厢路交汇处附近西
348	梧州市博物馆	二级	梧州市万秀区大学路 20 号
349	桂林博物馆	一级	桂林市秀峰区西山路 4 号
350	柳州市博物馆	二级	柳州市解放北路 37 号
351	玉林市博物馆	二级	玉林市玉州区石棠路
352	崇左市壮族博物馆	二级	崇左市江州区石景林路与德天路交叉口西北角
海南省			
353	海南省博物馆	一级	海口市国兴大道 68 号
354	中国（海南）南海博物馆	一级	海南省琼海市潭门镇
重庆市			
355	重庆中国三峡博物馆	一级	渝中区人民路 236 号
356	大足石刻博物馆	一级	重庆市大足区宝顶镇重庆大足石刻景区
357	重庆市万州区博物馆	二级	重庆市万州区高笋塘女人广场（新城路北）
358	云阳县博物馆	二级	重庆市云阳县双江街道云阳青少年活动中心
359	巫山博物馆	二级	重庆市巫山县巫峡镇平湖西路 369 号
360	永川博物馆（陈子庄艺术陈列馆）	二级	重庆市永川区文昌西路永川博物馆 3 楼
361	铜梁区博物馆	二级	重庆市铜梁区龙门街 169 号
362	奉节县夔州博物馆	二级	：重庆市奉节县夔州古城内 S103
四川省			
363	成都金沙遗址博物馆	一级	成都市青羊区金沙遗址路 2 号
364	成都武侯祠博物馆	一级	成都市武侯祠大街 231 号
365	成都杜甫草堂博物馆	一级	成都市青羊区青华路 37 号
366	四川博物院	一级	成都市浣花南路 251 号

367	三星堆博物馆	一级	广汉市西安路 133 号
368	成都博物馆（成都中国皮影博物馆）	一级	成都市青羊区小河街 1 号
369	四川省建川博物馆	一级	成都市大邑县安仁古镇迎宾路
370	成都永陵博物馆	二级	成都市金牛区永陵路 10 号
371	新都杨升庵博物馆	二级	成都市新都区桂湖中路 109 号
372	宜宾市博物院	二级	宜宾市翠屏区真武山 7 组 46 号
373	泸州市博物馆	二级	泸州市江阳区江阳西路 37 号
374	眉山三苏祠博物馆	二级	眉山市东坡区沙縠行南段 72 号
375	四川宋瓷博物馆	二级	遂宁市船山区西山路 613 号
376	成都市青白江区博物馆	二级	青白江区凤凰湖二期田园广场
377	四川泸县宋代石刻博物馆	二级	泸县玉蟾街道文博路
378	绵阳市博物馆	二级	芙蓉路与芙蓉路北段交叉口北 50 米
379	达州市博物馆	二级	达州市通川区永兴路 2 号
380	雅安市博物馆	二级	雅安市雨城区文定街 15 号
381	荥经县博物馆	二级	雅安市荥经县严道街道青华街颛顼广场内
	贵州省		
382	贵州省博物馆	一级	贵阳市云岩区北京路 168 号
383	贵州省民族博物馆	一级	贵阳市迎宾大道遵义路筑城广场
384	黔东南州民族博物馆	二级	黔东南苗族侗族自治州凯里市广场路 5 号
385	遵义市博物馆（贵州酒文化博物馆）	二级	贵州省遵义市红花岗区杨柳街 1935 商区 1 号楼
386	毕节市博物馆	二级	毕节市七星关区百里杜鹃路与碧阳大道交叉口南 200 米
	云南省		
387	云南省博物馆	一级	昆明市官渡区广福路 6393 号
388	云南民族博物馆	一级	昆明市滇池路 1503 号
389	楚雄彝族自治州博物馆	二级	楚雄市鹿城南路 471 号
390	昆明市博物馆	二级	昆明市官渡区拓东路 93 号
391	大理白族自治州博物馆	二级	大理市下关洱河南路 8 号
392	红河哈尼族彝族自治州博物馆	二级	蒙自市天马路 65 号
393	玉溪市博物馆	二级	玉溪市红塔区红塔大道 30 号
394	曲靖市博物馆	二级	曲靖市紫云北路 1710 号
395	保山市博物馆	二级	保山市隆阳区隆阳路
	西藏自治区		
396	西藏博物馆	一级	拉萨市民族南路 2 号

			陕西省
397	宝鸡青铜器博物院	一级	宝鸡市滨河大道中华石鼓园
398	秦始皇帝陵博物院	一级	西安市临潼区
399	陕西历史博物馆	一级	西安市雁塔区小寨东路 91 号
400	西安碑林博物馆	一级	西安市碑林区三学街 15 号
401	西安半坡博物馆	一级	陕西省西安市东郊浐河东岸、半坡村北
402	西安博物院	一级	西安市碑林区友谊西路 72 号
403	西安大唐西市博物馆	一级	西安市莲湖区劳动南路 118 号
404	汉景帝阳陵博物馆	一级	陕西省西安经济技术开发区泾河工业园机场路东段
405	汉中市博物馆	二级	汉中市汉台区东大街 26 号
406	茂陵博物馆	二级	兴平市南位镇茂陵村南
407	法门寺博物馆	二级	宝鸡市扶风县法门寺佛文化景区
408	安康博物馆	二级	安康市汉滨区黄沟路
409	宝鸡市周原博物馆	二级	宝鸡市岐山县京当镇
410	乾陵博物馆	二级	咸阳市乾县
411	咸阳博物院	二级	咸阳市中山街 53 号
412	耀州窑博物馆	二级	铜川市王益区黄堡镇新宜南路 25 号
413	昭陵博物馆	二级	咸阳市礼泉县烟霞镇
414	西安曲江艺术博物馆	二级	西安市雁塔区慈恩路 66 号
415	渭南市博物馆	二级	渭南市乐天大街西段南侧
			甘肃省
416	敦煌研究院	一级	敦煌市莫高窟
417	甘肃省博物馆	一级	兰州市七里河区西津西路 3 号
418	天水市博物馆	一级	天水市秦州区伏羲路 110 号
419	平凉市博物馆	一级	平凉市崆峒区城东宝塔梁
420	临夏州博物馆	二级	临夏回族自治州临夏市折桥镇
421	张掖市甘州区博物馆	二级	张掖市县府街 86 号
422	兰州市博物馆	二级	兰州市城关区庆阳路 240 号
423	白银市博物馆	二级	白银市白银区长安路 16 号
424	天水市麦积区博物馆	二级	天水市麦积区前进南路 7 号
425	酒泉市博物馆	二级	甘肃省酒泉市肃州区盘旋西路 18 号
426	玉门市博物馆	二级	甘肃省酒泉市玉门市铁人大道
427	敦煌市博物馆	二级	酒泉市敦煌市鸣山北路 1390 号
428	灵台县博物馆	二级	灵台县中台镇中学路 6 号

429	庆阳市博物馆	二级	庆阳市弘化西路 4 号
青海省			
430	青海省博物馆	一级	西宁市西关大街 58 号
431	中国青海柳湾彩陶博物馆	二级	海东市乐都区高庙镇柳湾村
432	湟中县博物馆	二级	青海省西宁市湟中区佛光大道
宁夏回族自治区			
433	宁夏回族自治区博物馆	一级	银川市金凤区人民广场东街 6 号
434	固原博物馆	一级	固原市西城路 133 号
435	银川世界岩画馆	二级	贺兰山东麓贺兰口贺兰山岩画遗址公园内
436	西夏博物馆	二级	银川市西郊贺兰山东麓
新疆维吾尔自治区			
437	新疆维吾尔自治区博物馆	一级	乌鲁木齐市西北路 581 号
438	吐鲁番博物馆	一级	吐鲁番市木纳尔路 1268 号
439	哈密市博物馆	二级	哈密市伊州区环城路
440	阿克苏地区博物馆	二级	阿克苏地区阿克苏市友谊路
441	巴音郭楞蒙古自治州博物馆	二级	新疆库尔勒市人民广场

全国重要美术馆 *

＊注：2009 年 12 月 28 日《全国重点美术馆评估办法》（文艺发 [2008]48 号）以及 2014 年 9 月 15 日《全国重点美术馆评估办法（修订稿）》（文艺发〔2014〕33 号）印发以来，文化部先后分批次确定国家重点美术馆名单。第一批名单确定时间为 2010 年 12 月 15 日；第二批名单确定时间为 2015 年 9 月 21 日。

序号	名称	批次	地址
北京市			
1	中国美术馆	第一批	北京市东城区五四大街 1 号
2	北京画院美术馆	第一批	北京市朝阳区朝阳公园南路 12 号
3	中央美术学院美术馆	第一批	北京市朝阳区花家地南街 8 号
上海市			
4	上海美术馆（中华艺术宫）	第一批	上海市浦东新区上南路 205 号
江苏省			
5	江苏省美术馆	第一批	南京市玄武区长江路 333 号
浙江省			
6	浙江美术馆	第二批	杭州市上城区南山路 138 号
7	中国美术学院美术馆	第二批	杭州市上城区南山路 218 号
湖北省			
8	湖北美术馆	第一批	武汉市武昌区东湖路三官殿 1 号
9	武汉美术馆	第二批	武汉市江岸区保华街 2 号
广东省			
10	广东美术馆	第一批	广州市越秀区二沙岛烟雨路 38 号
11	关山月美术馆	第一批	深圳市福田区红荔路 6026 号
12	广州艺术博物院（广州美术馆）	第二批	广州市越秀区麓湖路 13 号
陕西省			
13	陕西省美术博物馆	第一批	西安市碑林区长安北路 14 号

全国重要文物艺术品收藏组织
Art Collection Organizations in China

中国大陆地区

单位名称	联系电话	地址
中国收藏家协会	010-84027307	北京市朝阳区东四环中路 41 号嘉泰国际大厦 A 座 709 号
中国文物学会	010-84020901	北京市西城区西黄城根北街 21 号
中国文物保护基金会	010-64025850	北京市东城区东四北大街 219 号
中国博物馆协会	010-64031809	北京市西城区阜成门内大街宫门口二条 19 号北京鲁迅博物馆院内中国博物馆协会
中国书法家协会	010-59759345	北京市朝阳区北沙滩 1 号院 32 号楼 B 座
中国美术家协会	010-59759390	北京市朝阳区北沙滩 1 号院 32 号楼 B 座 18 层
中国文学艺术界联合会	010-64810112	北京市朝阳区安苑北里 22 号
中国艺术研究院	010-64891166	北京市朝阳区惠新北里甲 1 号
中国艺术科技研究所	010-87930700	北京市东城区雍和宫大街戏楼胡同 1 号
中国国家画院	010-68412606	北京市海淀区西三环北路 54 号
北京画院	010-65025171	北京市朝阳区朝阳公园南路 12 号院
李可染艺术基金会	010-67203123	北京市东城区建国门内大街 18 号恒基中心办公楼一座 810 室
李可染画院	010-56916301 010-68250507	北京市大兴区北兴路西红门星光生态文化休闲公园 1 号
北京收藏家协会	010-63582983	北京市西城区复兴门外大街 16 号（首都博物馆内）
天津市收藏家协会	022-86218642	天津市南开区鼓楼东街 146 号
河北省收藏家协会	0311-86212249	河北省石家庄市长安区河北省石家庄市长安区古城东路 118 号世界湾 C2
山东省文物保护与收藏协会	0531-85058016	山东省济南市历下区经十路 11899 号
山西省收藏家协会	0351-4085545	山西省太原市杏花岭区东二道巷与永定路交叉口西 100 米
辽宁省收藏家协会	024-23928181	辽宁省沈阳市沈河区青年大街 215 号 62B
上海市收藏协会	021-62583256	上海市中山南路 1551 号
上海市工商联收藏俱乐部	021-65879910	上海市中山西路 518 号 3 楼 3126 天山茶城古瓷轩
上海市收藏鉴赏家协会	021-64877449	上海市南丹东路 300 弄 3 号 103 室
江苏省收藏家协会	025-85597900	江苏省南京市秦淮区瞻园路 19 号中国秦淮古玩城三层 306、307 室
浙江省收藏协会	0571-86053603	浙江省杭州市上城区大井巷 30 号井园
安徽省收藏家协会	0551-2650123	安徽省合肥市长江东路 1137 号圣大国际商贸中心 17 层 1706 室
河南省收藏家协会	0371-65865531	河南省郑州市经五路 1 号附 5 号

湖北省收藏家协会	027-86812800	武汉市武昌区徐东古玩城五楼
湖南省收藏协会	0731-4443953	长沙市韭菜园路富顺大厦 109
广东省收藏家协会	020-83333406	广东省广州市解放北路 542 号
广西收藏协会	0771-5381482	广西南宁市高新区高科路 8 号
海南省收藏家协会	0898-6928942	海南省海口市金世纪 4 楼
重庆收藏协会	023-63528552	重庆市渝北区红锦大道金山路 3 号汇景台东宫会所
贵州省收藏家协会	0851-8532755	贵州省贵阳市新添大道南段 187 号（大营坡）银佳花园 5 栋 2 单元 5 号
遵义市收藏家协会	0852-8687276	贵州省遵义市沙盐路红花岗区机关 9 号楼
云南省收藏家协会	0871-5389989	云南昆明市人民西路 124 号昆明潘家湾文化市场办公楼二楼
陕西省收藏家协会	029-84352528	陕西省西安市东新街 2 号
甘肃省收藏协会	0931-4607166	甘肃兰州市城关区陇西路金城大剧院西侧
宁夏收藏家协会	0951-5025665	宁夏银川市兴庆区民族南街博文大厦 8 楼兴业律师事务所
新疆维吾尔自治区收藏家协会	0991-8877177	新疆乌鲁木齐市幸福路 9 号名家古玩城 4 楼

港澳台地区

敏求精舍（中国香港）	协会简介："敏求精舍"是一个成立于 1960 年的收藏家团体，其成员是一群醉心于中国文物艺术品收藏的香港藏家。他们以《论语·述而篇》"我非生而知之者，好古敏而求之者也"的经典论述，给收藏社团命名为"敏求精舍"，又以"研究艺事，品鉴文物"作为"敏求"的宗旨。"敏求"的会友荟萃了一批既是社会栋梁之材，又是收藏佼佼者的知名人士。他们的藏品不但等级高、影响大，在一定程度上可以说享誉世界。为弘扬中华文化，"敏求精舍"经常与不同机构合作举办讲座、研讨会及展览，也组织会友到世界各地参观学习，举办会友藏珍展览，有力推动香港艺术市场的发展，有效地防止中华文物精品的流失，使中国的民间收藏最早与世界接轨，在香港社会中所发挥的作用不容忽视。
清翫雅集（中国台湾）	协会简介："清翫雅集"成立于 1992 年，由一群台湾知名的收藏家共同发起。团体立名引籍明朝嘉靖年间书刊"清翫"为典，以凸显其崇尚博雅的古风，而"翫"乃玩的古字，寓意观赏与研习。与该会创建的思想与目的相辅相成。"清翫雅集"成员的收藏涵盖多个领域，非常丰富，每个成员均有其专精的系列收藏，他们的藏品也先后在北京故宫博物院、台北历史博物馆、首都博物馆举办过多次大展。

开设文物艺术相关专业高校
Higher Education in the Arts

省份	开设院校	历史学类			艺术学理论类	美术学类				设计学类		院校等级
		文博类	考古学	文物保护/修复技术		绘画（中国画、油画、版画、水彩等）/美术（非师范）	雕塑	摄影	书法学	工艺美术	公共艺术	
北京	北京大学	√	√		√							985[1]/211[2]/"双一流"[4]
	中国人民大学					√						985/211/"双一流"
	清华大学				√	√	√	√		√		985/211/"双一流"
	北京工业大学					√				√		211/"双一流"
	北京航空航天大学					√						985/211/"双一流"
	北京服装学院					√	√	√			√	
	北京印刷学院					√		√				
	北京师范大学								√			985/211/"双一流"
	首都师范大学		√			√						"双一流"
	北京语言大学					√						
	中国传媒大学								√			211/"双一流"
	中央财经大学								√			211/"双一流"
	中央美术学院		√	√	√	√	√	√	√	√		"双一流"
	中国戏曲学院					√						
	北京电影学院							√				
	中央民族大学	√				√						985/211/"双一流"
	北京联合大学	√				√						
	北京城市学院							√		√		
	首都师范大学科德学院							√				
	中国人民解放军国防大学					√						军事院校[3]

省份	开设院校	历史学类			艺术学理论类	美术学类				设计学类		院校等级
		文博类	考古学	文物保护/修复技术		绘画（中国画、油画、版画、水彩等）/美术（非师范）	雕塑	摄影	书法学	工艺美术	公共艺术	
天津	南开大学	✓				✓						985/211/"双一流"
	天津科技大学										✓	
	天津工业大学									✓		"双一流"
	天津理工大学							✓				
	天津师范大学	✓				✓		✓				
	天津商业大学					✓						
	天津美术学院					✓	✓	✓	✓	✓	✓	
	天津体育学院运动与文化艺术学院									✓		
	南开大学滨海学院					✓	✓					
	天津师范大学津沽学院							✓				
河北	河北大学					✓			✓			
	河北工程大学	✓										
	华北理工大学					✓						
	河北科技大学					✓					✓	
	河北农业大学					✓						
	河北师范大学		✓			✓	✓		✓			
	河北地质大学								✓			
	保定学院	✓				✓			✓	✓		
	廊坊师范学院						✓		✓			
	衡水学院					✓						
	邯郸学院								✓			
	邢台学院					✓						
	燕山大学						✓				✓	
	河北经贸大学					✓						
	河北传媒学院					✓	✓	✓	✓			
	河北美术学院					✓	✓		✓	✓	✓	
	河北科技学院										✓	
	华北理工大学轻工学院					✓						
	河北师范大学汇华学院								✓			
	河北东方学院	✓										
山西	山西大学		✓			✓	✓				✓	"双一流"

省份	开设院校	历史学类			艺术学理论类	美术学类				设计学类		院校等级
		文博类	考古学	文物保护/修复技术		绘画（中国画、油画、版画、水彩等）/美术（非师范）	雕塑	摄影	书法学	工艺美术	公共艺术	
山西	太原科技大学					√				√		
	太原理工大学			√		√			√	√		211/"双一流"
	山西师范大学	√							√			
	太原师范学院					√						
	山西大同大学			√		√		√	√			
	晋中学院							√	√			
	忻州师范学院											
	山西应用科技学院											
	太原理工大学现代科技学院							√				
	山西师范大学现代文理学院								√			
	太原学院								√			
	山西大学商务学院									√		
	山西传媒学院							√				
内蒙古	内蒙古大学	√				√	√					211/"双一流"
	内蒙古师范大学	√	√			√	√			√	√	
	赤峰学院		√									
	呼伦贝尔学院							√	√			
	呼和浩特民族学院								√			
	内蒙古大学创业学院					√						
	内蒙古师范大学鸿德学院								√			
	内蒙古艺术学院					√						
辽宁	辽宁大学		√						√			211/"双一流"
	大连理工大学						√					985/211/"双一流"
	沈阳航空航天大学					√						
	大连工业大学						√	√				
	大连医科大学							√				
	辽宁师范大学					√						
	沈阳师范大学	√				√		√			√	
	渤海大学	√				√						

省份	开设院校	文博类	考古学	文物保护/修复技术	艺术学理论类	绘画（中国画、油画、版画、水彩等）/美术（非师范）	雕塑	摄影	书法学	工艺美术	公共艺术	院校等级
辽宁	鞍山师范学院							√	√			
	鲁迅美术学院			√		√	√	√	√	√		
	沈阳大学					√	√			√		
	辽宁科技学院					√						
	沈阳工学院									√		
	大连工业大学艺术与信息工程学院										√	
	沈阳城市学院						√					
	大连艺术学院					√	√			√		
	沈阳科技学院					√						
	辽宁传媒学院					√		√	√	√		
吉林	吉林大学	√	√			√						985/211/"双一流"
	延边大学					√						211/"双一流"
	吉林建筑大学								√			
	东北师范大学						√					211/"双一流"
	北华大学					√	√					
	通化师范学院					√	√					
	吉林师范大学					√						
	吉林工程技术师范学院									√		
	长春师范大学	√				√			√			
	吉林艺术学院				√	√	√	√	√	√	√	
	长春工程学院										√	
	吉林警察学院					√						
	长春大学					√						
	长春光华学院							√				
	吉林建筑大学城建学院						√				√	
	长春建筑学院										√	
	吉林动画学院					√		√		√		
	东北师范大学人文学院					√						
黑龙江	黑龙江大学		√			√						

省份	开设院校	历史学类			艺术学理论类	美术学类				设计学类		院校等级
		文博类	考古学	文物保护/修复技术		绘画(中国画、油画、版画、水彩等)/美术(非师范)	雕塑	摄影	书法学	工艺美术	公共艺术	
黑龙江	哈尔滨理工大学					✓					✓	
	佳木斯大学					✓				✓		
	哈尔滨师范大学			✓		✓			✓	✓		
	齐齐哈尔大学					✓						
	牡丹江师范学院					✓					✓	
	哈尔滨学院					✓			✓		✓	
	大庆师范学院					✓						
	黑龙江工商学院								✓			
	黑河学院					✓			✓			
上海	复旦大学	✓										985/211/"双一流"
	上海应用技术大学					✓						
	华东师范大学					✓	✓				✓	985/211/"双一流"
	上海师范大学					✓		✓				
	上海戏剧学院					✓						
	上海大学		✓			✓	✓					211/"双一流"
	上海工程技术大学								✓			
	上海视觉艺术学院					✓		✓	✓	✓	✓	
江苏	南京大学		✓									985/211/"双一流"
	江南大学										✓	211/"双一流"
	南京林业大学								✓		✓	"双一流"
	南京师范大学	✓				✓			✓			211/"双一流"
	江苏师范大学					✓			✓			
	淮阴师范学院								✓			
	南京艺术学院				✓	✓	✓	✓	✓	✓	✓	
	常州工学院										✓	
	扬州大学								✓		✓	
	三江学院					✓			✓			
	南京工程学院									✓		
	南京晓庄学院					✓						

省份	开设院校	历史学类			艺术学理论类	美术学类				设计学类		院校等级
		文博类	考古学	文物保护/修复技术		绘画（中国画、油画、版画、水彩等）/美术（非师范）	雕塑	摄影	书法学	工艺美术	公共艺术	
江苏	江苏理工学院							√				
	泰州学院					√						
	无锡太湖学院					√						
	中国传媒大学南广学院							√				
	南京师范大学泰州学院							√				
	南京师范大学中北学院							√				
浙江	浙江大学	√										985/211/"双一流"
	浙江工业大学										√	
	浙江农林大学							√				
	杭州师范大学					√			√	√		
	绍兴文理学院								√			
	丽水学院							√				
	中国美术学院		√	√	√	√	√	√	√	√	√	"双一流"
	浙江科技学院							√				
	浙江财经大学							√				
	浙江传媒学院							√				
	宁波大学科学与技术学院									√		
	温州商学院									√		
安徽	安徽大学		√			√						211/"双一流"
	安徽工业大学										√	
	安徽工程大学									√		
	安徽师范大学					√	√	√	√	√		
	阜阳师范学院					√						
	淮北师范大学					√				√		
	合肥学院									√		
	黄山学院									√		
	安徽财经大学					√						
	宿州学院									√		
	淮南师范学院								√			
	铜陵学院										√	
	安徽艺术学院					√						

省份	开设院校	历史学类			艺术学理论类	美术学类				设计学类		院校等级
		文博类	考古学	文物保护/修复技术		绘画(中国画、油画、版画、水彩等)/美术(非师范)	雕塑	摄影	书法学	工艺美术	公共艺术	
安徽	安徽新华学院					√						
	安徽师范大学皖江学院							√				
福建	福州大学					√	√			√		211/"双一流"
	闽江学院					√				√		
	泉州师范学院								√			
	闽南师范大学										√	
	福建技术师范学院									√		
	福建商学院									√		
	莆田学院									√		
江西	南昌大学					√						211/"双一流"
	南昌航空大学									√		
	景德镇陶瓷大学	√	√			√	√			√		
	江西师范大学	√				√						
	上饶师范学院								√			
	宜春学院								√			
	井冈山大学	√										
	景德镇学院	√					√			√		
	江西科技师范大学	√								√		
	九江学院					√						
	南昌工学院							√				
	南昌理工学院										√	
	景德镇陶瓷大学科技艺术学院					√	√					
山东	山东大学	√	√									985/211/"双一流"
	青岛科技大学					√					√	
	济南大学							√				
	青岛理工大学					√						
	齐鲁工业大学							√				
	青岛农业大学					√						
	山东师范大学							√				
	曲阜师范大学	√				√			√			

省份	开设院校	历史学类			艺术学理论类	美术学类				设计学类		院校等级
		文博类	考古学	文物保护/修复技术		绘画（中国画、油画、版画、水彩等）/美术（非师范）	雕塑	摄影	书法学	工艺美术	公共艺术	
山东	聊城大学								✓			
	临沂大学								✓			
	泰山学院	✓										
	山东艺术学院			✓		✓	✓	✓	✓	✓		
	山东工艺美术学院					✓	✓	✓	✓	✓	✓	
	青岛大学					✓						
	潍坊学院	✓							✓			
	枣庄学院								✓			
	齐鲁理工学院								✓			
	济南大学泉城学院								✓			
	齐鲁师范学院								✓			
	齐鲁理工学院					✓						
	烟台南山学院									✓		
	青岛黄海学院								✓			
	北京电影学院现代创意媒体学院					✓						
河南	华北水利水电大学										✓	
	郑州大学		✓			✓	✓		✓			211/"双一流"
	河南理工大学					✓						
	郑州轻工业学院					✓				✓		
	中原工学院								✓			
	河南科技学院									✓		
	河南大学	✓	✓			✓		✓	✓			"双一流"
	河南师范大学		✓			✓						
	郑州师范学院	✓										
	信阳师范学院					✓						
	周口师范学院					✓						
	安阳师范学院		✓					✓	✓			
	许昌学院					✓						
	南阳师范学院						✓			✓		
	洛阳师范学院					✓						
	商丘师范学院					✓	✓	✓				

省份	开设院校	历史学类			艺术学理论类	美术学类				设计学类		院校等级
		文博类	考古学	文物保护/修复技术		绘画(中国画、油画、版画、水彩等)/美术(非师范)	雕塑	摄影	书法学	工艺美术	公共艺术	
河南	河南财经政法大学					√						
	安阳工学院					√						
	黄河科技学院							√				
	河南科技学院新科学院									√		
湖北	武汉大学		√									985/211/"双一流"
	武汉科技大学					√				√		
	中国地质大学(武汉)									√		211/"双一流"
	武汉纺织大学							√				
	湖北工业大学									√		
	华中师范大学					√						211/"双一流"
	湖北师范大学								√			
	湖北民族学院					√						
	汉江师范学院					√						
	湖北文理学院					√						
	湖北美术学院				√	√	√	√	√	√	√	
	中南民族大学	√				√						
	江汉大学					√					√	
	汉口学院									√		
	武昌理工学院									√		
	武昌工学院						√					
	武汉工商学院					√						
	湖北商贸学院							√				
	湖北民族学院科技学院					√						
	武汉工程科技学院					√		√				
	武汉传媒学院							√				
	武汉学院									√		
	武汉设计工程学院									√	√	
湖南	湖南科技大学					√	√					
	湖南师范大学					√				√		211/"双一流"
	衡阳师范学院					√						

587

省份	开设院校	历史学类			艺术学理论类	美术学类				设计学类		院校等级
		文博类	考古学	文物保护/修复技术		绘画（中国画、油画、版画、水彩等）/美术（非师范）	雕塑	摄影	书法学	工艺美术	公共艺术	
湖南	湖南人文科技学院								√			
	湖南第一师范学院								√			
	长沙师范学院								√	√		
	中南林业科技大学涉外学院								√			
广东	中山大学		√									985/211/"双一流"
	汕头大学										√	
	暨南大学								√			"双一流"
	韶关学院					√						
	岭南师范学院								√			
	肇庆学院								√	√		
	广州美术学院			√	√	√	√	√	√	√		
	广东技术师范学院									√		
	广州大学					√						
	广东培正学院					√						
	广州新华学院								√			
	中山大学南方学院										√	
	华南农业大学珠江学院							√				
	北京理工大学珠海学院									√		
	广州商学院										√	
	广州工商学院										√	
广西	桂林电子科技大学									√		
	桂林理工大学									√		
	广西师范大学					√			√	√		
	广西师范学院								√			
	玉林师范学院					√					√	
	广西艺术学院					√	√	√	√	√	√	
	南宁学院									√		
	桂林旅游学院									√		
	北海艺术设计学院					√	√	√				
	北京航空航天大学北海学院					√						

省份	开设院校	历史学类			艺术学理论类	美术学类				设计学类		院校等级
		文博类	考古学	文物保护/修复技术		绘画（中国画、油画、版画、水彩等）/美术（非师范）	雕塑	摄影	书法学	工艺美术	公共艺术	
海南	海南大学					√						211/"双一流"
	海南热带海洋学院	√										
	海南师范大学					√						
	海口经济学院							√				
	三亚学院						√					
	琼台师范学院								√	√		
重庆	重庆大学					√						985/211/"双一流"
	西南大学					√						211
	重庆师范大学	√				√		√				
	长江师范学院					√						
	四川美术学院				√	√		√	√	√	√	
	重庆工商大学					√						
	重庆人文科技学院					√						
	四川外国语大学重庆南方翻译学院					√						
	重庆第二师范学院									√		
四川	四川大学	√	√			√			√			985/211/"双一流"
	西南交通大学					√						211
	四川师范大学					√			√			
	西华师范大学	√				√						
	四川音乐学院					√	√	√		√		
	西南民族大学	√				√		√	√			
	成都学院					√						
	攀枝花学院									√		
	四川传媒学院						√	√		√	√	
	成都文理学院					√						
	四川文理学院								√			
	成都师范学院								√			
	阿坝师范学院								√		√	
	内江师范学院								√			
	四川电影电视学院									√		

省份	开设院校	历史学类			艺术学理论类	美术学类				设计学类		院校等级
		文博类	考古学	文物保护/修复技术		绘画(中国画、油画、版画、水彩等)/美术(非师范)	雕塑	摄影	书法学	工艺美术	公共艺术	
四川	四川文化艺术学院	√				√	√	√	√			
贵州	贵州大学					√	√	√				
	贵州师范大学					√		√	√			
	贵州民族大学	√				√						
	贵州师范学院										√	
	贵州商学院				√							
	贵州大学科技学院					√						
云南	云南大学					√						211/"双一流"
	昆明理工大学					√						
	大理大学					√						
	云南师范大学	√							√			
	昭通学院								√	√		
	曲靖师范学院								√			
	普洱学院									√		
	保山学院									√		
	红河学院					√		√				
	云南艺术学院					√	√	√				
	云南民族大学									√		
	玉溪师范学院					√						
	楚雄师范学院							√	√	√		
	文山学院									√		
	云南大学滇池学院					√						
	云南师范大学商学院							√				
	昆明医科大学海源学院								√			
	云南艺术学院文华学院					√	√	√				
西藏	西藏大学					√						211/"双一流"
	西藏民族大学	√										
陕西	西北大学	√	√	√							√	211/"双一流"
	西安交通大学							√	√			985/211/"双一流"

省份	开设院校	历史学类			艺术学理论类	美术学类				设计学类		院校等级
		文博类	考古学	文物保护/修复技术		绘画（中国画、油画、版画、水彩等）/美术（非师范）	雕塑	摄影	书法学	工艺美术	公共艺术	
陕西	西北工业大学								√			985/211/"双一流"
	西安理工大学						√	√				
	西安工业大学								√			
	西安建筑科技大学					√	√					
	西安工程大学								√			
	陕西师范大学	√				√						211/"双一流"
	咸阳师范学院								√			
	西安美术学院					√	√	√	√	√	√	
	西安文理学院	√									√	
	西安培华学院									√		
	陕西国际商贸学院									√		
	西安交通大学城市学院								√			
	西北大学现代学院							√				
	西安建筑科技大学华清学院					√		√				
	陕西学前师范学院					√						
甘肃	兰州大学	√										985/211/"双一流"
	兰州交通大学					√						
	西北师范大学					√			√			
	兰州城市学院									√		
	陇东学院	√				√						
	天水师范学院	√		√		√				√		
	河西学院					√						
	兰州财经大学					√					√	
	西北民族大学	√		√		√						
	甘肃政法学院					√						
	兰州财经大学长青学院									√		
	兰州交通大学博文学院									√		
宁夏	宁夏师范学院					√						
	北方民族大学					√		√				
	宁夏理工学院					√						

省份	开设院校	历史学类			艺术学理论类	美术学类				设计学类		院校等级
		文博类	考古学	文物保护/修复技术		绘画（中国画、油画、版画、水彩等）/美术（非师范）	雕塑	摄影	书法学	工艺美术	公共艺术	
宁夏	中国矿业大学银川学院							√				
新疆	新疆大学		√									211/"双一流"
	新疆师范大学	√				√			√			
	伊犁师范学院					√						
	新疆艺术学院					√	√	√	√			

① 1998 年 5 月，时任国家主席江泽民同志在北京大学百年校庆时提出"为了实现现代化，我国要有若干所具有世界先进水平的一流大学"。1999 年，国务院批转教育部《面向 21 世纪教育振兴行动计划》，"创建若干所具有世界先进水平的一流大学和一批一流学科"，"985 工程"正式启动，分期开展。在随后的几年时间里，陆续有 39 所高校进入重点建设行列。

② "211 工程"即面向 21 世纪、重点建设 100 所左右的高等学校和一批重点学科的建设工程。1995 年，经国务院批准，原国家计委、原国家教委和财政部联合下发《"211 工程"总体建设规划》，"211 工程"正式启动，最终选定 112 所建设高校。

③ 军事院校是军队所属的以培养军事人才为主要任务的学历教育院校和非学历教育院校的统称。

④ 中央全面深化改革领导小组于 2015 年 8 月会议审议通过《统筹推进世界一流大学和一流学科建设总体方案》，将"211 工程""985 工程"及"优势学科创新平台"等重点建设项目统一纳入世界一流大学和一流学科建设。2017 年 9 月 21 日，教育部、财政部、国家发展改革委联合发布《关于公布世界一流大学和一流学科建设高校及建设学科名单的通知》，正式确认公布首批"双一流"建设高校及建设学科名单，首批双一流建设高校共计 137 所。2022 年 2 月 9 日，教育部、财政部、国家发展改革委联合发布《关于公布第二轮"双一流"建设高校及建设学科名单的通知》，确认公布"双一流"建设高校共计 147 所。

中国文物艺术品拍卖机构 *
Auction Houses in China

*注：中国文物艺术品拍卖机构名单来自国家文物局公布的《文物拍卖企业信息表（2017.12.13 更新）》，不包含暂停资质的文物拍卖企业。等级评估名单来自中国拍卖行业协会"中拍协 [2019] 54 号"公布的《2020 年拍卖企业等级评估结果公示的名单》中拍协 [2021]15 号；行业自律公约成员名单来自中拍协公布的《文物艺术品拍卖企业自律公约成员名单》首批 56 家，及其他陆续加入的文物艺术品拍卖企业；标准化达标企业名单来自中拍协"中拍协 [2015] 14 号"公布的《关于第二届中国文物艺术品拍卖标准化达标企业评定结果的公告》。

序号	省份	拍卖机构	等级评估	行业自律公约成员	标准化达标企业
1	北京市	北京翰海拍卖有限公司	AAA	√	√
2	北京市	北京华辰拍卖有限公司	AAA	√	√
3	北京市	北京荣宝拍卖有限公司	AAA	√	√
4	北京市	北京瑞平国际拍卖有限公司	AAA	√	√
5	北京市	北京中招国际拍卖有限公司	AAA	√	√
6	北京市	中都国际拍卖有限公司	AAA	√	√
7	北京市	中国嘉德国际拍卖有限公司	AAA	√	√
8	北京市	北京嘉禾国际拍卖有限公司	AAA	√	
9	北京市	中鸿信国际拍卖有限公司	AAA	√	
10	北京市	东方国际拍卖有限责任公司	AAA		
11	北京市	北京保利国际拍卖有限公司	AA		√
12	北京市	北京诚轩拍卖有限公司	AA	√	
13	北京市	北京匡时国际拍卖有限公司	AA	√	
14	北京市	北京长风拍卖有限公司	AA	√	√
15	北京市	太平洋国际拍卖有限公司	AA	√	√
16	北京市	北京银座国际拍卖有限公司	AA	√	√
17	北京市	北京传是国际拍卖有限责任公司	AA	√	
18	北京市	北京海华宏业拍卖有限责任公司	AA	√	
19	北京市	北京建亚世纪拍卖有限公司	AA	√	
20	北京市	北京永乐国际拍卖有限公司	AA	√	
21	北京市	中宝拍卖有限公司	AA	√	
22	北京市	中联国际拍卖中心有限公司	AA	√	
23	北京市	北京中鼎国际拍卖有限公司	AA		
24	北京市	鼎丰国际拍卖有限公司	AA		

25	北京市	中安太平（北京）国际拍卖有限公司	AA		
26	北京市	中联环球国际拍卖（北京）有限公司	AA		
27	北京市	北京巨力国际拍卖有限公司	AA		
28	北京市	北京德宝国际拍卖有限公司	A	√	√
29	北京市	北京中拍国际拍卖有限公司	A	√	√
30	北京市	北京中汉拍卖有限公司	A	√	
31	北京市	北京泰和嘉成拍卖有限公司	A	√	
32	北京市	中贸圣佳国际拍卖有限公司		√	√
33	北京市	北京东方大观国际拍卖有限公司		√	
34	北京市	北京东方利德拍卖有限公司		√	
35	北京市	北京东正拍卖有限公司		√	
36	北京市	北京歌德拍卖有限公司		√	
37	北京市	北京海王村拍卖有限责任公司		√	
38	北京市	北京华夏传承国际拍卖有限公司		√	
39	北京市	北京嘉德在线拍卖有限公司		√	
40	北京市	北京九歌国际拍卖股份有限公司		√	
41	北京市	北京琴岛荣德国际拍卖有限公司		√	
42	北京市	北京市古天一国际拍卖有限公司		√	
43	北京市	北京天琅文晖拍卖有限公司		√	
44	北京市	北京文博苑国际拍卖有限公司		√	
45	北京市	北京宣石国际拍卖有限公司		√	
46	北京市	北京亚洲宏大国际拍卖有限公司		√	
47	北京市	北京印千山国际拍卖有限公司		√	
48	北京市	北京盈时国际拍卖有限公司		√	
49	北京市	北京卓德国际拍卖有限公司		√	
50	北京市	汉秦（北京）国际拍卖有限公司		√	
51	北京市	品盛（北京）国际拍卖有限公司		√	
52	北京市	朔方国际拍卖（北京）有限公司		√	
53	北京市	北京包盈国际拍卖有限责任公司			
54	北京市	保信利诚拍卖（北京）有限公司			
55	北京市	北京八方荟萃拍卖有限公司			
56	北京市	北京百衲国际艺术品拍卖有限公司			
57	北京市	北京宝纶国际拍卖有限公司			
58	北京市	北京宝瑞盈国际拍卖有限公司			

中国收藏
拍卖年鉴
2021

CHINESE FINE ART &
ANTIQUES AUCTION
YEARBOOK 2021

59	北京市	北京宝裕国际拍卖有限公司			
60	北京市	北京博宝拍卖有限公司			
61	北京市	北京传观国际拍卖有限公司			
62	北京市	北京大晋浩天国际拍卖有限公司			
63	北京市	北京鼎兴天和国际拍卖有限公司			
64	北京市	北京东联盛世宝国际拍卖有限公司			
65	北京市	北京东拍国际拍卖有限公司			
66	北京市	北京东西方国际拍卖有限责任公司			
67	北京市	北京梵堂艺术品拍卖有限公司			
68	北京市	北京富比富国际拍卖有限公司			
69	北京市	北京富古台国际拍卖有限公司			
70	北京市	北京古玩城国际拍卖有限公司			
71	北京市	北京古吴轩国际拍卖有限公司			
72	北京市	北京观唐莳榷国际拍卖有限公司			
73	北京市	北京亨申世纪拍卖有限公司			
74	北京市	北京恒盛鼎国际拍卖有限公司			
75	北京市	北京恒元泰国际拍卖有限公司			
76	北京市	北京弘宝国际拍卖有限公司			
77	北京市	北京宏正国际拍卖有限公司			
78	北京市	北京洪阡拍卖有限公司			
79	北京市	北京华夏鸿禧国际拍卖有限公司			
80	北京市	北京华夏天天拍卖有限公司			
81	北京市	北京吉古国际拍卖有限公司			
82	北京市	北京际华春秋拍卖有限公司			
83	北京市	北京佳银国际拍卖有限公司			
84	北京市	北京今典联合国际拍卖有限公司			
85	北京市	北京金槌宝成国际拍卖有限公司			
86	北京市	北京金锤声国际拍卖有限公司			
87	北京市	北京金仕德国际拍卖有限公司			
88	北京市	北京景星麟凤国际拍卖有限公司			
89	北京市	北京巨力国际拍卖有限公司			
90	北京市	北京聚宝金鼎国际拍卖有限公司			
91	北京市	北京骏璟伟业国际拍卖有限公司			
92	北京市	北京匡德国际拍卖有限公司			

93	北京市	北京隆荣国际拍卖有限公司			
94	北京市	北京美三山拍卖有限公司			
95	北京市	北京明珠双龙国际拍卖有限公司			
96	北京市	北京盘古拍卖有限公司			
97	北京市	北京旗标典藏拍卖有限公司			
98	北京市	北京启石国际拍卖有限公司			
99	北京市	北京冉东国际拍卖有限公司			
100	北京市	北京荣盛轩国际拍卖有限公司			
101	北京市	北京儒嘉拍卖有限公司			
102	北京市	北京瑞宝行国际拍卖有限公司			
103	北京市	北京桑杰国际拍卖有限公司			
104	北京市	北京尚古品逸国际拍卖有限公司			
105	北京市	北京晟永国际拍卖有限公司			
106	北京市	北京盛佳国际拍卖有限公司			
107	北京市	北京适珍国际拍卖有限公司			
108	北京市	北京收藏在线拍卖有限公司			
109	北京市	北京双宝通国际拍卖有限公司			
110	北京市	北京天雅恒逸国际拍卖有限公司			
111	北京市	北京维塔维登国际拍卖有限公司			
112	北京市	北京文津阁国际拍卖有限责任公司			
113	北京市	北京伍伦国际拍卖有限公司			
114	北京市	北京西荣阁拍卖有限公司			
115	北京市	北京新华拍卖有限公司			
116	北京市	北京新民勤拍卖有限公司			
117	北京市	北京玄和国际拍卖有限公司			
118	北京市	北京亚洲宸泽拍卖有限公司			
119	北京市	北京一峰翰林国际拍卖有限公司			
120	北京市	北京艺典臻藏国际拍卖有限公司			
121	北京市	北京艺融国际拍卖有限公司			
122	北京市	北京银河国际拍卖有限公司			
123	北京市	北京盈昌国际拍卖有限公司			
124	北京市	北京湛然国际拍卖有限公司			
125	北京市	北京至诚国际拍卖有限公司			
126	北京市	北京中博国际拍卖有限公司			

127	北京市	北京中海艺澜国际拍卖有限公司			
128	北京市	北京中和正道国际拍卖有限公司			
129	北京市	北京中恒信拍卖有限公司			
130	北京市	北京中天信达拍卖有限公司			
131	北京市	北京中豫国际拍卖有限公司			
132	北京市	大维德（北京）国际拍卖有限公司			
133	北京市	大象（北京）国际拍卖有限公司			
134	北京市	东方国蕴拍卖有限公司			
135	北京市	东方求实国际拍卖（北京）有限公司			
136	北京市	东方融讯（北京）国际拍卖有限公司			
137	北京市	东方御藏国际拍卖（北京）有限公司			
138	北京市	宏善拍卖（北京）有限公司			
139	北京市	冀德国际拍卖有限公司			
140	北京市	嘉珑国际拍卖有限公司			
141	北京市	金远见（北京）国际拍卖有限公司			
142	北京市	龙泽德拍卖（北京）有限公司			
143	北京市	舍得拍卖（北京）有限公司			
144	北京市	无与伦比（北京）国际拍卖有限公司			
145	北京市	亚洲上和（北京）拍卖有限公司			
146	北京市	中古陶（北京）拍卖行有限公司			
147	北京市	中恒一品（北京）国际拍卖有限公司			
148	北京市	中惠拍卖有限公司			
149	北京市	重锤国际拍卖（北京）有限责任公司			
150	天津市	天津蓝天国际拍卖行有限责任公司	AAA	√	√
151	天津市	海天国际拍卖（天津）有限公司	AA	√	
152	天津市	天津市同方国际拍卖行有限公司	AA	√	
153	天津市	天津国际拍卖有限责任公司	AA	√	
154	天津市	天津鼎天国际拍卖有限公司	A	√	√
155	天津市	天津星宇国际拍卖有限公司	A		
156	天津市	瀚琮国际拍卖（天津）有限公司			
157	天津市	天津滨海健业拍卖有限公司			
158	天津市	天津博世嘉拍卖行有限公司			
159	天津市	天津德隆国际拍卖有限公司			
160	天津市	天津瀚雅拍卖有限公司			

161	天津市	天津融德堂艺术品拍卖行有限公司			
162	河北	河北嘉海拍卖有限公司	AA		
163	河北	巨力国际拍卖有限公司	AA		
164	河北	河北新陆拍卖有限公司	AA		
165	河北	张家口正源拍卖有限责任公司	AA		
166	河北	河北仕邦拍卖有限公司	A		
167	河北	河北盖伦拍卖有限公司	A		
168	河北	唐山远通拍卖有限公司	A		
169	河北	大马河北拍卖有限公司			
170	河北	河北翰如拍卖有限公司			
171	河北	石家庄盛世东方国际拍卖有限公司			
172	山西	山西百业拍卖有限公司	AAA	√	
173	山西	山西晋宝拍卖有限公司	AA	√	√
174	山西	山西融易达拍卖有限公司	AA		
175	山西	山西兴晋拍卖股份有限公司	AA		
176	山西	山西省晋中市拍卖行	AA		
177	山西	山西晋通拍卖有限公司	A	√	
178	山西	吕梁信源拍卖行	A		
179	山西	山西晋德拍卖有限责任公司		√	
180	辽宁	辽宁建投拍卖有限公司	AA	√	
181	辽宁	富佳斋拍卖有限公司	AA		
182	辽宁	辽宁国际商品拍卖有限公司	A	√	
183	辽宁	辽宁华安拍卖有限公司	A		
184	辽宁	辽宁友利拍卖有限公司			
185	辽宁	辽宁中正拍卖有限公司			
186	吉林省	吉林正则拍卖有限公司	AA		
187	吉林省	长春保利拍卖有限公司	A		
188	吉林省	吉林省虹桥拍卖有限公司			
189	黑龙江	黑龙江省全库拍卖有限责任公司	AA		
190	黑龙江	黑龙江中融拍卖有限公司	A		
191	黑龙江	佳木斯三江拍卖有限公司	A		
192	黑龙江	黑龙江嘉瑞拍卖有限公司			
193	上海	上海大众拍卖有限公司	AAA	√	√
194	上海	上海东方国际商品拍卖有限公司	AAA	√	√

中国收藏
拍卖年鉴
2021

CHINESE FINE ART &
ANTIQUES AUCTION
YEARBOOK 2021

195	上海	上海朵云轩拍卖有限公司	AAA	√	√
196	上海	上海国际商品拍卖有限公司	AAA	√	√
197	上海	上海拍卖行有限责任公司	AAA	√	√
198	上海	上海青莲阁拍卖有限责任公司	AAA	√	√
199	上海	上海长城拍卖有限公司	AAA	√	√
200	上海	上海泓盛拍卖有限公司	AAA	√	√
201	上海	上海华夏拍卖有限公司	AAA	√	
202	上海	上海黄浦拍卖行有限公司	AAA	√	
203	上海	上海老城隍庙拍卖行有限公司	AAA	√	
204	上海	上海金沪拍卖有限公司	AAA		
205	上海	上海大公拍卖有限公司	AAA		
206	上海	上海申之江拍卖有限公司	AAA		
207	上海	上海中南拍卖有限公司	AAA		
208	上海	上海诚信拍卖有限公司	AAA		
209	上海	上海奇贝拍卖有限公司	AAA		
210	上海	上海壹信拍卖有限公司	AAA		
211	上海	上海产权拍卖有限公司	AAA		
212	上海	上海宝江拍卖有限公司	AAA		
213	上海	上海博古斋拍卖有限公司	AA	√	√
214	上海	上海驰翰拍卖有限公司	AA	√	
215	上海	上海技术产权拍卖有限公司	AA		
216	上海	上海捷利拍卖有限公司	AA		
217	上海	上海金槌商品拍卖有限公司	AA		
218	上海	上海奉贤拍卖行	AA		
219	上海	上海中财拍卖有限公司	AA		
220	上海	上海鑫一拍卖有限公司	A		
221	上海	上海天豪拍卖有限公司	A		
222	上海	上海嘉泰拍卖有限公司	A		
223	上海	荣宝斋（上海）拍卖有限公司		√	√
224	上海	上海宝龙拍卖有限公司		√	
225	上海	上海道明拍卖有限公司		√	
226	上海	上海泛华拍卖有限公司		√	
227	上海	上海工美拍卖有限公司		√	
228	上海	敬华（上海）拍卖股份有限公司		√	

229	上海	上海联合拍卖有限公司		√	
230	上海	上海明轩国际艺术品拍卖有限公司		√	
231	上海	上海铭广拍卖有限公司		√	
232	上海	上海中福拍卖有限公司		√	
233	上海	上海嘉禾拍卖有限公司		√	
234	上海	上海聚德拍卖有限公司			
235	上海	上海恒利拍卖有限公司			
236	上海	上海博海拍卖有限公司			
237	上海	宝库（上海）拍卖有限公司			
238	上海	上海富铭拍卖有限公司			
239	上海	上海汉霖拍卖有限公司			
240	上海	上海和韵拍卖有限公司			
241	上海	上海宏大拍卖有限公司			
242	上海	上海鸿生拍卖有限公司			
243	上海	上海华宇拍卖有限公司			
244	上海	上海汇元拍卖有限公司			
245	上海	璟祥拍卖（上海）有限公司			
246	上海	上海金艺拍卖有限公司			
247	上海	上海康华拍卖有限公司			
248	上海	上海匡时拍卖有限公司			
249	上海	上海融汇拍卖有限公司			
250	上海	上海尚敷精舍拍卖有限公司			
251	上海	上海天赐玉成拍卖有限公司			
252	上海	上海天衡拍卖有限公司			
253	上海	上海熙雅拍卖有限公司			
254	上海	上海新华拍卖有限公司			
255	上海	上海阳明拍卖有限公司			
256	上海	上海雅藏拍卖有限公司			
257	上海	上海元贞拍卖有限公司			
258	上海	上海自贸区拍卖有限公司			
259	上海	上海中亿拍卖有限公司			
260	江苏	江苏省拍卖总行有限公司	AAA	√	
261	江苏	江苏省实成拍卖有限公司	AAA	√	
262	江苏	南京经典拍卖有限公司	AA	√	√

中国收藏
拍卖年鉴
2021

CHINESE FINE ART &
ANTIQUES AUCTION
YEARBOOK 2021

263	江苏	苏州市吴门拍卖有限公司	AA	√	√
264	江苏	南京嘉信拍卖有限公司	AA	√	√
265	江苏	苏州东方艺术品拍卖有限公司	AA	√	√
266	江苏	江苏景宏国际拍卖有限公司	AA	√	
267	江苏	江苏苏天拍卖有限公司	AA		
268	江苏	江苏五爱拍卖有限公司	AA		
269	江苏	江苏锦泰拍卖有限公司	AA		
270	江苏	苏州天润拍卖有限公司	AA		
271	江苏	徐州市德音拍卖有限公司	AA		
272	江苏	江苏保利拍卖有限公司	AA		
273	江苏	江苏华林拍卖有限公司	AA		
274	江苏	江苏爱涛拍卖有限公司	A	√	√
275	江苏	江苏淮海国际拍卖有限公司	A	√	
276	江苏	常州市武进拍卖有限公司	A		
277	江苏	江苏天诚拍卖有限公司	A		
278	江苏	南京十竹斋拍卖有限公司		√	
279	江苏	南京正大拍卖有限公司		√	
280	江苏	江苏沧海拍卖有限公司		√	
281	江苏	江苏聚德拍卖有限公司		√	
282	江苏	江苏凤凰国际拍卖有限公司			
283	江苏	江苏观宇艺术品拍卖有限公司			
284	江苏	江苏嘉恒国际拍卖有限公司			
285	江苏	江苏九德拍卖有限公司			
286	江苏	江苏旷世国际拍卖有限公司			
287	江苏	江苏磊峰拍卖有限公司			
288	江苏	江苏两汉拍卖有限公司			
289	江苏	江苏龙城拍卖有限公司			
290	江苏	江苏五彩石拍卖有限公司			
291	江苏	江苏真德拍卖有限公司			
292	江苏	江苏中山拍卖有限公司			
293	江苏	南京海德国际拍卖有限公司			
294	江苏	荣宝斋（南京）拍卖有限公司			
295	江苏	无锡阳羡拍卖有限公司			
296	浙江	浙江国际商品拍卖中心有限责任公司	AAA	√	√

297	浙江	浙江三江拍卖有限公司	AAA	√	√
298	浙江	温州汇丰拍卖行有限公司	AAA	√	
299	浙江	浙江嘉泰拍卖有限公司	AAA		
300	浙江	浙江省省直拍卖行	AAA		
301	浙江	浙江一通拍卖有限公司	AA	√	
302	浙江	浙江皓翰国际拍卖有限公司	AA		
303	浙江	浙江汇通拍卖有限公司	AA		
304	浙江	浙江浙商拍卖有限公司	AA		
305	浙江	浙江永健拍卖有限公司	AA		
306	浙江	湖州浙北拍卖有限公司	AA		
307	浙江	嘉兴市正联产权拍卖有限公司	AA		
308	浙江	浙江华鼎拍卖有限公司	AA		
309	浙江	浙江佳宝拍卖有限公司	A	√	√
310	浙江	浙江世贸拍卖中心有限公司	A	√	
311	浙江	浙江大地拍卖有限公司	A		
312	浙江	浙江鸿嘉拍卖有限公司	A		
313	浙江	浙江经典拍卖有限公司	A		
314	浙江	浙江中财拍卖行有限公司	A		
315	浙江	浙江中钜拍卖有限公司	A		
316	浙江	西泠印社拍卖有限公司		√	√
317	浙江	宁波富邦拍卖有限公司		√	
318	浙江	浙江美术传媒拍卖有限公司		√	
319	浙江	浙江长乐拍卖有限公司		√	
320	浙江	浙江嘉瀚拍卖有限公司		√	
321	浙江	杭州开源拍卖有限公司			
322	浙江	杭州天工艺苑拍卖有限公司			
323	浙江	杭州旺田国际拍卖有限公司			
324	浙江	绍兴翰越堂拍卖有限公司			
325	浙江	浙江横店拍卖有限公司			
326	浙江	浙江嘉浩拍卖有限公司			
327	浙江	浙江骏成拍卖有限公司			
328	浙江	浙江丽泽拍卖有限公司			
329	浙江	浙江六通拍卖有限公司			
330	浙江	浙江隆安拍卖有限公司			

331	浙江	浙江南北拍卖有限公司			
332	浙江	浙江其利拍卖有限公司			
333	浙江	浙江盛世拍卖有限公司			
334	浙江	浙江中赢拍卖有限公司			
335	安徽	安徽盘龙企业拍卖集团有限公司	AA		√
336	安徽	安徽省盛唐拍卖有限公司	AA		
337	安徽	安徽邦德拍卖有限公司	A		
338	安徽	安徽君诚拍卖有限公司	A		
339	安徽	安徽古今天元拍卖有限公司			
340	安徽	安徽星汉拍卖有限公司			
341	安徽	安徽艺海拍卖有限责任公司			
342	福建	福建省贸易信托拍卖行有限公司	AAA	√	√
343	福建	福建省顶信拍卖有限公司	AAA	√	
344	福建	福建省华夏拍卖有限公司	AAA		
345	福建	厦门特拍拍卖有限公司	AAA		
346	福建	厦门华茂青拍卖有限公司	AAA		
347	福建	福建省开源拍卖有限公司	AA		
348	福建	福建省拍卖行	AA	√	
349	福建	福建运通拍卖行有限公司	AA		
350	福建	福建静轩拍卖有限公司		√	
351	福建	保利（厦门）国际拍卖有限公司			
352	福建	福建东南拍卖有限公司			
353	福建	福建省伯雅拍卖有限公司			
354	福建	福建省大明拍卖有限公司			
355	福建	福建省定佳拍卖有限公司			
356	福建	福建省居正拍卖行有限公司			
357	福建	厦门谷云轩拍卖有限公司			
358	福建	厦门华辰拍卖有限公司			
359	福建	厦门市方分拍卖有限公司			
360	山东	佳联国际拍卖有限公司	AA		
361	山东	山东同亨拍卖有限公司	AA		
362	山东	山东新世纪拍卖行有限公司	A		
363	山东	保利（山东）国际拍卖有限公司	A		
364	山东	山东诚信拍卖有限公司	A		

365	山东	山东英大拍卖有限公司	A		
366	山东	迦南国际拍卖有限公司			
367	山东	青岛中艺拍卖有限公司			
368	山东	荣宝斋（济南）拍卖有限公司			
369	山东	山东天下收藏拍卖有限公司			
370	河南	河南拍卖行有限公司	AAA		
371	河南	郑州拍卖总行	AAA	√	
372	河南	河南省豫呈祥拍卖有限责任公司	AA	√	
373	河南	河南省方迪拍卖有限公司	AA		
374	河南	河南省清风拍卖行有限公司	AA		
375	河南	信阳市诚信拍卖有限责任公司	AA		
376	河南	河南汇源拍卖有限公司	AA		
377	河南	河南豫财拍卖有限公司	AA		
378	河南	河南金帝拍卖有限公司	A	√	√
379	河南	河南省新恒丰拍卖行有限公司	A	√	
380	河南	河南省金霖拍卖有限责任公司	A		
381	河南	河南裕恒泰拍卖有限公司	A		
382	河南	河南福德拍卖有限公司			
383	河南	河南和同拍卖有限公司			
384	河南	河南鸿远拍卖有限公司			
385	河南	河南厚铭拍卖有限公司			
386	河南	河南华宝拍卖有限公司			
387	河南	河南省匡庐拍卖有限公司			
388	河南	河南中嘉拍卖有限公司			
389	河南	嘉信诚（郑州）拍卖有限公司			
390	河南	洛阳市佳德拍卖有限公司			
391	湖北	湖北诚信拍卖有限公司	AAA	√	√
392	湖北	湖北德润古今拍卖有限公司	AAA		
393	湖北	湖北中盛拍卖有限公司	A		
394	湖北	湖北嘉宝一品拍卖有限公司			
395	湖北	武汉市大唐拍卖有限责任公司			
396	湖北	武汉中信拍卖有限公司			
397	湖南	湖南省国际商品拍卖有限公司	AA	√	
398	湖南	湖南省大丰和拍卖有限公司	AA		

399	湖南	湖南晟大拍卖有限公司	A		
400	湖南	湖南雅丰拍卖有限公司			
401	广东	广东省拍行有限公司	AAA	√	√
402	广东	广州华艺国际拍卖有限公司	AAA	√	√
403	广东	深圳市拍行有限公司	AAA	√	√
404	广东	广东崇正拍卖有限公司	AAA	√	√
405	广东	安华白云拍卖行有限公司	AAA	√	
406	广东	广东浩宏拍卖有限公司	AAA	√	
407	广东	广东华友拍卖行有限公司	AAA		
408	广东	广东衡益拍卖有限公司	AA	√	√
409	广东	广州市皇玛拍卖有限公司	AA	√	√
410	广东	广东旭通达拍卖有限公司	AA	√	
411	广东	广东保利拍卖有限公司	AA		
412	广东	广东光德拍卖有限公司	AA		
413	广东	广东省古今拍卖有限公司	A	√	√
414	广东	东莞市同理拍卖有限公司	A		
415	广东	惠州市大众拍卖有限公司	A		
416	广东	中山市康信拍卖有限公司	A		
417	广东	深圳市东宝拍卖有限公司	A		
418	广东	广州市银通拍卖行有限公司		√	√
419	广东	广东凤凰拍卖有限公司		√	
420	广东	广东精诚所至艺术品拍卖有限公司			
421	广东	广东侨鑫拍卖有限公司			
422	广东	广东小雅斋拍卖有限公司			
423	广东	深圳市华夏典藏拍卖有限公司			
424	广西	广西正槌拍卖有限责任公司	AAA		
425	广西	广西华盛拍卖有限公司	AA		
426	广西	广西泓历拍卖有限公司			
427	广西	广西邕华拍卖有限责任公司			
428	广西	荣宝斋（桂林）拍卖有限公司			
429	海南	海南荣丰华拍卖有限公司	AA		
430	海南	海南恒鑫拍卖有限公司	A		
431	海南	海南安达信拍卖有限公司			
432	四川	四川嘉诚拍卖有限公司	AAA	√	√

433	四川	四川盈信天地拍卖有限公司	AAA		
434	四川	成都市金沙拍卖有限公司	AA		
435	四川	四川达州市万星拍卖有限公司	AA		
436	四川	四川联拍拍卖有限公司	AA		
437	四川	四川绵阳众益拍卖有限公司	AA		
438	四川	四川东方拍卖有限责任公司	A		
439	四川	四川中天拍卖有限责任公司	A		
440	四川	四川嘉兰地拍卖有限公司	A		
441	四川	达州新华拍卖有限公司	AA		
442	四川	四川眉山阳光拍卖有限公司	A		
443	四川	四川内江拍卖中心有限公司	A		
444	四川	四川翰雅拍卖有限公司		√	
445	四川	成都八益拍卖有限公司		√	
446	四川	成都诗婢家拍卖有限责任公司			
447	四川	四川德轩拍卖有限责任公司			
448	四川	四川嘉宝拍卖有限公司			
449	四川	四川省梦虎拍卖有限责任公司		√	
450	四川	四川世玺拍卖有限公司			
451	四川	四川重华拍卖有限公司			
452	云南	云南中元拍卖有限公司	AA		
453	云南	云南典藏拍卖集团有限公司	A	√	
454	云南	西双版纳远腾拍卖有限公司	A		
455	云南	云南昊鹏拍卖有限公司	A		
456	云南	昆明雅士得拍卖有限公司			
457	重庆	重庆恒升拍卖有限公司	AAA	√	√
458	重庆	重庆市拍卖中心有限公司	AAA		
459	重庆	重庆华夏文物拍卖有限公司	A	√	√
460	陕西	陕西天龙国际拍卖有限公司	AAA	√	√
461	陕西	陕西宝隆拍卖有限责任公司	A		
462	陕西	陕西诚挚拍卖有限责任公司	A		
463	陕西	陕西大德拍卖有限责任公司	A		
464	陕西	陕西金花拍卖有限责任公司	A		
465	陕西	陕西华夏国际拍卖有限公司			
466	陕西	陕西秦商拍卖有限责任公司			

467	陕西	陕西瑞晨拍卖有限公司			
468	陕西	陕西盛世长安拍卖有限公司			
469	陕西	陕西天一国际拍卖有限公司			
470	陕西	西安力邦拍卖有限公司			
471	江西	赣州金房拍卖有限公司	A		
472	甘肃	未来四方集团拍卖有限公司	AAA	√	√
473	甘肃	甘肃鼎泰拍卖有限公司	A		
474	宁夏	宁夏锦德拍卖行有限公司	A		
475	宁夏	宁夏力鼎拍卖有限公司			
476	内蒙古	内蒙古万鼎拍卖有限公司	A		
477	香港	邦瀚斯国际（香港）拍卖有限公司			
478	香港	宝港国际拍卖有限公司			
479	香港	保利香港拍卖有限公司			
480	香港	淳浩拍卖有限公司			
481	香港	东京中央拍卖（香港）有限公司			
482	香港	富艺斯拍卖有限公司			
483	香港	佳士得香港有限公司			
484	香港	利得丰香港有限公司			
485	香港	拍得高拍卖（国际）有限公司			
486	香港	普艺拍卖有限公司			
487	香港	仕宏拍卖有限公司			
488	香港	苏富比（香港）国际拍卖有限公司			
489	香港	天成国际拍卖有限公司			
490	香港	万昌斯拍卖行有限公司			
491	香港	香港佳富拍卖行有限公司			
492	香港	北京匡时国际拍卖（香港）有限公司			
493	香港	中国嘉德（香港）国际拍卖有限公司			
494	香港	香港怡和国际拍卖有限公司			
495	香港	香港中怡国际拍卖有限公司			
496	澳门	澳门新亚太国际拍卖有限公司			
497	台湾	帝图科技文化股份有限公司			
498	台湾	金仕发拍卖有限公司			
499	台湾	景薰楼国际拍卖股份有限公司			
500	台湾	罗芙奥股份有限公司			

501	台湾	门得扬拍卖股份有限公司			
502	台湾	沐春堂拍卖股份有限公司			
503	台湾	台北富博斯国际艺术有限公司			
504	台湾	台北宇珍国际艺术有限公司			
505	台湾	台湾富德国际拍卖股份有限公司			
506	台湾	台湾壶禄堂拍卖公司			
507	台湾	台湾世家国际拍卖有限公司			
508	台湾	新光国际艺术有限公司			
509	台湾	艺流国际拍卖股份有限公司			
510	台湾	易拍好股份有限公司			
511	台湾	中诚国际艺术股份有限公司			
512	台湾	新象艺术文创有限公司			

中国收藏
拍卖年鉴
2021

CHINESE FINE ART &
ANTIQUES AUCTION
YEARBOOK 2021

海外地区主要文物艺术品拍卖机构
Overseas Auction Houses

序号	国家	拍卖机构
1	爱尔兰	Adam's
2	爱尔兰	Sheppard's Irish Auction House
3	奥地利	Galerie Zacke Vienna
4	奥地利	Leitz Photographica Auction
5	比利时	Carlo Bonte Auctions
6	比利时	Cornette de Saint CYR Bruxelles
7	比利时	Coronari Auction
8	比利时	DVC
9	比利时	Galerie Moderne
10	比利时	Hôtel de Ventes Horta
11	比利时	Hôtel des Ventes Élysée
12	比利时	Legia-Auction
13	比利时	Maison Jules
14	比利时	Rob Michiels Auctions
15	比利时	Veilinghuis Loeckx
16	比利时	Vanderkindere
17	丹麦	Bruun Rasmussen Auctions
18	德国	Auktionshaus an der Ruhr
19	德国	Auktionshaus Blank
20	德国	Auktionshaus Bossard
21	德国	Auktionshaus Eppli
22	德国	Auktionshaus Dr. Fischer
23	德国	Auktionshaus Geble
24	德国	Auktionshaus Kendzia
25	德国	Auktionshaus Kloss
26	德国	Auktionshaus Mehlis gmbh
27	德国	Auktionshaus Rheine
28	德国	Auktionshaus Schwab
29	德国	Hampel Fine Art Auctions
30	德国	Hargesheimer Kunstauktionen Düsseldorf
31	德国	Hardt Auctions GmbH

32	德国	Henry's Auktionshaus AG
33	德国	Hermann
34	德国	Historia Auktionshaus
35	德国	Jeschke Van Vliet
36	德国	Karl & Faber
37	德国	Kastern
38	德国	Kiefer Buch-und Kunstauktio
39	德国	Kunst & Kuriosa
40	德国	Kunstauktionshaus Schlosser
41	德国	Lempertz
42	德国	Neumeister
43	德国	Ruef
44	德国	Schmidt Kunstauktionen Dresden OHG
45	德国	Schloss Ahlden
46	德国	Stahl
47	德国	Van Ham
48	德国	Yves Siebers
49	俄罗斯	Anticvarium
50	法国	ADER
51	法国	Aguttes
52	法国	ALDE
53	法国	Alpes Encheres
54	法国	Anticthermal
55	法国	Aponem
56	法国	Ariège Enchères
57	法国	Art Richelieu
58	法国	Artcurial
59	法国	Artprecium
60	法国	Astrid Guillon
61	法国	Audap & Associés
62	法国	Auction Art Rémy Le Fur & Associés
63	法国	Azur Enchères
64	法国	Beaussant Lefèvre
65	法国	Bérard-Péron
66	法国	Besch Cannes Auction

67	法国	Binoche et Giquello
68	法国	Bisman
69	法国	Blnchy-Lacombe
70	法国	Boisgirard-Antonini
71	法国	Boisseau Pomez
72	法国	Briscadieu
73	法国	Brioult Encheres
74	法国	Cannes ench è res
75	法国	Chalot & Associ é s-Fecamp
76	法国	Chativesle Maison de Ventes
77	法国	Chayette & Cheval
78	法国	Christie's Paris
79	法国	Christophe Joron-Derem
80	法国	Conan Hôtel d' Ainay
81	法国	Cornette De Saint-Cyr
82	法国	Cr é dit municipal de Paris
83	法国	Daguerre
84	法国	Debacker & Richmod
85	法国	De Baecque et Associ é s
86	法国	Delon-Hoebank
87	法国	Drouot Estimations
88	法国	Dupont & Associ é s
89	法国	Ench è res Côte d'Opale
90	法国	Encheres Pays de Loire
91	法国	Eric Caudron
92	法国	Euvrard & Fabre
93	法国	Expertisez.com
94	法国	Fauve Paris
95	法国	Fraysse & Associ é s
96	法国	Gers Gascogne Ench è res
97	法国	Gros & Delettrez
98	法国	HDV Beaune
99	法国	HDV de la Rochelle
100	法国	Ivoire-Primardeco
101	法国	Joigny Encheres

102	法国	Leclere-Maison De Ventes
103	法国	Le Floc'h
104	法国	Le Puy Ench è res
105	法国	Les Encheres du Midi
106	法国	Lucien Paris
107	法国	Lynda Trouv é
108	法国	Maison R&C
109	法国	Marambat-de Malafosse
110	法国	Marc Labarbe
111	法国	Marseille Enah è res Provence
112	法国	Maison de Ventes Richard
113	法国	Martin et Associ é s (HDV Metz)
114	法国	May & Associ é s
115	法国	Mercier & Cie
116	法国	M é tayer
117	法国	Millon
118	法国	Mirabaud-Mercier
119	法国	Osenat
120	法国	OXIO
121	法国	Palais SVV
122	法国	Paris Ench è res Collin du Bocage
123	法国	P é rigord Ench è res
124	法国	Pescheteau Badin
125	法国	Pestel-Debord
126	法国	Philocale
127	法国	Pierre Berg é & Associ é s
128	法国	Rometti et Associ é s
129	法国	Prunier Auction
130	法国	SADDE
131	法国	Saint-Quentin Ench è res
132	法国	SASU Prado Falque Ench è res
133	法国	Sotheby's Paris
134	法国	Tajan
135	法国	Tessier & Sarrou et Associ é s
136	法国	Thierry De Maigret

137	法国	Thierry-Lannon & Associés
138	法国	Thomas Maison de ventes
139	法国	Toledano
140	法国	Tonnerre Enchères
141	法国	Tradart Deauville
142	法国	Valoir-Pousse Cornet
143	荷兰	AAG Arts & Antiques Group
144	荷兰	Oriantal Art Auctions
145	荷兰	Derksen Veilingbedrijf
146	荷兰	Twents Veilinghuis
147	荷兰	Venduhuis de Jager
148	荷兰	Venduehuis der Notarissen
149	荷兰	Zeeuws Veilinghuis-Auctionhouse Zeeland
150	捷克	Antikvity
151	捷克	Arcimboldo
152	捷克	Auction House Zezula
153	捷克	Fine Antiques Prague s.r.o.
154	摩纳哥	Accademia Fine Art
155	葡萄牙	Marques dos Santos
156	葡萄牙	Veritas Art Auctioneers
157	瑞典	Auktionshuset Täby
158	瑞典	Bukowskis
159	瑞典	LP Foto Auktioner
160	瑞典	Stockholms Auktionsverk
161	瑞士	Dogny Auction
162	瑞士	Galerie Moenius
163	瑞士	Galartis SA
164	瑞士	Genève Enchères
165	瑞士	Piguet Hôtel des Ventes
166	瑞士	Koller Auctions
167	瑞士	Schuler Auktionen AG
168	西班牙	La Suite Subastas
169	西班牙	Ansorena
170	西班牙	Balclis
171	西班牙	Sala Retiro

172	西班牙	Sala Moyua de Brancas
173	西班牙	Setdart Subastas
174	西班牙	Subastas Darley
175	希腊	Loudos Auctions
176	意大利	Aste Boetto
177	意大利	Aste Bolaffi
178	意大利	Auction Affair s.r.l.
179	意大利	Babuino Casa d'Aste
180	意大利	Benedetto Trionfante Casa d'Aste Srl
181	意大利	Bertolami Fine arts
182	意大利	Bolli & Romiti Casa d'aste
183	意大利	Cambi Casa d'Aste
184	意大利	Capitolium Art
185	意大利	Casa d'Aste Martini
186	意大利	Colasanti Casa d'Aste
187	意大利	Faraone Casa d'Aste
188	意大利	Finarte
189	意大利	Galleria Sarno
190	意大利	IL Ponte Casa D'Aste
191	意大利	Lucas Aste
192	意大利	Pandolfini Casa d'Aste
193	意大利	Picenum
194	意大利	Sant'Agostino
195	意大利	Sotheby's Milan
196	意大利	Wannenes
197	英国	Baldwin's
198	英国	Bolton Auction Rooms
199	英国	Bonhams Edinburgh
200	英国	Bonhams London
201	英国	British Bespoke Auctions
202	英国	Bromley Fine Art
203	英国	Canterbury Auction Galleries
204	英国	Cheffins
205	英国	Chiswick Auctions
206	英国	Christie's London

207	英国	Dreweatts & Bloomsbury
208	英国	Ewbank's
209	英国	Fellows
210	英国	Gardiner Houlgate
211	英国	Gorringes
212	英国	Halls Fine Art Auctioneers
213	英国	Henry Aldridge & Son
214	英国	International Autograph Auctions
215	英国	Lawrences
216	英国	London Auction
217	英国	Lyon & Turnbull
218	英国	MacDougall's
219	英国	Mallams Ltd.
220	英国	McTear's
221	英国	Nicholas Mellors Auctioneers
222	英国	Roseberys London
223	英国	Sotheby's London
224	英国	Sworders
225	英国	Toovey's
226	加拿大	Dupuis Fine Jewellery Auctioneers Inc.
227	加拿大	Gosby Auction
228	美国	Antique Reader
229	美国	Artingstall & Hind
230	美国	Bonhams New York
231	美国	Bonhams San Francisco
232	美国	California Asian Art Auction Gallery USA
233	美国	Christie's New York
234	美国	Doyle New York
235	美国	DuMouchelles
236	美国	Hindman
237	美国	Phillips
238	美国	Revere Auctions
239	美国	Royal Fine Antiques Asia
240	美国	Shapiro Auctions
241	美国	Skinner

242	美国	Sotheby's New York
243	美国	Stair
244	澳大利亚	Bonhams Sydney
245	澳大利亚	Barsby Auctions
246	澳大利亚	Graham's Auction
247	澳大利亚	Lugosi Auctioneers & Valuers
248	澳大利亚	Mossgreen PTY LTD
249	澳大利亚	WA Art Auctions
250	亚美尼亚	Arman Antiques LLC
251	以色列	Pasarel
252	以色列	Tiroche Auction House
253	韩国	K Auction
254	日本	iART 拍卖公司
255	日本	JADE 株式会社（日本美协）
256	日本	东京新日本拍卖股份有限公司
257	日本	东瀛国际拍卖株式会社
258	日本	横滨国际拍卖公司
259	日本	上氏拍卖株式会社
260	日本	株式会社东京中央拍卖
261	日本	株式会社中国古玩 auction（古龙会）
262	新加坡	新加坡国际拍卖有限公司

全球重要文物艺术品交易行业协会
Important Art Market Associations

中国大陆地区

协会名称	地址	电话	网址
中国拍卖行业协会	北京市朝阳区北辰东路 8 号院北辰汇园大厦 H 座 A2511 室	010-64931499 010-64932499	www.caa123.org.cn
北京拍卖行业协会	北京市西城区莲花池东路丙一号三层 312 室	010-68337868	www.bjpmhyxh.com
北京画廊协会	北京市朝阳区望京阜通东大街 6 号方恒国际中心 A 座 1808 室	010-84783776	
河北省拍卖行业协会	河北省石家庄市和平西路 448 号五矿大厦 1312	0311-86045287	www.hebaa.cn
山西省拍卖行业协会	太原市迎泽大街 229 号三楼 352 室（省供销社贸易大楼）	0351-4185257	www.sxspx.cn
内蒙古拍卖行业协会	呼和浩特市赛罕区汇商广场 B1 座 7051	0471-6935861	www.nmpx.cn
辽宁省拍卖行业协会	沈阳市皇姑区黄河北大街 56-39 号（中粮广场 F 座）1512 室	024-86894299	www.lnspx.org.cn
吉林省拍卖行业协会	吉林省长春市南关区亚泰大街 6789 号万晟商务花园 804、803 室	0431-88549466	www.jlpm.info
黑龙江拍卖行业协会	黑龙江省哈尔滨市道里区经纬五道街 16 号	0451-84283460	www.hljpm.com
上海市拍卖行业协会	上海市黄浦区乔家路 2 号（近中华路）	021-64226596	www.staa.com.cn
江苏省拍卖行业协会	江苏省南京市中山北路 28 号江苏商厦 2315	025-83301180	www.js-auction.com
浙江省拍卖行业协会	浙江省杭州市武林路 100 号鸿鼎商务楼 510 室	0571-87913705	www.zjpmw.com
安徽省拍卖行业协会	合肥市政务区祁门路 1688 号兴泰金融广场 1803 室（祁门路与翡翠路交口）	0551-63542827	www.aaa123.org.cn
福建省拍卖行业协会	福建省福州市五四路 210 号国际大厦 9 层 A 区	0591-87872331	www.fjaac.com
江西省拍卖行业协会	江西省南昌市洪城路 8 号长青国贸大厦 21 楼 2102 室	0791-86286850	www.jxpmxh.com
山东省拍卖行业协会	山东省济南市历下区佛山苑小区一区 9 号楼	0531-86041244	www.sdaa123.org.cn
河南省拍卖行业协会	河南省郑州市任砦北街 2 号 1 号楼 218 室	0371-63937879	www.pai.org.cn
湖北省拍卖行业协会	湖北省武汉市硚口区建设大道 439 号湖北商业广场 820 室	027-83616662	www.hbpm123.cn
湖南省拍卖行业协会	湖南省长沙市五一中路 69 号	0731-82212852	www.hnpx.org.cn
广东省拍卖行业协会	广东省广州市越秀区水荫路 2 号恒鑫大厦西座 903 室	020-87396612	www.gdaa.cn
广西拍卖行业协会	广西南宁市青秀区桃源路 59 号商业大院综合办公楼 5 楼 514、517、518 室	0771-5323043	www.gxpm123.com

四川省拍卖行业协会	成都市文武路 38 号新时代广场 16 楼 C	028-86617321	www.saa123.com
云南省拍卖行业协会	云南省昆明市西山区广福路与前卫西路交叉口奥宸财富广场 C2 座 1109 室	0871-63625025	www.ynpm.cn
重庆市拍卖行业协会	重庆市渝中区上清寺太平洋广场 B 座 1502 室	023-63616169	www.cqspx.com
陕西省拍卖行业协会	陕西省西安市碑林区长安大街三号 B 座 1702 室	029-87294521	www.sxpmxh.com
贵州省拍卖行业协会	贵州省贵阳市中华北路 188 号外贸大楼三楼	0851-6571340	www.gzspm.com
天津市拍卖行业协会	天津市河西区永安道罗马花园 B 座 2 栋 1803	022-26418556	www.tjaa123.org.cn
中国收藏家协会	北京市朝阳区东四环中路 41 号嘉泰国际大厦 A 座 709 号	010-84027307	www.zcxn.com/index.html
西藏自治区拍卖行业协会	西藏自治区拉萨市金珠西路 54 号金藏林卡 A1 幢		
甘肃省拍卖行业协会	甘肃省兰州市城关区南关什字世纪广场 C 座 2506 室	13919266222	http://www.gsaa.org.cn/w/Default.htm
宁夏拍卖行业协会	宁夏回族自治区银川市金凤区上海西路 101 号 - 粮食大厦 317 室	0951-5024310	http://www.nxpm.com.cn/xhgk.asp
青海省拍卖行业协会	青海省西宁市北大街 26 号天桥商务中心 10 楼	0971-8277844	www.qhspx.com/
新疆维吾尔自治区拍卖行业协会	新疆维吾尔自治区乌鲁木齐市新华南路 17 号	0991-28326133	http://16795546.shop.cnlist.org

港台地区

协会名称	地址	电话	网址
香港画廊协会	香港上环荷李活道 248 号地下	+852 3480 5051	www.hk-aga.org
台湾画廊协会	台湾省台北市松山区光复南路 1 号 2 楼之 1 室	+8862 2742 3968	www.aga.org.tw

海外地区

协会名称	协会简介	地址	网址
CINOA - Confédération Internationale des Négociants en Oeuvres d'Art	CINOA（艺术品和古董经销商协会国际联合会），1935 年成立于比利时首都布鲁塞尔，是全球性的艺术品和古董经销商联合会，参会成员包括来自 22 个国家，32 个协会的 5000 多家文物艺术品经销商，其交易内容广泛，从古代文物到当代艺术应有尽有。CINOA 要求会员以丰富的学术知识为基础，秉持"高品质、专业化、全方位"的行业准则，致力于在全球范围内形成高等级的行业道德标准，传播艺术市场咨询，以及促进世界艺术品的自由流通。1976 年起，CINOA 设立年度奖项，以鼓励成员国中在学术著作或艺术品保护领域做出杰出贡献的学者及艺术工作者，同时也表彰在艺术品领域及艺术市场贡献突出的博物馆研究员和公众人物。		www.cinoa.org

ILAB – International League of Antiquarian Booksellers	ILAB（国际古书商联合会）是珍贵书籍交易商的全球性网络，从印刷术发明到如今的 21 世纪，ILAB 在所有领域、所有专业都能提供优质的书籍、精准的描述和专业的价格。ILAB 的会员们共享全球范围内的品质、知识、建议和经验。		https://ilab.org
ADAA – Art Dealers Association of America	ADAA（美国艺术经销商协会）是艺术品领域非营利性的画廊会员组织，成立于 1962 年。协会致力于在行业内推广最高标准的鉴赏能力、学术水平和行业规范。协会成员主要涉足绘画、雕塑、版画、素描和照片，时间跨度覆盖文艺复兴时期直至今天。每个协会成员都是自身领域的行业翘楚，如今，ADAA 已经在美国 25 座城市拥有 175 家画廊会员。	205 Lexington Avenue, Suite #901, New York, NY 10016	www.artdealers.org
NAADAA – National Antique & Art Dealers Association of America, Inc.	NAADAA（美国国家古董及艺术品经销商协会）是美国主要艺术品交易商组成的非营利性组织。其成员承诺维护通过正当道德的途径购买、出售或收集古董艺术品的行为。多年的研究和实践经验使 NAADAA 的成员积累了丰富的专业素养，并在各自领域里树立了威望。	220 East 57th Street, New York NY, 10022	https://naadaa.org
NAA – National Auctioneers Association	NAA（美国拍卖行业协会）成立于 1949 年，是全球最大的拍卖行业专业人士的协会，协会成员服务于广泛的拍卖业务。协会致力于为其成员提供教育规划和各类资源，同时，协会成员遵守严格的职业道德规范，并与网络拍卖的专业人士进行广泛合作。	8880 Ballentine St. Overland Park, KS 66214, United States	www.auctioneers.org
FEAGA – Federation of European Art Galleries Association	FEAGA（欧洲画廊协会联盟）代表着活跃在欧盟及瑞士的现当代艺术画廊的利益，在各国之间协助游说，例如降低增值税税率和艺术家转售权利等问题。	President: Adriaan Raemdonck, Galerie De Zwarte Panter, Hoogstraat 70–72, B-2000 Antwerpen, Belgium	www.europeangalleries.org
BAMF – British Art Market Federation	BAMF（英国艺术市场联合会）成立于 1996 年，在与政府沟通时，代表了英国庞大而多元化的文物及艺术品市场的利益。BAMF 的成员共同组成了英国文物及艺术品市场的中坚力量，如：英国古董经销商协会 (British Antique Dealers' Association)、邦瀚斯、佳士得、苏富比、伦敦艺术经销商协会 (SLAD)、艺术品拍卖师和估价协会 (SOFAA) 等。	52 Ailesbury Park, Newbridge, Co Kildare, Ireland	https://tbamf.org.uk
SLAD – Society of London Art Dealers	SLAD（伦敦艺术经销商协会）成立于 1932 年，是英国主要艺术品交易商共同发起的协会。134 家会员的经营范围涵盖了古典绘画艺术、雕塑、当代艺术等，协会章程要求会员秉承诚信、专业的准则，以专业素养和可信度获得买家的信赖。	CK International House, 1–6 Yarmouth Place, Mayfair, London, W1J 7BU	www.slad.org.uk

LAPADA – Association of Art & Antique Dealers	从 1974 年成立以来，LAPADA（艺术品和古董交易商协会）已拥有超过 600 名会员，成为英国最大的专业艺术品和古董交易商协会。虽然协会的大部分会员来自英国，但是近几年陆续有来自 16 个国家的 50 名会员申请加入。LAPADA 对会员资格要求严格：丰富的行业经验、高质量的艺术品收藏、专业的文物艺术品研究水平等。如今，LAPADA 的会员收藏涵盖了从古代文物到当代艺术的各个品类。	535 Kings Road, London, SW10 OSZ	https://lapada.org
SOFAA – Society of Fine Art Auctioneers And Valuers	SOFAA（艺术品拍卖师和估价师协会）成立于 1973 年，为全英国范围的专业机构提供服务。协会成员致力于提供全面而专业的古董、艺术品、珠宝和不动产拍卖及估价服务。	2 Kingfisher Court, Bridge Road, East Molesey, Surrey KT8 9HL	https://sofaa.org